이화다문화총서 사회 1

가족 정책을 통해 본
한국의 가족과 근대성

― 1948년~2005년까지 ―

최유정

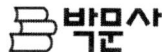 박문사

발간사

 이 책은 1948년 헌법 제정시점부터 2005년까지를 근대의 확장된 스펙트럼으로 보고 이 기간 동안 '가족정책'이라는 텍스트 속에서 '정치, 경제, 문화적 영역'과 '가족의 근대성' 각각의 내적 성격과, 이 양 차원의 관계가 어떠한 모습으로 변화되어 왔는지를 추적함으로써 한국 사회에서 근대성의 다차원성과 그 내적 역동성의 일면이 역사적으로 전개되어온 과정을 규명하는 내용을 담고 있다. 이 같은 연구주제는 가족에 대한 고려를 배제하거나 가족을 근대의 '합리성'과 대비되는 '비합리성의 공간'으로 설명해 온 근대성에 대한 거시적인 연구들과 주로 '자본주의화'와 관련하여 '근대 가족의 출현'에 대한 독자적인 논의를 구축해 온 가족 사회학의 영역이 상호소통할 수 있을 때 근대성이라는 복합적인 실체에 대한 보다 심도있는 접근이 가능해질 수 있으리라는 문제의식을 그 출발점으로 삼는다.

 구체적인 분석을 위하여 거시적인 근대성 논의에서 다루어져 온 '정치, 경제, 문화적 영역에서의 근대성'과 근대 가족 연구에서 발전된 '가족의 근대성'의 특징들에 기반하여 각 영역의 구성요소들이 도출되었고, 이 요소들을 토대로 먼저 '정치, 경제, 문화적 영역'의 근대성과 그 내적 역동성을 파악한 후 이와의 관계 속에서 '가족의 근대성'을 조명하는 작업이 이루어졌다. 여기에 거시적 제도 차원에서의 담론 변화에 따른 두 영역간의 관계 변화를 총체적으로 규명하는 과정이 뒤따랐다. '가족정책'은 가족과 국가를 연결하는 가교이자 근대성 담론의 대리인으로서의 역할을 수행해왔다는 점에서 가족과 그것을 둘러싼 거시적 제도들간의 담론적 상호작용을 가장 잘 드러내 줄 수 있는 텍스트로 선택된 매체였다.

실질적인 책의 구성은 '정치, 경제, 문화 영역'에서 근대적 가치들이 출현하기 시작한 이승만 정권기, 근대성의 다차원성과 내적 역동성이 비로소 '정치, 경제, 문화' 영역과 '가족' 영역 모두에서 내적으로도, 두 영역의 관계 측면에서도 불균형적인 모습으로 구체화, 고착화되는 양상을 보인 박정희 정권기, 그 불균형성이 은폐되고 완화되는 모습으로 변형되었던 제 제 5공화국 시기와 위계적이고 일방향적인 근대성의 내적 구성이 대칭적인 형태로 재배치되었던 6공화국 시기, 경제 위기라는 외부적인 자극으로 인해 요소들의 배열이 전략적으로 전환된 IMF 구제금융 시기를 다양한 가족 관련 법과 정책들에 대한 분석을 통해 드러내는 내용으로 채워졌다. 가족 정책이라는 매체가 가진 담론적 한계에도 불구하고 이러한 과정들이 근대성의 미묘한 모순과 갈등의 흔적에 대한 부분적인 통찰을 제시하는 하나의 실험적 시도 정도로 받아들여질 수 있기를 바란다.

집필 후 여러 가지 사정으로 한참을 묻혀 있던 부족한 원고가 우연치 않은 기회에 책으로 묶여 공개되는 것에 대해 부끄럽고 민망한 마음이 크다. 분석 시기가 2005년까지로 한정되어 있어 이미 때 지난 이야기를 하는 것이 아닌가 하는 생각에 출판이 많이 망설여졌지만 이미 지나간 과거일지라도 그에 대한 분석이 그 자체로 역사적인 의미를 가질 수 있을 것이라는 다문화 연구소 박창원 소장님의 격려에 방대한 원고가 또 하나의 문서 공해가 되지 않을까 하는 두려움을 접고 어렵게 용기를 내보았다. 조야한 원고를 근사한 형식으로 묶어주신 박문사와 책의 출간을 가능케 해주신 다문화 연구소 측에 감사드린다.

2010년 최윤정

이화다문화총서 사회 1

목차

표 목차

그림 목차

제1부
서 론

이화다문화총서 사회 1
가족 정책을 통해 본 한국의 가족과 근대성

제1장
문제제기 및 연구목적

한국 사회가 거쳐 온 역사의 맥락을 짚어보려 할 때 필연적으로 고려되어야 할 것이 바로 "근대성"이라는 거대한 흐름일 것이다. "합리성과 이성의 확산과 실현을 통한 진보에 대한 신념"으로 서구 사회 전반에 걸친 변화의 방향을 틀 지우며 새로운 형태의 사회 구조를 정착, 유지, 발전시켰던 서구적 근대성은, 기존 요소들과의 상호작용이라는 화학적 변용 과정을 거쳐 우리 한국 사회에서도 단순한 사회적 배경이 아닌, 변화를 주도하는 핵심적인 힘으로서 작동해왔다. 그렇다면 우리의 역사를 이해하는 일은 서구에서 이야기하는 이념형으로서의 근대성의 원형이 한국 사회라는 독특한 사회 문화적 배경을 토대로 재구성되어진 구체적인 과정을 밝혀내는 작업을 수반하지 않을 수 없다. 서구적 근대의 단순한 '이식'이 아닌 '새로운 근대의 구성', 이것이 바로 우리의 역사를 이해하기 위한 키워드가 되어야만 하는 것이다. 그렇다면 우리는 먼저 우리의 근대성을 이야기하기에 앞서 서구적인 근대성의 개념으로부터 논의를 시작할 필요가 있다.

"탈근대"에 대한 예견이 모순되게도 근대성의 실체를 명확히 규명하기 위한 사회적 관심과 반향을 불러일으켰을 무렵, 서구 학계에서는 근대성에 대한 기존의 단편적인 이해를 지양하고 근대성을 보다 역동적이고 다차원적인 시대정신이자 모순적인 요소들을 포괄하는 복합적인 실체로서 이해하려는 다양한 시도들이 이루어지고 있었다. 여기에는 아직 실현되지 않은 근대성의 잠재력이나 꺼지지 않는 근대의 강인한 생명력을 옹호하려는 입장과 이와는 상반되게 근대성의 자기 모순을 부각시킴으로써 이를 신랄하게 비판하고 해체하려는 입장이 공존했는데, 이 두 개의 상이한 관점은 그 지향점은 비록 달랐지만 근대성에 대한 보다 총체적이고 다면적인 이해를 도모한다는 점에서 사실상 유사한 논리 구조를 공유하고 있었다.

이 중 근대를 옹호하는 쪽에서 취한 입장은 보다 적극적으로 근대성의 내적 특성에 접근하려는 구체적인 노력을 보여주었다. 기든스가 근대성을 다차원적인 제도들 간의 '관계'로 이해하려 했던 것이나 하버마스와 월러스타인이 '생활세계'와 '체계', '기술적 근대'와 '해방적 근대' 등의 개념을 사용하여 근대성 내부의 요소들과 그 모순적 관계를 부각시키고자 했던 것은 모두 근대의 복합적 성격을 뚜렷이 부각시키는 결과를 가져왔다. 여기에 보다 비제도적인 차원에까지 그 관심을 확장하여 근대를 다른 시간성과 공간성을 지닌 제도적, 문화적, 인식론적 요소들의-지속적인 결합과 반목으로 특징지워지는- 상호작용의 집합으로 이해하려는 시도도 이어졌다. 아도르노나 호르크 하이머가 『계몽의 변증법』에서 근대성에 필연적으로 내포되어 있는 자기 모순으로서의 비합리성을 이야기한 것, 리타 펠스키(1998)가 근대성 담론들 속에서 합리적인 자본주의가 지극히 비합리적인 여성의 소비 충동과 결합되어지는 양상을 분석한 것은 바로 그 일환이었다. 근대의 복합성과 모순이 주로 제도적 차원, 혹은 합리성과 비합리성의 결합 같은 비제도적 차원의 한 부분에 초점을 맞추어 이야기되었던 것은 사실이지만 근대가 단일한 시대정신이라기보다는 통일되지 않은 다양한 가치들을 자신의 틀 안에 포섭하고 있는 복합적 총체라는 인식은, 단일 논리체계로 설명되지 않는 사회적 현실들과 맞물리면서 점점 더 설득력을 얻으며 그 세력을 넓혀가고 있는 것으로 보인다.

그런데 이러한 근대의 모호성은 서구가 아닌 제 3의 사회를 배경으로 할 때 더욱 더 복잡한 양상을 띠게 된다. 특히 서구적 근대의 초국가적 전개과정에서 우리가 겪어야 했던 식민지의 경험, 6·25 전쟁과 남북 분단, 국가 주도적인 불균등한 사회 발전, 그로 인한 근대적 요소 내부의 극심한 부문별 격차 등은 사실상 모두가 우리의 근대를 논의하는 것을 더욱 복잡하고 어렵게 만든다. 근대성을 구성하는 다양한 요소들이 결합하기도 하고 갈등하기도 하는 양상이 서구와 기본적으로 다른 모습을 띠는 것은 물론이고 여기에 기존의 사회 구조와 전통에 근거한 이념적 요소들이 더해지면서 그 총체적인 성격을 읽어내는 것을 더욱 힘들게 하기 때문이다. 한국사회에서 근대성의 실체를 규명하고자 하는 다양한 시도들이 이루어져 왔고, 이 문제가 여전히 중요한 화두로 남아있음에도 불구하고 그 논의의 성과가 기대만큼 뚜렷하지 못한 것은 바로 우리의 근대가 갖는 한층 심화된 복합성 때문일 것이다. 이러한 자각에서 출발한 본 연구는 근대에 모호성과 다차원성이 존재하고 그 내적인 역동성이 불가피하다면 그것이 한국사회에서는 어떤 형태로 구현되었고 또 어떠한 변화를 겪어 왔는가를 밝히는 것을 연구 주제로 삼는다.

이를 위해서 본 연구에서 택한 접근방법은 기존에 비합리적 공간으로 간주되며 근대성에 대한 거시적 논의들과는 별도의 맥락에서 설명되어 온 "가족의 근대성"과 가족 외부의 "정치, 경제, 문화 영역에서의 근대성"이 어떠한 방식으로 교차하면서 우리의 역사를 구성해왔는지를 살펴보는 것이다. '정치, 경제, 문화적 영역'과 '가족'의 관계에 주목하는 이러한 입장은 주로 거시적인 차원에서 이루어져온 근대성 논의와 이와는 별도의 영역에서 '근대 가족'에만 초점을 맞춘 채 자신들만의 세계에 침잠되어 있던 가족의 근대성에 대한 논의가 통합될 때만이 한국적 근대성의 온전한 그림을 그릴 수 있다는 연구자의 신념에 기인하는 것이다.

가족의 근대와 그 외부적인 근대의 관계는 그 자체가 근대성의 모순을 강조해온 학자들이 "합리성"과 "비합리성"의 공존으로 이야기해온 부분일 뿐 아니라 그것이 기존의 '제도적 모순'에 초점을 맞춘 논의들에 누락되어 있던 부분을 보완할 수 있는 내용이라는 점에서 기존 연구의 두 흐름— 근대성의 제도적 차원에서의 모순을 이야기하거나 합리성과 비합리성의 결합을 부각시키는— 을 모두 포괄할 수 있다는 이점을 갖는다. 특히 가족을 기준으로 한 두 영역간의 관계를 규명하기 위해서는 먼저 각 영역에서 근대성 가치들이 구현되는 양상을 파악하는 작업이 선행되어야 하는 바, 근대성의 거시적 제도와 가족 두 차원을 심층적으로 이해하는 과정이 자동으로 논의에 포함된다는 점에서도 이 접근 방식이 갖는 또 하나의 효용성이 있다. 특히 제도적 근대성의 차원은 주로 추상적인 차원에서 논의되어 왔다는 점에서 그 각각의 다차원성과 모순, 내적 상호작용의 양상을 경험적인 수준에서 규명하는 작업 또한 그 자체로 나름의 의미를 가질 수 있다. 여기에 이 두 영역간의 관계를 규명하는 최종적인 작업이 더해짐으로써 근대성의 내적 성격과 역동성에 대한 그림은 보다 정치, 경제, 문화적 영역과 가족의 근대성에 대한 심도깊은 이해에 기반한 보다 포괄적이고 완결된 모습을 갖추게 되는 것이다.

그렇다면 이제 이 두 영역간의 관계, 즉 '가족의 근대'와 보다 '거시적인 근대'의 관계맺음을 가장 명확히 드러내줄 수 있는 텍스트를 찾는 문제가 남게 된다. 이에 본 연구에서 선택된 대상이 바로 가족정책이다. 가족정책은 국가와 가족을 잇는 가교로서 항상 근대의 복합적이고 혼동스러운 "담론의 경합" 속에 존재해 왔다.[1] 그 자신이 근대의 산물이면서도 사적 영역에 대한 국가의 개입을 통해 근대의 주된 특징인 공·사 영역의 분리를 전도하는 태생적인 특성으로 인해, 가족정책은 어느 사회에서든 가족 그 자체와 가족 외부의 국가 혹은 사회에 대한 복합적인 가치들이 공존하고 갈등하는 중요한 지점으로 위치한다. 한국의 가족정책 또한 예외일 수 없다. 그러나 가족정책에 대한 기존 연구들은 가족정책을 단순히 근대와 전통의 불편한 혼합물 정도로만 이해해왔을 뿐 그 속에서 구현된 한국적 근대성의 실체에 접근하려는 시도를 보여주지는 못하였다. 앞서 언급한 혼동의 양상들은 단순히 "전통"과 "근대"의 결합 정도로 치부되어 버리는 것이 상례였다.

이러한 기존의 접근방식은 한국적 근대성이 갖는 큰 그림을 보지

---

1) 가족정책이 국가의 이익, 자본의 이익, 가부장제 이익 등의 다양한 이익들에 의해 결정된다는 자본주의 가부장제 국가론이나 가부장제 복지국가론 같은 페미니즘적 논의들을 구태여 빌어오지 않더라도 가족정책이라는 담론은 그 자체가 가족을 둘러싼 다양한 세력들의 상호관계과 그 담론의 망 속에서 생산되는 것이 일반적이다.

못하고 현실을 지나치게 단순화하는 것일 수 있다. 일찍이 리타 펠스키(1998)는 전통과 근대의 구별은 다른 많은 이항대립을 파생시키는데, 이는 단순하고 미분화된 정체 상태를 전근대에 투사하게 함으로서 전근대사회에 내재하는 갈등과 변화의 흔적을 지워버리게 된다고 지적한 바 있다. 이는 전근대뿐 아니라 근대에도 똑같이 해당되는 문제이다. 전통과 근대의 이분법은 가족정책 속에 반영된 근대성 내부의 다양한 모순의 지점들을 가려버림으로써 근대성의 실체에 대한 접근을 방해해 왔다.

  또한 기존 가족정책 연구들이 사용해온 "근대"라는 개념 자체에 대해서도 문제를 제기할 필요가 있다. 많은 경우 "근대"는 전통과의 관계 속에서 상대적으로 규정되는 임의성을 그 특징으로 해왔다. 즉 전통과 근대가 대립쌍으로서 서로가 서로를 규정하는, "~A=B(A가 아닌 것은 B)"라는 식의 규정이 반복되어 온 것이다. 뿐만 아니라 이들은 종종 전형적인 서구 근대 가족의 특징들, 예를 들어 성별분업이나 가정주부 이데올로기, 보편적인 핵가족에 대한 전제 등을 전근대적인 것으로 간주하는 등, 근대의 개념 자체에 혼란을 보이기도 한다. 피상적이고도 모호한 이러한 규정방식은 우리의 근대가 전개되어온 독특한 맥락과 그것이 갖는 함의에 대한 심도있는 통찰력을 제공할 수 없다. 이에 본 연구는 보다 정교화 된 '정치, 경제, 문화 영역'에서의 근대적 가치들과 '가족'이 맺어온 관계의 양상을 밝혀내는 것이 한국적 근대성의 특성을 부각시키는 효과적인 방안이 될 수 있음을 주장하고자 한다. 근대성이라는 개념을 통일되지 않은 가치들의 복합적인 총체로 인식하고 가족정책 속에 반영되어 있는 역사적 과정으로서의 근대성의 발현과정을 현시점에서 비판적으로 재해석하고 그 의미를 분석적으로 해명코자 하는 것이다.

가족정책은 가족의 근대와 가족 외적 근대가 맞물리는 주요한 장(場)으로서 우리의 가족과 그것을 둘러싼 사회의 실재에 중요한 영향력을 행사해왔다. 특히 한국의 가족정책은 정상적이고 보편적인 가족의 '고정된 실체'를 전제한 상태에서 '비정상적인' 변화를 지양하고 가족 본연의 모습과 기능을 유지, 보전하는 것을 우선으로 삼는 보수적인 성격을 띠어왔고 국가 개입을 최소화하고 개입이 필요할 경우에도 가족의 전통적 의무와 기능을 회복시킴으로써 가족을 사회복지의 자원으로 동원하는 것을 기본 방향으로 삼아 왔기 때문에 그 자체로 가족에게 끊임없이 '정상성'을 강요할 수밖에 없었다.[2] 이는 가족정책이

---

[2] 가족정책은 기본적으로 가족을 '실체'로 가정하느냐, 혹은 '이념적 구성물'로 보느냐에 의거하여 상이한 발전 경로를 거치게 된다. 가족을 실체로 전제하는 시각은 말리노브스키 이래 20세기 인류학자들이 주장해온 가족의 보편적 특성, 즉 '자녀 양육의 기능을 중심으로 특정한 공간(가정)과 특정한 애정의 유대(사랑)로 연결된 특정한 사람들의 집합체(핵가족)'로서의 본질을 가정한다. 따라서 '정상적인' 가족을 유지, 지속시키기 위한 양육, 정서적 통합, 재생산 역할이 여성에게 요구되는 것은 물론이고, 이 역할들을 중심으로 관념화된 가족 내부의 관계는 가족 외부의 관계, 즉 일터나 정치적 영역과 분리되고 대치되는 독자적 영역으로 간주된다. 이 입장에서는 낭만적 가족 개념을 포기하지 않기 때문에 여기서 벗어나는 가족이나 가족 구조의 변화는 곧 병리적인 것, 치료와 회복이 필요한 것으로 여긴다. 이러한 전제는 바로 국가의 개입을 최소화하는 자유방임적인 가족정책의 기반이다. 가족의 실체를 가정하는 입장이 가족 변화에 비허용적이라면 가족을 도덕적, 철학적, 이념적 구성물로 보는 입장은 가족이 경험하는 실제 변화를 인정하고 그 변화에 개입하고자 한다는 점에서 보다 개방적이다. 이에 따르면 가족은 고정된 실체가 아니라 사회문화적으로 만들어지는 '유동적인 구성물'이고, 따라서 가족의 변화 또한 극히 자연스러운 것으로 간주되며, 더 나아가 사회는 바람직한 방향으로의 새로운 변화를 적극적으로 주도해나가야 하는 사명을 안게 된다(박병호 외, 1996: 226-227). 이는 국가가 가족 변화를 주도하는 평등주의적 사회민주주의형 가족정책의 근간이 되어 왔다. 한국의 가족정책은 기본적으로 가족의 이념형을 전제하고 국가 개입의 최소화하며, 그 제한된 개입의 목표 또한 기존의 가족 기능과 가족상의 보존이었다는 점에서 전자에 가깝다 볼 수 있다.

이상적 가족, 이념형적 가족을 담론적으로 구성해내는 하나의 중요한 권력으로서, 현실적 차원에서 그 영향력이 행사되는 구체적인 경로 혹은 매체로서 기능해 왔음을 의미한다. 더욱이 급속한 근대화 과정에서 국가가 근대를 주도하며 불가침의 권력을 행사했던 우리의 특수한 현실을 고려할 때 한국 사회에서 가족정책의 무게와 그 구속력은 클 수밖에 없었다. 이 같은 맥락에서 한국 가족정책의 전개 과정을 고찰하는 것은 영향력 있는 사회적 담론의 변화 양상을 순차적으로 추적하는 작업이라는 점에서도 나름의 의의를 갖게 된다.

본 연구는 이러한 점들에 기반하여 사회적으로 중요한 담론의 하나인 가족정책을 분석 텍스트로 선정하고, 근대성의 개념들을 좀 더 구체적으로 추출한 상태에서 가족정책이라는 하나의 장(場)에서 가족의 근대와 가족 외적 근대가 어떠한 방식으로 맞물리며 우리의 근대성을 구현해 왔는지의 측면을 살펴보는 것을 연구의 내용으로 삼는다. 이를 위하여 먼저 시기별로 가족정책에서 나타나는 거시적이고 제도적인 차원에서의 근대성의 복합성을 파악하는 단계가 선행되었고 그 토대 위에서 주조되어온 가족 내적인 근대가 조명됐다. 또한 여기에서 한걸음 더 나아가 보다 통합적으로 정치, 경제, 문화 영역에서의 근대성과 가족의 근대성 사이에서 형성되어온 관계의 역사적인 변화 양상을 밝혀내는 작업이 수행되었다. 여기서의 '관계성'은 가족을 구조화하는 거시적 제도들의 구속력을 인정하되 이들에 의해 일방적으로 결정되기보다는 상대적인 자율성과 역으로 거시 구조에 영향력을 행사할 수 있는 잠재적인 가능성을 가진 하나의 제도로서의 가족의 본질적 특성을 전제한 개념이다.

서구적인 틀만으로는 포착할 수 없는 전통적 요소들에 대한 관심 또한 실제 분석을 위한 준거의 일부를 이루고 있음을 미리 밝혀둔다. 근대라는 시기가 이전과 구별되는 지배적 질서의 변화와 불연속성으로 특징지워지는 것은 사실이지만 전통과 근대 사이의 연속성 자체를 부정할 수는 없으며, 사실상 전통은 성찰적으로 적용된 지식을 통한 구성의 과정을 거쳐 근대의 한 요소로 새로이 자리매김되어 왔기 때문이다(기든스, 1990). 전통이 실제로 역사성을 갖는 것이 아니라 집단적 기억의 조작이나 인위적으로 만들어진 '집단의 공식 기억'으로서 "만들어져왔다"고 주장하는 에릭 홉스봄의 '전통의 창조' 개념에서 구체화되고 있듯이, 전통은 과거의 기억으로 끝나지 않고 필요에 따라 재생산되어 근대성의 일부로 편입되어 왔기 때문에 우리의 근대의 일부로 녹아있는 전통의 요소들을 밝혀내는 것 또한 중요한 과제가 된다.

시기적으로는 1948년 이후부터 2005년 초반까지의 시점에 초점을 맞춘다. 이는 기실 한국사회에서 근대성의 발현이 시작된 시기가 일제 식민지기임을 부정하려는 의도는 결코 아니다. 서구 근대화에 대한 모방과 구별짓기, 기술적 진보에 대한 추구와 동양적인 영적 우월성에 대한 향수가 공존하는 독특한 모습으로 구성되어온 우리의 '식민지적 근대'가 1920, 30년대에 이미 그 모습을 뚜렷이 드러냈음은 주지의 사실이다. 그럼에도 본 연구에서 1948년 이후로 초점을 맞춘 것은 식민지적 근대성의 출현이라는 역사적 사실을 부정하거나 가벼이 취급하려는 것이 아니라 연구 대상의 특성상 가족정책이라고 부를 수 있는 정부 차원의 입법이 활발하게 이루어진 것이 헌법 제정 이후인 1948년 이후의 일이라는 점에서 불가피한 선택이었다. 또한 분석에 포함된 광범위한 연구 시기는 "근대는 역사적으로 구분해서 말할 수 있는 일정한 시기가 아니라 언제라도 이쪽저쪽으로 이동할 수 있는 일련의 시

간적 좌표"라는 리타 펠스키(1998: 37)의 주장처럼 근대가 확장된 시간
적 스펙트럼 속에서 이해되어야 한다는 인식에 기인한다. 1948년부터
2005년에 이르는 시기는 최초로 한국사회에 근대성이 도입된 시기는
아닐지라도 그 연속선상에서 근대성이 보다 본격적으로 스스로를 구
현해나갔던, 그리고 그 과정이 진행되고 있는 의미있는 시간대라 할
것이다.

　가족정책이라는 텍스트에 대한 역사적 분석을 내용으로 하는 본 연
구는 우리의 근대성의 일면을 바라보려는 것이자 실제 근대 내부에서
다양한 가치들이 작동해온 역동적인 과정을 추적해보려는 시도이다.
이는 사실상 가족정책이라는 국한된 텍스트를 통해서나마 "우리에게
근대가 무엇이었나" 라는 질문에 해답을 구하는 작업이기도 하다. 이
과정에서 가족정책은 한국 사회가 놓여 온 담론적 현실을 바라보게 하
는 하나의 유용한 거울이 되어줄 것으로 믿는다.

제2장
연구 대상 및 연구방법

1. 연구의 시기와 대상

앞서 언급했듯이 헌법이 제정된 1948년 이후부터 2005년까지를 근
대성의 확장된 스펙트럼으로 보고 연구에 포함시키되, 이를 1948-1962
년, 1962-1972년, 1972-1980년, 1980-1987년, 1987-1997년, 1997년 이
후의 여섯시기로 나누어 시기별 분석을 실시하였다. 이와 같은 시기
구분은 헌법을 비롯한 각종 가족관련 법제와 비교적 장기적인 차원에
서 가족정책의 전체 윤곽을 규정해온 경제사회개발 5개년계획, 특정
정책 대상별로 세분화되어 있는 구체적인 해당 자료들을 검토하여 정
부의 접근방식의 뚜렷한 변화가 나타나는 시점들을 귀납적으로 도출
해낸 것으로서, 이는 대체적으로 정권 교체 시기와도 일치하는 경향을
보인다. 예외적으로 1997년 IMF 구제금융체제로의 돌입은 정권이나
헌법, 정부 주도적인 정책 방향 설정과 무관하게 직접적으로 외부에서
주어진 강력한 자극에 의해 정책 흐름의 총괄적인 변화가 야기되는 분
기점이 되었다는 점에서 1990년대 이후 시기 구분의 기준점으로 설정

되었다.

분석과정에서 시기상의 구분점이 되는 년도에 직접 해당하거나 극도로 인접한 법제와 정책자료들에 대해서는 어느 시기에 포함시켜야 할지의 문제가 제기되었으므로 편의상 헌법 제·개정을 기점으로 범주화하는 방식을 취했다. 법률의 경우 그 제·개정 시기를 근거로 범주화되었는데, 실상 법률의 효력이 발효되는 것이 그로부터 6개월에서 1년 이후라는 점을 생각할 때 이는 근본적인 오차를 내포할 수밖에 없다. 그러나 가족정책을 하나의 '텍스트'로 삼는 본 연구의 성격상 법률이 실효성을 갖는 시점보다는 문서화된 시기에 주목하는 것이 타당할 것으로 생각되었고, 이로 인해 생기게 되는 문제가 근대성의 큰 흐름을 추적하는 연구 목적에 크게 위배되지는 않는다는 판단 하에 제·개정 시점에 우선적인 무게를 두었다.

분석 대상이 되는 가족정책의 범위는 크게 "가족법", "사회보험", "공공부조", "사회복지서비스", "모자보건 및 가족계획"의 다섯 영역으로 구성되었으며, 그 각각의 영역에 해당하는 법제와 일선에서 적용되는 정책 자료들이 다루어졌다. 각 영역을 살펴보자면 우선 "가족법"은 그 자체로 가족정책의 핵심적인 부분을 차지할 뿐만 아니라 가족에 대한 국가의 태도를 직접적으로 반영하며 명시적, 묵시적으로 다른 가족정책들의 준거로 작용하고 있는 측면들이 다수 발견된다는 점에서 일단 중요한 분석 텍스트가 되었다. 나머지 네 영역은 이론적 고찰을 거쳐 도출되었는데 이 중 "사회보험"은 연금보험, 고용보험, 의료보험 등을 포괄하는 범주이며, "공공부조"는 생활보호사업과 의료보호를, "사회복지서비스"는 아동복지사업, 노인복지사업, 여성복지사업, 장애자복지사업, 가정폭력관련 사업을 포함한다. 여기에 한국 가족정책의 역사에서 빼놓을 수 없는 인구정책과 관련된 "모자보건과 가족계획사업"이 또 하나의 영역으로 더해졌다. 또한 가족정책과 직접적인 관계를 갖는 것은 아니나 국정지침으로서의 객관적 질서이자 국민의 기본적 인권 서로서의 의미를 지니는 '헌법'이 가족에 대해 어떠한 입장을 취하고 있는지를 살펴보는 것은 다른 여타의 정책들을 이해하는 데 기본적인 가이드라인을 제공해 줄 수 있다는 전제 하에(윤후정, 1990) 이 역시 참고자료로 활용되었다. 각 영역의 내용과 그 근거법들을 간략히 정리하자면 아래의 〈표 1〉과 같다.

표에 제시된 각각의 영역을 좀 더 구체적으로 설명하자면 "사회보장제도"는 질병, 실업, 혹은 노령이나 사망으로 말미암아 일어나는 경제적 어려움으로부터 대중을 보호하고 이들이 의료를 받을 수 있도록 해주며 어린이를 양육하는 가족을 보조해주기 위한 총괄적인 대책을 말한다. 사회보장제도는 크게 '사회보험'과 '공공부조'로 구성되는데 이중 사회보험은 위험의 분산과 소득재분배를 기본이념으로 질병, 노령, 사망, 실업, 산업재해 등의 정형화된 사고에 대비하는 제도로서 연금보험, 고용보험의 소득보장제도와 의료보험, 산재 보험의 의료보장제도를 포함한다. 사회보험제도가 일정한 보험료의 불입이라는 개인의 기여도에 따라 활동능력의 상실과 소득의 손실을 보상받게 되는 제도라면 공공부조는 기여도가 없이도 수혜자가 될 수 있는 일종의 구빈제도이다. 자력으로 생계를 영위할 수 없는 자들의 생활을 국가가 국고를 동원해 보호해줌으로써 자본주의의 구조적 모순으로 발생한 최하위계층에게 최소한의 기본적인 생활을 보장하는 제도인 것이다.

"사회복지서비스"는 노인, 아동, 장애인, 여성 등을 대상으로 경제적 곤란은 물론, 사회적 부적응 등 개별적, 구체적인 욕구를 충족시켜줌

으로써 정상적인 사회인으로 생활할 수 있도록 물질적, 비물질적 서비
스를 제공하는 내용을 담고 있다. 여기에는 세부적으로 아동복지, 여
성복지, 노인복지, 장애인복지, 가정폭력 관련 정책 등이 속한다(복지
정책과, 1997: 13-33; 이선자, 1999: 25-29). "모자보건과 가족계획사업"은
한국 가족정책에서 간과할 수 없는 출산통제정책과 연계된 부분이다.
이와 같은 범주 구성의 근거는 Ⅱ장 이론적 논의 파트에서 좀 더 자세
히 언급하게 될 것이다.

〈표 1〉 연구의 대상

관련제도		제도의 내용	근거법
헌 법			
가족법			
사회보장 제도	사회 보험	연금보험	공무원연금법 군인연금법 사립학교교원연금법 국민연금법(구 국민복지연금법)
		고용보험	근로기준법 고용보험법
		의료보험	의료보험법 공무원및사립학교교직원의료보험법
		산재보험	산업재해보상보험법
	공공 부조	생활보호사업	생활보호법 국민기초생활보장법(구 생활보호법) 의료보호법 군사원호법 국가유공자등예우및지원에관한법률
사회복지서비스		아동복지사업	아동복지법 유아교육진흥법 입양특례법 　　(구 입양촉진및절차에관한특례법) 영유아보육법
		노인복지사업	노인복지법
		여성복지사업	아동복지법(구 아동복리법) 윤락행위등방지법

		모부자복지법(구 모자복지법) 남녀고용평등법
	장애자복지사업	장애인복지법(구 심신장애인복지법)
	가정폭력방지사업	가정폭력범죄의처벌등에관한특례법 가정폭력방지및피해자보호등에관한법률
모자보건 및 가족계획	모자보건	모자보건법
	가족계획	〃
cf. 기타 기본법	사회보장기본법/사회복지사업법/건강가정기본법	

이상의 정책들은 각 시기별로 지속적인 변화를 겪어왔는데, 법제의 개정은 간접적으로 보다 실천적인 정책의 수행 차원에서도 유의미한 파급효과를 미쳐왔다는 점에서 법제의 변화 양상들을 파악하는 것이 본격적인 분석단계로 이행하기 위한 필수 과제가 된다. 〈표 2〉는 시기별 주요한 변화의 계기들을 앞서 제시한 시기별로 범주화하여 다시 정리한 것이다.

〈표 2〉 연구 대상 중 법제의 범위

시기 구분	헌법	가족 법	사회보험	공공부조	사회복지 서비스	모자보건 및 가족계획
1948- 1962 년	제정 1948. 7.17	제정 1958 2.22	1953.5.10. 근로기준법 제정 1960.1.1. 공무원연금법 제정 1962.8.31. 공무원연금법 1차 개정	1961.12.30. 생활보호법 제정 1961. 군사원호법 1962.4.16. 국가유공자 및 월남귀순자 특별원호법	1961.11.9. 윤락행위등방지 법 제정 1961.9.30. 고아입양특례법 제정 1961.12.30. 아동복리법 제정	
1962- 1972 년	1차 개정 1962. 12.26	1차 개정 1962. 12.29	1963.1.28. 군인연금법 제정 1963.11.5. 사회보장에 관한 법률 제정		1970.1.1. 사회복지사업법 제정	

시기 구분	헌법	가족 법	사회보험	공공부조	사회복지 서비스	모자보건 및 가족계획
			1963.11.5. 산업재해보상 보험법 제정 1963.12.16. 의료보험법 제정 1970.8.7. 의료보험법 1차 개정 1971.11.19. 산업재해보상 보험법 1차 개정			
1972- 1980 년	2차 개정 1972. 12.27	2차 개정 1977. 12.31	1973.12.20. 사립학교교직원 연금법 제정 1973.12.24. 국민복지연금법 제정 1976.12.22. 의료보험법 2차 개정 1977.12.31. 공무원 및 사립 학교교직원의료 보험법 제정	1977.12.31 의료보호법 제정	1976.12.31. 입양특례법 1차 개정 (고아입양특례 법에서 개칭)	1973.2.8. 모자 보건법 제정
1980- 1987 년	3차 개정 1980. 10.27		1982.12.28. 공무원연금법 2차 개정 1986.12.31. 국민연금법 1차 개정(개칭후)	1982. 12. 31. 생활보호법 1차 전문개정 1984.8.2. 국가유공자예우 등에관한법률 (제정)	1981.4.13. 아동복지법 1차개정(개칭후) 1981.6.5. 심신장애자 복지법 제정 1981.6.5. 노인복지법 제정 1982.12.31. 유아교육진흥법 제정	1986.5.10. 모자 보건법 1차 개정

시기 구분	헌법	가족 법	사회보험	공공부조	사회복지 서비스	모자보건 및 가족계획
1987- 1997 년	4차 개정 1987. 10.29	3차 개정 1990. 1.3.	1993.12.27. 고용보험법 제정 1994.1.7. 의료보험법 2차 전문개정 1994.12.22. 산업재해보상 보험법 2차 전문개정 1995.12.30. 사회보장기본법 제정(사회보장에 관한법률 폐지) 1997.3.13. 근로기준법 체지/제정	1991.3.8. 의료보호법 1차 전문개정	1987.12.4. 남녀고용평등법 제정 1989.12.30. 노인복지법 1차 개정 1989.12.30. 장애인복지법 1차 개정(개칭) 1989.4.1. 모자복지법 제정 1991.1.14. 영유아보육법 제정 1992.12.8. 사회복지사업법 1차 전문개정 1995.1.5. 입양촉진 및 절차에 관한 특례법(개칭) 1차 개정 1995.1.5. 윤락행위등방지 법 1차 개정 1997.8.22. 노인복지법 2차 개정 1997.8.22. 사회복지사업법 제 2차 전문개정	
1997- 2005 년			1997.12.31. 공무원및사립학 교교직원의료보 험법 폐지	1999.9.7. 생활보호법 폐지 및 국민기초생활 보장법 제정	1997.12.31. 가정폭력범죄의 처벌등에관한 특례법 제정	

시기 구분	헌법	가족 법	사회보험	공공부조	사회복지 서비스	모자보건 및 가족계획
			1997.12.31. 국민의료보험법 제정 1999.2.8. 국민건강보험법 제정	2001.5.24. 의료보호법 2차 개정	1997.12.31. 가정폭력방지 및 피해자보호등에 관한법률 제정 1998.9.17. 유아교육진흥법 1차 개정 1999.2.8. 장애인복지법 2차 개정 2000.1.12. 아동복지법 2차 개정 2001.8.14. 남녀고용평등법 1차 전문개정 2002.12.18. 모부자 복지법으로 개칭 2004.2.8. 건강가정기본법 제정	

위의 틀을 기본으로 하여, 제시된 법제들과 함께 그 법제에 근거한 가족정책의 자료들, 정부 지침과 담당 기관의 내부 지침, 가족정책 프로그램들이 종합적으로 분석되었다. 법제의 경우에는 〈표 2〉에 제시된 전면개정 이외에도 부분개정시에 주요 조항들의 신설이나 개정이 이루어진 경우가 많아 사실상 모든 개정 내용들이 분석대상에 포함되었다고 보아도 무방하다. 정책 자료의 경우 소관부처 차원의 각종 계획이나 지침, 경제사회개발 5개년계획 자료, 가족정책 관련 백서와 정부보고서 등 접근가능한 자료들이 포괄적으로 다루어졌고, 이외에 가

족정책 행정에 관여하였던 사회단체나 조직, 예를 들어 대한의사협회, 대한가족계획협회, 의료보험공단, 국민연금관리공단 등에서 만들어진 문건들 또한 참고 자료로 활용되었다.

가족정책 관련 법제와 지침, 계획 등의 구별은 중요하게 고려되지 않았다. 오히려 법이 가진 추상적인 성격, 즉 어느 정도는 현실과 괴리된 이상향을 지향점으로서 표방하게 되는 본원적인 특성을 과장되게 해석하는 우를 범하지 않기 위해 각종 계획, 지침 등의 정책자료를 법제와 꼼꼼히 비교 분석하였고, 이를 통해 법제의 이상주의적 성격을 한차례 걸러낸 상태에서 가족정책의 실제적 흐름을 규명해내고자 하였다. 문서화되어 있는 텍스트와 현실 사이의 괴리에서 비롯되는 취약점은 본 연구의 한계점으로 남아있겠지만 실제 일선에서 작업 지침으로 사용되었던 정책자료들에 대한 고찰은 법제와 현실과의 괴리라는 문제를 부분적으로나마 해결해줄 수 있는 효과적인 도구가 될 수 있다는 점에서 특히 많은 시간과 노력이 할애되었다. 또한 각각의 자료들을 분석하는 과정 내내 담론과 현실의 간극이라는 문제를 염두에 두고 각각의 자료들의 내용을 있는 그대로 수용하기보다는 비판적으로 해석하려는 지속적인 주의가 기울여졌다.

2. 연구방법

정책은 '사회적으로 구성되는 담론'으로서(Hasting, 1998), 그 자신이 다루는 대상들에 대한 일종의 내러티브를 구성한다. 공공정책이 '현실적인 사회 문제를 해결하기 위한 최고의 효과적인 수단으로서 만들어진 객관적인 실체'라는 전제가 사실상 허구에 불과하다는 사실은 최근 사회구성주의(social constructionism)적인 입장을 취하는 연구자들에 의해 누누이 지적되어 왔다(Stone, D. A. 1989; Bacchi, 1999; Hasting, 1998). 오히려 정책은 그 자신이 다루는 대상을 정의하고, 주어진 영역에서 지향해야 할 방향과 목표를 구성해낸다는 점에서 의도성과 정치적 함의를 지닌다는 것이다. 가족정책 역시 가족과 그것을 둘러싼 현실에 대한 하나의 서사 구조를 정치적으로 구성해온 중요한 매체였다는 점을 생각할 때 그것이 갖는 담론으로서의 생산적 힘에 대한 이해가 필수적이라 하겠다.

실재를 구성해내는 담론에 대한 관심은 푸코(Foucault)를 비롯한 후기 구조주의자들의 논의로 그 기원이 거슬러 올라간다. 푸코는 인간 주체가 구성되어지는 과정을 곧 권력의 작동과정으로 보면서, 어디에나 존재하고 모든 관계 속에서 생산되는 권력의 편재성과 비가시성에 주목하여 주체와 그 정체성, 그리고 다양한 여타 관계들을 만들어내는 권력의 '생산적인' 성격을 부각시켰다. 이 생산의 과정은 많은 경우 '담론'이라는 매개수단을 거치는 것으로 보이는데, 여기서 담론은 계급이나 성과 같은 다양한 범주들을 단순히 현실을 그대로 드러내거나 "반영"하는 것이 아니라 그 이상의 해석을 덧붙이는 방식으로 "재현"해냄으로써 실제의 현실을 주조해낼 수 있는 힘을 갖는다.

현실의 사회적 구성과 그 정당화가 그것을 가능케 하는 권력과 지배의 사회구조 속에서 이루어지고, 그 실천의 과정-담론을 매개로 하는- 을 통해 또다시 지배적 구조를 재생산하는 공고한 순환관계 속에 놓여 있다는 푸코의 논의는 동즐로(Donzelot, J.)에 의해 가족 분야에도 적용되어 가족이 사회적으로 구성되어지는 방식에 대한 역동적인 설명으로 구체화된 바 있다. 병원, 학교, 사회사업기구, 의학과 심리 이론 등의 사회적 영역이 인구에 대한 감호 체계로 근대화하면서 그러한 소계보들과 그것을 포함하는 지식권력들의 작동 속에 자율성의 공간이었던 전통 가족이 체제 내로 규율화되는 과정을 보여주었던 동즐로의 논의는 가족정책에서 나타나는 가족과 보다 거시적인 제도에 대한 담론 형성에 관심을 기울이는 본 연구와 관련해서도 매우 중요한 의의를 지닌다. 의미를 생산하는 가족정책 담론의 작동양상을 드러내고자 하는 본 연구의 접근방식이 곧 성찰적이고 자기 비판적인 시각에서 현실이 구성되어지고 위치 지워지는 방식, 즉 구조가 스스로를 재생산하는 방식을 드러내고, 데리다(Derrida, J.)가 말한 해체전략을 통해 특정한 구조를 끊임없이 재생산, 유지시키는 공고한 순환고리를 되짚어내어 그 연결고리들에 흠집을 내기 위한 노력의 일환이기 때문이다.

이러한 점들에 기반하여 본 연구는 가족정책을 하나의 분석 텍스트로 삼는 담론 분석 방법을 활용하여 1948년부터 2005년에 이르는 시기를 포괄하는 장기적인 종단분석을 시도하였다. '정치, 경제, 문화적 영역'의 근대와 '가족내적 근대'의 맞물림 속에 정책 담론 속에서 근대성이 어떻게 구현되어 왔는지를 고찰하는 내용을 담고 있는 이 연구는 단순히 과거의 현실을 있는 그대로 보여주는 수동적 의미로 존재하는 것이 아니라 그것이 과거에 실제로 영향을 미쳐왔고 그 영향력이 지속적으로 이어지고 있음에 주목하여 법조항 및 정부지침, 담당 기관의 내부지침, 정책 프로그램, 국내외 문헌의 단행본, 연구논문 등 폭넓은 문헌자료들에 접근하고자 했다. 이는 곧 푸코나 동즐로가 관심을 기울였던 다양한 권력의 그물망 속에서, 특히 가족정책이라는 매체를 통해 구성되고 만들어지는 근대성의 실체를 "역사화", 혹은 "맥락화"함으로써 '사실의 다시 읽기'를 통한 새로운 지식의 생산을 모색하기 위한 것이다. 또한 여기에는 단순히 현실을 수동적인 객체로 고정시키는 것이 아니라 현실을 특정한 형태와 모습으로 구조화해온 정책의 작동방식을 드러냄으로써 그 구조에 간접적으로 도전하려는 보다 적극적인 의미도 내포되어 있다.

이외에, 담론 분석에 기대어 광범위한 범위를 다루는 연구방법의 내적 타당성과 결과 분석의 신뢰도를 높이기 위하여 연구 대상이 되는 시기를 나누어 그 각각을 고찰하고 그들을 비교하는 '시기 구분'의 방법이 적극 활용되었다. 시기 구분을 통해 분석의 단위를 설정하는 것은 의혹의 여지가 있는 시간 변수를 일종의 파라미터(parameter)로 전환시킴으로써 각 범주별 내적 속성을 보다 명확하게 규명할 수 있다는 방법론적 이점을 갖는다. 즉 범주화(classification)된 시기에 따라 그 내부에서 구현되는 논리적 상관관계, 혹은 인과관계와 규칙성이 명확히 드러날 수 있다는 점에서 역사적 연구에서 취약점이 되기 쉬운 일반화의 어려움이 상당부분 해소될 수 있기 때문이다. 닐 스멜서가 "단위 내 분석(within unit analysis)"에 대한 설명에서 구체화하고 있듯이 일련의 역사적 과정을 다루는 연구에서의 시기 구분은 각 범주별로 구현되는 변수 간의 관계의 차이를 보다 확실히 포착할 수 있도록 하여 하나의 단위 내에서도 비교 연구를 가능케 한다는 장점을 갖는다(Smelser, Niel, 1976). 본 연구에서는 이러한 시기구분, 즉 단위 내에서의 비교 분석의 장점을 최대한 활용하여 시기별로 상호적 관계 속에서 변동해온 가족의 근대성과 거시적 근대성의 구체적인 관계맺음의 양상을 명확히 규명하고 그 변화의 양상을 세밀히 포착해내고자 했다.

구체적인 분석에서는 기존의 서구 근대성과 근대 가족에 대한 연구들에서 도출된 개념들을 기본적인 준거로 삼되 이를 고정된 실체나 근대성의 원형으로 보고 한국 가족의 현실이 그 기준에 얼마나 접근해 있는지를 평가하는 식의 진화론적, 서구 중심적 관점을 피하기 위해 이 개념들의 큰 틀만을 전제한 상태에서 실제 정책 자료들에서 나타난 한국적 특수성까지도 포함하도록 그 내용을 재구성, 보완하여 '거시적 제도'와 '가족'의 근대성의 요소들로 규정하고 이들 간의 총체적인 관계를 파악하도록 하였다. 특히 '가족'과 관련해서는 상식적 수준에서 한국 사회에서 가족이 차지하는 위치와 성격이 분명 서구와는 다른 양식을 띤다는 사실을 충분히 인식하여 서구에서 주로 근대 가족의 특징으로 고려되는 요소들을 염두에 두되 충분히 유연성을 유지함으로써 실질적으로 우리 사회에서 진행된 가족의 근대성의 발현과정을 보다 주체적 시각에서 발견해내는데 주력했다.

　현실을 주조하는 가족정책의 구성적, 생산적 성격에 주목하는 연구의 특성상 가족정책의 행정이나 서비스의 실질적인 분배와 전달체계, 재정체계, 시행상의 문제점 등의 행정적 측면들은 관심의 대상에서 제외되었음을 미리 밝혀둔다. 수집된 문헌자료들은 곧 이어 제시될 분석 도구에 의해 분류되고 정리된 후 비판적인 재해석의 과정을 거쳐 각 시기별 가족정책의 특성을 도출해내고 그 역사적인 흐름을 읽어내기 위한 자원으로 활용되었다. 자료의 제시 과정에서는 역사적으로 혼동스러운 공생관계를 이루어온 다양한 근대성의 가치들이 가족을 경계로 어떠한 방식으로 맞물리고 갈등하고 타협함으로써 오늘날까지 가족과 사회의 모습을 틀지워 왔는지에 대한 "서사적(narrative) 설명방식"이 주로 사용되었다. 이 과정에서 논지의 전개를 위해 필요한 근거를 제시함에 있어 연구자의 판단에 의거, 광범위한 자료들 중 일부만이

자의적으로 선택되어 기술될 수밖에 없는 선택 오류(selection bias)의
한계가 불가피하게 남아있을 수 있다는 사실에 대해서는 미리 독자의
양해를 구한다.

제2부
이론적 논의

제1장
근대성 관련 논의

1. 근대성에 관한 이론적 고찰

　실상 "근대성(modernity)"이라는 용어만큼 일상적으로 널리 쓰이면서도 그 의미가 명확히 잡히지 않는 개념도 드물다. 서구 학계에서도 유럽과 미국에서 각각 이 개념이 사용된 방식이 다르고, 보다 세부적으로는 시기에 따라, 혹은 학문분과에 따라 상이한 이해방식이 동원되곤 했다. 근대성 개념 자체에 대한 엄밀하고 이론적인 고찰을 거치지 않은 상태에서 일종의 유행어처럼 편의에 따라 사용되는 추세가 지속되다보니 친족개념인 "근대화", "모더니즘", "근대" 등의 용어와의 분명한 구분이 이루어지지 못한 채 논자의 필요에 따라 이 개념들이 혼용되는 경우도 적지 않았다. 이는 사실상 근대성의 지나치게 복잡한 내적 특성 때문이기도 했는데, 최근 근대성의 개념을 총망라했던 Waltes(1999)가 "근대성이란 표현은 근대, 근대화, 모더니즘, 탈근대성, 포스트 모더니즘 등의 다양한 개념을 포함하는 언어군 안에서 사용되어 왔으며, 그것이 산업문명과 합리주의, 시장에서 상품의 교환, 국가의 통제, 시민권의 등장, 개별적 인격의 출현, 사회단위의 분화와 같은 광범위하고 장기적인 사회문화적 구성을 묘사하기 위하여 사용된다는 점에서 단일한 특징에 기반해 정의될 수 없는 본질을 지닌다"고 주장한 것은 바로 이러한 맥락에서였다(Walters, 1999: xi-xii).

그러나 근대성 개념의 난해함을 인정하더라도 그 본질에 접근하기 위해서는 여타 개념들과의 '구별짓기'가 불가피한 것이 현실이다. 리타 펠스키(1998)에 따르면 "근대화(modernization)"는 대개 서구적 발전이라는 정황 속에서 연원했지만, 그 이후 전지구상에서 과학적·기술적 혁신, 생산의 산업화, 급속한 도시화, 끝없이 팽창하는 자본주의 시장, 민족국가의 발달 등 다양한 형태로 표출되었던 일련의 복잡한 "사회경제적 현상"을 의미하는 것이고, 이에 비해 "모더니즘(modernism)"은 "특정한 예술생산 형식"을 규정하는 것으로 19세기 말 유럽과 미국에서 처음 발생한 온갖 다양한 예술 유파와 양식을 모두 아우르는 개념이다. 한편 일탈과 모호성이라는 뚜렷이 근대적인 감각과도 관계가 있는 프랑스 용어 "모데르니테(modernite)"는 유행과 소비주의, 끊임없는 혁신과 같은 지상명령에 의해 형성되는 도시생활의 일시적이고 덧없는 특성들에서 나타나는 일상생활의 미학화라는 보다 일반적인 경험속에서 그 근대적인 감각의 의미를 찾는다(리타 펠스키, 1998: 38). "근대성(modernity)"이란 흔히 이상의 특성들을 어느 것 하나라도 포함하고 있는 특정한 사회문화적 구성이나 그 모든 바탕이 되는 시대 정신을 지칭하는 용어로 사용되며 기존의 전통적인 사고방식과의 혁신적인 단절이 그 내용의 핵심을 이루는 것으로 간주된다는 점에서 포괄적인 시대구분 용어이기도 하다.[1] "근대"는 바로 이러한 근대성이 발현되는 구체적인 '시기'를 지칭하는 것이다.

이렇게 근대성의 포괄적이고 광범위한 성격만큼 그에 대한 연구의 초점도 방대할 수밖에 없다. 철학적으로는 이성적 주체에 의한 역사의 진보, 합리성, 과학을 상징하는 계몽주의적 시대의식이 강조되었고, 사회학적으로는 전통적 주술의 세계로부터 탈주술화, 합리화된 사회가(지배적 가치체계의 차원), 정치 경제학적으로는 노동력이 상품화되는 자본주의적 경제질서의 확립과 의회민주주의로 대변되는 근대적 정치제도의 확립(자본주의와 근대국민국가 차원)이 주된 관심사가 되어 왔다(철학연구회편, 1996: 214). 각각의 연구 성과들이 상호 독립적으로 축적된 것은 학술영역별로 자신들의 관심사에 초점을 맞추어 근대성의 한 측면을 부각시킨 데서 온 당연한 결과였다.

이 같은 맥락에서 볼 때, 탈콧 파슨즈의 논의는 비록 "근대성"이라는 개념을 직접적으로 사용하지는 않았을지라도 일찍부터 현대사회에서 진행되는 일련의 역사적 과정들을 총체적으로 파악해야 할 당위성에 대한 의미있는 시사점을 제공해주었다 할 것이다. 그의 저작이 지나친 방대함과 추상성으로 많은 비판에 노출되어 온 것은 사실이지만 사회의 유지 및 변동 과정 속에 상존하는 내적인 다원성과 역동성에 대한 파슨즈의 관심은 분명 선구적인 것이었다. 그는 사회체계의 유지와 변동의 근거를 총체적으로 규명하려는 의도 하에 '네 가지 기능의 패러다임(the four-function paradigm)'을 만들어냈는데, 여기에는 사회의 유지와 변화를 가능케 하는 조건으로서의 체계 내 분화와 다차원성, 그리고 그 층위들간의 관계에 대한 관심이 근간을 이루고 있었다.

---

1) 대표적인 예로 해밀턴은 경험, 이성, 그리고 과학에 기반한 새로운 유형의 지식을 통해 다른 권위에 의존하는 기존의 지식 유형을 파괴하고 대체하려는 노력의 결과가 바로 근대성이라고 주장한 바 있다.

그 첫 번째 기능은 그가 "유형유지(pattern maintenance)"라고 부른 것으로, 체계 안에서 행위의 방향을 제시하고 이를 정당화시키는 일련의 공통된 가치를 규정하고 유지시키는 과정이다. 두 번째는 "목표 달성(goal attainment)"인데, 이는 체계의 공통된 가치의 틀 안에서 행위의 구체적 목표를 규정하고 다양한 목표들의 우선 순위를 정하며, 행위자로 하여금 주어진 목표에 시간과 노력을 기울이게끔 유도하는 것이다. 세 번째 기능인 "적응(adaptation)"은 체계 목표를 달성하는데 필요한 설비를 제공하는 것을 말한다. 마지막은 "통합(integration)"으로서 체계를 이루는 각 단위들 간의 조정 또는 상호 조절을 의미한다. 이 각각을 사회에 적용해보면 "잠재적 유형유지"에는 주로 사회의 질서를 정당화시키는 공통된 규범과 가치를 공유하게 되는 '종교' 등의 문화적 차원이 해당된다. '정치'는 집합적 "목표 달성"을 위해 사회 구성원들을 조직하는 과정이다. '경제'는 물리적 환경 속에서 인간의 유기적 욕구를 충족시키는데 필요한 기술이라는 점에서 "적응"적 구성요소가 된다. "통합"은 곧 사회화 역할을 담당함으로써 사회의 결속감을 유지하게 하는 '가족'의 대표적인 기능이다. 이렇게 "분화"된 요소들과 그들이 사회 유지를 위해 '통합적으로' 작동하는 방식은 파슨즈에게 있어 근대성의 발현과정을 특징짓는 핵심적인 측면이라 할 수 있다.

이후에 파슨즈가 사이버네틱스 이론에 근거하여 이를 더욱 구체화시킨 바에 따르면 행위체계 속의 기능은 동등하고 방임적인 상황에 놓여 있는 것이 아니라 각기 다른 에너지와 정보를 지니고 있다. 이 위계구조에 근거한 그들 사이의 교류와 순환 과정이 체계를 움직인다. 즉 위계상으로 높은 정보를 가진 체계의 부분은 높은 에너지를 가진 체계의 부분과 끊임없이 교류하고 순환하는 과정을 통하여 조건과 통

제를 가하는 것이다. 높은 에너지를 가진 부분은 높은 조건적 요인이
되고, 높은 정보를 가진 부분은 높은 통제 요인이 된다는 싸이버네틱
스적인 위계 관계에 비추어 네 가지 기능적 요구사항을 살펴보면, 적
응의 기능은 에너지의 수준이 높고 잠재성의 기능은 상징과 문화에 직
결된다는 점에서 높은 정보 수준을 지니며, 그 가운데에 통합과 목표
달성의 기능이 자리하고 있다고 볼 수 있다(벤튼 존슨, 1975). 이러한
추상적이고 다분히 주관적인 논의를 그대로 받아들일 것인지의 문제
는 논외로 하더라도 네 가지 기능적 요소간의 역동적인 상호관계와 위
계구조를 지적하는 그의 논의는 분명 사회 체계 내부의 다중적인 요소
들과 그 동태적 관계를 보다 총괄적이고 역동적인 시각에서 파악하게
한다는 이점을 갖는다. 또한 체계의 다양한 기능에 대한 관심이 정치,
경제, 문화와 같은 거시적 측면에 대한 고려에서 한걸음 더 나아가 '가
족'이라는 영역으로까지 확장되고 있다는 사실에서도 그의 통찰력을
엿볼 수 있다.

　사회 내의 다양한 하위 체계들의 분화와 그들간의 관계 속에서 유
지, 변동하는 역동성에 대한 파슨즈의 관심은 당사자들이 인식했든 그
렇지 못했든간에 최근 근대성의 내적인 다차원성에 대한 주의를 기울
이기 시작한 몇몇 근대성 이론가들에 의해 어떤 식으로든 부분적으로
수용되고 있다고 볼 수 있다. 그러나 이 과정에서 가족을 포함한 역사
적 과정에 대한 설명에 대해서는 상대적으로 관심이 기울여지지 못했
고, 근대성 연구는 가족을 제외한 나머지 정치, 경제, 문화적 영역의
논의들을 위주로 그 내용이 정립되어 왔다.

　일례로 근대성의 내적인 다차원성에 대한 포괄적인 관심을 표방한
대표적인 인물인 월러스타인은 '근대의 종언'을 고하고자 했던 포스트

모더니스트들의 논의에 직접적인 반기를 들면서, 끝나지 않은 근대성의 생명력을 부각시키기 위해 '기술의 근대성(modernity of technology)'과 '해방의 근대성(modernity of liberation)'이라는 개념을 고안해냈다. 기술의 근대가 비행기, 에어컨디션, 텔레비전, 컴퓨터로 상징되는 끝없는 기술적 진보와 지속적 혁신을 말한다면, 해방의 근대성은 편협성, 도그마티즘, 그리고 무엇보다도 권위에 의한 중세적 제약을 거부하는 민주주의적 가치를 의미하는 것으로, 이 두 가치의 역사적으로 혼돈스러운 공생관계 속에서 오늘날의 근대성이 성립되어 왔다는 그의 주장은 '잘못된 기술의 근대성이 종언을 고할지언정 지금은 진정한 해방의 근대성을 달성하기 위해 새로운 역사적 체제를 모색해야 할 근대의 시간대'임을 강조하고자 했던 본연의 목적 이외에도 근대성 내부의 상호 모순적인 긴장의 흔적을 드러내는 중요한 성과를 거뒀다(Wallerstein, 1996: 177-202).

그의 논의에서 기술의 진보가 경제적 부의 증대와 그를 뒷받침하는 기술의 끊임없는 발전으로 표상되는 '물질적' 형태를 가진 것이었다면, 해방의 근대는 긍정적이라기보다는 저항적이고, 미래 지향적이라기보다는 전투적이며, 물질적이라기보다는 이데올로기적인 성격을 갖는 것이었다. 자연에 대한 인간의 승리를 의미하는 기술의 근대와 달리, 해방의 근대는 '중세'라는 개념이 구현하고 있는 편협성과 교조주의, 그리고 무엇보다도 권위의 제약에 대한 반대를 뜻하는 것으로서, 궁극적으로 인간의 승리, 인간 정신의 승리를 가정하고 실질적 "민주주의의 완성"을 통한 해방을 지향하는 성격을 지닌다(김경일, 2003: 96). 이렇게 근대성을 물질과 정신의 두 차원으로 분리시키고 아직 충분히 구현되지 못한 정신적 근대의 잠재력을 강조하는 월러스타인의 주장은 근대가 지녀왔던 이중성과 모순에 대한 근본적인 성찰과 반성을 독려하고 있다는 점에서 고무적이다.

국내에서도 월러스타인을 따른 연구들을 쉽게 발견할 수 있다. 김성보(2001)는 도구적 합리성에 입각하여 생산성(효율성)을 최대한 높이려는 가치체계와 모든 우상과 억압으로부터 자유롭고자 하는 가치체계가 공존하는 시대정신을 근대성이라고 정의하고 그 근대성이 전개되는 시대를 근대라고 이해하면서, 근대성을 기술로서의 근대를 가장 전형적으로 실현한 체제인 "자본주의"와 해방으로서의 근대를 구현하는 체제인 "자유 민주주의"의 두 차원이 근대 국민국가의 틀 안에서 강고하게 결합한 형태라고 정의했다(김성보, 2001: 195).[2] 그러나 그의 논의는 월러스타인의 기본전제를 공유하면서도 근대국가의 독자성을 지나치게 강조한 나머지 자본주의와 자유민주주의를 근대국가에 의해 선택되고 국가에 종속된 산물로 간주하고 있다는 점에서 근대성 내부를 조명하는 균형적 시각을 유지하는 데는 실패하고 있는 것으로 보인다.

율겐 하버마스의 "체계와 생활세계" 논의 역시 근대성의 실체에 대한 의미있는 시사점을 제공해준다. 근대의 시간대를 체계에 대한 생활세계의 식민화 현상으로 이해했던 하버마스는 기술합리성에 기반한

---

2) 김성보(2001)는 탈근대적 논의들이 한국적 근대성의 핵심적 가치들이었던 민족주의를 부정하되 또 다른 근대의 가치인 개인주의, 인권, 민주주의는 초역사적, 보편적 가치로서 받아들이는 식의 논리적 모순을 지님을 비판하면서 근대가 보다 다양성과 생명력을 가진 실체임을 주장하기 위해 합리적 이성과 진보의 이름 아래 근대국가가 자본주의, 자유주의와 같은 다양한 가치들을 종속시킨 형태가 바로 근대성이라는 사실을 주장한다. 그 결과 그의 논의 속에서 내적 다양성과 다양한 가치의 얽힘은 근대의 불가피한, 그리고 강력한 존재 조건으로 묘사된다.

체계의 확장이 의사소통 합리성에 기반해야 할 사적인 생활세계를 잠
식해가는 과정과 그 속에서의 긴장과 모순의 양상들에 주목했다는 점
에서 월러스타인과 유사하게 근대성에 상이한 두 요소간의 통일되지
못한 복합체적 성격을 투사해냈다. 그에게 있어 근대(die Moderne)라는
시간대는 관료주의적, 자본주의적 지배의 억압적인 힘뿐만 아니라 자
기 비판적이기 때문에 해방의 잠재력을 지닌 의사소통적 이성의 윤리
의 출현을 수반하기도 하는, 돌이킬 수 없는 역사적 과정을 의미했다.
논리전개나 개념 규정상의 다소간의 차이가 발견되기는 하지만 하버
마스의 '체계'와 '생활세계' 개념이 월러스타인의 '기술적 근대'와 '해방
적 근대'의 개념의 논리적 등가물로 간주될 수 있을 정도로 일련의 유
사성을 보이고 있음은 흥미롭다. 체계와 생활세계간의 불균형적 발전
에 기인한 근대성의 모순은 김호기에 의해 한국사회의 근대화 과정에
대한 실제 분석에서도 부각된 바 있다. 그는 경제성장과 민주주의의
두 축간의 관계에 주목하여 사적인 생활세계가 근대적 제도와의 관련
속에서 식민화되어가는 양상을 지적하면서, 근대성의 긴장과 모순을
제도와 생활세계의 갈등으로 해석해내는 하버마스의 논의를 그대로
적용하는 방식으로 박정희 정권 당시 진행된 근대성의 전개양상을 규
명하고자 했다.[3]

---

3) 김대환(1993)의 경우에는 월러스타인이나 하버마스 등이 비교적 거시적 차원
   에서 논의해온 영역들에 사회학적으로 근대성의 핵심으로 여겨져 온 가치체
   계의 합리화를 더하여 근대성의 성격을 주조해냈다. 그가 주목한 경제수준에
   서의 성장과 산업화, 정치적 수준에서의 참여의 확대 및 민주화는 내용면에
   서 월러스타인이나 하버마스가 이야기했던 근대성의 두 차원에 대응될 수 있
   는 개념들인데, 여기에 사회적인 수준에서의 합리적 가치체계를 더하여 근대
   성을 다각도로 이해하고자 하는 입장은 철학연구회(1996)의 연구에서도 유사
   하게 나타나고 있다.

버만(Marschall Berman, 1982)과 앤더슨(Perry Anderson, 1992) 역시 근대성의 경험을 모순적이고 양면적인 것으로 파악하고 있다는 점에서 기본적으로 월러스타인이나 하버마스와 유사한 문제의식을 보여준다. 근대적으로 된다는 것은 역설과 모순의 삶을 살아가는 것이라는 다소 철학적인 논지를 폈던 버만의 경우 근대의 다차원성 그 자체보다는 그 속에서 개인이 경험해야 하는 이중적이고 모순적인 경험에 더욱 초점을 맞추었던 반면, 앤더슨은 주로 상충하는 두 차원만을 부각시켜온 기존의 논의들을 발전시켜 복합적인 양상을 띠는 근대성의 역동적 성격을 구체적이고 역사적인 맥락에서 이해하려는 한층 발전된 시도를 보여주었다. 상이한 역사적 시간성들을 교차시킴으로써 전형적으로 중층 결정된(overdetermined) 상황을 구성하는 종합적 차원을 설명할 수 있는 가설을 제시하고자 했던 앤더슨의 시도는 그가 '국면적 설명(conjunctural explanation)'이라고 부른 방법에 의해 구체화되었는데, 이 방법은 근대성을 세 가지 요소, 즉, '고전적 과거에 기반을 둔 전통주의적·귀족주의적 지배질서'와 '새로운 과학기술과 발명품으로 대표되는 산업화과정의 자본주의 경제' 및 '임박한 사회혁명에 대한 희망과 공포로 표현된 노동운동과 혁명의 전망'의 상호작용으로 파악하는 것으로서, 근대성의 "다양한" 구현방식을 설명할 수 있는 이점을 갖는다는 점에서 이전의 서구 중심적이고 단선적인 설명방식에서 진일보한 것이었다(Anderson, 1992: 346-350). 그러나 그의 논의는 이전에 이야기되어온 경제적 자본주의와 민주주의에 '지배질서'를 더하여 이들간의 상호작용을 통해 근대성을 파악하면서도, 주로 근대의 '출현' 시점에 주목한 나머지 확장된 근대의 시간대에서 지속적으로 구현되어온 지배질서의 논리에는 주목하고 있지 못하다는 한계를 보인다.

근대성의 다차원성에 대한 근본적인 성찰과 비판적 반성을 촉구하고자 했던 이상의 논의들은 근대성 내부의 균열되고 파편화되어 있는 지형들을 전제하고 그 다양성들을 아우르는 근대의 복합체적 성격을 드러내는 일련의 성과를 거두고 있지만 자신들이 주목했던 근대성의 요소들이 작동하는 하나의 '사회적 장'으로서 존재하는 '국가'라는 차원과 그 정치적 영역에 대한 심층적인 이해를 논외로 하고 있다는 점에서 제한점을 안고 있다. 이 '공백'을 메꿀 수 있는 유용한 시각을 제공해주는 것이 바로 기든스(1990)이다. 그는 근대성을 제도간의 관계로 파악하면서 자본주의, 산업주의, 폭력수단의 독점, 감시체제의 발달의 네 차원을 근대성의 요소로 규정했는데, 이중 '폭력수단의 독점'이나 '감시체제의 발달'은 비록 기든스가 그 개념을 명시하지는 않았지만 "주어진 영토 내에서 물리적 강제수단에 대한 합법적 사용의 독점을 성공적으로 주장할 수 있는 인간공동체가 근대국가라는 점에서(Max Weber, 1958: 78)", 분명 근대국가의 본질적 특질에 해당하는 부분들이다.

그의 논의는 제도적 차원에 한정되어 월러스타인의 해방적 근대나 하버마스의 생활세계와 같은 이념적인 차원에는 주의를 기울이지 않았으나, 기존에 논의되어온 근대성의 양면으로 환원될 수 없는 근대국가의 독자적 특성을 포착해내고 근대성의 타제도들과의 관계성 속에서 이를 파악하고자 하는 독특한 입장을 견지했다는 점에서 중요한 의의를 갖는다. 근대성을 자본주의(경쟁적인 노동과 상품시장 안에서의 자본축적), 산업주의(자연의 변형: '인위적 환경'의 발달), 군사적 힘(전쟁의 산업화와 관련된 폭력수단의 통제), 감시체제(정보에 대한 통제와 사회적 관리)와 그 관계들의 총합(Giddens, A., 1990: 71)으로 규정하고 이 제도들간

의 상호복합적인 관계의 형성에 따라 근대성의 다양한 역사적 경로들
이 나타난다고 보는 기든스의 시각은 기본적으로 앤더슨과 유사하면
서도 '근대국가' 영역의 정교화를 통해 근대성의 보다 풍부한 다차원적
특성과 그 내적 역동성을 효과적으로 드러낼 수 있는 정교한 이론적
배경을 제공하고 있다.

김일영(2000)에 따르면 기든스의 근대성은 자본주의, 산업주의, 국
민국가의 세가지 제도적 차원으로 정리되고, 이중 자본주의, 산업주의
는 기술합리성의 원리에 좌우되는 경제적 영역이라는 점에서 친화성
을 갖는다. 결국 주로 '국민국가'와 '경제적 영역' 두 차원이 그의 논의
의 핵심을 차지하고 있는 셈이다. 그러나 "자본주의와 국민국가로 대
표되는 현대성의 제도적 차원은 사적 영역과 공공 영역으로 구성된 생
활세계와 동전의 양면을 이루고 있다"는 김호기(1997: 198)의 주장처럼,
기든스가 강조한 근대성의 제도적 차원들은 월러스타인이나 하버마스
가 '해방으로서 근대', '생활체계' 등의 차원으로 이야기했던 보다 문화
적이고 이념적인 측면과 더불어 논의될 때만이 비로소 근대성에 대한
총체적인 그림의 완성을 가능케 한다. 즉 제도적 근대의 차원인 근대
국가와 자본주의/산업주의, 그리고 월러스타인과 하버마스가 중시한
보다 이념적 영역을 종합할 때 근대성의 다차원성에 대한 온전한 이해
가 가능해지는 것이다. 월러스타인의 해방적 근대 개념이 갖는 다분히
혁명적이고 저항적인 성격을 그대로 적용시키지는 않더라도 근대성이
지닌 이념적, 문화적 특수성은 정치적, 경제적 영역과 더불어 반드시
함께 고려되어야 할 하나의 층위임에 틀림이 없다.

기존의 몇몇 연구들은 이러한 종합의 초기적 시도를 보여준다. 역
사문제연구소 편(1996)의 경우 근대성의 지표를 자본주의 경제체제,

근대국민국가, 민주화, 과학·이성·합리성이 지배적 가치체계로 자리잡아가는 과정의 네 가지로 규정하고 있는데, 사실상 여기서 이야기 되는 가치체계의 변화는 정치, 경제 등 모든 제도적 차원의 기조에 깔려있는 공통된 기반이자 작동논리가 되고 있다는 점에서 독립적인 하나의 기준으로 분리하여 실재적인 근대성의 전개과정을 평가하는 지표로 삼는 것은 사실상 불가능하다. 이에 보다 제도적인 차원들에 초점을 맞춘 연구들이 진행되었는데, 임현진(1997)의 경우 한국의 근대화 프로젝트를 국민국가, 자본주의, 민주주의의 세 차원에서 이해함으로써 근대성의 실체에 보다 가까이 접근하려는 시도를 보여주었으며 최장집(1993) 역시 근대국가의 건설, 자본주의 경로를 통한 산업화, 민주화의 세 차원을 근대성의 구성요소로 전제하였다. 여기서 민주주의는 근대성의 문화적, 이념적 성격을 구현하는 구체적인 제도라는 점에서, 이 세 영역은 기존의 논의들을 총괄하여 근대성의 내적 모습을 주조화해낸 결과물이 된다.

그러나 여기에는 기든스가 이야기한 인간과 환경의 관계의 측면인 '산업주의'에 대한 관심은 포함되지 못하였으며, 각각의 근대성의 차원들에 대한 구체적인 분석 도구나 분석수준의 계발도 충분하지 못했다. 또한 추상적인 차원에서 근대성을 위의 세 가지 요소의 총합 정도로 이해하는데 그쳤을 뿐 이 각각의 차원들이 어떠한 관계를 맺으며 우리의 근대성을 구조화해왔는지에 대한 경험적이고 심층적인 연구는 거의 수행되지 못했다 해도 과언이 아니다. 이러한 점들을 고려하여 본연구에서는 근대성의 제도적 차원들을 근대국가라는 정치적 영역, 자본주의/산업주의의 경제적 영역, 이념적·문화적 영역에서의 자유 민주주의의 세 차원으로 분석적 수준에서 분류하고 그 각각의 영역에서 나타나는 가치들을 분석도구로 활용하여 경험적 차원에서의 근대성의 전개과정과 그 내적 실체를 살펴보고자 한다. 이는 본 연구의 본격적인 관심사인 '정치, 경제, 문화적 근대성'과 '가족 내적인 근대성'과의 상호관계를 규명하기 위한 중요한 선행과제가 될 것이다.

물론 이렇게 '근대성' 개념에 기대어 한국 사회의 역사를 규명하려는 시도가 서구 중심적인 틀을 이념형으로 전제하고 제 3세계가 서구의 발전 경로를 그대로 따라간다는 식의 단선적 설명을 제공하는 데에 그칠 수 있는 위험성을 안고 있음은 주지의 사실이다. 그러나 근대성 이론의 대가인 아이젠슈타트(Eisenstadt, S., N, 2001)가 주장하듯이 근대성은 "문명화(civilization)"의 새로운 유형으로서 간주되어야 하고 그 "열려있음"과 다양한 "가능성"의 차원에서 조명되어야 한다. 아이젠슈타트는 이미 근대성의 핵심이 세계를 해석하고, '개방성'과 '불확실성'이 주된 특징인 하나 혹은 다수의 새로운 일련의 제도적인 형식들의 발전과 결합된 뚜렷한 문화적 프로그램을 상상하는, 양식 혹은 양식들이 정교화되고 발전되는 것이라고 주장하면서, 사회에 따라 근대성의 문화적 전제들의 주된 특성에 내재한 도전과 가능성들에 반응하는 문화적 제도적 유형들이 달라질 수 있다는 점을 강조했는데, 이 부분은 특히 본 연구와 관련하여 중요한 시사점을 제공해준다.

그의 논리에 따르면 근대성의 핵이 '다양한 이데올로기적 제도적 가능성들의 존재에 대한 자각'과 '문화적 정치적 근대성의 프로그램 속에 내재된 긴장과 모순들'의 결합인 만큼, 이 결합이 어떻게 이루어지느냐에 따라 문화적, 제도적 근대성의 유형이 달라지는 것은 어쩌면 당연한 일이다. 그의 대표적인 이론적 업적이라 할 수 있는 "다중적 근대성(Multiple Modernity)" 개념이 효과를 발휘하는 것은 바로 이 부분에서이다. 다양한 문화적·정치적 행위자들에 의해 근대성의 정교화가 다양한 형태를 띠게 되는 것, 이것이 곧 다중적 근대성의 등장과 발전을 불가피하게 만드는 요소인 것이다. 특히 아이젠슈타트에게 있어 근대성의 제도적 문화적 윤곽을 결정짓고 지속적으로 변화시켜 나가는 다양한 요소 중 하나는 일차적으로 기술적, 경제적, 정치적, 그리고 문화적 영역에서의 내적인 역동성이라는 점에서 그의 논의는 본 연구가 설정한 근대성의 제도적 차원들의 효용성을 뒷받침해준다. 이러한 각각의 차원들 간의 상호작용이 근대성의 모습을 사회마다 다르게 구현되도록 하는 요소의 전부가 아닌 일부로 간주하고 있기는 하지만 내부 동학에 의해 결정되는 근대성의 실체와 그 다양한 가능성에 대한 그의 설명은 근대성이 서구 중심적인 고정된 틀이 아니라 비서구 사회에서 나타나는 역사적 전개과정까지도 설명할 수 있는 보다 포괄적인 도구로서 기능할 수 있다는 점을 확인시켜 주고 있다.

무어(Moore)가 이야기하듯이 서구중심의 체계에서 서구적 발전을 지향하는 "근대화"가 지상의 모든 국가들이 피할 수 없는 역사적 발전일지도 모르지만, 근대화를 지향하는 과정에서 구현되는 근대성은 특정 사회의 문화적 전통에 따라, 그리고 그것을 이해하고 이행시키고 정착시키는 방식에 따라 달라질 수밖에 없다. 이는 동아시아 근대성을 설명하면서 티아키만이 "the second modernity"를, 피터 버거가 "emerging modernity"이라는 용어를 사용하여 근대성이 반드시 서구중심적인 현상만은 아니라는 점을 주장했던 것과도 일맥상통한다. 아이젠슈타트 (1969) 역시 이 점에 착안하여 근대성의 유형이나 경로가 일률적으로 예정되어 있는 것이 아니며 근대성에 주요한 핵심이라 할 수 있는 공통된 특징[4]이 존재하는 것은 사실이지만 각 나라가 처한 역사적 배경

이나 사회적 상황 등에 따른 '차이', 즉 구조적 다양성 또한 근대성의
중요한 한 부분임을 부각시켰다.

 이렇게 근대성의 다중적 실체를 인식하게 하는 것 이외에 아이젠슈
타트의 논의가 갖는 또 하나의 중요성은 근대성 내부의 열린 성격, 즉
지속적인 변화와 발전의 과정에 주목하도록 한다는 것이다. 앞서 살펴
본 측면이 공시적으로 다양한 근대성의 존재 가능성을 전제하는 것이
었다면 이는 통시적으로 근대성의 지속적인 형성 과정에 있어서의 개
방성과 불확실성을 전제하는 것이다. 근대성의 문화적 프로그램과 제
도적 이데올로기적 유형들이 다양하게 전개될 수 있는 여지와 변화가
능성은 이제 우리가 근대를 이해하기 위한 중요한 인식의 기반을 제공
한다. 근대성의 프로그램에 대한 끝없는 재해석과 재구성은 세계화의
흐름이 가속화되고 있는 오늘날까지도 근대성을 '끝나지 않은 시도'로
서 남겨두고 있다(Kolaknwski, 1990). 이러한 점들에 기반하여 본 연구
에서는 근대성의 그 열린 가능성이 한국사회에서 어떤 모습으로 구현
되었는지, 그리고 어떠한 궤적을 거치며 오늘날에 이르고 있는지를 살
펴봄으로써 하나의 문명화의 유형으로서의 근대성의 열려 있는 역사
를 추적해보고자 한다.

 그런데 여기에는 필연적으로 우리의 근대 속에 남아있는, 그럼으로
써 근대성의 '가능성'과 '차이'의 측면을 주조해내는 한 요소로서 작용
해온 '전통'에 대한 관심 또한 포함될 수밖에 없음을 지적하고 넘어갈
필요가 있다. 라인하드 벤딕스(Reinhard Bendix, 1967)는 앞서 살펴보았

---

4) 여기서 근대성의 공통된 특징은 주장한 부분은 기존의 사회적, 경제적, 심리
  적 동의가 붕괴되고 침식되어 사람들이 새로운 사회화와 행동 유형에 따르는
  과정인 "사회적 동원"과 개인활동, 제도적 구조의 고도의 "분화", "민주주의적
  인간주의적 사회"의 세 부분으로 설명되었다.

던 리타 펠스키(1998)와 유사한 맥락에서 전통과 근대의 이분법을 사용하여 단순히 사회변화의 "이념형"적 구성물에 불과한 이 둘을 사회변화에 대한 "일반화"로 잘못 이해하는 오류에 대해 지적한 바 있다. 현실적이고 역사적인 맥락과 분리되어 존재하는 이념형을 기준으로 그에 벗어나는 것을 예외로 치부하고 이 추상적인 기준으로 근대로의 이행을 이야기하는 것은 전통과 근대 모두를 지나치게 단순화하여 각각의 성격을 왜곡시킬 수 있는 위험을 안고 있다는 것이다.

그에게 있어 전통과 근대는 어떤 것에서 다른 것으로의 변화로 설명되어야 하는 것이 아니라 단지 "before and after"의 개념으로만, 그리고 불가피하게 이념형적인 속성을 뽑아내야 하는 경우에도 가설적으로, 그리고 상호 연계 속에서만 다루어져야 했다. 전통이 근대와 전적으로 배타적인 범주가 아니라 근대성의 전개 과정에서 역할을 담당할 수도 있고 병존할 수도 있는 상호 보완적인 성격을 가진다는 것, 그리고 전통과 근대의 이해가 연속선상에서 이루어져야 한다는 그의 주장은 우리의 근대 속에 숨어있는 전통의 흔적들과 그것이 여타의 가치들과 맺어온 관계 자체도 한국사회라는 특수한 맥락에서 근대성의 중요한 부분으로서 전제되고 깊이있게 규명되어야 함을 시사한다 하겠다.[5] 이러한 점에 기반하여 본 연구에서는 거시적 차원에서의 근대

---

5) 기든스도 지적하고 있듯이 전통과 근대 사이에는 어떤 연속선이 존재한다. 전통과 근대를 옷감을 두 조각으로 자르듯 분명한 선을 그을 수 있다고 보는 것은 사실상 무리이며 따라서 이 둘을 뭉뚱그려 대조하는 것 또한 오류인 것이다. 물론 근대라는 시간대 속에 전반적으로 이전과 구별되는 지배적인 질서의 변화가 존재하고 상대적 차원에서의 불연속성이 존재하는 것은 부정할 수 없다. 그러나 이는 어디까지나 '상대적인' 차원에서의 불연속성이며 결국 그 차이와 대조도 '상대성'의 문제로 이해되어야 한다. 가장 근대화되었다고 하는 사회에서도 전통은 존재하고 많은 경우 어떤 역할을 수행한다. 물론 이 때의 전통은 근대적 성찰성을 통해 인정된 전통이다. 전통이 성찰적으로 적

성에 대한 규명에서는 물론 이후 논의하게 될 가족과 관련해서도 전통의 문제를 근대성의 내적 실체를 규명하는데 간과해서는 안 될 중요한 부분으로 다루고 있다.

1) 정치적 영역: 근대국가

이제 본 연구에서 설정한 근대성의 세 차원에 대한 이론적인 논의를 통해 구체적인 분석도구의 구성을 시도할 필요가 있다.

근대국가[6]는 16세기 유럽에서 태동한 이른바 근대사회의 산물이다. 과학과 산업, 시장의 발달에 따라 자신감을 회복한 근대초기의 유럽인들은 종교가 제시하는 역사의 목적론을 거부하고 인간이 역사의 주체임을 선언하기에 이르렀다. 기본 개념의 차원－국민주권주의, 배타적 주권국가－에서나 정치운영의 방법－법의지배, 대의제, 권력분립－에서 그리스의 도시국가, 중세의 봉건국가 혹은 시민혁명 전의 절대주의 국가와는 그 성격이 분명 구분되는 새로운 국가 형태가 출현한 것이다.

근대국가는 확정된 경계의 영토에 대해 행정의 독점권을 유지하는

용된 지식을 통해 인정되고 철저히 구성되어 그 자체로 근대의 구성요소를 이루게 되는 것이다(Giddens, A., 1990). 따라서 근대성에 대한 연구는 의도하든 그렇지 않든 간에 전통에 대한 관심을 포함할 수밖에 없으며 근대성의 내적 요소들을 규명하는 과정에서도 성찰적으로 근대의 구성요소로 자리잡은 전통의 측면들을 밝혀내는 작업이 수반될 수밖에 없다.

6) 틸리에 따르면 근대국가는 민족국가와 국민국가로 구분이 가능하다. 국민국가(national state)는 중앙집권적이고 분화된 자율적인 구조를 갖고 다수의 인접지역과 도시들을 통치하는 국가를 말하며, 민족국가(nation-state)는 사람들 사이에 강한 언어적, 종교적, 상징적 일체감을 공유하고 있는 국가를 말한다(Tilly, 1990: 4). 한국은 이중 민족국가적 성격에 가깝다고 볼 수 있지만 본 연구에서는 이 두 개념을 구분하지 않고 '근대국가'의 보다 총괄된 특징들만을 논의의 대상으로 삼는다.

제도적 통치형태이며, 그 지배가 국내외의 폭력수단에 대한 직접적인 통제권과 법에 의해 보장받는 기구이다(Giddens, A.) 다시 말해, 근대 국가는 명확히 규정된 영역 안에서 정부의 권위가 권위의 최고점을 차 지하는 주권국가(sovereignty state)인 셈이다. 이외에도 근대국가의 성 격으로 제시되는 측면들은 매우 다양하다. 기든스가 주장하는 감시능 력의 증진, 폭력수단의 독점이나 법치, 대의제, 권력분립, 국민주권주 의 등이 모두 근대국가의 주요 성격으로 주장된다. 이 중 본 연구에서 주목하는 부분인 국가의 내적 정책 수행과 관련해 드러나는 주요 특성 들을 정리해보자면 다음과 같다.

가. 국가 이익의 중시: 근대국가의 중요한 특징 중 하나는 국가 통 치의 방향을 도덕이나 종교 같은 보편적 가치보다 국가 이익의 관점에 서 바라보려는 경향이 확연해졌다는 것이다. "국가이성(Ragion di Stato)" 개념과 "국가 이성론"이라는 논리의 등장은 국가의 이익이 정책 결정 의 주요 동인으로 작동하기 시작했음을 보여주는 구체적인 예이다. 국 가의 보존과 확장이라는 목표만이 지배하는 가운데 국가 간의 상호관 계가 무제한적인 경쟁상태로 돌입하고, 국가 이익이 국가 이성의 이름 아래 대외적으로 국가 정책의 방향의 큰 틀을 결정짓는 주요 동인이 되는 것이 바로 근대국가의 중요한 특징이다(곽차섭, 1996: 169-202). "국 가이성론"은 결국 정책의 총체적인 방향 결정에 있어서 궁극적인 지향 목표가 국가 자체의 이익에 의해 결정되는 상황에 설득력을 부여하기 위해 등장한 하나의 논리적 배경이었던 것이다. 근대국가 형성 과정에 서 이러한 국가 이성 중심주의, 발전 지상주의 등의 이데올로기는 그 주류적 이념으로서의 생명력을 유지해왔다(김성보, 2002: 185-227).

국가 이익 관점에는 그 제도적 구조 및 그것의 이론적 법적 우위를 지탱하여 줄 국가의 도덕적 권위를 확보하기 위한 국민적 동의를 추구하는 차원도 포함되어 있다. 이는 전근대국가와 달리 근대국가는 국민에 의해 정권의 정당성을 보장받음으로써만이 그 존립 기반을 유지할 수 있다는 사실에 기인한다. 이로 인해 근대국가의 정책 결정은 이러한 정당성의 확보라는 목적 하에 이루어지는 경향이 있다. 또한 근대국가의 이익 관점은 종종 민족주의적 성향과 결합되어 민족의 이익을 추구하는 방향으로 국가의 나아갈 방향을 결정짓기도 한다. 서구 유럽에서 처음 출현한 근대국가는 민족을 중심으로 형성되었고 민족주의는 이러한 근대 민족국가의 통일의 원리로서 제기되었다는 점에서 근대국가에는 본래 민족주의적인 성향이 내재되어 있다고 볼 수 있다. 따라서 민족 이익 관점이 국가 이익 관점과 결부되는 것 또한 근대국가의 중요한 특징이다.

나. 국가의 통제와 보호: 근대국가는 대외적으로 배타적 주권을 가지며 대내적으로 위계의 정점에 선 권력의 최종 담지자로서 그 구성원들에 대한 강력한 정치적 통제권을 행사하는 특징을 갖는다. 근대국가 형성시 나타나는 핵심적인 현상 중 하나인 강력한 중앙정부의 등장과 그에 근거한 국가의 통제는 기든스가 이야기한 "감시능력의 증진" 차원과 상통하는 것으로, 근대국가 형성기 뿐 아니라 그 이후에도 전통 국가와의 극명한 대비를 보여주는 부분으로서 자리잡았다. 중앙의 지배기구의 행정적 통제력이 미약한 수준에 머물러 전 영역에 걸친 조직화된 정보를 장악하지 못하고 분절적인 지역단위나 조직들에 대한 직접적 통제권을 확보하지 못한 상태에 머물러 있던 전통 국가에 비해

근대국가는 독점적이고 배타적인 중앙 권력과 '공적인' 성격으로서의
정치적 지배행위를 그 특징으로 하기 때문이다. 그런데 여기서 주목할
만한 점은 국가의 통제가 확대되는 만큼 그에 상응하여 개인에 대한
국가 차원의 '보호' 역시 증진된다는 점이다. 근대국가는 구성원들에
대한 엄격한 통제를 통해 국가의 질서를 유지하는 한편 구성원 개인의
자율적 삶을 보장하고 보호해야 할 이중의 의무를 진다는 점에서 전근
대국가와 확연히 구분된다.

　서구에서는 국가의 권한 강화와 함께 국민보건, 사회보장, 노동자
정책, 빈민이나 취약계층에 대한 복지급여, 분배에의 개입을 통한 재
분배 시도 등 다양한 사회적 영역에서 국가의 개입과 기능 증대가 수
반되어 왔다. 변화에 실패한 이들, 취약계층에 대한 보호와 지원이 근
대국가의 중요한 역할로 자리잡게 된 것이다. 서구 복지 국가의 출현
은 바로 이러한 확장된 국가의 보호 기능에 기반한 것이라 할 수 있다.
국가의 보호는 권력독점권의 단순한 보유가 아니라 최종적 권위의 필
요성, 다시 말해 국가의 제도적 구조 및 그것의 이론적 논리적 우위를
지탱하여 줄 국가의 도덕적 권위를 뒷받침하는 중요한 기반이 되는
바, 통제의 논리와 적극적인 보호의 논리가 적절히 병행되도록 하는
것은 근대국가의 중요한 과제가 된다.

　그런데, 통제와 보호는 모두 국가와 국민간의 수직적 관계를 전제로
한다. 직접적인 통제와 감시기능의 증진의 차원 뿐 아니라 '보호'의 개
념 역시 정책 제공자인 국가와 정책 수혜자인 국민 사이의 위계적인
관계를 상정하는 것이기 때문이다(황정미, 2001). 이 관계에서 국가는
국민 위에 군림하는 한편 이들을 보호, 지원하는 역할을 수행함으로써
통제자인 동시에 보호자로서의 이중적인 위치를 점한다.

다. 국가의 합리성 추구: 근대국가 논의에서 빠지지 않고 언급되는 '국가의 이익', '국가의 통제와 보호', '합리적 문제해결 방식' 등의 가치에 비해 '국가합리성' 개념은 사실상 기존의 연구들에서 크게 중요하게 다루어지지 않았던 부분이다. '합리적 가치체계'로의 전면적인 이행을 의미하는 근대화 과정에서 근대국가 역시 스스로 합리성을 추구하게 되는 일련의 변화 과정을 겪게 된다는 사실은 종종 전반적인 추세로서 지적되어 왔으나 이 부분을 구체적인 개념으로 명명하거나 이를 근대국가의 필수 요소로 간주하는 경우는 드물었다. 실상 본 연구에서 주목하는 '국가합리성' 개념은 기존의 이론적 검토에서 도출되었다기 보다는 실질적인 분석 과정에서 발견된 '한국 사회'의 독특한 측면들을 설명하기 위해 도입된 개념이다.

우리의 역사 속에서 '국가'는 많은 상황에서 그 자신이 '주체'가 되어 "합리적인 선택"을 할 것을 중요한 원칙으로 표방해왔는데, 이는 궁극적인 상황에서 목표를 설정하고 국가의 존폐와 발전에 유리한 결정을 하는 '국가의 이익'이나 '국가 이성' 개념과 달리, 보다 미시적이고 실질적인 정책 수행의 국면, 즉 그 때 그때 상황에 맞추어 정책적 개입의 방식과 방향을 설정하는 "즉각적인 선택"의 순간에 '국가' 자신이 제 1의 고려대상이 되어 '합리적'이라고 간주되는 선택을 하고 이를 통해 합리성을 추구한다는 차원이다. 국가의 이익이 궁극적인 근대국가의 목표와 관련된 부분이라면, 국가합리성은 그 궁극적인 목표를 위한 "과정"의 차원에서 국가가 합리적인 결정을 해 나가는 특수성을 보이게 되는 것을 의미한다.

국가의 선택과 개입은 궁극적으로 국가 이익을 염두에 두고 이루어질 수밖에 없다는 점에서 국가합리성은 국가 이익과 어느 지점에서 맞닿아 있는- 넓은 의미의 국가 이익에 포함될 수 있는- 개념이지만, 본 연구에서는 역사적으로 궁극적인 국가의 목표 설정과 별도로 국가의 개별적인 정책과 정부의 태도 변화가 국가적인 합리성의 추구라는 이름으로 정당화되고 방향지워지는 다양한 양상들이 한국사회에서 근대국가의 성격을 특징짓는 중요한 측면이 되어 왔다는 사실에 착안, 이 개념을 독립적으로 개념화하여 이와 관련된 측면을 보다 심도깊게 분석하고자 하였다. 이는 서구적인 '근대성'의 개념과 요소들을 그대로 우리의 현실에 적용하기보다는 그 본질적인 개방성(openness)과 유연성을 인정하고 우리 사회의 특수성을 반영할 수 있는 열린 개념으로 활용하고자 하는 시도의 일환이라 하겠다.

라. 합리적 문제해결방식: 법치와 합리적 관료규범

일반적으로 제시되는 근대국가의 특징 중 빠지지 않는 것이 통치의 도구로서의 "법 개념의 확립"이다. 공법(Public Law)의 출현은 일반 사회적 영역과 구별되는 국가 통치의 영역이 별도로 존재한다는 의식을 전제로 한다. 일찍이 헤겔은 근대적 국가가 보편적 헌법을 매개의 체계로 가지며 그래서 주관성에게 최대의 자립성을 허용하면서도 개인들을 실체적 통일체로 통합하는 무궁한 강점을 지닌다고 이야기함으로써 법치를 근대국가의 보편적 핵심으로 전제한 바 있다(Hegel, 1970: 260). 특히 법치는 근대국가의 합리적 핵심으로서 그 정당성을 위한 필수적인 요소로까지 간주되어 왔다(장춘익, 1996).

법치주의 이외에도 정책 수행에 있어서의 합리적 기준 마련, 관리 운영의 효율성 추구, 통합적 일괄관리, 정책 운영의 비용의 절감 차원에서의 합리성 추구 등 국가적 차원에서의 포괄적인 문제해결방식이 합리적으로 정립되는 과정 또한 근대국가 발전 과정의 일부이다. 이들은 근대국가 내에 개인과 정치 권력간의 '관계 합리성', 즉 정치권력의 합법적 사용의 독점을 성공적으로 주장할 수 있는 근거가 확립되어가는 과정을 의미한다는 점에서 정치적 근대성의 구현 과정에 있어 필수적인 요소가 된다.[7]

이상의 특성들은 근대국가가 경제적 영역이나 문화 영역과는 구별되는 자신만의 독자적인 영역과 작동방식을 가지고 있음을 확인케 한다. 근대국가에 관심을 두었던 기존 연구들 중 다수는 근대국가 자체에만 배타적인 관심을 기울이거나, 근대국가를 자본주의와 민주주의(혹은 자유민주주의)의 총합이나 그 배경 정도로 이해하는 입장 중 한편에 서는 경향이 있었다. 그러나 본 연구에서는 근대국가가 "사회를 형성해가는 제도적 구조"로서의 실체를 갖는다는 점에 주목하되, 여기에 더하여 그 독립적인 발전 와중에 다른 사회적 요소들과 상호작용하는 이중적인 측면을 가지고 있다는 사실에 유의하고자 한다. 정치 영역이 경제와 이념적, 문화적 영역이 자생하는 토양인 것은 사실이지만 경제나 문화적으로 환원될 수 없는 여집합으로서의 국가의 독자성과 상대적 자율성을 간과해서는 안 될 것이고, 또한 그러한 근대국가의 내적 특성에만 천착하여 여타의 사회제도들과의 관계 속에서 이해되어야 할 국가의 실체를 과장하는 우를 범하는 것도 피해야 할 것이다.

7) 이외에 기든스가 주장한 바와 같이 군대나 경찰 등 폭력수단의 배타적 독점권이나 배타적 절대주권론 등이 근대국가의 중요한 성격으로 설명되지만 이는 국가 대 국가의 관계를 규정하는 대외적 차원이거나 사회의 질서 유지 측면으로서 본 연구의 직접적인 관심대상인 가족정책과는 뚜렷한 연관관계를 찾을 수 없다는 점에서 고려대상에서 제외되었다.

일찍이 베버는 국가를 자본주의 경제체제의 맥락 속에서 하나의 기능요소로서만 다루는 것에 반대하여, 사회와의 관계 속에서 하나의 독립변수로서 즉 '사회를 형성해가는 제도적 구조'로서, 국가를 행위자로 개념화했다. 이러한 입장은 스카치폴이나 틸리(1990)에게도 계승되어 조직으로서의 국가를 강조하고 정치에 어느 정도의 자율성을 두고 국가 자체가 부분적으로나마 독립적인 발전을 할 수 있다는 것을 인정하는 논의들로 발전되어 왔다. 또한 기든스(1990)도 자본주의 경제체제와의 기능적 관계에서만 국가를 다루는 마르크스주의 연구로부터 국가의 독자적 의미를 부각시켰다. 그는 국가 자체가 갖는 행위자적 성격을 과장하는 것에는 동의하지 않지만 행정력의 집중화를 바탕으로 협상의 주체로서의 '국가'의 실체가 중요하게 부각되기 시작한 현상을 근대의 독특한 측면의 하나로 보았다. 이는 월러스타인이 국가를 세계체계 속에서 주변부로부터 중심부로의 잉여 이전을 보장해주는 도구적 차원의 정치적 기제로 이해하고 있는 것과는 매우 상이한 입장이다.

본 연구는 기본적으로 정치의 사회적 기초를 인정하면서도 정치적 행위 및 국가가 가지는 경제적으로 환원될 수 없는 독자성과 자율성을 인정할 필요가 있다는 이 같은 입장을 받아들이되, 여타의 사회제도들과의 관계라는 측면에도 강조점을 두고자 했다. 따라서 앞서 제시된 근대국가의 다양한 특성들이 한국사회에서 어떻게 나타나고 있는가의 문제 뿐 아니라 이들이 가족정책 속에서 다른 제도적 측면들과, 그리고 더 나아가 가족 내적 근대의 가치들과 어떠한 관계 속에서 어떤 모습으로 정립되고 있는지를 밝히는 데에도 많은 관심과 노력이 할애되었다.

2) 경제적 영역: 자본주의와 산업주의

기든스에 따르면 자본주의는 근대사회를 구성하는 하나의 하위유형으로서 독특한 '상품생산체제'를 지칭하는 용어이다. 자본주의는 자본의 사적 소유와 무산 임금 노동 사이의 관계를 중심으로 하고 있으며, 이러한 관계가 계급체계의 중요한 축을 형성하고 있다. 자본주의 기업이 경쟁시장을 위한 생산에 의존하면서 '생산력 증대'를 목표로 표방하는 것 또한 이 체계의 중요한 특징이다. 여기서 도출되는 자본주의의 특수성은 크게 세 가지 정도로 요약될 수 있다. 노동과 자본의 관계에서 나타나는 계급관계의 측면인 "노동력(임금노동)의 상품화"와 사적소유에 근거한 경제질서와 기업의 경쟁관계 속에서 이윤확보를 위해 추구되는 "생산력 중심주의"와 "노동 생산성 증대"에 대한 지향이 바로 그것이다. 이 같은 요소들은 타 영역, 특히 정치제도와는 상당히 다르거나 격리된 상태로 존재하면서도 그것들과의 상호작용 속에 놓여 있는 독립된 근대성 담론의 한 부분을 구성한다.

자본주의가 노동력의 상품화, 즉 노동력을 파는 사람과 사는 사람의 등장을 본질로 한다는 점에서 근대에서의 인간과 인간의 관계를 규정한 것이라면 산업주의는 인간이 자연을 변형시키는 새로운 방식을 지칭한다는 점에서 인간과 자연의 관계를 지칭한다(김일영, 2000: 39). 기든스는 산업주의를 재화의 생산에서 동력원으로 무생물적 자원을 이용하고 기계가 중심 역할을 하는 질서정연한 사회적 생산조직이라고 규정한 바 있다. 전근대의 인간의 삶은 대개 자연의 연속으로서 자연의 상태와 변덕스러움(주어진 "환경")에 내맡겨진 채 영위되었으나, 근대 이후 인간은 과학, 기술의 발달 속에 이전과는 전혀 다른 방식으로 자연을 변형시키기 시작했고 자신의 행위와 원료, 기계 그리고 무생물적 동력원을 적절히 결합시켜 자연적 환경을 인위적인 것으로 바꾸고 그러한 만들어진 환경 속에서 삶을 영위하기 시작했다는 것이다.

결국 산업주의는 월러스타인이 '기술의 근대'의 주된 특성으로 지적했던 기술의 진보 및 끊임없는 혁신과도 상통하는 부분으로서 '과학과 기술의 발달에 근거한 환경의 변화와 개조 시도'를 의미한다고 볼 수 있다. 그런데 이는 자본주의적 기업의 강한 경쟁성과 확장성으로 인한 기술혁신과도 불가분의 관계에 있다는 점에서 "자본주의 사회"의 한 부분을 구성하는 구성요소이면서 앞서 언급한 '노동력의 상품화', '생산력 중심주의', '노동생산성의 확산' 등 인간 대 인간의 관계에 초점을 맞춘 '자본주의'의 개념과는 구분되는 독특한 경제적 영역이다. 본 연구에서 자본주의와 산업주의가 결합하여 근대적인 경제 영역을 구성하고 더 나아가 근대성을 구성하는 것으로 다루는 것은 이러한 이론적 배경에 기반한다.

3) 문화적 · 이념적 영역: 자유 민주주의

하버마스가 '의사소통 합리성'과 '생활체계'라는 개념으로, 월러스타인이 '해방의 근대'로 명명했던 근대성의 저항적이고 이데올로기적인 차원은 본질적으로 '민주주의'의 의미를 갖는 것이라 볼 수 있다. 그러나 본 연구에서는 근대성의 이념적, 문화적 층위를 주로 '자유 민주주의'의 차원에서 조명하고 있는데 이를 위해서는 먼저 그 역사적 전개과정에 대한 해명이 필요할 듯하다.

자유 민주주의는 지향하는 내용과 역사적 뿌리에서 서로 구분되는 자유주의(Liberalism)와 민주주의(Democracy)의 두 가지 정치 이념이 근대성의 특정 발전단계에서 결합함으로써 성립된 것이다. 서유럽에서 배태된 '고전적 자유주의'는 인간의 지적 능력에 대한 자신감 회복을 바탕으로 인간의 천부적인 기본권과 개인의 정치적, 경제적 자유를 주장하는 것을 그 주된 기조로 삼았다. 전통과의 대항을 통해 정립되어 온 근대 시민사회의 정치 이데올로기가 바로 자유주의였다는 사실에 의거하여, 자유주의는 근대의 시민정신 그 자체인 것으로 언급되곤 했다(월러스타인, 1995: 109, 김경일, 2003에서 재인용).[8] 그런데 근대성에 대한 각성에서 출발한 자유주의가 주장했던 천부 인권은 사유재산권에 다름 아니었다. 영리추구의 자유는 자유주의 사상의 핵심을 이루었고 평등의 가치는 법 앞에서의 형식적 평등에 국한됐다. 왜냐하면 이들이 천부인권으로서 주장하는 사유재산권과 이윤 추구의 자유는 부르죠아 이해를 대변하여 노동에 대한 자본의 지배를 정당화하는 논리로 작동했고 따라서 사회적 의미의 평등과는 충돌할 수밖에 없었기 때문이다.

근대 부르죠아 사회의 출현과 더불어 형성된 자유주의에 비해 '민주주의'는 그 기원이 고대 그리스까지 거슬러 올라가는 오랜 전통을 지닌 가치체계이다. 고대 그리스의 민주주의는 정권 창출의 민주적 절차 등에 관한 것이 아닌 군정이나 폭군정 또는 귀족정이나 과두정과 대립되는 정치체제, 즉 '다수피지배 대중의 권력' 혹은 '다수 인민에 의한 지배'를 의미했다. 이러한 민주주의의 가치가 근대에 이르러 본격적으

---

8) 개인의 권리와 재산권을 강조하는 고전적 자유주의는 작은 정부가 이상적이라는 이념을 토대로 하는 아담 스미스(Smith, A. 1723-1790)의 경제적 자유방임주의, 밴담(Bemtham, J.1748-1832)의 공리주의를 거쳐 고전적 자유주의의 맹점을 수정한 밀(Mill, J, S. 1806-1873)에 이르러 집대성됐다. 프랑스에서도 자유주의는 천부적 기본 인권이라는 양상을 띠면서 볼테르(Voltaire, A., 1694-1778), 루소(Rousseau, J.J., 1712-1778) 등 계몽사상이론가를 창출해냈다.

로 부각된 것은 이것이 자유주의 이념에 입각한 부르죠아의 전일적 지배에 대항하는 피지배 대중들의 역사적 투쟁 과정에서 정치적 해방이념으로서의 기능을 수행하면서부터였다. 이때부터 다수 인민에 의한지배, 다수 대중의 이익을 가장 중요한 가치로 파악하는 것을 주된 내용으로 노동 3권의 보장, 선거권의 확대 등을 강조하는 민주주의의 가치의 급격한 확산이 이루어지게 된다.

이에 부르죠아의 지배를 유지하되 거기에 민주적 형식을 부여하여두 가치의 타협을 꾀하고자 했던 자유주의자들에 의해 주창된 것이 바로 '자유 민주주의'이다. 체제의 안정적 재구축을 위한 절충책으로 '소득재분배' 등의 평등 가치가 대두되었고, 참여와 의사소통의 민주성이이전의 자유주의 가치들에 덧붙여졌다. 자유주의와 민주주의 모두 인간의 존엄성에 대한 신념을 공유하고 있었다는 점에서 연계고리의 발견은 어렵지 않은 일이었다. 결과적으로 이렇게 재탄생한 자유민주주의는 "인간의 존엄성"과 그를 기반으로 한 "자유권"의 보장, 소득재분배 등을 통한 "평등"의 실현, "민주주의적 의사소통 방식"의 정착, 그리고 자유주의 사상의 기반을 이루었던 개인주의, 특히 개인의 책임과자율을 강조하는 "근대적 개인주의" 등을 핵심적인 요소로 그 내용이채워졌다.

자유주의나 민주주의 어느 쪽을 근대성의 구성요소로 볼 것인지에대해서는 학자에 따라 이견이 있다. 그러나 고대 그리스에서 유례한오랜 역사를 지닌 민주주의 이념이 근대의 출현기에 등장한 자유주의와의 결합을 통해 '자유 민주주의'라는 새로운 형식을 띠고 비로소 근대적 가치로 거듭났다는 점에서, 본 연구는 이 통합된 개념을 그대로근대성의 한 부분으로 다룬다. 특히 근대와 더불어 서구적 의미의 자유민주주의 그 자체가 하나의 외래 사상으로서 곧바로 도입, 정착되었던 한국사회의 특수한 발전경로를 생각할 때 자유주의나 민주주의 어느 한 편이 아닌 자유민주주의를 한국 근대성의 요소로 보는 것은 더욱 타당성을 얻게 된다.

지금까지 거시 제도적 차원에서 근대성을 구성하는 요소들을 근대국가, 경제적 영역, 문화적 영역으로 나누어 그 각각의 내용들을 살펴보았다. 그런데 여기서 하나 밝혀두어야 할 것은 이러한 세 영역이 실제적으로 엄밀히 구분되는 독립적이고 배타적인 범주가 아닌, "분석적 수준에서의 분류체계"라는 것이다. 근대국가는 사실상 자본주의와 자유 민주주의를 모두 포함하고 있고, 종종 근대국가의 정치체계의 핵심에 의회 민주주의가 자리하고 있는 것으로 간주되기도 하는 등 이들 사이의 엄격한 구분은 실상 쉬운 일이 아니다. 근대국가의 보편적 헌법의 질서 또한 그것을 자유의 토대로 인식하는 주체의 성립을 촉구한다는 점에서 이미 민주주의적 정치와 상통하는 측면이라고 보는 입장도 있다. 그러나 본 연구에서는 경제와 문화로 환원되지 않는 근대국가의 독자적인 영역을 간과하지 않기 위하여 이 세 차원을 분석적으로 구분하고 각각에 대한 보다 구체적인 통찰을 시도하고자 했고, 이를 통해 그 상호간의 역동적 관계의 양상들을 좀 더 효과적으로 드러낼 수 있을 것으로 기대하였다.

"지나간 '역사적 현재'는 죽어있는 시간이 아니라 열려있는 선택의 공간, 부르디외가 말하는 '가능성의 공간'이다(김호기, 1997: 194-195)". 따라서 근대성 연구는 바로 이러한 가능성의 공간에서 끝나지 않은 과거를 통해 현재의 문제를 조명하기 위한 시도이다. 근대성 개념이 비록 그 기원 면에서 철저히 서구적인 것이라 할지라도 그 속에 녹아있는 서구중심적인 특성과 한계를 명확히 파악하고 성찰적 입장에서 우리의 현실을 바라보는 분석도구로서 활용하게 되면 한국사회의 특수성을 보다 명확히 비추어볼 수 있는 효율적 준거가 될 수 있다. 물론 이를 위해서는 서구적 개념을 일종의 '지향점' 혹은 '이상향'으로 전제하는 폐쇄적 입장을 버리고 이를 보다 '열린 의미'로 활용하는 태도가 수반되어야 할 것이다. 우리의 역사 속에서 서구적 가치들과의 연계하에 근대성의 한 부분으로 자리해온 전통이라는 차원에 대한 관심 또한 결코 포기되어서는 안 될 부분이다. 본 연구는 이 점들을 충분히 고려하여 우리의 근대의 모습과 내적인 동학을 조명하는데 있어 융통성 있는 시각을 견지하려 했다. 이제 제도적 근대성과 함께 본 연구의 또 하나의 축이 되고 있는 "가족의 근대성"이라는 주제로 넘어가 보도록 하자.

2. 근대성과 가족 연구

이제껏 살펴본 근대성에 대한 논의들 속에서 우리는 기존 연구들이 주로 정치, 경제, 문화적 차원 등의 거시적 측면에 초점을 맞추고 있음을 확인할 수 있다. 앞서 언급한 바와 같이 가족의 근대성에 대한 논의는 별도로 독자적인 자신들만의 영역 내에서 구축되었고 상호간의 소통 가능성도 거의 차단되어 있었다. 근대성의 다차원성을 다룬 기존 연구들이 가족이 가족 외부의 근대성의 가치들과의 관련 속에서 다루어져야 할 총체적이고 다각적인 집근의 필요성을 시사하고 있음에도 불구하고, 근대적 가족의 성격과 출현에 관심을 보였던 가족학자들은 거시적이고 복합적인 근대성의 틀 속에서 가족의 변화를 조명하기보다는 주로 독립적인 영역에서 가족이 경험하게 된 새로운 현상들을 설명하려는 입장을 견지했다. 새로이 등장한 근대 가족의 다양한 특성들은 큰 틀로 보아 '근대성'의 구현이라는 맥락에서 이해될 수 있는 것이었으나 세부적인 가족의 특성들까지 기존의 거시적인 틀로 설명해 낼 수는 없었기에 근대 가족의 성격은 그 자체의 언어와 논리로 해석되어져야 했다. 이는 결국 가족의 근대를 전체 근대성의 틀과의 관계 속에서 총체적으로 다루어지지 못한 채 외딴 영역에 홀로 남아있게 하는 결과를 가져왔다.

근대 가족 연구는 크게 산업화 및 계급구조와의 관계 제반 측면에서 가족의 변화를 정의하는 경우, 가족의 형태적 특징과 기능상의 변화에 주목하는 경우, 가족에 대한 태도와 이념의 변화를 강조하는 경우 등이 있다(김혜경, 1999). 그러나 대다수의 연구들이 사실상 직접, 간접적으로 자본주의의 발달과 그로 인한 계급구조의 변화와 관련하여 근대적 가족의 출현을 설명하려 했다는 점에서 뒤의 두 입장은 사실상 넓은 의미에서 첫 번째 영역에 포함되는 내용인 경우가 많았다. 즉, 산업화와 자본주의 발달이라는 '경제적 차원의 변동과 그에 따른 가족의 변화'라는 단일한 관심이 공유되는 가운데 한 편에서는 가족의 형태적 변화를 추적하는 입장과 또 다른 한편에서는 가족에 대한 태도와 심성의 변화라는 보다 추상적이고 내적인 변화에 주목하는 입장이 근대 가족 연구의 주요 부분을 이루어온 셈이다.

가족의 형태적 변화에 주로 관심을 기울인 대표적인 학자로는 우선 탈콧 파슨즈를 꼽을 수 있다. 구조 기능주의적, 진화론적 가족론의 선두주자였던 그는 철저히 가족을 사회 내에서의 '기능성'의 차원에서 해

석해냈다. 파슨즈의 입장에서 볼 때 현대 사회에서 가족이 경험하게
된 변화는 기존의 생산기능이나 종교적 기능 등의 다양한 기능을 상실
하는 대신 '사회화'를 담당하는 보다 전문화된 기관으로 거듭나는 이중
적인 과정이었다. 이러한 기본 전제 하에 그는 독특한 가족 형태로서
의 "핵가족"의 보편성과 그것이 담당하는 사회화 기구로서의 기능을
강조했으며 더 나아가 핵가족을 성인의 인성을 안정화하고 가족과 사
회를 매개하는 '적응단위'로서 개념화했다.

　파슨즈는 또한 가족 내의 '성역할분업'이라는 차원에도 주목했는데,
그에게 있어 성별역할 분업체계의 강화는 근대의 산물인 핵가족구조
의 중심축을 이루는 것이었다. 핵가족을 경제적으로 부양하는 '수단적,
도구적 역할'을 수행하는 남성의 생계부양자 역할과 대내적인 통합과
긴장관리를 담당하는 여성의 '표현적 역할'로 양분된 성역할 분업구조
는 파슨즈의 가족논의를 이해하는데 빠져서는 안될 중요한 부분이다.
그는 특히 여성의 역할을 개인의 사회 적응을 가능케 하는 사회화 기
능을 직접적으로 담당하고 가족에게 정서적 안정을 제공하는 것으로
규정하였고, 부분적으로는 양육의 기술적 측면을 과학적 권위에 의존
함으로써 어머니 역할이 전문화되어가는 과정에 주목하기도 했다. 이
러한 측면들은 핵가족적 형태에 주목하는 그의 논의가 핵가족과 그 내
적인 성역할구조에 대한 기능적 설명을 위시하여 구조화되어 있음을
보여준다.

　핵가족 형태를 현대 사회에 어울리는 전형적인 가족으로 개념화하
고 그 속의 성별분업의 기능성을 강조하는 파슨즈의 입장은 이후 많은
도진을 받아왔다. 특히 가족생활의 다양성을 무시하거나 과소평가하
고, 지나친 이미지의 단순화와 일반화의 함정을 피해가지 못하고 있다

는 점(Morgan, 1975), 그리고 성별분업을 정당화함으로써 여성의 경험
을 간과한다는 사실 등은 지속적인 비판의 대상이 되었다(Oakley, 1974;
Beechey, 1978). 사실 파슨즈의 가족론이 가족의 내적 구조와 가족 그
자체가 사회 유지를 위한 필수 불가결한 기능을 수행하고 있고 또 그
래야만 한다는 목적론적, 진화론적 시각을 견지하고 있다는 한계를 지
님은 부정할 수 없는 사실이다. 그러나 앞서 근대성 논의를 검토하면
서도 언급했듯이 그의 설명방식이 거시적인 사회 구조에 대한 관심을
가족이라는 영역을 포함하는 설명체계로 구체화함으로써 가족에 대한
논의를 거시적 제도에 대한 논의 속에 통합시키는 유용한 시각을 제공
해주고 있다는 점과 그것이 지닌 의의는 가벼이 취급되어서는 안 될
것으로 보인다.

근대 가족의 형태적 변화에 관심을 기울인 또 다른 예로는 구드의
논의(1963)가 있다. 그는 좀 더 구체적으로 산업사회와의 관련 속에서
핵가족화라는 주제를 다루었는데, 핵가족체계가 현대산업사회의 규범
적 요구인 보편주의와 개인 업적주의에 적합하다고 보는 소위 "핵가족
과 산업사회의 적합성(Good fit)" 주장이 바로 그의 논의의 핵심이라 할
것이다. 산업사회에서 지향되는 업적, 전문적 지식, 효율성, 합리성 등
의 규범에 적합한 가족 형태가 바로 '핵가족'이 되는 셈이다. 구드는
특히 산업사회가 필연적으로 노동시장 내에서의 자유로운 개인의 지
역간, 계층간 이동을 요구를 요구하거나 허용하는 바, 부모, 친족, 지
역적 유대로부터 독립적이고 고립된 핵가족이 바로 여기에 부합하는
가족상이 된다는 점을 부각시켰다. 그의 견해는 핵가족이나 그 내부의
역할분담의 기능성보다는 '부부중심가족'이라는 보다 관계적인 측면을
강조한다는 점에서 파슨즈에 비해 구조 기능론적 색채가 다소 완화된

면모를 보인다. 친족과의 유대가 약화되고, 혈연관계가 와해된 부부중심가족체계(conjugal family)로의 전세계적 변화가 그가 인식하는 가족 근대성의 본질이다. 또한 그는 산업적인 필요와 윤리적 주장에 의해 평등주의가 부부관계에 도입되는 경향을 부부중심가족의 성격의 일부로 설명하기도 했다.

이렇게 근대 가족을 핵가족과 동일시하고 "가족의 형태" 혹은 기능에 국한하여 가족의 근대성에 접근하는 기존 가족사 연구의 몰역사성을 비판하는 데에서 출발한 것이 가족에 대한 태도와 이념의 변화를 강조하는 유럽 중심 가족사학자들의 "심성사적 관점(the sentiments approach)"이다(박숙자 외, 1995: 39). 이 관점에 속하는 쇼터(1977), 스톤(1977), 아리에즈(1965) 등의 학자들은 인구통계학적 변화와 같은 구조적 차원에 초점을 맞추어 가족의 변화를 설명하는 것에 반대하여 "구조"의 변화가 아니라 "의미"의 변화를 중시하며, "실재"로서의 가족이 아니라 "관념"으로서의 가족의 변화를 추적한다(김혜경, 2001: 234).

근대적 가족이라는 개념을 가져온 대표적인 인물로서 미국 근대 가족의 형성을 "핵가족의 대두"라는 입장에서 풀이한 에드워드 쇼터(1977)는 구조 기능론자들과 유사하게 "핵가족"이라는 현상에 주목하기는 했으나 그 형태적 특성이 아닌 "핵가족적 태도"의 출현이 근대 가족의 등장과 연계되어 있다고 보는 새로운 관점을 발전시켰다. 그는 핵가족을 특정 가족구조나 가족성원간의 관계가 아니라 핵가족이라 규정지을 수 있는 독특한 심리상태로 이해하면서 자본주의화, 산업화와 함께 진행된 이러한 태도의 출현이 바로 가족의 근대성의 핵심을 이룬다고 주장한다. 가족과 관련된 심성의 변화는 주로 낭만적 사랑에 기반한 배우자 선택(courtship), 자녀와 모성에 대한 가치부여, 가정중심성(domesticity)의 강화의 세 차원에서 설명되었다. 즉, 첫째, 배우자 선택에서 낭만적 사랑이 우선하게 되고 개인적 행복이나 자아 발전이 자산이나 혈통보다 우선하게 된 것, 둘째, 어머니와 자녀의 관계에서도 과거의 가족에 비해 자녀가 중심이 되고 모성애가 최우선의 가치로 부상한 점, 셋째, 가족이 주변 지역사회와의 경계가 분명해짐으로써 가족내의 사적 생활이 어느 정도 확보되고 가족의 기능이 재산 및 재생산의 단위에서 감정적 연대의 단위가 된 것 등이 '핵가족적 태도'의 주된 요소들로 부각된 것이다(조은, 1997: 20-21).

영국의 사학자 스톤(1977) 역시 유사한 맥락에서 19세기, 20세기에 모습을 드러낸 이른바 '새로운' 근대 가족의 특성을 가족원간의 애정적 관계의 증대, 결혼생활에서 개인적 자유와 행복에 대한 권한과 주장의 증가, 성적 쾌락에 대한 관심의 증대 및 죄악감의 해소, 사적인 가족생활에 대한 욕망 등 네 가지로 요약하면서, 가족과 관련한 다양한 변화 양상을 가족관계에서의 '애정적 개인주의(affective individualism)의 증대'와 '지역사회의 영향력 약화'라는 이중적 과정으로 독해해냈다. 이는 개인의 행복과 자유, 애정적, 감정적 연대로서의 사적인 가족의 등장과 같은 이념적 측면에 주목하고 있다는 점에서 기본적으로 쇼터와 유사한 논리구조를 보여준다. 아리에즈(1960, 1965)의 경우에는 '공, 사분리'와 '사적 가족의 등장'이라는 부분에 더욱 초점을 맞추어 근대 가족의 특징을 중세와 달리 거리나 지역사회로부터 엄격히 구분된 부부와 자녀 중심의 사생활 공간의 형성으로 규정하면서 가족이 사회와 격리되고 친족 및 지역사회의 망으로부터 벗어난 배타적 공간으로 거듭나는 과정, 즉 가정과 사회의 격리 과정을 가족의 근대성의 핵심으로 제시하기도 했다(김혜경, 1998: 16).

'자본주의적 가족의 성격과 출현'에 관심을 기울였던 엘리 자레스키 (1973)는 비판적 가족론의 초석을 마련했다는 점에서 전형적인 심성사적 접근방식을 고수하는 학자들과는 구분되지만 기본적으로 근대 가족의 성격을 이해하는 방식에 있어서는 그들과 일정 부분을 공유하고 있다. 그는 자본주의화와 더불어 진행되어온 공, 사의 분리 현상에 주목했으며, 개인적인 감정이나 가족관계에 대한 의미 부여가 확산되고 내적 자기 성찰과 자의식이 중시되는 등 가정이 사적인 영역으로 형성되어 온 과정에 특히 관심을 기울였다. 근대 가족의 등장이 가정과 일터, 공적인 영역과 사적인 영역의 분리와 철저히 사적이고 정서적인 영역으로 재규정된 새로운 가족의 형성이라는 이념적 차원에서의 변화로 해석된다는 점에서 그가 묘사하는 근대 가족 자체의 특성은 앞서 언급한 아리에즈나 쇼터, 스톤 등의 논의와 상당히 닮아있다. 구조 기능론적 가족론과 심성사적 접근, 그리고 비판적 가족론이 각기 이전 입장에 대한 비판에서 출발하고 있음에도 불구하고 이들이 도출해 낸 근대 가족의 모습들이 많은 부분에서 겹쳐지고 있음은 흥미롭다. 그 내용을 간략히 정리하자면 다음과 같다.[9]

---

9) 이상에서 검토한 파슨즈, 구드, 쇼터, 스톤, 아리에즈, 자레스키 등의 논의들이 주로 가족의 변화에 있어서 '가족의 형태와 구조', '가족의 이념과 심성'의 어느 쪽에 더 주의를 기울이고 있느냐에 따라 양분되어 있다면, 이 외에도 산업혁명이 가져온 노동자 계급 재생산의 위기에 기인하여 수립된 각종 공장법과 같이 계급적, 국가적 이해관계가 여성의 가정전담을 결과하여 가정이 더욱 생산과 분리된 단위로 규정되었다고 보는 등 경제적 요인에 의한 설명방식도 다양하게 존재한다(김혜경, 1999: 154). 그러나 근대 가족에 대한 설명으로 주어진 모든 내용들은 각 이론가들의 내적인 초점과 설명방식의 큰 치이를 보임에도 불구히고 기족에 대한 설명의 많은 부분에서 겹치는 내용을 담고 있다는 점에서 기존에 논의되어온 근대 가족의 모습을 정리해 내는데 도움을 준다.

가. 핵가족주의: 핵가족의 출현은 가족 형태와 구조의 차원에서 근대 가족의 성격을 설명하는 파슨즈나 구드의 논의에서는 주로 산업사회에 적합하고 기능적인 가족형태의 등장으로, 쇼터의 심성사적 접근에서는 "핵가족적 태도"의 출현으로 설명되나, 비록 그 초점은 다를지라도 두 입장 모두에서 근대 가족의 핵심적인 특징으로 간주되는 부분임에는 분명하다. 이때의 핵가족의 근본적인 특질은 '부부중심가족'이다. 서유럽에서도 가족이 19세기 이후 오늘날과 같은 부부중심 핵가족으로 구조화되었다는 데에는 대체적인 합의가 이루어지고 있다고 볼 수 있다(Shorter, 1977; Stone, 1977; Mitterauer & Sieder, 1982; Davidoff, 1990; Levine, 1987).

구드가 직접적으로 '부부중심가족'으로의 세계적 변화과정을 전망하며 평등주의에 기반한 부부관계를 핵가족의 본질적 특성의 하나로 언급한 것이나 쇼터가 배우자 선택에 있어서의 낭만적 사랑과 구애의 중요성 증대를 근대 가족의 중요한 특징으로 본 것, 스톤이 부부관계에서의 성적 쾌락에 대한 관심의 증대와 성적 쾌락에 대한 죄악감의 해소를 가족 근대성의 한 요소로 설명한 것은 모두 '성과 애정에 기반한 부부관계'로의 변화가 근대 핵가족의 성격에서 차지하는 핵심적인 비중을 보여준다. 결국 부부중심 핵가족은 그 형태와 이념의 두 차원 모두에서 근대 가족의 특성에서 빼놓을 수 없는 부분으로 인식되고 있는 것으로 보인다.

나. 공·사 영역의 분리: 산업화 과정에서 확산된 가정과 일터의 분리, 즉 공·사 영역의 분리와 그에 따른 '사적 가족'과 '사생활'의 등장은 근대 가족 연구에서 가장 비중있게 다루어져온 부분이라 해도 과언

이 아니다. 사적 가족의 등장은 쇼터의 경우 가정 중심성(domesticity) 개념에 근거하여 가족과 주변 지역사회와의 경계가 명확해짐에 따라 가족내의 사생활이 확보되고 가족의 기능이 감정적, 정서적 연대를 중심으로 재편되는 현상으로 설명되었고, 스톤 역시 사적인 가족생활에 대한 욕망, 애정적 가족관계의 증대와 같은 차원을 근대 가족의 주된 특성으로 설명함으로써 가족이 사적인 공간으로 정립되어가는 모습을 그려냈다. 아리에즈는 보다 직접적으로 근대 가족을 사생활공간으로 명명하여, 가족이 지역사회와의 격리를 통해 가족이 배타적이고 사적인 공간으로 거듭났음을 환기시켰다. 자레스키 역시 자본주의화라는 거대한 구조에 주의를 기울이기는 했지만 공사 영역의 구분에 따른 가족의 개별화 현상과 가정 내에 사적 영역이 형성되어 가는 과정에 관심을 기울였다. 보다 계급과 국가의 이해관계에 주목하는 연구들에서도 여성이 가정 속에 위치지워지고 가정과 생산의 분리가 초래되었다는 사실에 대해서는 이견을 보이지 않는다.

사생활의 확대는 보다 개인적인 차원에서 개인의 행복과 자유에 대한 관심과 욕구의 증대로 설명되기도 했는데, 쇼터는 배우자 선택에서 개인적 행복이나 자아발전이 자산이나 혈통보다 우선하게 되는 상황에 주목했고, 스톤의 경우 결혼생활에서 자유와 행복에 대한 권한과 주장의 증대를 강조했다. 내적 자기성찰과 자의식의 확대에 대한 자레스키의 주장도 개인적인 사생활의 증대라는 측면에서 해석될 수 있는 내용이라 할 수 있다. 또한 가정의 애정적 기능의 증대에 따라 자녀에 대한 관심이 환기되는 것이 근대 가족의 주요 요소로 설명되고 있는 깃도 의미있는 부분이다. 쇼터는 과거에 비해 가족에서 자녀가 중심이 되는 과정을 보여주었으며, 아리에즈는 보다 구체적으로 '어린이기'의 형성 과정을 추적함으로써 어린이가 근대 가정에서 차지하는 비중과 의미의 변화, 어린이에 대한 가치부여가 증대되어가는 역사적 전개를 드러냈다. 결국 공사 분리에 기인하는 사적가족과 사생활의 출현, 가족 기능의 정서적 특화 현상, 개인주의적 가치의 부각, 정서적 의미로서의 자녀에 대한 가치 부여 등은 모두 근대 가족을 전통 가족과 구분 짓는 중요한 기준으로서 반복적으로 언급된 부분이라 할 수 있다.

다. 성별분업: 성역할의 재구성

성별분업은 공, 사 영역의 분리가 남성과 여성 각각에 대응되어 남녀의 역할이 성별에 따라 재편되는 현상이라 할 수 있다. 생계 부양자로서의 남성의 역할과 표현적 역할을 담당해야 할 여성의 역할을 양분한 파슨즈의 논의는 이러한 성별분업에 대한 이론화의 효시라 해도 지나치지 않을 듯하다. 특히 여성에 초점을 맞출 때 여성은 위에 언급한 '사적 가족'의 "정서적 역할"을 담당해야 하는 새로운 책무를 부여받게 된 것으로 묘사된다. 즉 가정의 정서적이고 애정적인 기능을 담당해야 할 책임이 여성의 몫으로 전제되는 것이 바로 근대 가족의 주요 부분을 이루는 것이다.

주로 여성의 정서적 역할을 아내 역할과 모성 역할의 두 가지 차원을 포함하는 포괄적인 범위로 구조화했던 파슨즈의 논의에서 부분적으로 모성의 과학화, 의료화 차원에서 19세기 등장한 새로운 지식담론인 의학, 위생학, 정신분석학을 의사나 교육체계 등 전문가 집단으로부터 적극적으로 수용, 실행하는 모성상이 소개되고, 출산과 자녀 양육, 출산 조절 등의 영역이 과학화되는 측면에 대한 초기적 관심이 발현되었던 것과 무관하지 않게, 심성사적 접근을 견지하는 입장에서도 정서적 기능을 담당해야 할 주부로서의 여성의 역할 외에도 특히 자녀와 관련한 "모성애"와 "근대적인 어머니 역할"이라는 측면에서 여성의 성역할을 재구성해내는 경향이 있었다. 자녀가 어머니에게 미치는 감정상의 중요성을 강조하면서 모성애가 최우선의 가치로 자리잡게 되는 현상을 강조했던 쇼터가 바로 이러한 입장을 대변한다 할 것이다. 일하는 남성상, 그리고 모성 이데올로기와 경쟁적 사회로부터의 은신처를 제공해야 할 전업주부상에 기반한 성역할구조의 재편은 가정 내에서뿐만 아니라 전체 사회의 성별분업의 기반으로서 자리잡게 되었다는 점에서 매우 의미심장한 부분이다.

그런데 이상의 논의들의 기저에는 몇 가지 중요한 태생적 한계가 내포되어 있다. 그 하나는 가족의 변화를 몇몇 특성들로 요약하여 제시하는 과정에서 다양한 역사적, 사회적 맥락과 무관하게 이들을 근대 가족이 도달하게 되는 고정적인 특성이자 일종의 종착지로 제시하는 몰역사적이고 서구 중심적인 관점을 비서구사회에 강요하게 된다는 것이고, 또 한 가지는 공사 영역의 분리라는 이분법적 틀과 그 속에서의 사적 가족의 출현을 부각시키다 보니 가정이 마치 사회로부터 온전히 고립되고 격리된 불가침의 영역인 것처럼 가정되어 가족에 대한 논의가 다양한 사회적 세력들과 동떨어진 가족 그 자체에 침잠될 수밖에 없는 구조를 만들어낸다는 것이다. 이러한 맥락에서 일찍이 핵가족의 보편성이나 가정성의 신성화, 가족내의 성별 분업의 세 요소가 이른바 표준 가족사회학의 전형적인 가족 이데올로기로 간주되어 맑시스트나 페미니스트, 정신분석학자 등에 의해 집중적인 비판의 초점이 되어왔고(B. Thorne and M. Yalom, 1992; A. Kuhn and A. M. Wolpe, 1978), 푸코

주의 역사학자로서 이론적으로 확연히 이들과 다른 노선에 서 있는 동
즐로(1977)의 경우에는 이 두 가지 한계를 보다 효과적으로 극복할 수
있는 보다 역사적이고 신축적인 시각을 발전시켰다. 이 중 동즐로의
논의는 본 연구와 관련해서도 매우 중요한 이론적 시사점을 제공하는
바, 그 내용을 좀 더 자세히 들여다볼 필요가 있다.

18세기 후반 이후 프랑스에서의 근대 가족의 형성사를 다룬 그의
대표적인 저서인『The policing of Families』(1977)에서 동즐로는 18세기
이후 근대 가족이 공적 영역에서 분리된 새로운 영역으로 구성되어 가
는 과정과 공동체 사회로부터 가족의 독립을 의미하는 사생활(privacy)
의 확대라는 과정으로 근대 가족을 설명해냈다. 그 역시 가족과 사회
의 엄격한 구분 속에 근대 가족이 탄생하게 되었다고 보면서, 응접실,
사무실, 개인방 등 공간의 분리 등에 기반한 사생활의 증대, 가족의 건
강과 자녀의 교육에 대한 관심의 증가와 같은 내용으로 근대 가족의
특징을 제시했다는 점에서는 내적 특성이나 태도, 심성 등에서 가족이
전시대와 차별화되고 있음을 인정했던 셈이다.

그러나 이러한 변모의 원인과 과정에 대한 동즐로의 설명은 기존의
기능론적 관점이나 심성사적 가족사가들과는 명백히 입장을 달리한
다. 그는 근대 가족의 이념적 성격에 주목하기는 하지만 근대 가족이
핵가족과 같은 '형태'의 차원으로 환원될 수 없는 것과 마찬가지로 '이
념적 요소' 그 자체로도 환원될 수 없음을 강조하였다. 근대 사회의 발
전과정과 가족 영역의 형성을 역동적으로 분석하는 그의 계보학적 연
구방법은 가족이 그 자체로 자율성과 프라이버시를 누리는 사회와 분
리되고 고립된 '사적' 공간이었던 것이 아니라, 스스로를 둘러싼 미세
한 사회적 권력의 망 속에서 끊임없이 그러한 성격으로 변형되고 만들

어져왔다는 점을 드러내주었다. 즉 단순히 공사 영역의 분리의 일면으로 보이는 사적 가족의 등장은 사실상 우리가 공적인 것으로 간주해온 복잡다단한 사회적 힘들(social forces)간의 '관계 속에서' 근대 가족이 사회적 구성물로서 재탄생해가는 과정이었다는 것이다.

이상에서 볼 때 동즐로가 비록 근대 가족의 내적 특성이나 심성 차원에서의 변화를 인정하고 있을지라도 그 변화의 동인에 대해서는 기존의 심성사적 가족사가들과 명백히 다른 설명을 제공하고 있음을 확인할 수 있다. 심성사적 접근은 본질적으로 가족의 형태적, 구조적 측면이 아닌 가치관이나 의식, 감정, 세계관 등의 대대적인 변화를 가족 변모의 동력으로 보기는 하지만, 정치, 경제 등 거시 제도의 변동이나 가족이 그것과 맺어나가는 관계에 크게 주목하지 않는 다분히 정태적인 성격 탓에 그 변화가 근본적으로 왜 일어났는지에 대한 근본적인 해답을 제공할 수 없었다.[10] 오히려 이들은 암암리에 공사 구분이라는 이분법적 틀에 기반한 몇 가지 요소들을 평면적으로 구성하여 근대적 가족상을 설정하고 특정한 시기에 그 요소들이 실제 발견되고 있는가를 기준으로 그러한 방향으로의 변화를 단선적으로 추적하면서 이를 일종의 진보로 보는 진화론적, 근대화론적 시각을 발전시켜 왔다고 볼 수 있다.

그러나 동즐로는 근대사회의 발전과정과 가족영역의 형성을 역동적으로 분석하는 계보학적 분석을 통해 가족이라는 '유동적인 결과물(moving resultant)'이 사회, 국가와의 관계 속에서 어떻게 사적인 영역

---

10) 쇼터는 이러한 변화들은 자유방임적 시장조직과 자본주의적 생산, 임노동화와 프롤레타리아화가 인간의 감정에 변화를 가져온데서 기인한다고 보지만 그 과정이 어떠한 경로를 거쳐 진행되었는지에 대한 구체적인 설명을 제공하고 있지는 못하다.

으로서 생성되어 가는가에 대한 경험적이고 실증적인 설명을 제공한다(김혜경, 2001: 215). 따라서 가족의 변화는 단일 요인의 변화로 설명되는 것이 아니라 다양한 권력과 전략, 그리고 무수한 담론의 논리들이 중첩적으로 얽혀있는 망 속에서 끊임없이 구성되고 변화하는 '열린 단위'로 남게 되고 그 다양한 제도와 지식권력들, 그리고 그 속에 숨은 정치, 경제학적 전략들의 논쟁적인 경합과정을 구체적으로 밝히는 것은 근대 가족 연구에 있어 필수적인 과제가 된다.

이러한 맥락에서 동즐로는 서구 가족을 이상적 형태로 상정하고 그 기준에 비추어 우리의 가족을 재단하는 것이 아니라 하나의 열린 개념으로서 한국 가족의 근대성이 구성되어 가는 과정을 규명하고자 하는 본 연구에 있어서도 유용한 이론적 혜안을 제공해준다. 계보학적 접근 방식 자체가 근대=발전, 선이라는 제한된 선입견과 가치지향성을 벗어나 가족과 관련하여 권력의 작용망 속에 '생산되어 온' 우리의 가족을 추적하는데 유용한 방법론적 도구로 활용될 수 있는 까닭이다. 따라서 본 연구는 서구의 구조 기능론적, 심성사적 접근들에서 도출되었던 근대 가족의 특성들을 준거틀로 참조하여 비교를 통해 우리의 현실을 좀 더 명확히 규명해낼 수 있는 도구로 활용은 하되, 여기에 크게 얽매이지 않고 다양한 가능성을 열어놓은 상태에서 한국적 맥락 속에서, 특히 가족을 위치지우는 소계보의 하나로 작용해온 가족정책 속에서, 가족이 특정 모습과 성격으로 구조화되어가는 과정과 그 속에 숨은 미세한 정치, 경제적 권력과 전략의 측면을 충실히 '발견'하고 '해석'해내는데 주력하고자 한다.

그러나 이렇게 가족의 근대성의 요소들을 개방적, 유동적인 틀로서 재구성할지라도 해결되지 않는 근본적인 문제가 있다. 가족의 근대성을 '어떻게' 거시적인 근대성과의 관계 속에 위치지움으로써 총체적인 근대성의 이해를 가능케 할 것인가의 문제이다. 다양한 사회적 힘들 속에서 가족이 구성되어가는 과정에 주목하고 있는 동즐로의 논의를 제외한다면 앞서 제시된 근대 가족에 대한 논의들에서 전체 사회 변화에 대한 구체적이고도 포괄적인 관심을 찾기는 쉽지 않다. 특히 "근대성"이라는 차원에 초점을 맞추어 가족의 근대와 가족 외적인 근대가 맞물리는 총체적인 양상에 대한 논의를 전개한 경우는 거의 전무하다 해도 과언이 아니다.

이 같은 맥락에서 볼 때 여성, 가족에 초점을 두어 근대성 담론에 나타난 복합적이고 모순적인 측면들을 밝혀내려 했던 리타 펠스키의 연구(1995)는 중요한 도움을 제공한다. 그녀는 여성학적 관점에서 근대의 복합성을 규명하려는 취지 하에, 남성들에 의해 씌여진 기존의 텍스트들이 합리화, 생산, 억압 등 남성적인 특성과 관련하여 근대성을 합리성과 동일시함으로써 여성을 근대성과 역사의 바깥에 위치짓거나, 근대적 주체성의 수동적이고 쾌락적이며 탈중심화된 성격과 연계시켜 '합리적인 자본주의'와 '여성의 비합리적인 욕망에 의한 소비'의 결합과 이에 기반한 "근대의 여성화" 현상을 이야기하는 두 흐름으로 존재해 왔음을 분석해냈다.[11]

상이한 것으로 보이는 이 두 흐름은 사실상 '자연과 본능에 가까운 비합리적 존재'라는 여성에 대한 고정적인 이미지를 재현해내고 있다는 공통점을 갖는다. 여기서 리타 펠스키는 여성에 투사된 과거에 대

---

11) 이 두 측면은 아도르노와 호르크하이머가 계몽의 변증법에서 남성적 합리성과 여성적 쾌락이 동전의 양면처럼 근대적 주체성을 구성하는 완벽한 지배의 논리로 작동하고 있음을 주장한 것과 일맥상통한다.

한 향수, 자연으로의 회귀욕구와 근대적 합리화 과정에 모순적으로 상 응하는 여성에 대한 비합리적 이상이 모순되게도 근대성(담론)의 일부를 이루는 중요한 요소들이었음을 주장하는 듯하다. 부분적으로 그녀도 언급하고 있듯이 이러한 논지는 가족에 대한 논의에도 충분히 적용 가능하다. 가족은 기존의 연구들에서 언급되어 온 근대 가족에 대한 이상－가정과 일터의 분리와 행복한 쉼터로서의 가정, 소비하는 가정주부, 성애를 기반으로 한 남녀 간의 결합, 감정적 모성 등－이 '새로이' 구현되는 공간이기도 했지만, 그 자체가 다양한 정치, 경제적 논리들에 의해 근대의 바깥에 존재하는 것으로 신성화되고 전통에 대한 향수가 투사되는 장소이기도 했다. 즉 가족은 그 안에서 합리성과 비합리성이 맞물리는 공간이자 가족 외부에서 구현된 근대의 다양한 가치들과 충돌, 경합하는 공간, 즉 근대의 자기 모순이 발현되는 하나의 장(場)으로서 자리해왔던 것이다.

이러한 논의가 채터지(1993)나 차크라바티(1994)의 "post colonial"에 대한 논의에서 이미 구체화되고 있음은 주목할만하다. 리타 펠스키가 여성에게 과거에 대한 향수가 투사되는 현상에 주목했다면 이 두 학자는 '식민지적 상황'이라는 특수한 배경 하에서 과거에 대한 향수가 여성과 가족에게 투사되고 여성과 가족이 몰역사화되는 더욱 경험적인 양상에 대한 설명과 해석에 도전한다. 이들의 접근방식은 식민지의 경험 이래로 전통과 서구화에 대한 열망, 식민지 상황에 대한 극복의 의지 등이 복합적으로 얽혀있는 독특한 형태로 존재해온 우리 한국사회의 근대를 이해하는데 효과적인 통찰력을 제공해주고 있다는 점에서 좀 더 세밀한 언급을 필요로 한다.

식민지에 대한 지배를 용이하게 하기 위해 위로부터 주어졌던 "근대화 담론"은 제3세계의 낙후된 삶의 여건을 신랄히 비판하고, 이에 대조되는 물질적으로 발전된 서구 자본주의적 경제 원칙과 물질적 풍요의 가치를 '근대화'라는 '선한' 상징체계로 포장하여 이식하려는 광범위한 헤게모니적 지배 수단이었다. 그런데 이에 대한 대항담론이자 식민지배 상황을 극복하기 위한 논리로서 자생적으로 등장했던 민족담론은 모순되게도 자신이 극복해야 할 대상으로 천명했던 근대화 담론과 상당부분에서 공통분모를 가지고 있었다. 민족 담론 역시 식민 지배를 가능케 했던 서구 부르죠아 사상과 철학적 전제 및 개념들을 공유한 채 서구의 해방 이론을 답습하며 서구적 근대화와 자본주의적 경제성장의 기치를 드높였고 이 과정에서 그 기준에 미치지 못하는 자생적인 물리적 조건과 환경들을 열악한 것, 개선되어야 할 것으로 폄하해버렸던 것이다. 이렇게 제국주의의 팽창의 원동력이 되었던 서구의 물질적 성장과 기술력을 동경하고 이를 최대한 빨리 모방하여 식민지 상황을 벗어나려는 정치, 경제적 의도의 이면에는 모순되게도 자민족의 문화와 전통을 서구의 물질문명에 비해 훨씬 우월한 것으로 차별화하고 신비화하고자 하는 일종의 향수어린 관념들이 공존했다.

　가족과 여성은 이러한 두 가지의 관념이 모두 발현되는 지점이었다. 남성들의 식민지적 좌절과 정치, 경제적인 해방과 발전의 열망이 반영된 결과 가정은 서구적으로 개조되고 물질적으로 '근대화'되어야 할 영역으로 규정되는 동시에 가족과 세계, 정신과 물질의 이분법에 기반하여 식민지적인 패배를 보상해주는 원천이자 저항의 최후보루로, 서구에 대한 도덕적·영적·정신적 우월성을 보증해줄 수 있는 영역으로 신비화됐다. 여성은 가정을 과학적, 진보적으로 변화시키고 근대적인 2세를 키워냄으로써 정치적, 경제적으로 조국의 독립에 기여하는 한

편, 전통의 담지자, 신비화된 가정 내에서 영적인 순수성과 미덕, 정체
성을 구현하는 상징적 장소로 남아있어야 했다.12) 가족과 여성에 근
대적인 의무를 부과하는 동시에 신비화하는 다양한 정치, 경제적 담론
과 논리들은 실상 서구를 모방하고 물질적, 정치적 발전주의를 지향하
는 서구적 근대화론과, 또 어느 부분에서는 서구로부터 끊임없이 자신
을 차별화하고 우위를 증명하고자 하는 일종의 민족주의적 저항이 뒤
섞인 결과였다 할 것이다.

　결과적으로, 외부로부터 주어진 근대성과 식민성이 뒤섞인 정치적
지배 논리와 내생적으로 출현한 민족담론의 이념적 저항과 전통에 대
한 의미 부여, 그리고 그 둘을 관통하고 있던 자본주의의 세계화 추동
과 같은 정치적, 경제적, 이념적 논리와 이러한 논리들이 실타래처럼
얽힌 권력의 그물망 속에서 가족과 여성이 새로운 정체성을 부여받게
되는 구체적인 과정, 그것이 바로 식민지 국가들이 경험해야 했던 사
회문화적 맥락이자 그 자체로서 독특한 근대성의 한 형태였던 셈이
다.13) 이는 Barlow(1997)가 "식민지적 근대성(colonial modernity)"14)을

---

12) 서구에서도 근대성은 구조의 구속력으로부터 자유롭지 못한 인간주체, 특히
　여성이 구성되는 중요한 담론의 지점이었다. 일찍부터 근대성=남성성의 등
　식과 함께 여성은 전근대의 상태에 있는 존재로 폄하되는 동시에, 근대성의
　외부에 위치하는 초월적이고 신비한 존재로서 규정되어 왔다. 근대성과 여성
　성을 대립시키고 여성을 산업화 이전 시기에 대한 낭만주의적 향수와 동경을
　충족시켜줄 원천으로서 구성해내는 무수한 이론적 논의들 속에서, 여성은 남
　성과의 '차이'에 의해 정의되는 타자이자 신화적 지시대상으로 만들어져갔다.
　이 과정은 분명 담론을 통한 비가시적인 권력의 작동을 직접적으로 보여준다.
13) 특히 1980-1920년 식민 통치 기간 동안의 인도의 역사 서술 방식에서 나타나
　는 특성을 분석한 차크라바티는 가정이 식민주의 세력에게나 그것으로부터
　민족을 방어하려는 민족주의자들 모두에게 중요한 전략적 지점이었음을 드
　러내고 있다(Chakrabarty, 1994).
14) 바로우는 『Formation of Colonial Modernity in East Asia』(1997)에서 근대성
　과 식민지성이 단절되거나 순차적으로 발생하는 속성을 지닌 것이 아니며 식

과거 식민지를 경험한 동아시아 국가들의 역사를 설명하는데 유용한 개념으로 제안하면서 이것이 주로 맑시즘적 입장에서 이루어졌던 산업 자본주의의 세계적 확산과 지배 같은 근대성의 정치, 경제적 측면에 대한 분석과 푸코주의자들이 주목해온 특정 시점과 공간에서의 다양한 세력들의 작용에 대한 담론적 분석을 모두 아우를 수 있을 것으로 기대한 것과도 일맥상통한다. 채터지와 차크라바티의 논의에서 부분적으로 시사되고 있듯이 식민지라는 특수한 배경에서의 정치, 경제, 이념적 요소들의 교차, 그리고 그 각각의 논쟁적인 담론 이면의 권력과 전략이 작동하는 양상에 대한 분석은 그것의 정치 경제학적 함의에 대한 분석과 그것이 계보학적으로 '어떻게' 구현되는가에 대한 규명을 통해 보다 효과적으로 완성될 수 있기 때문이다.

또한 이러한 특수한 근대성의 발현은 근대성을 사회 변동의 한 유형으로 전제하고 근대성이 예정되어 있거나 일률적인 것이 아니라 각 나라가 처한 역사적 배경이나 사회적 상황 등에 따라 다양한 유형으로 구체화될 수 있음을 주장하는 아이젠슈타트(1969)의 논의를 다시 한번 확인시켜 주는 것이기도 하다. 아이젠슈타트는 근대성을 부분적인 사회 변동이 아니라 정치, 사회, 경제, 문화 등 상호 연계된 총체적 변화로 다루는데, 이 복합체적 성격이 각 사회가 처해있던 출발점의 차이, 근대화를 추진하는 엘리트의 지향성, 사회구조의 상이한 분화 수준, 주요한 제도적 영역에서의 근대화의 속도 차이 등이 포괄적으로 맞물린 결과로서 그 내부적 상호작용의 유형에 따라 다른 모습으로 나타나게 된다는 그의 논리는 근대성의 공통된 특징 이외에 '차이'의 측면이

민성 자체가 근대가 구현되는 또 하나의 양식이라는 사실을 부각시키는데 이 개념이 효과적일 수 있음을 주장한다.

곧 근대성의 다양한 실체들을 설명해낼 수 있는 주요한 요소라는 점을 강조한다. 이 논의를 적용하자면 결국 식민지 사회에서 발현되는 '차이는 식민지 상황이라는 독특한 출발점과 엘리트 집단의 지향에 의해 만들어진 민족 담론, 그리고 경제적 영역에서의 빠른 성장 속도를 추구하는 일련의 정치, 경제, 문화적인 가족 외적 여건들의 복합적인 결과였으며 이렇게 서구와 다른 모습으로 모양지워진 거시적인 근대성은 가족과 여성의 삶이라는 또 하나의 측면을 독특한 모습으로 구조화하는 거대한 동력으로 작동해 왔던 것이다.

리타 펠스키와 채터지, 차크라바티가 각기 상이한 사회문화적 조건 하에서 다른 측면에 초점을 맞추고 있는 것을 사실이지만 이들은 가족과 여성이 가족 외부의 거시적 근대성과의 관계 속에서, 그로 인해 특정 성격으로 주조되어지고 위치지워지는 방식을 설명함으로써 가족과 여성을 기준으로 근대의 태생적인 모순과 갈등을 드러내고 있다는 공통점을 보인다는 점은 특히 주목할 만하다. 가족이라는 특수한 공간이 때로는 전통과 비합리성의 영역으로, 때로는 과거에 대한 향수를 투사하는 영역으로, 혹은 근대적으로 개조되어야 할 공간으로 명명되는 이러한 복합적인 양상들은 가족이라는 공간 그 자체가 특정 시점과 공간 속에서 외부적인 근대의 가치들과의 연계 속에서 상호작용하고 그 다양한 사회적 힘들 속에서 영향을 받는 근대성의 또 하나의 "층위"로서 존재한다는 사실을 확인시켜주고 있다 하겠다. 본 연구에서 가족의 근대성과 보다 거시적이고 제도적인 차원의 근대성과의 연계에 주목하는 것은 근대 가족 연구의 새로운 지평의 가능성을 기대케 하는 이러한 논의들에 기반한 통찰력으로, 일반적 근대성 논의와 별개로 "근대 가족"에만 집중함으로써 스스로를 자신들만의 영역으로 함몰시켜온 서구 논의들에서 축적되어온 근대 가족에 대한 연구 성과를 가족 외적 현실간의 분리시킬 수 없는 "관계" 속에서 이해함으로써 근대성의 복합적 실체에 대한 보다 총체적인 이해를 도모하기 위한 것이다.

이상의 논의들을 종합할 때, 근대는 다차원적이고 개방적인 체제이며 항상 내부적 모순과 긴장의 가능성을 내포한다. 이는 근대의 범주가 서로 결탁하기도 하고 충돌하기도 하는 무수히 많은 논리가 작동하고 있는 "유동적이고 변동적인 체제이자 분류범주"로서 단일한 시대정신으로 성급하게 종합될 수 없는 일련의 다면적인 역사적 현상들을 포괄하고 있는 까닭이다. 따라서 근대는 그 내부적인 다양한 논리들과 그 논리들의 상호적인 관계, 그리고 그 속에서 구현되는 특정 사회의 발전 경로를 부각시키는데 효과적인 개념이고, 가족이라는 기준점은 그 상호관계를 드러낼 수 있는 중요한 지점이 된다. 특히 정치, 경제, 문화적인 거시적 제도 차원에 내포된 정치 경제학적 함의와 그것이 직접적으로 가족에 작동하는 구체적인 방식과 경로의 양 차원을 규명하는 것은 근대성의 내적 역동성을 드러낼 수 있는 유용한 방법이 될 수 있다.

본 연구는 근대성 담론 속에서 어떤 동질적이고 일관된 문화적 합의를 찾는 것이 무리라는 점을 전제한다. 오히려 근대의 개념이 그 모호성에도 불구하고 우리의 현실을 규정해온 담론의 역사 속에 숨어 있는 내적 모순과 갈등, 화해와 타협의 역동적인 양상을 밝혀내고 장기적인 구조적 변화과정을 다차원적으로 파악할 수 있도록 하는 수단으로서의 효용성을 갖는다는 점에 착안하여 한국적 근대성의 내적 특성의 일면을 파악하는 것을 중심과제로 삼는 것이다.[15) 이 과정에서 가족은 그 자체 뿐 아니라 거시적 구조와의 관계의 측면도 근대성의 한

부분을 이루는 중요한 요소로서 앞서 살펴본 정치, 경제, 문화적인 거
시적 제도와의 연계 속에서 그것이 구성되는 과정과 그 속에 내포되어
있는 논리와 전략의 측면에 대해서도 주의깊은 관심이 필요한 또 하나
의 핵심적인 주제가 된다.

---

15) 근대성의 내적 모순과 갈등은 거시 제도적 근대 내부의 상호작용과 정치, 경
   제, 문화적 영역의 근대와 가족내적 근대의 관계 두 차원에서 다루어지는데,
   이 중 후자에 대한 설명이 본 연구의 보다 핵심을 차지하는 부분이고, 더 많
   은 시간과 노력이 할애된 부분이다.

제2장
분석텍스트로서의 가족정책

1. 근대성 담론의 agency

기존 역사학의 질문이었던 "왜(Why)"가 아닌 "어떻게(How)"를 강조하면서 '인과적 설명', '기원에 대한 설명'이 아닌 불평등한 구조가 정당화, 유지되는 과정과 그 역동성에 대한 설명을 제공하고자 했던 푸코의 계보학적 설명방식은, 위계적인 권력구조의 구성과 유지의 과정을 다양한 원인들 간의 관계 속에서 규명할 수 있도록 하는 근간을 제공한다는 점에서 방법론적 효용성을 갖는다. 어디에나 존재하고 모든 관계 속에서 생산되는 권력의 편재성과 비가시성을 지적하고자 했던 그의 논의에서 주체를 구성해내는 권력의 생산적인 성격이 발현되는 주요 지점들은 바로 다양한 사회적 "담론"들인데, 현실에 '해석'을 덧붙여 고정시킴으로써 주체들을 설득하고 그를 통해 현실을 재구성해내는 "재현"의 방식을 통해 만들어진 담론이 권력의 메커니즘으로서의 역할을 수행한다는 푸코의 논지는 자끄 동즐로에 이르러 가족 연구에까지 확장 적용됨으로써 가족의 근대적 변형의 미시적 계기들을 분석

할 수 있는 중요한 근거를 제공해주었다.

그런데 가족과 그 외적 현실에 총체적인 영향력을 행사하는 이러한 미시적 힘의 대표적인 예가 바로 국가 정책이다. 사회 정책이 시대에 따라 국가가 원하는 방식의 다양한 가치들을 사회 구성원들에게 전달하고 요구하는 하나의 수단으로서, 즉 변화를 주도하는 국가의 주요한 대리인으로서 기능해왔다는 사실에 이의를 제기할 사람은 아마 없을 것이다. 사회 정책의 한 영역인 가족정책 또한 예외가 아니다. 국가가 유도하고 확산시키고자 했던 정치, 경제, 문화 영역에서의 근대성의 가치와 가족에게 요구되었던 근대성의 가치가 중층적이고 다면적인 형태로 내재화된 텍스트가 바로 가족정책이기 때문이다. 가족 내, 외양 영역의 궁극적 지향점을 제시하며 근대의 다중적 실체를 직접적으로 체화해온 대표적인 매체, 그것이 바로 담론으로서의 가족정책이 갖는 의미이다.

특히 식민지적 경험과 국가 주도의 경제성장, 권위적이고 강력한 군사정권의 장기 집권 등으로 특징 지워진 한국의 사회적 배경은 다른 세력들과 비교할 때 가족정책의 실제 구속력에 더욱 큰 무게를 실어줄 수밖에 없었다. 구태여 자본주의 가부장제 국가론이나 가부장제 복지국가론 같은 페미니즘적 논의들을 빌어오지 않더라도 가족정책은 국가의 이익, 자본의 이익, 가부장제 이익 등에 의해서, 가족을 둘러싼 다양한 세력들의 상호관계 속에서 생산되는 것이 일반적인데, 그에 비해 한국의 가족정책은 국가가 경제 영역에 깊이 개입하여 주도권을 행사하는 권위주의적인 통치체제로 인해 주로 국가의 지배적 영향력 하에 결정, 시행되어 온 독특한 발전경로를 거쳤다. 경제적 영역과 문화적 영역의 근대적 가치들 또한 국가의 시각에서 취사선택되고 재해석된 후에야 가족정책 속에 기조 원리로 포함되어졌다. 한국사회에서 다양한 영역에서의 근대성의 가치들이 국가 차원에서 선택되고 재현되었던 대표적인 공간이자 강력한 담론체계로 작동해온 가족정책 내부에서 근대의 흔적들을 찾아내는 것이 곧 한국적 근대성이 자신을 드러내온 독특한 방식을 해석하고 그 공고한 재생산의 고리를 드러내는 하나의 방법일 수 있는 이유가 바로 여기에 있다.

언뜻 담론의 생산적인 힘과 구속력을 강조하는 이러한 접근방식은 권력의 계보들 그 자체나 세력화 과정에 놓여있는 다양한 사회적 힘들에만 천착하여 현실을 권력의 효과, 혹은 유동적인 결과물로만 규정한다는 점에서 구조 속에 놓인 행위 주체가 갖는 능동적인 힘이나 변화의 가능성을 부정하는 듯한 인상을 준다. 그러나 여기서 중요한 것은 이런 식의 접근이 곧바로 인간과 가족, 그리고 그것을 둘러싼 현실의 주체성에 대한 관심의 부재를 의미하는 것은 아니라는 점이다. 오히려 이는 주체에 지나치게 많은 것을 기대함으로써 오히려 실재를 왜곡시켰던 기존의 시각을 접고 좀 더 현실적인 맥락에서 인간 주체와 그가 처한 현실에 접근하려는 시도일 수 있다.

어쩌면 죠엔 스콧처럼 푸코를 계승한 페미니스트들이 주장하듯이, 역설적으로 한번도 실현된 적이 없는 인간의 자유의지와 능동성에 대해 과도한 기대를 갖는 것은 현실적합한 전략을 효과적으로 강구할 수 없게 한다는 점에서 우리 스스로 변화의 가능성을 차단하는 결과를 가져올 수도 있다(Joan W. Scott, 1988). 지금 우리에게 보다 절실히 요구되는 것은 주체 철학에 근거한 환상을 던져버리고 구조가 스스로를 재생산하는 방식을 드러냄으로써 우리를 둘러싼 구조에 대한 온전한 이해를 꾀하는 작업일지도 모른다. 이러한 맥락에서 그 제정시기와 입법

배경, 적용대상, 정책 시행의 구체적 방식 등에 따라 서로 상충되는 내
용이 공존하는 등 전체적인 틀의 설계가 선행되지 못한 채 산발적으로
진행되어온 가족정책의 경우를 택하여 그 속에 숨어 있는 모순된 내적
원리와 그것이 작동해온 구체적인 방식을 밝혀내는 것은 현실에 치밀
하게 스며들어 우리의 일상을 주조해온 지배 담론의 틈새를 드러내는
의미 있는 첫걸음이 될 수 있는 것이다.

2. 가족정책의 영역 설정

이제 이상의 전제들을 염두에 두고 가족정책이라는 대상에 대해 좀
더 심층적으로 접근해보고자 한다. 가족정책에 대한 선구적인 연구자
인 카머맨과 칸(Kamerman & Kahn, 1978)은 가족정책을 "정부가 가족에
대해서 그리고 가족을 위해서 행하는 모든 활동"이라고 규정하면서 가
족정책에 대한 세 가지 상이한 정의방식을 제시한 바 있다. 그들은 가
족정책이 크게 "사회 정책의 일부(family policy as a field)", "사회적인
목표 수행을 위한 수단(family policy as an instrument)", 그리고 "사회 정
책의 평가 기준(family policy as perspective or a criterion)"의 세 차원에서
정의될 수 있다고 보고 그 각각에 해당하는 개별 정책들의 대략적인
목록을 제시하였다.16)

---

16) 사회 정책의 일부(family policy as a field)로서의 가족정책에는 가족과 관련
하여 대가족, 건전한 아동, 자녀양육비용 부담 경감, 남녀평등 등의 목표를
설정해놓고 이들 목표를 달성하기 위해 만들어진 정책들, 예를 들어 가족계
획, 소득보장, 실업수당, 탁아정책, 가족법, 인구정책, 아동보육정책, 주택·
교육·보건정책, 개인적 사회서비스 등이 있다. 사회적인 목표 수행을 위한

카머맨과 칸의 정의는 가족정책 연구자들에게 폭넓게 받아들여지고 가족정책에 대한 규정의 고전처럼 여겨지고 있음에도 불구하고 그 정의가 지나치게 광범위하여 가족정책의 범위와 특성을 적절히 포착해 내지 못하고 있다는 점에 대한 끊임없는 비판이 있어왔다.[17] 특히 윌렌스키(Wilensky, 1978)는 "모든 것은 곧 아무 것도 아니다(everything is nothing)"라는 명제를 내세우며 구체적으로 가족정책이라고 명명되는 정책이 없다면 가족정책은 없다고 보아야 한다고 주장하였는데, 이는 암시적(implicit) 정책까지도 가족정책의 영역에 포함시키는 카머맨과 칸의 광범위한 가족정책 개념에 명백히 반하는 것이라 할 수 있다. 모

수단(family policy as an instrument)으로서의 가족정책에는 가족과는 직접 관련이 없는 사회의 목표를 성취하기 위한 수단으로서 가족이나 가족성원에게 특정 행위를 요구하는 정책으로, 노동력이나 군병력 공급을 위해 출산 장려를 하는 아동수당 같은 인구정책, 노령 취업자 제거를 위한 연금 정책, 여성을 노동시장으로 유인시키기 위한 탁아 정책 같은 노동시장정책, 의료비용 상승을 제어하기 위한 가정방문 서비스 같은 보건의료 정책 등이 속한다고 할 수 있다(Wilensky, 1985). 사회 정책의 평가 기준(family policy as perspective or a criterion)으로서의 가족정책은 가족복지를 정책의 결정 및 정책의 결과를 평가하는 전반적 범주로 사용하려는 정책으로, 가장 최근의 개념이며 정책 연구자들이 가장 바람직하게 생각하는 개념이라고 할 수 있다(Kamerman & Kahn, 1978: 184-185).

17) 이들이 제시한 가족정책의 구분 자체도 사실상 실제 가족정책이 구체적으로 제정되고 시행되는 맥락에서 이루어져야 하는 것이기 때문에 각 사회들에서 자신들의 역사적 맥락에 대한 사전 검토 없이 정책들을 여기에 대응시켜 분류하는 데에는 무리가 따르는 것으로 보인다. 일례로 가족계획은 서구사회에서 이해되는 바에 따르면 '사회정책의 일부'로 간주되는 것이 일반적이지만 한국에서는 이것이 인구 억제를 통해 경제성장을 도모하기 위한 하나의 방안으로 활용되었기 때문에 '수단으로서의 가족정책'의 성격을 띤다고 보아야 한다. 이 같은 점을 생각할 때 가족정책은 그것이 시행되는 배경과 취지 등에 대한 총체적인 고려와 분석을 통해 사후적으로 규정되어야 하며, 그러한 일련의 과정을 거칠 때에야 카머맨과 칸의 정의가 우리의 가족정책이 기본적으로 어떠한 관점에서 가족에 접근하고 있는지를 규명하는 데에 보다 적절한 도움을 줄 수 있을 것으로 생각된다.

엔과 쇼르(Moen & Schorr, 1987) 역시 가족정책이 "의도성"과 "목표"를 지니고 있어야 한다는 전제를 윌렌스키와 공유하며 가족정책을 "폭넓게 합의된 가족을 위한 일련의 목표를 실현하기 위해서 국가나 기타 사회제도가 의도적으로 만든 프로그램이나 정책"이라는 의견을 개진함으로써 가족정책에 대한 정의를 한층 세련화했다.

국내에서도 가족정책에 국가의 의도가 반영되어 있어야 한다는 전제에 대해서는 대체로 합의가 이루어지고 있는 것으로 보인다. 김영모(1990)는 가족정책이 "자녀를 위한 경제적 지원, 양육, 보호 및 사회화와 노인의 보호, 부부간의 애정 및 협동을 위한 이상적 제도인 가족이 제 기능을 발휘하지 못할 때 가족성원들의 욕구와 문제를 해결하기 위한 정부의 개입"이라고 정의했으며, 최성재(1992)는 "가족의 기능, 구조 및 역할을 바람직한 방향으로 유도하고 가족전체 및 가족원으로서의 개인의 복지를 증진시키기 위해 국가가 의도적으로 행하는 행동에 관한 일련의 원칙들"로 가족정책을 개념화했다. 또한 공세권(1993)은 "가족정책이란 구조기능적 측면에서 적합성을 유지할 수 있도록 기능 및 역할의 개발은 물론 가치관의 정립, 가족제도의 보완, 가족문제의 예방과 치료, 자생력을 갖지 못한 가족의 보호 등으로 생각할 수 있음"을 언급했고, 김성천(1995)의 경우 "가족을 하나의 단위로 보고 가족의 요구와 문제를 해결하려는 정책"이 가족정책이라고 보았다.

비교적 최근의 연구를 보면 박민자(1995)는 가족정책이 "가족복지에 관심을 두고 정부가 의도적으로 취하는 조치나 행동으로서, 개인을 다루더라도 가족과 연계해서 다루는 것이 특징이며, 가족 성원을 대상으로 그들의 복리를 증진하기 위한 수단으로서의 제반 정책들이 가족정책에 포함될 수 있다"고 했고 이혜경(1996)은 "국가가 가족의 기능이나 역할에 의도적으로 영향을 미침으로써 원하는 방향의 변화를 가져오려는 체계적인 개입계획"으로 가족정책을 정의하고 있다. 가족단위를 정책 대상으로 했을 때 한국사회에 실제로 의도적인 가족정책이 존재하느냐에 대해 많은 학자들이 이견을 보이고 있는 것이 사실이지만 대부분의 연구자들이 "정부의 의도성"을 전제로 가족정책을 정의하고 그 기준에 맞추어 가족정책의 범위를 규정하고 있다는 점에서 어느정도 합의점을 찾고 있다고 생각된다.

가족정책의 범위를 결정하는 문제, 즉 어떤 정책들을 가족정책의 영역에 포함시킬 것이냐의 문제에 있어서는 연구자에 따른 입장차이가 좀 더 크다. 우선 가장 일반적인 범위 규정 중 하나가 가족정책을 협의의 가족정책과 광의의 가족정책으로 나누고 그 각각을 규정하는 것인데, 이경아(2002)는 자녀 양육 기능과 관련된 모자복지제도, 영유아보육제도, 육아휴직제도를 좁은 의미의 가족정책에 해당하는 것으로, 공공부조(생활보호, 의료보호), 사회보험(건강보험, 국민연금보험, 고용보험, 산재보험), 사회복지서비스(여성 및 아동복지 서비스, 노인복지 서비스, 장애인 복지 서비스)를 넓은 의미의 가족정책에 포함되는 것으로 분류한다.

변화순(1995)의 경우에는 협의의 가족정책에 모자가족, 소년소녀가장 가족 같은 요보호 가족의 생활보호를 위한 공공부조제도, 개인적 서비스의 차원인 모자보건사업, 편부모가족을 위한 모자원, 매맞는 아내를 위한 쉼터 등이 속하며, 광의의 가족정책에는 세제정책, 가족법, 가족과 관련된 노동시장정책, 인구정책 등이 있다고 본다. 조흥식 외(1997)의 연구는 협의의 가족정책으로 생활보호제도, 편부모 가족, 소년소녀가장가족, 보육정책, 가정폭력 방지 정책을, 광의의 가족정책으로는 세제정책, 가족법, 노동시장정책, 인구정책을 들고 있는데, 이는 연구가 이루어진 시기가 가족폭력관련법이 제정된 후라는 점에서 오는 차이를 제외하면 변화순이 제시한 가족정책 범위와 동일하다고 보아도 무방하다.

이 외에 또 하나 보편적인 분류법이 가족정책의 형태와 기능에 따른 분류이다. 이 중 가장 빈번하게 사용되는 것이 기본적으로 가족정책을 사회보험, 공공부조, 복지 서비스의 세 가지로 나누는 것이다. 이선자(1996)가 이 분류법을 따르고 있으며, 장화경(2002)은 여기에 가족법을 더하여 가족정책의 범위를 규정했다. 박민자(1995) 역시 이러한 기본틀에 고용정책, 조세정책, 보건의료정책, 주택 정책, 가족계획사업, 남녀고용평등법, 근로기준법을 추가하여 가족정책의 영역을 도출해냈다. 양옥경(2002)은 보다 기능중심적인 분류법을 사용하여 가족정책을 소득보장, 의료보장, 사회복지서비스로 규정하고 있는데 여기서의 소득보장과 의료보장은 범주화에 있어 다소간의 차이를 보일 뿐 그 합은 사회보험과 공공부조의 영역을 구성하는 요소들과 다르지 않다. 여기서 양옥경은 사회복지서비스에 모자복지, 영유아 보육, 육아 휴직과 출산휴가 정책, 재가 복지(노인복지), 노인부양자 세금감면, 공무원 노부모 봉양수당, 가정폭력 방지정책 등을 포함시키고 있다.

본 연구에서는 이 같은 논의들을 종합하여 가족정책을 "가족복지에 관심을 두고 국가가 의도적으로 취하는 조치나 행동으로서, 개인을 다루더라도 가족과 연계해서 다루는 제반 정책"으로 정의하고, 가족정책의 형태별 분류의 기본이 되는 사회보험, 공공부조, 사회복지서비스의 세 영역과 그 외에 빈번하게 가족정책 영역에 포함되어온 가족법과 모자보건 및 가족계획정책을 더하여 모두 다섯 영역으로 그 범위를 설정하였다. 이외에 가족정책의 범주에 포함시킬 수는 없으나 이 모든 정책들의 기본틀을 결정하는 중요한 근거라 할 수 있는 헌법 또한 참고적 수준에서 분석 대상으로 고려되었다. 사회보험정책에는 연금보험, 고용보험 등의 소득보장정책과 의료보험, 산재 보험으로 구성되는 의료보장제도가, 공공부조 영역은 생활보호사업 및 의료보호 사업이 포함되며, 사회복지서비스는 아동복지, 노인복지, 여성복지, 장애자 복지, 가정폭력 방지정책 등을 모두 포괄하는 범주이다. 모자보건 및 가족계획은 한국 가족정책의 특수성을 보여줄 수 있는 중요한 영역이고 여타의 정책들과는 구별되는 '일반인을 대상으로 하는 개인적 서비스'의 성격을 갖는다는 판단 하에 독자적인 정책영역으로 분리되었다.

기존의 가족정책 연구는 복지 차원에서의 실용적인 관심에서 출발한 경우가 대부분이었기 때문에 가족을 규정하는 하나의 담론적 매체이자 텍스트로서의 가족정책의 특성에 주목하지 않았으며, 가족정책이 놓인 역사적 맥락에 대해서도 별다른 관심을 기울이지 않았다. 특히 장기적인 안목에서 가족정책의 전개과정을 규명하고자 한 연구보다는 단편적으로 가족정책의 시행과 효과, 문제점들을 파악하려는 연구가 주를 이루었으며, 종단적인 방법으로 가족정책에 접근한 몇몇 경우에도 개별적인 정책별로 그 역사적인 추이를 짚는 수준에 그쳤기 때문에 가족정책의 역사성에 대한 총체적인 틀을 제시하는 데에는 실패할 수밖에 없었다.[18]

---

18) "정책"이라는 개념은 정책의 이념, 법적 근거, 집행기구, 그리고 구체적 행동지침의 기획 및 입안, 집행, 평가 등의 다양한 수준의 요소로 구성된다. 따라서 정책에 관심을 두는 논의들은 이 가운데에서 논의의 주제를 정하기 마련이다. 일반적으로 정책분석학에서는 사회적 문제의 인지와 분석을 통한 해결책의 제도화를 포함하는 정책형성과정, 수립된 정책을 행동화하는 정책수행

본 연구는 바로 이러한 한계를 극복하기 위하여 가족의 이념형을 구성하는 가족정책의 잠재적인 힘에 관심을 가지고 그 전개과정을 실증적으로 조명함으로써 가족정책에 대한 전반적인 이해도를 높이고 그 속에서 발현되어진 근대성의 궤적을 드러내려는 시도를 담고 있다. 국가가 제도 뿐 아니라 법과 정책의 언어를 통해 사회를 재구성해왔다는 전제 하에 담론으로서의 근대의 언어가 갖는 수사와 은유의 정치학을 법과 정책의 언어를 규명함으로써 읽어내고자 하는 것이다.

과정, 그리고 수행된 정책의 결과에 대한 평가과정을 주로 분석한다. 구체적인 정책이 대상으로 하는 사회문제는 일단 주어진 것으로 하고 현실적인 대책의 형성으로부터 시작하는 것이다. 이때 핵심적인 관심은 해결책으로 수립된 정책과 집행과정 간의 일관성 및 정책수단의 타당성과 효율성, 그리고 집행의 효과에 있다. 다시 말해 정책의 도구적 합리성에 초점을 맞추기 이전에 해당 정책이 기초하고 있는 기본적 전제나 이념 자체를 분석하는 일은 거의 없다는 것이다. 조형(1999)은 이러한 맥락에서 여성정책에 특히 초점을 맞추어, 여성학적 관점에서 중요한 것은 그 형식적인 범주나 도구적 합리성보다 여성정책의 지향점, 목표에 대한 이론적이고 철학적인 문제인식이라고 주장한 바 있다. 이는 가족정책에도 해당된다. 가족정책에서 문제시하는 상황과 추구하고자 하는 목표, 정책대상에 접근하는 태도, 이를 위해 동원되는 논리들을 모두 괄호 안에 넣은 상태에서 그 효용성과 실효성을 평가하는 것은 공허하다. 이에 앞서 가족정책이 지향하는 목적과 과제로 인식하는 상황들, 설득력을 높이기 위해 제시하는 근거들에 대한 총체적인 그림을 그릴 수 있을 때만이 기존의 정책 연구들이 다루어온 주제들과 그 내용이 의미를 가질 수 있다.

제3장
분석틀의 제시 및 연구의 구성

　본 연구가 근대의 개념군을 정교화하여 한국적 근대성의 독특한 특성과 그 내부적인 역동성을 조명해보려는 시도인 만큼, 실증적인 연구에 앞서 근대의 다양한 층위들을 구성하는 작업이 선행되어야만 한다. 앞서 이론적 논의에서 살펴보았듯이 근대성은 다양한 가치들의 경합과 타협, 갈등과 협상을 내포한다. 따라서 한국적 근대성에 대한 규명 또한 그 관계성의 독특한 양상을 밝히는 차원에서 접근해야만 할 것이다. 가족을 기준으로 근대를 "가족의 근대"와 "가족 외부의 정치, 경제, 문화적 근대"로 대비시킬 때 한국 사회의 근대화 과정은 그들 간의 지속적인 관계의 역사였다. 근본적으로 가족의 근대는 정치, 경제, 문화적 영역에서의 근대와의 관련 속에서, 그리고 그 영향력 속에서 이루어져온 것이 사실이지만 가족 또한 근대성의 하나의 층위로서 그 내적인 자율성과 잠재적인 영향력을 가질 수 있는 존재라는 점을 감안 할 때, 근대를 구성하는 이러한 층위들 간의 관계가 우리 한국사회에서 근대성의 실체를 구성했다고 보아야 한다는 뜻이다.

이러한 전제 하에 본 연구는 먼저 거시적 제도 차원인 '정치, 경제, 문화 영역'에서의 근대성의 개념군을 앞서 기존 연구 검토에서 언급한 바와 같이 근대국가의 정치적 영역, 자본주의와 산업주의의 경제적 영역, 자유 민주주의의 문화적 영역의 세 부분으로 설정하였다. 관점에 따라 이 세 영역은 서로 앞서거니 뒤서거니 하면서 등장, 결합하여 근대를 구성해온 것으로 간주되기도 하고(김일영, 2000; 역사문제연구소 편, 1996; 임현진, 1997) 민주주의와 자본주의가 근대 국민 국가의 틀 안에서 강력하게 결합해 있는 하위 단위 혹은 근대국가의 산물로 이해하기도 하지만(박명규, 1997; 김성보, 2001), 본 연구에서는 이 각각이 서로 다른 층위에서 '정치, 경제, 문화적 영역'의 근대성을 구성한다고 보았다. 기존 논의에서 검토된 내용에 근거하여 정치적 영역에는 '국가 이익', '국가의 보호', '감시기능의 증진', '국가합리성', '합리적 문제해결 방식'의 가치들이 포함되었고, 경제적 영역에서는 '생산력 중심주의', '노동 생산성', '노동력 상품화' 등의 자본주의적 가치와 과학기술에 기반한 '산업주의'의 가치가, 문화적 영역에서는 '자유', '평등', '민주적 의사소통', '근대적 개인주의' 등의 요소들이 고려되었다.

거시적 제도의 근대성도 그러하지만 특히 '가족의 근대성'의 경우 서구의 논의를 참조하되 한국사회에서 진행된 특수한 역사적 과정에 주목하기 위해 가족 변화의 전체적인 틀만을 상정한 열린 개념으로 구조화되었다. 기존 논의에서 도출된 서구의 기능론적, 심성사적 가족사 연구에서 도출된 근대가족의 특징인 핵가족주의와 공사 분리-사적 가족의 등장과 사생활의 출현-, 성별분업의 큰 틀을 전제하되 그 정의와 내부적인 성격은 고정시키지 않은 채로 열어두는 방식을 택하여 보다 신축적인 접근을 시도했다. 분석과정에서 이상의 세 요소를 염두에 둔 것은 실제 가족과 관련하여 가족정책 속에서 발견되는 특징들을 정리하고 해석해내기 위한 일종의 준거 또는 최소한의 가이드라인이 필요했던 때문이다. 따라서 실제적인 결과 기술에 있어서는 이 틀에 크게 얽매이지 않고 자유롭게 새로운 "발견"을 중심으로 서술하는 방식을 취하였다. 서구와의 비교 분석은 우리의 역사적 경험에서 나타나는 특수성을 보다 명확히 부각시키기 위한 방안으로 부분적으로 활용되는 것이 불가피했음을 밝혀둔다.

이러한 틀에 기반하여 '정치, 경제, 문화적 영역'의 내용을 세부적으로 살펴보고 이 세 영역간의 관계를 규명한 후, 이를 토대로 가족의 근대성에서 나타난 특성을 파악하여 '정치, 경제, 문화적 영역의 근대성'과 '가족의 근대성' 각각의 전개 양상을 규명하고, 마지막으로 이 두 영역간 관계의 성격이 어떻게 변화해왔는지의 흐름을 살펴보는 것이 본 연구의 뼈대를 이룬다. 이 때 가족과 거시적 제도와의 관계는 정치, 경제, 문화적 영역의 요소들이 가족에 기본적으로 영향력을 행사한다는 점을 기본적으로 인정한 상태에서 가족이 역으로 일정의 효과를 미치거나 상대적인 자율성을 지닐 수 있다는 측면을 고려하여 구조화되었다. 또한 '정치, 경제, 문화적 근대성'의 성격을 규명하는 단계에서 그 내부에서 발견되는 세 영역간의 내적 동학을 규명하는 것 또한 중요한 과제의 일부를 이루었다.

분석 텍스트가 되는 가족정책의 영역은 앞서 언급했던 바와 같이 가족법, 사회보험, 공공부조, 사회복지서비스, 모자보건 및 가족계획 사업의 다섯 범주로 구성되었고, 헌법 역시 국정 지침의 방향성을 결정하는 참고 자료로서 활용되었다. 이 모든 내용들을 종합하여 연구의

분석틀을 구조화한 것이 바로 〈그림 1〉이다. 이 틀에 기반하여 서구의
이론들에서 검토된 가치들의 표면적 추적만으로는 직접적으로 포착되
지 않는 '전통'적 요소들을 귀납적으로 도출해내는 일 또한 작업과정
내내 소홀히 할 수 없는 과제로 포함되었다.

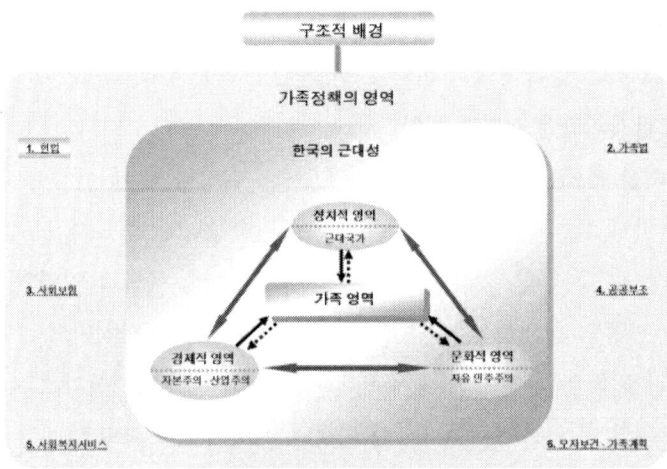

〈그림 1〉 연구의 분석틀

위의 틀에 따라 본 연구에서 설정한 근대의 범주인 1948-2005년까
지의 시기를 분석하되, 앞서 Ⅰ장의 연구시기와 대상 파트에서 언급한
바와 같이 귀납적으로 도출된 각각의 시기구분에 따라 분석과 서술이
이루어졌다.

연구의 구성은 다음과 같다.

Ⅲ장에서는 근대성 도입의 출발점을 이루었던 1948-1961년까지의
가족정책 속에서 나타난 정치, 경제, 문화적 영역과 가족에 대한 담론
변화를 다룬다. 이 시기의 가족정책은 아직까지 법적 효력이 충분히

발효되지 못한 법제도들과 헌법이라는 이상주의적인 차원에 주로 한
정되어 있다는 점에서 이후의 시기들과는 별도로 근대성의 도입이라
는 배경적 차원에서 논의되고 있다.

　Ⅳ장은 근대성의 본격적인 발현기인 1962년부터 2005년까지의 시
기를 포괄적으로 분석한다. 1962-1972년, 1972-1980년, 1980-1987년,
1987-1997년, 1997-2005년의 각 시기별로, 먼저 '정치, 경제, 문화적 영
역'에 초점을 맞추어 전반적인 사회적 배경과 함께 가족정책상에서 이
영역에서의 근대성이 어떻게 전개되어 왔는지를 고찰하고 이 영역 내
부의 상호작용에 대한 설명을 제공한 후, 거시적 영역과의 관계 속에
서 주조된 '가족의 근대성'을 파악한다. 가족의 근대성을 독자적인 영
역으로 다루지 않고 거시적 제도와의 관련 속에서 규명한 것은 사회적
제도들의 변화 속에서 더불어 변화하는 가족의 본질적 성격을 인정하
는 본 연구의 입장 때문이기도 하고 실질적으로 가족정책들이 가족 자
체를 이야기하기보다는 그것을 정치, 경제, 문화적 가치들과의 관련
속에 언급하는 경우가 대부분이라는 사실에 기인한다.

　Ⅴ장에서는 각 시기별로 정치, 경제, 문화적 근대성과 가족의 근대
성을 고찰한데 이어 이 모든 시기를 총괄하여 보다 총체적으로 '정치,
경제, 문화적 영역의 근대성'과 '가족의 근대성'의 관계 속에서 나타나
는 구체적인 변화의 지점들과 내용, 그리고 이를 통해 구현되는 근대
성의 역사적인 성격 변화를 조망한다. 마지막으로 Ⅵ장은 연구 내용
을 요약하고 쟁점을 되짚어보며, 그 함의와 향후 연구과제 및 연구의
한계를 제시한다.

제 3 부
근대성 형성의 도입기: 1948년~1962년

이화다문화총서 사회 1
가족 정책을 통해 본 한국의 가족과 근대성

제1장
정치 · 경제 · 문화 영역에서의 근대

1. 시대적 배경 및 가족정책의 전반적 흐름

　30여 년간의 지난한 식민지기와 1945년부터 1948년에 걸친 3년간의 미군정기를 거쳐, 남한만의 5 · 10 총선거에서 구성된 제헌국회는 1948년 7월 17일 비로소 '헌법 제정'이라는 실질적, 상징적 의례를 통해 독립국가로서의 자주적 주권을 선언하고 국가 운영의 기본 이념과 민주국가로서의 성격을 대내외에 선포하였다. 당시의 제정헌법은 이승만 정권의 확연했던 친미성향만큼이나 미국을 모델로 삼은 자유주의적 색채가 짙었다. '헌법'의 포괄적 국정 지침으로서의 성격상 이상주의적이고 선언적인 차원에 머물기는 했지만 '인간의 존엄성'이나 '자유', '법 앞에서의 평등' 같은 자유주의적인 가치들이 대거 대한민국의 이념적 기반으로 제시되었고, 사회주의와 대비되는 의미로서의 민주주의적 제제도의 수립과 정착 또한 적극 시도되었다. 뒤이은 6.25 발발로 인해 헌법에 명시된 이념의 구체적인 실현을 가능케 하는 체계적인 법제나 정책의 계발 및 시행 가능성은 수년간 전면 차단되었으나 그럼에도 불구하고 헌법의 제정은 이후 전개될 다양한 국가의 정책들에 대해 상징적 차원에서나마 큰 틀을 제시해준 매우 의미있는 역사적 계기였음에 분명하다.

한국전쟁이 끝난 후에야 비로소 가족정책이라고 부를만한 국가적 시도가 구체화되기 시작했다. 1953년 제정된 근로기준법은 헌법의 이상을 충분히 반영하였으되 실효성은 갖지 못한 선언적 성격에 머무르는 한계를 보였으나, 1958년 2월 2일, 일제하에서 의용되던 일본 민법전에 대체하여 재산관계와 가족관계를 규율할 새로운 민법이 제정, 우리가 흔히 '가족법'이라 부르는 민법내의 '친족편'과 '상속편'이 그 모습을 새로이 갖추게 된 것은 가족정책 내의 큰 변화였다. 친족의 범위, 호주와 가족, 혼인, 상속 등의 내용을 포함하는 당시의 가족법은 이 시기에 국가가 어떠한 태도로 가족에 접근하고 있는지를 여실히 보여주는데, 그 내용들 속에서 가족은 아직 근대적 가치들을 온전히 배태하지 못한 채 근본적으로 전통의 영역에 머물러야 하는 것으로 주장되고 있었다.

1960년의 '공무원연금법' 제정 이외의 성과를 거두지 못하고 지지부진한 상태에 머물렀던 국가의 가족정책 수립 노력은 오히려 이 시기의 막바지에 이르러 급격히 증대되었다. 1960년 정·부통령 선거에서 이승만을 대통령으로, 이기붕을 부통령으로 당선시키기 위한 자유당의 대대적인 부정선거 시도가 독재 정권 타도를 위한 학생과 시민들의 4·19 혁명을 불러일으키고 이로 인해 몰락한 이승만 정부를 대신해 민주당의 장면 내각이 들어서게 되자 사회적인 무질서와 혼란을 명분으로 5·16 군사 정변이 일어났는데, 쿠데타 이후 군부 정권이 들어서기 직전까지 1년여의 짧은 기간 동안 보다 구체적인 가족정책의 효시라 할 수 있는 다수 법제들이 마련되었던 것이다.

1957년 「아동인권헌장」과 같은 피상적 강령에 머물러 있던 아동관
련정책은 1961년 아동복리법과 고아입양특례법의 형태로 구체화되었
고, 이외에도 생활보호법(1991), 군사원호보상법(1961), 국가유공자및
월남귀순자특별원호법(1962) 등 취약, 특수계층의 생계보호를 위한 법
령체계가 유사한 시점에 구축되었다. 요보호 여성을 대상으로 한 최초
의 법률이라 할 수 있는 윤락행위등방지법(1961)이 제정된 것도 이 무
렵이다. 그러나 1960년대 초반에 만들어진 이상의 법률들은 채 실행에
들어가지도 못한 상태에서 박정희 정권으로의 직접적인 정권 이양이
이루어진 1963년 이후로 그 실효성이 연기되었다는 점에서 1948년
-1961년의 기간 동안에는 주로 형식적 차원에서만 존재했다고 보아야
할 것이다. 따라서 이 시기의 가족정책은 헌법, 가족법 등 가장 근본적
인 틀을 마련하는 성과는 거두었음에도 불구하고 나머지 영역에서는
구체적인 효과를 거두지 못한 채 공명하는 선언적 성격이 강했다는 점
에서 1960년대 이후 구체적인 근대성의 발현과정에 대한 분석과는 별
도로 논의되어야 하는 미성숙한 성격을 보인다.

2. 정치 · 경제 · 문화 영역의 근대성

헌법이나 근로기준법 등 이상주의적 이념을 표방한 소수의 추상적
법제들이 당시 가족정책의 핵심적인 부분이었다 해도 과언이 아니었
던 만큼 이 영역에서 나타나는 근대성의 가치들 또한 매우 추상적이고
이념형적인 수준에서 논의된 것들이다. 또한 이 시기에 정치, 경제, 문

화 영역에서 드러나는 근대성의 모습은 세 차원 모두에서 모두 불완전한 형태를 벗어나지 못하고 있다. 그러나 이러한 한계에도 불구하고 불완전하나마 근대국가, 자본주의, 자유민주주의의 영역 모두에서 몇몇 중요한 가치들이 부각되며 근대성의 모습이 형성되어가기 시작했다는 점은 그 자체로 주목할 만하다. 이제 이에 대한 논의를 통해 1960년대 이후 본격화되는 근대성의 실현 과정을 이해하기 위한 기초를 제공하고자 한다.

1) 근대국가

(1) 국가의 이익: 국가 이성의 등장

당시 근대국가의 가치들이 주로 헌법과 같은 형식적인 수준의 담론을 통해서 형성되었음에도 불구하고 그 속에서 피상적이나마 근대국가의 면모가 확연히 드러나기 시작했음은 흥미롭다. 제정헌법은 "국가를 보위하며 직무를 수행할" 대통령의 의무를 규정하고(헌법 제 1호 제54조), "대외무역을 국가의 통제 하에 둔다(헌법 제 87조)"는 식의 표현 방식을 사용함으로써 국가를 하나의 '실체'로서 전면에 부각시켰다. 국가가 궁극적인 가치로서 실존하는 '존재성'을 갖게 됨에 따라 국가 자체의 이익이 추구되어야 할 최우선의 가치로 등장하게 된다. 헌법(제84조)에서 국민 경제의 발전이라는 국가의 이익이 중요한 목표로서 제시되기 시작한 것이나, 근로기준법(법률 제 286호)에서 근로자의 기본 생활보장과 함께 "국민경제의 발전"을 기본 목적으로 표방한 것(법제처 제정이유) 등은 모두가 국가의 발전과 진보를 중시하는 국가이성의 관점이 반영된 결과라 할 것이다.

국가가 강조됨에 따라 '애국'의 가치도 함께 부상했으며, 단일민족국가라는 특수성으로 인해 '민족'이라는 화두 역시 국가와 더불어 주요 가치로 자리잡았다. 1961년 제정된 군사원호법(법률 제 127호)과 1962년의 국가유공자및월남귀순자특별원호법(법률 제 1053호)은 민족과 국가에 대한 충성심과 애국정신을 고양하기 위한 기본 취지 하에 만들어졌고, 1957년 발표된 대한민국 어린이 헌장이나 1961년 제정된 아동복리법에서 아동을 '나라'와 '겨레'의 앞날을 이끌어갈 새사람으로서 중시했던 것도 국가와 겨레, 민족을 동일시하면서 그 자체를, 그리고 그 유지와 발전을 궁극적인 목적으로 삼는 독특한 근대국가적 특성을 보여준 경우였다. 서구에서 민족주의가 근대 민족국가의 통일의 원리로서 제기되었던 것과 유사하게 한국사회에서도 구성원들을 전체 사회에 함께 소속해 있는 것으로 확인시켜주고 상징에 공유된 애착감정을 불러일으키기 위한 하나의 방법으로 민족이라는 개념이 활용되었던 셈이다. 더욱이 단일민족국가라는 우리의 조건은 '국가'와 '민족' 두 차원 모두를 국가의 이익을 강조하기 위한 지지대로 삼을 수 있는 이점으로 작용하고 있었다.

(2) 국가의 보호: 수직적 관계의 정립

국가 이익 관점의 대두와 함께 나타난 또 하나의 중요한 현상은 국민에 대한 국가의 보호의무가 공식적으로 선언되고 그 보호의 내용들이 다양한 영역에 걸쳐 논의되기 시작한 것이다. 이 역시 주로 헌법이라는 형식적 차원에 한정된 것이기는 했지만 국가의 보호에 대한 법적 강조는 국가와 국민의 관계를 '수직적 관계'로 고정시키는 함의를 지녔다는 점에서 중요한 의의를 갖는다. 정책 제공자와 수혜자간의 결코 대등할 수 없는 관계는 상정하는 이러한 관점은 '보호자'로서 국민 위에 존재하는 국가의 이미지를 창출해내며 국가에 보다 많은 의무와 책임을 부과하는 결과를 가져왔다. 헌법은 "대한민국은 정치, 경제, 사회, 문화의 모든 영역에 있어서 각인의 자유, 평등과 창의를 존중하고 보장하며 공공복리의 향상을 위하여 이를 보호하고 조정하는 의무를 진다(헌법 제 1호 제 5조)"고 명시했고, 이외에 '여자와 소년의 근로(제 17조)', '노령, 질병 기타 근로능력의 상실로 인하여 생활유지의 능력이 없는 자(제 19조)', '혼인의 순결과 가족의 건강(제 20조)' 등에 대해서도 국가의 보호 의무를 성문화했다. 특별한 보호가 필요한 존재로서의 여성과 아동, 최소 생계 유지, 가족 등이 국가의 주요 보호대상으로 인식되기 시작한 것이다. 이 중 가족을 제외한 여성과 아동, 생계 유지와 관련된 인간의 가치는 근로기준법, 생활보호법 등에서 실질적인 보호 조치가 강구되었으므로 이 부분에 대한 좀 더 자세한 언급이 필요하다.

먼저 헌법에서 직접 제시된 여자와 소년의 근로는 다시 한번 근로기준법에서 주요 보호대상으로 강조되는데, 특히 근로기준법 5장(법률 제 286호 제 5장 여자와 소년)은 여자와 소년을 한 범주로 묶어 특별한 보호를 제공하는 내용들을 담고 있다. 도덕상, 보건상 유해사업 근로 금지를 명시한 제 51조(사용금지)나, 연장, 야간, 휴일 근로 금지의 내용을 담은 제 56조(야업금지), 제 58조(갱내근로금지), 해고시 귀향여비 지급을 의무화한 제 62조(귀향 여비) 등의 조항들은 모두 국가가 여성과 소년의 의존성을 전제하고 이들의 보호자를 자청하고 있음을 보여준다. 여기서의 보호 개념은 여성이나 소년의 인권에 대한 강조나 평등권의 보장과는 다른 맥락인데, 왜냐하면 이때의 보호라 함은 성인 남성들의 영역인 경제활동 영역에 진출한—그래서 불리한 입장에 있을 수밖에 없는— 소수의 특수집단에게 국가와 사용자가 특별한 배려를 제공하는 것에 다름 아니기 때문이다.

그런데 여성의 경우 헌법상에는 '근로'와 관련된 보호만 명시되어 있었던 것에 비해 근로기준법은 보다 광범위한 범위를 포괄했다. 앞서 언급한 근로기준법의 다양한 보호조항들과 여성과 소년을 분리하여 여성만을 그 대상으로 규정한 시간외 근무 조항(제 57조)이 여성이면 누구나 대상이 되는, 즉 여성 자체를 대상으로 하는 '여성보호'의 차원이었다면, 임신, 출산, 육아 등과 관련한 '모성보호' 역시 또 다른 중요한 축으로 존재했다. 당시 근로기준법은 산전후휴가를 허용하고(법률 제 286호 제 60조 산전후휴가)[1], "산전산후 여자의 휴업은 출근한 것으로 본다(제 48조 연차유급휴가 제 4항)"고 규정하는 한편, "산전후 여자의 휴업기간중 해고 금지(제 27조 해고등의 제한 2항)" 조항을 두는 등 출산과 관련한 다양한 보호조치들을 마련해둔 상태였다. 특히 여성만을 대상으로 하는 조항들 중에서는 이 부분에 '여성보호' 조치들에 비해 위반 시 상대적으로 더 높은 벌칙이 책정되어, 실제 구속력을 갖추려는 시도를 엿보게 한다. 1961년 제정된 생활보호법의 해산 보호 조항(법률 제 913호 제 5조 보호의 종류; 제 11조 해산보호) 역시 분만을 전후해서 임산부의 출산 에 대한 보호가 이루어질 수 있는 근거를 마련했다는 점에서 모성보호의 내용을 담고 있었다.

그런데 여기서 중요한 것은 당시의 모성보호가 주로 임신 및 출산과 직결된 부분에 한정되어 있다는 사실이다. 근로기준법, 생활보호법 모두에서 관심의 대상이 되는 모성은 '출산' 그 자체로 환원되었다. 생

---

1) 1961년 개정된 근로기준법에서는 산전후휴가의 전체기간은 동일하게 규정하되 산후 30일 이상 확보되도록 해야 한다는 조항이 삽입되어 모성보호 차원을 다소 강화했다.

활보호법의 임산부 보호기간은 출산 전후 각 1개월(생활보호법 시행령 각령 제 893조 제 2호)이었고, 1961년 제정된 아동복리법에서의 '요보호 임산부'도 '출산전후 3개월 이내의 여자(아동복리법 법률 제 912호 제 2조)'로 규정되어 출산을 전후한 수개월만이 보호 기간으로 상정되었다. 육아 관련 내용은 근로기준법 제 67조(육아시간)에서 여성 근로자에게 수유시간을 줄 수 있도록 하는 내용이 전부였다. 즉, 육아의 광범위한 목록 중 보호를 받아야 할 부분으로 인정받은 것은 수유라는 한정된 행위뿐이었던 것이다. 이 시기에 국가의 보호 의무의 강화와 함께 여성보호, 모성보호의 가치가 활발히 논의된 것은 분명 의미있는 변화였지만, 이때의 모성보호는 생물학적 출산에만 한정 적용되는 것이었고, 여성보호 조치들도 열악한 현실 조건에 비해 지나치게 높은 조건들을 제시함으로써 스스로 그 실효성을 담보할 수밖에 없었다. 이후 1960년 대의 본격적인 산업화 과정에서 여성노동자가 대량으로 유입되던 시점에 근로 기준법이 아무런 보호 효과도 가질 수 없었던 것은 사실상 이러한 한계를 여실히 보여준 것이었다(황정미, 2001).

여성과 아동의 경우, 헌법에서는 부각되지 못했던 요보호 여성과 요보호 아동에 대한 보호관심도 고양되기 시작한다. 생활보호법에서는 18세 미만의 아동을 보호하는 경우 그 양육상 필요하다고 인정될 때에는 아동과 함께 그의 모를 보호할 수 있다고 규정하였고(법률 제 913호, 제 3조 2항), 요보호 아동과 요보호 임산부에 대한 구호를 법의 목적으로 삼았던 아동복리법에서도 저소득층 자녀에 대한 탁아보호와 모자가정에 대한 일시적 보호의 법적 근거를 제공했다(아동복리법 시행령 각령 제 594호 제 2조 탁아시설). 이 두 법에서 나타나는 공통점은 요보호 아동과 모자가정에 대한 보호를 국가적 차원에서 시도했다는 것인데,

여기서 여성은 모자 가정의 어머니로서, 즉 아동의 양육에 필요한 경우에 한하여 부수적인 보호 대상이 되었다. 다시 말해 여성은 출산 행위에 대한 보호를 받거나 그렇지 않으면 아동 양육자로서 보호받는 입장에 놓여 있었던 것이다.

그런데 '요보호 여성'이라는 용어는 보호자가 없거나 생계가 어려운 여성 이외에도 '윤락여성이나 윤락의 현저한 우려가 있는 여성'을 의미하는 말로도 사용되었다. 이들에 대한 보호가 국가의 의무로 규정된 것 또한 이 시기이다. 1961년 제정 윤락행위등방지법은 국민의 풍기 정화를 거시적인 목적으로, 인권의 존중과 보호를 미시적 차원으로 규정하고 있는데(윤락행위등방지법 법률 제771호 제1조), 여기서 윤락녀의 인권보호(동법 제11조 불법원인의 채권무효; 제12조 비밀의 보장)나 국민의 인권보호(동법 제1조 목적; 제3조 적용상의 신중; 제20조 동전)는 모두가 확장된 국가의 보호 의무와 함께 국민의 풍속을 단속할 국가의 확대된 권한을 입증하는 것이기도 하다. 그런데 이 법에는 윤락여성에 대한 국가의 보호 관점과 여기서 한 걸음 더 나아간 '통제'의 관점이 부분적으로 결합되어 있다고도 볼 수 있다. 요보호 여성에 대한 국가의 관점을 살펴보면 일단, '요보호 여성'의 정의 속에 윤락행위를 실제로 저지른 여자 뿐 아니라 환경 또는 성행으로 보아 윤락행위를 하게 될 현저한 우려가 있는 여자를 포함하여, 불우여성을 도덕적 타락의 잠재성이 있는 존재로 낙인찍는 경향을 보인다. 이렇게 윤락여성을 통제되고 교화 내지 교도되어야 할 취약집단으로 간주하는 법의 관점은 유독 여성과 관련해서만 국가가 '통제' 및 감시의 시각을 일부 채택하기 시작했음을 보여준다.

헌법에 제시된 두 번째 경우인 노령, 질병, 기타 근로능력의 상실로

인하여 생활유지의 능력이 없는 자에 대한 보호는 1961년 생활보호법
(법률 제 913호)에 의해 보다 구체적으로 발전되었다. 당시 실질적인 사
업진전이 있었다고 볼 수는 없으나 부양의무자가 없는 65세 이상 노
인, 18세 미만 아동과 임산부, 심신장애로 근로능력이 없는 자에 대한
기본적인 생계보호를 규정(생활보호법 법률 제 913호 제 3조 보호대상의
범위)한 이 법은 절대 빈곤층의 생존권에 대한 국가 차원의 보호를 의
무화하기 위한 본격적인 시도였다. 국가는 보호자, 수급자는 피보호자
라는 인식은 양자간의 수직적 관계를 정립시켰고 이는 동법 제 22조
(지도와 지시)에서 알 수 있듯이 국가에게 피보호자에 대한 지도와 지
시 등의 통제 권한을 부여했다. 형식적 차원에 머물러 있었던 여성과
아동의 근로에 대한 보호나 기타 여성보호 및 모성 보호 조치들에 비
해 저소득층 자녀나 보호자의 보호 능력이 없는 아동, 그리고 역시 보
호자가 없는 임산부나 모자가정의 어머니, 윤락여성, 생활능력이 없는
자 사회적 취약계층에 대한 보호는 보다 시급한 과제로서 국가의 관심
사로 떠올라, 이후 보다 체계적인 사업 전개들을 통해 현실화된다. 군
사원호법, 국가유공자및월남귀순자특별원호법 역시 조금 다른 차원이
기는 했지만 국가와 민족을 위해 활동한 군인, 애국지사 및 그 유족
등에 대한 특별한 보호를 제공하려는 목적 하에 제정되었다는 점에서
사회적 특수 계층에 대한 보호의 필요성을 다시 한번 제기하고 있었다.

이에 비해 헌법상의 가족에 대한 보호가 여타 법제들의 지지를 통
해 발전되지 못한 것은 특징적이다. 오히려 이 시기에 이미 국가는 가
정을 직접 보호하기보다 가정의 부양의무를 사회적으로 동원해내려는
입장을 취하는데, 1956년 어머니날 제정을 기점으로 노인 문제를 '부
모', 내지는 '효사상'과 결부시키는 방식으로 가정과 민간의 노인 부양

의무를 고취시키고자 했던 것은 그 좋은 예였다(보건복지부, 2002, 노인 보건사업지침: 288-281). 헌법에 제시된 여성 및 아동 보호와 생활취약 계층에 대한 보호의 실효성의 문제 뿐 아니라 가족에 대한 보호가 철 저히 간과되고 있었다는 점에서도 당시의 보호 가치가 지닌 미완적 성 격이 드러나고 있다. 그러나 이러한 한계에도 불구하고 국가의 보호 확대는 근대국가 차원에서는 물론, 전체 정치, 경제, 문화 영역을 총괄 할 때 이 시기의 가장 두드러진 가치로서 근대성 담론 형성에 있어 그 확연한 출발신호를 내보이고 있었다.

(3) 합리적 문제해결: 법치주의의 확립

헌법이라는 매체를 통해 원칙적인 차원에서 법치주의라는 근대국가 의 특성도 자리를 잡기 시작한다. 제정헌법은 법치주의를 표방하고(헌 법 제1호 제8조), "법률의 범위 내에서" 개인의 자유와 평등을 보장한 다(제9조)고 규정함으로써 국가의 운영원칙이 통치의 근본이 되고 있 음을 분명히 했다. 근대국가의 가장 기저가 되는 합리적 문제해결 방 식으로서의 법치의 강조는 헌법 제54조에서도 다시 한번 반복되고 있 는데, "나는 국헌을 준수하며 국민의 복리를 증진하며 국가를 보위하 여 대통령의 직무를 성실히 수행할 것을 국민에게 엄숙히 선서한다"는 내용으로 표현된 대통령의 취임 선서문은 대통령의 권한이나 그 무엇 에도 우선하는 객관적인 통치 도구로서의 법률의 중요성을 시사해주 고 있다 하겠다.

이 시기의 근대국가적 가치들은 아직 국가의 감시능력의 증진이나 국가합리성 개념이 도입되지 못한 채 '국가 이익', '국가의 보호', '합리 적 문제해결'의 세 차원으로만 구성된 초기적 형태를 띠고 있다. 이중

'국가의 보호'는 그 실제 구속력을 충분히 기대할 수 없는 한계에도 불구하고 다양한 국가의 의무를 인지시키며 가장 광범위하게 논의된 이 시기의 주요 가치였고, 국익과 합리적 문제 해결방식으로서의 법치주의 역시 초기적 단계에서 도입, 정착의 수순을 밟고 있었다. 즉, 1948-1961년의 기간 동안 정치적 차원의 근대성은 아직 등장하지 못한 근대국가적 가치들의 도래를 기다리며 보다 성숙되고 완성된 모습을 갖추게 될 미래를 준비하는 도입의 기틀을 보여주었던 것이다.

2) 경제적 영역: 산업주의의 첫 등장

어느 정도 틀을 갖추어 나가기 시작한 근대국가 차원에 비해 경제 영역에서의 근대성은 거의 발전되지 못한 상태에 머물러 있었다. 생산력 중심주의나 노동생산성, 노동력의 상품화와 같은 자본주의의 주요 가치들은 사실상 부각되지 못한 상황이었다. 헌법에서조차 "대한민국의 경제질서는 모든 국민에게 생활의 기본적 수요를 충족할 수 있게 하는 사회정의의 실현과 균형있는 국민경제의 발전을 기함을 기본으로 삼는다. 각인의 경제상 자유는 이 한계 내에서 보장된다(헌법 제 1 호 제 84조)"고 하여 개인의 자유나 이윤추구 원리보다 국가적 차원에서의 경제발전을 우선시했고, 그 결과 경제적 영역에서의 개별적인 자본주의적 가치들은 당시 근대성 담론의 수면 위로 떠오르지 못했다.

이는 한국전쟁이라는 경제발전의 공백기와 전쟁 이후의 피폐한 경제여건, 그리고 그 열악한 상황에 제대로 대처하지 못하고 부정부패만을 일삼았던 이승만 정권의 한계가 복합적으로 작용한 결과였던 것으로 보인다. 4.19 직전인 1960년 3월, 뒤늦게 자유당이 정강정책에서 농어촌의 진흥, 중소기업의 육성과 기간산업의 건설, 산업기반의 확충

등을 주요 업적으로 내세우면서 경제의 안정적 발전과 고용기회 증대를 주요시책으로 내걸었지만, 이 역시 구호에 그쳤을 뿐 4.19로 인한 정권의 몰락으로 사실상 시행에는 이르지 못하였다. 50년대 후반 이후 정치에서 경제로 정책의 변경을 시도했던 이승만 정권은 경제성장을 통한 근대화를 끝까지 추진하지 못한 채 몰락해버린 것이다(김경일, 2003: 101). 경제에 대한 관심과 실질적 계발이 실행에 옮겨지지 못했던 당시의 여건은 가족정책의 영역에서도 자본주의의 근대적 가치들을 소개하지 못하고 빈 여백만을 남겨둘 수밖에 없었다.

그나마 눈에 띠는 것은 '산업주의'나 과학주의에 대한 초기적이고 형식적인 의미부여 정도이다. 「대한민국 어린이 헌장」(1957)은 아동의 과학탐구를 지원한다는 내용을 명시하고 아동의 건전한 육성을 과학의 탐구와 발전에 결부시켜 설명함으로써 과학 가치에 대한 관심을 최초로 표면화했다. 그러나 아동에 대한 전반적인 국가의 태도만을 밝히는 어린이헌장의 상징적 성격으로 인해 이 역시 피상적인 선언 이상의 의미를 갖지는 못했다. 이렇게 상대적으로 조명을 받지 못한 상태로 남아있던 경제적 영역의 근대적 가치들은 아직 본격화되지 못한 근대성의 구현을 확인시켜주는 주요 지점이었던 셈이다.

3) 자유 민주주의: 자유민주주의적 "절차"의 도입

한국전쟁이 '공산주의 체제로부터의 자유와 민주주의의 수호'라는 의미로 주창된 결과 자유민주주의는 1950년대의 시대정신에서 핵심적인 용어로 자리잡게 되었다. 비록 헌법과 같은 선언적이고 형식적인 차원에 한정되어 있었다고는 하나 이 시기에 인간의 존엄이나 자유, 법 앞에서의 만인의 평등, 다수결의 민주주의 원칙 등이 활발하게 논의되기 시작한 것은 이 땅의 자유민주주의가 긴 여정을 시작하는 첫걸음이 되었다는 점에서 보다 상세한 논의를 필요로 한다.

제정 헌법은 대개 자유주의적 성격을 갖는 것으로 해석되는데(김형배, 1996: 65), 이는 인간의 존엄성과 자유의 명시적인 우위를 상정하는 미국을 모델로 삼은데서 연유한다. 헌법상의 자유권은 신체의 자유(헌법 제 1호 제 9조), 거주와 이주의 자유(제 10조), 통신의 자유(제 11조), 신앙과 양심의 자유(제 12조), 언론·출판·집회·결사의 자유(제 13조), 학문과 예술의 자유(제 14조), 근로자의 단결, 단체 교섭과 단체 행동의 자유(제 18조) 등 다양한 영역을 포괄하는 것이었고 자유주의 이념의 핵심이라 할 수 있는 경제활동의 자유와 재산권의 보장(제 15조) 또한 통치 이념의 중요 부분으로 포함됐다.

이러한 헌법의 기본원칙은 대상을 달리하는 다양한 법제들 속에서 다시금 재연되었다. 아동과 관련해서 주로 초등학교 의무 교육을 받을 수 있는 권리, 즉 교육권의 차원에서 강조되었던 아동의 권리는(헌법 제 1호 제 16조), 근로기준법(법률 제 286호)에서도 제 50조(최저연령과 취직인허증), 제 63조(교육시설) 근로기준법 시행령(대통령령 제 889호) 제 40조(교육시설) 등을 통해 의무 교육을 받을 아동의 권리를 사업주가 침해해서는 안 되며 사업장에 교육시설 등을 마련하여 아동의 교육권을 보장해주어야 한다는 실질적인 지침으로 발전했다.

교육권 외에 보다 포괄적인 의미에서의 '아동 인권'도 관심사로 부상했다. 대한민국 교육헌장에서 이미 소개되었던 이 가치는 아동이 건전하고 행복하게 육성되도록 그 복리를 보장하는 것을 목적으로 제정된 아동복리법에서(아동복리법 법률 제 912호 제 1조 목적) 불구의 기형의 아동을 공중에 관람시키거나, 아동에게 걸식을 시키는 행위, 흥행을 목적으로 곡예를 시키는 행위, 주점 기차 접객영역에 종사시키는 행위, 음행을 시키거나 매개시키는 행위 등 아동의 인권을 저해하는 다양한 행위들을 금지하는(제 15조 금지행위) 등의 실질적인 인권 보호 조치들로 구현되었다. 외국인의 입양을 촉진하기 위해 제정된 고아입양특례법(법률 제 731호)의 경우에도 제 3조(양친될 자격), 제 4조(법원의 인가) 등에서 아동의 인권과 복리를 강조하는 한편 사물변별능력이 있는 고아의 경우 입양시 본인의 승낙이 있어야 한다고 명시함으로써 아동의 의사를 중시하는 입장을 취했다.

여전히 가부장적 부계 혈연주의의 성격을 띠고 있던 가족법에서도 최소한의 아동인권보호에 대한 고려가 이루어졌다. "부 또는 모가 친권을 남용하거나 현저한 비행 기타 친권을 행사할 수 없는 중대한 사유가 있는 때에는 법원이 그 777조의 규정2)에 의한 자의 친족 또는 검사의 청구에 의하여 그 친권의 상실을 선고할 수 있다"는 조항(민법 법률 제 471호 제 924조 친권상실의 선고)이나, "법정대리인인 친권자가 부적당한 관리로 인하여 자의 재산을 위태하게 한 때에는 법원은 제 777조의 규정에 의한 자의 친족의 청구에 의하여 그 법률행위의 대리권과 재산관리권의 상실을 선고할 수 있다(제 825조 대리권, 관리권 상실의 선고)"는 규정은 모두가 아동 인권의 근본적인 부분을 침해하지 못하도록 하려는 국가의 시도를 담고 있다.

앞서 근대국가 차원의 '국가의 보호' 부문에서 대개 '여성'과 '아동'이 동일한 보호대상으로 범주화되었던 것에 비해 인간의 존엄성과 관련

---

2) 제 777조(친족의 범위): 친족관계로 인한 법률상 효력은 본법 또는 다른 법률에 특별한 규정이 없는 다음 각호에 해당하는 자에 미친다. 1. 8촌 이내의 부계혈족 2. 4촌 이내의 모계혈족 3. 부의 8촌 이내의 부계혈족 4. 부의 4촌 이내의 모계혈족 5. 처의 부모 6. 배우자

해서는 아동의 인권만이 언급되고 있는 것은 특기할만하다. 여성에 대한 태도가 주로 여성의 인권이나 권리의 차원이 아닌, 국가의 보호자적 입장에서의 배려로 일관했던 것에 비해 아동의 경우에는 근대국가적 특성인 '국가의 보호'와 자유민주주의적 차원에서의 '아동의 권리'가 동시에 부각되었다. 이렇게 보호와 권리의 차원이 균형되게 강조된 경우는 아동의 경우가 거의 유일한데, 이는 아동을 사회의 근간으로 간주하고 아동의 건전한 육성이 그 사회의 미래를 좌우하는 열쇠가 된다는 자각이 일찍부터 한국사회에 자리잡고 있었기 때문이 아니었나 싶다.

이외에 생활보호법(법률 제 913호)은 제 27조(위탁된 요보호자 수용의 의무) 3항에서 차별대우 금지를, 4항에서 강제 행위 금지를 명시하고, 제 28조(보호 변경의 금지), 제 30조(압류의 금지)를 통해 피보호자의 권리를 존중하려는 시도를 보였고, 윤락행위등방지법(법률 제 771호)에도 명목상으로나마 윤락녀와 국민의 인권을 고려한 내용들이 포함되었다. 제 11조(불법원인의 채권무효), 제 12조(비밀의 보장)가 윤락녀의 인권을 보호하기 위한 조치라면 제 1조(목적), 제 3조(적용상의 신중), 제 20조(동전)는 모두 국민의 인권 침해를 막기 위해 마련된 조항들이었다.

평등권에 있어서도 자유주의적인 평등관이라 할 수 있는 법 앞에서의 평등이 주로 강조되는 경향을 보인다. 제정 헌법 제 8조는 직접적으로 법 앞에서의 평등과 성별에 관계없는 평등을 강조했으며, 균등하게 교육받을 권리(제 16조), 근로의 권리(제 17조), 청원권(제 21조), 재판권(제 22조), 공개재판을 받을 권리(제 24조), 제 25조(선거권), 제 26조(공무담임권) 등이 모두 평등권의 차원에서 논의되있다.

그러나 당시의 헌법과 정책들이 반드시 자유주의적 성격에만 그친 것은 아니었다. 제정헌법 제 17조, 제 18조는 당시 사기업에 있어서 근로자의 이익분배균점권(利益分配均霑權)을 인정하는 등, 근대적 의미의 재산권 보장 내지 사유재산권 제도에 커다란 제한을 가했는데, 이는 노사관계를 통한 사회적 복지국가를 지향한다는 현대적 의미의 민주주의적 가치가 이미 존재하고 있음을 보여주는 것이다(김형배, 1996: 65). 근로기준법(법률 제 286호) 역시 헌법의 자유주의적 이념을 '근로자'를 대상으로 구체화하여, 제 3조(근로조건의 결정), 제 6조(강제근로의 금지), 제 7조(폭행의 금지), 제 9조(공민권 행사의 보장), 제 23조(근로조건의 위반), 제 28조(해고자에 대한 지급)를 통해 근로자의 기본생활과 인권 보장을 도모하고 있지만, 이 모두가 사용자와 근로자 사이의 불평등한 관계를 전제하고 사용자의 무제한적인 이윤추구에 의해 근로자의 인권이 희생되는 일이 없도록 하려는 의도를 담고 있다는 점에서 일견 자유주의에서 한걸음 더 나아간 것으로 볼 수 있다.

헌법에서 국민경제의 발전을 기함과 동시에 모든 국민에게 생활의 기본적 수요를 충족할 수 있게 하는 사회정의의 실현을 추구한다(제 84조)는 기본원칙이 명백히 제시된 것 또한 확장된 의미의 소득 재분배적 가치를 담고 있었다. 표면적으로 확연히 그 논리가 드러난 것은 아니지만 생활보호법 제정과 함께 평등한 급여의 원칙이 암묵적으로 정립된 것도 실질적인 평등과 재분배라는 민주주의적 가치의 표현으로 해석할 수 있는 부분이다. 대상자가 왜 그렇게 생활곤경에 빠지게 되었는가를 묻지 않고, 최저생활수준 이하의 현상에만 관심을 두고 무차별적으로 그리고 평등하게 필요한 만큼의 급여를 제공한다는 주의가 생활보호법의 기본 전제이기 때문이다(사회보장심의위원회, 1984, 사회보험과 관련사업: 4). 아직 소득재분배의 가치가 본격적으로 강조되는 국면에 들어섰다고 볼 수는 없겠으나 사회적 취약계층에 대한 이러한 배려와 보호의 노력은 법 앞에서의 평등 개념을 넘어서는 실질적 평등 가치의 초기적 단계를 보여주고 있다는 점에서 의의를 갖는다.

이외에도 초급적인 수준이나마 민주주의적 의사소통의 가치가 도입된 것도 지적할 필요가 있다. 생활보호법(법률 제 913호) 제 23조(보호의 변경), 제 33조(도지사 등에 대한 이의신청), 제 35조(보사부장관에 대한 이의신청) 등은 모두가 최소한의 범위 내에서 피보호자의 의사가 반영될 수 있는 여지를 열어두기 위한 조항들이었다. 국가가 보호자적 입장에서 지도와 지시의 권한을 갖는 것을 인정하면서도 역으로도 의견을 개진할 수 있는 소통통로를 마련함으로써, 피보호자의 권리가 침해당하는 폐해를 막고자 했던 것이다.

물론 이러한 자유민주주의적 가치들의 도입이 얼마나 실제적인 구속력을 가지고 있었는지는 또 다른 문제이다. 실질적으로 이 시기의 자유민주주의 체제를 다룬 연구들은 실질적으로 당시에 반공 이데올로기의 확립이 민주주의의 확립이나 인권과 보편적 가치의 구현보다 우선시되는 경향이 팽배해있었음을 지적해왔다(김경일, 2003: 105). 이것이 미국의 원조에 정치적 기반을 둘 수밖에 없었던 이승만 정권의 한계로 인한 것이었음은 주지의 사실이다. 2차 대전 이후 1950년대 후반에 이르기까지 한국은 미국으로부터 아시아에서 가장 많은 비중의 원조를 조달받는 국가였는데, 이는 한국의 분단체제를 소련의 팽창을 저지하기 위한 요새로 여겼던 미국의 정치적 고려에 의해 의한 것이었다. 따라서 더 많은 원조를 지속적으로 확보하기 위해서는 대외적으로 반공의지를 과시하는 일이 불가피했던 것이다. 특히나 자유민주주의의 전통이 전무했던 상태에서 이식된 이 가치는 특수한 당시의 상황과 맞물려 곧 사회민주주의 내지는 사회주의에 반하는, 즉 반공을 의미하는 것으로 간주되는 경향이 있었고 그러한 하에서 정당성을 인정받았다는 한계를 보인다. 그러나 이러한 제한점에도 불구하고, 형식적, 절차적인 차원에서 도입된 자유민주주의적 가치들은 이후 근대성 구현의 발판을 마련하며 이념적인 수준에서 먼저 그 입지를 확보해나가고 있었다. 이제 이상의 정치, 근대, 문화 영역에서의 근대성이 내적으로는 어떠한 상호작용을 보여주고 있는지를 살펴보도록 한다.

3. 거시적 차원에서의 긴장: 형식적 위계구조의 성립

각각의 영역에서 근대성 가치들이 충분히 확립되지 못했던 만큼 이 시기의 거시적 영역의 내적 상호작용은 각각의 세부적인 개별 가치들 간의 관계로 나타나기보다는 주로 정치적 영역, 경제적 영역, 문화적 영역의 세 차원 사이의 관계로, 보다 총체적인 형태로 나타나고 있는 것이 특징이다. 아직까지 근대성의 가치들이 주로 헌법이나 근로기준법과 같은 형식적 차원에서만 등장하고 있는 관계로 그 상호작용의 양상 역시 피상적인 수준에 머물고 있는 것이 사실이지만 세 영역 간의 위계가 암묵적으로 결정되고, 서로에 대한 상대적인 우위가 이미 자리를 잡기 시작했음은 의미심장하다.

가장 두드러진 양상은 여타 영역에 대한 '정치적 영역의 우위'라 할 것이다.[3] 먼저 정치적 영역과 경제 영역의 관계를 살펴보자. 제정헌법

---

3) 특별히 가족정책 상에 나타나는 특성은 아니지만 경제 영역에 대한 정치우위는 당시의 다양한 국내 여건 속에서 빈번히 발견되고 있다. 이승만 정권은

은 자유주의적인 가치에 입각하여 경제적 자유와 재산권을 인정하면
서도 경제적 영역에 대한 국가의 개입 가능성을 상당부분 열어놓고 있
었다. 앞서 언급했던 근로자의 이익분배균점권(헌법 제 1호 제 18조) 역
시 자본주의적 경제질서에 대한 국가의 우위를 보여주는 대표적인 예
였다. "근로자의 단결, 단체교섭과 단체 행동의 자유는 법률의 범위 내
에서 보장된다. 영리를 목적으로 하는 사기업에 있어서는 근로자는 법
률이 정하는 바에 의하여 이익의 분배를 균점할 권리가 있다"고 명시
한 이 조항은 자율과 경쟁이라는 자본주의적 경제원리와 그 핵심이 되
는 "사유재산권"에 대한 분명한 한계를 설정한 것이기 때문이다. 또한
이 한계의 설정은 '법률'을 통해서만 가능하도록 되어 있었다는 점에서
아직 경제적 영역에서 본격적으로 등장하지 못한 자본주의적 가치들
에 대한 국가와 법률의 우위가 자연스레 공식화될 수 있었다. 헌법 제
87조의 "대외무역은 국가의 통제 하에 둔다"는 조항 역시 경제에 대한
국가의 통제권을 명시하고 있다는 점에서 이러한 논리를 되풀이하고
있다.

　주로 경제적 영역을 다루는 근로기준법의 성격도 그다지 다르지 않

　일제가 남긴 이른바 귀속재산의 불하와 농지개혁을 통해, 그리고 새로이 원
조물자 배분과 잉여 농산물 도입을 통해 자신의 물질적 기반을 공고히 했다.
50년대의 신흥 자본가들은 선택적, 배타적 분배권을 가진 정치권력의 비호
하에 등장했고, 생산력 증대가 아닌 원조 물자를 더 많이 분배받음으로써 자
신들의 부를 축적할 수 있었다. 엄격한 제도와 규칙이 아닌 정치권력의 자의
적 판단에 의해 이루어진 구식민 재산의 처분과 신식민 물자의 배분은 권력
과 자본의 광범위한 결탁을 가져왔는데, 이때의 결탁은 물론 정치영역의 절
대적인 우위에 기반한 것이었다(김경일, 2003: 99-100). 그러나 이때의 정치
영역은 아직까지 근대국가가 확립되지 못한 상태에서 특정 정권과 사적인 권
력집단을 의미하는 것이었다는 점에서 자본주의에 대한 근대국가의 우위라
기 보다는 자본주의에 대한 단순한 정치권력의 우위로 보아야 한다.

다. 당시 제정 근로기준법(법률 제 286호)에는 사회부의 인가를 받거나 사회부에 신고를 해야 하는 의무가 상당수의 조항에 명시되어 있었다. 제 26조(강제저금의 금지), 제 27조(해고 등의 제한), 제 28조(해고자에 대한 지급), 제 34조(최저임금), 제 35조(최저임금 통용의 예외) 제 42조(근로시간) 제 53조(근로계약) 제 56조(야업금지) 제 66조(특히 위험한 작업) 제 72조(안전관리자와 보건관리자) 제 73조(감독상의 행정조치) 제 75조(기능자 양성) 제 77조(인가취소) 제 88조(사회부의 심사의 중재) 제 97조(사회단체 협약 준수) 제 100조(규칙의 작성변경) 등의 다수 조항들에서 사회부의 역할이 규정되어 있는 것은 사용자와 근로자의 관계를 국가가 중재하고, 그럼으로써 자본의 횡포로부터 근로자의 권익을 보호하는 역할을 해야 함을 전제하는 것이고, 더불어 국가의 자본에 대한 영향력과 통제권을 암암리에 드러내는 것이기도 하다.

정치 영역과 문화 영역의 관계에서도 근대국가의 우월성이 표면화된다. 헌법은 국민의 경제적 자유를 사회정의의 실현과 균형있는 국민경제의 발전을 기할 수 있는 한계 내에서 보장한다고 규정함으로써 개인의 자유보다 경제발전과 국가의 이익을 우선에 두고 필요에 따라 국가가 개인의 자유를 제한할 수 있는 가능성을 열어두었다(헌법 제 1호 제 84조). 그러나 근대국가와 자유민주주의적 가치의 관계가 앞서 살펴본 근대국가와 자본주의적 질서의 관계에서처럼 절대적인 위계성으로만 설명될 수 있는 것은 아니었다. 이 시기의 법체계들이 대부분 형식적인 차원에서 자유민주주의 가치를 표방하고 현실에 앞선 이상주의적인 가치들을 내세웠던 까닭으로 근대국가의 보호와 자유민주주의적 차원에서의 개인의 기본권 보장은 상호 연계 하에 함께 강조되는 경향이 있었다.

이는 실효성을 갖추지 못한 공통된 한계에도 불구하고 당시의 가족 정책들이 기본권 보장을 강조하고 국가의 확대된 보호 의무를 표방하는 복지국가적 지향점만큼은 분명히 하고 있음을 보여주는 것이다. 근로기준법이나 생활보장법에서 국가의 보호 차원과 법 앞에서의 평등을 넘어서는 실질적 평등 가치가 함께 부각된 것이나 아동 관련 정책에서 국가 보호와 아동인권이 동시에 강조된 것도 모두 같은 맥락이었다. 이 모두에서 국가의 개입은 주로 자유민주주의적 가치를 보호하고 옹호하는 성격을 띠는 것으로 규정되어 근대국가를 단순히 자유민주주의적 가치 '위에' 군림하기만 하는 것이 아니라 대등한 관계에서 서로가 서로를 강화할 수 있는 가능성을 가진 존재로서 위치시켰다.

제2장
거시적 제도와의 관계 속에서 본 가족의 근대
: 시작되지 못한 근대

　1948-1962년 기간 동안 가족 외적인 정치, 경제, 문화 영역에서 근대성의 가치들이 초기적이고 불안정한 상태이나마 스스로를 드러내기 시작했다면 가족의 근대는 아직까지 '시작되지 못한 이야기'였다. 당시 '가족 자체'에 대한 가장 광범위한 규정들을 담고 있었던 가족법은 정치, 경제, 문화 영역과는 독립된 차원에서 가족에 대한 규정에만 천착했는데, 그나마 그 속에서 만들어진 가족에 대한 서사는 그 내부적으로도 근대성의 가치들을 포함하지 못한 채 전통적인 가족의 이미지만을 재현해내고 있었다. 당시 가족이 그려지는 방식에서 나타나는 특징은 크게 세 가지로, 첫째, 핵가족주의가 정립되지 못한 확장된 범위의 가족 개념이 강조되고, 둘째, 혈통과 자산에 의거한 공동체적 성격이 전제되며, 셋째, 성별과 연령에 기반한 가부장제가 여전히 건재한 가족의 운영원리로 묘사된다는 것이 바로 그것이다. 당시의 가족이 어떠한 담론구조 속에 존재했는지를 파악하기 위해서는 이 각각의 내용을

순서대로 되짚어 볼 필요가 있다.

1. 확장된 범위의 가족

가족법에서 규정하는 가족의 범위는 동거의 단위라기보다 호적상 기재되어 있는 혈연집단이다. 이후 성립된 다른 가족정책들이 주로 생계 공동체, 동거 공동체로서의 가족의 특성만을 전제하는 반면, 가족법은 먼저 호적상 호주와 그에게 나머지 가족들이 부차된 가족구조를 상정한다는 점에서 처음부터 가족에 대한 독특한 시각을 발전시켰다고 볼 수 있다. 호주를 중심으로 하는 이러한 가족구조는 언뜻 표면적으로는 핵가족과 유사한 것으로 보이지만 실질적으로는 호주, 호주의 직계존속, 배우자, 호주의 직계비속과 그 배우자, 호주의 방계친족과 그 배우자, 호주의 친족이 아닌 자 등이 모두 호적에 기재될 수 있다는 점으로 보아 근본적으로 핵가족과는 거리가 먼 형태이다(민법 법률 제471호 제 779조 가족의 범위). 장남을 제외하고 독립의 생계가 가능한 가족을 분가시킬 수 있다는 점에서 차남 이하의 아들의 경우에는 핵가족 원리가 부분적으로 수용되고 있다고 해석할 수도 있겠지만 원칙적으로 이 시기에 가족법에서 표방했던 가족상은 근대적인 핵가족상과는 부합하지 않는 확장된 범위로 남아있었다.

이 점은 가족 외적 영향력이 여전히 크게 나타나고 있다는 사실에서도 확인된다. 가족법에는 친족회의 권한을 인정하는 표현들이 다수 삽입되어 있는데, 특히 자녀가 부의 친자인지 아닌지를 가리는 소송과 관련된 민법(법률 제 471호) 제 848조(금치산자의 친생부인의 소), 제 851

조(부의 자 출생전 사망과 친생부인), 그리고 입양관련 조항들인 제 868
조(사후양자의 선정권자의 순위), 제 867조(사후양자), 제 872조(후견인과
피후견인간의 입양)는 모두가 소송을 제기할 때나 사후양자를 정할 때,
양자 입양시에 "친족회의 동의"를 필요로 한다고 규정하여 가족에 대
한 친족회의 개입을 법적으로 인정했다. 이는 사실상 가족법이 부계혈
연주의를 옹호한 데서 비롯된 결과로서, 자녀의 친생 여부를 밝히는
것이나 입양을 결정하는 일이 부부가 아닌 가문의 과업으로 간주된 만
큼, 이를 관장해야 할 친족회의 역할이 강조될 수밖에 없었던 것이다.
이외에도 친족회의 영향력은 동법 제 835조(무능력자의 협의상 이혼) 3
항, 제 940조(후견인의 해임), 제 945조(미성년자의 신분에 관한 후견인의
권리의무), 제 950조(법정대리권과 동의권의 제한), 제 951조(피후견인에 대
한 권리의 양수), 제 953조(친족회의 후견사무의 감독), 제 954조(법원의 후
견사무에 관한 처분), 제 957조(후견사무의 종료와 관리의 계산) 등에서 재
차 명시되어 가족을 부부와 자녀로 구성된 핵가족이 아닌 외부으로부
터 "열린 단위"로 그려내는데 일조했다.[4)

부부관계에서도 핵가족적 전제인 애정적 부부관계나, 부부중심적
가족관계로의 전환은 요원한 상태였다. 부부관계에도 친족이 개입될
여지가 상당부분 존재했다. 민법(법률 제 471호) 제 818조(중혼 등의 취
소청구절차)에서 "당사자의 직계존속이나 8촌 이내의 방계혈족의 취소

---

4) 외부 영향력이 그대로 유지된 상태에서 1962년 이후부터 각종 연금법과 의료
보험법이 가족을 부양관계에 기반한 확장된 범위로 규정함에 따라 가족은 그
'영향력 면에서는 외부로부터 열린 단위'이면서 그 '의무와 역할의 차원에서
는 안으로부터 열린 단위'로 거듭나게 된다. 즉, 외부의 영향 하에 놓여있으
나 직접 영향력을 행사할 수는 없고, 부양의무의 면에서는 동거단위와 무관
하게 확장된 책임을 져야 하나 외부의 도움은 기대할 수 없는 독특한 성격이
한국의 가족을 특징짓는 요소로 자리잡았던 것이다.

청구권을 보장"한 것이나, 제 835조(무능력자의 협의상 이혼)에서 "부모 또는 친족회의 동의를 얻어야 이혼이 가능하다"고 규정한 것은 모두 이혼시 친족의 관여를 허용한 것이다. 특히 제 840조(재판상 이혼원인)를 보면 이혼사유에 "배우자 또는 그 직계존속으로부터 심히 부당한 대우를 받았을 때, 자기의 직계존속이 배우자로부터 심히 부당한 대우를 받았을 경우"가 포함되어, 부부 두 사람의 관계가 아닌 보다 확장된 범위의 가족관계 속에서 이혼 사유가 정해지고 배우자의 직계존속과의 관계가 직접적으로 부부관계의 종료를 가져올 수 있는 합당한 이유로 인정되는 양상을 보여주고 있다.

2. 자산, 혈통에 근거한 공동체주의

이외에도 가족법은 가족을 사적·정서적 공간으로서의 서구 근대 가족의 기능과는 무관한 '경제 공동체', 내지는 '혈연공동체'로 고정시켰다. "직계혈족 및 그 배우자간, 호주와 가족간, 기타 친족간―생계를 같이 하는 경우에 한한다―부양의무를 부과하는 가족법의 규정(민법 법률 제 471호 제 974조 부양의무)은 생활보호법에도 반영되어 가족의 경제 공동체적 성격을 더욱 확고히 했다. 무조건 부양의무자가 없어야 한다는 단서가 붙어있는 생활보호대상의 조건 규정이나(생활보호법 법률 제 913호 제 3조 보호대상의 범위), 보호기관에서 보호를 행한 경우 부양의무자가 있는 것으로 확인되면 그 부양의무자에게 비용을 징수하도록 되어있는 조항 등은(동법 제 42조 비용의 징수) 가족의 부양의무를 강제하고 가족을 경제공동체로 묶어놓는 일관된 힘으로 작동해왔다.

이외에 근로기준법, 공무원 연금법, 군사원호보상법 등에서도 이러한 전제가 그대로 공유되었다. 근로기준법의 경우, 유족을 "제정당시 근로자의 수입으로 생계를 유지하거나 혹은 생계를 같이 한 자로서 배우자, 자녀, 부모, 손자녀, 조부모에 해당하는 경우"로 규정하여 실질적인 부양관계를 중시했고, 61년 개정시 퇴직금제도를 정립하면서는 가족의 생계보호 차원을 강조하여(근로기준법 법률 제 286호 제 28조 퇴직금) 가족의 성격을 다시 한번 경제 공동체적 측면에서 부각시켰다. 공무원 연금법(법률 제 533호) 역시 유족을 생계 보장시 "부양되고 있던 배우자, 직계비속(18세미만), 직계존속(60세 이상)"으로 규정하여 가족의 필수적 요소로 '부양'을 전제했다.[5]

군사원호보상법의 경우는 좀 더 복잡하나 "전몰군경의 처, 18세 미만의 자녀, 18세 이상의 남자인 자가 없게 된 부모, 18세 이상인 다른 남자인 직계비속이 없게 된 조부모, 직계존속과 18세 이상의 남자형이 없게 된 18세 미만의 제매"의 유족 규정은 대를 이을 남자가 없게 된 경우, 더 나아가 가족의 생계를 부양할 남자가 없게 된 경우에 한하여 유족을 인정했다는 점에서 간접적으로나마 가족의 생계 공동체적 성격을 강조하고 이 기능이 유지될 수 없을 경우 국가가 개입한다는 원칙을 고수하고 있다(법률 제 758호 제 5조 정의 4항). 국가유공자 및 월남귀순자특별원호법에서 4.19 의사상자유족을 "성년남자인 직계비속이 없는 조부모, 직계존속과 성년남자인 형에 없게 된 미성년 제매"로 규정한 것도 유사한 입장이다(법률 제 1053호 제 3조 정의).

---

5) 공무원 연금법의 경우 자녀가 결혼하면 유족에서 제외한다는 단서가 있어 자녀와의 관계에 있어서는 '부부와 미혼의 자녀로 구성된 가족'을 의미하는 핵가족적 전제를 보여주는 일면이 있다. 그러나 부모가 무조건적으로 가족 범위에 포함되어 있다는 점에서 이는 온전한 의미에서의 핵가족주의는 아니다.

'자산'을 근거로 한 공동체적 성격 이외에 "부계 혈연"에 근거한 공동체성도 가족법에서 나타나는 가족의 주된 성격을 구성한다. '호주제'를 비롯한 가족법의 다양한 내용들은 부계 혈연주의를 지켜져야 할 매우 중요한 원칙으로 위치시키고 있다. 8촌 이내의 부계혈족, 4촌 이내의 모계혈족, 부(夫)의 8촌 이내의 부계혈족, 부(夫)의 4촌 이내의 모계혈족, 처의 부모, 배우자로 규정된 가족법의 친족 범위부터 철저히 부계중심적이다(법률 제 471호 제 777조 친족의 범위). 동법 제 768조에서 직계존속의 형제의 직계존속만 방계 혈족에 포함되고 자매의 직계비속은 포함되지 않도록 규정한 것 또한 같은 맥락을 갖는다. 가족의 부양의무 규정에 있어서도(동법 제 974조 부양의무) 혈족에 대한 규정이 부계 중심인 탓에 똑같은 규정을 적용하더라도 부인은 남편과 부양의무의 범위가 달라지게 된다. 부인은 남편의 8촌 이내의 부계혈족과 4촌 이내의 모계 혈족에 대해 광범위한 부양의무를 갖는 반면 남편은 장인, 장모에 대해서만 의무를 지는 것이다. 민법을 따른 당시의 제정 생활보호법 또한 이에 근거하여 모계와 부계의 차별성을 답습하고 있다. 또한 부계 혈연주의는 남성을 절대적 기준점으로 가족내의 모든 관계와 관계의 성격을 규정하는 근거이기도 한다. 모자 관계로 인한 친계와 촌수를 규정한 민법(법률 제 471호) 제 773조, 혼인 외의 출생자와 그 친계촌수에 대한 내용을 담고 있는 제 774조, 인척관계의 소멸을 규정한 제 775조는 모두 아버지 혹은 남편을 기준으로 여타 가족의 관계가 정립되는 방식을 보여주고 있다. 이 과정에서 여성은 하나의 주체로서가 아니라 남성에 부착된 부속물로 존재한다.

이러한 부계 혈연주의의 핵심은 곧 "부계 혈통계승"인 만큼, 가족법의 많은 부분이 바로 이 문제에 많은 지면을 할애하고 있음은 놀라운 일이 아니다. 뱃속의 아기에게 호주를 대물림할 수 있도록 한 민법(법률 제 471호) 제 980조(대습상속), 이혼 후 여성에게만 재혼금지 기간을 두어 혈통의 근거를 확실히 하고자 하는 제 811조(재혼금지기간), 파양시나 이혼시 '친가'에 복적하도록 한 제 786조(양자와 그 배우자의 복적)와 제 787조(처 등의 복적과 일가 창립) 등은 모두 부계 혈통 계승이 가족의 중요한 과업임을 보여주는 예들이다. 특히 민법 5장(부모와 자)은 특히 아이가 부(父)의 친생자냐 아니냐에 초점을 둔 다양한 조항들로 구성되어, 제 846조(자의 친생부인), 제 850조(유언에 의한 친생부인), 제 848조(금치산자의 친생부인의 소), 제 851조(부의 자 출생전 사망과 친생부인)에서 아이가 아버지의 친자인지 아닌지를 확인하는 소송에 대한 내용을 다루고 있다. 여기서 제 848조, 851조는 당사자가 아닌 친족회가 여성을 상대로 그 소송을 제기할 수 있고 당사자인 아버지가 죽은 후에도 소송이 가능하도록 되어 있어서 친생자를 가려내고 부계 혈통을 '실수없이' 계승하는 것이 당시 얼마나 중요한 문제였는지를 짐작케 한다. 양자 관련 조항들(민법 제 967조 사후양자; 제 868조 사후양자 선정권자의 순위; 제 872조 후견인과 피후견인간의 입양, 제 887조 동전) 역시 양자될 자의 인권이나 자율권이 아닌 혈통계승이라는 목표를 분명히 하고 있다.

여기서 한가지 지적해야 할 것은 이러한 부계 혈통 계승이 무조건적으로 '혈연'에만 천착하고 있다고 보기는 힘들다는 것이다. 양자의 친생부모는 친권자가 될 수 없도록 규정한 것(민법 제 471호 제 909조 4항)이나 후견인의 순위에서 양부모와 양가 혈족을 선순위에 놓은 것(동법 제 935조 2항)은 모두 대를 잇기 위해 이루어진 관계의 경우 실질적인 혈연관계보다 입양으로 성립된 호적상의 관계가 더 우선함을 보

여준다. 즉 부계혈통 계승이라는 목표가 너무 중요한 나머지 실제 혈
연관계보다 가문을 이어나가는 그 자체가 궁극적인 관심사가 되고 있
는 것이다.

　이러한 일관된 흐름 속에서 가족법은 가족 구성원으로서의 개인의
자유나 권리, 인간적인 존엄성을 인정하지 않은 채 부계 혈통 계승이
라는 일관된 목표 하에 이들을 복속시키는 결과를 야기했다. 개인의
인권과 자유를 중시하는 자유민주주의적 이념을 표방했던 헌법에 위
배되게도, 가족을 부계혈연에 기반한 공고한 공동체로 규정한 가족법
속에서는 가족 구성원의 인권이나 행복이 들어설 자리가 없었다. 자녀
가 부의 친자인지의 문제에 집착하는 다양한 조항들은 여성을 생산의
도구, 혈통계승의 도구로 전락시켰고, 입양이 가문의 대를 잇는 방법
으로 간주되는 상황에서 어머니될 여성의 의사는 논외로 치부되었다.

　특히 양자제도와 관련해서는 부부 공동입양의 원칙이 명시된 것(민
법 제 471호 제 874조 부부의 공동입양 1항)을 제외하면 모의 권력행사 가
능성이 전면 차단되어 있었다. 그나마 부부의 공동 입양 규정도 동조
2항에서 다시 "처의 부재 기타 사유로 인하여 공동으로 할 수 없는 때
에는 부 일방이 부부雙방의 명의로 양자를 할 수 있고 양자가 될 수
있다"는 내용이 덧붙여짐에 따라 사실상 형식상의 문구로만 존재했다.
'처가 남편의 혈족 아닌 자식을 입적시킬 때는 호주와 남편의 동의가
필요하지만(동법 제 784조 부의 혈족 아닌 처의 직계비속의 입적)' 그 반대
의 경우에 처의 동의가 필요하다는 조항은 처음부터 없었다. 양육의
책임과 친권행사의 권한을 무조건 아버지에게 부여한 것이나, 이혼한
모는 친권자가 될 수 없다고 못 박은 것도 같은 맥락이다(동법 제 837조
이혼한 자의 양육책임; 제 909조 친권자). "양자인 피상속인의 생모나 피

상속인의 부와 혼인관계 없는 생모는 피상속인의 가족인 경우에도 그 호주상속인이 되지 못한다(민법 987조 호주상속권 없는 생모)"고 하여 생 모의 권한 역시 가족법 속에서 지워졌다. 양자의 인권 또한 마찬가지 로 관심의 대상이 되지 못했다. 입양시에는 어디까지나 입양될 아동의 부모나 후견인의 의사만이 중시되었고(동법 제 869조 15세 미만자의 입양 승낙; 제 870조 입양의 동의), 가문을 오독하거나 가산을 경도하는 등의 이유가 있으면 언제든 입양을 취소할 수 있도록 하여(동법 제 885조 입 양취소의 원인; 제 905조 재판상 파양원인) 양자 본인의 자율적 선택과의 차원이 철저히 묵과되었던 것이다.

언뜻 호주의 무한한 권위와 특권을 보장하는 것으로 보이는 부계 혈통주의는 여성이나 기타 가족구성원 뿐만 아니라 사실상 호주의 인 권까지도 하위 가치로 종속시켰다. 호주, 혹은 장남의 경우 다른 가족 성원들에 비해서는 상대적인 권위를 부여받았던 것이 사실이지만 실 질적으로 호주의 존재 이유 자체가 가계계승과 혈통유지에 있었던 만 큼 그 논리 하에서 호주의 개인적인 행복이나 자율적 선택의 권리는 제한될 수밖에 없었다. 직계비속 장남자의 입양, 분가 금지(민법 제 471 조 제 788조) 조항이나 호주상속권의 포기 금지(동법 제 991조), 호주의 직계비속 장남자의 거가 금지 조항(제 790조) 등은 호주 계승이나 호주 의 거주지 결정 등에서 호주의 의사가 반영될 여지가 배제되어 있음을 보여준다. 결국 부계 혈통주의적 공동체 원리 속에서 호주 자신까지도 혈통 유지와 계승을 위한 수단적 존재로서 자리매김된 셈이다.

3. 가부장제: 다층적 불평등 구조

마지막으로 가족법에서 나타나는 또 하나의 중요한 특성은 가족의 운영원리가 가부장제적 질서에 기반하고 있다는 데에 있다. 가부장제는 흔히 여성에 대한 남성의 지배구조라고 이해되는 경우가 많지만 실질적으로 이 개념은 성별과 연령에 따른 이중적인 위계성을 그 본질로 한다. 즉 남녀간에 위계가 존재하되, 남성들 사이에서도 연령에 의해 그 권한이 결정되는 중첩적인 불평등성이 존재하는 것이다. 당시 가족법은 사실상 다양한 층위에서의 불평등과 위계로 특징지워지는 가부장제의 본원적 특성들을 충실히 구현해낸 전형적인 텍스트였다 해도 과언이 아니다.

우선 그 불평등성의 최대 핵심은 호주를 구심점으로 하는 권력의 집중에 있다. 호주는 가를 대표하는 입장에서 다양한 사안에 대해 권한을 가지는데, 민법(법률 제471호) 제784조(부의 혈족 아닌 처의 직계비속의 입적), 제785조(호주의 직계혈족의 입적), 제932조(미성년자의 후견인의 순위), 제933조(금치산 등의 후견인의 순위), 제934조(기혼녀자의 후견인의 순위) 등은 모두가 호주가 '집안의 어른'으로서 결정권을 가지고 가족구성원에 대해 보호자 역할을 해야 함을 규정한 조항들이다. 소유권이 불분명한 재산에 대해 호주의 소유권을 인정한 동법 제796조(가족의 특유재산)나 분묘에 속한 임야와 농지 등에 대한 무조건적인 상속권을 명시한 제996조(분묘 등의 승계)는 호주의 추상적인 권한 뿐만 아니라 경제적인 차원에서의 실질적인 특권까지도 보장하는 법의 태도를 엿보게 한다.

불평등의 또 다른 층위는 보다 일반적인 차원에서의 남성과 여성의 관계, 즉 "성별"을 축으로 한다. 가족법이 성차별성을 내포하고 있음은 호주 상속 순위에서 극명히 드러난다. 민법(법률 제 471호) 제 984조를 보면 피상속인의 직계비속남자, 피상속인의 가족인 직계비속녀자, 피상속인의 처, 피상속인의 가족인 직계존속녀자, 피상속인의 가족인 직계비속의 처 순으로, 즉 아들 - 미혼딸 - 부인 - 어머니 - 며느리 순으로 호주 상속 순위가 규정되어 남성이 무조건적 여성에 우선하는 구조를 보여주고 있다. 여성이 호주상속을 하는 경우에도 이는 남성호주계 승자가 없을 시 임시로 호주가 되었다가 결혼을 하거나 물려줄 남자가 생기면 자동적으로 그 권한을 잃게 되는 '징검다리'와도 같은 역할에 그치는 것이었다(동법 제 792조 여호주의 규정; 제 794조 여호주의 혼인과 폐가; 제 993조 여호주와 그 상속인; 제 980조 호주상속개시의 원인 3, 4항). 또한 이 때의 호주 상속은 여호주와의 관계가 아닌 그 가의 혈족관계에 따라 그 상속자가 결정된다는 점에서 여호주는 호주 계승이 일시적으로라도 단절되는 것을 방지하기 위한 수단에 지나지 않았다.

남녀간의 불평등은 비단 호주상속에서 끝나지 않는다. 재산 상속과 같은 보다 실질적인 부분에서도 남녀의 차이가 명백히 존재했다. 당시 가족법은 재산상속액에서 남성의 1/2이 여성의 몫이라고 명시하여 차별을 법제화했다. 상속액의 비율을 보면 아들이 1(호주상속자일 경우 1.5), 부인이 0.5, 부모가 0.5, 기혼딸 0.25, 미혼딸 0.5의 비율을 이루어, 아들과 딸, 그리고 기혼딸과 미혼딸 사이에 현격한 차등이 주어지고 있음을 알 수 있다(민법 법률 제 471호 제 1009조 법정상속분).

이러한 불평등한 성별구조는 보다 구체적으로는 부부관계의 성격을 수직적인 것으로 구조화했다. 부부가 기본적으로 남편의 주소나 거소에서 동거하는 것을 원칙으로 한다던가 처가 부의 가에 복적한다는 내용은(동법 제 826조 부부간의 의무 2, 3항; 제 779조 가족의 범위) 기본적으로 부부간에 부인이 남편을 '따르는' 비대칭적 구도를 상정한다. 민법(법률 제 471호) 제 934조(기혼여자의 후견인의 순위)에서 기혼여성을 후견인을 필요로 하는 존재로 전제하고 그 1 순위를 배우자로 규정해놓은 것 또한 남편을 보호자로, 부인을 피보호자로 상정하는 논리에 기반한 것이라 하겠다.

재산에 대한 남편과 부인의 권리 또한 상이하다. "부부 일방이 혼인 전부터 가진 고유재산과 혼인 중 자기 명의로 취득한 재산은 그의 특유재산으로 하고 귀속불명재산은 남편의 재산으로 추정한다"는 조항(민법 법률 제 471호 제 830조 특유재산과 귀속불명재산)은 성별분업 구조가 여전히 유지되는 상태에서 여성에게 일방적으로 불리한 내용일 수밖에 없을 뿐 아니라 누구에게 속하는지 불명확한 재산에 대해 무조건 남편 소유를 인정해주는 일방성을 보인다. 재산상속의 순위에서도 남편이 피상속인 경우와 부인이 피상속인인 경우에 그 순위의 차이가 나타나는데, 일반적인 상속순위가 자녀, 부모, 형제자매, 8촌 이내의 방계혈족의 순임을 염두에 둘 때 남편이 피상속인일 경우 부인의 상속순위는 자녀, (남편의) 부모와 동순위가 되는 반면, 부인이 피상속인일 경우 남편의 상속순위는 자녀와 동순위로서 (부인의) 부모보다 우선하게 된다. 공무원 연금법 또한 이러한 민법의 내용에 근거하여 남편과 처의 유족연금 지급순위를 다르게 규정하고 있다(공무원 연금법 법률 제 533호 제 22조 유족연금의 지급순위).[6]

---

6) 이렇게 가족법 규정이 여타의 법제들의 토대가 됨으로써 재산에 대한 권리에 있어 불리한 위치에 있는 부인의 차별적인 지위를 고성시키는 양상은 이후에도 지속되어 각종 연금법들이나 생활보호법이 민법의 상속 규정에 따라 자동적으로 그 내용이 변화하게 되는 것으로 나타난다. 특히 연금법들은 오늘날

'호주'라는 지위와 '성별'이 가부장제의 불평등성을 구성하는 중요한 축들이었다면 이외에 "연령"이라는 변수 또한 가족 내의 불평등구조의 궤적을 형성해온 또 하나의 축일 것이다. 그런데 여기서 중요한 것은 연장자 우선주의가 우리의 가족법 속에서는 여성을 제외한, 남성들의 세계에서만 적용되는 가치였다는 점이다. 뱃속의 태아가 모(母)보다 호주상속순위가 우선한다고 보는 민법(법률 제 471호) 제 988조(태아의 지위)는 성별을 위계구조가 너무 공고했던 나머지 연장자 우선주의가 여성들에게는 효력을 가질 수 없었던 당시의 상황을 극단적으로 보여 준다 하겠다. 남성들간의 '장유유서'의 원칙은 가족법 곳곳에서 발견되는데, 민법 제 867조(사후양자), 제 935조(후견인의 순위), 제 985조(동전) 등은 모두 남자 선순위, 연장자 선순위의 원칙을 제시였으며 특히 제 985조는 호주 상속의 경우, 직계비속의 처(며느리)가 수인일 때에는 "그 남편의 순위에 의한다"고 규정하여 연장자 우선주의의 원칙이 남성만을 기준으로 적용된다는 명제를 재확인시켜 준다.

연장자 우선성의 연장선상에서 부모, 자녀관계도 상호 지배와 복종의 불평등한 관계로 고정되는 것이 불가피했다. 가족법은 일관되게 부모의 권위가 기본적으로 자녀의 기본권과 자유의사에 우선하는 것으로 보는 입장을 견지했다. 기본적으로 부모, 자녀의 관계를 규정한 민법의 친권자 조항(제 909조)은 "미성년자인 자는 친권에 복종한다"는 표현을 통해 부모와 자녀의 관계를 수직적인 것으로 고정시켰고, 제 915조(징계권)에서는 자녀에 대한 처벌을 부모의 당연한 권리로 간주했다. 이외에도 부모의 권한은 민법 제 808조(동의를 요하는 혼인)나 제

까지도 민법의 규정을 따라 상속 순위가 결정되는 모습을 보이고 있다.

835조(무능력자의 협의상 이혼), 제 914조(거소지정권), 제 916조(자의 특유재산과 그 관리)에서 다양한 형태로 나타나, 상하 위계에 기반한 부모의 권위를 불가침의 위치로 격상시켰다. 그런데 당시의 1차적인 친권자가 아버지로 전제되고 있었다는 점을 생각할 때 이때의 부모의 권한은 주로 부권(父權)에 한정된 것이다. 부의 부재시 모의 친권이 인정되기는 했으나, 호주 상속이나 재산상속과 같은 차원에서 오히려 모의 권리보다 자의 권리가 더 컸던 것을 생각한다면 모와 자녀의 관계는 절대적인 수직관계에 놓여 있었다고 보기 어렵다. 따라서 남성들만을 대상으로 하는 연장자 우선주의의 영향 하에 부모 자녀관계 또한 아버지와 자녀 중심의 위계적 관계로 정립되었다고 보는 편이 옳을 것이다.

이상에서 알 수 있듯이 1948년부터 1962년까지의 시기에 주로 정치, 경제, 문화적 차원에서, 특히 근대국가와 자유민주주의 영역을 중심으로 불완전하나마 모습을 갖추어 가기 시작했던 것에 비해 아직까지 가족의 가치들에 있어서는 별다른 변화가 야기되지 못한 상태였다. 가족은 여전히 철저히 전통의 범주에 머물러야 하는 것으로 규정되었고 정치, 경제, 문화적 영역에서 출현한 가치들 또한 형식과 절차의 추상적 수준에서 주로 작동하는 한계를 보였다. 그러나 이러한 한계에도 불구하고 몇몇 거시적 차원을 중심으로 근대의 역사는 이미 그 시작을 알리고 있었다는 점을 상기할 필요가 있다. 이는 곧 이어 1960년대부터 본격화될 근대성의 역사적 구현을 예고하는 것이었던 바, 이제 보다 구체적이고 역동적인 역사의 흐름 속으로 들어가 보도록 한다.

제 4부

근대성의 본격적 구현기:
1962년~2005년

이화다문화총서 사회 1
가족 정책을 통해 본 한국의 가족과 근대성

제1장
제 1시기(1962년~1972년) : 근대국가 중심의 근대성 편성과정

1. 정치 · 경제 · 문화 영역에서의 근대

1) 시대적 배경 및 가족정책의 전반적 흐름

1961년 5월 16일, 군사 쿠데타를 일으켜 4.19혁명 이후 출범했던 장면 내각을 무너뜨리고 정권을 장악한 박정희 중심의 군부 세력은, 즉각 헌정을 중단시키고 군부 세력이 중심이 된 국가재건최고회의를 구성, 군정을 실시하였다. 군사 정부는 혁명 공약에서 반공을 국시로 천명하고 경제 재건과 사회 안정을 내걸었으며 정치 활동 정화법을 제정하여 구정치인들의 정치 활동을 전면적으로 금지시킨 채 배타적인 권력을 휘둘렀다. 제 1차 헌법개정은 이들의 쿠데타가 성공한 이후 1963년 대통령 선거를 통해 박정희 정권이 수립되기 이전인 1962년 12월 26일에 이루어졌다. 강력한 대통령 중심제와 단원제의 권력구조를 바탕으로 하는 개정헌법은 박정희 정부의 국정 운용에 있어 중요한 논리적 근거로 작동하게 된다. 또한 이 시기의 주된 국정 목표였던 "조국 근대화" 또한 이 정권의 성격을 설명하는데 빼놓을 수 없는 요소이다.

급속한 경제성장을 우선적인 정책으로 추진하는 박정희 정부의 경제
성장 정책은 공업화의 급속한 추진으로 그 성과가 가시화되었다.

가족정책을 중심으로 볼 때, 50년대가 주로 소극적 구빈 단계였다면
60년대는 보다 본격적인 '제도 착수 단계'였다(보건복지부, 1997, '97주요
업무자료: 5-6). 50년대와 60년대 초창기에 만들어진 법률들이 형식적
차원에 머물러 현실적합성과 실효성을 가진 '정책'으로서의 의미를 다
하지 못했던 것에 비해 1960년대에는 각종 법령을 보충하고 이미 만
들어져 있던 법제들을 실제 현실에 적용할 수 있게 개정, 정비하여 이
의 실질적인 운영을 도모하는 '가족정책의 제도화' 작업이 이루어졌다.
선택주의적인 빈민구제의 개념에서 보편적인 국민복지의 개념으로의
변화가 모색되면서 가족정책 역시 이러한 흐름 속에 놓이게 된 것이다.

이 시기에 이루어진 사회보장에관한법률(1963) 제정은 국가의 사회
보장 의무를 최초로 공식화한 것이자, 가족정책의 두 영역인 '사회보
험'과 '공공부조'의 근간을 확고히 하려는 시도였다는 점에서 중요한
의의를 갖는다. 사회 보험 영역에서는 특수집단에 한정된 것이기는 했
으나 1962년에 이미 제정되었던 공무원 연금법에 이어 군인연금법
(1963)이 제정되어 연금법의 기반이 마련됐고, 의료보험법(1963)도 완
성되었다. 의료보험법의 경우에는 시행령과 시행규칙 미수반으로 임
의가입방식의 불완전한 제도에 머물기는 했지만 이후 1989년 의료보
험법의 개보험화가 이루어진 이후에도 그 법적체계는 이 당시의 기본
골격을 그대로 따르고 있다는 점에서 의료보험법의 제정이 지니는 의
의 자체를 간과할 수는 없을 것으로 생각된다. 이외에 같은 해 이루어
진 산업재해보상보험법(1963)의 제정도 사회보험 영역을 내실화하는
중요한 계기였다.[1] 사회보험, 공공부조와 함께 가족정책의 또 한 영역

을 이루는 '사회복지' 분야에서도 그 기본적인 목표와 방향을 설정하는
사회복지사업법(1970)의 입법이 이루어져 전반적인 기틀을 마련하는
성과를 거뒀다.

  행정적 차원에서도 다양한 가족관련 정책들이 추진되기 시작했다.
기초산업의 건설을 통한 수입대체와 사회간접자본 시설의 확충에 역
점을 둔 제 1차 경제개발계획(1962-1966)은 높은 인구증가와 농업중심
의 낮은 성장으로 반복된 빈곤의 악순환으로부터 벗어나기 위해 최초
로 경제개발의식을 결집, 체계화시킨 것이었다. 그 후 단순한 노동집
약적 수공업 중심의 대외지향적 공업화 전략은 제 2차 경제개발계획
의 추진으로 본격화된다. 1차 경제개발계획이 '개발연대의 시발과 제
도적 기반정비'를 기조로 기간사업의 수입대체와 개발기반 구축을 위
한 사회간접자본의 건설을 주된 과제로 삼았다면 2차 경제개발계획
(1967-1971)은 '고도성장실현과 공업화'의 기치 하에 대외지향적 공업화
전략을 선택하여 고용증대와 공업화를 주된 목표로 내세웠다(대한의학
협회 조사연구실, 1982). 특히 2차 계획기간인 60년대 중후반부터는 보
건사업, 가족계획사업과 모자보건사업, 의료보험사업, 산업재해관련사
업 등 가족정책 관련 과제들이 경제개발계획의 한 분야로 자리잡았다.
가족정책은 이 시기를 통틀어 공유된 '절대 빈곤의 해소와 근대화 추
진'이라는 목표 하에 역시 발전일변도의 거대한 흐름에 휩쓸리고 있었
다(보사부, 1984, 보건백서: 4).

---

1) 이전시기의 말미에 제정되었던 생활보호법, 아동복리법, 윤락행위등방지법
   또한 5.16 군사 쿠데타 이후 제정되었음을 생각한다면 상당수의 가족정책 법
   제들이 군사정권 초반에 마련되었다고 볼 수 있다.

2) 정치 · 경제 · 문화 영역에서의 근대성

1948년-1960년 사이에 불완전하고 미성숙한 상태에 머물렀던 초기적 근대성의 실체는 이제 그 다차원성과 내적 역동성이 확연히 구체화되는 본격적인 성장기로 들어섰다. 1960년대는 특히 '근대국가'와 '자본주의'의 두 차원에서 변동의 폭과 깊이가 두드러졌던 시기였다(최장집, 1993). 정치 영역에서는 고도의 중앙집권적 기구가 형성되었고, 경제적 영역에서는 자본주의의 생산력 중심주의와 이윤추구의 원칙이 도입되어 자리를 잡기 시작했다. 국익과 국가의 보호, 합리적 문제해결의 차원에서만 초기적이고 불안정한 형태로 나타나던 근대국가의 가치들은 이제 '감시 능력의 증진'과 '국가합리성' 개념의 등장으로 보다 심화된 형태를 갖추었다. 비현실적 차원에서 산업주의의 중요성을 강조하는 수준에 그쳤던 경제적 영역에서의 담론구조도 보다 본격적인 자본주의적 가치들의 등장으로 활성화되었다. 이에 비해 자유민주주의적 가치들은 상대적으로 정체되어있거나 오히려 후퇴하는 양상을 보였다. 자유민주주의라는 용어를 사용하되 이를 반공주의나 자본주의와의 등치어로 사용하는 박정희 정권의 선전전략으로 인해 그 의미의 왜곡이 이루어졌고 본원적 의미에서의 자유민주주의의 쇠퇴가 시작된다. 이제 영역별로 그 내용들을 짚어보기로 한다.

(1) 근대국가
① 국가의 이익: 근대화와 경제성장
4.19 혁명으로 등장한 민주당 정권을 무력으로 전복했다는 점에서 명분과 논리의 취약성을 태생적 한계로 안고 있었던 박정희 정권은 집권 초기부터 군부의 정치 개입이 불가피하고 정당한 것이었음을 국민

에게 납득시키기 위한 정치적 상징과 담론들을 적극적으로 창출해내야 했다. 자신들이 추구하는 목표와 이념의 정당성을 주장하고, 국민의 광범위한 지지와 동원을 이끌어 내기 위해 특정 정권이 아닌 '국가'라는 실체가 전면에 부각되었고 그 국가의 존재이유이자 목표로서 경제성장과 빈곤 탈출 등의 경제적인 측면이 국익의 이름으로 강조되었다. 헌법에 이미 국민경제의 발전과 이를 위한 과학진흥에 관련된 정책 수립을 위한 기구와 절차가 명시되었으며(헌법 제 6호 제 118조), 1, 2차 경제개발계획의 목표 또한 인구 억제를 통한 경제발전과 국가의 근대화, 국민생활 향상 등의 진보주의, 발전주의에 입각한 국가차원의 이익 추구로 수렴됐다. 스스로 국익을 추구하는 존재로서의 '국가'라는 '거대 서사'가 실체로서 확고히 자리잡음에 따라 경제적 업적을 통해 국가가 정통성을 주장하는 성장담론이 당시 가족정책이 처한 존재조건이 되었다.

또한 군사정권은 이전까지의 반공이데올로기를 형식적이고 구호에만 그친 것으로 폄하하면서 반공을 국시의 1의로 삼는 반공태세의 재정비 강화를 혁명 공약의 제 1항으로 내세웠다. 반공 이데올로기를 단순히 이념적 차원이 아니라 국가의 존폐와 직결된 가치로서, '국익'의 차원에서 조명하기 시작한 것은 바로 이런 맥락에서였다.[2] 여기에 민족주의 성향도 덧붙여져 제정 헌법에 제시되었던 '동포애'와 '민족의 단결' 같은 표현에 발전주의를 결합시킨 형태가 경제적 동원화를 위한 논리로 활용되었다. 산업화 민족주의라 부를 수 있는 '조국근대화, 새 역사 창조, 자립경제, 민족중흥' 등의 일련의 담론들이 생산됨에 따라,

---

2) 이에 공약 실천을 위해 중앙정보부가 설치되고 반공법이 제정됐으며, 용공분자에 대한 철저한 탄압이 자행되었다(김경일, 2003: 107)

국가의 이익은 곧 '경제성장=민족발전'이라는 논리 하에 정당성과 불가피성을 인정받을 수 있었다.

이러한 박정희 정권의 민족주의 담론은 이른바 '전통의 창조(Hobsbaum, E., 1983)라 부를 수 있는 현상으로서 물질적 영역에서의 서구에 대한 모방과 함께 동양적 정신 문화의 우월성을 주장하고 그 보존을 강조하는 "식민지적 근대성"의 전형을 보여주는 것이다. 서구의 물질적 풍요에 선망하고 그 운영원리를 따르려 하면서도 일종의 보상심리로서 영적, 정신적 문화를 강조하고 전통의 계승을 주장하는 어조를 덧붙임으로써 박정희 정권의 경제성장 제일주의는 더한 논리적, 감정적 정당화의 근거를 확보하며 그 헤게모니적 성격을 확고히 할 수 있었다.

② 국가의 보호: 제한된 확장단계

'국가의 보호'는 1948년 헌법 제정시부터 논의되기 시작하여 비교적 일찍이 자리 잡았던 근대국가의 가치였으나 여성과 아동, 생활취약계층 등 특정 대상으로 담론화 되었던 국가의 보호 의무는 1963년 개정 헌법에서 한층 더 공고해졌다. 헌법전문에서 "민주복지국가"라는 용어를 처음 사용하여 민주주의적 가치와 국가의 복지 의무를 공식적으로 표방함에 따라 이를 보호할 국가의 의무가 더불어 강조되었고, 국민의 기본인권을 최대한 보장해야 할 국가의 의무 또한 명시되었다(헌법 제6호 8조). 체포 구금시 스스로 변호인을 구할 수 없을 경우 국가가 변호인을 제공해야 할 의무에 대한 조항(제10조의 4항)이 신설되어 이전 시기에 형식적인 차원에서 강조되었던 국민의 자유권에 대해 그 실질적 보호의 주체가 되어야 할 국가의 책임이 더욱 분명해시기도 했다.

1963년 사회보장에 관한 법률의 제정은 사회보험과 공공부조의 근

간을 마련하면서 국가의 사회보장의무를 법제화했으며, 공무원 연금
법에 이은 군인연금법(1963), 산업재해보상보호법(1963) 등의 제정 역
시 군인, 근로자와 그 가족의 권익을 보호하는 것을 국가의 몫으로 인
식하게 하는 계기가 되었다. 이들은 모두 여전히 기본적으로 국가가
정책 대상인 국민에 대해 보호하고 지도하는 입장에 서는 '수직적 관
계'를 전제하고 있다고 볼 수 있는데, 1970년 사회복지사업법(법률 제
2191호)은 이 같은 국가의 기본태도를 더욱 확고히 인지시켜 준 경우
이다. 보호사업, 선도사업, 복지사업, 복지시설 운영의 네 부분으로 구
성된 사회복지사업법의 사업 내용에서 드러나듯이, 당시의 사회복지
는 주로 보호와 선도의 개념에 기반하여 성립되었다. 국민의 인권과
자유권 등의 자유민주주의적 가치들이 이전 시기에 먼저 등장하고
1963년 이후 '국가의 보호 의무'가 덧붙여졌다면, 사회보장이나 사회복
지사업에서는 수급자나 정책대상의 권리에 대한 논의 이전에 먼저 보
호자로서의 국가의 책임과 보호의무가 더 강조, 부각되는 차별성을 보
였다.

　세부적 차원에서는 생활보호법과 아동복리법이 효력을 갖게 됨에
따라 법제 차원에서만 존재했던 생활취약계층에 대한 보호나 아동보
호, 모자가정 보호 등이 정책적인 노력들로 구체화되기 시작한다. 아
동복리법을 근거로 자녀수가 2명 이상인 극빈한 미망인을 모자보호시
설에 수용보호하는 방안이 정책지침에 제시되었고, 부양의무자의 부
양을 기대할 수 없을 경우－부양의무자가 없거나, 부양의무자 혹은 연
고자가 성행 불량하거나 심신장애, 마약 또는 유독물질 중독, 전염병
질환 등으로 아동 양육에 부적당한 경우－에 국가가 아동 보호 역할
을 수행하도록 하는 등 아동복지의 세부 방침이 한층 명확해졌다(보사

부, 1971, 아동복리사업지침서).

여성보호, 모성보호와 관련된 사항들도 이전 시기에 비해 실효성을 보장받게 되었지만 그 전반적인 틀에 있어서는 별다른 변동이 없었다. 여전히 근로기준법의 여성보호에 관한 형식적 내용들은 유지되었고, 생활보호법과 아동복리법의 모성보호 조치들에서 나타나는 모성의 위치는 불안하고 불충분했다. 출산위주의 모성보호 정책으로 인해 양육 행위가 계속해서 가정과 개인의 사적인 영역에 머무는 것으로 간주된 결과 국가의 공적 보호의 대상으로 자리매김될 수도 없었다. 공무원연금법(법률 제533호 제20조 분만비, 제23조 분만수당)과 의료보험(제34조 분만급여)에서 출산과 관련한 조항들이 마련되었으나 이는 여성의 모성에 대한 보호라기 보다 가족을 단위로 한 급여의 성격이 강했다. 특히 1960년대에 시작된 출산력 억제를 위한 국가의 광범위한 노력은 모성을 보호받아야 할 대상으로 평가하지 못하도록 하는 반동적인 힘으로 작동했다.

가족에 대한 직접적인 보호는 이전보다도 오히려 약화되었다. 개정 헌법은 '보건과 혼인의 순결'에 대해서만 국가의 보호의무를 규정하는 방식으로(헌법 제6호 제31조) 가족에 대한 보호책임을 철회했다. 가족이라는 용어 자체가 지워진 상태에서 이전에는 아동의 교육권 차원에서 이야기되던 부분이 이제 자녀에 대한 교육의 '의무' 측면에서 부각되었다(헌법 제6호 제27조 2항). 가족에 대한 국가의 직접적인 보호와 개입은 사라진 대신 가족의 경제공동체적인 성격에 대한 보호는 강화되었는데, 이 부분은 가족의 근대성을 이야기하면서 자세히 다루고자 한다.

이상에서 살펴보았듯이 국가의 보호는 전반적으로 이전 시기의 기본기조를 유지하는 선상에서 다소 확장되는 추세를 보인다. 그러나 그 확장의 한계선은 분명히 존재했다. 가족정책들에서는 국가의 보호를 강조하는 한편, 민간 차원의 책임을 강조함으로써 국가 개입의 선을 긋는 다양한 장치들을 마련해놓고 있었다. 사회복지사업법(법률 제 2191호)에서는 국가의 보호 책임을 명시하면서도 민간 차원에서의 인보무료숙박 등을 강조하며 상부상조정신에 입각한 인보(隣保)협동정신을 고취하고자 했고, 아동 정책의 경우에도 1963년경부터 일반 가정에 아동의 위탁보호를 맡기는 제도가 도입되어 민간의 도움을 동원하려는 경향이 확고했다(아동복지법 시행규칙 제 5조. 대리양육 및 위탁보호).3) 이러한 현상들은 모두 국가의 보호가 확대되면서도 다양한 부분에서 그 책임을 민간에 지우려 하는 당시 가족정책의 근본적인 한계를 여실히 보여주고 있다 하겠다.

③ 감시 능력의 증진: 국가의 통제권 강화

근대국가 차원에서 나타난 뚜렷한 변화 중 하나는 국가의 개입방식과 관련해서 이전의 보호 개념과 더불어, 일부 윤락 여성에게만 해당되었던 '국가의 통제와 감시능력의 증진'이라는 가치가 더욱 본격적으로 정책들 속에서 확장되기 시작했다는 것이다. 감시능력의 증진은 이 시기의 근대국가의 특성을 이전 시기와 뚜렷이 구분짓는 매우 중요한 부분이라 할 수 있는데, 이로 인해 1948-1961년까지의 기간 동안 비교적 단순한 형태에 머물렀던 정치적 영역에서의 근대성은 상대적으로

---

3) 특히 위탁보호제도에는 민간에서 경영자가 양육비를 부담하면서 요보호 아동을 사업장에 취업시켜 장차 자립 생활을 가능케 한다는 취지를 가진 고용 위탁보호제도가 포함되어, 아동을 보호하면서 동시에 노동력으로 활용할 수 있도록 하는 방식으로 아동 보호를 일반에 위임하는 추이가 발견되고 있다.

좀 더 다원화된 모습을 갖출 수 있었다.

　개정 헌법은 강력한 행정복리국가와 고도의 중앙집권적 기구를 표방하는 특징을 보였다. 그 주요 내용은 "강력하고 안정된 정국을 유지하고 신속한 행정복리국가를 이룩하기 위하여 대통령제 정부형태를 채택하고(법제처)", "계엄선포권의 내용과 절차를 구체화하며(헌법 제6호 제75조)", 대통령의 통제권을 괄목할만한 수준으로 확대하는 것이었다. 대통령의 정당해산권(제7조 3항), 국가의 대외무역, 경제에 대한 규제 조정권(제112조 2항, 제116조)과 농지와 산지 등에 대한 규제, 조정권(제114조)을 인정한 것은 모두 대통령 1인 체제에 입각한 국가의 증대된 권한을 보여준다.[4] 이러한 특성들이 가족정책에서 크게 두드러진다고 볼 수는 없으나 국가의 감시능력 증대와 통제가 강력한 출산력 조절정책을 가능케 했음은 충분히 짐작하고도 남음이 있다. 계몽, 홍보, 가족계획요원에 대한 가정 방문 등 총괄적이고 집요한 동원 방법들에 기반한 인구조절사업의 추진력은 바로 이러한 감시능력의 증진에서 비롯된 것이라 해도 과언이 아니다. 특히 '계몽' 등의 용어에서도 드러나듯이 국가가 '우매한' 국민을 선도하고 지도하는 입장에 서서 통제력을 행사하는 현실은 당시의 가족정책이 놓여 있던 피할 수 없는 구조로서 존재했다.

　④ 국가합리성과 합리적인 문제 해결: 국가합리성의 등장

　감시능력의 증진이 근대국가 차원에서 진행된 뚜렷한 변화의 측면

---

4) 당시의 중앙정보부로 대표되는 강력하고도 억압적인 감시체제는 경제 물론 일반 대중들의 일상까지도 철저히 감시하고 통제했다는 점에서 확대된 국가의 감시능력의 증진이 이 시기의 근대국가적 가치로서 새로이 부각했음을 다시 한번 확인시켜 주는 부분이다.

이었다면, 이외에 국가를 주체로 한 합리성 개념의 단초가 등장한 것
또한 이 시기의 근대국가의 성격을 이해하는데 중요한 열쇠가 된다.
박정희 정권의 국정 기조가 되었던 개정 헌법은 최초로 국가를 단위로
하는 효율, 능률의 가치를 부각시켰다는 점에서 제정 헌법과 스스로를
구별 지었다. "신속하고 능률적인 국회운영을 도모하기 위하여 단원제
도를 채택한다"는 법제처의 설명이나, "국가는 농지와 산지의 효율적
이용을 위하여 법률이 정하는 바에 의하여 그에 관한 필요한 제한과
의무를 과할 수 있다(헌법 제 6호 제 114조)"는 내용은 효율성을 위한다
는 명분이 국가의 권한 확대를 정당화하는 근거로 사용되고 있음을 깨
닫게 한다. 당시 국가합리성 개념은 아직까지 강조되는 주요 가치로서
입지를 굳히지는 못하였으나, 효율성과 능률이 국가의 통제력 확장의
정당화 기제이자 국가 개입의 가능성을 열어놓는 논리적 근거로서 제
시되는 이러한 양상은 이후 유신체제에서 국가가 감시 능력 증진을 위
해 국가합리성 개념을 적극적으로 구성하고 동원해냈던 독특한 현상
이 이미 1963년 헌법 개정시부터 부분적으로 존재했다는 사실을 보여
주는 것이다.

  '합리적 문제 해결'의 가치는 개정헌법에서도 계속해서 법치주의가
강조되고 있는 것을 제외하면 별달리 부각되지 못한 채 상대적으로 주
춤해 있는 상태이다. 결국 근대국가 차원에서 감시기능의 증가와 국가
합리성 개념이 담론의 지형 속에 등장하고, 기존의 국가의 이익과 국
가의 보호 차원이 기본 틀을 유지한 채 다소 확장되는 양상을 보이면
서, 별다른 변화를 보이지 못한 채 정체 상태에 머물러 있던 합리적
문제 해결의 가치와 더불어 형태적 차원에서나마 다원화된 모습을 이
루고 있는 것이 결국 1963년부터 1970년까지의 기간 동안 근대국가

차원에서 부각된 변화의 개략적인 특징이라 하겠다.

(2) 경제적 영역: 생산력 중심주의의 부상

이승만 정권의 좌초와 함께 좌절되었던 1950년대 말의 경제개발 시도를 계승한 군사정권은 '민생고의 시급한 해결과 국가 자주 경제 재건'이라는 공약을 내걸고 '조국 근대화'[5]와 성장 우선주의를 지향하였다(김경일, 2003: 101). 박정희 정권이 만들어낸 국가 '재건' 최고회의라는 명칭에서도 알 수 있듯이 물질적 부의 양적인 성장을 최고 가치로 삼는 경제 제일주의가 확산되어갔다. '선성장 후분배', '선건설 후통일' 등의 구호는 분배와 통일의 중요성을 인정하면서도 성장과 건설에 우선점을 둘 수밖에 없었던 당시의 상황을 적나라하게 보여주는 것이었다.

당시의 자료들을 통해 가족정책에서도 이러한 양상이 부분적으로나마 드러나기 시작했음을 확인할 수 있다. 사실상 성장과 기술의 근대성을 추진하는 경제개발계획의 틀 안에서 기획된 가족정책들은 모두가 자본주의적 이윤추구의 원리나 생산력 중심주의적 견지에서 정책의 효과를 예측해내고 그것을 정책 수행의 근거로 삼을 수밖에 없었다. 산업재해와 관련해서 산업장의 안전관리를 강화하고 산업보건을 증진시키기 위한 목적 하에 정책자료에 언급된 근거는 "성급한 공업화를 서둔 나머지 자본 및 시설투자와 생산기술 습득에 노력을 경주하고 근로자의 안전과 보건을 도외시함으로써 노동생산성의 저하, 노동수명의 단축, 불구자와 질병인구의 증가를 야기"시켜왔다는 반성과 산업

---

5) 조국근대화는 사실상 60, 70년대 개발 국가의 주된 이데올로기적 근거를 포괄적으로 드러내는 상징체계이자 집합표상이라 할 수 있다(오재환, 2001: 53).

보건의 향상이 "산업재해 사망률, 결근율, 병원진료비 등을 경감시키고 작업능률과 작업의욕을 증진시킨다"는 전망이었다. 의료보험 역시 "노동생산성을 향상시키고 생산력 증대에 기여"하는 기대효과를 갖는다는 점에 초점이 맞추어졌다(보건사회부, 1969: 261-264).

물론 실재 차원에서 정부는 1960년대에 단위 노동생산력을 높이기보다는 노동 투입의 증대를 통해 이윤을 추구하는 노동집약적 산업에 주력했지만 이념적으로 만큼은 노동생산성과 생산력에 대한 가치부여가 다양한 자료들에서 활발히 이루어졌다. 이는 1948년-1961년에는 발견되지 않았던 측면이라는 점에서 분명 이 시기의 독특한 현상이었다. 이전 시기에 경제적 영역에서 유일하게 발견되었던 산업주의의 가치는 별다른 큰 부침없이 그 명맥을 유지하였으나 여기에 이 시기의 국익과 관련한 경제성장 중심주의적 인식이 더해졌다. 개정 헌법(제 6호) 제 118조에서 "국민경제의 발전과 이를 위한 과학진흥에 관련되는 중요한 정책수립를 관할하는" 기구와 그 절차를 규정한 것은 과학기술이 반드시 경제발전을 위한 목적 하에 발전을 촉구해야 하는 분야로 인식되고 있음을 드러내고 있다. 당시 새로 부각된 가치인 생산력 중심주의 및 노동생산성에 대한 강조는 군사정권의 비호 하에 성장담론의 일부로 재편성된 산업주의와 함께 이 시기의 경제적 영역에서의 근대성의 모습을 틀 지우고 있었다. 반면 '노동력의 상품화'는 아직까지 경제적 영역에서의 근대성의 가치로서 본격적으로 수면 위에 떠오르지 못한 상태였다.

(3) 문화적 영역: 형식적인 자유권의 확대와 근대적 개인주의의 출현
박정희 정권의 집권 20여년이 대개 '자유민주주의의 말살기'로 표현

되는데 비해, 모순되게도 1960년대의 개정 헌법은 형식적이나마 개인의 자유에 대한 가치를 확대, 부각시키고 있었다. 제정헌법이 자유권에 해당하는 내용들을 다루는 다수의 법조항들에서(헌법 6호 제9조 법 앞의 평등; 제12조 거주, 이전의 자유; 제14조 주거의 자유; 제15조 통신의 자유; 제18조 언론·출판·집회의 자유) "법률에 의하지 아니하고는 ~의 자유를 제한받지 아니한다"는 표현을 사용하여 법률에 근거하는 한 필요한 경우 자유권을 제한할 수 있는 여지를 남겼던 반면, 1963년 개정 헌법은 이 모두를 "모든 국민은 ~의 자유를 가진다"는 단정적인 문장으로 바꿈으로써 어떤 단서조항도 수반되지 않은 자유권의 전적인 보장을 약속했다. 또한 자유와 권리의 본질적인 부분은 침해 불가능하다는 내용(제6호 제32조 2항)도 신설되었다. 신체적 자유권이 증진되었고(제10조) 근로자의 단결권, 단체교섭권, 단체행동권(제29조 1항)도 새로이 인정되었다. 더불어 인간의 존엄성(제8조)과 인간다운 생활을 할 권리(제30조 1항)에 대한 법적 보완도 이루어졌다.

  '민주복지국가'라는 용어가 이 시기에 헌법의 개정을 설명하기 위해 처음 사용된 것도 역설적인 변화였다. 법제처에서는 당시의 개정 목적을 "부패와 부정과 빈곤에서 국가와 민족의 위기를 구출하고 새로운 민주복지국가를 재건하기 위하여 궐기한 것이 5.16 혁명이며, 이제 민정이양에 따른 제3공화국의 국기를 마련함으로써 다시는 과거와 같은 암흑의 역사를 반복하지 않도록 새로운 국가적 기초를 확립코자 개헌을 하려는 것"이라고 밝히고 있다. '복지'의 개념은 형식적인 차원에서 사용된 데에 그쳤지만 민주주의의 원칙에 대한 관심은 헌법의 실제 내용에 있어서도 여전히 주요 부분을 차지했다. 헌법 제28조 2항(헌법 제6호)에서 국민의 근로 의무를 규정하면서, 그 내용과 조건을 민주주의 원칙에 따라 법률로 정한다는 내용이 추가된 것을 비롯해 민주주의적 행정체계와 절차는 계속 강조된다. 헌법에서 유일하게 후퇴된 가치는 남녀간의 평등에 관한 것이었다. "혼인은 남녀 동권을 기본으로 한다(제정헌법 제 20조)"는 내용이 자취를 감췄고 전반적으로도 평등이 부각되지 못하는 상황이 지속됐다. 부분적으로 민주주의적 가치의 한 부분인 소득재분배를 염두에 둔 제정헌법의 조항들이 유지된 것을 제외하면 여전히 평등가치는 주로 '법 앞에서의 평등'이라는 자유주의적 개념에 머물러 있었다.

그러나 헌법상의 자유권이 확대되었음에도 불구하고 실제 정책 차원에서는 매우 다른 현상이 나타났다. 가족계획사업은 개인과 가족을 출산 통제를 위해 '계몽'하고 설득해야 할 대상으로만 인식했을 뿐 가족의 선택이나 권리에 대해서는 전혀 관심을 기울이지 않았다. '실적' 위주로 목표치를 달성하는데 급급한 사업추진 속에 개인 내지 개별 가족의 자율성에 대한 고려는 끼어들 여지가 없었다. 특히 여성의 몸에 대한 권리나 인간으로서의 존엄성은 설 자리를 잃은 상태였다. '과잉 인구의 해결이 경제발전을 위한 당면과제'라는 인식 하에 경제개발계획의 일환으로 강력히 추진된 가족계획사업에 의해 여성의 몸과 출산에 대한 국가의 광범위하고도 체계적인 개입이 이루어졌고, 그 과정에서 여성의 인권이나 재생산적 권리(reproductive rights)는 부정되었다. 남성의 협력을 배제한 채 여성만이 주로 희생양이 되는 이러한 현실은 남성의 기피와 여성의 자발성을 들어 가족계획사업의 대상자를 여성으로 설정하는 것의 당위성을 설명하는 행정부의 논리에 의해 정당화되었고, 그 과정에서 출산조절 실천은 온전히 여성의 몫이자 책임으로 고정되기에 이른다(배은경, 2004).[6] 형식상 확대된 국민의 자유권은 직

접적으로 가족과 여성을 대상으로 하는 정책 속에서는 허울 좋은 명목
으로만 남아 실제 정책 수행의 실행지침으로서의 역할을 수행하지 못
했던 셈이다.

　이 시기 자유 민주주의 영역에서 나타난 주목할 만한 변화는 오히
려 '근대적 개인주의'와 '사회적 연대'라는 새로운 가치의 등장에 있다.
나태하고 체념적인 생활태도를 버리고 자립자활을 위한 적극적인 태
도와 근대적 노동 윤리를 강조하는 박정희 정권의 '자활담론'은 당시의
성장 신화를 뒷받침하는 주요 이데올로기였다(황정미, 2001). "60년대
까지의 원조가 낳은 결과는 대체적으로 영세민의 생활향상에의 기대
보다도 무상 구호로 인한 의타심의 조장, 사이비 사회사업가의 발호
등 부작용을 초래하여 자립정신의 쇠퇴를 가져왔다(보사부 1964: 31)"는
정부 자료에서도 알 수 있듯이 무상 구호가 갖는 낭비적이고 비생산적
인 성격을 비판함과 동시에, 근면의식과 자립자조정신에 기반한 개인
의 자활을 독려하는 분위기가 각종 사회정책의 기저에 깔려 있었다.
사회보험과 공공부조의 근간을 이후는 사회보장에 관한 법률은 국민
의 자립정신을 전제하는 것을 그 출발점으로 삼았고(법률 제1437호 제
3조 사회보장사업의 관장 및 그 내용 2항), 아동정책에서도 아동의 자주정
신 배양을 강조했다(보사부, 1971, 아동복리사업지침서: 35). 이는 곧 개인
의 자율적인 책임과 의무를 강조하는 근대적 개인주의의 출현을 의미

---

6) 당시 여성만을 피임과 불임수술의 주된 대상으로 삼았던 것에 비해 당시의
정책자료에는 "정관수술의 경우 년도별 실적이 현재보다 많아진다 할지라도
출생방지수에 큰 영향을 주지는 않는다. 그 이유는 많은 수의 정관수술자가
이미 가임능력 연령군(20-44)에서 벗어나기 때문이다(보사부, 1969: 94)"라고
설명되고 있는데, 이는 단순히 즉각적인 효과의 측면에서 여성이 가족계획사
업의 중점대상으로 간주되고 여성의 몸과 출산에 관한 권리가 침해되는 상황
이 초래되고 있음을 보여주는 것이다.

했다. '위로부터의' 주입이라는 근원적 한계에도 불구하고 이와 같은 새로운 흐름은 기존의 자유민주주의적 근대의 새로운 지류를 형성하며 문화적 영역의 근대성을 이전과 다른 모습으로 구성해내고 있었다.

또 하나, 이 시기의 현상이라 할 수 있는 '사회적 연대'의 출현도 의미있는 부분이다. 언뜻 개인주의적 가치와 상반되는 것으로 보이는 이 가치는 당시의 개인주의가 개인의 자율성과 책임을 강조하는 내용을 담고 있었다는 점에서 충분히 이와 공존할 수 있는 성격을 지니고 있었다. 실상 사회적 연대나 공동체 의식은 직접적으로 자유민주주의적 가치의 영역에 속한다고 보기가 힘든 관계로 본 연구의 이론적 논의에는 포함되지 않은 개념이다. 그러나 '공동체'는 '근대성이 위기를 맞이할 때마다 항상 불러 올리는 이념소(ideologemes)'라는 주장(박영은, 1999: 10)에서도 알 수 있듯이 공동체 이상은 근대 사회가 위기를 맞이할 때마다 위기극복의 대안으로 제시하는 일종의 선전논리로서 존재해왔다. 이런 점에서 공동체 담론에 근거한 사회적 연대의 강조는 근대성의 산물이며 특히 근대적 위기의식의 산물이라 할 수 있다. 60년대에 사회적 연대가 부각되기 시작한 것은 어쩌면 당시의 정치적으로 불안정한 상황에서의 대응논리가 필요했던 때문이었는지도 모른다.

'협동정신', '공동체 의식'을 강조하면서 "아동의 사회적 적응력을 높이고 사회 구성원으로서 완전한 통합을 이룰 수 있는" 방안을 모색하는 것을 주된 목표로 삼았던 당시의 아동정책은 최초로 가족정책 속에서 사회적 연대라는 문화적 가치를 부각시키며 이를 통한 사회적 안정을 모색하였다(보사부, 1971, 아동복리사업지침서: 35). 사회적 연대의 가치는 시기를 거듭하면서 다양한 가족정책들 속에 빠지지 않고 등장하는 주요 가치이자 직접적으로 자료들 속에 빈번히 언급되는 용어로 자

리잡게 되는 바 비중을 두어 다룰 필요성이 제기되므로, 본 연구에서
는 이 가치를 문화적 영역의 근대성 가치에 포함되는 추가적인 가치로
서 이후의 논의에 포함시키고자 한다.[7]

　이러한 점들로 미루어 근대국가와 자본주의 차원에서 근대성 담론
이 기본적인 틀을 완성해가며 변화와 발전의 단계를 밟고 있었던 것에
비해, 이 시기의 자유민주주의적 가치는 자유권의 형식적 발전에도 불
구하고 실제 현실의 수준에서는 오히려 쇠퇴했고, 아직까지 재분배나
평등 가치가 확립되지 못하는 등 상대적으로 변화의 폭이 두드러지지
못했다. 그러나 근대적 개인주의와 사회적 연대의 개념의 등장은 나름
대로 문화적 영역에서 근대성의 모습을 재구성하며 다양한 가치들의
복합체로서의 근대성의 특성을 강화시키는 요소로 작용하고 있었다.

　3) 거시적 차원에서의 근대국가 우위의 공고화와 내적 가치의 접합
　1948년부터 1962년까지의 시기동안 나타난 정치, 경제, 문화적 영역
에서의 근대성의 내적 상호작용이 주로 근대국가가 나머지 두 영역에
우선하는 위계적인 성격에서 비롯된 잠재적인 긴장상태를 보여주고
있었다면, 1963년 헌법 개정 이후에 자본주의적 가치들의 비중이 커졌
다는 미세한 변화를 제외하면 이전 시기의 기본틀이 사실상 그대로 유

---

7) 그러나 이때의 "사회적 연대"는 최근의 가족정책 논의들에서 'familial solidarity'
　와 'social solidarity'를 구분하여 가족적인 연대와 구분되는 포괄적인 성격을
　갖는, 궁극적으로 추구되어야 할 보다 이상적인 형태의 연대성으로 개념화한
　용어와는 다소 다른 차원의 개념임을 짚고 넘어갈 필요가 있다. 한국 가족정
　책 속에서 사회적 연대의 개념은 궁극적으로 가족 연대의 확장된 형태로 주
　장되고 있기 때문이다. 정책 자료들에서 이 용어가 이용되고 있다는 점에서
　본 논연구에서 이를 그대로 활용하기는 하지만 이것이 기존의 가족정책에 대
　한 이론적 논의들에서 계발된 사회적 연대의 개념과는 다른 종류의 것임을
　미리 밝힌다.

지되었다. 세 영역간의 관계가 주로 헌법이라는 이념적 지침의 차원에
서 발견되고 있다는 점 또한 이전과 동일하다.

다소 차이가 있다면 자본주의적 경제원칙에 대한 국가의 우위가 더
욱 확고해진 것이다. "국가는 모든 국민에게 생활의 기본적 수요를 충
족시키는 사회정의의 실현과 균형있는 국민경제의 발전을 위하여 필
요한 범위 안에서 경제에 관한 규제와 조정을 한다(헌법 제 6호 제 111
조 2항)"는 기존 내용이 유지되는 가운데, "국가는 대외무역을 육성하
며 이를 규제, 조정할 수 있다(제 116조)"는 조항과 "국가는 농지와 산
지의 효율적 이용을 위하여 법률이 정하는 바에 의하여 그에 관한 필
요한 제한과 의무를 과할 수 있다(제 114조)"는 규정이 새로이 헌법에
신설되어 자본주의적 가치에 우선하는 근대국가의 확장된 통제권이
재차 강조되었다.

근대국가적 가치가 개인의 경제적 자유 등의 자유민주주의적 가치
에 우선하는 양상 또한 유지, 강화되었다. 개정 헌법 제 117조(헌법 제
6호)는 "국방상 또는 국민경제상 긴절한 필요로 인하여 법률로 정한
경우를 제외하고는 사영기업을 국유 또는 공유로 이전하거나 그 경영
을 통제 또는 관리할 수 없다"는 내용을 담고 있는데, 이는 국방이나
국민경제상의 이유와 같은 국가의 이익과 관련된 부분에서는 국민의
자유권과 사적 소유권에 제한을 가할 수 있다는 점을 암시하고 있다는
점에서 근대국가의 우위를 전제한 것이었다.

이전 시기에 형식적인 자유민주주의적 가치의 강조로 인해 근대국
가와 자유민주주의적 가치의 관계가 반드시 절대적인 위계관계에만
머문 것은 아니었다는 점을 생각할 때, 1962년 이후의 관계는 오히려
그 위계 구조가 강화되는 양상을 보인다. 세계시장으로부터 가해지는

주변화 압력을 극복하고 추격발전을 성취하기 위한 역사적 과제 앞에 재분배나 평등의 가치는 여전히 논의되지 조차 못하였고, 근대국가의 경제발전을 추구한다는 명목 하에 재생산에 대한 여성의 선택권이나 몸에 대한 권리 등은 모두 포기되는 등 이 시기의 자유민주주의는 내용적으로 오히려 축소되는 추이를 보였다. 이 모두는 근대국가의 이익이라는 가치가 다양한 자유민주주의적 가치에 대한 암묵적인 우위를 차지하며 자유민주주의의 성장을 억누르는 동인으로서 작동했음을 보여주는 것이다. 당시의 민주주의적 가치에 대한 근대국가의 우위가 이후 유신체제에서만큼 확고하게 나타나고 있다고 볼 수는 없지만 근대국가의 확대된 권한이 분명 이전 시기에 비해 자본주의와 자유민주주의 영역에 대한 확고한 우위를 점하고 있음은 부정할 수 없을 것으로 보인다.

　세 영역간의 위계적 구조가 정치, 경제, 문화적 영역에서의 근대성 내부의 잠재적인 긴장관계를 형성하고 있었다면, 이와는 반대로 세부적인 가치들이 그 안에서 "접합"되는 방식의 상호작용도 새로이 등장하게 된다. 이는 1948-1961년의 시기에는 존재하지 않았던 독특한 현상으로, 근대성 가치들이 논리적인 친화력을 가지며 결합하는 이 같은 경향은 이후 1972년 이후부터 2005년까지의 기간들과 비교할 때 아직 초기적이고 불완전한 형태를 띠기는 하나 근대성 내부의 상호작용의 양상이 보다 복합하고 역동적인 성격을 더해가고 있음을 보여주는 중요한 측면이다.

　이 시기의 거시적 차원에서의 근대성 가치의 접합은 주로 '근대국가'를 중심으로 일어났다. 그 첫 번째는 국가의 이익이 '경제성장'의 형태로 공공연히 강조되면서 경제 영역과 문화적 영역의 가치들이 각각 이 부분에 부착된 것이다. 경제 영역에서는 '산업주의'가, 문화적 영역에서는 개인의 행복을 우선시하는 '인간의 존엄성'이 국가의 이익을 위해 필요한 가치로 규정되고, 동원되었다. 개정 헌법(제 6호) 제 118조 1항에서 국민 경제의 발전을 위한 차원에서 과학 육성을 강조하는 방식으로 국가의 이익에 기여하는 범위 내에서 산업주의에 의미를 부여한 것이 그 하나의 예였다. 문화적 영역의 '개인의 행복'과 '인간의 존엄성' 또한 '국가의 발전과의 연계 하에' 강조되기 시작했다. 당시의 다양한 정책자료들은 개인적 가치와 보다 거시적인 국가 차원의 가치를 동시에 부각시킴으로써 정책의 정당성을 확보하려는 시도를 보여주고 있다(보사부, 1969). 여기서 개인의 행복과 인간다운 생활은 그 자체가 목적이라기보다는 경제성장이라는 거시적인 목표를 강조하면서 하나의 '구색을 맞추기 위한' 요소로 제시되었다는 인상이 강하지만, 그럼에도 불구하고 개인주의적 가치가 국가의 이익을 위한 논리적인 근거로 사용되는 당시의 독특한 경향을 읽어낼 수 있게 한다는 점에서 나름의 의의를 갖는다 할 것이다.

근대국가 중심의 제도적 접합의 두 번째 차원은 근대국가 내부에서 발견되는 것으로서, 새로이 등장한 두 가치인 '감시기능의 증진'과 '국가합리성'의 선택적 결합이다. 개정 헌법은 신속하고 능률적인 국회 운영을 도모하기 위하여 단원제도를 채택한다고 규정했으며(법제처 개정 이유), 농지와 산지의 효율적 이용을 위하여 국가가 그에 대한 제한과 의무를 과할 수 있다고 명시하는 등(헌법 제 6호 제 114조) 합리성의 가치를 국가 권위와 통제력의 확대의 근거로 제시하고자 했다. 직접적으로 효율성과 합리성의 가치로 부각되지는 않았지만 대통령제 정부형태를 채택하고 대통령의 계엄 선포권 등 독점적 권한을 선언한 것

또한 '강력하고 신속한' 행정복리 국가를 이룩하기 위한 것이라고 주장
되어(법제처) 확대된 근대국가의 감시능력과 통제권이 국가의 효율과
능률을 위한 것이라는 명분 하에 정당화되는 모습을 보였다.

　이렇게 '국가의 이익'이 경제 및 문화 영역의 가치와 연계되는 것과,
새로이 등장한 '감시기능의 증진'과 '국가합리성'이 결합되는 두 가지
로 대별되는 당시의 거시적 근대성의 내부는 정치적 영역, 즉 근대국
가의 두드러진 성장을 다시 한번 각인시켜 준다. 세 영역 중 가장 복
합적인 형태를 갖추며 확대된 근대국가의 가치들은 이제 그 내적으로,
혹은 경제적, 문화적 영역의 근대성 가치들과의 관계 속에서 다양한
논리적 근거와 체계를 동원해내는 독보적인 위치를 점하게 되었다. 세
영역의 관계에 내포되어 있는 잠재적 긴장의 요소가 각 영역간의 위계
관계로 인한 것이었다면, 그 속에서의 가치의 접합 또한 그 위계에 근
거한- 근대국가의 확고한 우위를 전제로 하는- 대등하지 못한 결합
의 형태를 보이고 있었던 셈이다.

　이렇게 정치·경제·문화적 근대성의 영역에서 각각의 영역들간의
긴장 관계가 나타나는 동시에 개별적인 가치들의 상호 접합이 발견되
는 것은 이전 시기에 비해 한층 심화된 근대성 내부의 복합성을 드러
내는 것일 뿐 아니라 근대성이 그 내적인 가치의 결합과 접합을 통해
스스로를 논리적으로 강화해 나가는 구체적인 과정을 보여주는 것이
기도 하다.

2. 거시적 제도와의 관계 속에서 본 가족의 근대성

1) 소자녀 핵가족주의의 도입

60년대에 거시적 차원에서 근대국가와 경제적 영역에서의 성장이 두드러지고, 그 중에서도 근대국가의 우위에 기반한 위계구조가 자리 잡기 시작했던 만큼, 1948년-1962년 기간 동안 지극히 전통적인 모습으로 남아있었던 가족 또한 이러한 전반적인 변화의 영향 속에서 거듭나기 시작했다. 가족정책 자료들은 주로 근대국가 및 자본주의와 관련하여 새로이 추구되어야 할 가족의 가치들을 명명했고, 그 중에서도 정치적 영역의 근대적 가치들은 전반적으로 가족의 근대성을 주조하는 매우 강력하고도 포괄적인 동인으로서 작동하고 있었다.

그 중에서도 가장 눈에 띠는 현상은 근대국가의 돌진적 인구 정책 추진에 따른 새로운 가족상의 등장이다. 여기에는 인구 통제를 강조해 온 국제사회의 기류가 거부할 수 없는 배경으로 자리했다. 1960년대에 한국사회에서 출산조절이 정책화되기 이전부터 서구에서는 제 3세계, 특히 아시아에서의 인구 증가가 해당 국가 뿐 아니라 세계의 안정과 진보에 심각한 위협이 된다는 신멜더스주의에 입각한 국제 발전 기관 및 경제학자들의 경고에 힘이 실리고 있었다.[8] 특히 미국은 냉전 체제 하에서 군비 경쟁이 아닌 경제발전이 공산주의에 대한 자본주의의 우월성을 증명할 수 있는 근거가 된다는 논리 하에 "발전을 통한 안보

---

8) 인구문제와 경제발전을 연계시키는 논의들에 있어 기본적인 이론적 근거가 되어온 신멜더스주의는 인구 과잉이 자원을 고갈시킨다는 멜더스 인구 이론을 따르면서도 금욕과 만혼만을 인구조절 방법으로 인정했던 멜더스의 논의에서 더 나아가 출산 통제를 인구 조절 방법으로 제시하는 입장이라는 점에서 다소간의 차별성을 보인다(배은경, 2004: 26).

노선"을 천명하고, 경제 빈곤으로 정치 불안이 야기되어 공산화될 소지가 있는 제3세계의 경제적 독립을 도움으로써 실제 공산권의 영역 확산을 막는 한편, 헤게모니적으로도 자본주의의 입지를 확고히 하고자 했다. 제3세계의 인구 통제는 바로 이러한 목적을 달성하기 위한 필수적인 과제였다.[9]

이와 같은 국제 정세가 한국 사회에 직접적으로 전달되는 통로가 된 것이 바로 경제발전과 인구문제를 연관시키는 박정희 군사 정권의 가족계획사업이다(배은경, 2004). 냉전 체제 하에서 형성된 인구를 경제성장, 혹은 국민총생산(GNP)과 연계시키는 관점이 고스란히 도입됨에 따라 1960년대 한국사회에서 급부상한 근대국가의 '이익' 관점에 토대한 경제성장 목표가 새로운 가족상을 촉구하는 힘으로 작동하기에 이른다. 높은 인구 성장률이 경제성장에 부담이 된다는 의견이 대두된 상태에서 '조국 근대화'라는 구호 하에 이루어진 적극적인 출산력 조절의 노력은 "경제발전을 위한 인구 통제"라는 테제를 한국 사회에 확산시키며 거시적 차원의 근대성 구조 속에 핵심적 축으로 부상했던 '국가의 이익', 즉 '근대화'를 위한 필수 조건으로 소자녀에 기반한 새로운 가족 형태를 부각시키기 시작했다.[10] 그런데 이때 목표가 된 가족 형태는 '부부와 미혼의 자녀로 구성된 가족'으로서의 서구 핵가족을 의미하는 것이라기보다 '자녀의 수'에 근거한 가족의 규모만을 기준으

---

9) 특히 미국 정부가 공식적으로 제3세계의 인구 통제 활동을 지원한다는 결정을 내리고 본격적인 활동을 시작한 1960년대 중후반부터는 비영리 단체 이외에 정부 차원의 재정적, 기술적, 지적 지원과 원조가 더욱 확대되었다.

10) 실제로 국제 인구 통제 활동 속에서 한국의 사례는 인구 통제의 모델 케이스였을 뿐 아니라 급격한 인구성장 감속과 그에 못지 않은 급속한 경제발전을 통해 "경제발전을 위한 인구 통제"라는 명제의 정당성을 증명해주는 모범 사례로 기록되었다(Donaldson, 1990: 133, 배은경(2004) p48에서 재인용).

로 삼는, 보다 구체적으로는 '3자녀 이하'의 소자녀 가족에 가까운 것
이었다. 가족정책 자료들에서 빈번히 '핵가족'이라는 용어를 사용했던
현실에 비추어 이는 사실상 '소자녀 핵가족주의'라고 표현될 수 있는
특수한 가족상(家族像)의 변화로 풀이될 수 있을 것으로 보인다.

　이렇게 '국가 이익'과의 관계 속에서 가족이 추구해야 할 새로운 이
상향이 정립되는 현상이 구체적으로 모습을 드러낸 것은 1961년 11월
13일, 국가재건최고회의 상임위원회 제 69차 회의에서 가족계획사업
이 국가 시책으로 채택되어 제 1차 경제개발 5개년계획에 인구정책이
포함되고 그 추진이 1962년으로 결의되면서부터이다. 당시 정부 문헌
(1961. 11. 13)에 나타난 정책 시행의 목표는 "인구 감소가 절실히 요구
되는 시대적 상황에서 정부는 급증하는 인구를 조절하여 국가경제발
전을 기하고 모자보건의 증진과 국민생활향상을 도모하고자" 한다는
것이었다(황정미, 2001). 법적인 차원에서 새로운 가족형태와 가치관이
주창되기 시작한 것은 가족법 개정이 그 시발점이 되었다. 1962년의
민법 개정(법률 제 1237호)은 "우리나라의 대가족제도는 개인의 자유활
동을 위축시킬 뿐만 아니라 사회전체의 발전을 저해하는 바 크므로 이
를 부부 중심의 소가족제도로 전환하기 위하여 현행 민법상 임의분가
와 강제분가의 양 제도 외에 새로이 법정분가제도를 창설하여 차남이
하의 자는 혼인하면 법률상 당연히 분가되도록 하려는" 목표 하에(법
제처) 강제분가, 당연분가제도를 도입하는 내용을 골자로 했다(제 789
조 신설).[11] 이는 사회 발전에 부합되는 가족 형태로서 부부 중심의 소

---

11) 이는 기존의 전통적인 가족원리와 핵가족원리가 절충한 형태였다. 강제분가
　　제도가 도입되기는 했으나 기존의 친족범위나 부양의무는 그대로 유지되어
　　확장된 범위의 가족이 그대로 유지되었고 부계 혈통에 근거한 직계가족원리
　　도 존속됐다. 따라서 형식상 핵가족에 가까운 형태로의 전환이 시도되기는

가족제도, 즉 소자녀 핵가족이 선택되었음을 보여주는 대목이다.

사실상 이 시기의 가족법 개정은 확대가족에 기반한 당시의 가족제도가 가족계획사업을 효과적으로 추진하는데 방해가 된다는 의견이 일자 그 부분을 손보기 위한 의도를 담고 있었다(1962 보건복지부 개정안 참조; 조기숙, 1997). 결국 가족법이 가족계획사업에서 추진하는 소자녀 가치관의 보급을 위한 하나의 매체로서 기능한 것이다. 가족계획사업은 '건전가정을 육성'한다는 명목상의 장기 목표를 내세웠으나 실질적으로는 "경제발전에 가일층 박차를 가하여 조국근대화의 목표를 달성하도록 하는 지름길(보사부, 1969: 86)"로 선택된 수단에 불과했다. 따라서 각종 정책자료나 가족법 등에서 주장된 소자녀 핵가족주의 역시 경제성장, 즉 국가의 이익을 위한 필수불가결한 하나의 요소로서 자리매김되는 것이 불가피했다.

'국가 이익'의 가치가 스스로의 필요 하에 가족을 새로운 모습을 규정하고 가족의 근대를 독특한 모습으로 주조해가는 궁극적인 힘으로 작동했다면, '감시 능력의 증진'은 이를 구체적으로 실행하는 보다 직접적인 동력이었다. 1969년 경제개발계획 관련 문건에서는 이 시기에 추진된 1, 2차 경제개발계획의 성과에 대해 "가족계획의 계몽 및 보건교육을 보건소와 라디오, 신문 등 매스미디어를 이용하여 전개함으로써 전체 가임부부 중 90%내외로 가족계획에 대한 인식과 찬성율을 얻었으며 관습적으로 다복다남의 사회, 분화적인 인식으로부터 탈피하여 이상적인 자녀수를 도시의 경우 2남 1녀, 농촌의 경우 2남 2녀로 그 관념이 바뀌어졌다(보사부, 1969: 83)"고 평가하고 있다. 계몽과 홍보

했으나 내용면에서는 여전히 부계 혈연 중심의 확장된 형태의 가족이 가족법 속에 존재했던 것이다.

에 주력했던 당시 가족계획사업의 방침이 다양한 매체를 사용한 정보의 통제와 주민 설득의 과정을 통해 구현되고 있음을 깨닫게 하는 부분이다. 국가의 감시기능의 증진이 행정력의 토대 하에 국민들의 행위와 일상생활을 감독하고, 정보를 통제하고 사회적으로 관리하는 국가의 기능이 증대되는 측면을 의미한다고 할 때, 이 시기의 가족계획사업은 바로 포괄적인 정치적 감시가 광범위하게 정책화된 대표적인 예라 할 것이다.

정보 관리를 통한 국가의 간접적이지만 치밀했던 통제 방식은 '소자녀 핵가족주의'를 바람직한 가족의 근대적 가치로 고정시켰고, 경제발전을 저해하는 인구증가를 막기 위해 출산을 조절하고 통제하는 것을 가족의 국민된 도리이자 역사적 사명으로 명명했다. 경제개발의 통합된 부분으로 추진되었던 가족계획사업 속에서 사회적이고 정치적인 담론 속으로 편입된 재생산과 관련된 가족의 사회적 역할은 그 어느 때보다도 더 중요해졌다. 물론 그 역할은 재생산 그 자체이기보다는 재생산의 '억제'와 '조절'이라는 차원에 방점이 주어진 것이었다.

또한 이렇게 도입된 가족의 새로운 가치는 '국가의 보호'가 가족의 부양과 양육 기능을 보존하려는 의도 하에 작동하는 과정에서도 부분적으로 부각되고 활용되는 경향이 있었다. 아동관련 정책에서 추진된 대리양육 및 위탁보호사업에서는 그 신청인의 자녀수가 많으면 자녀들간의 경쟁을 야기시켜 위탁아동에게 적합한 보호와 양육을 제공할 수 없다고 보아 자격조건에 친생자녀수가 3인 이상인 경우는 불가하다는 지침을 정해놓은 상태였다(보사부, 1971: 28-29). 이는 자녀에 대한 보호와 양육의무를 온전히 수행할 수 있는 가정의 조건을 정한 것으로서 '소자녀'라는 요건을 가족의 부양 공동체적 성격에 필요한 요소로 규정하고 한 것에 다름 아니다. 이같은 양상들은 모두 가족 공동체를 유지, 강화하는 것을 보호의 목표로 하는 국가의 태도와 맞물리며 당시 가족정책 속에서 구현되는 가족의 모습을 국가가 원하는 형태로 고정시키는 결과를 낳았다.

이와 같은 근대국가의 맥락 속에서 가족 구성상의 특성보다 그 규모와 가족원 수(특히 자녀수)를 중시하는 독특한 가족 형태는 국가가 정책에서 강조하는 주된 목표이자 그 결과로서 당시 한국 가족 담론의 핵심부에 놓여졌다. 그런데 이렇게 근대국가의 필수 가치로 등장한 소자녀 핵가족주의는 역으로 경제 영역과 문화 영역에서 다시 한번 그 정당성의 근거를 확보하는 다소 주체적인 모습으로 묘사되기도 한다. 특히 경제 영역에서는 소자녀 가치관의 정착을 위한 '산업주의'의 가정 내 도입 필요성이 강조되었고 산업주의를 아예 이 새로운 가족상이 지니는 본질의 일부로서 편입시키려는 시도도 활발해졌다.

당시 보사부 자료에는 "정부에서 표방하는 가족계획은 모체의 건강과 자기가정의 경제력을 참작하여 가장 적절한 시기와 간격을 택해 알맞게 수태하여 원치않는 임신을 피함으로써 이상적 가정생활을 건설하고자 하는 것을 목표로 할 뿐 아니라 혼전지도, 결혼지도 및 육아 등을 포함한 광범위한 가정의 설계로서 가정생활의 향상을 의한 합리적이고 과학적인 생활의 기술이다(보사부, 1970)"라는 표현이 등장했으며, 당시 가족계획사업의 일부였던 모자보건사업의 경우에도 높은 영아사망률이 출산율 억제를 저해한다는 전제 하에 "비과학적 및 비위생적인 개조에 의한 분만을 관리함으로써 모성 및 영아사망율을 낮추"려는 경향이 본격화되었다(보사부, 1969). 가족계획에서 강조하는 근대적 의료기술과 지식으로 대변되는 과학성과 계획성, 합리성의 가치 등은 경제적이고 정치적인 영역이 아닌 사회적인 영역, 일상인의 삶의 이루어지는 영역에서도 무질서와 나태를 일소하고 소위 '근대적'인 생활 태도를 정착시키고자 했던 재건국민운동의 핵심적 주장과도 맞물리며(배은경, 2004), 과학과의 연계를 빌어 소자녀주의의 정당성을 부각시키는 효과적인 근거로 작동할 수 있었다.

자유 민주주의 영역 또한 가족의 이러한 변화를 뒷받침하는 논리적 근거로 이용되는 유사한 구조 속에 놓여있다. 1960년대 군사 정권의 등장과 더불어 상대적으로 침체되었던 이 영역은 가족의 근대성과의 관계에서도 주체적이고 대등한 모습을 보이지 못한 채 소자녀 핵가족주의의 명분과 정당성의 근거로 이용되는 수단적 성격을 띠기 시작한다. 그 직접적인 예가 바로 '자유'와 관련된 부분인데, 당시 자유권에 대한 강조는 명목상의 구호에 머물렀을 뿐 실질적인 보장을 약속하지는 못하였으므로 가족정책에서 이 가치가 정책목표를 뒷받침하기 위한 논리적 근간으로 이용된 것도 무리는 아니었다. 개정 가족법(1962)이 개인의 자유로운 활동을 저해하는 대가족제도를 개선하기 위해 강제분가, 당연분가제도가 신설한다는 논리 하에 부부중심의 소가족제도를 개인의 자유와 인권을 보장해주는 가족형태로 주장한 것은 바로 이 같은 당시의 현실을 보여주고 있다 할 것이다(법제처).

이와 같이 소자녀 핵가족주의는 가족정책 속에서 근대국가의 '국가의 이익', '감시 기능의 증진' 가치에 의해 그 필요성이 주장되는 한편 경제적 영역에서의 '산업주의', 문화적 영역에서의 '자유권'의 가치를 스스로를 위한 가치로 포섭하는 이중적인 과정을 통해 60년대의 핵심적인 가족 가치로 자리잡아가기 시작했다. 이는 가족의 근대성의 거시적 구조들과의 관계 속에서 경제성장에 최우선의 의미를 주었던 국가

의 편중된 욕구에 따라 국가가 원하는 모습으로 주형되어가는 구체적
인 과정을 보여주고 있다 하겠다.

2) 가족을 경계짓기: 복지 책임에 따른 사회로부터의 분리와 동원

서구의 경우, 공사 영역의 분리가 가정과 일터의 분리를 통해 가족
이 기존의 전통적 역할이었던 경제적인 생산 기능이나 부양 및 보호의
기능을 상실하고 대신 정서적 역할을 담당하는 사적이고도 전문화된
공간으로 재편되는 과정을 의미했다면, 한국사회에서 나타난 공사 구
분은 국가가 전통적으로 가족이 수행해온 역할들을 상실할 것을 우려
하여 이 기능들을 끊임없이 가정 안에 재위치시키고, 그 기능을 담당
해야 할 범위로서의 가족의 경계를 거듭 확인하는 과정이었다. 또한
여기에는 모순되게도 이를 위해 끊임없이 국가가 가족에 개입하고 영
향력을 행사하는 이중적이고도 독자적인 양상이 더해졌다. 이 과정에
서 서구에서 공적인 영역으로 이전되었던 다양한 가족의 기능들은 가
정 안에 더욱 확고히 고정되었다. 한국 가족은 특히 국가가 담당해야
할 경제 공동체성과 복지 기능을 중심으로 구성된 영역이자 사회와 뚜
렷이 분리된 독자적인 단위로서 정착되어 갔다. 여기에는 당시 급성장
했던 근대국가와 경제적 영역의 가치들이 큰 몫을 담당하고 있었다.

먼저 근대국가 차원에서는 '국가의 보호' 가치가 가족 그 자체보다
'가족의 기능과 역할'을 직접적인 보호의 대상으로 삼음으로써 가족의
경제 공동체적 성격을 침범할 수 없는 가치로 위치지우는 데 결정적인
역할을 했다. 가족의 전통적 기능을 전제하고 그 역할이 제대로 이루
어지지 못한 경우에 한해서만 국가가 그 기능을 보조하고 지원해준다

는 일관된 태도가 다양한 가족정책들의 기저에 자리했다. 이는 각종 사회보험 및 공공부조의 유족 및 가족에 대한 규정과 각 법률의 기본 취지가 무엇인지를 살펴보면 쉽게 확인된다. 1962년 개정된 공무원연금법(법률 제 1133호)과 1963년 제정된 군인 연금법(법률 제 1260호)은 모두 유족 범위에 배우자, 자녀, 부모, 손자녀, 조부모를 포함시키되, "당시 부양되고 있던"의 기준을 중요한 조건으로 포함시킴으로써 부양 여부에 근거한 확장된 가족의 범위를 상정했다. 두 법 모두 손자녀와 자녀에는 '18세 미만인 자로서 배우자가 없는 자 또는 폐질로 생활능력이 없는 자'만을 인정했고,[12] 부모와 조부모의 경우에도 연령기준을 충족하지 못하여 생활능력이 있다고 판단될 경우에는 부양가족으로 보지 않는 일관된 원칙이 고수되었다. 공무원 연금법(법률 제 533호)에 부모와 조부모에 대한 60세 이상의 연령제한이 있다가 1962년 개정시 이 대신 60세까지 지급 정지 조항이 등장한 것이나(법률 제 1133호), 1963년 제정된 군인 연금법(법률 제 1260호)이 곧이어 이 지급정지조항은 따른 것은 생활능력이 없을 경우에만 유족의 권리를 부과한다는 원칙을 다시 한번 확인시켜 준다.

비록 시범사업이기는 했지만 의료보험법에서도 '근로자의 수입에 의하여 생계를 유지하는 자'를 부양가족의 범위로 삼았으며(법률 제 1623호 제 2조 용어의 정의) 그 대상으로는 '배우자, 미성년 자녀, 직계존속(남: 60세 이상, 여: 55세 이상)'을 포함시켜 기본적으로 연금법과 유사한 가족의 범위를 설정했다. 산재보험법의 경우에는 제정시 '배우자,

---

12) 공무원 연금법은 1960년 제정시에는 배우자가 없어야 한다는 조항이 없다가 1962년 개정시(법률 제 1133호)에 이 단서가 추가됐다. 군인연금법의 경우에는 1963년 제정시부터 이 단서가 포함되어 있었다.

자녀, 부모, 손자녀, 조부모'까지만을 유족으로 규정하다가(법률 제
1438호) 1970년 개정시 '형제자매'가 대상에 포함되면서 자녀와 손자녀,
부모와 조부모에 공무원 연금법에서와 같은 연령제한 조건이 추가되
었다(법률 제 2271호).13) 이상의 법제들은 모두가 노령, 퇴직, 폐질, 또
는 사망 등에 대해 급여를 실시함으로써 본인의 생활안정과 복지증진
에 기여하는 것을 목적으로 하는 동시에, 그 "가족(유족)"의 경제적 생
활 안정과 복리 향상에 기여하려 한다는 공통된 제·개정 이유를 표
방하고 있다(법제처 제·개정 이유 및 각 법조문 1조 목적). 의료보험법도
"근로자의 업무 외의 사유로 인한 질병·부상·사망 또는 분만과 근
로자의 부양가족의 질병·부상·사망 또는 분만에 관하여 보험급여
를 함을 목적으로 한다(법률 제 1623호, 제 1조 목적)"고 하여 '가족' 자체
를 법의 대상으로 명시했다. 즉 가족은 부양관계 중심의 확장된 범위
로 그 범위와 경계가 뚜렷이 규정된 상태에서 그 가정이 수입원을 상
실하여 경제 공동체로서의 성격과 기능이 위협받거나 소멸될 위험에
처했을 때에만 국가의 보조를 받을 수 있게 된 것이다.

그런데 여기에 전제된 가족의 공동체적 성격은 주로 "부계"를 기준
으로 삼는 편향된 성격을 띤다. 1963년 제정된 군인연금법은 유족의
우선순위를 정함에 있어 민법의 상속순위를 따랐는데(법률 제 1260호
제 12조 유족의 우선순위), 이는 남편과 아내의 유족연금지급순위를 차

---

13) 산업재해보상보험법 시행령 15조(유족급여의 수급순위)를 보면 근로기준법
시행령 50조, 52조를 따르게 되어 있는데 당시 근로기준법에 규정된 유족의
범위는 "근로자의 사망당시 그 수입으로써 생계를 유지했거나 생계를 같이
한 자"라고 되어 있다. 또한 동법 시행령 17조(유족보상연금의 수급권자의
범위)에 배우자, 자녀, 부모, 손 및 조부모를 대상으로 하되, 자녀와 손은 18
세 미만, 남편, 부모, 조부모는 60세 이상이어야 한다는 연령 규정이 나타나
고 있다.

등화하는 근거가 된다. 즉 남편은 자녀와 함께 1순위의 수급자격을 갖는 반면 아내는 시부모, 자녀와 동순위가 되는 것이다. 이는 남편과 아내를 기준으로 경제적 부양의무를 지는 가족의 범위가 상이하게 규정된다는 점에서 부계 혈연주의의 표현이다. 부인을 기준으로는 남편과 자녀로 구성된 핵가족이 상정되는 반면 남편을 기준으로 할 때는 부모를 포함하는 확장된 가족 범위가 당연시되기 때문이다. 공무원 연금법에서도 동일한 규정이 계속 유지되었고, 유족의 범위에서 출가한 여자형제를 제외하는 군사원호보상법(법률 제 748호)의 경우에도 부계 중심의 생계 공동체를 전제하는 입장을 취했다고 볼 수 있다.

이러한 일련의 양상들은 곧 가족정책이 자산과 혈연에 근거한 가족의 공동체적 이상을 지지함을 의미한다. 사실상 국가의 이익 추구라는 목표 하에 소자녀 핵가족주의가 부각되었던 것에 비추어 볼 때 이는 매우 모순된 현상이라 하지 않을 수 없다. 그러나 가족의 "형태적 성격"과 그 "기능과 역할"을 분리시켜 생각해보면 이 상황을 납득할 수 있게 된다. 국가는 경제 개발을 위해 인구학적 차원에서 적은 수의 자녀를 가진 소자녀 핵가족의 '형태'를 지지했던 반면, 가족의 부양의무와 경제공동체적인 '기능'에 대해서는 동거나 거주 형태와 무관하게, 그것을 넘어서서 존재하는 확장된 가족을 요구하고 강화해왔던 것이기 때문이다. 핵가족으로 살고 있는 세대에 대해서도 전통적인 도덕성에 기반한 확대된 범위의 부양의무를 부과하고 재강화하는 사회적 압력의 하나로서 작용해온 가족정책 담론 속에서 우리의 가족은 국가 권력과 논리의 작용거점이자 핵심적인 복지 조직체로 자리잡았다(장경섭, 1992: 177). 사실상 이렇게 가족 중심의 부양체계를 강조하는 것은 개발에 모든 자원을 경주해야 하는 국가의 복지비용을 최소화하는 방식이며 아울러 가족윤리와 전통적 가치를 강화함으로써 개발독재를 정당화하는 통치 이데올로기를 뒷받침하는 것이라는 점에서(황정미, 2001: 181), 모순된 것으로 보이는 이 두 현상은 모두가 국가의 발전 지상주의라는 동일한 원리에서 배태된, 동전의 양면과도 같은 관계에 있었다 하겠다.[14)]

근대국가의 특성들 이외에 경제적 영역에서 새로이 등장한 '생산력 중심주의'의 가치 역시 가족이 부양 기능을 중심으로 하는 공동체적 성격으로 특화되는 데에 영향을 미쳤다. 의료보험법(1963)의 경우 법 제정 이유가 "사회보장제도의 일환으로 근로자의 업무 외의 사유로 인한 질병·부상·사망 또는 분만과 근로자의 부양가족이 질병·부상·사망 또는 분만에 관하여 보험급여를 함으로써 근로자 본인 및 그 부양가족의 생활에 대한 불안을 없게 하고, 노동능률을 증진하도록 하려는 것(법제처)"으로 제시된 것은 결국 가족의 경제공동체적 성격을

---

14) 여기에는 가족에 대한 국가의 기능주의적 시각이 반영되어 있다. 기능주의자들은 가족을 혈연과 성별분업을 토대로 한 사회 경제적 제도로 정의하며, 혼인관계로 맺어진 남녀, 즉 부부와 그들의 자녀들이 함께 거주하면서 경제적으로 협동하는 사회의 기본단위로 본다. 또한 가족은 자녀를 양육하고 가족구성원을 보호, 부양하며 사회전체의 질서와 안정을 유지하는 사회적 기능을 담당한다는 기능적 필요성을 강조한다. 전체 사회체계와 각 하위체계간의 기능적 유기성을 전제하는 기능주의 사회 이론에서는 사회의 안정과 균형을 중시하며 하위체계내의 변동은 전체 사회의 균형을 깨뜨리는 역기능적 현상이라고 본다(이재경, 2003: 20). 따라서 가족에 대한 접근은 사회제도의 규범, 가치에 부합하는 방식으로 가족을 기능케 하고 지배적인 문화 각본에서 벗어나는 가족의 일탈을 방지하는 방향으로 이루어지게 된다. 우리나라의 경우 이러한 시각이 전반적인 가족정책의 기저에 스며들어 가족을 국가가 원하는 모습으로 기능하게 하는 과정에서 경제공동체적인 성격과 부양의무의 기능적 차원이 특히 명백히 강조되었고, 이러한 면에서 가족을 그 성격 그대로 유지시키기 위한 국가의 노력이 다양한 가족정책에서 가족의 공동체적 성격을 강조하고 개인주의나 핵가족주의와 같은 근대 가족의 가치가 자리잡을 수 없도록 하는 기제로 작동했던 것이다.

지원함으로써 궁극적으로 노동생산성과 효율성을 제고하고자 하는 기본 취지를 보여준다. 1970년 의료보험법 개정시(법률 제 2228호)에도 효율성의 강조가 두드러지는 등 자본주의적 가치와 가족의 공동체성을 상호 연계시키는 경향은 지속됐다. 가족은 이렇게 근대국가의 옹호하에 급성장한 경제적 영역의 '생산력 중심주의'의 경제 가치에 의해서도 사회가 원하는 모습과 기능을 유지할 것이 유도되었다.

그러나 당시 가족정책에서 부각된 가족의 이미지가 전적으로 기존의 전통적인 '기능성'에만 한정되어 있었던 것은 아니다. 60년대부터 행복한 가정의 이미지나 가족의 정서적 기능에 대한 강조가 점차 모습을 드러내기 시작한다. 당시 요보호 아동 중심의 대리양육 및 위탁보호사업의 세부 지침에서 신청인과 그 가족의 자격조건으로 "행복한 가정생활과 아동에게 사랑과 보호를 제공할 수 있어야 한다(보사부, 1971: 28-29)"는 내용이 담겨진 것은 그 좋은 예이다. 그러나 이는 근대국가가 요보호 아동을 보호하는 과정에서 가정의 화목한 분위기와 단란함에 기반한 가정의 양육 역할을 정책적으로 동원하고자 하는 의도를 넘어서지 못하였다. 이렇게 가정의 사적이고 정서적인 역할이 그 자체로 강조되기 보다 아동 양육과 같은 가족의 전통적인 부양기능을 온전히 수행할 수 있도록 하는 목표를 위한 '전제조건'으로 중시된다는 점에 한국 가족정책의 독특한 특수성이 있다.

이러한 맥락에서 서구에서 가정 내의 정서적 만족과 애정적 관계 면에서 강조되었던 자녀에 대한 의미 부여나 자녀가 갖는 중요성에 대한 관심 역시 상이한 방식으로 표출되기에 이른다. 당시 정책 자료들은 자녀에 대한 많은 논의를 발전시키기는 했지만 이는 철저히 가정 내부가 아닌 국가 혹은 공적인 차원에서 그 의미를 부여받았다.[15] 특히 '국가의 이익'과 관련하여 자녀의 존재까지도 경제성장을 위한 필요요소로 규정되는 독특한 설명체계가 발전된다. 가족계획사업은 과잉인구의 조절 뿐 아니라 "출생아의 자질향상, 자녀의 건전한 교육과 인구의 자질 개선을 기하는 것" 또한 "결과적으로는 인구증가를 둔화시키고" 결과적으로 국가의 경제발전에 기여할 수 있는 중요한 부분으로 여겨졌다(1969, 보사부: 82).

자녀교육과 양육을 강조하는 성향은 소위 근대화를 위한 가족계획을 뒷받침하는 중요한 배경 논리로도 사용되었는데, 교육과 관련된 소비, 투자의 대상으로서의 아동관을 부각시키고 부모의 양육, 교육의 책임을 강조하는 논리는 곧바로 그 책임을 제대로 수행하기 위해서는 필연적으로 자녀수가 적어야 한다는 주장으로 귀결되었던 까닭이다(가족계획연구원, 1968). 이 과정에서 자녀의 중요성을 환기시키는 것은 가족 내에서는 소자녀 핵가족을 정착시키고, 국가적 차원에서는 경제발전을 기하기 위한 조건이 되었다.

더 나아가 자녀는 경제성장 이외에 보다 광범위한 차원의 국가의 이익과도 직결된 존재로 중시되었다. 아동의 건전 육성을 통한 인구자질 향상과 이를 위한 가정의 책무는 국가의 존폐와 직결되는 문제로 설명되었다. 나라의 미래를 좌우하고 국력이 기초가 되는 아동의 자질향상이 당면 과제로 인식되기 시작한 것이다. 60년대에 규정된 각종 아동관련 시설의 운영방침을 보면 탁아시설은 '유용한 시민으로서의 자질 훈련'을, 교호시설의 경우 '아동의 선도와 건전한 국민으로의 육

---

15) 서구의 경우에도 아동의 재생산은 국가가 개입할 수 있는 영역이자 개입해야 하는 영역으로 간주되어 왔다는 점에서(동즐로, 1979) 아동 부양과 보호에 대한 강조는 한국사회만의 현상은 아니었다.

성'을 그 목표로 표방하고 있는데(보사부, 1971. 아동복리사업지침서), 이
는 아동에 대한 국가 관심이 유용한 시민, 건전한 국민 육성에 집중되
어 있음을 보여준다.

　기존의 전통적 기능을 중심으로 가족과 사회의 경계를 분명히 하고
가족을 복지기능의 담당기구로서 특화하는 전반적인 정책 흐름 속에
서 국가적 효용성과 의미를 지니는 아동의 교육과 양육이 부메랑처럼
가정의 역할로 돌아온 것은 어쩌면 당연한 결과였다. 개정 헌법에서
아동에게 초등교육을 받게 할 의무를 보호자의 1차적 책임으로 규정
한 것(헌법 제 6호 제27조 2항)이나, 정책지침에서 대리양육 및 위탁보호
사업과 관련, 위탁가정이 아동에게 따뜻한 사랑과 보호를 제공해야 할
것을 강조하면서 "아동들은 가정교육, 사회교육, 학교교육이 모두 중
요하지만 그 중에서도 가정 및 사회교육은 아동에 미치는 영향이 크다
(보사부, 1969, 아동복리사업지침서: 29-29)"고 덧붙인 것은 모두 아동 양
육을 중시하는 사회적 풍조가 이에 대한 가정의 책임을 설득하는 것으
로 결과되고 있음을 보여주는 것이다.

　이렇게 당시 가족정책 차원에서는 가족을 사적인 단위가 아닌 경제
적 복지 공동체로서의 역할을 수행해야 하는 일종의 '공적인' 단위로
규정하고 이 기능들을 중심으로 가정에 외부와 구별되는 경계를 지우
는가 하면, 그렇게 설정된 "가족 단위"를 국가 차원에서 하나의 자원으
로 동원하는 이중적인 양상이 진행되고 있었다. 그런데 사실상 여기서
나타나는 가족의 경계는 사회적 힘의 하나인 가족정책이 가족에 끊임
없이 개입하여 고립된 단위로서의 정체성과 배타적인 의무를 부여하
는 과정 속에서 만들어진 '인위적인 산물'이라는 점에서, 실질적으로
공적 영역으로부터 분리되지 못한 채 가족정책이라는 권력의 효과이

자 결과로서 존재하게 된 가족의 종속적인 위치를 드러내는 것이기도 하다. 한국 가족정책 속에서 발견되는 공사 영역의 관계가 온전한 사적 영역의 형성이나 공사의 대등한 분리가 전제되지 못한 독특한 성격을 띤다는 사실은 곧 공사를 이분법적으로 이해하는 것을 지양하고 가족이 그것을 둘러싼 미세한 권력구조 속에서 유동적으로 작동하게 되는 과정에 주목해야 함을 주장했던 동즐로의 논의(Donzelot, 1979)에서 제시된 것처럼, 우리의 현실 속에서도 가족이 체제 내에서 경계와 기능을 부여받으며 구성되고 규율화되는 일련의 과정이 진행되고 있음을 확인케 한다 하겠다.

가족정책이 가족에 개입하고 침투하는 구체적인 목표와 맥락에 있어서 여타 사회와 구별되는 특수한 측면이 나타나고 있다는 사실도 언급할 필요가 있다. 근래 들어 서구에서는 가족과 국가의 철저한 분리를 가정하는 것의 이데올로기적 허구성이 지적되기 시작하면서 가족은 국가로부터 분리된 고립된 공간으로 존재하는 것이 아니라 오히려 국가에 의해 개인이 자율성과 재산권, 사적인 권리 등을 보장받아야 할 공간으로 자리매김되기 시작했다. 그러나 한국사회의 경우 자율성의 보장을 위해서 보다는 국가가 가족의 복지 기능을 강화하기 위한 목적으로 가족에 개입하는 것이 일반화됨에 따라 이와는 전혀 다른 상황이 발생하였다. 보편적 시민성에 기반한 공사 구분의 개념적 논리에서 본다면 사생활의 영역에 국가가 개입하는 것이 정당화되느냐 안 되느냐는 그것이 개인의 자율성을 보장하기 위한 것이냐 아니냐인데 비해, 우리의 역사에서는 개인의 자율성이나 개별 가족의 권리에는 상대적으로 관심이 기울여지지 못했던 것이다.

가족의 변화가 인구학적 측면이나 형태적 측면 뿐 아니라 가족의 기능, 그리고 가족관계의 물질적, 심리적 요소까지 포함시킨 종합적인 관점에서 파악되어야 한다는 점을 염두에 둘 때(장경섭, 1992: 180-181), 1960년대 한국의 현실은 서구의 핵가족화에 수반되었던 '개인주의화'가 투영되거나 발전되지 않은 상태에서 거주 형태상, 인구학적 특성상 적은 규모의 가족이 선호되고, 국가가 가족의 기능과 관계를 물질적 차원에서 정의하는 한편 개인보다 가족 단위를 우선시하는 가족주의적, 공동체주의적 시각을 끊임없이 가족에 주입하는 양면적인 상황이 전개되었다. 그 결과 우리의 가족은 출산 조절의 주체이자 사회와 분리된 복지 기능의 핵심적 담당자로서의 확고한 경계를 부여받는 한편, 국가로부터 끊임없이 그 정체성을 확인받는 '열린 단위'인 동시에 '공적인' 역할 수행의 단위로서의 독특한 위치에 놓여졌다. 이는 가족정책 속에서의 가족이 사회와의 이분법을 넘어서서 거시적인 제도와의 끊임없는 상호 교차 속에 역동적으로 구성되는 사회적 영역16)으로서 구축되어가고 있음을 의미한다. 가족의 정서적이고 사적인 역할이 아닌 실용적 역할이 공고화되어 국가의 부름을 받게 되는 이러한 현상은 이후 우리의 가족정책 속에서 매우 중요한 기조로 유지, 발전되게 된다는 점에서 한국의 근대성 전개 과정을 이해하는 데 빼놓을 수 없는 필수적인 부분이 된다 할 것이다.

---

16) "사회적 영역"은 공사 영역을 교차하는 혼성물로서 개인과 사회, 공사의 이분법을 극복할 수 있는 중요한 분석의 대상이자 개념이 될 수 있다. Minson은 사회를 공·사 분화체의 혼성물로 개념화하는데 이 개념은 공사의 연결성과 동시에, 분화의 다양한 양식과 복수성을 강조한다(Minson, 1985: 221, 김혜경 (2000), p75에서 재인용)

3) 사회적 성별분업의 대두: 국가 발전의 역군으로서의 주부

일반적인 의미에서의 성별분업의 가치는 1948년-1962년에 매우 초기적이고 부분적인 수준에서나마 요보호 여성이나 근로 여성에 대한 국가적 보호의 전제조건으로서, 즉 여성에 대한 보호를 제공할 정당한 이유로서 암묵적으로 전제되는 경향이 있었다. 남성들의 영역에 진출하지 못했거나 진출해서 어려움을 겪고 있는 여성들에게 국가가 보호를 제공한다는 기본 입장 속에 이미 성별분업 구조에 대한 전제가 내포되어 있었던 까닭이다. 1962년 이후에는 여기에 더하여 성별분업이 국가의 보호 대상이 되는 가족의 생계 공동체저 성격이 틀 안에 포함되는 일종의 원칙으로 자리잡는 특수한 흐름이 나타나기 시작한다. 1962년 공무원 연금법 개정(법률 1133호)에서 "유족인 남편, 부모 또는 조부모에 대한 유족연금은 그 자가 60세에 달할 때까지 그 지급을 정지한다"고 규정(공무원 연금법 법률 제 1133호 41조 유족연금의 정지)함으로써 무조건적으로 수급자가 되는 부인과 달리 남편을 조건부 수급자로 규정한 것은 남성이 취업의 1차 대상자임을 은연중에 내보인 것이었다. 산재 보험법에서는 보다 직접적으로 유족보상연금 수급자로 '처'를 지목하는가 하면(산재보상보험법 법률 5846호 제 17조 유족보상연금의 수급자의 범위), 남편, 부모, 조부모는 60세 이상이어야 유족보상연금 수급권자의 범위에 포함되도록 하여(시행령 대통령령 제 1837호 제 17조 유족보상연금의 수급권자의 범위)[17] 남편을 취업 대상으로 보는 성별분업의 전제를 공유했다.

---

17) 이때의 시행령은 1971년에 개정된 내용으로 사실상 다음 시기에 포함되지만 이것이 1970년의 법개정을 뒷받침하는 것이라는 점에서 이 시기에 넣었다. 이 조항은 1995년 법조항으로 포함되었다.

이렇게 유족의 범위 설정에 있어서 성별분업의 원칙이 나타나는 것은 이전 시기인 1948-1961년에도 군사원호보상보험법, 국가유공자및월남귀순자특별원호법 등에서 발견되었던 현상이지만 이는 군인이나 애국지사, 4.19의거 사상자 등의 특수 집단을 대상으로 하는 법제들이었다는 점에서 그 보편성을 인정하기는 어려웠다. 그러나 이제 1962년 이후 보다 일반적인 직업군이나 근로자 전체를 대상으로 하는 법들에서 공통되게 가족의 성격을 경제적 단위로 전제하게 됨에 따라 성별분업은 가족정책 속에 그려지는 가족상의 중요한 내적 특성으로 자리잡게 되었다.

그런데 당시의 성별분업은 이렇게 '국가의 보호' 대상이 되는 가족 공동체의 주요 성격으로 전제되는 이외에, 경제성장이라는 '국가 이익'을 목표로 사회적 수준으로 확장된 독특한 형태의 성역할 구조로 재편되는 일련의 과정을 거치기도 한다. 이는 주로 '부녀 정책'을 통해 정부가 기존의 성역할 규범을 저해하지 않는 범위 내에서 주부들에게 국가가 필요로 하는 사회적 역할을 부여함으로써 확장된 성별분업구조를 정착시키려는 시도를 본격화했던 당시의 여건에 기인한다.[18] 일단

---

18) 사실상 주부의 역할이 국가의 이익을 위해 구성되고 이를 통해 여성들을 동원해내는 양상은 일찍이 1920년대까지 그 기원이 거슬러 올라간다. 김혜경(1998)에 따르면 '가정개량', '생활개선' 등이 주부의 의무로 부각되기 시작한 것은 1920년대의 현상이었다. 당시 가사노동의 합리화, 부엌공간의 개선과 위생론, 생활비의 합리적 사용, 가정부 폐지 등을 내용으로 하는 '가정생활의 개선'은 가정 내에서의 주부의 역할 뿐 아니라 시간엄수, 관혼상제의 간소화, 저축, 근로, 애국정신의 고취 등의 추상적 차원에 이르는 광범위한 목록을 가지고 있었다. 따라서 본 연구에서 지적하고 있는 소비합리화와 절약, 위생이나 능률의 문제로 부각됨과 동시에 가정 내외의 양 차원에서 주부의 역할이 강조되고, 이것이 국가의 이익을 추구하기 위한 수단으로 고정되는 60년대의 양상은 실상 1920년대 당시의 경향을 상당부분 닮아있다. 그러나 가족정책 자료들 중에는 1960년대 이전의 문건이 흔치 않고 본 연구에서 다룬 자료들

남성중심적 가계에 소속된 여자의 위치를 가리키는 표현인 '부녀'라는 용어가 사용된 데에서도 드러나듯이 이 시기의 부녀정책은 여성을 가부장적 가족관계와 그 관계적 위치에서만- 아버지의 딸(女) 혹은 다른 남자의 아내(婦)로서- 존재하는 것으로 전제한 상태에서 가족 내에 소속되어 있는 여성, 특히 주부를 대상으로 하는 한정된 성격을 보였고 여기에는 국가가 요구하는 주부상이 적나라하게 재현될 수밖에 없었다. 이제 그 구체적인 내용을 살펴보는 것은 한국사회에서 진행된 성별분업구조의 정착 과정에 대한 유용한 통찰력을 제공해줄 수 있을 것이다.

1946년 미군정의 부녀국[19] 설립이 여성을 대상으로 한 근대적 국가정책의 효시라고 볼 때, 초창기 부녀국의 활동은 부녀자를 대상으로 미국적, 근대적 가치를 지도, 계몽하는 사업에 국한되어 있었다. 한국전쟁으로 인해 전쟁미망인과 고아가 대량 발생하자 이들에 대한 구호사업이 시도되었으나 그 물적, 법적 체계는 취약했다. 1960년 박정희 체제의 등장으로 여성정책이 비로소 일정궤도에 올랐는데, 국가주도의 '개발 기획(developmental project)'의 일환으로 이루어진 부녀정책들은 여성들에게 근대화된 사회에 맞추어 계몽된 모성을 갖추고 생활을 개선하며 가정살림을 합리화하도록 계도하는 내용을 담고 있었다(황정

에서는 이러한 양상이 1960년대부터 보다 뚜렷이 발견되었으므로 이를 이 시기의 현상으로 다루었다.

19) 부녀국은 1946년 9월 14일 미군정 법령 제 107호 부녀국 설치령에 의하여 보건후생부 내에 설치된 우리나라 최초의 여성담당 행정조직이다(보사부, 1987: 50). 이후 보건후생부는 사회부나 보사부로, 또 부녀국은 부녀 아동국으로 그 명칭이 바뀌었으나 직제상의 연속성은 유지되었으며, 부녀국과 각 지방의 부녀과는 1988년 정무 제2장관직이 신설되기 이전까지 여성 행정의 중심 기구였다(황정미, 2001: 37).

미, 2001).

이 속에서 탄생한 것이 바로 주부들에게 국가가 바람직하다고 보는 다양한 역할들을 주입한 결과물로서의 사회적 성별분업의 가치였다. 주부는 가정 내에서 도구적 역할을 수행하고 가정을 정서적 공간으로 꾸며야 하는 서구적인 주부 역할을 답습하기보다는 국가의 '지도'에 따라 요구되는 다양한 역할들을 수행해야 할 존재로 규정되었다. 일찍이 식민지 시기부터 담론화되어 온 가정개량과 살림의 과학화 등의 근대적 주부 역할 이외에, 1962-1972년 기간 동안 가장 뚜렷이 강조된 부분은 바로 여성의 영역인 출산과 관련하여, '적은 수의 자녀를 낳아 제대로 교육시키고 피임 보급의 향상과 성공적인 가족계획사업의 정착을 위해 노력해야 할' 책무였다. 1968년에 이미 "여성의 책임이 국가경제와 가정경제 안정에 도움이 된다"는 명목 하에, "리, 동 단위에 가족계획 어머니회를 조직 운영하고 피임 보급 확산을 위한 노력에 경주하도록(보사부, 1981, 보사정책 설명자료: 79-80)" 촉구한다는 지침이 등장하는데, 이는 가정 주부를 스스로 가정 안에서 출산 통제를 실천하는 것에서 한걸음 더 나아가, 출산 통제의 효과와 필요성을 선전하고 확산시키는 자원으로 육성하고자 했던 정부의 태도를 드러낸다. 재생산과 관련한 주부의 역할이 강조되면서 이제 여성의 성역할은 가정 뿐 아니라 국가와 사회에 기여하는 성격으로 재규정되었고 주부는 가정 안에 존재하지만 국가가 부과한 '사회적' 역할을 수행하는 '국민'으로서의 확고한 정체성을 부여받았다.

이렇게 주부의 역할이 당시 근대국가가 원하는 방식의 색깔이 덧입혀진 성격으로, 가정을 은신처로 만들어야 할 아내 역할, 어머니 역할보다 오히려 국가 발전을 위해 필요한 사회적 역할을 수행해야 하는

것으로 규정되어가는 현상은, 확장된 근대국가의 자기 이익 추구 경향
이 가족 내적인 근대성의 가치들을 선택적으로 동원해내며 스스로를
논리적으로 부각시키는 일관된 추이를 보여주는 것이라 하겠다. 이는
또한 사회적 성별분업구조의 출현이 여성의 역할을 국익을 위한 요소
로 규정하고 동원하는 효과적인 기제로 작동하게 되는 구체적인 과정
을 확인시켜 주는 것이기도 했다.

제2장
제 2시기(1972년~1980년) : 근대성의 내적 불균형 심화

1. 정치 · 경제 · 문화 영역에서의 근대

1) 시대적 배경 및 가족정책의 전반적 흐름

1969년 9월 장기집권을 위한 3선 개헌안이 변칙 통과된 이후 1970년대에 들어서면서부터 국제 정세는 급변하기 시작했다. 미국은 이른바 닉슨 독트린을 선언하고 베트남으로부터 미군을 철수시켰으며, 이는 '베트남의 공산화'라는 미국으로서는 뼈아픈 결과로 이어졌다. 또한 주한 미군 병력의 감축이 결정되어 안보에 대한 위기감마저 조성되었다. 이러한 시대적 상황에서, 박정희 정부는 국가 안보와 사회 질서를 최우선적인 과제로 내세우면서 지속적인 경제성장을 이룩하기 위해서는 강력하고도 안정된 정부가 필요하다는 주장을 앞세워 권력의 중앙집중화를 더욱 적극적으로 추진하게 된다. 1971년 12월에는 국가 '비상사태'가 선포되었고 1972년 10월 유신을 기점으로 박정희 정권의 유신체제가 수립되었다. 10월 유신의 선포는 실상 당시의 내외적 위기상황을 장기 집권의 발판으로 삼고자 했던 박정희 정권의 의지를 구현하는 실질적인 계기이기도 했다.

유신체제는 의회주의와 삼권분립의 헌정 체제와 달리 강력한 통치권을 대통령에게 부여하는 권위주의 통치체제였다. 국가 행정의 능률을 극대화하고 국력을 집약해서 사회를 조직한다는 명목 하에 대통령 1인의 권력은 기하급수적으로 확대된 반면 국민의 자유와 민주주의는 설 곳을 잃은 채 뿌리부터 흔들리고 있었다. 국민의 정치활동은 철저히 제한되었으며 대통령의 권위를 뒷받침하기 위해 전면적인 국가기구의 정비가 이루어졌다. 대통령 산하에 그의 개인적인 의지에 따라 통제할 수 있는 통일주체국민회의를 새로 설치하고 이를 대통령과 국회의원 선출 기구로 삼음에 따라 대통령의 권위에 도전하는 그 어떤 가능성도 차단된 공고한 정치체계가 성립되었으며 이는 박정희 정권의 집권을 장기화하는 견인차 역할을 수행하였다. 국내의 학원, 언론, 종교, 정계 등 각 분야에서 민주 헌정의 회복과 개헌을 요구하는 시위가 일어나는 등 유신체제의 권위주의적 경직성에 대한 격렬한 비판이 일자 박정희 대통령은 긴급 조치와 같은 강압적인 방법을 동원하여 강력 대응함으로써 국가의 권위주의적인 성격을 한층 강화하는 방식으로 이 난국을 타개하고자 하였다. 그러나 부산, 마산 등지에서는 유신체제에 반대하여 대학생과 시민들의 시위가 연일 계속되었으며, 집권세력 내부에서도 갈등이 생겼다. 박정희 대통령이 피살되는 10·26 사태가 일어나 유신체제가 막을 내리기까지 한국사회는 강력하고 권위주의적인 억압의 소용돌이 속에 놓여져 있었다.

그럼에도 불구하고 가족정책과 관련한 법적 차원에서는 일견 향상된 측면도 있었다. 박정희 정부의 집권 전반기라 할 수 있는 1960년대가 가족정책에 있어서 사회보험과 공공부조, 사회복지 등의 전반적인 틀을 마련하고 그 법적 근거를 명확히 한 본격적인 '제도 착수기'였다고 한다면 이 시기는 그간 마련된 법제들에 기반하여 보다 실질적인 '제도의 보완과 정착'이 모색된 시기였다. 임의가입 방식의 시범 사업의 성격에 머무른 데다 시행령과 시행규칙 개정의 미수반으로 시행불능 상태에 있던 의료보험법이 500인 이상 사업장에 무조건 적용된다는 강제성을 띠고 본격적으로 실시되었고(1976년), 1977년에는 공무원 및사립학교교직원의료보험법이 제정되어 사회보장의 틀이 다양한 직업군을 포괄하는 것으로 확대되었다.

반대로 특수직역만을 대상으로 했던 연금법의 경우에는 국민복지연금법(1973)의 제정으로 보편성이 강화된다. 이 법의 경우 원래 74년부터 실시할 계획이었으나 석유파동 등 국내외의 경제적인 영향으로 인하여 1974년 1월 국민생활안정을 위한 대통령긴급조치 제 3호에 의해 1년간 연기된 후 1974년 12월 동법 개정에 의하여 1년간 다시 연기되었다가 1975년 12월 동법 재개정을 통해 그 시기를 대통령령에 위임한 이래 1986년까지 효력을 갖지 못했으나(보사부, 1984-1986. 제 5차 경제사회개발 5개년계획 보사부문수정계획: 123), 의료보험법의 경우가 그러했듯이, 당시 처음 만들어진 법의 내용이 국민복지법 체계의 기조를 이루어 왔다는 점에서 참고자료로 고려할 여지는 충분하다고 볼 수 있다. 이외에 1973년에 모자보건법이 제정되어 법적 근거없이 진행되어 온 가족계획사업의 토대가 마련되었고, 1977년에는 의료보호법 제정으로 공공부조의 내용 또한 풍부해졌다. 1997년 가족법 개정도 부분적이지만 의미있는 정부 시각의 변화를 보여준다.

이 기간 동안 정책상으로는 제 3차, 4차 경제개발계획이 수립, 진행되었다. 제 3차 경제개발계획(1972-1976)은 60년대의 공업화과정에서

농업부문이 상대적으로 뒤쳐지는 문제가 발생하자 농어촌경제의 혁신
적 개발을 통하여 공업과 농업간의 불균형을 완화시키는 것을 주력과
제로 삼았다. 상대적으로 낙후된 농촌 개발을 위한 새마을운동, 가격
지지를 통한 농어가 소득 증대, 농어촌 생산기반 및 환경개선사업 등
사회개발분야가 처음으로 개발계획에 포함되어 추진되었다. 70년대
중반 이후부터는 여기에 중화학공업에 주력하여 공업구조의 고도화와
함께 자력성장구조를 실현하기 위한 시도가 더해진다. 경공업을 중심
으로 하는 산업구조가 임금 상승과 후발개도국의 도전을 받을 것이 예
견됨에 따라 정부 주도 하에 중화학 공업 육성전략이 본격화된 것이
다. "산업구조의 고도화와 안정적 균형성장"의 정책기조 하에 다양한
가족정책이 실시되었고, 경제개발에 초점을 맞춘 세부적인 지향점들
이 정책 내부에 스며들었다. 4차 경제개발 5개년계획(1977-1981)에서는
"착실한 성장과 사회개발"을 정책기조로 그동안의 성장의 결실을 국민
에게 공평하게 분배하기 위해 사회개발 부문을 주요 정책적 관심사로
한층 더 부각시키게 된다. 성장, 형평, 능률의 이념 하에 경제개발과
균형잡힌 사회개발을 추진하려는 당시의 시도 역시 가족정책의 방향
과 성격을 틀 지우는 하나의 동인으로서 자리하고 있었다(대한의학협회
조사연구실, 1981).

2) 정치 · 경제 · 문화적 영역에서의 근대성

1972년-1980년까지의 시기동안 이전 박정희 집권 전반기의 전반적
인 경향들이 대체로 그 틀을 유지한 상태에서 강화되고 고착화되는 양
상이 전개된다. 근대국가와 자본주의적 가치는 더욱 눈에 띠게 확대되
었고, 자유민주주의적 가치의 이반은 더욱 심화되었다. 근대국가 영역

에서는 이전과 마찬가지로 경제성장 등의 국가 이익이 강조되는 가운데, 유신이라는 파고를 거치며 국가의 감시 능력이 더욱 확고히 증진되었으며, 통제권 강화를 정당화하기 위한 수단적 가치로서 1960년대에 등장했던 국가합리성의 개념도 비로소 근대성 담론의 중심으로 진출했다. 이전 시기에는 상대적으로 크게 부각되지 못했던 합리적인 문제 해결 방식 또한 국가의 증가한 권위를 뒷받침하기 위한 논리로 이용되는 모순된 상황에 놓이게 됨으로써 그 무게를 더했다.

경제 영역에서의 근대성 가치들의 약진도 두드러졌다. 이전 시기에 등장했던 생산력 중심주의와 노동생산성에 대한 강조, 산업주의 등은 모두 그 골격을 유지한 채 한층 내실을 기했고, 노동력의 상품화라는 새로운 가치도 등장했다. 이에 비해 자유민주주의적 가치는 '한국적 민주주의'라는 이름으로 왜곡되고 변형되었다. 이전 시기에 없었던 평등이나 소득재분배 등의 가치가 부각되기 시작한 것은 분명 주목할 만한 변화였지만 그럼에도 불구하고 이 시기의 자유민주주의는 확대된 정치, 경제적 근대성의 가치들에 의해 잠식되고 손상된 형태로 근근히 명맥을 유지할 수밖에 없었다.

(1) 정치적 영역

① 국가의 이익: 경제성장과 평화 통일

1970년대 국가 이익에 대한 가치부여는 그 내용면에서 1960년대의 연장선상에 서 있다. 유신체제 수립과 더불어 진행된 또 한번의 헌법 개정을 거치며 경제발전과 번영의 목표는 더욱 강조된다. 헌법 개정의 목적이 번영의 기반을 조성하기 위한 것으로 제시되었을 정도로(법제처 개정이유) 경제발전에 무게가 실렸고, "국민경제의 발전과 이를 위한 과학기술은 창달·진흥되어야 한다(헌법 제8호 제123조)"는 단정적 표현이 처음 사용되기도 했다. 가족정책 자료들에서도 경제성장에 대한 한결같은 강조가 두드러졌다. 유신체제라는 특수상황에서 군부의 정치적 정당성을 확보할 수 있는 방법은 60년대 기반을 닦은 경제성장의 기치를 드높여 지속적인 경제발전을 이루는 것이었기에 발전주의 이데올로기에 토대한 국가의 이익 추구는 더욱 적극적으로 강행되어야 했다.

당시 정책 시도들은 이러한 배경 하에 '경제발전'이라는 목표로 수렴되었다. 1972년 3차 경제개발계획에서는 처음으로 보건사업에 관심이 모아지는데, 이때 주장된 논리는 보건사업이 소비가 아닌, 경제발전을 촉진하는 생산적 요인으로서의 의미가 크다는 사실이었다. 즉, 지속적인 경제성장을 유지하기 위한 사회적 투자의 차원에서 보건사업에 대한 관심이 환기되고 이 부분이 경제개발의 통합된 부분으로 추진되어야 할 필요성이 제기된 것이다(보사부, 1969: 17; 보사부 1972: 6). 가족계획사업에서는 국민자질을 향상하여 국가발전에 기여할 인적 에너지를 확보한다는 목표 하에 불임수술비, 조산 경비 등의 국가 비용 부담의 근거를 마련했다(모자보건법 법률 제2514호 제10조 국고보조 등). 모자보건법은 가족계획을 "가정경제의 향상을 위한" 것으로 합리화했지만 실질적인 정책자료들에서는 가정 경제보다 국가 경제의 차원에서 가족계획사업의 효과와 필요성을 제시하고 있었다. 번영의 가치, 국력에 대한 강조는 산업재해보상법에서도 표방된 논리였다.

경제성장과 더불어 '반공'과 '평화 통일'의 가치도 크게 부각되었다. 사실상 반공은 이전의 두 시기에도 헌법 등에 존재했던 개념이었지만 유신체제를 맞아 '조국의 평화통일'이 새로운 화두로 등장했고, 경제적 발전 뿐 아니라 군사적 차원에서의 국력 신장에 대한 관심도 증대된다. 이는 당시 미국의 베트남전 패배와 주한미군 감축의 확정으로 불안했던 대외 정세와 장기집권을 정당화하고자 박정희 정권의 시도가 맞물린 결과였던 것으로 보이는데, 대통령 취임사에 "조국의 평화적 통일을 추구한다(헌법 제 8호 제 46조)"는 문구를 삽입한 것에서도 알 수 있듯이 국력 신장을 통한 '평화 통일'은 경제성장과 더불어 이 시기 국가의 생존과 직결되는 가장 기본적인 조건이자 지향해야 할 가치로서 간주되고 있었다.[20]

1948-1961년 중에 국가의 실체가 부각되면서 더불어 민족의 가치가 함께 강조되었던 것과 유사한 맥락에서 경제성장, 평화통일, 국방력 강화 등의 일련의 국가적 이익은 곧 민족주의와 결부되기도 한다. 헌법의 개정 이유의 하나를 "민족의 활로를 개척함으로써 국제사회에서 우리나라의 영광을 드높이고 영구적 세계평화에 이바지하고자" 하는 것으로 제시하여 그 정당성을 확보하려 하는 등(법제처), 국가의 이익은 지속적으로 민족의 이익과 등치됨으로써 절대 포기되어서는 안 될 지고의 법칙으로 자리잡았다. 이 시기에 국가원호사업이 사회보장사업의 하나로 중요하게 추진된 것도 애국애족정신을 고양하고 민족주의적 가치를 함양하려는 당시의 국가적 목표에 기인한 것이라 할 것이다. "사명을 바쳐 국권수호에 앞장선 값진 희생정신을 바탕으로 민족

---

20) 1975년 월남전에서 미국이 패하자 반공 이데올로기는 '국가 생존'의 문제와 직결되는 국가 안보 이데올로기로 승격된다. 1977년 2월 박정희 대통령의 법무부 연두순시에서 "현 단계에서 우리 사회의 최고의 가치관, 가치체계는 민족의 생존과 국가의 보위이고 이를 능가하는 다른 가치관은 없으며, 3천 5백만이 생존하는 그것이 우리나라에서의 최고 인권 운동"이라고 선언됨에 따라(정수복, 1994: 80-82, 김경일, 2003: 107에서 재인용) 반공이 국가의 유지와 발전을 위한 가장 근본적인 필요조건으로 규정되었던 것이다.

정기의 고양과 조국의 평화통일달성에 이바지"하려는 목표 하에 이 사업은 "현대전의 특징인 총력전 수행을 위한 국민의 단합을 도모하고 국가의 발전에 바탕이 되는 국민의 애국, 애족정신의 함양에 일익을 담당"하는 중요한 사회보장사업의 하나로 자리매김된다(보사부, 1975, 제4차 경제개발 5개년계획). 이렇게 경제성장과 평화 통일, 더 나아가 민족의 부흥의 모습으로 발현된 국가의 이익은 이 시기의 가장 중요한 근대국가적 가치로서, 모든 정책 수행의 핵심적 지향점으로서 존재했다.

② 국가의 보호: 상대적 침체기

1960년대에 '사회보장에관한법률'의 제정으로 그 기틀을 마련했던 사회보장제도는 70년대 유신체제에 이르러 본격적인 실시단계에 들어섰다. 전통적인 대가족의 사회보장기능이 핵가족화로 위협받고 있으며, 그로 인해 전통적인 가족의 기능이 근로소득에 의한 보장으로 변화하고 있다는 인식 하에 국가가 사회 보장의 전면에 나서야 할 필요성이 제기된다(보사부, 1981. 제5차 경제사회개발 5개년계획 보건의료 및 사회보장부문계획). 이에 소득보장에 해당하는 국민복지연금제도와 의료보장에 해당하는 의료보험을 사회보장의 양축으로 삼아 노령, 사망, 폐질 등의 유사시에, 그리고 최저생활계층에 대해 국가의 보호를 확대해 나가려는 노력이 구체화되기 시작하였다.

1976년을 기점으로 한 의료보험의 본격 실시, 1977년 공무원및사립학교교직원의료보험법 제정 등을 통해 실현된 국가의 사회보장의무는 여전히 가족의 부양기능을 보조, 강화하는 차원에서 개입한다는 전제를 유지했으나 그 대상을 확대하고 이들에 대한 국가의 보호 의무를 명백히 했다는 점에서 나름의 의의를 갖는 것이었다. 생활보호법은 1979년부터 생계 급여의 일환으로 중학생의 수업료, 입학금을 지원하는 '교육보호'를 포함했고, 1977년 생활보호법에서 분리된 의료보호법(법률 제 3076호)에서도 국가의 보호가 '가족 단위'로 강화되고 있음이 확인된다. 그런데 여기서 나타나는 정부의 태도는 여전히 수직적 관계에 근거한 '보호자'로서의 권위를 전제했다. 특히 공공부조인 생활보호와 의료보호에서 여전히 '수급'이 아닌 '보호'의 개념을 사용하고 그 대상을 '피보호자'로 명명한 데서도 국가의 지도적 지위는 명확히 표명되었다. 이는 여전히 가족정책이 그 대상자의 인권이나 권리의 차원보다 국가의 보호에 우선적인 가치를 두고 있음을 보여주는 것이라 하겠다.

보다 구체적으로 살펴보자면, 먼저 여성과 관련해서 이 시기의 여성 자체에 대한 보호의 성격은 60년대와 큰 차이가 없다. 여전히 취업여성 보호는 여성 인권에 대한 고려보다는 예외적으로 남성의 영역에 진출한 여성에게 국가가 편의를 봐주는 성격이 강했고, 미혼모, 유아를 가진 미망인과 무단가출자, 전락 우려가 있는 여성의 예방적인 선도를 내용으로 하는 요보호여성에 대한 보호도 그대로 유지되었다(보사부, 1972, 제 3차 5개년계획-보사부문 사업계획: 352-353).

모성보호의 차원에서는 1973년 모자보건법 제정으로 모성보호 개념이 정립되고 국가의 보호에 대한 근거가 마련되었다는 점에서 다소간의 변화가 발견된다. 모자보건법은 비록 가족계획사업의 법적 근거를 마련하기 위해 제정되기는 했으나 명목상으로나마 모성의 생명과 건강의 보호와 건전한 자녀의 출산과 양육에 대한 국가적 책임을 인정한(모자보건법 법률 제 2514조 제1조 목적, 제 3조 모자의 우대) 최초의 법제였고, 이로 인해 모성보호의 법적 근거 또한 보다 명확해질 수 있었다.

가족계획사업에서도 여성의 건강이 비로소 논의의 대상으로 부각되었다. 그러나 이는 "빈번한 출산이 모성사망률을 증가시킨다(가족계획원구원, 1978, 1977-1991 한국가족계획사업장기전망: 5)"는 논리 하에 여성의 건강을 위해서도 가족계획이 필요하다는 사실을 부각시키기 위함이었다. 가족계획정책에서 모성에 대한 고려가 이루어지기 시작했다는 것은 긍정적인 변화였으나 모성 보호를 가족계획의 당위성을 역설하기 위한 하위 논리로 이용한 것이었다는 점에서 근본적인 한계는 분명 존재했다. 피임과 단산을 장려하는 사회적 분위기 속에서 모성에 대한 적극적인 의미 부여와 보호가 이루어지기를 기대하는 것은 사실상 무리였다. 모자보건법의 제정은 명목상에 그쳤을 뿐 모성 보호가 안정된 수준에 이르기까지는 아직 먼 여정이 남아있었다.

아동과 가족에 대한 국가의 보호는 1960년대의 틀과 내용을 그대로 유지한 채 몇몇 법조항의 도움으로 그 체계가 조금 확고해진 정도였다. 모자보건법의 제정으로 "국가가 영유아의 건전한 발육을 위한 조치를 할 책임이 있음"이 명시되었고(모자보건법 법률 제2514호 제3조 모자의 우대), 1979년 생활보호법상 교육지원이 생계보호의 일환으로 포함되면서 아동의 교육 보호가 국가 정책의 일부로 포함됐다(보건복지부, 2001, 국민기초생활보장사업 안내: 7-8). 가족에 있어서는 가족의 전통적이고 경제공동체적인 성격을 보호하는 차원에서 국가가 개입하는 양상이 계속된다. 정책자료들에서 가족의 사회보장기능이 약화되었다는 자각 하에 국가의 보장기능이 부각되었던 바로 그 시기에, 의료보험이 본격적으로 실시되고(1976년), 공무원 및 사립학교 교직원 의료보험법이 제정되었다(1977). 이 두 법은 "당사자와 그 '부양가족'의 질병·부상·분만 또는 사망 등에 대해 보험급여를 실시함으로써 그들

의 건강을 향상시키고 사회보장의 증진을 도모함을 목적으로" 하는 것
이었다는 점에서 가족의 경제공동체적 성격을 보존하고 그 내적인 부
양관계를 보조하려는 국가의 노력으로 설명될 수 있다.

결국 유신체제 하의 국가의 보호는 이전의 정책성향을 그대로 답습
한 채, 그 틀 안에서 소폭의 내적 성장만을 보이며 큰 변동없이 유지되
었으나, 이 시기에 근대국가의 다른 가치들이 전면적으로 부각된 결과
이 가치는 정치적 영역에서 상대적으로 침체된 부분으로 남게 된다.
앞서 살펴본 근대국가의 이익 가치의 급격한 팽창과, 뒤이어 고찰하게
될 감시능력의 증진과 합리적 문제해결의 급부상은 국가의 보호 가치
의 미세한 변화를 가려버릴 만큼 광범위하고 급격한 것이었다.

③ 감시능력의 증진: 대통령 일인 독재 체제의 구축

60년대 본격화된 '국가 감시능력의 증진' 가치는 유신체제에서 기형
적인 확장단계를 맞이한다. 개정된 헌법은 실질적으로 대통령 1인에
집중된 권한과 통제권을 보장하는 것을 주된 내용으로 삼았다. 대통령
통제 하에 있는 통일주체 국민회의를 "조국의 평화적 통일을 추진하기
위한 온 국민의 총의에 의한 국민적 조직체로서 조국통일의 신성한 사
명을 가진 국민의 주권적 수임기관(헌법 제 8호 제 35조)"으로 명명하여
대통령 선거와 국회의원 선거를 담당하도록 한 것은 대통령에 모든 권
한이 집중되는 당시의 현실을 가장 집약적으로 보여주는 예라 할 것
이다.

유신체제 자체가 "대통령이 입법, 사법, 행정의 조정적 기능을 위한
중립적 권한 외에 국정의 중요한 사항을 좌우하는 국가적 권력을 갖는
국가권력구조를 채택(법제처)"한 것이었다는 점에서 대통령을 핵으로

하는 권력의 집중과 확대는 예고된 일이었다. 특히 국회의 권한이 이 시기에 크게 축소되었음을 지적할 필요가 있다. 헌법상 국회의 국정감 사권이 삭제되었고, 국회회기를 단축하여 정기국회의 회기를 90일, 임 시회의 회기를 30일로 하고 정기회, 임시회를 합하여 150일을 초과할 수 없게 됨(법제처)으로써 국회는 활동 기간부터 제약을 받게 된다. 국 민의 자유와 권리를 잠정적으로 정지할 수 있도록 한 대통령의 긴급조 치권이 새 헌법에 명시되면서 국회에 대한 긴급조치권(헌법 제8호 제 53조) 또한 인정되었다. 대통령의 국회해산권(헌법 제8호 제59조 1항) 도 신설된 내용 중 하나이다. 이에 반해 국회가 대통령에 대해 영향력 을 행사할 통로는 극도로 제한되었다. 이전에는 대통령, 국무총리, 국 무위원, 행정각부의 장, 법관, 중앙선거관리위원회위원, 감사위원 기 타 법률에 정한 공무원의 탄핵소추의 절차가 동일했던 것이 헌법 개정 으로 대통령의 탄핵소추의 조건이 강화되어(헌법 제8호 제99조 2항)[21] 국회의 대통령 탄핵소추권 발동이 더 어려워진 것이다.

대통령의 증대된 권한은 국회 뿐 아니라 행정부와 법원에 대한 통 제권의 확대로도 나타난다. 대통령의 긴급조치권에는 국회 뿐 아니라 정부와 법원도 그 대상에 포함되었다(헌법 제8호 제53조). 사실상 삼 권분립의 원칙이 무너진 상태에서 근대국가의 감시능력과 통제기능은 대통령 1인에게 집중되었고 대통령을 정점으로 하는 국가의 위계적 권력구조는 가족정책의 영역에서도 광범위한 영향력을 행사했다. 중

---

21) 예전에는 무조건 국회의원 30인 이상의 발의와 재적의원 과반수의 찬성으로 탄핵이 의결되었으나 개정 헌법은 일반적 탄핵소추는 국회재적의원 3분의 1 이상의 발의와 국회재적의원 과반수의 찬성으로 의결되는데 비해 대통령 탄 핵소추는 국회재적의원 과반수의 발의와 국회재적의원 3분의 2이상의 찬성 이 필요하도록 더 엄격한 기준을 마련했다.

앙집중적이고 체계적인 국가의 관리와 통제가 가장 여실히 드러난 것
은 이 시기에도 여전히 가족계획사업이었다. 가족계획등록상담기록부
를 구비하여 자녀수를 비롯한 개인의 신상관리를 시도함으로써(보사
부, 1973: 142) 개인의 정보에 대한 관리와 이에 기반한 치밀한 출산력
통제가 이루어졌고, 의료기관을 수태조절 훈련기관으로 지정하여 국
가의 체계적 관리를 가능케 하도록 하는 방안이 마련되었다(모자보건
법 시행규칙 2조 수태조절의 훈련기관).

④ 국가합리성: 대통령 일인 독재 및 민간 자원 동원의 정당화 기제
 이상의 무제한적인 국가 권력의 확대와 대통령 1인 권한의 증가는
개정 헌법 속에서 국가의 "효율성"과 "능률"을 위한 것으로 정당화되었
다. 60년대에 헌법 속에 등장했던 국가라는 주체를 기준으로 한 효율
과 능률의 가치가 70년대 유신체제의 개정헌법에서 보다 확실히 스스
로를 드러냈던 것이다. 유신체제로의 도입을 의미했던 헌법 개정(제 8
호)은 "국력을 조직화하여 능률을 극대화할 수 있도록 통치기구와 관
계제도를 개편"하려는 것으로 설명되었고 "능률의 극대화와 강력한 국
력조직을 목적으로" 대통령이 입법, 사법, 행정을 총괄하는 권력구조
가 채택되었음이 명시됐다(법제처). 60년대에 국가 단위의 능률의 가치
가 근대국가의 권한 확대를 정당화하기 위한 논리로 처음 등장했듯이,
70년대에 이 가치가 더욱 빈번하게 사용된 것도 국가 통제권의 정당성
을 확보하기 위한 것이었다. 그런데 당시 국가의 통제권은 대통령의
일인 독재와 다를 바가 없었다. 결국 일인독재를 합법화, 정당화하기
위한 근거로 사용되었다는 점에서 국가적 합리성과 효율성의 가치는
사실상 그 본연의 위치에서 탈구된 왜곡된 의미와 내용을 담고 있었다.

그런데 이 시기의 국가합리성 개념은 가족정책 영역에서는 조금 다른ㅡ그러나 여전히 왜곡된ㅡ의미로 사용되는 경향이 있었다. 이 부분은 60년대에는 발견되지 않았던 국가합리성 가치의 새로운 이용방식으로, 민간의 참여를 장려하던 정부의 입장이 '합리성'으로 재규정되기 시작한 것이다. 가족정책 자료들은 민간의 책임을 강화하고 그 역할을 통해 복지사업의 효율성을 높이는 것이 국가적 차원에서 효율성을 제고하는 최선의 선택이라는 사실을 지속적으로 부각시켰다. 아동복지사업의 내용 중 시설아동 결연사업, 시설아동 취업사업 등은 민간의 양육 역할을 동원하여 요보호 아동 보호라는 문제를 해결하고자 했던 국가의 시도였다. 민간에 의존하는 이러한 아동정책 내용은 줄곧 국가차원에서의 효율성의 제고를 위한 것으로 설명되었다(보사부, 1972: 48). 노인과 관련해서도 민간의 사회적 부양의식을 고취하는 것을 강조하는 것은 물론(보사부, 1975: 274), 1973년 어머니날에서 어버이날로의 명칭 변경과 동시에 노인문제를 가정과 민간 차원에서의 '효 사상' 고취를 통해 해결하고자 하는 추세가 나타났다(대한의학협회 조사연구실, 1982: 277-281). 이 또한 모두 국가가 효율성을 추구하는 방안으로 주장되어 국가합리성 개념의 또 한번의 의미 왜곡을 초래하였다.

⑤ 합리적인 문제 해결: 법치주의의 왜곡과 팽창

이 시기에 합리적인 문제 해결 가치의 핵심인 '법치주의'가 다시금 논쟁의 선상에 떠오른 것은 주목할만한 변화이다. 60년대 근대국가 영역이 완성된 형태를 갖추기 시작했을 무렵 법치주의는 유일하게 1948년 제정 헌법에서 강조된 이래 별다른 변화나 발전을 이루지 못한 채 원점에 머물러 있던 요소였다. 이것이 국가의 이익에 상응하는 중요한

근대국가적 가치로 급부상하게 된 것은 유신체제라는 특수상황에서
기인한 결과였다.

1972년 개정 헌법에서는 자유권과 관련된 다수의 조항들(헌법 제 8
호 제 12조 거주·이전의 자유; 제 13조 직업선택의 자유; 제 14조 주거의 자
유; 제 15조 통신의 자유; 제 18조 언론·출판·집회의 자유; 제 29조 1항 근
로자의 단결권·단체교섭권·단체행동권)에 "법률에 의하지 아니하고는"
그 자유를 제한받지 않는다는 단서를 일제히 삽입했다. 법적 근거가
있을 경우 자유권의 제한이 가능하다는 사실을 명시한 것이다. 이는
국민의 자유와 권리에 대한 '법의 우위'를 선언한 것으로서 법률이 국
민의 자유권 보장을 위해서가 아니라 그 제한의 근거로 작동하는 당시
의 모순된 상황을 보여준다. 법치주의에 대한 특징적인 강조와 이를
국민의 자유권을 제한하기 위한 방책으로 수단화하는 이러한 양상은
유신체제 하에서의 독특한 정치적 근대성의 성격을 드러내는 중요한
지점이 된다.

부분적인 현상이기는 하지만 합리적 문제 해결의 가치가 법치주의
라는 근본적인 원칙 이외에 운영방침과 절차상의 합리적인 관료규범
등의 행정적 차원에서도 추구되기 시작한 것도 특징적이다. 가족정책
자료들에서는 정책 시행과 관련하여 "적절한 기준을 선정하고 행정을
일원화하여 시스템의 통합적 관리를 통해 효율성을 추구하는 것을 합
리화로 규정(보사부, 1975)"하면서 이를 정책 수행과정에서의 중요한
목표로 제시하였다. 핵심 내용인 법치주의가 비정상적으로 강조되는
가운데 내적으로는 다소나마 그 내용상의 확장과 의미의 내실화를 기
했다는 것이 '합리적인 문제 해결' 가치의 내용상 60년대와 차별화된
부분이라 할 것이다.

이상에서 알 수 있듯이 유신체제 하에서 근대국가 영역은 국가의
보호 가치가 상대적으로 큰 변화를 꾀하지 못한 것을 제외하면 국가적
이익과 국가합리성 가치의 급격한 팽창과 합리적인 문제해결의 재부
상이 더해져 유례없이 확장된 형태를 띠었다. 이는 권위주의적 군사
정권의 장기집권으로 인한 당연한 현상이기도 했는데, 근대국가 영역
의 지나친 팽창은 이 시기 근대성의 실체 속에 내적 불균형에 기인한
갈등과 불안이 본질적 요소로 자리잡게 될 소지를 낳고 있었다.

(2) 경제적 영역
① 생산력 중심주의와 노동생산성 가치의 전면적 부상

가족정책 관련 법률들은 주로 국가와 가족의 관계를 표현한다는 점
에서 경제적 영역의 가치가 두드러지게 나타나는 경우가 드물지만 '정
책'상에서 만큼은 유신체제 하의 경제개발과 함께 그것을 가능케 할
노동생산성에 대한 강조가 확연해진 것이 70년대의 특징이다. 먼저 생
산력 중심주의와 자본주의적 이윤추구의 원칙이 강조된 면부터 살펴
보자면, 당시 자본에 대한 국가의 개입은 기업주의 부담을 감소시킴으
로써 기업의 이윤추구를 최대한 뒷받침한다는 기본 방침을 고수했다.
산업재해 보상보험과 관련, 기업의 위험부담을 분산하고 기업주의 부
담을 경감한다는 지침을 명시한 것은(보사부, 1975, 제4차 경제개발계획:
242), 바로 국가의 관심이 기업주의 원활한 경제활동을 지원하는 데에
집중되어 있음을 보게 한다.

'생산'과 '생산력'에 대한 다각적인 강조는 이 시기 가족정책자료들
에서 가장 확연했던 현상 중 하나였다. 가족계획 역시 소비가 아닌 생
산을 촉진시키는 정책이라는 측면이 강조되는 등 무조건적인 생산지

향성이 이 시대 정책기조의 주류를 이루었다. 가족계획은 인구부양비를 낮추고 노동력 인구 구성비율을 높이고 교육비를 절감하는 등 생산적 효과를 갖는다는 차원에서 강조되었고, 자녀수가 많으면 비용이 많이 든다는 점과 영유아 소비수준의 저하 등을 토대로 그 기대효과가 수치상으로 도출되었다. 모자보건의 필요성 역시 모성 사망시, 영유아 사망시, 혹은 양쪽 질병시 발생하는 경제적 손실을 단순 계산하는 방식으로 제시되고 있었다.[22]

총생산량, 경제활동인구, 피부양인구, 경제성장률, GNP, 노동력 인구 구성비율 등의 경제학적 개념들은 출산조절 담론 이외에도 각종 정책 담론들을 형성하는 주된 요소들이었다. "국민 경제에 있어서 노령인구의 증가는 활동 인구에 대한 경제적 부담의 상대적 가중으로 나타나며, (중략) 이것은 또 국민경제에 있어서 저축 및 투자의 감소로서 생산증대의 저해요인이 될 수 있다"는 지적에서 알 수 있듯이 노인문제 역시 유사하게 생산력의 차원에서 설명되고 있다. 이 모두는 생산에 도움이 되는가 아닌가로 정책을 판단하고 그 효용성을 설명하는 당시의 일관된 논조를 읽어낼 수 있게 한다(보사부, 1972-1976, 제 3차 5개년계획).

보다 세부적으로는 노동생산성의 중요성 또한 중점 부각되었다. 제3차 경제개발계획에서 보건사업의 의미가 강조되기 시작한 것은 사실상 근로자 및 그 가족의 건강과 생활환경을 개선함으로써 노동생산성을 높일 수 있다는 치밀한 계산에서 비롯된 것이었다. 생산요소인 인간과 그 생활환경 - 근로자 및 그 가족의 건강과 생활환경 - 에 대한

---

22) 이러한 경제적이고 생산 중심적인 논의들 속에서 가족 계획은 여성의 삶과는 점점 더 동떨어진 담론으로 구조화되어 갔다.

임금외적 지출을 통해서 노동생산성을 높임으로써 지속적인 경제성장을 가능케 한다는 점에서 보건사업 등의 사회적 투자가 소비가 아니라 생산적인 요소임이 강조되었다(보사부, 1972-1976 제3차 5개년계획-보사부문 사업계획).[23] 이때의 사회적 투자는 사회보장, 의료보험, 공공부조 등의 영역을 모두 포괄하는 것으로서, 가족정책 전 영역이 노동생산성 증대에의 잠재적 효과라는 차원에서 이해되고 있음을 여실히 보여준다.

산업재해보험의 경우 산재의 엄청난 경제 손실 효과와 작업능률, 작업의욕 증진에 필수적이라는 사실이 강조되는가 하면(보사부, 1969, 제3차 5개년계획: 261-262), 노동자 보호와 함께 노동생산성 향상이라는 두 목표가 명시되었고(보사부, 1975, 제4차 5개년계획), 의료보험의 단계적 확장을 모색함에 있어서도 "국민각자의 질병에 대한 피해를 감소하여 건강수준을 높이고 노동생산성의 향상에 막대한 기여도를 가진다"는 이유가 제시됐다. 노동생산성에 대한 관심은 실상 60년대에 등장한 것이지만 70년대에 이르러 그 등장의 빈도나 강도의 측면 모두에서 확연히 강화된 형태를 취하고 있다는 점에서 뚜렷한 진전을 보인다.

② 노동력의 상품화의 등장과 산업주의의 발달

경제적 영역의 근대성에서 두드러진 또 하나의 변화는 60년대까지 모습을 드러내지 못했던 '노동력의 상품화'라는 또 하나의 자본주의적

---

23) 당시 결핵, 기생충 등을 근절하기 위한 보건사업조차 이들이 노동생산성의 저하와 생산인구의 노동력 감퇴 등의 사회문제를 초래한다고 보고 노동력 손실에서 오는 연간 국민소득 손실의 차원에서 그 손실추계를 제시하고 있는 것은 모두 노동생산성이라는 잠재적인 효과 차원에서 모든 정책을 규정하는 3차 경제개발계획의 기본취지를 반영하는 것이라 하겠다(보건복지부, 1969, 제3차 5개년계획).

가치가 생산력 중심주의와 노동생산성 가치의 급격한 확산에 힘입어
처음 등장했다는 것이다. 공해 수준의 감소 같은 환경관련 계획도 "경
제발전에 수반한 도시 및 공장지대의 격심해진 공해를 최소수준으로
감소시키며 농촌지역에는 안전수 공급을 확대하여 인간의 능력개발을
위한 보다 나은 생활환경을 조성하도록 한다(보사부, 1972-1976, 제 3차
경제개발계획 5개년계획: 12)"는 목적을 제시하여 '인간의 잠재적 능력
개발'을 강조했고, 가족계획, 모자보건 사업도 동일한 차원에서 그 목
표가 설정되어 있었다. 생활보호사업의 일부인 해산보호사업에서도
"미래의 노동력의 질적인 향상에 기여한다(보사부, 1975, 제 4차 경제개
발계획: 157)"고 하여 잠재적 노동력의 향상을 전면에 내세웠다. 이 모
두는 노동 인력으로서의 인간관을 전제하고 그 능력의 활용을 최대화
하기 위한 의도를 담고 있다.

교육에 대한 정책도 같은 맥락 속에 놓여 있었다. 4차 경제개발계획
에서는 실업계 진학을 적극 권장하여 사회에 필요한 인재를 양성토록
할 것과 기술교육을 확대 강화하여 취업촉진 처우개선을 도모한다는
내용이 포함됐다(보사부, 1975, 제 4차 경제개발계획: 447). 이 시기에 여
성 취업에 대한 언급이 부쩍 늘어난 것도 주목할만한 부분이다. 여성
을 저임금 노동력으로 동원하여 노동 집약적 산업에의 진출을 유도하
려는 경향 또한 인간을 노동력으로 등치시키고 그 상품화를 도모하는
정책적 노력의 일환이었다. 특히 여성 노동력은 가족계획사업의 성공
적 수행을 위해서는 기혼 여성의 취업률이 높아져야 한다는 논리 하에
활발히 논의되었다(가족계획원구원, 1978, 1977-1991 한국가족계획사업장
기전망: 125). 이 시기에 노동력의 상품화가 여전히 그 자체로 뚜렷이
부각되기보다는 '인간의 능력개발'의 차원에서 기본적으로 전제되는

가치로 등장한 것은 사실이지만 노동력으로서의 인간관의 등장은 경제적 영역에서의 근대성의 모습을 보다 완성된 형태로 주조해내는 계기가 되었다는 점에서 그 자체로 주목할 만한 부분이다.

자본주의적 가치와 함께 경제적 영역에서의 근대성을 구성하는 '산업주의'도 이전보다 한차원 발전된 형태를 보여준다. 헌법에서 과학기술에 대한 언급이 등장한 것은 이미 1948년부터의 일이나 경제발전이라는 국익 추구라는 목표 하에 본격적으로 과학의 발전이 국가적 차원에서 장려되기 시작한 것은 1970년대의 현상이었다. 1972년 개정 헌법은 대통령이 경제, 과학기술의 창달과 진흥을 위하여 필요한 자문기구를 둘 수 있도록 하여 과학에 대한 가치 부여에 앞장섰다. 이는 물론 과학과 산업주의가, 당시 괄목할만한 수준으로 일관되게 강조되었던 경제성장이라는 목표를 위해 불가피한 요소로 인식되었기 때문이었는데, 국익과의 연계는 이들이 전 시기에 비해 유리한 위치에 설 수 있는 중요한 기반이 되었다.

(3) 문화적 영역: "한국적" 민주주의의 토착화

박정희 정권은 1972년 개정 헌법에서 특징적으로 '자유 민주주의'라는 용어를 처음 사용함으로써 스스로의 정치적 성격을 대내외에 표방했다. 헌법 전문에서 "자유민주적 기본질서를 더욱 공고히 하는 새로운 민주 공화국을 건설한다(헌법 제8호)"는 표현이 등장했고, 곳곳에서 국민의 자유와 권리에 대한 내용들이 유지되었다. 그러나 앞서 근대국가 영역을 조명할 때 드러났다시피 당시 국가는 자유권 제한의 근거를 곳곳에 마련해둔 상태였다. 국가의 기형적인 팽창은 근본적으로 개인의 권리를 억압하는 위협적인 요소로 작용하고 있었다. 60년대에 시작

된 자유 민주주의적 영역의 식민화 현상은 이 시기에 이르러 더욱 가
속화되었다.24)

이 같은 상황을 집약적으로 보여주는 것이 '한국적' 민주주의 담론
이다.25) 1972년 헌법 개정은 "민주주의의 합리적 토착화를 기하고 국
민의 기본권을 우리나라의 실정에 알맞게 최대한 보장하는 것을 목표
로" 하는 것으로 규정되어(법제처) 한국의 실정에 맞는 민주주의의 모
색과 정착을 이 시기의 주된 과제로 부각시켰다. 그러나 '한국적 민주
주의', 혹은 '민주주의의 합리적 토착화'로 명명된 이러한 변화는 사실
상 선거, 토론, 집회 및 결사 등 자유민주주의의 절차적 기본 원칙마저
도 부인하는 반자유주의, 반민주주의의 도래 그 자체였다. 헌법상으로
는 체포, 구금시 구제 청구권과 자백 증거 불인정 원칙 등의 조항(헌법

---

24) 그렇다고 해서 당시 개인의 행복이나 권리가 가족정책 자료들 속에 전혀 언
급되지 않았던 것은 아니다. 당시 3, 4차 경제개발계획에서는 특히 보건 사업
과 관련된 각종 정책들의 목표 혹은 기대 효과 차원에서 국가의 경제성장,
생산력 증대와 함께 개인이나 가족의 행복과 안녕을 병렬적으로 제시하는 경
향이 있었다. 즉 인구 조절이나 각종 보건사업(결핵, 성병, 기생충 예방 등)의
필요성이 국가를 위해서는 물론 개인과 가족을 위해서도 좋은 것이라는 논리
가 부각된 것이다. 가족의 정신적 피해, 가정의 행복 파괴 등은 중요한 사회
적 손실의 하나로 언급되곤 했다(보건사회부, 1972, 제 3차 5개년계획-보건부
문). 그러나 이는 국가의 발전과 개인의 행복이 어떻게 관련되는지에 대한
구체적인 설명없이 단순히 거시적 차원의 목표와 함께 미시적인 효과가 구색
을 맞추어 덧붙여지는 식에 그쳤다는 점에서 실제 정책 속에서 개인주의적
가치에 대한 관심이 구체화되었다고 보기는 힘들다.

25) '한국적 민주주의'는 박정희 정권의 산물이기보다는 싱가포르의 리콴유나 말
레이시아 마하티르가 주장했던 '아시아적 민주주의'의 변종이다. 최근 서구에
서 관찰되고 있는 가족의 해체와 개인주의의 과잉을 지켜볼 때 분명 서구 민
주주의가 최선의 미덕은 아니다. 그러나 하나의 담론을 평가하는데 내용 못
지않게 중요한 것은 그 '효과'이다. '한국적', '아시아적'이라는 특수주의가 과
잉화될 때 이는 오히려 민주주의적 원칙에 대항하는 이데올로기 도구이자 사
회의 조정과 공작을 옹호하는 담론으로 변질될 가능성이 높다(김호기, 1999:
198).

제 6호 제 10조 5, 6항)이 삭제되었고, 신설된 대통령의 긴급조치권(헌법 제 8호 제 53조)은 국민의 자유와 권리를 제한할 수 있는 권리를 대통령에게 일임했다.

헌법에 규정되었던 '국민 자유의 본질적인 부분은 침해할 수 없다'는 표현도 사라져 자유권의 불가침적 성격 자체가 부인되었다. 근대국가의 '합리적 문제해결'의 가치를 논의하면서 언급했던 바와 같이 법치주의에 근거해서 자유권 제한의 근거를 마련한 것 또한 자유주의의 입지를 크게 축소시켰다. 자아와 정신의 자유에 대한 억압은 그것으로 끝나지 않고 자율과 참여를 바탕으로 하는 실질적인 민주주의의 가능성을 봉쇄하는 결과를 야기한다는 점에서 자유민주주의 영역의 쇠락은 이미 예고된 것이었다. 헌법 개정에서 조국통일이 이루어질 때까지 지방의회는 구성하지 않을 것을 명시한 것에서도(법제처) 국가 권력의 집중이 강조되었다.

구체적인 정책상에서도 인간 존엄성에 대한 침해가 심화된다. 가족계획사업에서는 여전히 여성의 재생산에 대한 강력한 통제와 개입을 지속하는 가운데 여성의 몸에 대한 권리를 전면적으로 부인했다. 1973년 국회가 해산된 상태에서 비상국무회의를 통과, 공포된 모자보건법은 처음부터 모성주의적 접근에서 출발한 것이 아니었으므로, 여성의 출산권에 대한 고려 또한 포함하지 못하였다. 인공임신중절수술의 경우 반드시 배우자의 동의를 필요로 하며, 부득이한 경우에는 부양의무자의 동의로 갈음할 수 있게 됨에 따라 출산은 여성의 문제로 간주될 수 없었다(모자보건법 법률 제 2514호 제 8조 인공임신중절수술의 허용한계). 여성의 몸에 대한 권리나 신체의 안정성 역시 크게 관심사가 되지 못하였다. 사실상 적합한 자녀수의 표준과 피임 실천의 양적 목표치를 제시하고 실적 위주의 사업을 전개해 나가는 일련의 과정 속에서 여성 개인의 선택권과 자율성에 대한 적극적인 보호를 기대하기란 불가능했다(배은경, 2004).[26]

몸에 대한 권리를 침해당한 것은 여성만이 아니었다. 유전 또는 전염되는 질병에 걸린 경우 보사부 장관이 강제불임수술을 명령할 수 있도록 한 당시의 법조항은(동법 제 9조 불임수술절차 및 소의 제기; 동법 시행령 대통령령 제 6713호 제 4조 불임수술대상자 보고 및 명령 등) 인권 침해의 소지를 감수하면서까지 출산에 대한 국가의 강력한 개입을 법제화한 것이었다. 불임수술을 받은 대상자가 복원수술을 받기를 원할 경우 "기존 자녀의 죽음 등으로 복원수술을 해도 국가의 가족계획사업취지에 위배되지 않는다고 사료될 때만(보사부, 1973, 가족계획사업실천요

---

26) 그러나 이러한 양상으로 미루어 여성이 단순히 가족계획사업의 폭력적이고 강제적인 전개 속에 수동적으로 휩쓸리기만 한 존재로 보아서는 안 될 것이다. 일례로 배은경(2004)은 실상 당시의 여성들이 일선에서 출산 조절의 필요성을 계몽하고 설득하는 가족계획사업 요원으로서, 혹은 실제 출산 조절을 능동적으로 실천하는 주체로서, 구체적인 '실행'을 담당하는 하급 수행자였다고 본다. 60, 70년대의 급격한 출산율의 저하는 국가의 인구 정책이 자녀 양육의 어려움이나 경제적인 문제 등 다양한 원인으로 인해 여성들에게 이미 존재했던 출산 조절에 대한 욕구와 맞물린 결과였다는 것이다. 가족의 지위를 생산하고 자기 자신의 삶의 안정성 확보를 위한 전략적 선택으로 출산 조절에 적극적으로 가담했던 여성들의 적극성은 분명 당시 가족계획사업이 단순히 여성의 몸에 대한 권리를 침해하는 부정적인 힘만은 아니었음을 가늠케 한다. 가족계획사업이 오히려 여성을 반복적인 '출산'이라는 굴레에서 자유롭게 한 측면이 분명 존재하기 때문이다. 그러나 배은경의 논문에서도 지적되고 있듯이 이 때의 여성이 처한 위치나 상황은 남편이나 시댁을 비롯한 타인의 의지에 반하여 출산에 대한 결정을 내릴 수 있는 자기 결정(self-determination) 권에 미치지는 못하였다. 따라서 출산 조절에 대한 여성들의 태도가 주어진 국가적, 가족적 삶 속에 복속된 상태에서, 그리고 제한된 선택지들 속에서 택해야 했던 일종의 생존 전략이었다는 점을 생각할 때 당시 여성들의 자발적 참여 역시 가족계획사업에서 간과되어서는 안 될 중요한 부분이지만 그 의미가 지나치게 확대 해석되어서는 안 될 것으로 생각된다.

강: 102)" 그 수술을 허용한 것 또한 남녀 모두의 출산과 몸에 대한 권리가 통제되는 당시의 상황을 뒷받침한다.

태아의 생명권 역시 관심사가 되지 못했다. 모자보건법에서 합법적인 인공유산에 대한 규정을 마련하고 의사가 아닌 사람도 일정 훈련을 이수하면 자궁내 장치 시술을 할 수 있도록 허용함에 따라 1960년대에 종교계의 반대로 무산되었던 인공유산의 합법화 조치가 감행되었는데, 이는 태아의 권리를 철저히 묵과한 시책이었다. 일종의 조기낙태법인 월경조절술(MR. Menstration Regulation)이 소개되고 그 법적 근거가 마련되어 보건소를 통해 시술될 수 있게 된 것 역시 정부가 태아의 생명보다 성공적인 인구조절에 집중하고 있었음을 드러내준다.[27] 임신 중절에 대한 허용도도 매우 높아서 4개월 이상 된 태아를 낙태해도 분만비, 보험료까지 지급되는 실정이었다(보사부, 1979, 의료보험관계법령집: 200).[28]

---

27) 월경조절술은 1970년대초 개발된 출산조절 기술로, 월경예정일에 월경이 없을 경우 예정일로부터 10여일 이내에(임신 8주 이내) 자궁 내용물을 음압을 이용해서 흡인기로 빨아내는 방법이다. 그런데 이 방법은 시술 전에 임신 여부를 확인하지 않으므로 낙태인지 아닌지 불명확한 점이 있어서 한국사회에 피임법의 하나로 소개될 수 있었다(배은경, 2004: 230) 당시의 가족보건 업무규정 19조(피임시술의 대상자) 3항에는 피임 실패자로서 무월경 상태가 8주를 초과하지 않은 자는 무조건 대상이 될 수 있도록 되어 있었다.

28) 피임시술의 하자로 임신한 경우에는 아예 국가가 나서서 무료로 진료하거나 재시술 하도록 규정되어 있었는데, 여기에는 대상자가 원하는 경우 월경조절 시술까지도 포함할 수 있게 되어 있어서 실질적으로 국가가 낙태를 주도하는 역할을 수행하기도 했다(1973년 가족보건업무규정 제38조 부적용 환자의 진료절차 등). 이렇게 태아의 권리에 대한 고려가 전무한 양상은 뱃속의 태아에게 대습상속권이라는 이름으로 부인에 우선하는 호주 상속권을 부여하던 당시의 민법의 내용과 매우 대조적이다. 이는 가계 계승이라는 목표 하에서만 태아의 존재와 생명권 등의 권리가 인정되고 존중받았던 상황을 보여주고 있다 할 것이다.

유일하게 인권에 대한 고려가 유지, 강화되었던 부분은 '아동'과 관련한 영역이다. 70년대 중반까지 주로 요보호 아동 대상의 시설 보호 중심에 머물러 있던 아동정책이 70년대 후반부터 일반 아동 전체로 그 대상을 확대하려는 시도가 이루어지면서 아동의 인권과 복리에 대한 관심이 고양되었다. 1978년, 일반 아동의 요구를 수용하기 위하여 대상의 범위를 늘린다는 내용을 골자로 한 「탁아시설운영개선방안」이 발표되고 기존 어린이집의 유치원화가 실시되는 등 요보호 아동에 대한 보호 뿐 아니라 일반 아동의 인권에 대한 고려가 아동정책의 내용으로 자리잡기 시작했다. 1961년 제정된 고아입양특례법을 국내 입양을 중심으로 하는 내용으로 조정한 입양특례법의 제정(1976)도 아동의 복리를 강조하는데 일익을 담당하였다. 동법(입양특례법 법률 제 2977호) 제 3조(양친될 자격)와 제 11조(양친의 가정조사와 비밀 유지) 등의 조항은 모두 부모될 자격조건을 강화함으로써 아동의 인권과 적절한 양육 및 보호를 받을 권리를 명확히 하는 내용을 담고 있었다.

한국적 민주주의의 정착이라는 목표 하에 아동의 경우를 제외한 모든 인권과 자유가 침해되는 모순된 현실 속에서 나타난 한가지 변화는, 민주주의적 가치라 할 수 있는 평등과 형평성의 가치가 최초로 부각되었다는 것이다. 그 중에서도 특히 활발히 담론화되었던 것이 '남녀평등'과 '소득 재분배'이다. 최초로 남녀평등을 추구하는 방향으로 친족법 등 관계법령을 개정하는 방안이 논의되고, 남녀차별 시정 노력 등의 표현이 정책자료에 빈번히 등장하게 되었다. '소득재분배'의 가치 또한 '성장', '안정', '균형'을 기본기조로 삼았던 3차 경제개발계획과 '성장', '형평', '능률'을 기조로 삼았던 4차 경제개발계획에서 연이어 강조되는 일련의 과정을 거쳐 빠른 속도로 자유민주주의적 가치의 일부로 흡수되었다. 특히 4차 경제개발계획에서는 "착실한 성장과 사회개발"을 슬로건으로 내걸어 조야한 수준에서나마 재분배 가치에 대한 관심을 명확히 했다.

그러나 '평등'과 '형평성'의 등장이 그 자체로 자유민주주의 영역의 확장과 부활의 신호로 해석되기에는 무리가 있다. 남녀평등의 기치 하에 여성 취업이 장려되었으나 이는 평등 그 자체의 실현을 목적으로 한다기보다 가족계획의 성공적 수행을 위한 여성의 출산력 억제 차원에서 논의된 것이었다(가족계획원구원, 1978, 1977-1991 한국가족계획사업 장기전망: 125). 유배우 여성의 취업률이 높아지면 출산률이 낮아질 것이라는 단편적인 전제 하에 남녀평등이 '국가의 이익'을 위한 수단적 가치로 부각된 셈이다. 출산력 억제를 위해 여성 취업이 촉구된 것이다 보니 기혼 여성만이 고려 대상이 되었을 뿐 여성의 사회 진출이라는 보편적인 주제로 논의가 확장될 이유도 없었다. 실질적으로 여성에 대한 국가의 접근방식은 여전히 평등보다는 보호의 성격에 치우쳐 있었으며 여성 인권이나 평등한 인간으로서의 권리는 본격적인 논의의 대상이 되지 못했다. 예외적인 여성들에 대한 국가의 보호 조치들이 여성정책의 주를 이루는 가운데 말로만 제시된 남녀평등 가치는 그 본연의 의미를 찾지 못한 채 가족계획의 논리적 근거로 도구화되고 말았다.

'소득재분배'의 가치 또한 민주주의 본연의 가치로서 제시되었다기보다는 이것이 궁극적으로 생산수준의 향상, 경제개발의 바탕이 된다는 점에서 관심의 대상이 되었다. 당시에는 특히 "사회적 투자"에 대한 활발한 논의가 이루어졌는데, '생산요소인 인간과 그 생활환경에 대한 임금외적 지출'을 뜻하는 사회적 투자는 사회 복지 증진 등을 포함하는 넓은 의미로 이용되면서 그 자체로 "소비가 아니라 생산적인 특성을 지니며", "노동생산성을 높임으로써 지속적인 경제성장을 가능케 한다"는 점에서 "전체적 경제개발의 통합된 부분으로 추진되어야" 한다는 점이 집중 부각되고 있었다. 의료보험 역시 "국민의료균점을 통해 경제개발을 뒷받침하고 재분배를 통해 생산수준을 향상시켜 경제계획에 기여한다"는 이유로 확대 적용이 모색되었고, 의료보험이 소득재분배 효과를 가지는 동시에 노동생산성 향상에 막대한 기여도를 갖는다고 주장되어 소득재분배가 경제성장을 위한 하나의 하위 요소로 위치되기에 이른다(보사부, 1969, 제 3차 경제개발 5개년계획). "산업구조의 고도화와 안정적 균형성장"에 초점을 맞춘다는 3차 5개년 계획의 설명에서 알 수 있듯이 초점은 분명 '성장'에 있었다. "공업과 농업간의 불균형을 해소하고 중화학공업의 육성을 통해 산업구조상의 불균형을 해소함으로써 지속적인 성장세를 이어가고자(대한의학협회 조사연구실, 1982: 12-13; 보사부, 1984, 보건복지백서: 3)"하는 취지 하에, 그 노력의 일환으로 재분배에 대한 관심이 고조되었다는 뜻이다.

이외에 60년대에 등장한 근대적 개인주의가 시설수용 감축과 자활원칙에 대한 강조 등을 통해 그 성격 그대로 국가정책 속에서 부각되는 가치로 남아있었던 점(보사부, 1971), 사회적 부양의식을 고취하고 사회적 연대를 강조하는 경향이 일관되게 지속된 점 정도가 이전 시기와의 연속성을 보여주는 부분이다. 이 부분을 제외하면 유신체제 하에서 자유 민주주의 영역은, 아동 관련 부분을 제외한 전 영역에서 개인의 자유와 존엄성이 억압당하고[29] 새로이 등장한 평등과 소득재분배

---

29) 정책자료들에서 '개인의 행복'이 언급되기는 하지만 여전히 거시적인 차원에 대한 강조와 구색을 맞추기 위한 수준을 벗어나지 못했다. 산재 관련 정책의

의 가치가 경제성장이라는 목표 하에 왜곡되고 변질되는 일련의 과정을 거쳐 한없이 축소되고 피폐해져갔다. '자유민주주의'를 수호한다는 유신정권의 구호가 무색하게 압축적 경제성장의 신화에 압도되어 박제화된 자유민주주의적 영역은 그 근본부터 훼손당한 채 체류하고 있었다.

3) 거시적 차원에서의 자유민주주의의 몰락과 근대국가와 경제 영역의 접합

1962-1972년 동안 거시적 차원에서의 근대성 가치들 간의 상호 연계가 주로 근대국가의 확고한 우위 하에 경제 영역과 문화 영역이 그 하부구조로서 존재하는 가운데, '근대국가'를 중심으로 한 가치의 접합 ―국가의 이익에 산업주의와 개인적 가치가 부착되고 국가합리성과 감시기능의 증진이 결합되는― 이 특징적으로 이루어졌다면, 1970년대 이후에는 근대성 내부의 모순과 위계가 그대로 유지, 강화되는 한편 접합의 차원에서 보다 복합적인 성격이 증대된 면모를 보인다.

우선 정치, 경제, 문화 세 영역의 관계를 살펴보면 나머지 두 영역에 대한 근대국가의 지배적 권위는 한층 더 강화되었다. '정치 영역'과 '경제 영역'의 두 차원에서는 광범위한 국가의 통제력 확대와 함께 자본에 대한 근대국가의 우위가 확고해지면서 발전 지상주의를 내세운 국가의 적극적인 옹호 하에 '생산력 중심주의' 및 '노동생산성', '산업주의'

경우 국민의 건강하고 행복한 생활을 좀 먹는다는 점에서 그 대책을 부심하는 양상을 보이는데(보사부, 1969, 제3차 경제개발 5개년계획: 261-262), 이는 경제성장과 생산력의 추구, 효율성의 증대 등의 차원과 균형을 맞추는 차원에서 양념처럼 등장한 것이었다는 점에서 그 의미를 확대 해석하는 우를 범해서는 안 될 것이다.

의 가치가 크게 확대되었다. 자유 민주주의적 가치에 대한 근대국가의 영향력과 통제권은 이보다 더 극단적인 모습을 띠었다. 근대국가의 기형적 팽창과 이로 인한 문화적 영역의 식민화는 이 시기에 발현된 근대성의 모습 그 자체였다 해도 과언이 아니다. 자유 민주주의에 대한 근대국가의 지배는 결국 의회 민주주의적 외양마저 벗어던진 왜곡된 형태의 문화를 양산하며 본연의 자유민주주의적 가치와 충돌, 이를 훼손하는 결과를 파생시키고 있었다.

이는 60년대에 이미 존재했던 근대국가의 우위로 인한 잠재적 모순이 이 시기에 비로소 두 가지 상반된 형태로 표출된 것으로 파악할 수 있다. 경제적 영역은 국가의 비호 하에 다양한 가치들의 성장으로 그 내적 성숙과 확장의 경험을 했던 반면, 자유민주주의적 가치는 권위주의적 국가의 강제 하에 대부분의 가치들이 왜곡되고 포기되어 양 영역에서의 명암이 엇갈렸다. 근대국가의 증진된 힘이 장기간 내재화되어 있던 경제, 문화 영역과의 모순과 긴장을 상이한 방식으로 외부로 드러나게 한 셈이다. 이 중 자유 민주주의적 가치들은 근대국가의 개별적인 가치들과 다양한 맥락에서 충돌하였고, 이를 통해 그 입지가 더욱 축소되었다.

당시 근대국가 차원에서 크게 확대된 '국가의 이익', '감시능력의 증진', '국가합리성', '법치주의' 등은 모두 자유민주주의와 충돌하는 양상을 보였다. 평화 통일을 위해서 민주주의의 한국적 토착화가 필요하다는 논리 하에 통일주체국민회의를 국민의 주권 수임기관으로 한 것이나 "국민의 자유와 권리를 제한하는 법률의 제정은 국가안전보장, 질서유지 또는 공공복리를 위하여 필요한 경우에 한한다(헌법 제 8호 제32조 2항)"고 규정하여 평화 통일과 관련된 국가 안전보장을 자유와 권리를 제한할 경우의 근거로 제시했던 것은 모두 넓은 의미의 '국가의 이익'이 국민의 자유권보다 우선함을 내보인 것이다. '감시 능력의 증진'은 보다 직접적으로 자유민주주의적 가치에 통제와 제약을 가했다. 앞서 언급했던 바와 같이 법치주의를 국민의 자유와 권리를 제한할 근거로 제시했던 것 또한 '합리적 문제해결'이라는 근대국가적 가치에 의한 자유 민주주의의 패배를 의미했다. '국가합리성'의 경우 보다 간접적인 형태이기는 하지만 '능률'을 명분으로 대통령에게 절대 권력을 일임하는 것을 정당화하기 위해 등장한 개념이었다는 점에서 자유민주주의와 기본적으로 상충하는 성격을 보였다. 이렇게 다각화된 일방적이고도 역기능적인 상호작용 속에서 자유민주주의는 근대성의 그늘로 남아있을 수밖에 없었다.

근대성의 내적 모순과 긴장이 자유민주주의의 탈각이라는 극단적인 결과를 가져왔던 것에 비해, 나머지 두 영역간의 관계는 보다 공고해졌다. 자유민주주의 영역이 탈락한 상태에서 근대국가와 경제 영역의 논리적 상호 접합이 한층 활발해진다. 60년대에 근대국가를 중심으로 몇몇 가치들이 연계되는 초기적 현상이 나타났다면 이 시기 근대성 내부의 결합은 근대국가와 경제적 영역의 두 영역을 중심으로 보다 포괄적이고 체계화된 형태를 띠었다. 여기에는 크게 두 개의 축이 존재했는데, 그 정점에는 국가의 이익, 즉 '경제성장'의 가치가 놓여져 있었다.[30] '국가의 이익'을 기준으로 한 쪽으로는 '국가합리성', '감시능력의

---

30) 국가의 이익이 당시 근대성 내부의 정점에 위치하고 있다는 점은 당시 지배적인 경향으로 나타나는 가치들의 접합 이외에도 여타의 많은 가치들이 국익이라는 단일 목표와 직접적으로 연계되고 있음에서도 드러난다. 빈번한 출산이 모성사망률을 증가시킨다는 논리 하에 모성 보호가 국가의 이익 추구에 기여하는 조치라는 점이 부각되었고, 소득재분배의 가치 또한 지속적인 경제

증진', '합리적 문제해결'과 같은 근대국가적 가치들이 결합했고, 또 다른 한 쪽으로는 '생산력 중심주의'와 '산업주의'의 경제적 가치가 결합하는 구조가 형성되었다.

먼저 이 중 한 차원인 정치적 영역에서의 접합을 이해하자면 근대국가의 내적 가치들이 모두 상호 논리적인 연계와 친화력을 가지고 서로가 서로를 강화하는 관계에 있었음을 상기할 필요가 있다. 헌법상에서 능률의 극대화, 강력한 국력을 조직화한다는 명목 하에 삼권분립을 무시하고 대통령의 일인 독재를 합법화한 것은 '국가의 감시능력의 증진'이 '국익'과 '합리성' 확보를 위한 조치라는 논리로 설명되었다(법제처). '국가의 이익'과 '감시 능력의 증진'은 가족계획사업이라는 구체적인 정책 속에서 항상 결합해 있었다. 국익을 추구하기 위한 수단으로 국가의 통제권의 확대가 이루어졌기 때문이다. '국가합리성'은 또한 "정치, 경제, 사회, 문화 등 모든 영역에서 안정을 유지하고 번영의 기반을 확고히" 하기 위한, 즉 '국가 이익'을 위한 수단으로 규정되었다.

이 같은 논리구조를 따라가자면 근대국가 차원의 접합은 표면적으로 정점의 국가 이익-평화통일, 경제성장, 국력 배양-을 기점으로 그 아래에 '국가합리성'이, 그리고 또 그 아래에 '감시 능력의 증진'이 부착된 위계 구조를 그리게 된다. '감시 능력의 증진'은 '국가의 이익'

발전을 위한 것으로 강조되었다. 여성노동력의 상품화나 남녀평등 역시 기혼여성의 취업률이 높아지면 출산력이 낮아지고 궁극적으로 경제성장에 기여할 수 있다는 전제 하에 강조된 가치였다. 결국 경제성장이라는 국가적 이익의 가치로 다양한 근대적 가치들이 수렴되었던 것이다. 그러나 이러한 측면들에 대해서는 앞서 정치, 경제, 문화적 영역에서의 근대성에 대해 설명하면서 그 내용을 부분적으로나마 모두 다루었고, 이러한 내용이 당시 근대성의 성격을 대표하는 특성은 아니기에 본문에서는 이 부분을 따로 논의하지 않았다.

과 '국가합리성'을 위해 필요한 요소이고 '국가합리성'은 국가의 이익을 위해 필수적인 요인으로 간주된 셈이다. 그러나 실제 내부를 들여다보면, '국가합리성'은 국가의 '감시 기능의 증진'과 '국익' 추구를 정당화하기 위해 동원된 하위 논리였다. 가족정책과 법제상에서 국가합리성을 근대국가적 가치 중 우위를 차지하는 것으로 설정한 것은 스스로의 논리를 공고히 하기 위한 전략에 불과했다. '합리적 문제해결'의 가치가 '법치'를 앞세워 '감시 능력의 증진'을 뒷받침하는 하위 논리로 이용되었던 것도 같은 맥락이었다. 이렇게 경제성장을 목표로 하는 국가의 통제 확대와 이를 정당화하기 위한 국가합리성 개념과 합리적 문제해결 가치의 동원은 국가 권력의 무제한적 성장을 내용으로 하는 하나의 축을 구성하며 당시 근대성의 내적 역동성을 체현하고 있었다.

국가의 이익과 생산력 중심주의, 산업주의로 연계된 나머지 한 축은 그 자체로 생산 패러다임을 이루는 것으로서, 국가 목표로서의 경제발전과 시장의 원칙을 무너뜨리지 않는 범위 내에서 경제에 대한 국가의 전략적 개입을 장려하는 '발전국가'의 성격을 명확히 드러내는 부분이다. 제3차 5개년 계획에서는 경제 개발 차원의 국가 이익 추구와 생산성 증진이 매우 중요한 주제였고 그 결과 당시의 가족정책들은 국가 이익과 생산성 증대를 최우선으로 하는 일괄적인 관점에서 수립되고 실행되어야 했다. 보건 사업이 경제발전을 촉진하는 생산적 요인으로 강조되고, 산업재해 관련 정책이 산재로 인한 엄청난 경제적 손실을 막기 위해, 그리고 작업능률과 의욕을 증진시키기 위해 필요하다고 주장된 것은 이러한 맥락에서였다. 산업보건을 통해 얻어지는 이득과 경제발전 효과가 강조되었고 의료보험도 노동생산성을 증진시키고 경제개발을 뒷받침한다는 차원에서 그 필요성이 제기됐다(보사부, 1969, 제

3차 경제개발 5개년 계획). 가족계획 역시 인구 부양비를 낮추고 노동력 구성비를 높여 경제성장에 기여할 수 있는 방안으로 설명된다. 노인 복지를 촉구한 것도 노인 문제가 활동 인구에 대한 경제적 부담을 가중시키고 저축 및 투자의 감소로 생산 증대에 저해를 가져온다는 사실에 기인한 것이었다. 요보호 여성복지 또한 "단순보호로부터 탈피하여 요보호 부녀자의 적극적인 능력개발을 통해 건전한 직업활동을 하게 하여 산업발전에 이바지"하도록 하는 것이 그 궁극적인 목표였다(보사부, 1972-1976. 제 3차 경제개발 5개년계획: 357).

이러한 현상들은 모두 3차 경제개발계획과 4차 경제개발계획 모두에서 균형, 형평 등의 가치가 정책기조로 표명되었음에도 불구하고 여전히 실질적으로는 성장 우선의 관점이 견지되었음을 주지시켜준다. 경제적 영역에서의 생산력 증대와 근대국가 차원에서의 국가 이익을 공고히 결합시키고 이 둘을 지고의 원칙으로 제시하는 이러한 지배적 분위기 속에서 생산력 증대를 위한 기술과 과학 진흥의 의지가 더해져서 근대성의 제도적 접합의 또 다른 축이 완성되었다. 이는 당시 경제성장 제일주의, 발전 지상주의의 공고하고도 거대한 담론구조를 그대로 드러내는 동시에, 확장된 국가 권위와 함께 경제발전에 대한 무조건적인 집착이 당시 근대성의 내용을 구성하는 주된 부분이었음을 확인시켜 주는 부분이라 하겠다. 〈그림 2〉는 당시 가족정책 속에서 표면적으로 드러난 정치, 경제, 문화적 영역에서의 근대성의 내적 관계를 간략히 도식화한 것이다.

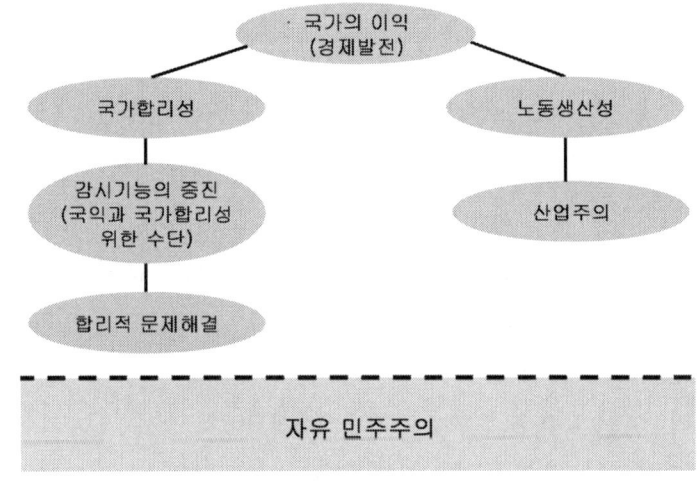

〈그림 2〉 1972-1980 거시적 제도 내부의 위계적 접합과
자유민주주의의 탈락

2. 거시적 제도와의 관계 속에서 본 가족의 근대성

1) 소자녀 가족 담론의 강화

(1) 소자녀 핵가족주의의 심화

박정희 정권 집권 전반부인 60년대에 이미 발견되었던 거시적 차원
에서의 근대국가와 경제적 영역의 성장이 70년대에 이르러 기형적인
팽창단계에 돌입했다는 점에서 이전 시기의 연장선상에서 그 성격이
극대화되는 추이를 보여주었던 것과 유사하게, 가족 역시 이 두 영역
과의 관계 속에서 본질적으로는 이전과 유사한, 그러나 한층 강력한
구속력 하에 60년대 초반에 시작된 변화의 양상들을 한층 확고히 체현
하고 있었다.

당시 가족은 소자녀 핵가족주의에 대한 한층 증폭된 근대국가의 요
구에 노출되었다. 제 3차 경제개발계획에서는 건전 가정 육성을 통한
경제발전 및 보건 및 사회복지의 증진을 도모하는 것을 목표로 삼고,
가족계획사업을 건전 가정 육성을 위한 방안인 동시에 국민경제 안정
과 사회복지를 향상시키는 중추 사업으로 간주했다(보사부, 1969, 제 3
차 5개년계획; 보사부, 1973, 가족계획사업실천요강). 그 결과 소자녀 핵가
족주의는 70년대 최대 목표였던 근대화라는 '국가 이익'을 위한 필수
요소로 다시 한번 확고한 위치를 점했고 각종 유인책과 보상제도가 마
련되어 그 정착을 위한 노력에 박차가 가해졌다. 특히 가족계획사업이
국민소득 배분율을 증가시킴으로써 경제 안정과 사회복지 향상을 기
할 수 있게 한다는 점이 집중 부각됨에 따라 이러한 가족 변화는 '성장'
과 '복지' 모두를 위한 필수조건으로 주장되었다(보사부, 1973, 가족계획
사업실천요강: 13).

여기에 소자녀 핵가족주의의 당위성을 확보하기 위한 차원에서 '스
위트홈, 행복한 가정'의 이미지가 적극 활용되기 시작한다. 정책 자료
들에서는 가족계획이 "가정 차원에서 가정의 즐거움을 즐길 수 있게
하는" 중요한 요소임을 부각시키면서 소자녀 핵가족의 가치가 실현될
때 행복한 가정, 스위트 홈이 자동적으로 따라온다는 사실을 기대 효
과 차원에서 거듭 강조했다. 소자녀관을 장려하는 가족계획운동은 "명
랑하고 윤택한 가정생활을 이룩"할 수 있는 첩경으로 설명되었다(보사
부, 1973, 가족계획사업실천요강: 13-17).[31] 궁극적으로는 소자녀 핵가족

---

31) 이는 가족계획협회의 창립취지문과도 동일한데, 그 1항은 '가족계획운동이
　　지향하는 바는 대체로 불임증 부부에 대하여는 임신을 도모하며, 임신가능한
　　부부에 대하여는 그 수태 횟수와 터울이를 조정하므로서 도의적으로나 모성
　　의 건강을 위하여서나 좋지 못한 인공임신중절을 피하고 원치않는 수태를 미

화에 모든 관심이 집중되어 있었던 만큼 이 과정에서 개인에게 삶의 위안과 안식처를 제공하는 가족의 정서적 기능은 소자녀관 실현을 위해, 더 나아가 국가 경제발전을 위해 필요한 부수적인 요소로서 고정되고 만다.

소자녀 핵가족주의를 추진하는 보다 실질적인 힘은 역시 60년대와 마찬가지로 '감시기능의 증진'이었다. 유신체제 하에 국가의 통제권이 기형적으로 확대되었던 것과 무관하지 않게, 가족에 대한 통제력 행사 또한 더욱 다각화, 심화되어갔다. 70년대의 가족계획사업은 '다양한 유인책과 규제책을 통한 통제'가 특징이라 할만큼 국가의 개입이 다양화된다. 1974년 소득세법과 상속세법 개정으로 세 공제 대상을 3명으로 조정한 것에 이어 1976년에는 그 대상 자녀수가 2명으로 제한되었고, 1977년에는 불임시술 수용자에게 입주 우선권을 주고, 그 자녀에게는 취학 전까지 의료혜택을 주며, 불임수술을 받은 영세민에게 생계비를 지급하고 취로사업에 우선권을 부여하는 조치가 단행되었다. 1978년에는 2자녀 불임수용가정에 대한 공동 주택 입주 우선권이 부여되기도 했다. 보다 축소된 규모인 2자녀 가족을 이상적 가족형태로 고정시키기 위해 각종 세금 공제와 주택정책, 의료정책, 공공부조 정책 등이 동원된 셈이다.[32] 당시 가족계획등록 상담기록부를 구비하여 자녀수를 비롯한 개인의 신상관리를 시도한 것이나 의료기관을 수태

연에 방지할 뿐 아니라 태어난 자녀에 대하여는 그 생명을 존중하고 잘 양육하게 함으로서 적절한 가족수 유지와 명랑하고 윤택한 가정생활을 이룩하고 나아가서는 국민생활의 질적 향상을 도모함에 있다'고 되어 있다(배은경, 2004).

32) 이 내용들은 제3차, 4차 경제개발계획과 1970년대 10여년간의 가족보건 참고 자료들에 나타난 내용을 모두 종합한 것이다.

조절 훈련기관으로 지정하여 국가의 체계적인 관리 하에 놓이게 한 것은 모두가 집요한 국가의 통제력이 가족의 출산력 억제를 목표로 작동하고 있음을 보여주는 것이다.

이러한 다각화된 국가 정책들은 1960년대 말 서구에서 제안되어 1970년대에 인구통제기관들에 의해 선호되었던 '가족계획을 넘어서(Beyond Family Planning: BFP)' 전략에서 세제의 혜택 혹은 불이익 같은 다양한 인센티브와 디스인센티브를 통해 출산 행위의 동기 자체를 변화시키려 했던 내용과 매우 닮아있다. 그러나 BFP 모델이 근본적으로 개인들의 출산에 대한 동기와 태도에 주목하여 자발적인 출산 억제 욕구를 유발할 수 있도록 하는 정책적 개입을 추구했던 것에 비해 한국에 도입된 부분은 개인의 욕구나 태도를 고려하거나 그 삶을 지원하는 본연의 의미를 떠나 광범위한 영역에의 개입을 통해 단순히 가족계획 사업을 보조한다는 소극적이고 제한된 의미에 그치고 있었다(배은경, 2004: 171). 소자녀관을 실천하느냐 아니냐에 따라 가족에 이익 혹은 불이익을 제공하는 것에 집중하는 각 정책들의 치밀한 연결망 속에서 국가의 강력한 추진력과 통제 체제는 더욱 강화되었고 자연스레 소자녀 핵가족주의의 가치도 더불어 심화되어갔다.

이렇게 70년대 근대국가의 일방적 영향력 하에 주장된 소자녀 핵가족주의는 '국가의 보호' 가치와는 다소 상이한 관계를 내보이고 있다. 국가의 보호 관점은 60년대에 가족의 경제 공동체적 성격에 필요한, 특히 자녀 양육의무를 효과적으로 수행할 수 있도록 하는 요건으로서 소자녀 핵가족을 전제했던 것과 달리 그 자신이 이상적 가족상을 촉구하려는 목표 하에 활용되는 위치에 놓였다. 당시 가족계획사업에서는 자녀의 부모 봉양의무가 유지되는 것이 부모로 하여금 노후 보장을 위해 더 많은 수의 자녀를 낳게 하기 때문에 부모의 노후 자녀 의존도가 가족계획에 저해 요인(인구증가 촉진요인)이 된다고 보고 일시적으로 가족의 부모 부양 기능을 축소하려는 움직임을 보였다. 부모의 자식에 대한 교육의무가 부모 봉양의 의무나 책임, 전통적인 효 사상보다 더욱 강조된 것은 바로 이러한 맥락에서이다(가족계획원구원, 1978, 한국가족계획사업장기전망: 62; 보사부, 1979, 보사정책 설명자료). 경제개발계획에서도 건전가정 육성 노력의 일환으로 아동관의 전면적 수정을 시도하면서 자녀를 노후 대책이 아닌 소비 대상으로 보게 함으로써 부모 자녀관계에 대한 시각 자체를 변화시키려는 시도가 이루어졌고[7] 이는 곧 직접적으로 소자녀관을 뒷받침하고 그 확산을 촉진하는 효과적인 도구가 되었다. 대신 약화된 부모 부양기능은 '사회보장제도(social security system)의 도입'이라는 국가의 보호 확대를 통해 대체할 것이 주장되었다(보사부, 1972, 제3차 5개년계획).

보다 구체적으로는 '모성보호' 역시 소자녀 핵가족주의의 추구를 위해 논리적으로 동원된다. 모자보건법상 모성의 생명과 건강의 보호에 대한 국가적 책임이 명시된 것이나 가족계획사업에서 여성의 건강에 대한 관심이 증대된 것은 사실상 빈번한 출산이 모성사망률을 증가시킨다는 전제 하에 여성의 건강을 위한다는 명목으로 출산율의 효과적인 억제를 도모하려 한 것이었다(가족계획연구원, 1978, 한국가족계획사업장기전망: 5). 가족의 근대성은 이렇게 부분적으로 근대국가의 '보호' 가치를 활용하는 주체성을 보이지만, 이 또한 결국은 당시 최고조로 팽창되었던 근대국가의 이익이라는 궁극적인 목표 하에 이루어진 현상이었다는 점에서 가족의 근대가 근대국가 차원에 의해 조정되고 이용되는 60년대의 전반적인 틀은 변함이 없다 할 것이다.

경제적 영역과의 관계 속에서는 가족이 이전보다도 자율성을 상실했다. 모자보건사업에서 소자녀 핵가족주의를 위생, 과학, 영양을 강조하는 일종의 산업주의 가치와 결합시키고 출산과 신생아 양육의 과학화, 위생화를 추진함으로써 과학기술의 합리적 이미지를 소자녀관의 정당성의 근거로 부각시키는 경향은 여전했지만 이는 이제 직접적으로 '국가의 이익' 차원에서 그 의미가 재정리되었다. 가족계획사업의 촉진요인으로서 간주되었던 모자보건사업은 모성과 자녀의 건강이 국가의 건전한 국민 양성의 기초가 된다고 보아 과학적, 위생적 분만개조와 육아관리, 신생아의 영양관리 등을 주요 과제로 부각시켰다(보사부, 1974, 모자보건실태조사보고서: 머리말). 출산과 양육의 과학화, 위생화는 질적으로 높은 수준의 국민을 확보하기 위한 필수 요소로 간주되었고, 이는 더 나아가 출산력 억제에도 도움이 될 것으로 전망되었다. 높은 영유아 사망률로 인해 부모들이 '혹시 몰라' 자녀를 더 낳게 되는 것을 방지하기 위해서라도 과학과 위생의 도입은 불가피했다.

산업주의가 국가 발전을 위해 소자녀 핵가족주의의 당위성을 주장하는 성격으로 고정된 것에 이어 70년대에 가족이 경제 영역의 '생산력 중심주의'와 '노동력의 상품화'와 연계된 담론체계 속에 구조화되기 시작한 것 또한 흥미롭다. "가족계획사업의 적극적인 추진으로 급증되는 인구 자연증가율을 둔화시켜 소비성 경제를 억제하여 생산투자를 높이는데 기여하고 국민소득의 배분율을 증가시킴으로써 생산력 증대에 기반한 국민경제의 안정과 사회복지 향상을 기할 수 있게 한다(보사부, 1973, 가족계획사업실천요강: 13)"는 표현에서도 알 수 있듯이 소자녀주의는 이제 국가 경제발전이라는 '국익'보다 한차원 낮은 단계의 목표인 '생산력 증대'와도 공공연히 연계되었다. 실제로 인구부양비 감소

와 노동 인구 구성비 증가, 교육비 절감이 당시 가족계획사업의 효과
로 지적되었고, 거시적인 경제 효과로는 1인당 GNP와 국내저축, 투자
액의 증가가, 미시적 효과로는 영유아소비수준의 저하[33]가 제시되어
생산증대와 소비억제 모두를 위한 출산 통제의 불가피성이 강조되었
다(보사부, 1972, 제3차 5개년계획: 172-176). 이상의 논리 전개에는 가족
이 생산력 증대를 위한 요소로 제시되는 뉘앙스가 강하지만 사실상 그
안에는 생산중심 패러다임에 의거하여 가족 변화의 필요성을 역설하
려는 시도 또한 담겨 있었다.

70년대에 경제적 영역에서 처음 등장한 '노동력의 상품화' 역시 유
사한 맥락에 놓여있다. 앞서 언급했던 바와 같이 이 시기 가족계획사
업에서는 기혼 여성의 사회진출이 출산율을 억제하는데 도움이 된다
는 전제 하에 최초로 여성인력활용의 목표를 구체화했다. "전통 사상
으로 여성 취업률이 낮은 상태에 머물고 있다"는 자각 하에 "유배우
여성의 취업률을 높여서 출산력을 억제"하려는 시도가 이루어졌다(가
족계획원구원, 1978, 1977-1991 한국가족계획사업장기전망). 기혼 여성 인
력의 사회 진출은 실질적으로 경제적 차원에서 비용효과를 갖는 것으
로도 설명되어 여성 노동력의 상품화를 촉진시키려는 다양한 노력들
을 파생시켰다. 여성 노동력의 상품화라는 새로운 가치 역시 소자녀관
을 지지하는 논리로 활용된 것이다.

거시적 영역에서의 근대국가와 경제적 가치들로 구성된 다각적인
망이 소자녀 핵가족주의를 촉구하고 그 논리적 근거를 제공하는 일관

---

33) 영유아의 소비수준은 출생방지아의 연도별 소비수준을 계산하여 출생방지로
인한 소비 이득을 계상하는 단순 방식으로 제시되어 가시적인 효과를 더욱
분명히 부각시키고 있다.

된 힘으로 작동하는 가운데, 상대적으로 축소되고 왜곡되었던 문화적 영역은 가족과의 관계에서도 비교적 여백의 공간으로 남아있었으나, 근대국가와 경제적 영역의 가치들이 요구하는 가족의 변화를 추구하기 위해 자유민주주의적 요소가 극단적으로 도구화되는 경향이 나타나기도 했다. 여성의 취업이 출산력 억제에 기여할 것이라는 기대 하에 부수적으로는 남녀평등의 가치까지도 소자녀의 불가피성을 지지하는 도구적인 역할을 수행하게 된 것이 바로 그것이다. 인구 억제 차원에서 논의되기 시작한 여성 취업의 문제는 결과적으로 남녀평등 방향으로의 친족법 등 관계법령 개정 등을 통한 남녀 차별 시정 노력으로도 구체화되었다(가족계획원구원, 1978, 1977-1991 한국가족계획사업장기전망: 125). 이러한 거시적 구조의 거대한 영향력과 전폭적인 지원 속에서 소자녀 핵가족주의는 70년대의 정책자료 속에 가장 빈번히, 가장 강력한 어조로 등장하는 핵심 가치로 자리잡았고 이는 당시 가족정책 속에 드러난 가족의 근대성을 특징짓는 빼놓을 수 없는 일면이 되고 있다.

(2) 부부 중심주의의 선택적 도입

서구에서 정착된 핵가족주의가 부부 중심적인 성격을 기본적인 내용으로 포함했던 것에 비해 한국사회에서 '부부'에 대한 관심이 어떤 식으로든 가족 논의에 포함되기 시작한 것은 70년대 이후의 일이다. 그러나 가족정책 속에 묘사된 '부부 관계'의 성격은 성과 애정에 기반한 서구의 그것과는 전혀 다른 모습을 띠고 있다.

부부 중심성이라 부를만한 요소가 발견되는 거의 유일한 예는 바로 출산 통제권과 관련된 부분이다. 당시 가족계획사업은 '부부'에게 여건

을 따져서 자녀 출산에 대한 계획을 세우는 근대적 주체가 될 것을 요
구했다(배은경, 2004: 192). 또한 불임 수술에 대한 당시의 높은 허용도
로 인해 누구든 단산을 희망할 경우에는 '부부 협의 하에' 언제든 불임
수술을 받을 수 있게 되어 있었는데, 출산을 가족, 더 나아가 가문의
문제로 보던 당시의 분위기 속에서 이는 매우 이례적인 일이었다(보사
부, 1973, 가족계획사업실천요강: 59).[34] 개인 또는 개별 가족의 자율성이
나 선택의 문제를 배제한 상태에서 '부부'라는 단위가 "국민의 의무"로
서의 출산 조절을 실천하는 주체로 명명된 것이다. 이렇게 출산을 부
부만의 타협의 대상으로 규정하는 것은 인구 조절을 통한 경제성장이
라는 '국익'의 추구라는 점에서 부분적으로 정당화되었기에 가능했던
일이다. 따라서 이때의 부부 중심성은 단순히 부부라는 단위가 정책
속에 부각되는 형식적인 차원에 그치는 경우가 대부분이었다.[35]

　가족 내에서 부부 중심적인 가치관이 좀 더 구체화되는 것은 가족
의 경제 공동체적 성격을 보호하려는 시도 하에 그 속에서 배우자의
권리를 우선적으로 보장해주는 다수의 법제들에서 찾아볼 수 있다. 60
년대에 제정되었던 공무원연금법이나 군인연금법의 유족연금 순위가
민법의 상속순위를 따름으로써 배우자의 특별한 우선권을 인정하지

---

34) 당시에는 루우프 시술, 남녀불임수술이 우선적으로 장려되고 이것이 적합하
　　지 않은 경우, 즉 시술에 의한 피임법이 부적격한 가임부에게만 대상으로 피
　　임약과 기구를 공급하도록 되어 있었다. 이러한 양상은 1977년부터는 영구
　　피임 방법을 중점적으로 보급하는 방향으로 변화되었고 1980년대부터는 터
　　울 조절 위주의 피임법을 보급하는 것에 주력하게 된다(보건사회부, 1981, 보
　　사정책 설명자료: 86; 보건사회부, 1973, 가족계획사업실천요강: 59).
35) 당시 피임 시술의 신청에는 월경 조절술의 경우 배우자의 서명 날인조차 필
　　요없는 경우도 있었다. 결국 남자든 여자든 피임이나 낙태의 경우만큼은 당
　　사자가 혼자서 결정할 수 있는 권한이 주어졌던 셈이다(1973년 가족보건업무
　　규정 제 26조 피임시술의 신청).

않았던 것에 비해[36] 국민복지연금법(법률 제 2655호)에서는 법 27조(가급연금액)와 시행령(대통령령 제 7003호 제 14조 가급연금액)에서 가급연금을 배우자와 자녀에게 지급하되 배우자에게 대한 지급액을 더 크게 설정하도록 규정했고, 연금수급에 있어서도 배우자의 우선순위를 명시했다. 이는 애정 중심적인 부부관계나 그에 기반한 부부 중심성을 전제하기보다는 부부를 가족 공동체 내에서 상대방에 대해 가장 우선적인 경제적 권리를 가진 관계로 규정하는 한국 가족정책의 독특한 발전 경로를 보여준다.

이외에 또 하나 주목해야 할 현상은 당시의 정책 시도들 속에서 가부장제에 입각하여 상하적 구도를 이루었던 부부관계가 평등한 관계로 나아가기 위한 변화의 조짐이 발견되기 시작한 것이다. 개정 가족법(법률 제 3051호)은 미성년자에 대한 모의 친권을 법제화하는 한편, 장남과 모의 상속분을 균등하게 하고 소득불명확 재산에 대한 부부의 공동소유를 인정했으며 미혼딸의 상속분을 장남을 제외한 아들과 같게 상향조정하는 등 전반적으로 여성의 권리를 증진시키는 내용을 담고 있었다. 물론 친권 부모 공동행사의 경우 부부간의 의견 불일치시 남편이 친권을 행사하도록 하는 미온적인 조처에 그쳤고, 성별분업구조나 부부 동거장소, 이혼 부부의 자녀양육권과 친권 등의 많은 조항들에서 여전히 성별에 따른 불평등 구조가 유지되었지만 그래도 몇몇 조항에서나마 가부장제의 타파가 주요 관심사로 부각된 것은 우리 한국 가족의 독특한 핵가족주의 속에 내포된 부부관계의 성격이 점차 평등성을 회복하는 방향으로 변모해가는 중요한 계기였음에 틀림없다.

---

36) 따라서 부인의 경우에는 (시)부모, 자녀와 같은 순위로, 남편의 경우에는 자녀와 같은 순위로 유족순위가 정해져 있었다.

그러나 이 시기의 가족법 개정은 많은 정책자료들에서 가족계획사업
의 효율성 제고를 위해 일찍부터 계획되고 모색된 것이었다(보건사회
부, 1973, 가족계획사업실천요강; 보건사회부, 1974, 모자보건실태조사보고
서).37) 즉, 남아선호로 인한 다산 풍조가 인구 억제의 장애요인이라는
점이 가부장제의 개선과 여권 신장이라는 주제가 전면에 부각될 수 있
었던 논리적 근거였던 셈이다.

소자녀관 조성을 위한 노력이나 직접적인 불임 수술의 권고가 모두
여성에게만 집중된 채 할당된 목표량을 달성하는 데에만 급급했던 당
시의 가족계획사업은 처음부터 성평등적, 성인지적인 관점을 결여하
고 있었다. 경제성장 제일주의라는 '국가 이익' 관점에 입각해서 여성
을 출산 통제의 대상집단으로만 간주하는 가족계획사업의 일환으로
추진된 성별 불평등의 개선 시도가 본원적 한계를 내포할 수밖에 없음
은 당연한 이치였다. 결국 70년대의 정책 자료들은 부부관계가 가족내
에서 차지하는 중요성을 가족계획사업의 결정권이나 서로의 재산에
대한 경제적 권리를 중심으로 논의하는 독특한 한국적 특수성을 드러
내고 있었다.38)

---

37) 가족법 개정안이 국회에 제출된 것은 1975년이었으나 보수계층의 강력한 반
대운동 탓으로 국회가 심의와 결정을 회피하여 제출된 법안이 1년 넘게 심의
되지 못했다. 1976년 12월 1일 남아선호사상이 인구억제의 장애요인이므로
민법상의 남녀차별 철폐에 대한 계획을 세운다는 정부의 종합인구대책이 발
표되자 비로소 개정 심의가 활발히 이루어졌고, 호주제도와 동성동본 불혼조
항은 개정하지 않는 것으로 수정된 상태에서나마 2차 가족법 개정이 시행될
수 있었다. 가족법 개정, 그 중에서도 남녀차별 철폐에 대한 계획이 인구 증
가 통제를 통한 경제발전이라는 목표 하에 전략적으로 선택되고 인구정책 속
에 통합되었던 것이다(조기숙, 한국가족정책의 결정에 관한 연구).
38) 오히려 가부장제의 타파를 위한 노력이 성공을 거두었던 것은 성별 불평등이
아닌 연령에 기반한 불평등 구조의 개선이었다. 이 시기의 개정 가족법에서
는 최초로 자녀의 자율권과 권리 보호의 측면이 부각되었는데 동의를 요하는

2) 경제적 영역으로서의 가족 구조의 공고화

60년대에 이미 자리잡았던, 정서적 기능이 아닌 복지 기능을 중심으로 가족의 경계가 보다 분명해지고 국가가 그 기능을 보조하는 한에서 가족에 개입하는 독특한 현상은 70년대에 건전가정 육성이 조국 근대화의 필수 요소라는 점을 강조하며 가족의 경제 공동체적 성격과 부양 기능을 강조하는 두 차례의 경제개발계획에 의해 더욱 공고해졌다. 제 3차 경제개발계획은 사회 부조 및 장애자, 문제 아동 등을 대상으로 하는 사회복지사업의 적정화를 시도하면서 건전가정 육성 대책을 중심으로 실천방안을 마련했다(보사부, 1972-1976 제 3차 5개년계획: 14). 여기서의 건전가정 육성이 가족 공동체에 기반한 부양과 양육 기능을 정상화함으로써 복지의 문제를 가족의 자기보장기능을 통해 해결하려는 시도였다는 점을 생각할 때, 국가가 기능성을 중심으로 가족을 범주화하는 데에는 적극적으로, 그 기능을 보호하고 지원하는 데 있어서는 소극적으로 관여하는 것이 70년대에도 지배적인 흐름이었다. 제 4차 경제개발계획의 경우에도 유사한 맥락에서 심신장애아동, 문제아동 중심으로 건전가정 육성 목표가 부각되는가 하면, 여전히 가족의 복지 기능을 강조함으로써 이 문제들을 해결하고자 하는 경향이 강하게 나타난다.[39]

연령이 남 27세, 여 23세에서 20세로 대폭 하향조정되고(제 808조 동의를 요하는 혼인), 미성년자도 결혼하면 성년으로 간주되게 되었으며, 가족성원의 경제적 권리 보호 차원에서 유류분 제도가 신설(제 112조 유류분 권리자와 유류분)되었다.

39) "생활보호 대상자에 대한 보호 범위의 확대와 보호수준의 점진적 인상으로 사회부조제도의 적정화를 기하고 심신장애자와 문제아동에 대한 대책을 적극화하여 건전가정육성을 위한 대책을 강화한다"는 것이 당시 정부의 방침이었다.

가족의 공동체적 성격과 부양기능은 법적으로도 더욱 다양화된 기제들에 의해 지지되었다. 60년대에 궁극적으로 경제 공동체로서의 가족의 유지와 보존을 돕고 그 기능을 정상화하려는 의도를 담고 있었던 다양한 사회보장 관련 법제들은 개정과정에서 그 기본 골격을 그대로 유지한 채 내용의 일부 수정만이 이루어졌고 여기에 1973년 국민복지연금법과 1977년 공무원 및 사립학교교직원 의료보험법이 제정되어 양적 확충이 더해졌다. 국민복지 연금법은 기본적으로 유족 연금액이 기본연금액의 일정비율과 가급연금액을 더한 액수로 결정되는데(국민복지연금법 제2655호 제49조 유족연금액), 여기서 가급연금액은 배우자와 생계를 같이 하고 있던 자녀수에 의해 결정된다는 점에서(제50조 유족연금의 가급연금액 계산), 가족 단위에 대한 고려를 내포하는 것이었다. 공무원및사립학교교직원의료보험법(법률 제3081호)의 경우에도 제52조(보험료 면제)에서 본인 국외 근무시, 국내에 피부양자가 없을 경우에는 보험료를 면제하지만 피부양자가 있으면 납부하도록 하여 개인 차원이 아닌 가족 부양 차원에서 운영되는 의료보험의 본질을 드러냈다.

그런데 부양의무 기준의 가족 단위는 그 공동체적 성격을 최대화하기 위한 의도 하에 더욱 넓은 범위로 확장되기에 이른다. 국민복지연금법(법률 제2655호)은 유족을 배우자, 18세미만의 자녀, 60세 이상 부모, 18세미만 손자녀, 60세 이상의 조부모를 포함하는 것으로 규정하는 한편, 미지급의 급여에는 형제자매까지 포함시켰다. 또한 1973년에 사립학교교직원연금법이 제정되고, 1974년에는 군인연금법(법률 제2728호), 1975년에는 공무원연금법(법률 제2747호)이 각각 부분개정을 거쳐 배우자, 자녀, 부모, 손자녀를 포함하되 자녀와 손자녀의 경우 18

세 미만이거나 폐질상태에 있을 경우에 한하는 것으로 유족 범위가 통일되었다.[40]

이 과정에서 생계 능력이 있을 경우에는 가족의 범위에서 제외시킴으로써 철저히 생계 공동체에 속해있던 경우만을 유족으로 인정하던 60년대의 추세에서 다소간의 변화가 나타난다. 공무원연금법의 경우 부모의 조부모의 경우에 60세까지 지급정지 조항이 있던 것이 1972년 삭제되어(법률 제 2353호) 부모가 무조건 지급 대상이 되었고, 군인연금법의 경우 1974년에(법률 제 2728호), 공무원연금법의 경우 1975년에(법률 제 2747호)에, 자와 손의 경우 배우자가 없어야 한다는 표현이 삭제된 결과 기혼의 손자녀에 대한 부양의무도 인정되었다. 1975년 근로기준법 시행령 일부개정시에도 기존의 유족에 포함되었던 배우자, 자녀, 부모, 손자녀, 조부모 이외에 '형제자매'와 '부양되고 있지 않던 경우'까지 포함하도록 유족의 범위가 더욱 넓어진다(대통령령 제 4181호 제 61조). 1997년 공무원및사립학교교직원의료보험법(법률 제 3081호)에서도 배우자, 직계존속, 직계비속을 아무런 단서조항 없이 모두 가족 범위에 포함시키는 광범위한 규정방식을 보여주었다.

이러한 경향은 (조)부모, (손)자녀의 경우 모두에서 이전에 비해 가족정책이 인정하는 가족의 범위가 한층 넓어졌음을 확인케 한다. 이는 분명 가족의 부양의무를 동거나 생계공동체의 범위를 초월하는, 보다 넓은 범위로 설정하여 복지 문제를 해결하려는 정책적 의도를 담고 있다. 이 같은 추세 속에서 70년대의 가족은 그 기능상 확장된 경계를

---

40) 군인연금법은 1974년에, 공무원연금법과 사립학교교원연금법은 1975년에 손의 경우 부가 없거나 부가 대통령령으로 정하는 정도의 폐질상태에 있는 경우에만 유족에 포함시킴으로써 부가 부양능력이 없을 경우에만 유족으로 인정받게 되었다. 이는 일종의 '최근친 부양원리'를 전제하는 것으로 볼 수 있다.

부여받으며 사회가 요구하는 기능을 홀로 담당해야 할 더욱 견고한 공
간으로 고정되어갔다.

   이렇게 확대된 가족 공동체는 여전히 근본적으로는 부계를 기준으
로 그 범위가 정해졌다. 앞서 언급한 법들이 유족으로 형제자매보다
손자녀와 조부모가 우선하는 직계혈족주의를 고수하는 가운데, 1974
년 군사원호법(법률 제2726호)은 "처, 미성년자녀, 부모, 성인남자인 직
계비속이 없게 된 조부모, 60세 미만의 남자 또는 55세 미만의 여자인
직계존속과 성년남자인 형이 없게 된 미성년 제매"로 구성되는 유족의
기본틀을 그대로 유지하되[41] 여기에 미성년 자녀의 경우 "호주상속을
위한 미성년인 사후양자를 포함한 자"를 삽입하고 "조건에 만족하는
미성년 제매의 경우 출가한 여자는 제외한다"는 단서를 붙임으로써 부
계 중심성을 더욱 확연히 표방했다. 국가유공자및월남귀순자특별원호
법(법률 제2589호)에서도 애국지사의 유족 범위를 제정시 "처, 자녀, 부
모, 이 모두가 없으면 손자녀 중 1, 그도 없으면 출가한 자녀 중 1"로
규정되어 있던 것을 1973년 "배우자, 호주상속자인 자녀 및 손자녀(출
가한 자 제외), 부모"로 조정하고 우선순위를 배우자, 호주상속자 또는
장남, 기타 자녀, 부모의 순으로 확정함으로써 호주상속자를 특별대우
하고 출가한 딸을 엄격히 유족에서 제외하는 입장을 취했다. 이 두 법
은 각각 1961년, 1962년 제정당시부터 유족 범위를 설정함에 있어 '가
(家)의 계승'이라는 측면을 강조하는 특수성을 보였지만 70년대에 다
시금 '호주'와 남성 중심의 혈연주의를 더욱 강화함으로써 가족 범주화
의 근거를 자산 이외에 부계 혈통까지 포함하는 것으로 더욱 확고히

---

41) 18세를 기준으로 연령 기준이 제시되었던 것이 '성인'이라는 표현으로 바뀐
    것만이 달라진 점이다.

고정시키는 역할을 했다.

이외에 70년대의 독특한 특징으로는 이전에 가족의 공동체적 성격을 뒷받침하는 요소로 언급되었던 가족의 정서적 기능이나 행복한 가정과 관련된 이미지가 이제 이와는 독립적인 모습으로 추구되어야 할 가족의 가치로 가족정책 속에 빈번히 등장하게 된 것을 들 수 있다. 그러나 이러한 서구적인 근대 가족의 가치는 앞서 이 시기에 소자녀 핵가족주의의 전제조건으로 부각되는 한계를 지녔던 것과 유사한 맥락에서 "생산력 중심주의"라는 또 다른 경제적 가치를 위한 요건으로 편입되는 경향이 있었다. 가족계획과 기타 보건 사업 등에서 가정의 행복은 자주 노동생산성을 높이고 노동력의 질적 향상을 이루는 근간으로 언급되었다(1969, 보사부, 제 3차 5개년계획). 70년대의 각종 정책 자료에서 반복적으로 등장한 '가족의 행복'과 '정서적 공간'으로서의 이미지는 소자녀 핵가족주의의 달성을 통한 국가 이익의 추구나 생산력 증대를 위한 부수 조건으로서 선택된 부분이었던 것이다.

이렇게 가족이 철저히 경제적, 기능적 공간으로 규정되는 추세에 힘입어 특히 자녀 양육에 대한 가족의 의무가 국가적으로 강조되는 경향 또한 더 확고해진다.[42] 자녀에 대한 감정적 양육을 강조하는 서구와 달리 주로 국가 차원에서 '교육'이 집중 조명되었다는 사실도 주목할 만하다. 60년대에 이미 가족에 부과되었던 자녀에 대한 교육 의무는

---

42) 국민복지연금법에서 생계를 같이 하는 자녀여부, 혹은 미성년이거나 장애인인 자녀수에 따라 연금액이나 지급 여부를 결정하도록 한 것이나(국민복지연금법 법률 제 2655호 제 54조 배우자에 대한 유족연금의 지급정지; 제 50조 유족연금의 가급연금액 계산) 모자보건법에서 부모의 의무를 명시하고 부모가 함께 영유아의 건강증진 노력 의무를 진다고 한 것(제 4조 모성등의 의무)은 모두 국가 차원에서 자녀에 대한 가정의 관심과 의무를 강조한 것이었다.

이 시기에 두 가지 필요성에 의해 한층 강화되는데, 그 하나는 순수하게 자녀의 건전한 교육을 통해 국가 발전을 이루기 위한 것이었고, 또 하나는 교육 소비와 투자의 대상으로서의 아동관을 정착시킴으로써 부모의 양육부담에 대한 경각심을 일깨워 출산력 억제를 유도하고 궁극적으로 경제발전에 기여토록 하기 위함이었다. 가족계획사업에서 자녀 교육을 통한 인구의 자질 개선을 주된 사업내용으로 포함시킨 것이나 모자보건사업에서 출생아의 자질 향상을 통해 국가 이익을 추구할 목표를 명확히 한 것은 모두 표면적으로 드러난 '국가에 필요한 인재 양성'이라는 우생학적 관심 외에 자녀를 노후 대책이 아닌 수비의 대상으로 보게 함으로써 경제발전을 위한 인구조절 정책을 성공적으로 수행하고자 했던 '의도성'이 개입되어 있었다.

이에 덧붙여 자녀 교육은 새로이 경제와 관련해서도 당위성을 부여받았다. 모자보건사업에서는 "전인구의 1/2이상을 대상으로 하는 모자보건사업은 국가적인 차원에서 중점 지원됨으로써 국민건강의 기반을 다지고 나아가 장래 노동력의 질적 향상에 기여한다. 현재 우리나라의 영아사망률, 모성사망률은 (중략) 노동생산력의 엄청난 손실을 유발(보사부, 1975. 제4차 5개년계획 사회보장계획(안): 357)"한다고 제시했다. 이는 정책상 자녀에 대한 관심이 그 자체로 목적이 되지 못하고 노동력의 질적 향상, 숙련노동자와 고급인력 양산에 기여하는 하나의 요소로 자녀를 강조하는, 즉 노동력으로서의 인간관을 중시하는 논리 속으로 편입되고 있음을 보여준다. 이는 또한 자녀가 '가정'이 아닌 '사회적' 의미에서 관심사로 부상한 결과 '교육'이라는 주제가 중요해지는 당시의 맥락을 다시 한번 확인시켜 준다.

이 같은 일련의 양상은 단순하게는 아동기(childhood)의 보호에 대한 사회적, 법적 압력 속에 각 가족의 아동 부양에 대한 부담이 급증하는 서구의 현상(Aries, 1962; Sommerville, 1982)과 유사한 변화가 우리의 가족정책 속에서도 전개되었던 것으로 풀이될 수 있다. 그러나 한국 가족정책에서는 국가의 적극적인 권장 하에 전개된 가족계획사업의 결과로 자녀수를 줄임으로써 전체 부양 부담을 적절한 수준에서 유지하는 추세가 자리잡게 되었던 바(장경섭, 1992: 179), 자녀의 수에 있어 부양 부담의 양적 조절을 추구하는 한편 이미 태어난 아동에 대한 가구의 책임을 강조하는 이중의 담론이 가족정책 속에 형성되는 독자적인 모습을 보였다. 특히 '교육'이라는 차원에서의 부모의 물질적 보조 책임이 강조되어 전체적으로는 가족의 아동 부양책임이 강화되는 결과가 파생되고 있는 점이나 자녀의 존재가 가정의 정서적 차원 자체보다는 국가와 경제적 필요라는 거시적인 차원에서 그 의미를 부여받고 있는 현실 역시 독특한 측면이라 할 것이다.

결국 이 시기의 가족은 한 차원 발전되고 체계화된 논리로 무장한 일련의 정치적, 경제적 담론 구조들 속에서 경제성장과 보다 포괄적인 국가 발전을 위해 자녀 양육과 교육 기능을 포함하는 복지기능을 전담해야 할 효과적인 '자원'으로 정의되었고 이는 우리 사회에서 가족을 끊임없이 사회의 중요 단위로 부각시키고 그 역할을 기대하게 하는 암묵적인 힘으로 작용해왔다. 이 과정에서 가족의 사적 의미나 그 속의 개인의 행복이나 자유, 사생활 등이 강조되는 서구의 경향은 배제된 채 가족정책의 관심과 접근대상은 "가족"이라는 단위 자체로 고정되었다.

3) 여성 성역할 구조의 다각화

(1) 사회적 성역할 분업의 체계화

기본적으로 '성별 분업'의 원리는 가족을 경제 공동체로 상정하는 과정에서 전제되는 가치로서 60년대의 위치를 유지했다. 기존의 공무원연금법에 이어 1973년 제정된 국민복지연금법에서도 처는 무조건 수급권자가 되지만 남편은 일정 연령에 달하거나 장애가 있어야 수급권을 가질 수 있게 규정된다(국민복지연금법 법률 제2655호, 제48조 유족의 범위). 정책상으로도 처, 가족수당제도 등의 도입이 모색되고, 부양도에 적당한 임금제도를 연구, 발전시키는 방안이 무색되는 등(보사부, 1975. 제4차 경제개발 5개년계획 사회보장계획(안): 447) '국가의 보호' 관점은 일관되게 가족공동체주의의 근간으로 성별분업구조를 전제하고 있었다. 가족 기능에 대한 보호 이외에 요보호 여성이나 취업여성 보호의 측면도 남성의 영역에 진출한 예외적인 여성들에 대한 국가적 배려를 보여주는 부분이라는 점에서 성별분업구조를 공공연히 가정했다.

그런데 보다 구체적으로 성역할분담은 70년대에도 여전히 여성의 사회적 역할을 강조하는 방향성을 띠었다. 아직까지 균형추는 가정을 안식처로 꾸며야 할 아내이자 어머니로서의 역할보다는 국가가 주부에게 부여하는 '사명' 쪽으로 좀 더 기울어져 있었다. 국가 발전에 기여해야 할 주부의 역할은 70년대에 이르러 60년대와 유사하면서도 더욱 세부화된 목록들을 갖추며 내적으로 강화되는 수순을 밟는다. 새마을운동의 확산과 함께 60년대에 이미 강조되었던 가족계획 참여 및 홍보 외에 지역사회 개발에의 참여를 통한 '국가 경제발전에의 기여'가 강력히 요구되었다(보사부, 1975. 제4차 5개년계획: 369).[43] "순수한 인심, 풍요한 생산, 풍치 좋은 고장 건설에의 적극 참여"라는 당시의 부녀정책의 슬로건에서 알 수 있듯이 당시 요구되었던 주부의 역할은 가정의 범위를 뛰어넘는 것이었지만, 그 자체가 주부 역할에 기반한 것이었다는 점에서 내적 갈등이나 충돌의 요소는 처음부터 존재하지 않았다. 오히려 이 역할들은 여성이 가정을 이탈하지 않으면서 가정 내에서, 혹은 직접적인 사회 참여를 통해 국가에 기여할 수 있는 방식으로 제시되었다. 또한 여성의 가정 내 역할로 강조된 가정관리, 부업, 소비생활의 합리화, 절약과 저축 또한 국가 경제에 필수적인 행위라는 점에서 그 중요성을 획득했다.

유신 이념 등 국가 정책을 홍보하고 유신체제 하에서의 주부의 사회적 역할과 의무를 부각시키는 교양교육 또한 강화되기 시작한다. "변천하는 사회에 맞추어 여성들의 근대성 개발과 자아의식을 확립하며 여가시간을 활용 국가발전에 기여함을 목적으로(보사부 1983: 25)" 국립여성회관이 설립되었으며, "유신과업 완수 및 자질향상을 도모하기 위해" 부녀자에게 필요한 과목으로 구성된 새생활 강좌가 매주 목요일 실시되는 등(보사부, 1973: 37), 주부를 유신체제에 적합한 에너지원으로 양성하기 위한 다양한 노력들이 시도됐다. 당시 자료들이, 여성에 대한 정신계몽과 국가관 교육 등을 통한 사회봉사를 지향하는 부녀회 조직과 여성단체들의 증가를 보고하고 있음은 이러한 배경에서 비롯된 결과이다.[44] 부녀복지정책상 저소득층 여성을 위한 기술 훈련

43) 국무총리 훈령 제 141호(1977. 7. 8)은 새마을 부녀회의 사업내용을 가족계획사업, 교양사업, 생활개선사업, 저축사업으로 규정했다. 새마을 부녀회 규약도 일원화되어 "부녀복지 향상을 기하고 새마을 정신의 생활화로 건전 가정의 육성과 지역사회 발전에 공헌하여 새마을 운동의 영속화'를 기하는 것이 목적으로 명시되었다(황정미, 2001: 159).

부문이 약화되고 일반 주부들을 대상으로 하는 교양교육의 언급 비중이 확대되면서 다양한 차원에서 주부 역할이 강조되었던 당시의 경향은 부녀정책을 '지도'와 '계몽'을 중심으로 재편하고 여성들에게 '주부'라는 위치에서 사회에 기여할 수 있는 방식들을 제시하여 그들을 국가의 이익에 도움이 되는 방식으로 활용하고자 했던 70년대의 담론적 현실을 보여준다 하겠다.

당시 여성과 관련하여 구축된 이러한 정책 기조는 이전에 비해서도 더욱 적극적으로 여성의 사회적 역할과 활동을 부각시키고 있다는 점에서 일견 서구에서 1970년대에 확산되었던 성평등에 대한 WID(Women in Development) 접근[45]의 논리와 유사한 듯이 보인다. 그러나 그 내용을 들여다보면 실제 그것이 터하고 있는 논리는 전혀 다름을 확인할 수 있다. WID 접근이 남성에 대한 여성의 종속을 고용과 시장에서의 불평등 때문인 것으로 보고 여성의 경제 활동을 통해 평등을 달성하려는 입장을 취하는 것에 비해 한국사회에서 주부들에게 장려된 사회참여는 고용과 시장 등의 "생산적인 경제 활동"이기 보다는 가족구성원인 '주부'라는 고정된 역할에 기반하여 영위하는, 즉 주부에게 부과된

---

44) 1977년 정부가 주도한 새마을 부녀회의 통합(생활개선구락부, 부녀교실, 가족계획어머니회 등 관 주도의 마을단위 부녀조직을 통합)과 정부 관계부처간의 부녀지도 협의회 구성은 전국적인 부녀지도정책의 체계화 과정을 보여주는 것이었다(황정미, 2001: 국문초록).

45) 고용과 시장에서의 불평등이라는 문제에 주목하여 여성을 출산과 양육 등의 모성 기능으로부터 해방시켜 공적 영역에 참여하게 해야 한다는 WID 접근은 이후 이 접근방식이 생산노동과 재생산노동이 배치되는 젠더적 구조와 그로 인해 여성들이 처하게 되는 모순적 위치를 간과하고 모성 그 자체를 불평등의 기원으로 보는 등 한계를 가지고 있음을 지적하며 1980년 중반 이후 성평등에 대한 주류 접근으로 자리잡은 GAD(Gender and Development) 모델과 대조를 이룬다(강남식, 2001).

가정 밖에서의 활동이었기 때문이다. 따라서 이 시기에 요구된 여성의 사회 참여는 여성의 가정내 역할과 갈등할 여지가 없었으며 그 결과 여성의 성 역할은 어떠한 내적 모순도 포함하지 않은 통일된 실체로서 가족정책 속에 확립될 수 있었다.

여성의 가정 내 역할에 가치를 부여하고, 가정 밖에서의 활동에 대해서는 사회가 원하는 방식의 구체적인 기여 방법을 구체적으로 부과하는 흐름 속에서 여성의 사회활동 영역은 남성의 그것과 확연히 다른 범주에 머물렀다. 결국 당시의 성별분업은 단순히 여성의 가정내 격리와 고립의 과정이었다기 보다 가정 밖에서의 사회적 역할 수행을 허용하면서도 그 범위를 철저히 남성과 다른 영역으로 한정하는 '남성의 영역, 특히 경제적 생산 활동으로부터의 고립'의 과정이었다. 이는 여성의 성역할을 공적사회로 확장, 지역사회에 대한 기여나 봉사활동 등을 여성의 자발적인 무급노동으로 대체하고, 이 모두를 가정살림의 연장선상에서 해석하게 함으로써 가정 밖에서 이루어지는 주부의 역할까지도 정당하게 평가받는 것을 방해해왔다. 직접적인 경제활동 참여는 소수의 요보호 여성들에게 한정시키고[46] 일반 주부들에게 가정 안에서 주부 역할을 통해, 그리고 가정 밖에서는 국가가 원하는 방식을 통해 역량을 발휘할 것을 요구하는 흐름 속에서 여성의 성역할은 사회

---

46) 제 4차 경제개발계획에서 나타난 부녀복지정책의 목표는 크게 두 가지 내용으로 크게 나뉘어 있었는데 하나는 불우 여성에 대한 "직업보도 기능을 강화"하여 요보호 여성 및 불우여성의 사회진출을 촉구하는 것이고 또 하나는 "일반 가정의 건전화"였다. 여성의 경제 활동은 취약한 소수 여성을 대상으로 1인 1기 이상의 기능 인력화를 도모하여 건전한 사회인으로 복귀시킨다는 내용으로 한정적으로 논의되었을 뿐이고, 일반 여성에 대한 정책은 어디까지나 가정과 관련해서 주부들에게 새마을 운동 참여 촉진, 소비생활의 합리화 건전화 등의 역할을 부과하고 이들의 여가 선용 대책을 수립하는 것이 주내용이 되었다.

적 필요에 의해 남성과는 다른 영역에 국한되는, 그러나 사회적인 성격을 갖는 것으로 규정되었고, 이는 궁극적으로 여성의 자질이 국익을 위해 활용되어야 하는 70년대의 강력한 동원 구조를 엿보게 하는 중요한 지점으로 자리하고 있다.[47)]

(2) 모성애의 부상

여성의 사회적 역할이 여전히 강조되는 와중에 부분적이나마 여성성역할의 하나로 모성의 차원이 부각되기 시작한 것은 새로운 현상이었다. 70년대 들어 가정 내 주부의 역할이 여성다운 생활태도 배양, 현모양처로서의 역할 등으로 극히 세분화되어 가는 가운데(보사부, 1975, 제4차 5개년계획: 369), 특히 주부의 덕목으로 중점 부각되기 시작한 것이 바로 "어머니로서의" 역할이었다. 이는 모자보건법 제정과 더불어 모성에 대한 국가의 보호가 강화되었던 현실과도 직, 간접적으로 연관된다. 모자보건법은 명목적인 차원에서나마 모성보호의 개념을 정립하고 이에 대한 국가적 책임을 선포하는 한편, 임신시 건강관리의 의무, 영유아의 건강증진 노력 의무 등 모성의 의무를 명시함으로써 모성을 여성의 성역할 영역으로 확고히 자리매김하는 중요한 계기를 제공하였기 때문이다(모자보건법 법률 제2514호 제1조 목적, 제4조 모성

---

47) 서구 근대 가족의 형성사에서는 가족에 대한 근대적 통제의 확산이 여성의 권리와 자율권 확대와 함께 진행되어 왔음이 지적되어 왔다(동즐로, 1977). 자율과 규율이 동시에 강조되는 양면적 변화가 있어온 셈이다. 그러나 한국 가족정책에서 여성이 구성되어져온 과정을 살펴보면 자율보다는 주로 규율의 측면이 치우치게 나타나고 있음을 확인할 수 있다. 가족정책 속에서 여성을 지도와 계몽의 대상으로 삼아 국가가 요구하는 역할을 수행할 수 있도록 하는 일련의 과정들은 가족을 통한 여성에 대한 통치(policing) 과정이자 여성의 자율성이 논외의 주제로 치부되는 독특한 경향을 보여주고 있다.

등의 의무).

가족계획사업에서도 부분적으로 출산의 과학화, 위생화를 통해 강조된 아이의 생명을 보호할 책임 이외에 아이를 지적, 정서적으로 잘 양육하고 아이들의 교육을 계획하고 관리할 여성의 역할이 부각된다(배은경, 2004). 당시 각종 부녀정책에서 '어머니로서의 자질 향상'은 가장 빈번히 언급되는 표현의 하나였다. 가족계획의 실천과 보급을 위한 하위 사업이었던 어머니회 사업에서 "어머니로서의 자질 향상"과 계획적인 가정생활을 영위하기 위한 "가족계획 실천 보급을 위한 노력"이 주된 목표가 된 것이나 부녀복지사업에서 어머니로서의 자질 향상을 세부 과제이자 어머니 교실의 교육 내용으로 명시한 것은 모두 이러한 시대적 흐름을 공유한다(보건사회부, 1973, 가족계획사업실천요강: 119-121; 보건사회부, 제 3차 5개년계획). 물론 이렇게 여성의 성역할을 어머니 역할이 부각되도록 재편하고 모성보호에 대한 국가적 관심을 환기하는 양상이 비록 궁극적으로는 가족계획사업의 성공적 수행을 위한 암묵적인 수단으로서의 성격을 지니고 있었고 여기서 강조된 어머니 역할 또한 직접적으로 서구와 같은 아동과의 정서적 관계나 애착, 사랑 등의 차원을 의미하는 것은 아님을 지적할 필요가 있다. 그러나 국가가 직접적으로 부여하는 여성의 사회적 책임을 강조하는 지배적인 흐름과 더불어 가족 내부에서 행해지는 출산 및 양육자로서의 역할에 가치를 부여하려는 정책적 시도가 여성과 관련한 또 하나의 중요한 기조로 자리잡고 있음은 부정할 수 없다.

이와 같이 모성과 어머니라는 여성의 존재성이 정책 속에 부각되는 경향은 시기적으로 차이를 보이기는 하지만 60년대 이전까지 모성주의적(maternalist) 접근이 활발했던 서구의 경향과도 일견 닮아있다. '여성'의 입장을 고려하기 이전에 사회의 재생산이라는 측면에서 아동 양육 관련 영역을 국가가 다룰 필요성이 인식되고, 아동 양육자로서의 여성 역할에 대한 사회적 고려가 확산되는 전반적인 배경과 경향성을 생각할 때는 더욱 그러하다. "역사적으로 모든 복지국가는 젠더 '차이'를 전제로 복지를 출발시켰고 '모성주의적' 사회 정책에서 여성들은 어머니로 인정받고 어머니로 사회 정책에 통합되었다"는 Odloff(2001)의 주장처럼(김수정, 2002: 3), 당시 가족정책은 남성 노동자와 특히 모성적 역할에 기반한 여성의 주부 역할이라는 성역할 구도에 기반하여 모성을 중심으로 여성의 사회적 권리와 의무를 부과하는 시도를 보이고 있었다. 우리 사회에서 모성주의를 중심으로 한 사회적 합의를 이끌어 냄으로써 모성중심주의를 제도화하는 주도적인 역할이 가족정책에 의해 시도되었던 셈이다. 그 과정에서 모성은 본격적으로 성역할 담론구조 속으로 진입, 그 모습을 갖추어 갔고 여성의 역할은 '어머니'로서의 비중이 높아진, 이전에 비해 좀 더 복잡하고 다차원적인 성격으로 규정되기에 이른다.

제3장
제 3시기(1980년~1987년) :
근대성 내적 위계 구조의 은폐

1. 정치 · 경제 · 문화 영역에서의 근대

1) 시대적 배경 및 가족정책의 전반적 흐름

10. 26 사태로 유신정권이 붕괴되어 사회가 극심한 혼란에 빠지자 곧이어 계엄령이 선포되었고, 통일주체 국민회의에서는 최규하를 대통령으로 선출했다. 유명무실한 정부와 특정 세력에 의한 권력의 독점이 이루어지지 못한 과도기적 상황에서 1979년 이른바 12 · 12 군사쿠데타로 군부를 장악한 신군부세력이 지휘계통을 무시하고 일부 병력을 동원하여 군권을 장악한데 이어 정치적 실권 또한 장악하게 된다. 이 시기를 전후해서 민주화와 민주헌정 체제의 회복을 요구하는 시민과 대학생의 시위가 거세게 일어났으나, 신군부가 1980년 '서울의 봄'으로 상징되는 민주화 운동과 5 · 18 광주 민주화 항쟁을 무력으로 진압하고 국가 기구를 완전히 손에 넣음으로써 제 5공화국 신군부 권위주의 체제의 서막이 열렸다.

국가 보위 비상대책 위원회가 구성되어 국가의 통치권을 장악하고,

개헌 추진으로 1980년 10월 27일 7년 단임의 대통령을 간접 선거로 선출하는 헌법이 공포되기까지는 채 6개월도 걸리지 않았다. 1981년에는 민주정의당이 조직되고 전두환이 대통령으로 선출됨으로써 통치체제의 정비가 완성되기에 이른다. 전두환 정부의 권위주의적 통치와 강압적 통제에 반대하는 국민적 저항이 전국적으로 일어나 1987년 6월 민주 항쟁으로 발전하고 6.29 민주화 선언이 발표되어 국회에서 대통령 직선제를 골자로 하는 헌법이 마련되기까지 7년여의 기간 동안 한국사회는 또 한번의 권위주의 체제의 뼈아픈 경험을 감내해야만 했다.

이 시기에 나타난 큰 변화 중 하나는 전두환 정부에 이르러 경제를 기본적으로 시장의 자율조정 능력에 맡겨야 한다는 자유주의적 주장이 받아들여진 결과 민간주도 경제로의 이행이 공식 선언되었다는 것이었다. 1979-1980년 제 2차 석유파동으로 인한 세계 경제의 경기 침체와 보호교역 강화라는 대외적 악재, 1981년경까지 지속된 국제수지 악화, 70년대 말의 중화학 공업 육성을 위한 집중 투자로 인한 저성장과 인플레의 누적, 물가불안 등의 대내적 불안요인을 고스란히 끌어안고 출범한 새 정권은 과거 성장과정에서 고질화된 병폐를 극복함으로써 이 경제적 시련기를 극복하려는 의도 하에 정부 주도적 사업 추진과 각종 지원 및 경제 보호시책을 지양하고 민간의 자율과 경쟁이 촉진될 수 있는 시장경제의 활성화를 통해 전체 경제의 능률을 제고하는 방향으로 경제 운용방식을 전환하게 되었다(보사부, 1984, 보건백서: 7). 48) 이로 인해 철저히 국가 주도하에 종속되어 있던 경제 영역에 대해

---

48) 특히 70년대 말 이루어진 중화학 공업 부문에의 집중 투자는 공장이 완공되는 단계에서 세계 경기 침체라는 벽에 부딪침으로써 이 부문의 낮은 가동율을 초래하여 우리 경제에 많은 부담을 안겨주었다.

자율성이 인정되기 시작했고 시장의 자율조정능력의 토대에 기반한 경제 안정과 수출 증대를 추구하는 목소리도 높아졌다. 경제와 자본에 대한 국가의 지배 우위가 약화되면서 자본 자체의 논리가 더욱 강화, 부각되었던 시기였다.

또한 5공화국 국정지표로 '정의사회 구현', '복지국가 건설' 의지가 천명됨에 따라 자유권(civil rights)에서 사회권(social rights) 보장으로의 도약이 모색됐다.[49] 5공화국 대통령 취임사에서 민주복지국가를 건설을 목표로 천명한 것은 그 직접적인 표현이다(보사부, 1985, 보건복지백서: 27). 사회는 여전히 권위주의적 군부 지배하에 있었으나 복지와 민주주의에 대한 관심이 법과 정책에서 태동하기 시작한 것은 나름대로 의미있는 변화의 일면이었다.

이러한 배경 하에 정부는 이전의 "경제개발 5개년계획"을 "경제사회개발 5개년 계획"으로 개칭하고 '정의로운 복지사회 구현'을 목표로 삼아 경제개발과 더불어 사회개발에 눈을 돌리기 시작한다(보사부, 1985, 제 5차 5개년계획: 발간사). 분배에 대한 관심은 1970년대에 이미 등장했었지만 박정희 정권의 성장 제일주의, 선성장 후복지의 원칙하에 소득 재분배가 지속적인 성장을 가능케 하기 위한 방안으로서 강조되는 잔여적 복지관이 고수되었던 것이 사실이다. 80년대에는 본격적으로 '성

---

49) 자유주의 사상에 기반한 civil Rights(자유권)의 보장에서 social Rights(사회권)의 보장으로의 변화는 형식적 평등에서 실질적 평등으로의 변화를 의미하는 것으로 보다 민주주의적 가치가 강조된 형태로 볼 수 있다(T. H. Marshall, 1973). 실제로 마샬은 영국의 경우 오늘날의 민주주의적 시민권(citizenship)이 공민권(civil rights), 정치권(political rights), 사회권(social rights)이 차례로 보장됨으로써 확립된 것이라고 설명한다. 이중 사회권은 20세기 들어 본격적으로 보장되기 시작했는데 이는 모든 시민들이 물질적 생활보장, 건강, 교육 등에 있어 사회적 서비스를 누리고 국가적 지원을 받을 권리를 가짐으로써 실질적인 평등을 누리게 되는 것을 말한다.

장과 복지의 균형'을 추구하는 "한국적 복지모형"의 계발이 시도됨으로써 비로소 소득재분배, 사회개발, 복지 등의 가치가 적극 부각되었다. 물론 이 당시에도 사회개발은 "국민의 경제개발에 적극적 참여를 가능케 하는 인간으로서의 잠재적 능력 개발(보사부, 1984, 보건복지백서: 15; 복지정책과, 1997, 한국사회복지 현황과 과제: 5-6)"이라는 의미를 가지고 있었다는 점에서 80년대의 정책기조가 선성장 후복지의 논리를 완전히 뛰어넘었다고 보기는 힘들다. 그러나 사회개발과 관련하여 소득계층간, 지역간, 산업간 균형과 형평성에 대한 관심이 높아지는 등의 일련의 뚜렷한 변화가 나타났음은 부정할 수 없는 대세였다 할 것이다.

세부 정책상으로 가장 눈에 띠는 변화는 사회복지 서비스 영역의 발전이다. 법적으로는 가족정책의 중요한 하나의 분야를 이루는 사회복지서비스 차원에서 장애인복지법(1981), 노인복지법(1981)이 제정되었다. 이는 70년대에 수단적인 가치로서 부각되었던 평등의 가치가 복지정책의 확충과 더불어 본격적으로 가족정책 속에서 추구되는 목표로 제 모습을 찾아가기 시작했음을 보여주는 것으로서, 경제사회개발 5개년계획에서 소득재분배와 형평성의 가치가 급부상하기 시작한 것과도 그 의미가 상통하는 것이라 볼 수 있다. 사회복지 서비스 영역에서는 당시 아동관련 정책의 변화도 두드러졌는데, 1981년 아동복리법이 '아동복지법'(법률 제 3438호)으로 개칭되면서 요보호 아동을 중심으로 하는 정책에서 전체 아동을 대상으로 하는 정책으로의 성격 변화를 시도한 것이 그 대표적인 경우였다.[50] 정책의 대상이 아동 전체로 확

50) 아동정책 연구에서는 이 시기를 어린이집 시기(1961-1980)에서 새마을 유아원 시기(1981-)로의 전환이 이루어진 시기로 본다. 5공화국의 국정지표로 복

대되는 '보편성'의 강화를 통해 핵가족의 자녀 보호에 대한 국가적 책임이 명시되기 시작했다. 1982년 유아교육법의 제정은 이러한 흐름을 더욱 강화하는 계기가 되었다.

사회보험 영역에서도 공무원연금법(법률 제 3586호)과 국민연금법(법률 제 3902호)이 개정되는 등 법적 보완 작업이 계속되었고, 공공부조에 있어서도 1982년 생활보호법 개정과(법률 제 3623호) 이전의 군사원호법과 국가유공자및월남귀순자특별원호법 등을 통합한 국가유공자예우등에관한법률(법률 제 3742호) 제정 (1984년) 등 내적 보완과 확충의 노력이 이루어졌다. 모자보건 및 가족계획 사업 분야에서도 1986년 모자보건법이 1차 개정되어(법률 제 2514호) 분야별로 균형된 발전이 모색된다. 이는 '민주'와 '복지'의 외양을 표방하는 데 급급했던 권위주의적 신군부 정권의 본원적 한계에도 불구하고 가족정책에 있어서는 이 시기가 단순한 침체기만은 아니었음을 보여주는 것이라 하겠다.[51]

지사회 건설과 교육혁신이 정해진 후 유아교육에 대한 관심이 증가하여 법적 근거 없이 1980년 내무부산하 새마을 협동유아원이 설립되었고, 이에 근거하여 도시 빈민지역과 농어촌의 4-5세 유아를 대상으로 유아교육사업을 펼치게 되었다(김미현, 1993).

51) 물론 이러한 현상을 긍정적으로만 해석하기에는 무리가 있다. 우리의 역사를 돌아볼 때 예산면에서나 정책시도 면에서 국가의 복지정책이 증가하는 것이 주로 정권교체 시기였음에는 의문의 여지가 없다. 우리나라의 복지 입법 상황을 살펴보면 1989년까지 40여개의 복지법이 제정되었는데 시기상으로 볼 때 50년에서 53년 사이에 5개, 60-63년 사이에 21개, 10월 유신 후인 73년에 3개, 5공화국 출범 후인 81년에 2개법이 제정되어 정치적 혼란기나 새로운 정부 특히 정권에 문제가 있는 정부가 시작되는 시기에 34개의 복지입법이 이루어졌음을 확인할 수 있다(김욱, 1989: 6-9). 제 5공화국 시기도 예외는 아니어서 이 시기의 가족정책의 확연한 증가는 일종의 정권 홍보와 국민에 대한 설득력을 높이기 위한 방안으로 이용된 면이 없지 않다. 그러나 그 제정 배경과 목적이 어떠하든 법 제정이 갖는 의미와 그 효과는 간과되어서는 안 될 문제이므로 여기에서는 이러한 정책상의 증가를 의미있는 변화로 다루고 있다.

가족법을 제외한 가족정책의 나머지 영역들은 표면적으로는 모두 나름대로 그 틀을 확고히 하며 전반적으로 범위를 확대해 나가는 유의미한 변화의 시간 속에 서 있었다.

2) 정치 · 경제 · 문화적 영역에서의 근대성

1960년대와 70년대의 두시기 동안 동일 정권 하에서 연속성을 유지했던 정치, 경제, 문화적 영역에서의 근대성은 같은 군부 정권이기는 하지만 전두환 집권기에 이르러 그 외관을 달리하며 새로이 재구성되는 전환기를 맞이하게 된다. 기형적으로 팽창되었던 근대국가 차원은 이전에 비해 다소 축소되고 안정되는 궤도로 돌입했고, 민간 경제와 시장 조절기능에 토대한 경제 정책 하에 자본주의적 가치들은 근대국가의 통제와 지배를 벗어나 자율적인 영역을 구축하며 그 기반을 더욱 확대해갔다. 헌법 차원에서부터 철저히 부인되고 침해되었던 자유민주주의적 가치들 또한 법적, 정책적 차원에서나마 서서히 다시 모습을 드러내기 시작하였다.

당시의 국정지표였던 복지사회 건설 목표에 따라 국가의 보호의무가 강화되고 자유민주주의 차원의 평등권과 형평성의 원칙 등이 크게 부각된 반면, 국가의 확장되었던 통제권은 이전 시기에 비해서는 다분히 약화되었다. 국민의 기본권 제한의 근거로 법치주의와 같은 합리적 문제해결의 원칙이 수단화되는 경향이 사라진 것도 변화된 일면이었다. 그러나 한국적 복지모형의 계발 목표 하에 국가 단위의 합리성 개념이 그 복지이념의 하나로 제시되면서 이전과는 다른 차원에서 국가 합리성의 가치가 근대국가의 핵심 가치로 부상하기 시작한다. 이는 80년대의 근대성 모습을 특징짓는 매우 독특한 측면의 하나로서 이 시기

가족정책들의 기저에 공통으로 자리하게 되었다.

자유시장경제원칙이 옹호됨에 따라 생산력중심주의나 노동생산성에 대한 강조, 노동력의 상품화는 더욱 부각되었다. 그러나 고유의 정신적, 영적 요소를 강조하는 한국적 복지모형의 주장으로 인해 서구적인 과학과 기술을 강조하는 산업주의의 가치는 특징적으로 그 언급이자제되고 있었다. 자유민주주의 영역에서는 인간의 존엄성과 자유의가치가 다시금 활발히 논의되기 시작했고 평등과 형평성, 민주적 의사소통방식 등 민주주의적 가치의 성장도 두드러졌다. 평등과 재분배 등과 관련하여 70년대에 이루어졌던 가치의 왜곡도 자취를 감추었다. 근대적 개인주의와 사회적 연대 또한 보다 정제된 논리를 구축하며 그기반을 더욱 확고히 해 나갔다.

(1) 정치적 영역

① 국가의 이익: 지속적인 경제발전과 복지국가 건설

전두환 정권에서도 기본적으로 국가의 경제발전 추구는 일관되게지속된다. 그러나 성장 일변도의 관심에서 벗어나 이미 일정정도 성취된 경제성장을 유지하고 더욱 지속화하는 데에 초점이 집중되고 있었다는 것이 이전 시기와의 차이점이라 할 것이다. 국가의 안정과 번영이 새 시대의 과제로 간주되었고(법제처), 지속적이고 균형적인 경제성장을 이루는 것이 제 5차 경제사회개발 5개년계획의 일관된 목표가 되고 있었다. 특히 제 5차 개발계획에서는 안정, 능률, 균형의 기조 하에물가 안정을 중심으로 한 경제안정기반의 정착, 고용기회와 소득확대를 위한 적극적인 성장기반의 공고화, 그리고 경제사회의 균형발전을통한 국민복지 증진을 기본목표로 표방하여(대한의학협회 조사연구실,

1982: 머리말) 성장 그 자체 외에도 안정과 균형 발전의 가치를 강조하기 시작했다.

제5차 계획의 목표에서도 드러나듯이 복지사회건설이 장기적인 국가의 보존과 확장을 위한 또 하나의 목표로 자리잡기 시작한 것도 주목할만한 변화이다. "성장의 혜택이 국민 모두에게 고루 나누어지는 복지국가를 건설하고, 질서있고 명랑한 기풍이 진작되는 정의사회를 구현함으로써 민족사의 획기적인 전환점을 이룩(법제처)"하는 것이 국가가 지향하는 궁극적인 목적으로서 국가 자체의 이익관점에 추가되었다. 헌법상 국가의 사회복지시행 의무를 명시하고 독과점의 폐단규제, 중소기업의 보호·육성, 국토의 균형있는 이용, 소비자 보호 등 경제질서에 관한 새로운 조항을 다수 신설하여 산업의 발전과 부의 균배에 기여하도록 한 것은 모두 그 구체적인 실천이었다. 이러한 정부의 강력한 복지 의지는 "사회복지정책은 풍요롭고 인간다운 생활을 할 수 있도록 하기 위한 것으로서 민주복지국가를 건설하려는 우리의 의지가 궁극적으로 조국의 평화통일에로 이어지는 것이기에 복지국가건설은 우리의 중대한 국정지표"라는 대통령 취임사에서 직접적으로 천명된 바 있다(보사부, 1985, 보건백서: 27).

의료보험제도의 경우 국민복지와 노동생산성 향상을 통한 경제부흥이라는 양 차원에서 그 효과를 기대하고 있으며, 국민연금제도와 실업보험의 경우에도 기금의 활용을 통한 경제발전에의 기여와 소득 재분배를 통한 복지국가 건설이라는 차원이 동시에 지적되어 이 시기에 국가의 이익이 주로 이 두 영역에 집중되어 있음을 확인케 한다(보사부, 1985, 사회보험 1차시안(요약) 제4차 경제개발5개년계획 사회보장실무계획).

70년대에 급격히 대두되었던 안보 및 평화통일에 대한 강조와 국가

와 민족을 결부시켜 애국애족정신을 고양시키려는 시도도 그대로 이
어졌다.[52] 새 헌법(헌법 제 9호)은 "격동하는 국제정치상황과 세계경제
체제의 와중에서 안보를 튼튼히 하고 국력을 배양하여 국가의 자주성
과 민족의 생존권을 수호하며 배한공산집단의 침략야욕을 분쇄하여
평화통일의 기반을 꾸준히 정착시키는 노력을 계속하려고 한다"는 개
정 이유로 설명되었다(법제처). 사실상 안보 및 평화통일과 결부되어
있던 '반공' 이데올로기는 당시 위기에 직면해 있었는데, 이는 '우방'으
로서의 미국의 신화에 대한 도전이 시작된 데에 기인하는 것이었다.
광주 학살과 군부 정권 등장 과정에서의 미국의 개입이 공개적인 논의
의 중심에 부각되는 한편, 대중적 항의와 미제국주의에 대한 인식 확
산으로 금단의 영역이었던 반공사상의 근저가 흔들리게 된다(김경일,
2003: 111). 이 같은 배경 하에 안보와 평화 통일은 반공 사상보다는
오히려 민족적 정서를 자극함으로써 고취되는 것이 용이했고, 개정 헌
법 전문에 명시된 동포애, 민족의 단결 등의 가치는 평화 통일과 민족
중흥을 동일선상에 위치시키며 더욱 공고한 논리로 이 둘을 결합시키
고 있었다.

　1984년 군사원호법과 국가유공자및월남귀순자특별원호법 등을 통
합한 국가유공자예우등에관한법률(법률 제 3742호)이 제정된 것은 이런
맥락과 무관하지 않다. 국가와 민족을 위해 희생한 사람들에게 정신적
예우와 물질적 보상을 제공하겠다는 의지의 표현이었던 이 법의 제정
은 애국애족정신의 발흥을 유도하고자 하는 국가적 시도였다(법제처).

---

52) 사실상 일부 자료들에서는 평화 통일을 경제발전과 같은 차원의 상위 목표로
　　설정하고 복지국가 건설을 그 하위 목표로 위치시키기도 했다(보사부, 1985,
　　보건복지백서: 27).

이 법에서 "국가는 국가유공자의 애국정신을 기리고 이를 계승, 발전
시키며, 이 법의 기본이념을 구현하기 위한 시책을 강구한다(법률 제
3742호 제3조 국가의 시책)"고 제시함으로써 국가에 대한 애국정신을
함양하고 관리하는 것을 정부가 중요한 과제로 인식하기 시작한 것은
결국 다시금 결합된 국가와 민족의 화두를 강조하고 민족과 동일시되
는 실체로서의 국가에 대한 국민적 충성심을 불러일으키는 것이 가족
정책의 주된 관심사이자 목표로 부각되고 있는 당시의 상황을 보여주
는 것이었다 하겠다.

 ② 국가의 보호: 전반적인 국가 보호의 확대 및 여성관련 보호의 지체
  국가 이익의 가치가 내용상으로 큰 변화를 보이지 못한 채 오히려
그 비중이 다소 축소되는 가운데, 제5공화국의 민주복지국가 건설 의
지에 힘입어 '국가의 보호'는 이 시기에 유례없는 확대와 성장의 시기
를 맞게 된다. 산업화에 의해 야기된 역기능적 측면, 즉 생활불안, 빈
곤, 질병, 범죄, 기회의 불평등과 같은 다양한 사회적 위험(social risk)
을 해결할 책임이 국가에 있다는 인식이 대두되어 시장 기능을 보완해
야할 국가의 포괄적인 역할이 강조되고(보사부, 1981. 제5차 경제사회개
발 5개년계획: 129), 사회보험, 공공부조, 사회복지사업의 세 영역에 걸
친 국가의 역할 정립이 중요한 과제로 떠오른 상황에서(보사부, 1985,
제5차 5개년계획 보사부문수정계획: 4-5) 국가의 보호의무 범위의 증대는
사실상 예정된 것이었다.
  교육, 주택, 보건 등 국민의 기본 수요 영역에 대한 국가의 개입이
확대되는 가운데, 최저생계보장을 위한 국가의 역할이 확고해진 것은
국가의 보호 '범위'와 '깊이'의 변화를 보여주는 가장 근본적인 내용이

다. 1984년 개정된 생활보호법(법률 제 3623호)은 그 대상의 선정방식
을 직권 보호주의에서 신청 보호주의로 전환함으로써 보호의 범위를
확대함과 동시에, 억울하게 대상에서 누락되는 경우를 방지하여 국민
최저 생활수준의 유지와 보호를 한층 강화하고자 하는 의도를 담고 있
었다(보사부, 1983, 공공부조사업계획 1차시안: 196). 최저생활계층에 대한
보호의 내용도 보완되어 1982년 자활보호와 교육보호가 추가되었다.
교육보호의 내용은 1979년 생계보호의 일환으로 포함되었던 것을 별
도의 프로그램으로 독립시킨 만큼 그 내적 충실도에 있어서 이전보다
한차원 향상된 모습을 보이고 있다(보건복지부, 2002. 국민기초생활보장
사업 안내: 7).

　심신장애자복지법, 노인복지법 제정과 더불어 노인, 장애인에 대한
국가의 보호가 본격화된 것도 이 시기의 의미있는 변화로 평가된다.
먼저 심신장애자복지법(1981)은 심신장애의 발생 예방과 복지증진, 그
리고 장애자와 그 가족에 대한 국가적 책임을 표방한 최초의 법제였다
(법률 제 3452호 제 5조 국가 등의 책임). 사회복지사업법 또는 아동복지
법에 의거하여 운영되었던 시설들이 이 법에 의한 '심신장애자복지시
설'로 전환됨에 따라 연령에 따라 사회복지시설 혹은 아동복지시설로
분리 수용되어 온 장애자에 대한 보다 포괄적이고 일괄적인 시설보호
가 가능해졌다(보사부, 1985, 장애자복지법령·업무지침: 123). 장애자 뿐
아니라 장애자 가정의 경제적 부담을 완화시키기 위한 차원에서 가정,
지역사회, 국가의 공동 노력이 역설되는 등 장애인 가족에 대한 보호
관심과 노력도 점차 확대되어 갔다(보사부, 1985, 제 5차 5개년계획 보사
부문수정계획: 163).

　여기서의 정부 태도는 심신장애자복지법의 목적이 "심신장애자의

재활 및 보호에 필요한 사항을 정"하기 위한 것이라고 규정된 데에서
도 드러나듯이 여전히 법의 적용대상인 장애자 및 그 가족과의 수직적
관계를 상정하고 보호자적 입장을 자청하는 것이었지만 그 노력이 단
순한 보호에 그치지 않고 복지국가로서의 이행을 시도하는 측면을 포
함한다는 점에서 보다 긍정적인 의미로 해석될 수 있는 여지를 남겼
다. 장애자에 대한 보호 관심은 심신장애자복지법 뿐만 아니라 1980년
군사원호보상법 개정(법률 제 3290호)에도 반영되어 사망자 이외에 유
족을 부양할 사람이 있는데 그가 장애인일 경우에만 유족으로 인정하
던 것이 이제 유족 당사자가 장애인인 경우에는 18세 이상도 유족으로
인정하게 되는 등, 장애 유무에 근거한 국가적 처우와 혜택이 보충되
기도 한다.

　노인복지법 또한 이전까지 생활보호법, 사회복지사업법에 근거, 소
위 65세 이상 무의탁 노인이 부분적으로 대상에 포함되어 있던 것을
독립시켜 일반 노인들을 국가적인 정책 대상이자 보호의 대상으로 범
주화했다는 의의를 갖는다. 핵가족화로 인한 부양기능의 약화를 국가
가 해결해주어야 한다는 자성의 소리가 높아지면서 노후생활에 대한
사회적 보장 또한 강조되기 시작한 것이다(보사부, 1985, 제 5차 5개년계
획: 발간사). 여기서도 노인을 단순한 보호 대상으로 보는 데에서 한걸
음 더 나아가 노인의 복지증진을 법의 궁극적인 목적으로 삼고(노인복
지법 법률 제 3453호 제 1조 목적), 국가의 복지증진의 책임을 명시하는
등(제 4조 복지증진의 책임) 국가의 보호 한계가 크게 확장되었다. 노인
에게 알맞은 직종을 개발하고(동법 제 11조 직종의 개발), 경로주간을 설
정하며(제 5조 경로주간), 경로사업을 실시하고 지원하는(제 10조 경로사
업의 실시 · 지원) 등 노인의 광범위한 삶의 영역과 연계된 부분에서 국

가가 이를 지원하고 보호할 책임이 명시됐다.

여성과 관련한, 특히 모성보호와 관련한 부분에서도 일견 발전된 면모를 찾아볼 수 있다. 1973년 제정 당시 "국가 또는 지방자치단체는 영유아의 건전한 발육을 도모하기 위하여 모성 및 영유아에 대한 질병 및 사고의 예방, 치료 등에 관하여 필요적절한 조치를 하여야 한다(모자보건법 법률 제 2514호 제 3조 모자의 우대)"고 표현되어 있던 것이 1986년 개정에서 "국가와 지방자치단체는 모성과 영유아의 건강을 유지·증진하기 위하여 필요한 조치를 하여야 한다(모자보건법 법률 제 3824호 제 3조 국가와 지방자치단체의 책임)"고 바뀜으로써 모성보호가 "영유아의 건전한 발육을 위해서"가 아니라 모성 그 자체를 위한 것으로 규정된 것은 진일보한 변화였다. 아동복리법이 아동복지법으로 바뀌면서 요보호 임산부의 범위가 확장되어 출산 전후 3개월 이내일 경우에만 해당되던 것이 이제 임신중이거나 출산 후 6개월 이내로 보호의 기간 또한 늘어난 것도 그러했다.

그러나 여성과 관련해서는 '국가 보호의 현격한 확대'라는 전반적인 추세가 충분히 반영되지 못하였다. 위의 모자보건법이나 아동복지법의 내용은 여전히 출산 행위 중심으로 모성을 규정하는 일관된 태도를 보여준다. 생활보호법에서 해산보호가 세대주 혹은 세대주에 준하는 자에게 급여를 지급하도록(법률 제 3623호 제 13조 해산보호) 되어 있다는 사실에서도 확인할 수 있듯이 출산을 여성이 아닌 가족의 문제, 세대의 문제로 보는 태도도 그대로 유지되었다. 특히 인구 억제라는 국가적 목표를 위해 여성 노동자의 모성보호는 그 강도가 오히려 약화되기까지 했다. 1980년 근로기준법에서 3자녀 이상 출산시 여성노동자의 유급출산 휴가를 제한하는 조치를 취한 것은 그 대표적인 예이다.

1983년에는 의료보험법에 분만급여를 2자녀까지로 한정하는 조항이 신설되어 노동자뿐 아니라 일반 여성들까지도 출산행위에 국한된 차원에서조차 모성을 제대로 보호받지 못하는 사태가 발생하게 된다. 이는 70년대에 정부가 '다산이 모의 건강에 미치는 부정적인 영향'을 강조함으로써 모성보호의 가치를 가족계획을 위한 수단으로 강조했던 것과는 정반대의 양상이다.

국가가 여성에게 출산과 양육보다 피임과 단산을 권유하고 경제성장을 위해 산아제한이 필수적이라고 주장하는 상황에서 모성을 적극적으로 지원하는 정책이 성립될 수 없었던 것은 당연했다. 모성보호가 전반적인 틀은 유지하되 인구조절 목표 하에 부분적으로 포기되었던 것에 비해, 보다 확장된 의미에서 여성 자체를 대상으로 하는 여성 보호 조치들은 별다른 변화없이 그대로 지속되었고, 부녀복지정책이 주로 불우여성예방사업, 미혼모 대책, 윤락여성 선도, 모자가구 대책 등에 초점을 맞춤에 따라 요보호 여성에 대한 보호 또한 이전과 크게 달라짐 없이 그 형태와 내용을 유지했다. 결국 지배적인 현상으로 보였던 국가의 보호 강화는 유독 여성이라는 대상에 있어서만 상대적으로 정체되어 있었던 셈이다.

앞서 당시 가족정책의 전반적인 경향을 간략히 제시하면서 언급했듯이 아동과 관련해서는 그 변화의 폭이 두드러져서 여성의 경우와 극명한 대조를 이룬다. 1981년 아동복리법에서 아동복지법으로의 개정과 1982년 유아교육진흥법의 제정은, 요보호 아동에게 의식주를 제공하는 시설 보호의 차원이 아니라 산업화의 결과 제기되는 가족의 문제, 가족의 변화와 연결된 광범위한 영역을 포괄하는 포괄적인 아동정책으로의 이행기로 돌입하는 중요한 계기였다. 아동복지법은 여전히 내용상 요보호 아동 중심의 규정을 완전히 벗어나지는 못했으나(법률 제 3438호 제 2조 용어의 정의), 법제처 개정 이유에 요보호 아동에서 일반 아동 중심의 아동정책을 지향한다는 점이 명시됨으로써 아동에 대한 국가적 보호의 범위를 확대하려는 목적을 분명히 밝히고 있었다. 유아교육진흥법의 경우에는 특히 여성 취업에 따른 아동보호 및 교육의 문제에 더욱 집중함으로써 전체사회의 맞벌이 핵가족 자녀에 대한 보호로의 전환을 더욱 적극적으로 모색하는 모습을 보였다.

그런데 이 당시 아동에 대한 국가의 태도는 단순 '보호' 외에 '육성'의 차원으로까지 그 강조점이 확장된 특징이 있다. 아동복지법에서는 처음으로 국가와 지방자치단체의 아동 보호, 육성의 책임을 명시했는데(아동복지법 법률 제 3438호 제 3조 책임), 이 중 국가의 책임은 육성에 초점이 맞추어졌다. 유아교육체계를 조정, 정비할 목적으로 제정된 유아교육진흥법에서도 이러한 경향이 그대로 반영되어 유아교육의 국가적 책임을 강조하면서 보호는 가정이, 교육은 국가가 담당하는 식의 이분법적 역할 분담이 이루어진다(법률 제 3635호 제 3조 국가의 임무). 확대된 아동에 대한 관심과 보호의 노력이 보호 그 자체보다 아동의 교육과 양육에 초점을 맞춘 국가 책임을 강조하는 것으로 방향을 잡아나가고 있었던 것이다. 생활보호법에서 교육보호를 생계보호에서 분리함으로써 친권자, 혹은 후견인의 교육과 양육 책임에 대한 국가가 보조를 한층 강화한 것이나(보건복지부, 2001, 국민기초생활보장사업 안내: 7-8), 1982년 공무원연금법 개정에서 대여장학금의 부담을 국가의 책임으로 규정한 것(공무원연금법 법률 제 3586조 제 72조 대여장학금의 부담) 역시 교육과 양육에 대한 국가적 역할 증진을 확인할 수 있는 부분이다.[53]

근대국가 차원의 여타의 가치들이 유신체제 하에서와 비교할 때 그

강조되는 빈도와 강도가 크게 낮아진 것에 비해 5공화국이 표방한 복
지국가의 이상에 힘입어 국가의 보호 차원에서는 변화와 발전이 크게
두드러진 셈이다. 비록 여성과 관련해서는 타 대상들에 비해 그 보호
의 확대가 미흡한 측면이 있었지만 이러한 전반적인 양상은 군부 권위
주의 체제 하에서나마 국가의 '권리'보다 '의무와 책임'이 늘어나고 복
지에 대한 관심이 가족정책의 수면 위로 떠오르는 일련의 긍정적인 변
화의 첫 신호가 되고 있었다.

　또 하나의 주목해야 할 현상은 60-70년대에 국가의 보호의 내용에
서 매우 핵심적인 부분을 이루었던 가족 기능 보호에 대한 언급이 사
라졌다는 것인데, 이 부분에 대해서는 '국가합리성'에 대한 논의 부분
에서 좀 더 자세히 다루도록 한다.

　③ 감시능력의 증진: 상대적인 축소기

　제 5공화국 대통령 취임사에서 전두환 대통령이 내세운 국정 이념
은 개인과 국가 상호간의 권리, 의무의 조화를 지향한다는 것이었다
(보사부, 1985, 보건복지백서: 27). 이는 개정 헌법에서 국가의 의무와 책
임을 강화하되 국민의 기본적 권리를 대폭 신장하여 인권보호에 만전
을 기할 것을 표방한 것(법제처)과 일맥상통하는 것으로서, 국가의 지
나치게 확대, 팽창된 감시기능과 통제력에 제한을 가하여 국가와 개인
간의 관계의 균형추를 회복하기 위함이었다.

---

53) 이외에도 이 시기에 헌법상 "재외국민은 국가의 보호를 받는다"는 해외 거주
　　국민에 대한 국가의 보호의 의무가 신설되었고(헌법 제 9호 제 2조 2항), 전
　　통문화의 보호 · 계승의 의무, 민족문화 창달노력의 의무가 헌법 8조와 대통
　　령의 취임선서(헌법 제 9호 제 44조)에서 각각 삽입되는 등 다양한 차원의
　　국가의 보호 의무가 규정되기에 이른다.

가장 대표적으로는 헌법상 국가와 대통령의 통제권이 약화된 것이 일례이다. 당시 헌법 개정은 "우리가 처하여 있는 국내외적 여건과 배한공산집단의 위협에 대처하여 국가의 안전과 번영의 기틀을 마련하기 위하여 대통령제 정부형태를 채택하되, 임기는 7년으로 하고 중임이 불가능하도록 하였으며, 임기 또는 중임금지에 관한 헌법개정은 개정당시의 대통령에게는 효력이 없게 하여 장기집권을 배제(법제처)"함으로써 대통령의 중임이나 장기집권의 가능성을 전면 차단했다. 대통령 선거는 여전히 간선제를 채택했지만 대통령 통제 하에 있던 통일주체국민회의가 아닌, 국민에 의해 선출된 선거인단에 의한 선거로 전환되었고 복수후보의 자유경쟁을 보장하는 등 평화적 정권 교체를 위한 제도적 장치도 마련되었다.

유신체제 하에서 무제한적으로 확대되었던 국회에 대한 대통령의 권한 역시 개정 헌법에서는 상당부분 제한되었다. 일단 국회 구성에서부터 통일주체국민회의가 국회의원 정족수의 1/3을 선출하던 방식이 폐기되어 입법부의 독립과 자율성이 비로소 회생할 수 있었다. 헌법(제 9호) 제 57조에 대통령이 국회를 해산하고자 할 경우의 조건과 절차가 엄격히 규정됨으로써 대통령의 국회 해산권에도 제한이 가해졌다. 이에 반하여 국회의 견제 기능은 부활했다. 헌법 제 51조 5항에는 비상조치 해제를 국회가 요구할 시 대통령이 거부할 수 없도록 하여 대통령의 비상조치권에 국회의 의견이 반영될 수 있도록 하였으며, "국회는 특정사안에 관하여 조사할 수 있으며, 그에 관련된 서류의 제출, 증인의 출석과 증언이나 의견의 진술을 요구할 수 있다"는 조항(헌법 제 9호 제 97조)이 신설되어 국회 청문권이 보장되었다. 사법부의 독립성도 한층 강화됐다. "대통령제 정부 형태에서 나타날지도 모르는 행정부의 독주와 전단을 방지하고 책임정치를 구현할 수 있도록 하기 위하여 대통령의 권한을 제한하는 한편, 국회의 견제 기능과 사법부의 독립성을 강화하여 권력분립에 충실을 기한다(법제처)"는 표현에서 알 수 있듯이 대통령에 권력이 집중되는 구도가 아닌 삼권분립에 기반한 국가체제가 회복된 것이다.

이는 국가의 통치체제 뿐 아니라 대국민적 차원에서도 국가의 비정상적으로 확장되었던 권한을 조정하는 것으로 이어지고 있다. 생활보호법에서는 "보호기관의 지도와 지시가 피보호자의 자유를 존중하여 필요한 최소한도에 그쳐야 하고 피보호자의 의사에 반하는 지도와 지시를 해서는 안된다(생활보호법 법률 제 3623호 제 22조 지도와 지시)"는 단정적 표현을 사용하여 피보호자의 권리를 보호함과 동시에 정책시혜자로서의 국가의 권한을 제한하는 조치를 취했다.[54] 앞서 살펴본 국가의 보호라는 근대국가적 가치가 전례없이 팽창되었던 것과 대조적으로 국가의 통제력과 감시능력은 크게 축소되는 상반된 경로를 밟은 셈이다.

전반적으로 국가의 직접적인 통제력이 축소되는 추세에 역행하여, 유일하게 국가적 통제가 강화된 부분은 '가족계획사업' 관련 영역이다. 특히 이 부분에서는 정보의 통제와 관리를 통한 권한 확대를 핵심으로 하는 '감시능력의 증진'이 더욱 가시화되는 양상이 나타났다. 1986년 모자보건법 개정(법률 제 3824호)을 통해 임산부의 신고 의무가 신설되었고(제 8조 임산부의 신고 등), 모자보건수첩 발급이 시행되어 임산부와

---

54) 생활보호법에서 국가의 지나친 통제를 금지했음에도 불구하고 이 법에서 완전히 강제적인 성격이 사라진 것은 아니었다. 1983년 시행령 25조에서 규정된 중도 무단 탈락자 조치는 여전히 국가가 지도자적 위치에서 통제권을 행사할 수 있는 여지를 남겨두고 있었다.

영유아의 건강관리가 보다 체계적으로 수행될 수 있는 근거가 마련된 것이 그 대표적인 경우이다(모자보건법 시행규칙 보사부령 제 700호 제 3, 4조). 이는 일목요연하게 임산부와 영유아의 병력 차트를 작성하여 주소 변경 등의 세세한 변경사항을 파악하고 관리할 수 있도록 하여 보다 효율적인 출산력 조절을 위한 통제와 감시를 가능케 하기 위한 것이었다. 동법 시행규칙 제 6조(모자보건진료기관), 시행규칙 제 10조(피임시술기관)에서는 의료기관의 신청을 받아서 국가가 모자보건진료기관과 피임시술기관을 지정하고 관리할 수 있게 함으로써 임산부 뿐 아니라 그를 관리하는 의료기관에까지 그 통제 범위를 확대했다.

같은 해인 1986년부터 정책 차원에서는 이와 별개로 전국가족계획사업대상자 카드화 제도가 실시되었고 가족계획사업 대상을 파악하는 업무가 강조된다. 가임여성수, 영유아 명단, 불임현황, 사망과 출생으로 인한 변동사항, 임신 대상자의 월경 상태에 이르는 사적이고 개인적인 차원 모두를 파악하도록 하는 철저한 정보의 통제와 관리 노력 속에(보사부, 1982, 가족보건업무지침: 23-24) 가족계획사업을 통한 국가의 개입은 한층 정교화되고 치밀한 형태로 개인의 삶 속에 스며들게 되었다. 80년대 이후 국가의 통제력이 이전에 비해 완화되고 의도적인 차원에서나마 국가의 통제 시도를 노골적으로 표현하는 일이 줄어들었음을 생각할 때, 가족계획사업에서 나타난 이러한 예외적인 경향은 당시 이 분야에 대한 국가적 관심과 노력이 얼마나 지대했는지를 엿볼 수 있게 하는 단서가 되고 있다.

④ 국가합리성: 한국적 복지모형과 국가합리성의 재규정
제 3, 4공화국 시기에 국가의 감시능력의 증진을 정당화하기 위한

근거로서 부각되었던 국가적 차원에서의 능률과 합리성의 가치는 5공
화국에 이르러 국가의 절대적 권위가 축소됨에 따라 그 의미의 총괄적
변화를 겪게 된다. 60년대 이후 근대국가의 기형적 팽창 속에 일종의
수단적 가치로서 감시 능력의 증진이라는 가치와의 관계 속에서만 존
재했던 국가합리성, 국가효율성(National Efficiency)의 개념이 이제 그
연결고리를 끊고 독자적인 의미를 획득하며 재규정되는 시점에 놓이
게 된 것이다. 그 결정적인 계기는 바로 "한국적 복지모형"의 계발이라
는 국가적 차원에서의 총체적인 정책방향의 전환 시도였다.

1980년대 들어서면서 제 5차 경제사회개발계획을 비롯한 각종 가족
정책 자료들에서는 서구의 예를 타산지석으로 삼아 우리 사회의 특수
한 여건에 적합한 복지모형을 개발해야 한다는 목소리가 높아졌다. 서
구 선진국의 고부담, 고복지에서 결과 된 노동의욕과 창의력 상실, 노
동시장 경직화, 경제활력 저해, 기업 경쟁력 및 국가 경쟁력 저하 등의
시장기능 왜곡, 정부의 재정적자, 물질적 풍요 속에서의 노인층 소외,
청소년의 방치, 이혼과 별거 등과 같은 단점을 보완하면서, 국방비 부
담 등으로 재원조달에 어려움을 겪고 있던 당시 한국사회의 실정에 적
합한 새로운 복지 모형을 개발해야 할 필요성이 활발히 제기되었다(보
사부, 1981, 보사정책 설명자료). 이에 "한국적 복지모형"이라는 이름으로
서구와 다른 접근방식을 표방하는 복지모델 구축이 가장 시급한 정책
과제로 급부상한다.

이 때 한국적 복지모형의 기본 이념의 하나로 제시된 것이 바로 "국
가적 효율성"이었다. 이 개념은 효율성의 기준이 개인이 아닌 국가가
되어야 한다는 사실을 명확히 하기 위해 사용된 개념으로서, 인도주
의, 평등주의, 사회적 연대와 함께 80년대의 복지이념의 핵심을 이루

었다(보사부, 1985, 보건복지백서: 28). 다분히 추상적이고 당위적인 성격의 여타 요소들에 비해 국가효율성은 각종 가족정책의 접근방식을 결정함에 있어 가장 실질적인 지침이자 기준으로 작동하고 있었다는 점에서 당시의 복지정책을 이해하기 위한 중요한 열쇠가 된다.

한국적 복지모형의 기본원칙은 첫째, 복지가 경제활력을 저해하지 않도록 하며, 둘째 개인의 근로 능력을 상실하지 않을 범위 내에서 복지가 이루어져야 하고, 셋째, 가족과 지역사회 중심의 복지정책을 구축하며, 넷째, 전통과 현대, 정신과 물질의 균형을 이루고, 다섯째, 국가의 재정적 부담을 최소화하며, 마지막으로 사회적 연대의식을 강화한다는 것이었다. 이 중 주로 국가효율성이 특히 강조되었던 것은 성장과 분배의 균형, 가족의 복지기능 제고, 전통과 현대의 균형(정신과 물질의 균형), 자율과 질서의 균형(민간과 정부의 균형)의 차원이었다.

복지가 경제 활력을 저해하지 않도록 하여 성장과 복지의 균형을 추구하는 것은 기업의 부담을 최소화하고 자본주의 경제 원리를 최대한 준수하는 한도 내에서 복지적 개입을 허용하는 것이 장기적인 안목에서 국가의 발전을 위한 "복지정책의 합리적 기조"가 된다는 점에서 정당화되었다. 또한 가족의 전통적인 자기보장기능을 강화하고, 서구와 구별되는, 서구보다 우월한 우리의 정신 문화와 윤리의 장점을 되살려 복지 자원으로 활용함으로써 전통과 현대의 균형을 유지하는 것, 그리고 이를 통해 정부는 민간에서 조달된 재화를 효율적으로 배분하는 최소한의 범위로 개입함으로써 경제적 부담을 줄이는 것이 국방으로 인한 재정적 부담을 안고 있던 당시의 사회적 현실에서 국가가 효율성을 실현할 수 있는 최선의 선택으로 간주되기에 이르렀다.[55]

국가효율성을 달성하기 위한 복지 기조로서 주장된 이러한 요소들

중 성장과 복지의 균형을 제외한 나머지 요소들이 모두 '전통'적 요소
를 되살림으로써 효율성을 제고할 수 있다는 일관된 논리에 기반하고
있음은 매우 흥미롭다. 가족의 보장기능 약화를 방지하여 가족 중심의
복지정책을 추구할 것을 목표로 삼은 것은 결국 전통적인 가족의 성격
중 '부양 기능'의 차원에 선택적으로 가치를 부여한 것이었고, 보다 직
접적으로 전통과 현대의 균형을 강조한 것 또한 인보협동사상, 경로효
친 등의 정서적, 정신적 보살핌을 강조하여 서구의 물질문명에 대비되
는 우리의 정신 문화의 우월성을 주장하고 그것을 서구의 복지국가들
이 당면해있는 어려움을 극복할 수 있는 우리만의 자산으로 동원해낼
것을 주장한 것이었다. 민간과 정부의 조화 또한 상부상조, 인정, 의리
등의 전통을 경제적, 물질적 차원에서의 기여로까지 확장시켜 자원의
동원을 민간에 일임하고, 국가는 그 효율적인 동원과 이용, 조정의 차
원에서만 관여하겠다는 시도에서 제시된 개념이라고 볼 수 있다.

　전통에 대한 재인식과 그것의 현재적 계승을 위한 주장이 대두되었
던 당시의 이러한 경향은 분명 필요에 의해 전통을 선택하고 재해석하
는 과정을 거쳐 복원시키고자 했던 "전통의 창조" 작업이었다.[56] 이는
서구의 물질문명과 대비되는 의미로서의 동양의 정신적 우월성을 주
장하고 그를 통해 서구와의 구별짓기를 도모하고자 했다는 점에서 일
견 '식민지적 근대'의 특성을 그대로 재현하는 것이기도 했다. 1920-30

---

55) 당시 정책 자료에는 "(민간 차원에서의) 도덕적 자원을 개발, 동원하고 그것
　　을 합리적으로 활용하는 것이 무엇보다도 중요한 사회복지의 과제"라는 직접
　　적인 표현이 등장하기도 한다(보건사회부, 1984, 보건복지백서: 28).
56) 개정헌법에서 "국가는 전통문화의 계승, 발전과 민족문화의 창달에 노력하여
　　야 한다"는 내용이 새로이 포함된 것(헌법 제9호 제8조)이나 대통령 취임선
　　서에서 "민족문화의 발전"을 위해 노력한다는 내용이 추가된 것도 전통에 대
　　한 강조와 그 재창조가 제5공화국의 중요한 관심사였음을 보여준다.

년대 식민지 상황을 극복하기 위한 대항 담론으로 등장했던 민족담론
이 식민 지배를 가능케 했던 서구 부르죠아 사상과 철학적 전제들을
공유한 채 서구적 근대화를 추구하며 식민지 조선의 물질적 환경들을
열악한 것으로 치부하는 한편, 조선의 정신적 문화와 전통을 서구의
물질문명에 비해 훨씬 우월한 것으로 차별화하고 신비화하고자 하는
일종의 향수를 발전시켰던 것과 유사하게, 1980년대에도 서구를 모방
하여 물질적 성장을 추구하면서도 동양의 도덕적, 영적, 정신적 우월
성을 통해 그로부터 자신을 차별화하고자 하는 이중적인 욕망이 복지
정책 속에서 다시금 되풀이되고 있었다. 그리고 이렇게 전통에 대한
의미부여를 통해 선택되고 변용된 과거와 정신적 영적 요소들은 '합리
성'의 가치가 부여된 새 옷을 입고 이 시기 근대성의 중요한 구성요소
로 자리잡게 된다.

이 같은 시도들이 어떻게 구체적인 가족정책들로 표출되고 있는지
살펴보자면 먼저 '성장과 복지의 균형 추구'는 복지가 경제 활력에 방
해가 되어서는 안 된다는 것을 제일원칙으로 하는 '성장 우선 관점' 하
에 재분배적 정의를 중시하는 듯하면서도 사실상 경제성장의 가치를
그 위에 두는 일관된 정책성향으로 자리잡아 갔다. 기업주의 부담을
최소화하여 투자 활성화를 저해하지 않으며 자본주의 질서를 최대한
준수하는 범위 내에서 복지가 이루어져야 한다는 점이 정책 지침 곳곳
에서 강조되었으며, 국민 연금의 경우에도 기업 부담을 최소화하는 원
칙이 고수되었다(보사부, 1981. 제 5차 5개년계획; 보사부, 1985, 제 5차 5개
년계획 수정계획).

가족의 전통적 기능을 보존하려는 노력은 보다 집요하고도 포괄적
이었다. 국민연금, 생활보호, 아동 복지, 장애인복지, 부녀복지, 노인

복지 모두에서 선가정 보호, 후사회보장이 고수되었다. 국민연금에서
는 가족의 부양의식을 고취하기 위하여 공적 연금을 최소화한다는 방
침이 세워졌다(보사부, 1985, 제5차 5개년계획 보사부문수정계획: 123-124).
생활보호법(법률 제3623호)에서 보호의 기본원칙을 "부양의무자의 부
양을 보충하는 범위 안에서 행하는" 것으로 규정한 것이나(제4조 보호
의 기본원칙), 아동복지법에서 보호자를 1차 책임자로, 국가와 지방자
치단체는 "보호자와 더불어" 책임을 지는 것으로 명시한 것은(아동복지
법 법률 제3438호 제2조 용어의 정의, 제3조 책임) 모두 가족의 의무를
보조하는 범위에서만 국가의 책임을 인정한 예들이다.[57] 아동복지법
에 보호자에 대한 훈계, 서약서를 제출시키거나 지도하는 내용이 포함
된 것도 보호자의 책임을 강조하는 경향을 반영한다(동법 제11조 보호
조치). 심신장애자복지법의 경우 조금 덜 명시적이기는 하지만 가족단
위의 부양수당을 지급함으로써(법률 제3452호 제14조 부양수당) 가족의
경제 공동체적 성격을 전제하고 그 기능을 국가가 지원하는 입장을 견
지하였다.

부녀복지 사업에서도 요보호 여성 정책들에서 보호자 우선 책임이
강조되기 시작한다. 윤락여성 대상의 여성복지, 미혼모, 가출여성, 불
우미망인 관련 사업에서 가정복귀를 목표로 삼고 그것이 용이치 못할
경우 시설 보호를 실시한다던가, 이들의 가출이나 타락을 방지하기 위
해 가정의 윤리 교육을 강조하는 등의 방식을 통해 가정의 도의적, 실
질적 역할을 부각시키는 것이 당시의 전반적인 분위기였다(보사부,

---

57) 이때의 보호자는 친권자, 후견인 또는 기타의 자로서 영유아를 현재 보호하
고 있는 자를 의미하는 것이다. 그런데 당시의 친권은 민법에 따라 의견이
일치하지 않을 경우 아버지가 친권을 행사하도록 되어 있었다는 점에서 주로
부계 중심의 보호자의 책임을 강조하고 있는 것으로 볼 수 있다.

1982, 보사정책설명자료: 181). 불우 여성에 대한 책임을 가정에 전가하고, 그들의 보호에 소극적으로 대처하는 이 같은 태도는 결국 가족의 자기보장기능 회복을 최선의 목표로 지향하는 전반적인 정책 흐름에 편승한 것이다.

노인복지의 경우에는 가족의 역할에 대한 강조와 "전통"에 대한 향수가 함께 결합되어 있는 형태를 보인다. 노인복지법은 기본적으로 경로효친의 미풍양속을 고취하고 가족 내의 효 사상, 노인부양의무를 강조하고 있는데(법제처 제정이유) 여기에는 서구가 갖지 못한 우리의 전통적 미덕과 문화의 장점을 현대에 되살려 복지에 활용함으로써 효율성을 높이고 온정적 복지사회를 건설하고자 하는 의도가 담겨 있었다. 노인복지법에서 후손의 양육과 국가 및 사회발전에 기여해 온 자로서 존경받아야 할 노인의 권리를 인정한 것이나(법률 제 3453호 제 2조 기본이념), 경로효친 사상을 앙양하기 위해 경로주간을 설정한 것(제 5조 경로주간), 정책 차원에서 경로우대제도를 실시한 것(1980) 등은 모두 윤리적 차원에서 경로사상을 중시한 것이었고, 동법 제 3조의 "국가와 국민은 경로효친의 미풍양속에 따른 건전한 가족제도가 유지·발전되도록 노력하여야 한다"는 표현은 가족을 전통에 머물러야 하는 제도이면서 동시에 전통을 되살리는 공간으로 지목하고 있었다.

1970년대까지 가족계획사업에서 소자녀관 확립을 위해 기존의 노후대비책으로서의 자녀관 대신 소비, 투자 대상으로서의 자녀관과 자녀에 대한 교육 의무를 부각시키는 과정에서 강조점이 약화되었던 부모부양 문제가 다시 쟁점화되기 시작하자, 정부는 사회보장을 통해 노인부양을 대체하려는 시도를 접고 '가족'과 '전통'의 결합으로 문제를 해결하는 방향으로 회귀하였다. 1982년의 경로헌장 제정이나, 경로효친

사상을 고양하고자 효자, 효부 발굴 포상을 실시하기 시작한 것도 적극적인 정책 전환을 모색하기 위함이었다(보사부, 1982, 보사정책설명자료: 170).

이 과정에서 국가는 효의 기반 위에 건전한 가족, 즉 전통적인 부양 기능을 하는 가족을 유지, 강화함으로써 노인 문제를 그 안에서 해결되도록 유도하는 보조적인 책임으로 스스로의 역할을 제한했다. 노인 부양의 일차적 공간인 가정 내에서 보호를 받기 곤란한 경우에 대해서만 개별적인 국가의 보호가 약속되었다. 상담, 입소 등의 조치가 거택에서 보호를 받기 곤란한 자에 한정하고(노인복지법 제 7조 상담, 입소등의 조치) 유료양로시설의 경우 전통적 가족제도의 유지발전을 저해하는 호화사치시설을 규제한다는 방침이 표방되어 어떤 보호와 시설도 가정에 우선해서는 안 된다는 정부 입장이 한층 명확해진다(보사부, 1981, 보사정책자료: 173). 국가의 보장 및 복지 기능을 가족의 규범적 기반을 통해 대체하려는 시도는 전통적, 윤리적 압력을 통해 더욱 효과적으로 가족에 고스란히 전달되었다.

가족의 기능성에 대한 강조는 이전 시기에 '국가의 보호' 차원에서 그 개입의 한계를 설정하기 위해 가족의 경제공동체적 성격을 전제하고 부양관계에 근거한 가족의 범위를 상정하는 것으로 표현되었음을 기억할 것이다. 그러나 80년대에는 이 내용들이 모두 "가족의 기능에 대한 국가의 보호"가 아니라 "국가합리성의 제고를 위한 선택"으로 설명되기 시작함으로써 그 논의의 초점이 완전히 바뀌었다. 수단화되어 있던 국가합리성 개념의 재규정 과정에서 이전에 국가적 보호의 내용으로 포함되어 있던 내용들이 고스란히 이 부분으로 흡수됨으로써 가족의 공동체적 성격을 강화하고 보존하는 것이 국가적인 합리적 선택으로 설명되기에 이른다. 이로써 국가의 보호는 특수한 경우, 즉 요보호 계층으로 그 대상이 축소되었다. 부양의무를 중심으로 가족의 범위를 확장시켜 설정하고 그를 통해 국가의 복지 기능을 대신하도록 하는 방식에는 변한 것이 없었지만 그를 설명하기 위해 내세우는 '논리'가 변화했던 것이라 하겠다.

'전통'에 대한 심층적인 가치부여는 노인복지 뿐 아니라 새마을 인보복지사업이나 앞서 살펴본 아동복지, 부녀복지, 장애인 복지에서도 일정 부분을 차지하고 있다. 상부상조의 인보협동정신을 "친화, 혈연, 지연, 학연 등에 의한 제한적 차원을 극복하고 전국적 차원으로 승화 발전시켜야" 한다는 주장이 높아지면서 "우리의 사회 복지 발전에 전통적 문화의 장점들을 현대적으로 개발, 발전시키는 것이 중요한 과제"임이 거듭 주장되었다(보사부, 1985, 보건사회백서: 57). 아동결연사업 및 민간기관에의 위탁 시도, 미혼모를 비롯한 요보호 여성들에 대한 민간 차원의 정서적 보살핌 또한 같은 맥락에서 강조된다(보사부, 1982, 보사정책설명자료). 이 모든 전통적 요소의 활용 방식들은 그 자체에 합리성의 가치가 부여됨으로써 더욱 그 논리적 기반을 확고히 할 수 있었다.[58]

더 나아가 상부상조와 인정, 의리 등의 전통적, 윤리적 미덕은 비물질적 차원에서 그치는 것이 아니라 민간의 물질적 참여와 기여로 이어져야 했다. 가족정책들에서는 자원의 동원은 민간에서, 그 효율적인

---

58) 제 5차 경제사회개발 5개년계획 보건사회부문 수정계획에서는 사회보장 제도에 있어서도 그 기본 방향을 전통적인 상부상조 정신의 최대한 보존 계승으로 설정하고 있었다. 국민 연금 또한 민간부문의 적극적인 참여와 가족의 전통적인 부양의식 고취 등이 주요한 방안으로 제기되기도 했다(제 5차 5개년계획 수정부문: 4-5, 123-124).

조정과 이용은 국가가 담당하는 식의 역할분담구조를 지향했다. 이에 국가적 효율성 개념을 설명하는 부분에서 민간의 도덕적, 물질적 자원을 개발, 동원하고 그것을 합리적으로 활용하는 것이 무엇보다도 중요한 사회복지의 과제로 언급되었다(보사부, 1985, 보건복지백서: 28). 사적이고 자발적인 부문에 대한 의존도를 최대한 높이고 이렇게 조달된 한정적 자원의 효과를 최대화하는 것이 국가적 차원에서의 효율성이 되어버린 것이다. 제5차 개발계획에서 국가에 의한 공적 연금은 필요한 최소한으로 하고 사적 연금이나 퇴직금 등의 민간 대비책들로 대신할 것을 원칙화한 것 또한 민간과 정부의 조화라는 목표 하에 시도된 것이다(보사부, 1981, 보사정책 설명자료: 163).

복지에 관한 국가의 지출을 최소화하려는 의도는 사실상 가족의 기능을 유지·강화하려 하거나 전통을 강조하는 기저에 공통적으로 전제되어 있었다. 가족구성원에 대한 경제적 부양, 자녀양육, 노인봉양 등의 가족의 공동체적 기능을 보존, 확장하고, 상부상조정신, 효 사상, 인정 등의 전통적 사상을 오늘에 되살려 자원봉사, 결연사업 등을 장려하며, 그러한 민간의 도움을 경제적, 물질적 차원으로까지 확장되도록 유도하고자 하는 일련의 시도들은 모두, 증가하는 복지수요에 부응하는 민주복지국가를 실현할 것을 목표로 내세웠음에도 불구하고 복지의 기틀과 재원 모두를 갖추지 못했던 당시의 상황을 타개하기 위한 정부의 전략적 선택이었다. 그리고 이러한 측면들이 모두 '국가합리성', '국가효율성'의 차원에서 정당화됨으로써 '국가합리성'은 박정희 집권기와는 또 다른 방식으로, 이번에는 국가의 권력이 아닌 국가의 복지 이념을 뒷받침하는 수단으로 다시금 그 의미가 변질된 채 정착되어 갔다. 이는 곧 이윤 극대화를 목적으로 하는 기업 혹은 기타 개별적인 사회집단들처럼 국가가 개별적인 기대 효과가 뚜렷하지 않은 투자를 하기보다는 그 책임을 전통의 이름을 빌어 가정이나 민간 등 가능한 다른 주체들에 미뤄 놓은 상태에서 무임 승차적 자세를 견지하는 것을 소위 '합리적인 행위'로 보는 시각(장경섭, 1992: 157)이 한국의 가족정책의 핵심에 자리잡게 되는 구체적인 과정이었다 하겠다.

⑤ 합리적인 문제해결방식: 의미 회복기

국민의 자유권을 제한하기 위해 유신체제 하에서 갑작스레 강조되었던 법치주의는 80년대에 이르러 본연의 자리를 되찾게 된다. 유신헌법에서 "법률에 의하지 아니하고는 ~의 자유를 침해받지 않는다"라는 단서를 통해 개인적 자유의 한계를 명시했던 것이 모두 삭제되고, 법치주의에 대한 비정상적인 강조도 사라졌다. 법률에 의한 제한이 가능하도록 되어있던 거주·이전의 자유, 직업선택의 자유, 주거의 자유, 통신의 자유, 언론·출판·집회·결사의 자유 등이 1980년 개정에서 고스란히 1972년의 유신헌법 이전의 내용으로 되돌아간 것이다(헌법 제 9호 제 13조, 제 14조, 제 15조, 제 17조, 제 20조). 근로자의 단결권, 단체교섭권, 단체행동권에 대해 "법률이 정하는 범위 안에서 보장된다"고 규정되었던 것 또한 "근로자는 근로조건의 향상을 위하여 자주적인 단결권·단체교섭권 및 단체행동권을 가진다. 다만, 단체행동권의 행사는 법률이 정하는 바에 의한다"고 그 표현이 다소 완화되었다(헌법 제 9호 제 31조).[59] 자유권에 대한 법률의 우위를 주장하던 경

---

59) 1962년 헌법 개정에서는 이 부분이 "근로자는 근로조건의 향상을 위하여 자주적인 단결권·단체교섭권 및 단체행동권을 가진다"라는 단정적인 표현이 사용되었던 점을 생각할 때, 이는 72년 이전으로 돌아간 것이라기 보다는 부분적으로만 그 제재를 완화한 것이다.

향도 비로소 자취를 감추었다. 결국 국민의 자유에 대한 보장기제가 제자리를 찾는데 10여년의 지난한 세월이 소요된 셈이었다. 군법회의의 조직, 권한 및 재판권의 자격을 법률로 정하도록 한 규정이 신설된 것을 제외하면(헌법 제9호 제111조 2항), 전반적으로 법치주의는 원칙적인 차원 이상으로 부각되지 않고 있었다.

이에 비해 70년대 처음 부각되기 시작한 정책 운영방침, 절차상의 합리적인 관료 규범 등의 행정적 차원에서의 합리적 문제해결 방식은 80년대에 이르러 보다 적극적인 형태로 강조된다. 1982년 공무원 연금법에서는 법체계의 일원화, 연금관리의 합리화 등을 개정 목표로 표방했고(법제처), 생활보호법에서도 1983년 개정시 과학적 최저생계비 계측, 대상자 책정 및 보호수준설정의 합리화를 주과제로 삼았다(보사부, 1982, 보사정책설명자료: 120). 보다 포괄적인 사회보장체제의 정비를 모색함에 있어서도 "분립체제의 사회보장체제의 경우 국민연대 책임의 역할이 제한적이라는 점에서 효율성을 기대할 수 없고 특수집단만이 보호를 받는 실정으로 인해 불평등이 심화되고 있으므로 이들의 통합을 통한 합리적인 운영체계의 구축이 요구된다"는 내용이 근거로 제시되었다(보사부, 1985, 보건복지백서: 41).

1980년대의 합리적인 문제 해결의 가치는 비정상적으로 강조되었던 법치주의가 제자리를 찾는 가운데 행정적 절차와 규범 상의 합리성의 추구 면에서 본격적인 확장이 이루어지기 시작하는 새로운 단계를 맞이했다. 이제 법 자체에 대한 의미 부여는 괄호 안에 넣은 상태에서 법 체계와 그 실천체계의 합리화가 적극적으로 모색되는 시점에 돌입하게 된 것이다.

(2) 경제적 영역: 생산력 중심주의의 독립과 산업주의의 축소

제 5공화국의 민간 주도 경제로의 이행 선언과 한국적 복지모형의 주창이라는 두 가지 배경 하에 자본주의적 논리는 그 세력을 더욱 확대해간다. 자본주의 경제원칙인 민간의 자율과 경쟁을 촉진하여 시장경제의 활성화를 도모해야 한다는 주장이 크게 대두되었으며(보사부, 1984, 보건복지백서: 7), 복지사회 건설이라는 거창한 목표 하에 계발된 한국적 복지모형의 경우에도 복지의 논리가 자본주의 경제 논리를 침해하거나 위협해서는 안 된다는 원칙을 이미 전제하고 있었다. 복지는 어디까지나 생산력 증대라는 목표를 저해하지 않는 범위 내에서 이루어져야 했고 기업의 부담을 최소화하는 한에서 복지정책을 수행하는 것이 국가의 기본 입장이 되었다(보사부, 1981. 제 5차 5개년계획 보건의료 및 사회보장부문계획: 144). 어떤 의미에서, 5공화국이 내세운 민주복지국가의 구호는 사실상 자본주의적 질서의 테두리 안에 복속된 것이었다.

이전의 생산력 중심주의가 국가 주도 하에 정부의 적극적인 개입을 통해 생산력 증대를 도모하고자 하는 뚜렷한 목표를 가졌었다면, 이제 시장의 자율조정기능을 강조하고 이를 침해하지 않는 것을 국가의 역할로 전제한 상태에서 시장의 자율성과 경쟁의 논리가 부각되기 시작한다. 정부의 민간경제활동에 대한 방침은 한마디로 "유도"라는 용어로 대별될 수 있는 성격으로 변모되었다. "유도계획으로서의 기능을 강화하여 대규모 사업 이외에는 양적계획화보다 방향제시와 각종 유인제도 등의 운용장치를 발전시키고 보호와 규제의 정부개입을 줄여 민간의 창의적 노력을 유도해나는 데에 중점을 두는" 것으로 정부 역할이 재정립되었다는 것이다(대한의학협회, 1982: 19).

가족정책 영역들에서도 국민의 기본 수요에 해당되는 제한된 부분을 제외하고는 민간의 자율과 경쟁을 촉진하여 시장경제의 활성화를 도모한다는 전체 윤곽이 그려졌다. 보건의료분야, 주택, 교육 등을 제외하고는 자유시장경쟁원칙이 무조건적으로 준수되었으며 국가는 시장경쟁여건 조성에 주력할 뿐 직접적인 개입은 최소화해야 한다는 주의가 팽배했다(보사부, 1981. 제5차 5개년계획; 보사부, 1984, 보건복지백서). 그 어느 때보다도 자율, 개방, 능률의 가치가 빈번하게 정책자료들에 등장하는데, 이는 민간의 창의적 노력을 유도하고 자율경제 활동을 창달하기 위한 첩경으로 간주되었다(보사부, 1985, 보건복지백서; 보사부, 1984, 보건복지백서: 8). 국가의 역할은 교육, 주택, 보건과 같은 기본수요 영역에 개입하여 "시장 기능을 보완"하는 제한된 모습을 보였다(대한의학협회 조사연구실, 1982: 19).

생산력을 극대화하려는 일관된 취지 하에 노동 생산성에 대한 강조도 더욱 심화되어 간다. 의료보험의 경우 노동생산성의 향상을 촉진한다는 점에서 그 효과가 강조되었고, 국민 연금 역시 경제적 생활의 불안과 위험을 제거함으로써 노동의식 고취, 생산성 향상에 기여할 수 있다는 전제 하에 그 확대 실시가 주장되었다. 실업보험의 경우에도 기존 사업 추진의 문제점으로 사업주의 부담 가중으로 인한 기업의 국제경쟁력 약화를 지적하는 등, 전반적으로 생산성 향상과 자본주의 원리를 우선시 하는 선에서 사회보험의 방향 설정이 이루어지고 있었다(보사부, 1985, 사회보험 1차시안(요약) 제4차 경제개발 5개년계획 사회보장 실무계획).

이러한 배경 하에 생산성의 근거인 '노동력'으로서의 인간에 더 큰 관심이 기울여지게 된 것은 자연스러운 일이었다. 이 시기 "경제사회개발 5개년계획"으로 명칭을 바꾼 5차 5개년 계획은 사회개발의 일환으로서 국민 건강과 보건사업을 눈에 띠게 강조했는데, 이는 사실상 노동력으로서의 인간관을 전제하고 그 잠재능력을 최대한 활용하려는 목표를 염두에 둔 것이었다. "사회적으로 국민건강이 경제발전의 원동력인 노동생산성 향상의 주 요소"라는 사실이 지적되었고 "경제개발에 적극적인 참여를 가능케 할 수 있는, 인간으로서의 잠재적 능력 개발"이라는 차원에서 사회개발이 강조되고 국민 건강에 대한 관심이 높아지게 된다(보사부, 1984, 보건복지백서: 9). 물론 이 가치의 등장으로 인해 경제적 영역에서의 근대성의 가치들이 비로소 제 모습을 갖추었던 70년대에 그러했듯이, 80년대에도 노동력의 상품화 가치는 여전히 그 자체로 뚜렷이 부각되기보다 '인간의 능력 개발'의 차원에서 기본적으로 전제되는 요소로서 남아있었고 그 이상의 의미의 확장이나 발전은 이루어지지 못한 상태였다. 그러나 노동력으로서의 인간에 대한 관심과 활용을 위한 노력은 분명 70년대에 비해 적극화된 형태를 띠고 있었다.

자본주의 원리에 입각한 생산력 중심주의나 노동생산성, 노동력의 상품화 등의 가치가 국가의 지배권을 벗어나 더욱 확장되었던 것에 비해 산업주의는 상대적으로 침체된 국면을 맞았다. 이 가치가 1948년 헌법 제정 이래로 큰 부침없이 경제적 영역의 근대성을 구성하는 중요한 요소로 유지되어온 점을 생각할 때, 유독 80년대의 가족정책 자료, 법자료에서 과학과 기술 등에 대한 언급을 거의 찾아볼 수 없다는 것은 특기할 만한 일이다.[60] 이는 한국적 복지모형의 정착과 관련된 현

---

60) 제 6차 계획의 중점과제는 첫째, 자율과 개방, 능률과 합리성을 바탕으로 한 "경제사회의 제도발전과 기본질서의 정착", 둘째, 지역별 특성에 알맞은 산업

상으로 보인다. 서구의 물질 만능주의에 반하여 우리 고유의 정신적, 정서적, 윤리적 요소를 강조하는 한국적 복지모형의 기조 하에 추진되었던 가족정책들 속에서 대표적인 서구의 물질적 가치인 과학과 기술의 요소들이 강조되기는 쉽지 않았을 것이기 때문이다. 다음 시기인 87년 이후부터는 과학기술 투자에 대한 강조 등이 부분적으로나마 언급되는 것을 발견할 수 있는데 비해 1980년-1987년 기간에는 정책자료들에서 산업주의의 가치가 거의 지워지다시피 했다. 이는 각종 가족정책들이 전통적인 미덕과 정신적인 자원을 되살리는 문제에 천착한 결과, 일시적으로 과학의 가치에 대한 의미 부여를 유보했음을 보여주는 것이라 하겠다.

그런데 여기서 산업주의를 제외한 자본주의 가치들의 부상은 이 시기 근대국가의 변화와 관련지어 이해할 필요가 있다. 신군부 정권의 집권에도 불구하고 각종 가족정책에서 '국가의 보호'를 제외하고 이전에 비해 축소되었던 근대국가의 가치들 중 '국가 이익'의 상대적 약화는, 70년대에 전일적인 가치로 자리잡았던 경제성장 추구에 있어서의 일보후퇴를 의미하는 것이었다. 그러나 이는 '경제성장' 그 자체에 대한 포기가 아니라 단지 '국가 주도'의 경제성장에 대한 포기였다. 경제영역의 자본주의적 가치들은 자율성을 획득한 채 더욱 그 영역을 확대

발전과 생활편익시설의 균형있는 확충으로 "활력있는 지역사회의 발전", 셋째, 두터운 중산층의 형성과 저소득층의 생활향상으로 "사회적 형평제고와 복지증진, 넷째, "산업구조의 개편과 기술입국의 실현"으로 산업능률을 획기적으로 제고하는 것이었다. 이 중 네 번째 과제를 달성하기 위한 방편으로 기술혁신을 통하여 산업 경쟁력을 높여 나가기 위해 과학기술 투자를 제고할 것과 기초과학 연구 등에 대한 지원강화와 투자효율 강화, 고급과학기술인력의 획기적인 양성, 확보 등의 시책이 논의되었다. 그러나 유독 가족정책과 관련된 〈보건의료부문〉에서만큼은 과학과 산업기술에 대한 언급이 이전보다 확연히 줄어들었다(보사부, 1985, 보건백서: 21).

해갔고 국가의 전적인 보호와 지지 하에 자본의 이윤추구가 이전의 국가 이익 차원에서 강조되었던 경제성장에 버금가는 목표로서 자리잡았다. 70년대에 국가라는 단위의 경제발전이 추구되었다면 80년대에는 국가의 경제성장의 총합을 이루는 "개별적인" 자본의 이윤추구에 무게가 실렸던 것이다. 결국 '국가의 이익'과 '생산력 중심주의'가 근대 국가의 주도 하에 함께 결합되어 부각되었던 70년대의 근대성의 표출 양식은 두 가치의 표면적 분리와 경제 영역의 생산력 중심주의의 강조라는 모습으로 선회했지만 궁극적으로 그 본질만큼은 그대로 유지되고 있었던 셈이다.

(3) 문화적 영역: 자유 민주주의의 재생 시도

① 인간의 존엄성과 자유권의 부활

5공화국의 민주 복지국가 건설 의지는 70년대 황폐화되었던 자유민주주의적 영역에 새로운 기류를 형성했다. 물론 이것이 법제와 가족정책 자료라는 문서화된 자료에 입각한 해석이라는 점에서 실질적으로 신군부주의 정권 하에 행해진 민주화 운동에 대한 광범위하고도 강압적인 탄압과 인권 침해, 각종 비리와 부정 등의 문제가 여기에 고려되지 못한 한계는 분명 존재한다. 그러나 70년대 유신체제 하에서 정책 문건들에서조차 자유민주주의적 가치들이 철저히 포기되었던 것을 생각할 때 80년대에 이르러 표면적으로나마 국가가 자유민주주의의 수호를 표방하고 이것이 정책들에 반영되기 시작한 것은 분명 의미심장하다.

80년대의 가장 특징적인 현상은 헌법상의 기본권 신장이다. 행복추구권(헌법 제 9호 제 9조), 건강권(제 34조 2항), 환경권(제 33조)이 신설되

었고, 국민의 자유권을 대폭 제한했던 유신헌법의 내용들이 다수 수정
되었다. 앞서 근대국가의 합리적 문제 해결의 가치를 논의하면서 제시
했듯이, 거주·이전의 자유(헌법 제 9호 제 13조), 직업선택의 자유(제
14조), 주거의 자유(제 15조), 통신의 자유(제 17조), 언론·출판·집
회·결사의 자유(제 20조) 등에 있어서 "법률에 의하지 아니하고는" 자
유권을 제한받지 않는다고 되어있던 단서조항들이 삭제되었고, 유신
헌법에서 사라졌던 "국민의 자유와 권리를 법률로서 제한하는 경우에
도 그 본질적 내용은 침해할 수 없다(헌법 제 9호 제 35조 2항)"는 규정
이 부활되어 자유권이 불가침의 권리로서의 성격을 되찾았다. 역시 유
신헌법에서 삭제되었던 "체포, 구금시 법원에 적부 심사를 청구할 수
있도록 하고 자백이 강요에 의한 것이거나 유일한 증거일 때 인정하지
않는다(제 11조 4, 5항)"는 내용도 부활됐다. 결국 1962년 헌법 개정에
서 규정되었다가 1972년 유신 헌법에서 수정, 혹은 삭제되었던 내용들
을 그대로 복원해내기까지, 한국사회에서 '자유권'의 역사는 20여년의
시간의 흐름을 거슬러 올라간 셈이었다.

　여기에 "모든 국민은 사생활의 비밀과 자유를 침해받지 않는다(헌법
제 16조)"는 조항이 신설되었으며, 근로자의 권리도 법적으로 증진됐
다. 1980년 근로기준법에서 근로 시간 초과에 대한 규제가 강화되어
사업주와 근로자간의 합의가 있어도 1일 1시간 이상의 연장은 불가능
해졌다(근로기준법 법률 제 3349호 제 55조 근로시간). 1986년에는 정당한
이유없는 해고 등의 구제 신청 조항이 신설되기도 한다(법률 3927호 제
27조의 6). 경제발전이라는 거대 서사 속에서 정책적 관심의 대상이 되
지 못하거나 아예 희생될 수 있는 부분으로 전제되어 온 근로자의 인
권과 권리에 대한 고려가 형식적으로나마 법체계에 도입되는 전기를

맞게된 것이다.

보다 구체적인 차원에서는 심신장애자복지법 제정(1981)에 기반한 장애자의 존엄성에 대한 강조와 아동복지정책의 전반적인 확장에 따른 아동 인권에 대한 관심이 눈에 띤다. 심신장애자복지법(법률 제 3452호) 제 3조에서는 "심신장애자는 개인으로서 존엄과 가치를 가지며 이에 상당하는 처우를 보장받는다"고 규정하여 장애자의 인권과 그 보장을 명시했으며, 아동복지법에서는 아동에 대한 차별금지, 아동의 인격보호, 특성과 능력개발 조장 등이 강조되었다(법제처). 아동의 교육받을 권리 또한 아동 인권의 핵심적 차원으로 여전히 부각되고 있었다 (유아교육진흥법 법률 제 3635호 제 1조 목적). 모자보건법 개정시 불임시술과 월경조절술 등 가족계획사업의 법적 근거가 마련되었다는 점에서 아동의 인권에 대한 강조 속에 '태아'의 인권은 포함되지 못했지만, 이미 태어난 아동의 인간으로서의 존엄성과 권리는 인권의 차원보다는 '국가의 보호'에 주로 초점이 맞추어져 있던 1948-1962년 시기나, 여타의 자유민주주의적 가치의 축소기였던 1962-1980년을 거치면서 항상 예외적으로 그 의미를 유지해온 데 이어, 1980년대에도 '전체 아동을 대상으로 하는 아동복지 정책'으로의 전환이라는 보다 발전된 외양을 갖추며 존속되었다.

전반적으로 인권에 대한 관심이 높아지는 추이는 취약계층에 대한 정책에도 반영되어 있다. 1987년 마련된 「부랑인 선도시설 운영 규정」 (보건사회부 훈령 제 52조)에 시설종사자들이 원생의 자유를 억압할 수 없도록 하는 규정이 포함됨으로써(제 12조 시설종사자) 국가와의 수직적 관계 속에서 '피보호자'로만 간주되었던 대상들의 인권과 자유를 보장하려는 경향이 가시화되었다. 모자보건사업과 관련해서는, 유전이

나 전염의 소지가 있는 질환을 가진 환자의 경우 '공익을 위해서' 보사
부장관이 일방적으로 환자의 불임수술을 명령할 수 있도록 하는 법조
항 자체는 변함이 없었지만 1986년 강제불임수술시 배우자, 친권자,
후견인, 부양의무자에게 통보하도록 하는 규정이 시행령에 추가됨으
로써(모자보건법 시행령 대통령령 제 12046호 제 17조 불임수술 담당의사의
지정 2항) 그 인권 침해적 성격을 다소 보완하려는 시도가 이루어졌다.

물론 '국민의 인권'과 이를 보장할 '국가의 보호 책임' 중 어느 쪽이
더 강조되었는지를 세심히 따져본다면 80년대의 정책기조는 여전히
'국가의 보호' 쪽에 손을 들어주고 있었다. 헌법에서 국민의 인권과 자
유에 초점을 맞춘 표현방식이 사용되었던 것을 제외한다면 구체적인
복지정책들에서는 주로 그 표현방식에서부터 이를 보호할 국가의 책
임 차원에서 이야기되곤 했던 것이 사실이기 때문이다. 당시 국가가
민주복지국가를 표방한 것은 주로 국가의 보호 확대에 주력하겠다는
의지의 표현이었던 바, 인간의 존엄성이나 자유에 대한 보다 구체적인
논의의 진전이 이루어지지 않은 상태에서 국가적 차원의 책임이 먼저
확대되었고, 자유주의적 가치들은 그 한발 늦게 이를 뒤따라가는 상황
이 전개되고 있었다.

② 민주주의적 가치들: 과도기적 혼란

이에 비해 유신체제 하에서 이미 부각되었던 평등과 소득재분배의
가치는 80년대에 이르러 그 내용상의 왜곡과 변질의 정도가 약화되고
개념의 성숙이 모색되는 경로를 거쳤다. 인구조절을 목표로 남녀평등
의 가치가 수단적으로 강조되거나 소득재분배의 가치가 지속적인 경
제성장의 필요요건으로 제시되었던 70년대의 논의 방식이 완전히 폐

기된 것은 아니었지만 이들 '민주주의적' 가치들이 어떤 목표를 위해서
가 아니라 그 자체로 강조되는 새로운 경향이 여기에 더해진다.

80년대 초까지도 남녀평등의 가치는 사실상 70년대의 규정방식을
벗어나지 못한 상태였다. 제 5차 개발계획에서 사회개발이 강조되기
시작함에 따라 인구 문제가 다시금 정책적인 관심사로 재부상했고 이
어 1981년 인구증가 억제대책이 수립됨으로써 70년대에 활발했던 정
부의 인구조절 시도는 새 정권에서 새로운 대책들을 양산해내는 것으
로 재연되었다. 남아선호를 불식하여 아들딸 구별없이 단산을 할 수
있도록 하려는 일관된 의도 하에 각종 자료들은 남녀차별금지라는 주
제를 더욱 적극적으로 논의했다(보사부, 1985, 제 5차 5개년계획: 21-22).
1982년, 가정의례준칙상의 남녀차별 시정이나 여성취업금지 직종의
완화, 여성선원채용금지 완화 등으로 이어진 이러한 시도들은 결과적
으로 여성의 지위를 향상시키는 진일보한 변화를 이끌어냈으나 그 목
적은 가족계획의 성공적 수행을 통한 '국익 추구'차원에서 설명되고 있
다는 점에서 여전히 근원적인 한계가 발견된다.

1984년에 이르러서야 비로소 이 가치가 본연의 의미를 되찾으려는
조짐이 나타난다. 5차 개발계획 수정안에 인구 조절과 무관하게 여성
의 경제활동 참가율 미진과 여성고급인력의 사장화가 문제점으로 논
의되기 시작한 것은 바로 그 시발점이었다(보사부, 1985, 제 5차 5개년계
획 보사부문수정계획: 172). 정치, 경제, 사회, 교육의 제반 분야에서의
남녀차별사례를 개선하기 위한 기준으로서 「남녀차별개선지침」(1984.
4. 11)이 의결되었고 여기에 1984년 12월 유엔여성차별철폐협약 비준
이라는 배경이 더해져 1985년에는 여성발전기본계획이 수립됐다. 이
듬해인 1986년, 정부가 경제사회발전 6차계획기간(1987-1991) 중에 가

족법상 남녀차별을 없앨 방침을 발표함에 따라 최초로 여성인력의 활용과 능력개발 및 복지증진을 위한 구체적인 정책을 수립, 추진하는 국가의 중장기계획으로서의 여성개발부문 계획이 6차 계획의 내용으로 포함될 수 있는 기틀이 마련되기도 했다. 이는 남녀평등의 가치가 본원적 의미로 정책 속에서 부각되고 여성의 지위 향상이 그 자체로서 관심사로 다루어진 의미있는 계기였다. 그러나 오랜 기간 유지되었던 의미가 한 순간에 뒤바뀔 수는 없었으므로 이 시기의 남녀평등은 인구조절을 위한 수단적 성격과 본연의 의미가 혼동스럽게 뒤섞인 불편한 혼합물로 남아있을 수밖에 없었다. 남아선호 불식을 위한 노력은 지속되었고, 여성의 권익을 위한 노력 또한 그 기치를 높여갔다. 이러한 혼돈과 모순은 비록 80년대에 이 가치가 밟아야했던 고단한 여정을 보여주는 것이었지만, 그 자체가 스스로의 내실을 기하는 발판이 되고 있었다는 점에서 중요한 함의를 지닌 것이기도 하다.

남녀평등이 혼란스러운 담론의 경합 속에 놓여 있었던 것에 비해 보다 일반적인 의미에서의 평등 가치는 자유민주주의 영역의 소생기를 맞아 확대되고 강조되는 일로에 서 있었다. 심신장애자복지법(법률 제3452호)에서 장애자의 평등한 권리가 부각된 것을 비롯하여, 유아교육진흥법(법률 제3635호)에서도 아동의 평등한 교육권이 강조된다. 근로기준법(법률 제3349호) 역시 퇴직금 지급의 평등한 권리를 부각시키는 등 평등 개념을 공공연히 표방했다. 특히 법 앞에서의 형식적 평등이 아닌 실질적 평등에 대한 관심도 높아져서 '소득재분배'에 대한 논의에도 박차가 가해졌다. 부의 분배는 유신체제 하의 제3차, 4차 경제개발계획에서 처음 도입된 개념이었으나 80년대에 경제'사회'개발계획으로의 명칭 변경과 정부의 복지국가 건설 의지에 따라 소득계층간,

지역간, 산업간 소득재분배의 문제가 보다 핵심적인 주제로 부상하게 되었다. 실질적으로 소득과 부의 격차, 지역적 불균형 등에 대한 성찰적 반성과, 소득분배 구조의 개선 등의 주제는 이 시기에 가장 빈번히 등장하는 정책적 화두였다(보사부, 1985, 제 5차 5개년계획 수정안: 2).

이 같은 경향은 자본주의 가치 지향이 유지되는 가운데 그 역기능에 대한 반성이 구체화된 결과물이었다 할 것이다. 각종 법제와 정책 자료들에서는 경제발전의 그늘로 존재해왔던 '분배'의 문제에 관심을 기울어야 할 당위성을 강조하면서 이 부분을 '경제발전'과 함께 국가적 과업이 되어야 할 부분으로 단정지었다. 당시 헌법 개정에 대해 법제처가 "정직하고 성실하게 노력하는 국민이 잘 살 수 있는 사회 기풍의 조성과 경제성장의 혜택을 모든 국민이 고루 누릴 수 있는 복지건설을 지향하고, 경제질서에 관한 새로운 조항을 대폭 신설하여 산업의 발전과 부의 균배에 기여하도록" 하기 위한 것이라고 설명한 것은 이를 확연히 드러내준다. 사회복지시행의무(헌법 제 9조 제 32조 2항), 독과점 폐단규제(제 120조 3항), 중소기업의 보호 육성(제 124조 2항) 등 사회개발과 관련된 조항들 또한 국가의 의무를 부의 분배 차원까지 확장시킨 직접적인 예였다.

각종 사회보장제도가 본격 시행됨에 따라 사회복지, 사회보장의 이념으로 인간의 존엄, 사회의 연대와 함께 "기회의 평등"이 3대 원칙의 하나로 제시되었다. 의료보험에도 소득재분배적 효과를 추구하는 흐름이 반영된다. 국민 연금 또한 소득재분배 기능을 통한 계층간 소득 격차 해소, 국민생활의 균형을 도모한다는 목표를 표방하였다(보사부, 1985, 사회보험 1차시안). 정책자료들에서도 국민생활의 균형 및 질적 향상과 지역간의 균형발전을 모색하는 일관된 어조를 읽어낼 수 있다

(보사부, 1984, 보건복지백서: 8; 보사부, 1985, 보건복지백서: 14-15). 아동복지정책의 경우에 농어촌 도시영세지역 아동에게 평등한 조기교육의 기회를 제공하고, 생활보호 대상자에게 먼저 혜택을 주는 등 취약계층에게 우선적인 기회를 부여함으로써 실질적인 평등과 간접적인 소득 재분배를 모색하려는 시도가 가시화된 것도 같은 맥락이다(유아교육법 법률 제 3635호 제 13조 취원대상 2항).

  이 시기에 분배에 대한 관심과 국가 책임이 확장된 것이 반박할 수 없는 사실이었다면, 이제 이것이 의미하는 바가 무엇이었는지 생각해 볼 필요가 있다. 앞서 국가 이익에 대한 규정에서 살펴보았듯이 부의 분배를 통한 복지국가의 실현은 경제성장과 함께 80년대의 양대 목표였다. 그런데 중요한 것은 당시 표방된 소득재분배라는 실질적 평등의 가치와 복지국가의 이상이 한국사회에서만큼은 자본주의적 자율경쟁의 원리와 충돌하는 관계에 있지 않았다는 사실이다. 소득재분배 개념은 어디까지나 자본주의적 가치 지향을 유지하는 가운데, 그 역기능을 완화시키려는 의도 하에 도입되었다. 국민연금이나 의료보험 같은 재분배적 의미를 가진 정책들 또한 국가가 시장 기능의 안전판 역할을 수행함으로써 자본주의 원리의 원활한 작동을 돕기 위한 공통된 목표 하에 수렴됐다. 헌법에서 경제발전 추구가 여전히 중요한 목표로 등장하고, 복지가 경제의 활력을 저해하지 않도록 하는 것을 최우선으로 삼는 '한국적 복지모형'이 준수되는 상황에서 소득 재분배를 통한 실질적 평등의 추구는 자본주의를 부정하거나 전도하지 않는 범위 내에서 보다 원활한 시장기능의 흐름을 돕는 보완적인 역할을 수행하기 위한 것이어야 했다.

  70년대에 소득 재분배가 직접적으로 '지속적인 경제성장'이라는 목표에 복속되던 것에서 사뭇 달라진 이러한 양상은 '경제성장'이라는 일 면적 효과보다 자본주의적 가치 자체가 강조되었던 당시의 분위기를 고스란히 체화한 채, 단순히 자본주의 원리를 옹호하는 데에서 한걸음 더 나아가 국가가 그 역기능을 최소화하고 시장기능을 보완하여 경제 흐름을 돕고자 하는 보다 능동적인 정책 태도를 보여주고 있다. 표면 적으로 경제성장이라는 목표 하에 소득재분배의 가치를 종속시키는 경향은 사라졌지만, 소득 재분배를 자본주의 원칙의 하부구조로서, 그 활성화를 위해 동원하고자 시도는 보다 간접적이고 교묘한 방식으로 유지되었다는 뜻이다.

남녀평등의 가치가 그러했듯이 80년대의 새로운 의미 부여와 70년 대에 이 가치들이 이용되던 방식의 잔존은 이렇게 이시기 소득재분배 의 개념을 이전보다 훨씬 혼동스럽고 통일되지 못한 담론의 틀 속에 위치시키고 있었다. 그러나 이러한 혼란이 70년대에 왜곡되고 변용되 었던 평등과 소득재분배의 가치와 그 의미를 제 자리로 되돌리는 중요 한 첫걸음이 되고 있었다는 점에서, 장기적인 안목에서 볼 때 80년대 는 이 둘 모두에게 중요한 전환기였다.

이제껏 찾아볼 수 없었던 '민주적 의사소통'의 가치의 등장도 언급 하고 넘어갈 필요가 있다. 국가와 정책 대상 사이에 일방적이고 위계 적인 관계를 상정하던 정책 자료들은 차츰 민주적 의사소통의 가능성 을 내보이기 시작했다. 일단은 지방자치에 대한 독립된 장(헌법 제 9호 제 8장)을 구성한 헌법을 필두로 보다 민주적이고 다원화된 사회체계 의 구성이 모색된다. 지방자치제는 87년 이후 노태우 정권에 이르러서 야 부분적으로 시행되었으나 당시 헌법상 그 길을 열어놓은 것 자체만 으로도 국가의 뚜렷한 인식 전환을 엿볼 수 있다. 보다 구체적으로는

심신장애자복지법과 노인복지법에서 민주적 의사소통의 절차와 방식
이 규정됐다. 심신장애자복지법은 "심신장애자, 그 법정 대리인 또는
대통령령이 정하는 보호자는 이 법에 의한 복지조치에 대하여 이의가
있을 때에는 당해 복지실시기관에 심사를 청구할 수 있다(심신장애자복
지법 법률 제3452호 제27조 심사청구)"고 하여 국가의 보호자 입장을 전
제하면서도 당사자의 의견이 반영될 수 있는 최소한의 통로를 허용하
려는 입장을 취했다. 노인복지법 역시 부양의무자의 심사청구권을 보
장하고, 이의 신청을 가능하도록 하는 등(노인복지법 법률 제3453호 제
23조 심사청구권) 피보호자의 의사 표현의 권리를 인정하는 양태를 보
인다. 보건의료 관련 자료들에서도 보건 의료를 실제 받고 있거나 받
을 잠재력이 있는 인구가 이들 자원의 분포와 이용에 대한 결정에 참
여해야 한다고 명시됨으로써(보건복지백서 1984) 정책 대상의 의사와
상호적 의사소통의 중요성을 부각시키고 있었다.

③ 근대적 개인주의와 사회적 연대: 한국적 복지모형의 요소
70년대에 이미 '근대적 개인주의'와 '사회적 연대'가 확고히 자리잡
았음에도 불구하고 80년대 이후 이 두 가치는 '한국적 복지모형'의 정
착에 기인, 이전보다 더욱 발전된 모습으로 완성되어갔다. 한국적 복
지 모형의 원칙들 중 '국가합리성'의 측면과 직접적으로 관련되지 않은
부분이 바로 근대적 개인주의와 사회적 연대의 가치였음을 상기한다
면 이는 쉽게 납득할 수 있는 부분이다.
개인의 근로의욕을 상실하지 않을 범위 내에서 복지가 이루어져야
한다는 원칙 하에 개인의 근면성, 근린정신을 강조하는 것은 한국적
복지모형의 중요한 일면이었다. 1981년 5차 경제사회개발 5개년계획

에서부터 최저생활보장의 관심은 자활, 자립능력 배양에 집중되었고, '생산적 복지'라는 표현이 사용되기 시작한 것도 바로 이 시기였다. 이 개념은 1995년 이후에 비로소 정책상에서 본격적으로 등장하기는 하지만 이미 1980년대부터 간간이 사용되어 정부의 복지시책이 지향하는 바가 무엇인지를 명쾌히 표방하고 있었다. 82년 수립된 영세민 종합대책은 단순구호에서 적극적인 자활지원사업으로의 전환을 보여준 대표적인 예였다(보사부, 1975. 제 4차 경제개발5개년계획 사회보장계획(안) : 발간사). 1984년 생활보호법 개정에서 "이 법의 보호는 보호대상자가 자신의 생활의 유지·향상을 위하여 그 자산, 근로능력 등을 활용하여 최대한 노력하는 것을 전제로 이를 보충 발전시키는 것을 기본원칙으로 한다(생활보호법 1982. 제 4조 보호의 기본원칙)"고 명시된 것도 개인의 자율과 책임을 강조하고자 하는 노력의 일부였다.

이렇게 자활 노력을 의무화하는 것은 비단 공공부조의 차원 뿐만 아니라 사회복지서비스와 사회보험의 영역에도 적용되었다. 1981년 심신장애자복지법도 유사하게 "심신장애자는 그가 가지고 있는 능력을 최대한으로 활용하여 사회, 경제활동에 참여하도록 노력하여야 한다(심신장애자복지법 법률 제 3452호 제 4조 자립에의 노력)"는 방침을 표방했으며, 1985년에는 보호 위주에서 재활 위주로의 사업방향 전환을 시도함으로써 자립 자활의 원칙을 더욱 강화하였다(보사부, 1985, 장애자복지법령·업무지침: 113). 노인복지법의 경우에도 노인에게 "자신의 지식과 경험을 활용하여 사회발전에 기여하도록 노력해야 할" 의무를 부과했다(노인복지법 법률 제 3453호 제 2항 기본이념 3항). 1986년에는 노인공동작업장을 설치 운영하는 등 노인자활능력 배양을 위한 다각적인 시책들이 마련되기도 했다(보건복지부, 2002, 노인보건사업지침). 국민연금의 경우에는 직접적으로 자활의 의무가 규정된 것은 아니었지만 개인의 근로의식 고취에 도움이 된다는 차원에서 이 제도를 적극적으로 부각시키는 경향이 발견된다(보사부, 1985, 제 5차 5개년계획: 123-124). 이 모두가 한국적 복지모형에 기반하여 '근대적 개인주의'가 문화적 영역에서 핵심적인 가치로 자리잡아가는 과정을 보여주고 있다 하겠다.

'사회적 연대'의 가치 또한 유사한 상황에 놓여 있다. 한국적 복지모형은 자율과 질서의 균형, 도농간의 균형, 대기업과 중소기업간의 균형 등을 강조하면서 이를 통해 광범위한 차원에서 사회적 연대를 강화할 것을 촉구하는 내용을 포함했다(보사부, 1981, 보사정책 설명자료: 163). 위화감 해소를 통한 사회적 연대의 구축은 결국 복지의 잠재적인 자원이 된다는 점에서 당시 사회적으로 요구되는 중요한 가치였다. 이러한 배경 하에 사회적 연대는 사회복지, 사회보장의 3대 이념의 하나로 제시되기도 하고, 보다 근본적인 복지이념에 있어서도 인도주의, 평등주의, 국가적 효율성의 가치와 함께 공동체의식이라는 형태로 포함되기에 이른다.

이 시기의 정책자료들을 살펴보면 국가적 연대, 사회적 통합, 민족공동체 개념의 빈번한 사용을 발견하게 되는데(보사부, 1985, 보건복지백서: 27), 이같은 측면들은 주로 한국적 복지모형에서 강조했던 민간참여, 상부상조, 인보협동정신 등과 관련되어 있다. "도움을 받는 계층으로 하여금 자립정신을 기르고 소득능력을 배양토록 하여 사회적 위화감과 생활상의 빈곤에서 벗어나도록 하는 동시에 도움을 주는 자에 대하여도 사회적 연대의식과 자원봉사의 보람을 느끼도록 조장"한다는 것이 당시 복지사업의 추진방향이었다(보사부, 1981, 보사정책 설명자

료: 163). 요보호 여성 관련 정책의 시설 운영 지침에서 결연 사업 확대
를 통한 사회연대의식 제고를 목표로 삼은 것이나 불우 노인, 아동 등
에 있어서 민간과의 결연을 중시하면서 이를 사회적 연대의 기반으로
강조한 것 또한 사회적 연대를 복지자원으로 동원해내고자 하는 국가
의 시도에 의해 이 가치에 무게를 실리게 되는 일련의 현황을 확인할
수 있게 한다(보사부, 1983, 부녀복지사업지침).

이러한 양상들은 민간의 참여를 조직화하여 탈정치화된 방법으로
복지의 문제를 해결하고 통합의 기능을 제고하려는 정부의 의도에서
비롯된 것이다. 서구의 경우 박애(Philanthropy)가 자유경제질서를 유지
하고 국가 기능의 확장을 막으면서 빈곤과 궁핍에 대처하게 하고 사회
통합의 기능을 제고할 역사적 의의를 지니고 있었다는 동즐로(1979)의
주장처럼, 민간의 자선과 참여를 통해 사회적 통합을 제고한다는 당시
한국 정부의 방침과 그 시책의 전개방식 또한 결국은 사회 문제에 대
한 사적인 해결을 촉구하고 이를 '통합'의 기제로 삼으려는 암묵적인
시도를 담고 있었다. 물론 그것이 수행하는 정치 경제학적 기능 또한
그와 유사했다.[61]

자유민주주의 영역에서 나타난 이 시기의 변화를 정리해보자면, 유
신체제 하에서 억압되었던 자유권 회복이 특징적인 가운데 자유권 개

---

[61] 한국사회에서는 자본가 계급의 체계적 노력에 의해 이러한 박애의 탈정치화
현상이 나타나기 보다 오히려 국가가 가족정책을 통해 직접적으로 부과한 민
간의 역할을 통해 국가 기능을 최소화하고 복지의 문제를 해결하는 보다 직
접적인 전략이 추구되었다는 점에서 근본적으로 서구와 다른 특성을 보이기
도 한다. 서구의 경우 자본이 국가 기능과 민간 노력의 중간적 활동 성격을
유지하는 박애사업을 담당함으로써 교묘한 탈정치화 전략(depoliticizing
strategy)의 주체가 되었다면, 한국의 경우 오히려 국가가 이를 부추기고 강요
하는 총체적인 압력을 행사했던 것이다.

념의 재정립보다는 이에 대한 국가의 보호가 우선적으로 확대되는 경향이 나타났으며, 남녀평등과 소득 재분배의 가치에 있어서는 유신체제 하에서 경제성장을 위한 수단적인 가치로 동원되는 과정에서 발생한 의미의 왜곡이 바로잡히기 시작하는 긍정적인 변화가 진행되었다. 근대적 개인주의와 사회적 연대의 가치는 한국적 복지모형의 뒷받침으로 문화적 영역의 주요 가치로서 한층 그 입지를 공고히 했다. 이러한 일련의 변화들은 모두 유신체제 하에서 기형적으로 팽창한 근대국가의 억압에 의해 박제화되었던 자유민주주의 영역에서의 근대성이 소생의 단계에 들어서는 극적인 전환점을 형성하고 있다 하겠다.

3) 거시적 차원에서의 불균형구조의 완화

70년대에 정치, 경제, 문화적 영역에서 경제 영역과 문화 영역에 대한 근대국가의 절대적 우위가 고착화되고 심화되었다면, 80년대에는 이러한 엄격한 위계구조에 균열이 생김으로써 세 영역간의 역학관계에 변동이 발생한다. 국가 개입 하에 놓여 있던 자본의 영역이 어느 정도 자율성을 인정받게 되었고, 민간 주도 경제로의 이행에 따라 경제에 대한 국가의 지배 우위도 크게 희석되었다. 시장의 자율조정 능력과 자본주의 원리 자체가 사회운영원리로 부상한 결과 근대국가와 경제적 영역간의 수직적 관계도 새로운 전환점을 맞게 된다. 물론 시장 기능에 대한 강조와 시장의 자율성에 대한 허용적 분위기 역시 근대국가의 의지로 성립된 것이기는 했지만 국가의 직접적인 개입이 배제되었다는 점만으로도 이전과의 차별성은 충분했다. 1960-1970년대에 사유재산과 시장경제를 기본 원칙으로 하면서도 부국강병이란 목표를 위해 국가가 시장에 대해 장기적이면서도 전략적인 개입을 하는

'발전 국가'의 면모가 두드러지는 가운데 경제 영역에 대한 국가의 우위와 개입이 상시화되어 있었다면 이제 표면적으로나마 국가가 시장 원칙에 경제를 일임함에 따라 이 두 영역간의 관계에 새로운 장이 열리게 되었던 것이다.

정부의 복지국가의지 천명에 힘입어 유신체제 하에서 사멸되다시피 했던 민주주의의 가치 또한 부활 단계에 돌입했다. 당시 정책 자료들에 자유, 평등, 인권, 정의, 복지 등의 용어가 눈에 띠게 등장한 것은 이를 입증한다 할 것이다(보사부, 1985, 보건복지백서: 14-15). 여전히 권위주의적 군부 하에서 국가의 절대적 영향력 하에 이 과정이 진행되었다는 명백한 한계는 지울 수 없으나 그럼에도 복지와 민주주의에 대한 관심이 싹트고 절대 우위에 기반했던 국가의 억압이 완화되기 시작했음은 분명 의미있는 변화였다. 근대국가 영역에서는 자유민주주의를 축소시킨 가장 결정적인 요소였던 감시능력의 증진 가치가 축소되는 대신 '국가의 보호'가 확대되어 갔고, 자유민주주의 측면에서는 자유권에 대한 제한이 대폭 완화되고 사회개발에 대한 강조와 맞물려 분배 개념이 강조되었다. 이는 근대국가와 자유민주주의의 관계가 '국가의 보호' 대 '자유와 평등'으로 압축된 채, 상호 대립하는 관계가 아닌 보다 대칭적인 관계에 놓이기 시작했음을 의미한다. 국가가 자유민주주의적 가치의 보호를 자청하게 되었다는 점에서 국가의 우위는 여전했지만 그 우위는 이전의 억압자적 태도가 아닌 보호자적 태도로 표출되고 있었다.

이상의 결과들은 70년대에 근대국가의 영향력 하에 경제적 영역은 최대한 지지되고 자유민주주의는 철저히 억압되는 방식으로 세 영역 사이에 존재했던 제도적 긴장과 갈등이 80년대에 이르러 완화되는 시기에 접어들었음을 보게 한다. 아울러 세 영역의 위계구조에 기반했던 근대성 가치들간의 세부 관계에 있어서도 총체적인 변화가 나타났다. 근대국가의 이익을 정점으로 한쪽으로는 국가 권력의 무제한적인 확대가, 또 다른 한쪽으로는 자본주의, 산업주의의 원칙이 공고히 결합되었던 구조는 이제 그 기반을 상실했다. 근대국가에서 강조됐던 감시능력의 증진, 그 정당성의 기반으로서의 국가합리성과 합리적 문제해결의 방식은 이전에 비해 축소, 또는 그 의미의 변질이 해소됨으로써 예전의 위치를 유지할 수 없었고, 이전에 대부분의 가치가 황폐화되어 정치, 경제, 문화적 근대성 내부에서 어떠한 접합 관계도 이루지 못했던 자유민주주의의 영역은 이제 근대성 내부에서 그 입지를 회복하기 시작한 결과 기울어졌던 균형을 회복해가고 있었다. 이러한 맥락에서 근대국가와 경제적 영역의 공고했던 접합 관계는 더이상 지속되지 못했다.

　정치, 경제, 문화 영역에서 한결 복잡해진 근대적 가치들간의 상호작용과 결합 양상들은 그만큼 다차원성과 내적 역동성이 더해진 근대성의 모습을 보게 한다. 그 내용을 구체적으로 살펴보면 국가적 이익이 '경제발전'과 '복지국가 건설'의 두 차원으로 양분된 가운데, 다양한 가치들이 이 목표를 위해 접합되는 양상이 나타나는데, 이렇게 양 차원으로 나뉘어진 국가의 이익 중 '경제발전'과 연계된 측면부터 살펴보도록 한다. 이 부분을 이해하는데 핵심적인 기준이 되는 요소가 바로 80년대에 복지이념의 기본 원칙으로서 새로이 탄생한 "국가합리성"의 가치이다.

　우선, 이 시기의 가족정책의 기조가 되었던 '한국적 복지모형'에서 뚜렷이 부각된 것은 바로 국가를 기준으로 하는 '국가효율성', '국가합리성'으로서, 이 가치를 추구하기 위한 핵심적인 방법이자 원칙의 하나가 복지가 경제의 활력을 저해하지 않도록 하는 것이었다. 따라서 한국적 복지모형 하에서 '자본주의 경제 논리'와 국가합리성은 본질적으로 상호 강한 친화력을 가질 수밖에 없었다. 사실상 국가합리성의 개념에 자본주의 경제 논리를 우선적으로 준수하는 것이 전제되어 있었다는 점에서 이 두 개념간의 엄밀한 구분조차 쉽지 않을 정도이다. 이 두 가치는 모든 가족정책의 기조로서 전제되는 부분이었다는 점에서 국가의 경제성장이라는 목표 하에 결합한 다수의 접합관계 속에서도 그 핵심을 차지했다.

또한 국가합리성은 경제성장이라는 목표 하에 '사회적 연대'의 가치와도 공고히 결합한다. 각종 자료들에서는 공동체 의식이 국가효율성에 불가피한 요소라는 사실을 앞다투어 강조했다. 예를 들어 의료보험의 분립체계는 연대감을 저해하고 위화감과 갈등을 조성하여 국가적 효율성을 위협한다는 논리가 생성되었다. 또한 이 둘은 보다 궁극적인 목표인 지속적이고 균형적인 경제성장을 위해 불가피한 요소로 지적되기도 한다(보사부, 1985, 보건복지백서). 국가합리성을 추구하기 위한 것으로 의미부여된 상부상조, 인보협동정신 등의 전통을 강조하고 민간 참여를 강조하는 맥락에서 이들이 사회적 연대의 초석이 되는 것으로 설명됨에 따라 결과적으로 사회적 연대 또한 국가합리성을 실현하기 위한 필요조건으로 부각되었다.

또한 국가합리성은 암묵적으로 이 시기에 확대된 '국가의 보호'와도 연계되어 있었다. 국가합리성 개념은 국가 개입을 최소화하고 재정 재정부담을 줄이기 위한 합리적인 선택으로서 가능한 한 민간에 책임을 일임하고 불가피한 경우에만 국가가 개입하여 최소한의 욕구충족이

이루어질 수 있도록 보호한다는 의미를 내포하는 까닭에, 최저생활계
층이나 취약계층을 대상으로 하는 국가의 보호와 일종의 '분담'관계를
구축했다. 정부의 선가정보호, 후사회보장의 구호는 사실상 될 수 있
는 한 '국가합리성'을, 정 불가피한 경우에는 '국가의 보호'를 추구함으
로써 경제성장과 복지의 두 가지 과제를 동시에 해결하고자 하는 것이
었으므로 이 두 개념은 사실상 대상에 따른 국가의 이중적 개입방침을
의미하는 개념이기도 했다. 이 두 차원이 더해져 복지에 대한 국가 개
입의 총합을 이룬다는 점에서 국가의 보호와 국가합리성은 불가분의
관계에 놓여 있었던 셈이다.

이상의 양상들이 모여 국가의 '경제성장'과 연계된 근대성 가치의
접합이 완성되었다. 이는 국가합리성과 자본주의 경제 원칙이 결합되
어 핵심적인 위치를 차지한 상태에서 국가합리성을 기준점으로 사회
적 연대라는 문화적 가치와, 국가의 보호라는 근대국가의 가치가 결합
된 형태로 가시화됐다. 여기서 국가합리성은 국가의 보호를 제외한 두
가치가 추구하는 하위 목표로 제시되어 80년대에 이 가치가 차지했던
위상을 다시 한번 증명해주고 있다.

'복지국가'를 목표로 하는 축은 이보다는 다소 단순한 구조이다. 정
부의 복지국가 건설과 사회개발 의지에 입각하여 이 시기에 자유권을
비롯한 기본적인 권리의 신장이 이루어지고 소득재분배 등의 평등 가
치가 부각되었음은 주지의 사실이다. 그런데 당시 뚜렷이 부각된 자유
민주주의 가치들은 확대된 국가의 보호책임과 실상 맞닿아 있었다. 복
지국가라는 이상 자체가 국민의 권리와 소득재분배의 실현을 목표로
하고 있기 때문에 이를 위한 국가적 보호 기능의 증대는 불가피한 것
이었다. 법제 및 정책 자료들에서 기본권에 대한 강조가 곧바로 국가

의 기본권 보호를 명시하는 방식으로 표현되었던 것은 바로 이런 연유에서이다. 따라서 국가의 보호는 경제성장의 목표 하에서는 국가합리성과, 복지국가 건설의 차원에서는 자유와 평등의 가치와 결합하는 중도적인 위치를 유지하고 있었다 하겠다.

여기서 우리는 이 시기의 제도적 차원의 근대성 내부에서 70년대와 달리 정치적, 경제적, 문화적 영역의 가치들이 고르게 결합되고 있는 상황을 목도하게 된다. 근대국가의 가치들 중 70년대에 중요한 부분을 차지했던 '감시기능의 증진'과 '합리적 문제해결'의 가치가 그 강조점을 잃은 대신 효율성의 이름으로 정부의 복지 지출을 줄이고자 하는 '국가합리성'의 원칙이 전면에 부각되고, 민주복지국가 건설의 기치 아래 '국가의 보호'가 확대되는 한편, '자본주의의 경제 원리'와 소생한 자유민주주의 영역의 '자유와 평등', '사회적 연대' 등의 문화적 가치들이 고르게 결합하여 당시의 국가적 목표였던 경제성장과 복지국가 건설의 양 차원을 지지하는 논리적인 구조가 구현된 것이다. 이렇게 영역을 초월하여 증가한 근대성 내부의 상호작용은 70년대의 수직적 위계성과 영역간의 긴장과 충돌의 흔적을 지워버린 채 80년대를 새로운 모습으로 규정해내고 있었다.[62]

---

62) 70년대와의 차이는 감시기능증진과 합리적 문제해결, 산업주의가 접합구조에서 탈락했다는 것인데, 이 중 산업주의의 탈락은 비물질적 요소를 강조하는 한국적 복지모형의 기조 하에 이루어진 불가피한 결과였다.

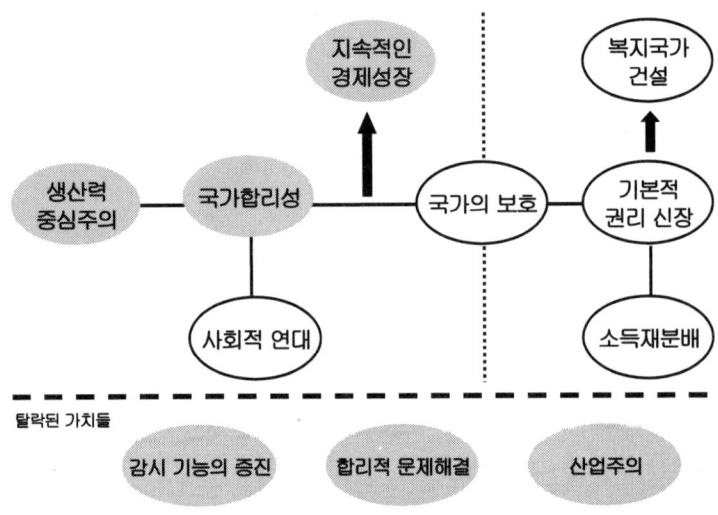

〈그림 3〉1980-1987 정치, 경제, 문화 영역의 평등적 접합 관계[63]

2. 거시적 제도와의 관계 속에서 본 가족의 근대성

1) 소자녀 가족 담론과 부부 관계의 변화

(1) 소자녀 핵가족주의의 고착화

60년대, 70년대를 풍미한 박정희 정권의 인구억제 정책에 이어 80년대에도 소자녀 가족은 사회 전반에 걸쳐 지속적으로 추구되어야 할 선(善)이자 확고한 이상향이었다. 5공화국 성립 이후 인구 문제가 사회경제발전에 큰 부담이 된다는 주장이 다시 제기되자 성공적인 가족

---

63) 흰색 타원으로 표시된 가치들은 이 시기에 새로 접합구조 속에 등장한 가치들이다.

계획은 경제발전과 국력배양, 더 나아가 복지사회 건설을 위한 초석으로 주장된다. 사회 개발을 강조하는 정책 기조 하에 잠재적인 생산력 확보와 보건을 중시하는 흐름을 타고 인구조절이 복지사회의 구현을 위한 전제로까지 간주되기 시작한 것이다. 1981년 인구증가 억제대책의 수립으로 이러한 인식은 실천에 옮겨졌고, 다양한 유인, 규제책들도 한층 강화되어 소자녀 핵가족주의의 확산을 위한 노력에 더욱 힘이 실렸다. 이때의 이상적인 가족 구성은 자녀수 2명 이내로 확고히 고정되었으며 이는 여전히 '국가의 이익' 차원에서 그 정당성의 근거가 찾아지고 있었다. 소자녀 핵가족에 '행복한 가정의 이미지'가 부착되는 추세도 70년대와 같았다(보사부, 1985, 제 5차 5개년계획 보사부문수정계획: 11; 보사부, 1981. 모자보건실태조사보고서: 7; 보사부, 1982, 가족보건업무지침: 13; 사회보험국, 1979, 사회보장의 발전과 경향: 18).[64]

이 시기에 국가의 통제력이 상대적으로 약화되었던 것에 비해 인구정책의 적극적인 추진을 배경으로 가족과 관련해서만큼은 '감시 기능의 증진' 가치가 강력한 추동력을 발휘했다. 소자녀 핵가족주의의 정착을 유도하는 다양한 제도들은 바로 그 구체화된 형태였다. 1982년부터 1985년 사이에 이러한 현상은 극에 달하였다. 1982년, 1983년에 1자녀 단산가정을 대상으로 새마을 유아원 무료교육 실시, 자녀의료보

---

64) 그러나 가정의 행복에 대한 언급은 훨씬 이전인 1960년대에 그러했듯이 보다 거시적인 목표와 병렬적으로 제시되는 양상을 완전히 벗어나지는 못하였다. 가정의 행복은 가족계획의 목표로 독자적으로 전면에 부상하기 보다는 가족계획 사업이 "국민 건강의 토대"이자 "경제발전의 원동력"이며 "국력과도 직결"된다는 논리나 "효과적인 인구 증가 억제", "국민보건 향상", "복지 사회 건설"등과 같은 보다 거시적인 목표에 덧붙여 미시적인 차원에서 가족계획의 필요성을 설득하는 또 하나의 근거로 주어진 것이었기 때문이다(보건사회부, 1981. 모자보건실태조사보고서(1981. 12): 7; 보건사회부, 1982, 가족보건업무지침: 13).

호 혜택, 생계비 지원 등 다양한 보상제도가 마련되었고, 3자녀 이상
다생산 예방을 위한 의료보험료, 주민세 차등부과방안이 검토되기 시
작했다. 1982년에는 생업자금 융자시 2자녀 불임수용자에게 우선권을
제공하는 방침이 신설됐다. 같은 해 2자녀 불임수술 가정에 공공주택
우선권이 부여되고(1월) 불임수술 가정에 영농, 영어 자금 융자 우선
제공과(3월), 장려금 지급 혜택도 주어졌다(7월).

이외에도 불임수술 영세민에 대한 특별생활비 지급(1982년 5월), 2자
녀 불임수술 가정의 0-6세 자녀에 대한 1차 무료검진(5월)과 중장기 복
지주택자금 우선 융자(1월) 등의 각종 편의가 제공되었다. 1983년에는
의료보험 분만급여와 공무원 자녀학비 보조수당, 공무원의 가족수당
지급, 교육비 보조금의 비과세 범위 모두가 2자녀까지로 한정되었다(1
월). 이렇게 두자녀 갖기를 추구했던 각종 정책들은 1984년부터 '한자
녀' 가정으로 그 목표를 수정하여, 1984년 중장기 복지주택자금 융자
시 1자녀 불임시술(34세 이하) 가정에 대한 우대제도가 실시되었고(12
월), 1985년에는 한자녀 단산가정에 분만비 무료혜택을 주는 조치가
단행되기도 한다.

임산부 신고제도를 정착시키고 모자보건수첩을 발급하는 등 임산부
에 대한 보다 체계적인 관리 노력도 병행되었다. 1986년에는 전국가족
계획사업 대상자 카드화가 실시되어 불임현황과 개인적 변동사항, 피
임 실천현황, 심지어 임신 대상자의 월경 상태까지도 국가가 일목 요
연하게 파악하고 관리할 수 있는 시스템 구축이 모색된다. 이상은 이
례적으로 소자녀 핵가족과 관련해서만 간접적이지만 보다 집요한 방
식의 관리와 통제가 강화된 당시 상황을 다시 한번 상기하게 한다.

이렇게 가족계획과 그 목표가 국가의 경제성장을 위해 추구되고 감

시 기능의 증진이라는 근대국가의 가치에 의해 추진되는 경향은 여전
했지만 70년대처럼 생산력 증대나 노동생산성 증진의 차원에서 소자
녀 핵가족주의가 강조되는 추세는 사라졌다. 이는 자율 경제를 강조했
던 당시의 풍조로 인해 가족정책 속에서 경제적 영역이 언급되는 절대
적인 비중이 크게 감소되었던 사실에 기인하는 것으로 보인다. 대신
소자녀 갖기의 주장은 국가 정책 수행상의 비용 절감을 강조하는 논리
를 빌어왔다. 높은 영유아사망률을 낮추고 피임율을 제고하기 위한 정
책적 효율성을 높이는 방안이 활발히 논의되었고, 이를 통한 비용효율
성을 높이는 것에 관심이 모아진 것이다(보사부, 1981. 모자보건실태조사
보고서: 8; 보사부, 1985, 제 5차 5개년계획 보사부문수정계획: 7). 이로 인해
관리 운영의 효율성을 높이기 위해 비용 절감을 강조하는 합리적 문제
해결의 방식이 새로이 소자녀 핵가족이라는 가족의 변화를 촉구하는
가치로서 자리잡게 된다. 이렇게 근대국가 차원에 집중된 다양한 가치
들의 영향 속에서 소자녀 핵가족주의는 여전히 가족과 관련하여 반드
시 실현되어야 할 지향점으로써 정책의 핵심적인 내용들을 채워나가
고 있었다.

(2) 경제권 중심의 부부 우선주의 확립 및 평등한 부부관계의 모색
1970년대에 주로 출산 통제의 결정권을 갖는 부부의 권한이나 경제
적 차원에서의 우선적인 권리를 인정하는 한도 내에서 가족정책 내에
도입되었던 부부 중심적 성향은 80년대에는 보다 '경제적' 의미로 국
한되어 '자녀수'에 주로 기반했던 독특한 핵가족주의의 한 부분으로 정
형화되었다. 가족계획사업에서 영구 불임수술에 대한 부부의 선택을
강조하는 방식으로 부분적인 '부부중심적'의 요소가 발견되었던 70년

대의 경향은 이제 남편이 없거나 불가피하게 남편과의 합의가 가능치 않을 경우 호주의 직업을 기록하도록 하는 관리체계가 자리잡음으로써 그 성격이 약화되었고 다시금 출산은 '가(家)'의 문제로 회귀했다(보사부, 1982, 가족보건업무지침: 125). 그러나 경제적 권리의 차원에서 부부 상호간의 우선권을 인정하는 성향만큼은 80년대에도 지속적으로 유지, 강화되어 나타났다.

가족 공동체 안에서 배우자에게 기타 가족에 우선하는 연금 및 보험료 취득권을 부여하는 정책내용은 이제 가족의 경제 공동체적 성격과 자기보장기능이 '국가합리성'의 관점에서 강조됨에 따라 새로운 논리에 의해 설명되었으나 사실상 그 실제 내용 면에서는 이전과 차이가 없었다. 1986년 국민연금법(법률 제 3902호) 제 63조(유족의 범위)에는 배우자의 우선 순위가 더 확실히 명시됐고 동법 시행령 제 36조(대통령령 제 12227호)에도 배우자의 가급연금액을 자녀보다 높게 설정하는 내용이 존속했다. 의료보험법은 보험금 지급 신청인의 순서를 피보험자, 배우자, 직계존속, 직계비속, 기타의 순으로 하여 직계존속이 직계비속에 우선하는 다소 예외적인 모습을 보였지만, 배우자 우선성 만큼은 공통되게 전제한 상태였다.

그런데 여기에는 서구의 성과 애정에 기반한 부부관계와는 분명 다른, 경제적 차원을 중심으로 한 독특한 이해방식이 근간을 이루고 있었다. 여전히 연금 지급에 자녀의 유무나 자녀 양육 여부가 크게 작용한다는 점에서(국민연금법 법률 제 3902호 제 66조 배우자에 대한 유족연금의 지급정지). 가족정책의 대상은 배타적인 부부가 아닌 하나의 단위로서의 '가족'이었다. 부부의 경제적인 상호 권리를 보장한 것은 배우자의 사망이나 소득능력 상실로 생계 유지와 자녀 양육의 책임을 떠안게 될 다른 한 쪽에 대한 배려의 차원이었던 것이다. 이러한 맥락에서 당시 정책들 속에 발견되는 부부에 초점을 두는 일련의 경향성은 가족이라는 경제 공동체의 중심에 부부를 위치시키는 이상의 본질적인 변화를 의미하지는 않았다.

그러나 부부관계 자체의 성격은 이전에 비해서는 상대적으로 평등성을 다소 회복해가는 모습으로 그려졌다. 70년대의 남녀평등 주장이 남아 선호 불식을 위한 가족계획의 성공적 수행, 즉 소자녀 핵가족주의의 구현을 위한 수단으로 이용되었다면 80년대에는 여기에 남녀평등 본연의 의미가 회복되는 새로운 추세가 더해졌다. 헌법 제 34조(헌법 제 9호)에 "혼인과 가족생활은 개인의 존엄과 양성의 평등을 기초로 성립되고 유지되어야 한다"고 규정된 것을 필두로 다양한 정책 노력들 속에 '가족내의 남녀평등'이라는 목표가 포함되었다. 출가 여성 공무원에 대한 가족수당 지급(83년 1월)이나 의료보험 피부양자 범위에 출가 여성의 직계존속을 포함시키는 문제(84년 12월) 등은 자료에 따라 소자녀 핵가족주의를 추구하기 위한 하나의 수단으로 언급되는 문건도 있지만 시대에 뒤떨어진 가부장적 부계혈연주의를 개선하고 여성의 지위를 향상시키기 위한 것으로 설명되는 경우도 많았다(보사부, 1985, 제 5차 5개년계획 보사부문수정계획).[65] 가족 내 남녀평등주의의 가치가 여전히 국가의 경제발전을 위한 수단으로서의 성격을 벗어나지 못한 측면이 있음에도 불구하고 80년대 정책자료들 속에서 부부간의 평등이 강조되고 실제 그려지는 가족의 모습에서도 그러한 경향이 확인되고

---

65) 가족계획관련 자료들에서는 이러한 시책들이 소자녀관의 정착을 위한 것으로 설명되는 반면 보다 일반적인 자료들에서는 평등주의와 관련, 이를 계획하고 설명하는 경향이 있다.

있음은 분명 의미있는 변화의 일면을 보여준다 할 것이다.

2) 가족 범위의 재구성

(1) 가족 경계 부여의 논리 변화

근대국가 차원에서 운명공동체로서의 가족 단위가 강조하고 복지기
능을 중심으로 가족을 구조화하려는 지속적인 정책적 개입에 의해 모
순되게도 가족이 사회와 엄격히 분리된 경계를 부여받으며 국가적 필
요 하에 동원되는 경향은 80년대에도 지속된다. 그러나 그것을 설명하
는 논리는 크게 달라져 있다. 이전에 가족 기능에 대한 '국가 보호'의
차원에서 설명되었던 이 부분은 이제 '한국적 복지모형' 하에 부각된
'국가합리성을 위한 선택'이라는 면에서 의미를 부여받게 되었다. 이는
당시 정부가 가족의 자기보장기능과 생계 공동체적 성격을 강화하는
것이 국가 차원에서 합리성을 추구하는 방안이라는 설명 하에 가족의
복지 자원을 최대한 활용하는 문제에 집중하게 된 데에서 비롯된 결과
이다.

이 시기 법제들이 보다 확고한 가족 공동체주의를 표방하기 시작한
것은 이와 무관하지 않다. 1982년 생활보호법에서는 부양의무자의 의
무에 대한 규정(법률 제 3623호 제 4조 보호의 기본원칙)에서 "부양의무자
의 부양이 이 법에 우선하여 행해진다"는 단정적 표현을 사용하여 국
가의 책임에 선행하는 가족의 의무를 명시했으며, "세대" 단위의 보호
개념도 한층 강화했다(제 5조 보호의 기준들). 1985년 의료보험법도 직
장조합의 경우 피보험자가 속하는 '세대단위'의 소득과 재산을 기준으
로 보험료를 산정한다고 규정하였다(대통령령 제 11789호 제 36조의 2 지
역조합 또는 직종조합의 보험료 산정 등 1항).[66] 부양의무 자체에 대한 강

조도 두드러졌다. 심신장애자복지법에서는 "심신장애자의 가족은 심신장애자의 자립촉진을 위하여 노력하여야 한다"고 하여(법률 제 3452호 제 4조 자립에의 노력) 경제적, 정서적 지원을 포함하는 광범위한 가족의 역할을 강조했다. 또한 심신장애자복지법과 노인복지법 모두에서 복지실시기관이 심신장애자나 노인에 대해 보건이나 의료지도를 행한 경우에 그 부양의무자에게 비용의 전부 또는 일부를 징수할 수 있도록 함으로써(심신장애자복지법 법률 제 3452호 제 22조 비용의 수납; 노인복지법 법률 제 3453호 제 21조 비용의 수납), 부양의무에 대한 구속력을 더했다.[67]

'부양의무'를 수행했느냐 아니냐가 그 사람의 가족으로서의 '권리'를 좌우하게 된 것도 뚜렷한 변화였다. 1984년 공무원연금법(법률 제 3586호 제 41조의 2)과 군인연금법(법률 제 3759호 제 32조의 2)은 사망조위금 지급에 있어 해당 공무원이 여럿일 경우 사망한 자를 부양하던 자가 지급 1순위가 되도록 하는 방식으로 부모를 부양했던 자녀에게 혜택을 주기 시작한다. 국가유공자예우등에관한법률(1984)에서는 양자의 경우 사후 입양되었을 때는 애국지사와 그 배우자 또는 그 직계존비속을 부양한 사실이 있어야 유족으로 간주되었으며, 적모, 생모가 따로 있을 경우 유공자를 주로 양육, 부양한 사람이 어머니로 인정되었다(법률 제 3742호 제 5조 유족등의 범위, 제 13조 연금지급순위). 여기에는 부모 자식간에도 실제 부양 사실이 유족으로 인정받기 위한 요건이 된다는 사실이 함축되어 있다.[68] 세부정책지침들에서도 건전가정 육성과

---

66) 이 조항은 이후 명칭이 바뀌었으나 세대단위를 기준으로 하는 원칙은 유지되었다.
67) 이 당시는 사회복지기본법이 민법에 준거할 때였으므로 이때의 부양의무자는 민법의 확장된 범위를 의미하는 것으로 보인다.

가족의 윤리적 역할이 강조되는 가운데 선가정 책임 원칙과 가족의 복
지 기능이 미치는 범위를 최대화하려는 경향은 항상 "가족의 전통적
자가보장기능"의 필요성을 '국가의 합리성' 차원에서 강조하는 논리로
포장되어 가족을 '선택된' 전통의 영역에 머물러 있어야 하는 존재로
고정시켰다.

　그런데 이렇게 가족 기능을 사회적으로 동원하려는 시도는 흥미롭
게도 '국가합리성' 외에 '인간의 존엄성'이라는 자유민주주의 가치와
관련해서도 정당성을 확보하기에 이른다. 1980년대 초반 특징적으로
고양된 장애인과 노인의 인권과 평등권에 대한 국가의 관심이 이 문제
를 가족 공동체를 통해 해결하고자 하는 독특한 접근법으로 이어졌던
까닭이다. 이 부분은 장애인과 노인 문제에 대한 우리 사회의 풀이 방
식을 보여주는 흥미로운 부분이므로 좀 더 자세한 언급을 필요로 한다.

　1980년대에 노인과 장애인에 대한 논의가 활발해지면서 노인은 가
정과 사회 모두에서 부양자, 경제 생산자로서의 책무를 다하고 은퇴
이후 인간다운 삶을 누릴 수 있는 권리를 보장받아야 할 존재로, 장애
인 역시 인간다운 삶을 누릴 사회적 권리를 가진 대상으로 집중 조명
되기 시작했다(장경섭, 1992: 196). 이는 분명 그 자체로 고무적인 일이
었으나 문제는 이러한 자각을 실천할 책임이 온전히 가족에게 주어졌
다는 데에 있었다. 노인과 장애인의 정치, 경제, 사회적 자율성을 강조
하거나 사회 구성원으로서의 개인을 강조하기 보다 가족의 일원으로
서 이들의 사회적 위치와 존재를 파악하는 정책 기조에 따라 이들의

---

68) 아동복지법(1981)에서 보호자를 "친권자, 후견인 또는 기타의 자로서 영유아
　　를 현재 보호하고 있는 자"로 규정하여 현재의 보호와 부양 여부를 가장 중요
　　하게 고려하는 것도 유사한 맥락이라 할 것이다.

인권과 권리를 보장할 의무 또한 가족의 자발적인 노력과 물질적, 정
서적 책임에 돌려졌다. 노인 복지의 문제점은 곧바로 가정 및 지역 사
회에서의 "노인의 전통적 역할 상실"과 "핵가족화에 따른 노인 부양의
식 퇴조"의 두 가지로 요약되었으며 이는 곧바로 '건전가정 유지, 발전'
과 '경로효친 사상 앙양'이라는 해결책으로 귀결되었다(제 5차 경제사회
개발 5개년계획 보건사회부문 수정계획: 168). 가족이 직접적으로 인간의
존엄성 실현이라는 또 하나의 윤리적 명분을 부여받으며 복지 기능의
수행을 담당해야 하는 피할 수 없는 법적 책무를 떠안게 되는 경우도
빈번했다(심신장애자복지법 법률 제 3452호 제 4조, 제 22조; 노인복지법 법
률 제 3453호 제 21조).

　노인 및 장애인과 관련하여 가족 기능을 극대화하려는 이 같은 노
력과 유사한 맥락에서 가정이 담당해야 할 자녀 양육과 교육의 역할을
환기시키는 것 또한 지속적으로 중요한 정책 과제가 되었다. 가족은
사회 체제 유지의 근간이자 핵심조건인 아동을 물질적 정서적으로 보
호하고 최선의 양육 및 교육 조건을 제공해야 할 주체였다. 당시 '자녀
의 건강'은 대개 모의 건강과 함께 언급되곤 했는데, "모자의 건강은
가정의 행복 및 국민건강의 토대가 되고 경제발전의 원동력이 됨은 물
론 바로 국력과도 직결(보사부 1981, 모자보건실태조사보고서: 7)" 된다는
명제는 가정 내의 안전한 산전, 산후관리와 신생아, 영유아의 영양관
리의 필요성을 뒷받침하는 논리로 제공되었다. 영유아 대상의 모자보
건사업과 부모에 대한 교육과 계몽에 대한 강조 또한 다음 세대의 건
강 수준을 향상시킨다는 의도 하에 꾸준히 계속됐다. 1981년 아동복리
법에서 아동 복지법으로의 변화, 1982년 유아교육법의 제정 등 아동
관련 법제의 정비를 통해 이러한 노력에 더욱 확고한 법적 근거가 성

립되었다. 물론 이러한 가족의 자녀 양육 기능까지도 "국가합리성"의 기조 하에 정당성을 부여받고 있었다.

이러한 접근방식은 가족의 복지 기능을 제고하는 것을 목표로 국가의 개입이 시도되고 있다는 점에서 기본적으로 '가족 지원'의 성격을 띠지만, 이는 가족 수당 등의 양육 역할에 대한 지원 중심에서 60년대 이후 여성 노동 지원 프로그램으로 변화된 것으로 평가되는 서구의 경우와는 몇몇 지점에서 명백한 차이를 보인다.[69] 먼저 서구에서 이미 노동 지원으로의 변화가 뚜렷했던 80년대까지도 우리의 가족정책의 내용은 양육을 포함한 가족의 부양 기능 지원에 집중되어 있었으며 그 범위 또한 양육의 범위를 넘어서는 매우 광범위한 영역을 포괄하고 있었다. 가족의 일차적 복지 기능을 전제한 상태에서 그 의지와 능력을 가진 가족만을 선택적으로 지원한다는 점도 특수한 면이었다. 가족 지원 정책이 "가족을 위한 복지(welfare for the family)"보다 "가족을 통한 복지(welfare through the family)"를 추구하는 수단적 성격에 치우쳐 있었다는 점도 독특하다. 즉 가족을 복지 수단화하기 위한 의도 하에 매우 광범위한 범위에서, 그러나 가족의 본연의 기능을 보조하는 매우 소극적인 태도로 가족 지원 정책이 전개되는 동시에 그것의 목표가 가족의 복지 기능 강화에 집중된 결과, 한국의 가족은 정책적으로 기능성을 중심으로 하는 임의적인 경계를 부여받는 동시에 사회로부터 쉴 새없이 정체성을 부여받으며 호명되는 이중적인 위치에 놓여졌던 것이다.

---

69) 서구의 가족 지원 프로그램의 변화에 대한 논의는 (김수정, 2002)을 참조할 것.

(2) 양계제적으로 재규정된 가족

이러한 가족 공동체주의의 이면에는 이전과 마찬가지로 '부계 혈연주의'가 자리했다. 여전히 의료보험법이나 생활보호법의 부양의무자 규정은 부계 중심적인 혈연관계망을 기준으로 삼았다. 의료보험의 부양의무 관련 조항의 경우 장남과 장남이 아닌 경우가 다르게 규정되어, 장남은 동거 여부에 관계없이 부모가 그 피부양자가 되는 반면, 장남을 제외하고는 아들 딸 구분 없이 동거할 시에만 부모가 피부양자로 인정되었다.[70] 국가유공자예우등에관한법률(법률 제 3742호)이 유족 순위에서 호주상속자인 손자녀를 일반 자녀보다 우선순위에 놓은 것이나(제 13조 연금지급순위) 양자의 경우 미혼으로 양자를 들인 경우에는 인정하지 않고 직계비속이 없어서, 즉 혈통계승을 위해서 입양한 경우에만 인정케 한 것도 모두 부계 혈연주의를 확연히 표방한 예였다(제 5조 유족의 범위).

그러나 80년대의 특징적인 현상이었던 양계제적 경향이 여기에 반영되어 당시 가족은 부계혈연주의와 양계제가 공존하는 논쟁적인 상황에 놓이게 된다. 이 시기에 추진된 많은 정책들은 부계 중심의 혈통계승 원칙에 문제를 제기하고 이를 개선하고자 하는 뚜렷한 행보를 보이고 있었다. 가족법상에 깊이 뿌리박혀 있는 부계 중심적인 관점이 개선되기 이전에 이미 각종 사회보장제도에서 그 시발점이 마련되었다. 국민연금법(법률 제 3902호)에서는 1986년 미지급급여의 대상에 서

---

70) 피부양자 자격취득일에 대한 규정에서도 직계존속은 장남의 피보험자 자격취득일에, 장남 이외의 경우에는 '동거 일자'에 그 자격을 취득한다고 되어 있어서 동거 여부와 상관없이 장남의 경우에는 보험가입자로서의 자격을 취득하는 그 날부터 그 부모가 피부양자로 인정됨을 알 수 있다(의료보험관리공단, 1986: 24-25).

형제자매를 삭제하면서, 유족연금을 남편과 아내의 부모, 조부모 모두를 포함하도록 하였다. 공무원연금법에도 1982년 사망조위금의 대상을 부양하는 경우에 한하여 배우자의 직계존속까지 포함한다는 규정이 새로 등장했고(법률 제 3586호 제 36조의 2. 사망조위금 지급 및 청구절차), 군인연금법이 1984년에 이 내용을 그대로 따라갔다(법률 제 3759호 제 32조의 2 사망조위금). 1983년에는 부모를 실제 부양시 기혼 여성 공무원에게도 가족수당을 지급하게 되었다. 의료보험 부양의무자 범위도 81년에 "피보험자가 여자인 경우에는 그 배우자의 직계존속을 포함한다"고 하여 시부모만 포함되었다가 1984년에 장인, 장모에까지 대상이 확대된다.

이러한 양계제적 변화는 근대국가의 이익 관점에 의해 더욱 확고히 지지되었다. 당시 정책 자료들의 기술에 따르면, 앞서 제시한 정책 변화 중 특히 여성 공무원에 대한 가족 수당 지급이나 장인 장모 의료보험 혜택 현실화 등은 부계 혈연주의를 개선함으로써 남아선호 불식을 촉구하여 가족계획사업을 효과적으로 추진하고 궁극적으로 경제성장을 앞당기기 위한 지원책으로 설명되는 경우가 적지 않았다. 즉 이 정책들이 궁극적으로는 보다 거시적인 국익을 염두에 두고 시행된 측면이 있는 셈이다(보사부, 1987, 가족보건사업 참고자료). 인구 증가 억제시책의 일환으로 진행된 이와 같은 시책들이 비록 부계 혈연주의의 약화를 일종의 수단적 차원에서 부각시켰던 것일지라도 이로 인해 가족의 경계는 더더욱 '부계' 중심성을 벗어나 양계제적 성격을 갖는 것으로 재범주화될 수 있었다.

그런데 여기서 중요한 점은 이러한 정책상의 변화가 혈통에 근거한 가족공동체주의를 폐기하려는 시도는 결코 아니었다는 것이다. 당시

의 정책들은 전반적으로 가족공동체주의는 유지하되 그 근거가 되는
혈통을 양계제적으로 확장하는 일관된 경향을 보였다. 국민연금법, 공
무원연금법, 군인연금법의 경우 모두에서 - 국민연금법의 경우 배우자
를 제외한 경우 모두, 공무원 연금법과 군인연금법의 경우 직계비속의
연령제한이 있기는 했지만[71] - 배우자, 자녀, 부모, 손자녀, 조부모가
모두 유족 또는 부양의무자의 범위에 포함된 데다 이것이 양계로 확장
되어 그 범위는 70년대보다도 광범위해졌다.[72] 부계중심으로 치우쳐
져 있는 각종 규정들에 대해 모계와의 균형점을 찾으려는 노력이 혈연
공동체주의에 대한 포기가 아니라, 오히려 그 범위를 '공평하게' 양쪽
모두로 확장시키는 것으로 표출되었던 것이다.

가족의 범위와 운영원리가 양계제적으로 재규정되는 방식으로 부계
혈연주의의 약화가 추구되고 그 결과 오히려 가족의 범주가 더욱 확장
되는 이러한 양상은, 가족의 복지 기능 증진을 통한 '국가합리성 추구'
와 '경제성장'이라는 거대한 목표 하에 우리의 가족이 독특한 모습으로

---

71) 공무원연금법은 1972년에, 군인연금법은 1981년에 부모와 조부모의 유족연
   금을 60세가 될 때까지 지급정지하는 조항이 사라져 실질적으로 직계존속에
   대한 연령 규정은 사라진 상태였다.
72) 특별히 양계제적 성향이라 볼 수는 없으나 가족의 범위를 보다 확장된 범위
   로 규정하는 양상은 국민연금법의 경우에도 확연히 나타난다. 이 법에서는
   1986년 가급연금액 계산에 배우자와 자녀만 고려되었던 것을 60세 이상 혹은
   장애가 있는 부모까지 고려 대상에 넣었으며 부모를 부양하는 경우 연 10만
   원의 가급연금액을 추가 지급하게 하여 부모를 부양 공동체 안에 더욱 확실
   히 포함시켰다(법률 제 3902호 제 48조 가급연금액). 기혼자녀, 기혼 손자녀
   는 유족연금 수급권을 상실한다는 점에서 여기에는 언뜻 부모와 미혼자녀로
   구성되는 핵가족적 전제의 소산이 남아있는 것으로 보이나 실질적으로 가족
   의 범위에 직계존속이 포함된다는 점에서 엄밀한 의미의 핵가족주의와는 거
   리가 멀다. 사실상 자녀 관련 규정은 유족연금의 수급권자 폭을 줄이려는 국
   가의 경제적 의도 내포하고 있는 것으로서 국가의 재정적 지출을 최소화하려
   는 국가합리성과 연계되어 있다고 보아야 할 것이다.

구성되어가는 과정을 여실히 보여주고 있다. 또한 이렇게 법적, 정책
적으로 인정하는 가족의 동거형태를 넘어서서 존재하는, "가족적 의
무"가 적용되는 영역으로서의 가족이라는 단위는 가족을 최대한 포괄
적인 범위로 규정하여 그 복지기능을 최대화하고자 했던 사회적 필요
하에 탄생된 결과물이었다는 사실도 지적해야 할 것이다.

  (3) 가족의 정서적·사적 기능의 도구화

  가족의 정서적 기능이나 행복한 가정과 관련된 이미지가 70년대에
비록 생산력 중심주의를 뒷받침하기 위한 성격으로나마 독립적인 하
나의 가치로서 가족정책 속에 등장했던 것에 비해 80년대에는 이 부분
이 다시금 가족의 공동체주의를 위한 부수적인 전제조건으로 규정되
는 양상을 보인다. 이 같은 현상은 60년대에 정서적 안정을 제공하는
가정의 역할이 자녀 양육을 성공적으로 수행할 수 있도록 하는 근거로
서 제시되었던 것과 유사하지만, 80년대의 자료들에서 나타나는 가족
의 정서적 기능이 뒷받침해야 할 가족의 기능은 자녀 양육을 포함한
보다 확장된 영역에 걸친 것이라는 점에서 60년대보다 논리적 진전을
보인다 하겠다.

  "건전하고 행복한 가정생활의 유지를 근간으로 예방적, 재활적 복지
기능을 중시하여 우리 실정에 알맞은 가장 효율적이고 합리적인 사회
보장제도를 단계적으로 확충, 발전시켜야 한다(보사부, 1985, 보건사회백
서: 57)"라는 정부지침에서 제시된 예방적, 재활적 복지기능이 바로 가
정의 역할이라는 점을 생각할 때 건전하고 행복한 가정생활은 곧 가족
의 "복지기능"의 요건으로 제시된 것이었다 할 수 있다. 또한 여기서
가족의 복지기능과 결합된 행복한 가정생활의 이미지는 결국 가족의

자기보장기능을 제고하는 것이 곧 우리 실정에 맞는 합리적인 사회보
장제도라는 결론을 유도하는 논리적 가교로 이용되고 있다.

가족의 정서적 기능에 대한 강조는 80년대 정책자료들에서 노인 부
양을 해결하기 위한 방안으로 '가족 결속력'을 부각시키기 시작한 데에
서도 찾아볼 수 있다. 여기서 전제된 기본 논리는 노인 문제의 핵심을
"노인과 부양 가족 간의 사회 심리적, 지리적인 분리"와 "개인 중심적
인 의식의 확대"로 보고, 가족 응집성을 강화하여 노인의 가족내 통합
을 도모하고 노인 부양을 가정 내에서 해결하도록 한다는 것이었다(보
건복지부, 1981, 1982, 1984, 노인복지지침; 보건복지부, 1992, 제 5차 5개년계
획 보건의료·사회보장부문계획).

이는 과거의 가업 전수와 유지라는 도구적 측면을 전제로 유지될
수 있었던 (시)부모, 자녀관계가 생산과 정치 활동이 탈가족화된 현대
에는 더 이상 유효할 수 없다는 전제 하에 부모 봉양이 자발적으로 형
성된 순수한 친애감과 민주적 교호가 바탕이 되어야 한다는 현실적 자
각(장경섭, 1992: 182)이 가족정책 속에도 반영된 결과였던 것으로 보인
다. 정책자료들 속에 가족의 정서적 기능과 친밀하고 밀착된 가족 관
계에 대한 언급이 확연히 증가한 것은 사실상 가족의 안식처로서의 정
체성을 강조하기 위한 것이었다기 보다는 약화되어가는 가족 부양의
정서적 기반을 확고히 하여 가족의 노인 부양기능을 되살리기 위한
'필요'에 의한 것이었다. 가족의 자율성에 그 책임을 맡기기 보다 법적,
정책적 압력을 통해 이를 성취하려는 이와 같은 노력들에 의하여 한국
사회에서는 가족 간의 관계까지도 가족의 경제 공동체적 성격을 뒷받
침하는 범위 내에서만 지지되고 강조되는 특수한 방식으로 가족의 근
대성이 구현되는 특수성을 보이게 되었던 셈이다.

이상을 종합할 때 80년대의 가족과 사회의 관계는 여전히 복지적인 기능수행의 단위로서 사회와 분리되면서도, 사회적 필요 하에 양계제적으로 그 범위가 확장되고, 정서적 기능을 본연의 자기보장기능의 수행을 위한 하나의 요소로 활용하는 독특한 공간으로서의 가족과, '국가의 이익'이나 '국가합리성'과 같은 거시적인 목표를 위해 이러한 가족의 모습을 주조해내는 강력한 영향력의 근원이라 할 수 있는 근대국가와의 불평등한 위계구조로 고착되어갔다. 또한 '가족'이라는 범주를 강조하는 정책들 속에서 가족은 늘 그 자체로 하나의 대상이 되었기 때문에 가족 성원 '개인'에 대한 관심은 상대적으로 여전히 부각될 수 없었다.

3) 여성 성역할의 이중적 동원과 과학주의

60, 70년대부터 가족정책들에서 가족 공동체적 성격 속에 '성별분업'의 전제가 내포되어 있는 것으로 간주되었던 연장선상에서 1980년대에도 이러한 다수의 법들이 존속되어 성별분업구조에 대한 정책상의 옹호가 기본적으로 존속된다. 1986년 국민연금법 개정(법률 제3902호)에서는 유족연금 수급조건에 있어 처는 무조건, 그러나 남편은 연령이나 장애 조건이 충족되어야 수급대상이 되도록 하는 차별적인 규정을 유지했고 산재보상보험법이나 공무원 연금법 또한 남성을 일차적인 취업 대상자로 보는 입장을 일관되게 견지했다.

성별분담이 가정 내에 한정되지 않고 보다 넓은 의미에서 사회적으로 여성에게 남성과 상이한 역할을 부과하는 '사회적 성별역할'의 형태로 확장되고 그렇게 규정된 여성의 역할이 '국가이익'을 추구하기 위한 주요 요소로 동원되는 경향도 그대로였다. 당시 부녀복지정책에서는 주부의 바람직한 역할수행이 건전가정 육성의 열쇠이자 국가 발전의 원동력이라는 사실을 강조하면서 포괄적인 영역에 걸쳐 주부의 역할을 강조했다. 그 중에서도 부녀자의 자질 향상을 통한 "행복한 가정관리"와 "건전한 자녀교육"이 중점 부각되었는데, 여기서 행복한 가정관리는 서구에서 강조되는 정서적 만족을 제공해야 할 주부의 역할이기보다 생활환경개선, 생활의 과학화, 자원절약, 알뜰 지출, 식생활 개선 등의 보다 실용적인 차원을 의미하는 것이었다. 합리적 가계운영, 쌀 절약, 영양위주 식생활, 에너지 절약 및 자원 절약 등의 가정 내 역할은 우리나라 경제현실을 이해하고 슬기롭게 대처함으로써 국가 경제와 산업발전에 기여하는 행위임이 강조됐고(보사부, 1982, 부녀복지사업계획 및 사업지침), 그 외에 새마을운동, 자원봉사 활동을 통한 지역사회발전에의 기여와 같이 국가가 여성의 영역으로 정해놓은 분야에서의 주부의 사회참여도 여전히 장려되고 있었다.

주부 경제교육을 중점 실시함으로써 소비 절약을 통해 국가 경제에 적극 공헌케 하고, 사회의식 개발을 통해 자원봉사활동을 유도하는 등, 주부의 가정 내 역할과 지역사회에의 역할의 양 차원에서 국가 발전에 일정 역할을 담당하도록 하는 것이 당시 정책상의 목표였다. 여전히 국가는 기술교육을 생활부업이나 저소득 불우여성을 대상으로 하는 저임금 영세노동 — 양재, 편물, 자수, 파출부 교육 등 — 에 한정한 채 일반 주부들을 대상으로 하는 '주부로서의 자질 향상'을 위한 교양교육에 매진하고 있었다(보사부, 1982, 부녀복지사업계획 및 사업지침: 33). 교양교육의 내용은 물론 단순히 가정 내 역할 교육 뿐 아니라 공중도덕, 올바른 가치관정립, 민주시민의식 등 사회가 요구하는 시민으로서의 자질 교육까지도 포함했다.

당시 활발했던 여성단체활동에 대한 지원은 바로 이상의 덕목을 주부들에게 교육하고 체화시키기 위한 것이다. 부녀조직을 통한 지역사회 개발을 촉진하고 부녀의 자질 향상과 생활여건의 과학화, 소비절약을 중점 추진한다는 것이 1980년대 초반 여성단체 지원의 목표이자 기대효과로 제시됐다(보사부, 1981, 보사정책 설명자료: 211). 80년대 정책자료들은 여성의 잠재능력개발과 사회참여 기회 확대를 적극 표방했으나 그 내용을 들여다보면 여성의 자아실현은 여전히 자원봉사활동이나 지역사회 발전에의 기여 등 당시의 사회가 원하는 영역에서 이루어져야 하는 것으로 제한되어 있어 사실 그 내용상 70년대와 다를 바가 없었다(보사부, 1983, 부녀복지사업지침). 1984, 1985년경 여성의 사회진출에 대한 논의가 비로소 활발해지고 여성 인력 활용을 위한 방안이 적극 검토되는 와중에서도 부녀복지정책은 전체 틀에 있어서는 큰 변화를 보이지 않은 채 기본기조를 그대로 유지했다.

가정 밖에서는 주부에게 지역사회 발전에의 참여라는 바람직한 사회활동의 영역을 정해주고, 가정 내에서 주부가 수행하는 역할에 국가 발전에 기여하는 행위라는 가치를 부여해주는 이중적인 담론체계를 통해 주부는 남성의 영역과 충돌하지 않는 '성별에 따라 특화된' 독자적 영역 속에 머물렀다. 중국의 경우, "하늘의 절반은 여성"이라는 중국 혁명의 여성정책 슬로건에서도 알 수 있듯이 남자는 하늘, 여자는 땅이라는 이분법적인 구도를 벗어나 하늘의 절반을 걸머지는 여성상을 창조하고, 남성의 몫으로 규정되어 왔던 생산, 정치의 영역에 여성을 똑같은 비중으로 위치짓는 방식으로 여성의 성별을 지워갔던 것에 비해(이상화, 1998: 219), 한국사회에서는 전통적으로 여성이 담당해온 영역을 유지하되 거기에 공적인 의미를 부여해주고 지역 사회개발과 같이 여성이 담당해야 할 새 영역을 부과해주는 방식으로 여성 역할을 재규정함으로써, 성차나 성별분업을 더욱 공고화한 측면이 있었다. 여성은 지속적으로 사회와의 연계 속에서 규정되었지만 여전히 성별화된 역할을 담당하는 존재, 남성과는 질적으로 다른 존재로 규정되었고, 고립된 가정에 존재하면서도 끊임없이 '국민'으로서의 정체성을 부여받으며 국가 발전을 위해 부름을 받는 대상이었다.

이외에 주부가 경제 공동체주의의 부양의무 — 특히 정서적 부양의무 — 를 담당해야 할 직접적인 책무를 떠맡게 되는 양상이 급격히 강화된 것은 매우 특징적이다. 80년대 부녀복지사업의 궁극적인 목표는 한마디로 "윤리와 과학이 조화되는 건전가정 육성"이었는데, 여기서의 "윤리"는 주로 효 사상과 노인부양, 상부상조정신 등과 연계된 것이었다는 점에서 '국가효율성'에서 강조하는 가족의 사회보장 기능, 더 나아가 우리의 전통적, 도덕적 미덕 그 자체였다(보사부, 1982, 보사정책설명자료). 선가정, 후시설보호와 국가의 재정적 참여의 최소화라는 기본 원칙을 명시한 당시의 한국적 사회복지모형에서 가정의 물질적, 정서적 부양의무와 공동체적 성격을 강조하고 민간의 참여를 강조하는 일환으로 그 윤리적 책임을 담당해야 할 주부의 핵심적인 역할이 강조되기 시작한 것이다.[73]

당시 부녀복지사업에서는 주부의 자질 향상이라는 명목 하에 주부

---

73) 노인문제, 아동문제와 관련해서 '핵가족화'와 더불어 항상 주요 원인으로 지적되는 것이 바로 여성 취업의 증가이다. 이는 결국 정책 속에서 여성이 1차적인 노인 부양, 아동 양육의 책임자로 전제되고 있다는 의미이다. 노인 문제, 아동 문제의 원인이 마치 여성인 것처럼 비춰지게 하는 이러한 논의들은 개별 가족의 부양 여건 악화에 대한 국가와 사회의 책임 소재를 은폐한다는 결정적인 문제점을 안고 있다고 볼 수 있다.

들을 대상으로 경로효친사상 교육과 경로효친사상 전개사업을 펴 나
갔다. 이는 명백히 가정의 자기보장기능을 강화하고 경로효친의 정신
을 몸소 체현할 주체로서 주부들을 호명한 것이었다. 가정 공동체에
대한 강조가 결국 가정의 안주인인 주부의 역할과 책임을 강조하는 논
리로 귀결되었던 셈이다. 일례로 5차 5개년계획에서는 '부녀의 자질
향상을 통한 건전가정 육성'과 '가족결속력 강화'를 여성복지에 있어서
의 주력 사업으로 제시하였는데, 이 두 사업은 모두 국가적인 차원에
서의 '합리성'을 추구한다는 명목 하에 윤리적인 면과 가족의 '기능성'
을 염두에 두고 주부의 역할을 역설하는 내용으로 구성되었다(부사부,
1985, 제 5차 5개년계획: 172).[74] 경제 공동체주의를 추구하는 가족정책
의 논리가 '국가의 보호'에서 '국가합리성'의 추구로 옮겨감에 따라 그
의무의 중심에 서있는 주부의 역할에 대한 설명도 '국가합리성' 차원에
서 이루어졌던 것이다. 이러한 새로운 설명체계 속에서 주부는 가족
부양의 핵심적인 수행자로서 노인과 장애인의 인간적 존엄성과 평등
한 권리를 보장할 도덕적 책임까지도 떠안아야 하는 상황에 놓여지게
되었다.

  부수적인 부분이기는 하지만 여성의 가정 내 부양 역할 이외에 지
역 사회개발 등을 비롯한 자원봉사 활동 역시 앞서 언급한 '국가 이익'

---

74) 이때 제시된 여성 복지의 내용은 크게 부녀의 자질 향상을 통한 건전가정 육
   성과 가족 결속력 강화 외에도 1. 여성지위 향상 및 사회 참여 확대, 2. 요보
   호 여성 발생 및 예방사업 강화, 3. 모자 세대 지원의 세 가지가 더 있었다(보
   건사회부, 1985, 제 5차 5개년계획 보건사회부문 수정계획: 172). 그러나 이
   때 요보호 여성과 모자 세대 지원은 취약한 상황에 있는 특수한 여성 집단을
   대상으로 한 것이었고, 여성의 사회 참여, 경제 활동에 대한 논의 또한 여전
   히 그 내용상 여성의 고용이나 경제 활동보다는 지역사회 개발 같은 자원 봉
   사 차원에서 주로 논의되었다는 점에서 여성 대상의 가장 보편적인 정책 목
   표는 건전가정 육성이었던 것으로 생각된다.

에 이어 '국가합리성'이라는 새로운 논리에 입각하여 촉구되기 시작한
다. 당시 정책지침들은 여성의 사회의식을 개발한다는 목표 하에 여성
자원봉사활동을 적극 유도한다는 방침을 세웠는데, 이는 궁극적으로
는 경제발전을 위한 행위인 동시에 국가합리성의 차원에서 민간의 정
신적, 윤리적 자원을 동원해내려는 시도의 일환이기도 했다. '전통'이
라는 이름으로 고안해낸 '윤리적 자원'의 보고로서 주부들이 선택된 것
이기 때문이다. 이는 결국 정서적, 윤리적 전통을 복지자원으로 재창
조하고자 했던 당시의 경향이 '주부'를 구심점으로 발현되고 있음을 확
인케 한다. 국가합리성 차원에서 요구되는 가정과 민간의 역할을 소화
해내야 할 책임을 고스란히 부여받은, 국가가 부과한 역할의 담지자,
이것이 바로 당시의 이상적인 주부상이었던 것이다.

근대국가 차원의 가치들에 의해 여성의 성역할이 구성되는 이러한
양상들이 기본적으로 60년대와 70년대의 흐름을 그대로 이어가고 있
었다면 여기에 '과학'의 이미지가 주부 역할을 부각시키는 일환으로 활
용되기 시작한 것은 전적으로 80년대의 새로운 현상이었다고 볼 수 있
다. 앞서 언급한 바와 같이 80년대 부녀복지사업의 목표는 "윤리와 과
학이 조화되는 건전가정 육성"이었는데, 여기서 "과학"은 생활개선과
합리적인 가계 운영과 같은 '가정생활의 합리화'와 절약과 저축 등 낭
비요인의 제거를 통한 '합리적 소비'의 동의어로 즐겨 사용되었고 이외
에 의식주 생활의 합리화, 부엌개량, 변소 개량, 조리대, 개수대, 붙박
이장 등을 사용하는 위생적으로 개선된 생활환경 조성이 강조되기도
했다. 즉 실질적인 과학기술이나 기술합리성의 가정 내 도입뿐 아니라
절약, 낭비적 요소의 제거, 체계적 개선 등을 강조하기 위해 '과학화',
'합리화'의 이미지가 활용되었던 것이다. 70년대에 가족계획사업이나

모자보건사업에서 가정내의 과학과 위생, 영양 등이 가족계획사업과 국가의 경제성장을 위한 하나의 '독자적인' 요소로 강조되었던 것과 달리, 이제 이들은 그 실질적, 상징적 의미가 주부 역할이 갖는 이미지 속에 스며들어 국가에 기여할 여성 역할의 주요 부분으로 편입되었다.

이와 같은 양상들은 "자녀의 교육과 양육에 집중하는 근대적 어머니가 엄격한 공사 분리와 성별분업 속에서 여성들에게 사회적 인정과 경제적 부양을 제공하는 통로이자 능력과 존엄성을 위한 최후의 보루가 되어 왔던(Ehrenreich & English, 1979: 173)" 서구의 경우와는 매우 상이한 우리의 현실을 깨닫게 한다. 가족정책 속에서 국가에 기여해야 할 '국민'으로서의 역할과 가정내 '부양'과 '보살핌'의 역할을 담당해야 할 주체로서 확고히 고정된 여성의 성역할은 그 자체로도 서구의 사적이고 정서적인 여성의 역할과 다른 형태를 띠었을 뿐 아니라 그것을 강화하는 강력한 근대국가와의 담론적 연계 속에 남성의 그것과 확실히 차별화된 자신들만의 영역 속에 오랜 기간 함몰되어 있었고, 이는 점차 여성의 경제활동과 고용 평등이 정책적인 관심사로 부각하기 시작한 상황에서도 흔들리지 않는 확고한 정책의 축으로 남아 있었다.

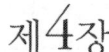

제4장
제 4시기(1987년~1997년) : 근대성 내부의 균형회복기

1. 정치 · 경제 · 문화 영역에서의 근대

1) 시대적 배경 및 가족정책의 전반적 흐름

87년 6월 민주 항쟁을 계기로 국민의 민주화 요구가 수용됨에 따라 대통령 직선제 개헌을 주요 내용으로 하는 6.29 민주화 선언이 발표되었고, 이것이 계기가 되어 국회에서 5년 단임의 대통령 직선제를 골자로 하는 헌법이 마련됐다. 1987년 10월 29일 개정된 헌법에 의거, 대통령 선거가 실시된 결과 성립된 것이 바로 노태우 정부였다(1988년). 군부의 직접적 지배를 벗어나 권위주의 국가의 민주적 이행기, 국가의 권위주의 연성화로 나아가는 역사적인 전환점이 성립된 것이었다.

노태우 정부는 국정지표를 민족자존, 민주화합, 균형발전, 통일번영으로 설정하고, 지방 자치제를 부분적으로 실시하는 등, 민주주의와 복지의 차원을 한층 더 강화해나갔다. 제 6차 5개년계획에서도 "자력 성장의 토대 위에 복지사회 건설"의 기치를 내걸고 안정, 능률, 형평을 기조로 삼아 보다 적극적인 복지시책의 마련에 부심하였다. 이에 헌법상 복지국가 원칙이 더욱 확고해지고 국민의 기본권이 확대되었으며 특히 여성과 관련하여 남녀평등 가치가 크게 부각되는 등, 80년대에 단초를 마련한 자유민주주의적 가치들의 괄목할만한 성장이 두드러지게 된다.

그러나 노태우 정부는 장기간 지속된 권위주의 체제의 후유증과 민주화 이행과정에서 나타나는 필연적인 혼란을 피해갈 수 없었다. 민주화에 대한 요구들을 제도적으로 정착시키기 위한 노력이 이어지고, 경제성장과 국민의 "삶의 질"을 높이려는 기대를 동시에 충족시켜야 할 사회적 요구가 커지는 가운데 1993년 14대 대통령 선거가 실시된 결과 김영삼 정부가 성립된다. 새 정부는 깨끗한 정부, 튼튼한 경제, 건강한 사회, 통일된 조국 건설을 국정 지표로 설정하여 공직자의 재산 등록, 금융 실명제 등을 법제화하고, 지방자치제를 전면 실시하였으며, 민주화와 세계화의 구호 하에 나름의 개혁정책을 추진했다. 그러나 이러한 노력들은 국제 여건의 악화와 장기간 축적되어온 경제 구조의 모순, 외환 부족으로 인한 IMF 구제금융시기의 도래로 좌절되고 만다.

노태우 정권에서 김영삼 정부에 이르는 10여년간은 그 내적인 한계와 과도기적 성격에도 불구하고, 복지국가를 향한 노력이 어느 정도 궤도에 접어들고 자유민주주의적 가치들의 비중이 급격히 확대된 총체적인 변화의 시기였다. 가족정책상으로도 이 흐름이 반영되어 시행이 연기되었던 국민연금법이 1988년 법적 실효성을 회복했고, 1989년에는 의료보험 개보험화가 이루어졌다. 1995년에는 고용보험법 제정으로 비로소 국민연금, 의료보험, 산재보험, 고용보험의 4대 사회보험의 외형적 틀을 갖추게 되었다. 사회복지서비스 분야에서도 1989년 모자복지법의 제정으로 그 내용이 더욱 풍부해졌다. 근로 여성에 대한 전반적인 복지 서비스의 내용을 담은 남녀고용평등법이 1987년 12월 4일 제정됨에 따라 여성과 관련한 전반적인 정책기조에도 총체적인 진전이 있었다.

또한 1990년 1월 3일에는 민법 개정(법률 제 4199호)으로 기존의 가부장적이고 부계 혈연 중심주의적인 관점으로 일관하던 가족법상의 조항들에 대폭 수정이 가해지는 긍정적인 계기가 발생했다. 1991년에는 영유아보육법 제정(법률 4328호)과 함께 육아지원체계의 확립에 노력이 기울여졌고, 이후 1995년에는 사회보장에 관한 법률이 폐지되고 사회보장기본법(법률 제 5134호)이 제정되어 사회보험, 공공부조, 사회복지 서비스로 구성된 사회보장의 범위와 내용이 보다 확실히 구획화되었다. 1997년 근로기준법의 폐지와 제정(법률 제 5309호) 또한 근로자와 자본에 대한 국가의 태도상의 변화를 읽어내게 하는 중요한 지점으로 존재한다. 생활보호법 또한 1961년 군사정부의 사회보장 입법계획의 하나로 만들어졌으나 구체적인 사업 진전에 있어서는 다소 미비했던 것이 1980년 제 5공화국 헌법에 이어 6공화국 헌법 제정으로 공공 부조의 방향, 원리원칙들이 체계화되었고 급여 종류, 내용, 제도시행 절차 등이 명확히 규정되었다(박민자, 1995: 382).

정책적인 차원에서는 '복지'와 '민주'의 키워드가 강조되는 속에서도 전반적으로 한국적 복지모형이 그대로 유지된다. 6차 5개년계획에서는 각각의 가족정책들에 대한 계획을 구체적으로 제시하면서, 복지가 경제 활력을 저해하지 않도록 하고(국민연금), 개인의 자조, 자활능력을 배양하는 것을 중시하며(국민연금, 생활보호, 노인복지, 장애인복지, 요보호 여성복지), 가정, 지역사회의 복지능력을 최대한 조장하고(노인복지, 국민연금), 민간의 복지자원을 최대한 동원하며(국민연금, 노인복지,

장애인복지), 사회적 연대를 강화하고(노인복지), 건전한 가정의 유지발전에 이바지하는 사회복지시책을 마련하여 인보협동사상, 경로효친 등 윤리적 측면을 함양한다는 구체적이고 세세한 지표를 내세우고 있었다(보사부, 1986, 제6차 5개년계획-보사부문계획 1987-1991: 17). 이러한 원칙들은 80년대에 이미 등장한 것이지만 각각의 정책과 연관시켜 보다 구체적인 방식으로 그 실현을 모색하고 있다는 점에서 분명 논리적으로 진일보한 면모를 보인다.

1994년부터는 "삶의 질" 개념이 각종 정책들의 전면에 부상한 것이 특징적이다. 인간다운 삶의 질 확보에 본격적으로 관심이 할애되기 시작했으며 1995년에는 「세계화추진보고회의」가 열리고 「삶의 질 세계화」가 선언되기도 했다. 여기에는 사회취약계층 복지증진 대책 마련과 농어민 지원, 의료급여범위 확대 등이 주된 내용을 차지했다. 보다 실질적인 차원에서는 형평성과 합리성(합리적 문제해결 방식)의 두 측면이 가족정책의 방향을 틀 짓는 중요한 두 축으로 등장했다. 각종 정책들 속에서 형평성과 제도적, 규범적 합리성을 추구하는 문제가 중점적으로 거론되기 시작하여 복지정책의 중요한 기조로서 새로이 자리잡기 시작한 것이다.

2) 정치 · 경제 · 문화적 영역에서의 근대성

정치, 경제, 문화적 영역에서 이루어진 근대적 가치들의 발전 경로에 있어서 60년대에 마련된 기틀과 전반적인 경향성이 70년대에 본격화되고 정착되는 단계에 들어섰다는 점에서 이 두 시기를 넓은 의미에서 하나의 범주로 묶을 수 있었다면, 87년-97년의 기간 역시 80년대 초중반에 등장한 새로운 현상들이 보다 확고하게 자리를 잡아가는, 이전 시기의 연장선상에 위치했다. 민선군부정권이었던 노태우 정권과 최초의 민선민간정권이었던 김영삼 정부 간의 그 정치적 기반과 정권의 성격에 있어서의 확연한 차이에도 불구하고 87년부터 97년까지의 시기에 구현된 근대성의 실체가 제 5공화국에서 나타난 근본적인 변화들을 거의 그대로 흡수한 채 이를 보다 발전시키는 방향으로 나아가고 있음은 흥미롭다 하지 않을 수 없다.

　"근대국가" 차원에서의 '국가 이익'은 성장과 복지의 두 차원으로 보다 확고히 고정되었고, '국가의 보호'는 복지의 기조 하에 더욱 강화되었으며, '감시 기능의 증진'은 직접적인 통제력 면에서는 퇴조를 거듭했다. 그러나 보다 간접적인 국가의 영향력과 '감시 기능'은 보다 증진되어 5공화국 당시 가족계획과 관련해서만 발견되었던 경향이 전체 가족정책 영역으로 확산되는 모습을 보인다. '국가합리성'과 '합리적 문제해결의 방식' 역시 80년대에 규정된 방식 그대로 정착되었다. "경제적 영역"에서는 '생산력 중심주의'와 '노동생산성'의 가치가 유지되는 가운데, 여성과 관련한 '노동력의 상품화'의 본격적 등장이 눈에 띤다. "자유민주주의 영역" 또한 80년대 초반에 이루어진 다양한 가치들의 부활이 87년 이후 민주화의 물결을 타고 더욱 가속화되었다. 이제 80년대에 시작된 흐름이 1987-1997년에 어떤 부분에서 공유되고 어떠한 변화와 발전의 궤적을 그렸는지 구체적으로 살펴보도록 한다.

　(1) 정치적 영역
　① 국가의 이익: 세계화와 생산적 복지
　87년 이후에는 단순히 "경제성장"으로 뭉뚱그려졌던 국가 이익 관점에서 한걸음 더 나아가 보다 구체적으로 '세계화', '국제경쟁력' 등의 담론이 부각된다. 이 시기는 미국 헤게모니의 수세적 공세를 배경으로 세계무역기구(WTO)로 상징되는 세계 시장 개편이 강행된 시점이었던 만큼 "세계경제의 재편이라는 거대하고도 강압적인 물결에 전복되지 않기 위해서" '정보화'와 '세계화'라는 새로운 구호의 기치가 드높여졌다. 새로이 성립된 이러한 자유주의적 담론들은 사실상 60년대-80년대를 풍미했던 경제성장이라는 국가적 이익의 또 다른 모습이었으나 세계 경제 체제 수준에서의 경쟁환경의 변화와 사회주의 체제의 붕괴라는 세계 정치체제의 변동은 정부가 내세운 세계화, 국제 경쟁력 담론에 더욱 힘을 실어주고 있었다.

93년 이후에는 사회복지, 경제성장을 상호 보완하여 상승작용을 촉진시킨다는 목표가 재강조되었다. 이에 각종 정책지침들에서 활발히 논의되기 시작한 것이 성장 잠재력 배양을 위한 "생산적 복지"였다. 이 개념은 성장과 분배의 조화, 성장과 복지의 균형을 강조하되, 복지증진이 경제성장에 기여할 수 있도록 한다는 방침을 보다 직접적으로 표방한 것이었다(한국보건사회연구원, 1994: 1). 80년대에 이미 한국적 복지모형에서 복지가 경제성장에 저해가 되지 않아야 한다는 전제가 등장했고, 사회개발이 간접적이고 잠재적인 플러스 요인으로 작용할 것이라는 인식과 신념은 사실상 70년대부터 존재해온 것이었지만, 이제 보다 즉각적이고 직접적인 복지의 경제적 효과가 강조되고, 그 효과를 극대화하는 것을 모든 정책의 우선적인 목표로 삼아야 한다는 강력한 주장이 대두된 셈이다(한국보건사회연구원, 1994: 425; 보사부, 1994, 보건사회백서: 3-4; 보사부, 1995, 보건사회백서: 5).

80년대 초중반에 설정된 성장과 복지의 두 목표는 여전했으나, 이들 간의 우선 순위는 더욱 분명히 매겨졌다. 사후적, 소극적 복지를 지양

하고 보다 적극적인 의미에서 성장 잠재력 배양에 기여할 수 있도록
하는 것이 복지정책의 방향을 설정하는 원칙이 됨에 따라 모든 복지계
획은 그 잠재적이고 간접적인 효과가 아닌, 직접적인 경제 효과에 대
한 고려를 통해 수립되고 실시되어야 했다. 인간 중심의 개발전략을
통해 복지 증진이 성장잠재력을 증대시킬 수 있음을 적극 부각시키고
있다는 점에서 이는 복지 정책을 개발전략의 하나로 간주하는 확고한
입장을 보여준다. 결국 87년-97년까지의 기간 동안 국가의 이익은 세
계화, 생산적 복지 등의 새로운 개념으로 무장하며 스스로를 정비하면
서도, 그 내용상 오히려 경제성장에 더 무게가 실리는 모순된 현상이
나타나고 있었다. 1995년 고용보험법의 제정 목표에서 근로자의 생활
안정과 함께 "경제, 사회발전에 이바지"한다는 목표가 제시된 것은(법
제처) 바로 경제성장에 대한 여전한 국가의 집착을 내보인 예였다.

　이 시기에 국가의 이익과 관련해서 유일하게 이전과 뚜렷한 차이가
나타난 부분은 인구 억제에 대한 강조가 급격히 약화된 것이다. 1988
년 대치 출산율(합계출산율 2.1명)보다 낮은 수준인 출산율 1.63명으로
인구증가율이 둔화되어 선진국형 저출산시대에 돌입했다는 정부의 판
단에 따라 국익 차원에서 이루어지던 인구 조절에 대한 논의가 급격히
감소했다. 1989년 이후부터 피임서비스의 질적 개선, 수용자 중심의
피임서비스 제공, 자율피임을 위한 홍보, 교육 등에 치중하는 것으로
가족계획사업의 성격이 전환되었고, 인구 조절은 이제 더 이상 국익과
의 연결고리를 유지하지 못한 채 가족정책에서 논외의 주제로 밀려나
고 만다. 안보와 평화통일, 민족과 겨레에 대한 언급은 헌법이나 개정
어린이 헌장 정도에 남아있는 정도로 명맥을 유지했으나 80년대 이전
까지에 비하면 크게 퇴색된 상태여서 국가의 이익에서 차지하는 비중

이 이전에 비해 감소되었음을 보게 한다.

　② 국가의 보호: 급격한 확대기

　80년대 초반, 민주복지국가의 구호 하에 확대되기 시작한 국가의 보호는 87년을 기점으로 큰 폭의 성숙을 경험한다. 이는 당시 복지의 이념이 더욱 강조되었던 것과 무관하지 않다. 우선적으로는 헌법상 국민의 신체와 생명에 대한 보호가 강화되었다. 구속적부심사청구권의 전면보장, 형사보상제도의 확대, 범죄피해자에 대한 국가구조제 신설 등은 모두 어떤 경우라도 국민이 국가의 보호에서 배제되는 일이 없도록 하기 위한 법적 장치들을 보완한 것이었다. 이외에도 사회보장, 사회복지와 관련된 국가의 보호 보장의무가 보다 강력히 명시되었다. 헌법 제34조(헌법 제10호)는 사회보장, 사회복지의 증진에 노력할 의무, 노인과 청소년의 복지향상을 위한 정책을 실시할 의무, 신체 장애자 및 질병·노령 기타의 사유로 생활능력이 없는 국민을 보호할 의무, 재해를 예방하고 그 위험으로부터 국민을 보호할 의무 등 다양한 내용들을 포함함으로써 이 시기의 확대된 국가의 보호 가치를 입증하고 있다. 1995년 사회보장기본법 제정 또한, 국민의 복지 증진을 위한 국가와 지방자치단체의 책임이 대내외적으로 표방된 예였다(사회보장기본법 법률 제5134호 제1조 목적; 제5조 국가 및 지방자치단체의 책임; 제6조 역할의 조정).

　공공부조와 사회복지 서비스에서는 80년대 초반부터 본격화되었던 저소득계층에 대한 최저생활보호와 장애인, 노인에 대한 보호 정책들이 정부의 복지사회 건설 목표에 부응하여 그 기반을 확대하여 나갔다. 생활보호법은 이전에 포함되었던 대상들 외에 "이들의 부양, 양육,

간병으로 인해 생활이 어려운 자"까지 그 대상에 포함시켰다. 부양에 대한 국가적 보조는 이전부터 존재했으나, 이제 양육과 특히 간병으로 인해 어려움을 겪는 그 가족까지도 보호의 대상이 될 수 있게 된 것이다. 또한 이전에는 부양의무자가 아예 없거나 있어도 부양능력이 없는 경우, 즉 부양기능 수행능력이 0%일 경우에만 국가가 개입하던 것이 이제 부양기능이 있기는 하지만 충분치 못할 때에도 개입하는 것으로 그 범위가 넓혀졌다(1997).

1992년 사회복지사업법 개정(법률 제 4531호)은 복지서비스의 법적 근거를 정비한 중요한 계기였다. 이 법의 관할 대상에 생활보호법, 아동복리법, 윤락행위등방지법 이외에 노인복지법, 장애인복지법, 모자복지법, 영유아보육법 등이 새로 추가되었으며 이를 포괄하는 국가와 지방자치단체의 사회복지 책임이 강조되기 시작했다. 세부적으로 노인복지에 있어서는, 한편으로는 고용보험법(법률 제 4644호) 제 18조(고령자등의 고용촉진), 동법 시행령(대통령령 제 14570호) 제 22조(고령자 고용촉진 장려금) 및 52조(기본급여의 연장지급)가 마련되어 노인의 고용촉진을 위한 국가적 노력이 이루어졌고, 다른 한편으로는 1997년 노인복지법(법률 제 5359호) 제 29조(치매관리사업), 제 30조(노인재활요양사업) 등 치매 노인과 관련한 국가의 보조의 근거가 되는 조항들이 신설되어 국가의 복지에 대한 책임의 범위와 강도가 상향조정되었다.

1991년부터는 단기보호, 주간보호사업이 실시되어 가족이 노인 보호의 기능을 수행할 수 없는 불가피한 경우에 국가가 그 공백을 메우려는 시도가 가시화된다. 물론 이는 가족의 일차적인 부양의무를 전제하고 국가가 이를 보조한다는 입장에 근거를 둔 것이었지만, 예전에 비해 일견 발전된 시도인 것만큼은 부정할 수 없는 사실이다. 장애인

복지에서도 장애인 의료비 지원대책이 실시되어 생활보호 또는 의료 보호대상자인 중증, 중복 장애인에 생계보조수당을 지급하게 되었으며(1991, 장애인복지사업지침: 196) 장애인 자녀 교육비 지원 또한 정책에 명시되어 장애인에 대한 국가의 실질적인 보호 노력을 보여주었다.

a. 모성보호와 여성보호 확대

80년대 초중반, 국가의 보호 가치가 크게 확대되는 와중에 유일하게 '지체된' 영역으로 남아있던 여성 보호에 있어서도 큰 진전이 나타난다. 87년-97년까지의 기간은 '모성보호'와 '여성보호'의 차원 모두에서 주목할만한 발전이 거듭된 시기였다. 먼저 모성보호에 있어서 헌법상 모성에 대한 국가의 보호 의무가 신설되고(헌법 제 10호 제 36조 2항), 1987년 남녀고용평등법(법률 제 3989호) 제정시 그 목적에 모성보호가 포함되어, 모성보호가 차별이 아니라는 전제 하에 그 당위성이 강조되었다. 특히 남녀고용평등법은 다양한 차원에서 모성보호와 관련된 조항들을 제시하고 있었다. "근로여성은 경제 및 사회발전에 기여하며 다음 세대의 출산과 양육에 중요한 역할을 담당하는 자이므로 모성을 보호받으면서 성별에 의한 차별없이 그 능력을 직장생활에서 최대한 발휘할 수 있도록 하는 것을 기본 이념으로 한다(남녀고용평등법 법률 제 3989호 제 2조 기본이념)"는 명제가 선포됨과 동시에, 혼인, 임신, 출산 등이 퇴직사유가 될 수 없도록 규정하고 그에 대한 처벌을 정하여 구속력을 높이려는 시도도 행해졌다(동법 제8조 정년, 퇴직 해고).

이전까지 출산관련 행위에만 주로 한정되었던 모성보호의 한계도 이제 육아를 포함하는 범위로 확장된다. 가정과 직장생활의 양립을 도모한다는 차원에서 기존에 근로기준법상 수유만 해당되었던 육아의 범위가 남녀고용평등법의 제정에 따라 양육의 차원까지 확대되어 자녀 양육을 위한 휴직기간을 신청할 수 있게 되었다(동법 제 11조 육아휴직). 동법 13조에서는 직장탁아시설의 설치 근거가 마련되어 교육과 육아 지원 방안이 모색되기도 한다. 1989년 남녀고용평등법 일부개정에서도 이러한 경향이 그대로 이어져 육아휴직기간을 근속기간에 포함시키는 방침이 세워졌고, 이에 대한 벌칙이 신설됨으로써 양육에 대한 국가적 보호는 한층 강화된 모습으로 거듭났다(남녀고용평등법 법률 제 4126호 제 11조 육아휴직).

이 같은 변화는 여성의 유휴노동력을 이용하려는 정부의 적극적인 노동정책이 실시됨에 따라 탁아 문제가 본격적으로 제기되고 경제력 활성화를 위한 노동력 수급정책의 일환으로 탁아에 대한 관심이 제고된 결과였다. 제 6차 경제사회개발계획에서도 취업 여성의 자녀 양육 지원과 유아보호체계확립이 아동복지사업의 중요한 부분으로 규정되었고, 출산으로 인한 퇴직방지, 출산 후의 육아 보호 등을 통한 육아와 직장의 병행을 가능케 하는 것이 그 목표로 제시되고 있었다(보사부, 1986, 제 6차 5개년계획 1987-1991).

이러한 흐름은 1990년대에도 지속된다. 가장 중요하게는 1990년 가족법 개정에서 이혼한 부부의 자녀 양육책임과 친권자에 대한 규정에서 부모의 평등한 권리가 인정되었는데(민법 법률 제 4199호 제 909조 친권자), 여타의 가족정책이 상당부분 근거로 삼는 가족법상에서 모성의 권리를 인정하고 보호하려는 시도를 보였다는 것은 그 자체로 매우 중요한 사건이었다. 뒤이어 고용보험법, 의료보험법, 의료보호법 등에서도 이 추세를 이어받았다. 고용보험법(법률 제 4644호)에서는 직장보육시설의 운영비용 지원 근거를 마련하여(제 24조 고용촉진시설의 지원) 양

육에 대한 지원을 상시화했고, 실업급여의 연장사유에 임신, 출산, 육
아에 따른 휴직이 포함되어(고용보험법 시행령 대통령령 제 14570호 제 40
조 기준기간의 연장사유) 모성에 대한 고려에 깊이를 더하게 됐다. 정부
차원에서 육아휴직 장려금을 사업주에게 지급하도록 함으로써 모성
보호를 정착시키려는 노력 또한 현실화됐다(동법 시행령 제 23조 육아휴
직 장려금의 지급).

1994년 의료보험법 개정(법률 4728호)에서 분만급여 대상이 '피보험
자와 그의 배우자'에서 '피보험자와 그의 피부양자 모두'에게로 확대적
용된 것이나 1991년 의료보호법 개정시(법률 제 4353호) 의료보호에 '분
만'이 추가된 것은 모두 모성보호의 강화라는 일관된 흐름을 반영하는
것이었다. 1995년 8월 4일 남녀고용평등법(법률 제 4976호)에서는 이전
에는 여성인 것을 이유로 차별하는 것을 금한다고 되어 있던 표현이
"혼인, 임신, 출산 또는 여성인 것을 이유로" 차별하는 것을 금지한다
고 바뀜으로써 여성에 대한 보호를 모성 역할 중심으로 재구조화하는
양상을 보여주었다. 모성 보호 차원에 임신과 출산, 육아가 크게 부각
되기 시작한 것은 이들을 가정의 고유한 기능으로, 나아가 여성의 역
할로 재정립하고, 특히 육아를 여성의 영역으로 간주하는 성별분업논
리를 재확인한 것이라는 한계를 내포했으나, 그럼에도 모성에 의미를
부여하고 국가적 차원에서 모성과 여성 노동력의 이용을 조화시키기
위한 본격적인 시도였다는 점에서 나름의 의의를 갖는다. 또한 이러한
국가의 태도는 여전히 여성의 평등한 권리를 강조하기보다는 임신, 출
산, 육아를 담당해야 하는 불리한 입장에 놓여 있는 여성들에 대한 '보
호'를 제공한다는 개념에 그 뿌리를 두고 있었다.

'모성 보호'의 차원만큼 그 변화의 범위와 폭이 크지는 않았지만 '여

성 보호' 또한 강화되는 수순을 밟았다. 헌법상 여자의 근로에 대한 국가의 보호 의무가 유지되는 가운데, 근로 기준법에서는 1989년 여성의 연장, 야간, 휴일근로를 허용할 때 필요한 조처로서 노동부장관의 인가 이외에 본인의 동의를 추가로 필요로 하도록 했다(법률 제 4099호 제 56조 연장·야간·휴일근로). 유급생리휴가 역시 당사자가 청구하는 경우에 한해 지급하도록 되어 있던 것이 월 1일의 유급휴가를 의무화하도록 조정되었다(동법 제 59조 생리휴가). 여성 보호의 차원에서 여성의 몸에 대한 보호가 처음 언급된 것도 특기할만한 일이다. 모자복지법(법률 제 4121호)에서 가정폭력에 대한 언급이 최초로 등장하여 매맞는 여성에 대한 보호가 국가적 문제로 대두되기 시작했는데, 이것이 여전히 몸에 대한 권리의 차원에서 조명되기보다는 국가의 보호 차원에서 강조되었다는 사실은 여전히 여성을 '피보호자'로 인지하는 당시 국가의 태도를 다시 한번 드러내준다 할 것이다.

모성보호와 여성보호가 모두 개선되는 속에서 87년 이전에 여성과 관련된 국가 보호에서 핵심을 차지했던 요보호 여성에 대한 보호도 전반적으로 확대 양상을 보인다. 1989년 모자복지법 제정은 모자 가정 보호의 법적 근거가 확보된 중요한 계기였다. 이로 인해 모자가정의 복지 증진 책임이 국가에 부과되었으며, 이외에도 고용촉진, 복지자금 대여, 복지급여, 시설우선이용권, 공공시설내 매점 및 시설 설치, 모자복지시설 설치, 국민주택의 분양 및 일정비율 할당 등 다양한 영역에 걸친 국가의 역할이 강조되기에 이른다(모자복지법 법률 제 4121호 제 2조 국가등의 책임). 부녀복지사업에 학대받는 여성 및 성폭력 피해자 보호가 새로이 포함되어 요보호 여성의 범위 자체도 넓어졌다(보사부, 1990, 부녀복지사업지침: 11-12).

이에 비해 윤락여성에 대한 국가의 태도는 '선도'의 기본기조를 유지하는 가운데 '보호'를 늘리는 이중적인 방향으로 윤곽을 잡아나갔다. 윤락행위등방지법 개정(1995)에 따라 이전의 '풍기 정화'나 '국민의 인권 존중' 등의 추상적 표현이 사라지고 요보호자의 선도가 법의 직접적인 목적으로 부상했다. 윤락행위자 선도 예방사업으로 가정, 직장, 사회에 걸친 여성 지위 향상의 필요성이 제기되었지만 이는 여전히 여성의 권리보다는 윤락녀 발생 예방 차원의 논의였다. 그러나 이와 함께 요보호 여성을 포함한 전반적인 인권에 대한 고려도 일부 확대되었다. 요보호자에게만 해당되던 비밀보장의 원칙이 그 상대방에게까지 해당되도록 수정되었고(윤락행위등방지법 법률 제4911호 제6조 비밀보장), 선도보호조치를 받은 자에 대한 신분상 불이익 금지(제9조 선도보호조치 4항)가 신설되었으며, 요보호자의 인권을 최대한 보장할 것이 법적으로 명시되기도 했다(제13조 시설의 운영 3항). 윤락여성을 선도와 통제의 대상으로 파악하는 60, 70년대의 정책 관점은 87년 이후 이들에 대한 보호 조치가 더해진 모습으로 변형되었으나 '선도'와 '보호'의 두 입장 모두에서 수직적 관계에 기반한 국가의 지도자적 태도는 그대로 유지되고 있었다.

b. 아동보호: 아동보육체계의 모색

1980년대 초반에 아동복지법 개정과 영유아보육법 제정으로 요보호 아동 중심에서 일반 아동 전체를 대상으로 하는 아동정책으로의 전환이 이미 모색된 바 있었음에도 실상 1987년부터 1990년까지의 행해진 국가의 정책들은 주로 '교육'이라는 한정된 분야와 관련하여 진행되거나 특별한 욕구를 가진 요보호 아동 및 사회취약계층을 대상으로 했다는 점에서 오히려 60, 70년대의 성향을 닮아있었다. 개정어린이 헌장에서 아동에 대한 균등한 교육기회 보장과 지원이 강조된 것이라던가 생활보호사업에서 중학생에게만 해당됐던 교육보호를 1992년에는 실업계 고등학생에게까지 확대했다가, 1996년에는 인문고생 학업성적 상위 30%, 1997년에는 인문고생 전원에게 적용한 것(보건복지부, 2001, 국민기초생활보장사업 안내: 7-8), 장애인복지법에서 중증장애인을 대상으로 장애인 가족의 교육기능을 보조하는 방안이 마련된 것(장애인복지법 법률 제 4179 제 22조 자녀교육비의 지급)은 모두 국가의 보호 노력이 주로 교육관련 부문에 편중되어 있음을 보여주는 내용들이다.

장애나 문제 아동 등 특수 아동 보호가 확충된 것도 여전히 일부 취약 집단에 우선적으로 집중하는 국가 정책의 지향성을 읽게 한다. 개정어린이 헌장에서 장애아들이 "차별없이" 인간으로서의 존엄성을 유지하도록 보호해야 한다고 지적한 것은 장애 아동에 대한 지속적인 정책적 관심을 보여준다 하겠다. 1989년 실시된 결함가정 자녀 보호사업 또한 부부 어느 한편 또는 쌍방의 사망이나 질환, 이혼, 별거 등으로 부모가 양육 기능을 제대로 하지 못할 때, 즉 가족이 제기능을 하지 못할 시에 국가가 그 아동에 대한 책임을 질 의무를 표방한 것으로서 국가의 보호 정책들이 주로 불우아동 보호 및 요보호 아동보호을 대상으로 하고 있음을 확인시켜준다(보사부, 1989, 아동복지사업지침: 445).

이러한 국가의 태도는 1990년을 기준점으로 뚜렷한 전환점을 맞게 된다. 1980년대 초반에 표면화되었던 일반 아동에 대한 관심이 "아동보육체계의 구축"이라는 보다 구체화되고 발전된 형태로 구현되기 시작한 것이다.[75] 실질적으로 1990년대 가족정책상의 가장 뚜렷한 변화

중 하나가 바로 보육에 대한 국가 지원의 확대였다. 이는 여성의 사회
참여 증가와 핵가족화에 따라 아동보호와 교육을 국가적 문제로 인식
하려는 적극적인 시도였던 영유아보육법의 제정(1991)과 보조를 함께
한다. 이 법에서는 국가와 지방자치단체가 보호자와 더불어 영유아를
건전하게 보육할 책임을 진다는 점을 명시했는데, 보호와 교육의 통합
가치인 보육의 개념을 강조하며 이를 사회적, 국가적 책임으로 부각시
킨 것은 아동복지법과 유아교육진흥법에서 주로 국가의 책임을 '육성'
의 차원에 두었던 것에 비해 일견 그 범위가 확장된 모습을 보인다.
이러한 국가의 서비스는 일차적으로 여성의 취업을 지원하는 성격을
띠는 것이었지만 보육 정책 및 아동 정책 자료들에서 주로 "맞벌이 가
정(혹은 보호자)의 경제적, 사회적 활동을 지원"하는 목표를 갖는 것으
로 설명됨으로써 '가족 지원 서비스'라는 보다 포괄적인 이름으로 스스
로의 성격을 정립했다(보건복지부, 1991-2003. 보육사업지침; 1991-2003.
아동복지사업지침).

　보육사업에 대한 국가의 지원은 정부지원 탁아시설의 경우 부양의
무자가 국민기초생활보장법의 대상일 때는 면제혜택을 주고, 저소득
주민일 경우─ 의료보호대상자, 생활이 어려운 자로서 시장, 군수가 추
천한 자─ 감면혜택을 주며, 일반 아동의 경우 세금감면혜택을 주는(영

---

75) 이는 가족과 여성에 있어서도 큰 함의를 갖는다. 여성을 모성-양육자가 아닌
　　노동자로 간주하고 보육지원 정책이나 탁아 정책 등을 통해 여성의 노동 지
　　원을 추구하는 방향으로 가족에 대한 국가의 지원전략이 변화된 것이기 때문
　　이다. 기존의 양육 기능에 대한 단순 지원에서 선회하여 양육을 여성 노동자
　　에게 주어진 구조적 장애물로 보고 이를 국가가 담당함으로써 여성의 노동자
　　역할을 지원하게 되는 이러한 변화는 서구의 경우 1960년대부터 이미 나타났
　　으나 한국 사회에서는 1987년 이후에야 여성 고용 및 남녀평등에 대한 관심
　　과 함께 등장했다고 볼 수 있다(서구의 경우에 대한 논의는 김수정(2002)을
　　참조할 것).

유아보육법 법률 제 4328호 제 25조 세제지원) 구체적인 형태를 띠었다. 또한 1997년 동법 개정에서는 가족의 육아 및 보육비용의 부담을 완화하기 위해 보육시설 설치 운영 등에 대한 국가의 경제적 지원을 강화하는 방안이 추진되었다(법률 제 5472호 제 21조의 2, 3항 무상보육특례). 1996년에는 아동정책 세부지침에서 방과 후 아동보육사업 실시가 계획되기도 했다.

그러나 일반 아동 대상 정책들의 급격한 증가가 곧바로 요보호 특수 아동에 집중되었던 정책상의 관심이 일반아동 쪽으로 고스란히 '이동'해갔음을 의미하는 것은 아니다. 요보호 아동과 장애아동 등 특수 아동에 대한 보호 또한 90년대 이후 더욱 확충되는 경향을 보였다. 생활보호법상의 교육보호를 인문고생에까지 확대하고 산업재해, 이혼 등과 관련해서 결함가정 자녀에 대한 보호를 강화하며, 장애아동과 그 양육 책임자에 대한 특별한 보호를 실시하는 등 요보호 아동을 대상으로 하는 보호 조치들 또한 지속적으로 증대되는 과정에 있었다(보사부, 1994, 아동복지사업지침: 3; 보건복지부, 1996, 아동복지사업지침: 300-316). 모자가정 자녀에 대한 보호도 보충되어 저소득 모자가정에 대한 자녀 학비와 양육비 지원을 통해 빈곤의 악순환을 방지한다는 지침이 표명됐다(보사부, 1990, 부녀복지사업지침; 보건복지부, 1995, 부녀복지사업지침: 23).

장애인 자녀 교육비 지원도 결국은 같은 맥락이다. 균등한 기회보장 차원에서 장애인 가구의 경제적 부담을 완화시키기 위해 1992년부터 자녀교육비 지원이 실시되었고 이는 1995년, 저소득 장애인 가구 자녀 실업계 고교 학비 지원으로 이어졌다(보사부, 1993, 장애인복지사업지침; 보건복지부, 1995, 장애인복지사업지침). 입양촉진및절차에관한특례법(법률 제 4913호)에서도 종전의 절차 중심의 입양제도를 요보호 아동

의 권익보호를 위한 실질적인 복지 서비스로 전환시킬 필요성이 제기
된다. 제 21조(요보호아동의 발생예방), 제 3조(책임), 제 22조(사회복지서
비스), 제 23조(양육보조금의 지급), 시행령 제 9조(대통령령 제 14782호 양
육보조금의 지급) 등은 입양 전후를 포괄하는 광범위한 차원에서 아동
에 대한 국가의 보호책임을 부각시키는 내용으로 구성되었다.

이로 인해 아동보호 정책은 비로소 80년대 초반 계획되었던 일반
아동에 대한 보호조치들을 본 궤도에 올려놓으며 균형을 되찾기 시작
한다. 이러한 국가 보호의 고른 확대와 발전은 비단 아동 보호 영역에
만 국한된 것이 아니었다. 사회보장, 공공부조, 사회복지, 무성보호,
여성보호 등의 정책 전반에 걸쳐 일관되게 국가의 보호가 부각되고,
이를 실현하기 위한 다양한 노력들이 수반된 것이 87년 이후의 두드러
진 특징이었기 때문이다. 80년대 초반, 국가의 보호 가치가 확산되는
가운데 유일하게 지체된 영역으로 남아있던 여성과 관련된 영역도 여
타의 정책들과 보조를 맞추어 나가기 시작하는 가운데, 국가의 보호
가치는 이 시기 근대국가 영역에서 매우 발전되고 확대된 모습으로 자
리잡게 되었다.

③ 감시 기능의 증진: 행정적 차원에서의 의미 정립

국가의 직접적인 통제권은 87년 이후 민주화의 요구 속에서 점차
축소되었으며 영향력의 정도 또한 급격히 약화되었다. 1987년 개정 헌
법은 대통령의 비상조치권, 국회해산권을 폐지하고 국회의 국정감사
권을 부활시키는 등 국민의 대표기관인 국회의 권한을 강화하고 그 기
능을 활성화함으로써 국가 권력의 균형과 조화를 도모하고, 법관의 임
명절차 개선과 헌법재판소의 신설 등을 통하여 사법권의 독립을 실질

적으로 보장하는 내용을 담고 있었다(법제처). 여기서 대통령의 권한에 대한 직접적인 제한은 "대통령의 권한을 '합리적'으로 조정"하기 위한 것으로 설명되었는데, 이는 60, 70년대에 대통령의 일인 독재와 감시 능력의 무제한적 확대를 정당화하기 위해 '합리성'의 개념이 동원되었던 것과는 실로 대조적인 현상이다. 불과 십수년 만에 합리성이 이전과 정반대의 의미로 규정되어 대통령에 대한 권력 집중과 통제권한을 제한하기 위한 수단으로 이용되고 있는 것이다. 80년대 초반 시작되어 이 시기에 더욱 확고해진 국가의 감시능력의 증진과 국가합리성의 가치의 결별은 그 자체로 당시 근대국가의 내적 특성의 일부를 이루었다.

가시적인 대통령의 권한이 약화된 대신 행정적인 차원에서 간접적인 방식으로 정보를 관리하고 통제하는 국가의 역할은 획기적으로 확대된다. 5공화국 시기에 국가의 통제력이 축소되는 전반적인 추세에 역행하여, 유일하게 감시 능력이 강화되고 간접적인 통제가 늘어난 부분은 '가족계획사업' 부문이었는데, 이제 이러한 국가의 변모된 통제 방식이 '정보화'의 흐름을 타고 가족정책 전 영역으로 퍼져나갔다. 국민연금 전산화를 통한 효과적인 관리 시스템 구축이 모색되었고, 의료보험과 관련해서도 효율적인 보건전달체계, 정보관리 시스템 구축을 통한 통합적인 환자 관리의 필요성이 제기됐다. 1990년대 초반에는 병의원, 보건소, 의료보험, 보건 통계 등을 총괄한 국가적 차원에서의 전산 시스템의 구축이 시도되었다. 성병의 등록관리, 모자보건수첩 활용, 건강수첩 발급, 만성퇴행성 질환 등록 관리 등이 추진되기도 했다 (보사부, 1992, 제 7차 5개년계획: 17).[76]

---

76) 1996년에 최첨단 정보기록 매체인 광카드(Laser Card) 형태의 국민건강카드 개발을 통해 개인의 병력 등 각종 건강정보를 체계적으로 평생 유지, 관리하

장애인 복지정책에 있어서도 87년 장애인등록 시범 사업을 시작으로 88년까지 장애인 등록제를 통한 체계적, 효율적 관리 계획이 수립된다. 이는 장애인 수, 장애원인, 장애상태, 생활수준, 복지욕구 등을 통합관리하는 시스템 개발을 통해 개인의 정보를 국가 차원에서 일괄처리하려는 시도였다(보건복지부, 1995, 장애인복지사업지침: 190). 모자복지법(법률 4121호 제10조 보호대상자의 조사·보호)에서도 보호 대상자를 매년 조사하여 보사부 장관에게 보고하는 시스템을 도입, 모자가정의 국가관리체계를 정착시키고자 했다. 장애인복지와 모자보건사업의 연계를 위한 '임산부 신고제'도 당시의 주요 추진사업이었다. 가족계획 사업 또한 대상자 카드 관리의 효율성을 제고하여 1자녀 가정에 대한 지원을 확대하고 3자녀 이상 가족에 대한 불이익(주민세 차등부과, 의료보험료 차등부과 등)을 부과한다는 방침을 표방했다(보사부, 1986, 제6차 5개년계획 1987-1991). 모자보건수첩 발급과 임산부, 신생아의 사망, 사산신고제도 정착 또한 주요 과제로 제시되어 '종합적 관리'에 대한 높아진 관심을 드러내 주었다(대한가족계획협회, 1989. 모자보건: 37).

이러한 경향들은 모두 국가의 직접적인 통제와 권위가 약화된 대신 가족정책의 효율적 수행을 도모하기 위한 정책관리자로서의 국가 역할이 강조되고, 이것이 당시의 정보화의 흐름과 결부되어 전산시스템 구축, 등록 전산화 등을 통한 관리시스템 개발의 노력으로 이어지고 있음을 보여준다. 국민의 정보에 대한 일괄 통제와 관리가 시도된다는 차원에서 이는 분명 보다 간접적인 차원에서의 감시 기능이 강화되었음을 보여주는 일면이지만, 그 궁극적인 목표가 정책의 효과와 복지의

는 방안이 논의된 것도 이러한 연장선상에서 이해되어야 할 것이다(보건복지부, 1996, 주요업무자료: 90).

효율적 제공이라는 차원에 주어져 있다는 점에서 이는 '통제' 자체가 목적이 되었던 60년대, 70년대의 국가 권위와는 근본적으로 상이한 성격을 띤다.

④ 국가합리성: 확대·정착기

80년대에 국가적 차원에서의 합리적, 효율적인 선택을 강조하는 의미로 처음 부각되기 시작한 '국가합리성'의 가치는 1987-1997년에도 여전히 가족정책들의 성격과 방향을 규정하는 중요한 복지 이념으로서 영향력을 행사했다. 국가 정책은 가족의 내적인 복지기능을 향상시키는 것을 개입목표로 삼았으며 가족 본연의 전통적인 부양기능과 역할을 수행할 수 있게 하는 범위 내에서 사회와 국가의 지원이 주어졌다. 1995년 사회보장기본법의 제정은 바로 이러한 국가의 태도를 표현한 결정판이다. 국가의 의무는 가정의 건전한 유지와 기능 향상이 있다는 명제 하에 가정과 지역공동체의 자발적 복지활동을 촉진하는 것이 국가의 책임이라는 사실이 이 법에서 확고히 부각되었던 것이다(법률 제 5314호 제 6조 국가와 가정).

제 7차 경제사회개발계획에서도 가정의 복지기능 강화가 기본 방향의 하나로 제시된다(보사부, 1992, 제 7차 5개년계획 1992-1996: 263). 각종 가족복지정책들에 의한 지원 확충 역시 주로 가족의 부양기능 회복과 강화에 초점을 두었다. 건전가정 육성 및 결손가정 발생 예방을 통한 전통적인 가족문화의 유지와 발전은 당시 비중있는 정책 과제였다. 1990년대 초반 등장한 "생산적 복지" 개념에도 가족과 지역사회의 복지기능은 성장 잠재력을 배양하고, 사회 통합에 기여하는 핵심적인 요소로서 전제되고 있었다. 1997년 초반 공표된 「사회보장발전계획」에

는 균형적 복지국가의 달성, 성장과 복지의 균형 발전의 기조를 유지
하되, 우리의 전통적 가치를 서구의 보편적 복지제도와 융화시킨다는
논리 하에 한국적 가족관계의 전통(한국적 전통성)과 사회복지제도(세
계적 보편성)가 조화되는 "한국적" 복지공동체를 추구한다는 목표가 설
정되기도 한다.77) 가족 결손으로 초래된 아동, 노인, 여성 등의 사회적
요구와 문제에 있어 대상자에 따른 개별접근을 지양하고 가족의 건전
한 기능회복을 통한 종합적 접근체계를 구축할 것이 선언되었고 정부
는 이러한 가족의 강화된 자기보장기능을 기반으로 자원의 이용과 조
정 차원에서만 부분적으로 개입함으로써 재정 부담을 최소화하는 방
식으로 국가합리성을 추구했다.

그중 두드러진 정책 과제가 바로 노인복지와 관련한 경로효친 사상
의 앙양과 전통적 가족부양의식 고취이다. 1989년 노인복지법의 개정
(법률 제4178호) 내용 중 노령수당지급 등의 도입은 가족의 일차적 부
양 책임을 전제한 상태에서 그 기능을 보조하기 위한 국가 개입을 시
도한 것이었다. 1993년 개정 내용에도 가정의 부양기능을 국가가 보조
한다는 입장이 명확히 반영되었다(노인복지법 법률 제4178호 제20조의
2, 제20조의 3). 또한 경로연금제도 구상권제도 도입은 노인을 부양하
던 가족에게 미지급 연금의 수급권을 부여함으로써 가족의 일차 책임
을 강화하려는 암묵적인 의도를 내포한 것이기도 했다. 가정봉사원 파
견사업, 주간 및 단기보호사업 등으로 구성된 재가복지사업의 실시도
결국 가족의 본원적 책임과, 가족이 제 기능을 할 수 없을 경우, "부득

---

77) 일례로 정부는 농어민 연금제도 확대를 위해 효도 연금보내기 운동을 추진했
    는데, 이는 고향에 계신 부모님의 연금을 자식들이 대신 납부해주는 제도로
    서 연금이라는 서구적 형태의 사회보장제도와 전통적인 가족관계, 경로효친
    사상을 결합시키려는 시도를 보여주었다(보사부, 1996, 보건사회백서: 20).

이한 사유로 가족의 보호를 받을 수 없는 경우"에만 노인의 보호를 맡아 가족의 부담을 덜어주는 국가의 보조적 위치를 명확히 보여주고 있다. 또한 이 시기에 확장된 치매노인 관련 사업 역시 노인이 있는 가족의 경제적 생활기능과 부양기능이 유지될 수 있도록 도움을 제공하기 위한 것으로 설명되었으며 법적으로도 노인으로만 구성된 가족 또는 치매노인 부양가족의 경우 정책적인 지원을 통해 가족의 노인 부양의 책임을 회피하지 않도록 도와주려는 의도를 담고 있었다는 점에서 (보건복지부 제안 이유) 가족의 자기보장기능을 강화하려는 시책의 일환이었다.

이렇게 노인 복지에 대한 국가의 책임은 어디까지나 특수한 경우에 한해 '기본적인 욕구'만을 충족시켜주는 것에 한정되었다. 노인 질환자 등에 대해서는 국가의 적극적인 개입을 도모하되, 이외에는 전통적인 가족제도를 저해하지 않는, 즉 가족의 부양기능을 침범하지 않는 범위 내에서 정책이 수행되어야 한다는 원칙이 고수되었다. 유료노인시설 설치와 운영에 있어서 전통적 가족제도를 저해하지 않는 한도 내에서 허용한다는 방침이 표방된 것은 바로 이러한 맥락에서였다. 가족을 복지의 수단으로 도구화하는 국가 개입 방식이 고수된 셈이다.

가족의 노인부양기능은 항상 경로효친이라는 전통적인 정서와 결부되었다. 1992년 어버이날 현수막에는 "집 안에선 부모 공경, 집 밖에선 노인 공경"이란 글귀가 새겨짐으로써 가족내의 효의 원리를 가정 밖으로까지 확대시켜 경로사상과 연계시키려는 시도를 보여주었다(보사부, 1992, 1992년도 노인복지사업지침: 50). 1997년 노인복지법에서 경로연금 실시의 법적 근거를 마련하면서 "노인 공경" 차원에서 이 제도를 설명한 것이나(법률 제 5359호 제 9조 경로연금), "미풍양속인 공경의식, 효의식을 앙양하기 위해" 노인의 날을 제정하는 등 도덕성 회복, 윤리 가치관의 확립을 일관되게 강조한 것은 모두 노인복지를 노인 공경의 일부로 설명하는 같은 논리에 토대하고 있다(동법 제6조 노인의 날 등). 이 외에도 효자, 효녀에 대한 특례입학 기회를 부여하는 방안이 검토되었으며 교과서, TV, 라디오 등에서도 효 사상 고취를 위한 내용들을 강화하려는 시도가 이어졌다. 1988년에는 노인복지정책에서 전통적 미풍양속인 경로효친사상을 "국민 정신"으로 계발 함양해야 한다는 주장도 대두되었다(보사부, 1988, 노인복지사업지침: 1).

아동 복지의 전반적인 경향성도 이와 동일하다. 영유아 보육법 (1991)은 보호자 우선의 원칙을 표방했고 국가의 보호는 어디까지나 "보호자와 더불어" 책임을 지는 수준에서 인정됐다. 입양촉진및절차에관한특례법(법률 제4913호)에도 가정과 그 책임에 대한 강조가 두드러졌다. "요보호 아동이 가정에서 보호, 양육되도록 국가 및 지방자치단체는 필요한 조치 및 지원을 하도록 한다"는 법제처의 설명은 혈연관계가 있던 없던 아동은 '가정'에서 보호, 양육되어야 한다는 것과 국가의 개입은 이를 지원하는 범위 내에서 이루어진다는 원칙을 선포한 것이었다. 이 법 제3조(책임)는 "모든 아동은 그가 태어난 가정에서 건전하게 양육되어야 한다. 국가와 지방자치단체는 태어난 가정에서 양육이 곤란한 아동에게 건전하게 양육될 수 있는 다른 가정을 제공하기 위해 필요한 조치와 지원을 해야 한다"고 하여 가정을 양육의 공간으로서 선포하다시피 했다.[78] 실제 정책상에도 가족의 아동보호기능 강화와 올바른 자녀 양육 유도에 많은 내용이 할애되어 아동과 관련한

---

78) 이는 아동복지법 개정시(2000) 가정을 양육의 장소로 명시한 것보다 5년이나 앞선다.

가족의 전통적 기능을 회복시키려는 시도를 확인케 한다(보사부, 1994, 보건사회백서: 9).

'전통'의 차원에서 경로효친사상과 노인부양, 아동에 대한 양육 역할이 부각되는 현상과 아울러 복지의 책임을 "민간"에 이양하려는 시도 또한 활발했다. 이는 정부가 표방한 "한국적 복지공동체"의 '한국적'이라는 용어 안에 전통으로 간주되는 상부상조, 인보협동정신 등의 윤리적, 정서적 측면에 대한 지향이 함축되어 있음과 무관하지 않다. 1989년 노인복지법(법률 제 4178호) 제 11조에서는 가정봉사사업 등의 실시와 지원에 관한 내용이 규정되었으며, 정책 차원에서도 "경로효친사상 고취가 관건"이라는 판단 하에 경로우대업체, 지역사회의 참여 유도 등 민간자율복지사업 육성이 적극 모색되었다(보사부, 1986, 제 6차 5개년계획: 62-63).

노인 결연사업 추진을 통해 노인의 정서적 안정을 도모하고 상부상조의 미풍을 고양하는 것은 노인복지정책자료들에서 공통적으로 제시된 목표였다(보사부, 1988. 노인복지사업지침). 1993년 노인복지법에는 민간 역할에 대한 보다 직접적인 규정이 등장하여 지역사회의 인적, 물적 자원을 활용하고 국가는 자원의 효율적인 이용과 조정면에서만 개입한다는 원칙이 더욱 확고히 제시된다(노인복지법 법률 제 4633호, 제 19조의 3). 이 시기에, 재가 노인복지가 법제화되고 기업체, 개인 등 민간 자본에 의한 유료 노인복지시설의 설치와 운영의 제도화가 실시되었음도 특기할 만하다. 민간의 유료시설 참여가 허용되면서 민간 자본 참여 유도가 노인 복지의 관건으로 언급되기 시작했기 때문이다(보사부, 1994, 보건사회백서).

아동 정책에서도 "복지시설의 아동이나 소년소녀가정, 모자세대 등

결손 빈곤가족과 지역사회주민, 기업체 및 사회단체 등과의 결연을 유
도하여 국민의 적극적 참여와 상부상조의 미덕을 함양하고 이웃 사랑
에 대한 국민의식을 고취하고자" 아동 결연사업이 적극 추진된다(보사
부, 1989, 아동복지사업지침; 보사부, 1991년 아동복지사업 지침: 87). 영유아
보육사업 또한 민간 보육시설 설치 유도를 위해 국민 연금기금에서 장
기 저리로 융자를 제공하는 등 자발적인 지역 민간기구의 활성화를 촉
진하려는 시도를 보였다(보사부, 1993, 보건백서: 6; 보건복지부, 1996, 보
육사업지침: 193; 보사부, 1992, 아동복지사업지침: 137). 1993년 7월에는
장애인 복지사업에도 결연사업이 본격 도입되어 민간의 정서적, 윤리
적, 경제적 자원을 광범위하게 활용하려는 노력이 이어졌다(보사부,
1993, 장애인복지사업지침: 머리말).

　1995년 제정된 사회보장기본법에는 기존에 고수되어온 이러한 접근
방식들이 법제화되어, 민간의 경제적 부담의 당위성이 전제되는 가운
데 민간으로부터의 자원 동원이 강조되었다(법률 제5134호 제26조 민
간의 참여, 제27조 비용의 부담). 1997년 개정 사회복지사업법(법률 제
5358호)에서는 사회복지시설의 설립을 허가제에서 신고제로 전환함으
로써 민간 참여를 촉구하는 한편, 자원봉사 활동에 대한 지원을 강화
하려는 정부의 의지를 표방했다. 정책적 차원에서도 불우이웃돕기, 자
원봉사자 체제 구축, 결연사업, 복지 투자 등의 민간복지기능 확대가
폭넓게 주장되었다. 이에 대한 국민적 공감대 형성 또한 상부상조 정
신에 기반한 민간의 복지기능을 제고하려는 시도의 연장선상에서 중
요한 관심사가 되었다(보사부, 1994, 1995, 보건사회백서).

　이 시기에 나타난 한가지 특이한 양상은 "가족간의" 상부상조, "가족
단위의" 인보협동정신을 강조하는 새로운 흐름이 나타났다는 것이다.

무의탁 노인, 아동 등을 이웃에 위탁보호하는 '지역사회 가족제'의 도입이 바로 그 구체적인 예라 할 수 있는데, 이는 내 가족 뿐 아니라 남의 가족에 대한 도의적 책임까지도 부각시킴으로써 국가 개입 이전에 지역사회에서 가족들간의 상호협조를 통해 복지의 문제를 해결하는 사회적 분위기를 조장하려는 시도였던 것으로 보인다(보사부 1996, 보건사회백서: 6). 이렇게 가족개념을 확장하여 그 자기보장기능과 상부상조의 윤리적 미덕을 모두 함께 아우르는 복지 시책 계발을 통해, 국가는 가정과 민간의 복지역량을 최대한 동원해내며 스스로는 재정중립을 유지한 상태에서 민간에서 동원된 자본을 조정하고 적소에 투입하는 일에만 관여하는 '관리자'로서의 역할을 자청했다. 가정과 민간에 떠넘겨진 부담과 책임은 여전히 당시 국가가 처한 상황에서의 합리적이고 효율적인 선택으로 설명되어 그 근거를 보장받았다.

⑤ 합리적인 문제해결 방식: 행정적 차원에서의 의미 정립

80년대 초반 합리적 문제해결의 가치가 비로소 국가의 감시기능의 증진을 위한 정당화 논리로 사용되던 방식을 벗어나 행정적 차원에서의 관료규범의 합리화에 초점을 맞추어 자리잡기 시작한 이래로, 87년 이후에는 이 차원이 보다 확대, 발전되는 상황에 놓인다. 이 같은 양상은 특히 1990년 이후 신경제 5개년계획이 수립되면서 현행제도의 효율성을 제고하는 것을 사회복지정책의 기본방향의 첫 번째 항목으로 명시한 것과도 유관하다(보건복지부, 1993, 보건복지백서: 4). 당시 정책자료들에서도 '합리적 기준의 마련', '일원화된 관리체계 구축', '제도간 연계성 유지', 산재해있는 주무부서의 '통합적 관리' 등의 표현을 쉽게 찾아볼 수 있다. 특히 제 7차 5개년계획에서는 효율과 능률의 가치와

형평성의 가치를 조화시키는 것을 행정적인 차원에서의 기본 원칙으로 삼았다. 이 중 효율과 능률이 바로 관리와 절차상의 효율성과 비용 절감의 효율성 등을 총괄적으로 의미하는 '합리적 문제해결 방식'의 차원이었다(보사부, 1990, 생활보호사업지침: 5; 보사부, 1991. 제7차 5개년계획(안); 보사부, 1992, 제7차 5개년계획; 보사부, 1993, 보건백서).

1990년 공공부조사업에서는 대상 선정의 공정성 확보와 과학적·합리적 관리에 관심을 기울이기 시작했다. 대상선정의 합리화를 통해 부양의무자가 있으나 사실상 부양받지 못하고 있는 자 또는 자활보호 가구에 생계보호를 실시하게 된 것이다(보사부, 1994, 보건사회백서: 7). 사회복지사업법에서도 1992년 복지사무전담기구의 설치와 관련하여 효율성, 전문성, 합리성의 가치를 강조하는 경향이 나타났으며, 사회복지시설의 운영원칙으로도 합리성, 과학성의 기조가 표방되었다(보사부, 1992, 제7차 경제사회개발 5개년계획: 352). 1996년 근로 기준법 개정에서도 퇴직에서의 '합리적인 기준'을 강조하는 유사한 입장을 보였다.

영유아보육법은 그 자체가 합리적 문제해결 방식의 실현을 위한 입법으로서의 성격을 지니고 있었다. 1989년 이미 보육사업의 실시 근거가 마련되었지만 영유아 보육관련 사업이 여러 부처에서 제각기 독자적으로 관리, 운영되어 정부재정의 효율적 투자가 이루어지지 못하고 영유아에 대한 체계적인 보육이 실시되지 못하고 있다는 문제의식 하에 보육에 대한 독립적 입법 요구가 제기되었고, 그 결과 제정된 것이 바로 영유아보육법이었던 까닭이다(보건복지부, 2000, 보육사업안내: 15). 따라서 보육사업의 효율적인 관리를 목표로 제정된 이 법은 당시 과학적, 합리적 관리에 대한 증대된 관심을 그대로 체현해낸 텍스트였던 셈이다.

또한 당시의 정책자료들은 비용절감이라는 문제와 관련해서도 많은 지면을 할애했다. 만성퇴행성 환자 관련 정책에는 가족에 대한 지원을 강화하는 것과 시설 이용의 효율성을 제고하는 두 가지 목표가 상호 연계되어 있었다. 예방의학적 서비스, 보건교육환경 개선을 위한 투자를 통해 삶의 질을 증진함과 아울러 의료비 지출 감소 효과를 높이고 정책 관리 비용을 절감하는 것이 주된 관심사로 부상했다(보사부, 1991, 7, 제 7차 5개년계획(안); 보사부, 1992, 제 7차 5개년계획 1992-1996). 대상 선정의 합리성, 관리 운영의 효율성, 비용의 절감 등에서 강조된 합리적인 문제해결 방식의 가치는 보다 행정적인 효과를 극대화하려하는 정부의 시도 하에 그 입지를 더욱 확고히 해갔다. 이로 인해 1987-1997년까지의 근대국가 차원에서의 근대성은 국가의 이익에 대한 강조가 안정된 궤도를 찾아가는 가운데, 국가의 보호와 국가합리성의 가치가 80년대 초반에 이어 지속적으로 확대되고, 감시기능의 증진과 합리적 문제해결의 가치가 행정적, 절차적 차원에서 부각되어 비교적 고른 분포로 재배치되는 추세를 보였다.

(2) 경제적 영역:
  생산력 중심주의의 부분적 제한과 여성 노동의 상품화
1980년대 초반, 근대국가로부터 상대적인 자율성을 획득한 생산력 중심주의는 1987년 이후에도 여전히 그 위상을 유지한 '한국적 복지모형'의 지속된 영향력 하에 불가침의 영역으로 남아있을 수 있었다. 복지가 경제 활력을 저해하지 않도록 한다는 경제 원리 우선주의는 1987-1997년 기간 동안에도 여전히 위력적인 정책지침이었다. 1987년 이후 노태우 정부는 노동부문의 이익과 중소기업의 이익을 배제함으로

써 대기업의 지대추구적 특수이익에 압도당하는 경제정책에서 벗어나
지 못하여 정권의 정당성 획득의 근거가 되었던 토지 공개념제도나 금
융실명제 등 경제 민주화 정책들의 퇴보를 보여주기도 했으나, 1990년
대 김영삼 정권에서 신경제 5개년계획을 통해 과거와 같은 국가주도
적 경제개발계획을 철폐하고 시장과 자본의 논리에 의해 경제를 운영
할 것을 천명한 결과 자본주의 이윤추구와 생산력 증대의 가치는 경제
활성화와 국가 경쟁력 강화라는 목표 수립에 힘입어 사실상 더욱 강화
되는 과정을 밟았다(이수인, 2002: 239).

그러나 기업의 이윤추구를 보호하여 경제 활력을 약화시키지 않으
려던 국가의 비개입 노선은 부분적으로 수정되는 모습을 보인다. 87년
이후 경제사회 여건의 다원화가 급속히 진전됨에 따라 성적 편견없이
인력을 적극 활용함으로써 이같은 변화에 대처, 지속적 발전을 도모해
야 한다는 인식이 높아졌다. 이에 정부가 남녀평등의 가치의 실현, 혹
은 여성 노동력의 사회진출 유도를 중요한 과제로 삼게 된 결과, 기업
의 이윤 추구를 무조건적으로 지원하던 접근방식에 변화가 일기 시작
한다. 1987년 남녀고용평등법(법률 제 3989호)에서는 근로 여성의 지위
향상과 복지 증진에 대한 사업주의 사회적 책임을 부과하는 가운데(제
3조 2항 관계자의 책무), 모집과 채용(제 6조), 교육 배치 및 승진(제 7조),
정년 퇴직 및 해고(제 8조), 육아휴직(제 11조), 육아시설(제 12조), 분쟁
의 해결(제 14조) 등의 다양한 영역에 걸쳐 사업주에게 여성 고용에 따
른 실질적, 경제적 비용을 감수할 것을 요구했다.

취업 여성에 대한 육아지원 정책이 강화되면서 이 흐름은 더욱 심
화되었다. 1991년 영유아보육법에서는 여성근로자 500명 이상이 근로
하는 사업장을 가진 사업주에게 직장보육시설 설치를 의무화하여(영유

아보육법 법률 제 4328호 제 7조 3항, 보육시설의 설치, 동법 시행령 대통령령
13444호 제 14조 직장보육시설의 설치) 사업주에게 육아의 부담을 전가했
으며, 1995년에는 이 기준이 여성 근로자 300명 이상 고용 사업장으로
확대되었다. 여성 취업의 애로사항을 해소하고 아동의 보육과 맞벌이
가족을 지원하기 위해 이윤추구를 유일 원칙으로 삼는 자본주의의 경
제 원리와, 사업주의 단기적 이익에 직접적인 제약이 가해진 것이다.

'생산력 중심주의'나 '이윤추구 원리'가 부분적으로 제한되는 가운데
자본주의의 또 하나의 원칙인 '노동생산성'의 가치는 지속적으로 확장
됐다. 국내 임금 상승과 우리보다 임금이 싼 중국과 동남아 국가의 세
계 시장 등장을 배경으로, 노동력의 투입 증대가 아니라 선진국들처럼
이미 투입된 노동력의 생산력을 증대시키는 것이 주효해졌던 탓이다.
또한 노동력으로서의 인간에 대한 관심 또한 높아졌다. 이러한 현상은
80년대 초중반에도 이미 존재했지만, 87년 이후에는 주로 "여성 노동
력"에 대한 관심이 집중적으로 표명된 것이 특징적이다. 이 부분은 당
시 '생산력 중심주의'와 '자본주의의 원리'가 부분적으로 제한되었던
것과 직접적인 관련이 있다. 노동인력으로서의 여성에 대한 관심과 그
활용을 위한 노력이 단기적인 이윤추구에 저해가 되더라도 근로 여성
들에게 양육과 육아의 편익을 제공하려는 시도로 귀결된 것이기 때문
이다. 결국 앞서 논의한 생산력 중심주의의 일부 제한 조치들은 바로
여성 노동력의 상품화의 확대와 직접적으로 연계되어 있다.[79]

---

79) 84, 85년경 처음 그 단초가 마련되었던 여성 인력 활용에 대한 정책적 노력과
관심은 87년 남녀고용평등법을 통해 더욱 구체화되어 여성의 직업능력개발
증진이라는 과제를 각종 정책의 핵심부에 위치시키게 된다. 6차 개발계획을
기점으로 국가 발전계획에 처음으로 여성발전계획이 통합되었으며, 여성 인
력 활용이라는 목표 하에 정부는 성차별을 극복하기 위해 호주제, 상속제를

이상의 변화들은 모두 여성에 대한 정부의 변화된 태도를 보여준다. 여성의 사회활동 참여 기반을 지지함으로써 여성 인력의 사회 진출을 적극적으로 장려하는 방향으로 선회한 정부의 접근방식은 1987년 12월 남녀고용평등법에 의한 직장탁아제의 도입과 1989년 아동복지법 시행령 개정을 통해 탁아사업실시 근거를 부활시키는 것으로 구체화되기 시작하여, 1990년 이후에는 육아보육사업의 활성화라는 목표로 수렴, 보다 집약화 되었다. 탁아 정책이 노동력 수급정책의 일환으로 자리잡게 된 것이다. 1993년에는 신경제 5개년계획에서 직장, 민간 및 가정보육시설을 확충하여 취업여성과 미혼유휴여성인력을 산업인력화하여 경제활성화에 기여토록 한다는 방침이 표방되었는데, 이는 여성 인력을 한쪽은 노동력으로, 또 한 쪽은 그 노동력을 지원하기 위한 육아 역할로 동원해내려는 국가의 이중적 시도를 보여주는 것이었다 (보건복지부, 1993, 보건복지백서: 6). 이 과정에서 여성 노동력의 상품화는 자연스레 추구되어야 할 주요 가치로 재명명됐다.

80년대 초중반 한국적 복지모형에서 전통과 윤리, 동양적인 정서와 정신적 영적 에너지를 일관되게 강조하면서 불가피하게 자취를 감추었던 산업주의의 가치는 이 시기에 부분적으로나마 과학기술 투자의 확대를 모색하는 방식으로 다시금 정책자료들에 등장하기 시작한다. 그러나 그 방식은 이전과 많이 달라져 "21세기 과학기술 패러다임의 변화에 따라 인간 중심 과학기술의 향상에 목표를 둔다"는 명제 하에 과학에 보다 인간적인 성격이 부여되었다(한국보건사회연구원, 보건복지

부분 개정 또는 폐지하겠다는 의사를 밝혔다. 1987년 헌법에서 남녀평등 규정이 포함되고 양성평등에 대한 국가의 보장의무가 명시되어 가족법이 위헌적 성격을 띠게 되자, 1991년 가족법 개정이 단행되었다.

포럼: 91). 한국적 복지모형의 이념이 여전히 팽배해있는 실정에서, 서구의 '물질문명'과 과학을 상징하는 산업주의가 크게 부각되기는 무리였으므로 그 내용상의 수정이 불가피했던 것이다. 이렇게 1987년-1997년 사이에 특징적으로 나타난 생산력 중심주의의 부분적 제한과 그 근거가 된 여성 노동력의 상품화의 확산, 그리고 부활의 조짐을 보인 산업주의의 가치는 당시의 경제적 영역을 이전과는 사뭇 다른 모습으로 재편해가고 있었다.

(3) 문화적 영역: 형식적 가치에서 실질적 자유민주주의로
① 인간의 존엄성과 자유의 확대: "삶의 질" 개념 등장
1987년 이후 문화적 영역에서는 80년대 초에 모양 지워진 변화의 방향성이 유지, 확대되는 경향을 보인다. 70년대까지 축소, 왜곡되었던 자유민주주의 체제는 80년을 전환점으로 부활하기 시작하여 1987년-1997년 사이에 정책적 관심의 핵으로 급부상하였다. 민주화의 흐름을 반영한 개정 헌법은 "우리 국민의 창의와 근면으로 이룩한 경제성장과 더불어 꾸준히 변화·성숙되어온 민주 역량과 다양화된 민의를 폭넓게 수용하여 대한민국 헌정사의 새로운 장을 여는 합의개헌안을 제안함으로써, 국민 모두의 동의와 자발적 참여를 바탕으로 자유민주주의 이념과 체제를 더욱 확고히 계승, 발전시키고 조국의 평화통일 기반을 공고히 하여 세계 속에 웅비하는 2천년 대의 새 역사 창조에 획기적인 계기를 마련하고자 한다(법제처)"는 자유민주주의에 대한 옹호 입장을 안팎으로 표방했다. 인간의 존엄성과 자유 등의 기본권은 이전 시기와 비교할 때에도 더욱 개선되었고, 유신체제 하에서 왜곡되었던 수단적 의미를 벗어나 본연의 의미를 회복해가는 과도기적 상태

에 있었던 평등과 소득재분배 등의 가치 또한 비로소 완연한 제 모습
을 찾았다.

특히 기본권의 신장은 당시의 각종 법제들에서 크게 부각되었던 부
분 중 하나이다. '국가' 차원의 책임 확대 이외에 국가가 보장하고 보
호해야 할 권한의 근원으로서의 자유주의 이념들이 본격적으로 강조
되기에 이르렀다. 개정헌법에서는 국가의 사회보장, 사회복지의 의무
를 규정하면서 "모든 국민은 인간다운 생활을 할 권리를 가진다(헌법
제10호 제34조)"고 명시했고, 언론, 출판, 집회, 결사에 대한 허가, 검
열의 금지 등 표현의 권리를 최대한 보장했으며, 노동 3권의 실질적
보장과 최저 임금제의 실시 등 근로자의 인간다운 생활을 할 권리와
기본적인 인권 신장의 내용을 담은 조항들도 대폭 신설했다. 1993년
제정된 고용보험법(법률 제4644호)도 근로자의 생존권을 보호하기 위
한 다양한 조항들을 마련하였다(제76조 고용보험 심사위원회; 제78조 불
이익 취급금지; 제85조 벌칙[80]). 그러나 '보호'냐 '권리'냐의 차원에서 보
면 여전히 인권 자체보다는 국가의 보호와 보장 의무에 초점이 맞추어
져 있었다. 정책자료들이나 법제에서는 개인의 권리를 국가의 보호 책
임을 강조하는 차원에서 전제적으로 제시하는 태도를 보였고 수직적
인 위계에 입각한 국가의 보호자적 입장은 그대로 견지되는 추세였다.

80년대 초반 사회복지서비스의 시행으로 구체화되기 시작한 장애인
의 인권에 대한 관심도 87년 이후 더욱 고조된다. 1989년 심신장애자
복지법에서 명칭을 바꾼 장애인복지법은 장애인의 존엄성에 대한 보

---

80) 제85조(벌칙)은 제78조를 위반했을 시 근로자를 해고한 사업주에 벌금형을
   부과하는 내용을 담고 있다. 근로자의 생존권을 보호하는 데에 강제성을 동
   원하려는 조치인 셈이다.

다 발전된 시각에 터하고 있다. 장애인 차별금지와 사회참여 기회 보장(법률 제 4179호 제 3조 개인의 존엄 등), 개인의 인격 존중, 비밀 누설 금지 등의 사생활에 대한 보호 차원을 명시한 부분(제 6조 장애인복지지도원)은 모두 이들의 인권에 대한 보다 고양된 관심을 보여준다. 가정 폭력과 관련해서는 여성의 몸에 대한 권리가 부각되기 보다 이에 대한 국가의 보호 의무가 먼저 논의되었으나, 가족계획사업 측면에서는 이제까지 간과되어온 여성의 권리 차원이 부분적으로 논의의 대상이 되었다. 불임시술에 대한 복원 수술 신청 간소화로 몸과 출산에 대한 여성의 선택의 권리가 부각되고 점차 그 권리를 보장하는 방향으로 정책 방향이 선회하게 된 것이다(대한가족계획협회, 1989. 모자보건: 11-12; 대한가족계획협회, 1996, 사업운영계획서: 95).

아동의 인권에 대한 논의는 예전부터 늘 활발했지만 가족법 개정으로 그 무게가 한층 더해졌다. 사후양자, 유언양자, 서양자제도, 호주의 직계비속 장남자의 입양금지, 호주된 양자의 파양금지 조항이 모두 폐지되어 입양제도를 부계혈통계승을 위한 수단으로 이해하던 것에서 양자의 인권을 먼저 고려하는 방향으로, 시각의 전환이 이루어졌다. 정책 차원에서도 월경조절술과 낙태에 대해서 더 이상 무조건적인 허용 태도를 보이지 않게 됨에 따라 태아의 생명권이 아동의 인권차원에서 조명되는 새로운 경향도 나타난다(보사부, 1006, 보건사회백서: 23-24; 보건복지부, 1995, 가족보건사업계획: 1; 대한가족계획협회, 1996, 사업운영계획서: 45).

특히 「개정어린이 헌장」(1988)과 「아동의 권리에 관한 국제협약」(1996)은 아동과 관련, 국가의 보호가 아닌 "권리"의 측면을 독자적으로 부각시킨 예였다. 그 중에서도 「아동의 권리에 관한 국제 협약」은 아동의 존엄성, 자유, 평등의 차원에서 아동의 권리를 제시하고(제8조 1항), 부모에 의해 양육받을 권리를 보장했으며(제7조 1항), 아동의 의사에 반하여 부모로부터 분리되지 않도록 하는 등(제9조 1항)은 가족이라는 환경 속에서 인간답게 성장해야 할 아동의 권리를 명확히 표명했는데, 이는 국내 아동복지 정책자료에서도 그대로 수용되어 주요 지침으로서 활용되었다(보건복지부, 1996, 아동복지사업지침: 300-316). 이는 여타의 부분에서 여전히 국가의 보호에 상대적으로 강조점이 두어졌던 것과 대조적으로, 아동의 교육권을 비롯한 다양한 차원에서의 아동의 권리와 인권에 대한 배려와 관심이 이미 확고히 자리잡았음을 보여주는 것이라 하겠다.

1990년대 이후에는 인간의 존엄성과 관련된 문제들이 "삶의 질"[81] 차원에서 보다 집중적으로 다루어진다. 94년 12월 47차 UN총회에서 냉전 종식후의 세계발전 위한 새로운 개념으로 「인간안보」(Human security)가 채택되었는데, 이는 냉전시대의 국가 안보에 대응하는 용어로서 냉전 종식과 더불어 이제 인간다운 삶의 질을 확보하는 것에 노력을 기울여야 하는 시기로 접어들었음을 환기시키기 위한 것이었다. 이에 1995년 우리나라에서도 「세계화추진보고회의」가 열리고 「삶의 질의 세계화 선언」이 이루어졌다. 실제 정책상에서는 이보다 앞선 시기인 1991년 제7차 경제사회개발계획 5개년 계획 수립 때 이미 이 개

---

81) 보건의료 부문에서 "삶의 질"이란 '의료보장 통해 건강한 삶을 누리고, 저소득층, 노인, 장애인 등 사회취약계층이 정상적으로 사회생활을 하며, 소득보장을 통해 안락한 노후를 보낼 수 있도록 연금제도를 충실하게 운영하며, 누구나 안심하고 식품을 먹을 수 있는 것'을 의미한다고 되어 있다(복지정책과, 1997, 한국사회복지 현황과 과제: 7). 즉 인간다운 생활을 할 권리, 인간의 존엄성을 존중받을 권리를 보건의료 부문과 관련 포괄적으로 규정한 것이 바로 삶의 질이라는 개념이라 할 수 있다.

념이 등장, 개인의 행복, 삶의 가치 향상, 인간 존엄성 유지 등을 중요한 가치로서 부각시킨 바 있다. 이러한 추세는 계속 이어져 사회보장, 공공부조, 사회복지 서비스 전반에 걸쳐 '삶의 질' 측면에서의 접근이 시도되는 등 가족정책의 총괄적인 차원에서 '삶의 질' 증진이라는 목표에 천착하는 경향이 대세로 자리잡아간다.

1995년 사회보장기본법에서는 국민의 권리 중 "복지권"의 한 부분인 '사회보장수급권'을 강조하면서(법률 제 5134호 제 9조 사회보장을 받을 권리; 제 13조 사회보장수급권의 제한; 제 12조 사회보장수급권의 보호), 사회보장을 "질병, 장애, 노령, 실업, 사망 등의 사회적 위험으로부터 모든 국민을 보호하고 빈곤을 해소하며 국민생활의 질을 향상시키기 위하여 제공되는 사회보험, 공공부조, 사회복지서비스 및 관련복지제도를 의미한다(제 3조 정의)"고 규정, 그 목적을 직접적으로 '삶의 질'과 연계시켰다. 1997년 사회복지사업법(법률 5358호)에서도 "인간다운 생활을 할 권리를 보장한다"는 유사한 논리를 구사했으며(제 1조 목적), 입소자의 인간으로서의 권리를 최우선의 가치로 고려해야 한다는 점을 명시한 다양한 조치들이 마련되어(제 7조 사회복지위원회; 제 34조 시설의 설치; 제 38조 시설의 폐지 휴지 재개신고 등; 제 54조 벌칙 4항) 입소자 권익 보호와 이를 위반했을 시의 제재가 보다 명확해졌다. 인간다운 삶의 보장에 근거한 복지권에 대한 강조는 사회복지시설의 운영 지침들에도 그대로 적용되어 각종 시설 운영의 기본 원칙으로 제시되고 있었다(보사부, 1992, 제 7차 경제사회개발 5개년계획: 347-348).

노인 및 장애인 정책들 또한 '삶의 질'에 대한 관심을 표방했다. 1996년 「삶의 질 세계화를 위한 노인복지 종합대책」과 「노인, 장애인 복지종합대책」수립은 모두 생활의 질을 향상시키는 것을 사회복지서

비스의 목표로 설정한 예였다.[82] 개인의 행복을 보장하고 삶의 질을
향상시키는 것을 목표로 적절한 물질적, 비물질적 서비스를 제공할 필
요성은 임산부, 아동, 환자 등의 다양한 대상과 관련하여 주장된다(보
건복지부, 1997, 보건복지포럼 2월호: 83; 1997, 4월호: 68; 보사부, 1992, 제
7차 5개년계획; 사회복지정책심의위원회, 1994, 21세기를 대비하는 사회복지
정책과제와 발전방향). 그 결과 90년대 초반 가족정책의 전반적인 지향
점은 결국 정부와 지방자치단체, 국민이 함께 힘을 모아 육체적, 정신
적, 사회적 건강을 실현하여 행복한 삶을 이루고 생활의 질을 높이며
이를 기반으로 복지국가를 건설하는 것으로 고정되었다(보건복지부,
1996. 보건사업지침: 43).

② 민주주의적 가치들: 혼동의 종언

개인의 인권과 자유에 대한 옹호 이외에 민주주의적 가치들에 대한
강조의 목소리가 전례없이 높아진 것 또한 이 시기를 대표하는 특징
중 하나이다. 1987년 헌법 개정안 자체가 "여, 야 정당간의 합의된 내
용을 기반으로 하여 국회 내의 모든 교섭단체대표 등이 참여한 헌법개
정특별위원회에서 만장일치로 기초, 성안한 것을 그대로 제안하는 등
국민적 합의를 도출하는 데 필요한 모든 절차를 거친 것으로서 참다운
민주화 시대의 전개를 향한 국민적 여망과 정치인의 시대적 사명이 함
께 담긴 개헌을 하려는(법제처)" 것이라고 설명되었을 만큼 민주화에
대한 열망은 이 시기를 풍미한 가장 중요한 키워드였다. 대통령 단임

---

82) 유엔의 세계노인의 날(International Day for the Elderly) 결의의 영향으로
    1997년 노인의 날이 지정되었고 여기서 노인의 권리에 대한 주의가 한번 더
    환기되기도 했다.

제에 의한 평화적 정권교체의 전통을 계승, 확립함으로써 민주국가 발전의 기틀을 확고히 하는 것이 헌법 개정의 목표로 자리하는 시대적 배경 하에 이전 시기에 그 본연의 의미와 경제성장을 위한 수단적 가치로서의 의미가 공존하는 상황에 놓여 있었던 '평등'과 '소득재분배'의 가치는 이제 그 혼돈의 끝을 맞이하고 있었다.

85년 여성발전기본계획과 남녀차별개선지침의 의결과 공포를 시작으로, 6차 경제사회개발 5개년계획에 본격적으로 고급여성인력 활용, 능력개발 및 복지증진을 위한 정책이 수립되었던 것이 이제 1987년 남녀고용평등법의 제정과 함께 본 궤도에 오름에 따라, 요보호 여성이 아닌 일반 여성을 대상으로, 단순직이 아닌 일반 직종과 관련하여, 남녀평등을 지향하는 정책적 시도가 대폭 증가하게 된다. 가족계획사업에 대한 정부의 지원 약화로 가족계획을 위한 수단적 가치로 존재했던 남녀평등의 의미는 이미 퇴조한 상태에서 본격적으로 여성 인권의 차원에서 평등의 문제가 제기되었다. 당시 남녀평등은 주로 직업능력개발과 고용상의 차별금지를 통한 '기회의 평등' 차원에서 조명되었는데, 특히 남녀고용평등법의 경우 원칙적 차원에서 여성 차별을 방지할 수 있는 다양한 환경적 요소들을 개선하려는 시도를 보였다. 근로여성의 능력계발과 차별을 가져오는 환경 개선에 대한 관계자의 책무를 규정한 것이라던가(고평법 법률 제 3989호 제 3조 관계자의 책무 3항), 근로여성복지 기본계획 수립(제 5조), 직업훈련(제 10조)의 내용을 구체적으로 명시한 것은 모두 광범위한 차원에서 남녀 차별을 뿌리 뽑고자 하는 의도를 담았다.

1989년 남녀고용평등법 개정에서는 모집과 채용, 교육, 배치 및 승진에 있어서 남녀에 따른 차별을 행했을 경우의 벌칙이 신설되어 이상의 조항들에 더욱 힘을 실어주었고, 1995년 동법 개정에는 외모와 관련한 모집과 채용에 있어서의 차별 금지, 임금 외의 금품지원, 자금 융자 등에 있어서의 차별 금지 조항이 추가되었다(법률 제4976호 제6조 모집과 채용). 이어 고용보험법에서도 여성 고용 촉진이 내용에 포함되어 여성의 평등한 사회진출이 모색된다(법률 제4644호 제19조 고용촉진시설에 대한 지원).[83]

그런데 이렇게 남녀평등의 가치가 그 자신이 목적이 되는 중요한 자유민주주의적 가치로 확고히 자리잡는 과정에서 나타난 흥미로운 현상은 이 가치와 '합리성' 개념과의 결합이다. 1989년 남녀고용평등법 개정(법률 제4126호)에서 "이 법에서 차별이라 함은 사업주가 근로자에게 성병, 혼인 또는 가족상의 지위, 임신 등의 사유로 합리적인 이유없이 채용 또는 근로의 조건을 달리하거나 기타 불이익한 조치를 취하는 것을 말한다(제2조의 2)"고 하여, 남녀차별의 정의를 '합리적인 기준을 결여한 처우'로 명문화한 것은 그 대표적인 예였다. 이와 함께 명시된 동일가치 노동에 대한 동일 임금 지급 원칙 또한, 동일가치노동의 기준을 기술, 노력, 책임 및 작업조건들로 한정하고 이 외의 요건, 즉 성별같은 비합리적인 요건에 의한 차별은 인정하지 않는다는 논지를 포함했다(제6조 임금). 남녀평등 가치가 합리성의 문제로 치환됨으로써 정당성의 근거를 확보하게 되는 이러한 현상은 이 가치가 이제 여타의 목표를 위해 동원되는 것이 아니라 스스로의 논리를 확고히 하기 위해 타 가치를 동원하는 독자적인 입지를 구축하고 있음을 보여

---

83) 1996년경부터는 성비 불균형 조절을 위한 남아선호사상 불식이 다시금 활발히 논의되기 시작했으나 여기에 남녀평등의 가치가 수단적으로 이용되는 경향은 사라져서 여성에 대한 접근방식의 변화를 확인케 했다(보사부, 1996, 보건사회백서, 1996: 24).

주고 있다.

  그러나 이러한 의미있는 변화에도 불구하고 이를 여성에 대한 국가의 접근방법이 '보호'에서 '평등'으로 완전히 선회했다고 해석하기에는 무리가 있다. 이 시기에 모성보호 및 여성보호는 모두 괄목할 수준으로 확대되어 임신, 출산 이외에도 육아를 포함하는 다양한 취업여성 지원 대책이 마련되었고, 여성이라는 이유만으로 이들을 보호의 대상으로 규정하는 조항들도 한층 강화되었다. 남녀평등의 가치가 본격적으로 부각되기 시작한 것은 사실이지만 아직까지는 '보호'와 '평등' 중 하나의 가치를 택하라면 국가의 태도는 보호의 입장에 더 가까웠던 것이다. 물론 이러한 사실이 당시 진행된 평등 가치의 확산을 평가 절하할 수 있는 근거가 될 수는 없다. 당시 평등의 개념은 성별에 근거한 차별 뿐 아니라 장애인 관련 차별의 문제에도 적용되어 장애인에 대한 완전 평등과 통합을 그 목표로 설정하게 하는 근거가 되었고(보사부, 1993, 장애인복지사업지침: 머리말), 이 가치를 사회적으로 반드시 지켜져야 할 하나의 '정의'로서 위치시키고 있었다.

  남녀평등과 장애인에 대한 평등권 보장이 주로 "기회의 평등"을 강조한 것이었다면, 형식적 평등이 아닌 '실질적 평등', '사회적 평등'에 대한 관심도 고조된다. 소득재분배, 형평성의 가치 역시 경제성장을 위한 하나의 전제조건으로 강조되던 1980년대 초중반의 '수단적 한계'를 벗어나 이들 자체에 초점이 맞추어지는 상황을 맞이했다. 1987년 헌법개정에서는 "경제질서에 관하여는 자유경제체제의 원리를 근간으로 하면서 적정한 소득의 분배, 지역경제의 균형발전, 중소기업과 농·어민 보호 등을 통하여 모든 국민의 복리를 증진시키고, 국민생활의 기본적 수요를 충족시키는 사회정의를 실현하도록 한다"는 목표를 내세워(법제처), 소득재분배와 실질적인 평등을 전면에 부각시켰다. 전 국민의료보험확대(1989), 국민연금제 실시(1988), 저소득층의 생활향상 을 3대 복지시책으로 삼고 사회복지 서비스 수준향상을 여기에 더하 여 이 각각의 차원에서 형평성을 획기적으로 증대시키려는 정책 목표 가 수립되었고, 국민 연금의 경우 직접적으로 소득재분배라는 차원에 서 그 기대효과가 제시되기도 했다(보사부, 1986, 제6차 5개년계획). 제 7차 5개년계획에서도 "사회 통합과 정치질서의 유지"를 전면에 내세워 분배 정의에 대한 관심을 한층 명확히 했다. 이는 오랜 정부의 노력과 관심에도 불구하고 여전히 빈부 격차가 확대되고 있는 현실을 반영하 는 것이기도 하지만 이 부분에 정부가 할애하는 주의와 관심이 지속적 으로 확대되고 있음을 보여주기에는 부족함이 없다.

사회복지사업법(법률 제5358호)에서 노인, 장애인, 아동, 윤락여성 등 관할 대상들에 대한 차별 금지를 주장한 것이나, 제7차 개발계획 에서 형평성의 가치를 드높였던 것 또한 모두 그 실례이다. 사실상 "형평성"은 합리적 문제해결 방식의 측면인 '합리성'과 더불어 7차 계 획에서 행정적으로 그 중요성이 중점 부각되었는데, 이러한 기조 하에 지역, 계층 격차를 감소시키는 적극적인 방안들이 마련되고 영유아, 임산부, 노인, 장애인, 농어촌 주민 등 취약계층에 대한 지원이 현실화 되기에 이른다. 고소득 자영자의 소득 상한액을 상향조정하여 형평성 을 제고하는 시책이 추진된 것도 이 시기였다(보사부, 1991, 7, 제7차 5개년계획: 12-15, 88).

보다 세부적으로 소득재분배를 직접 실현하려는 시도를 보인 경우 는 영유아보육법이 대표적이다. 이 법은 보육시설 설치에 있어서 저소 득층에게 우선 혜택을 주고(법률 4328호 제7조 보육시설의 설치), 정부지원 탁아시설의 경우에도 앞서 국가의 보호 차원에서 언급한 바와 같이 대상의 생활 수준에 따라 혜택을 달리하는 방침을 고수했다. 부양의무자의 경제적 수준에 따른 정부의 차등적 처우는 단순히 기회의 평등만을 보장하는 것이 아니라 도움이 필요한 자에게 더 큰 도움을 줌으로써 결과적인 평등을 약속하고자 하는 의도를 담고 있다. 1997년 동법 개정에도 취학전 1년 무상교육법안이 제안되어 저소득층 중심의 무상교육의 실시 근거를 마련하는 등 형평성을 제고하는 방안이 세워졌고, 영유아의 균등한 교육기회를 강조하여 계층에 따른 불평등과 차별을 최소화하려는 노력도 이루어졌다(법률 제 5472호 제 21조의 2 무상보육특례).

평등과 소득재분배, 형평성 이외에 80년대 초반에 등장한 '민주적 의사소통'의 가치가 더욱 확고히 자리잡은 것도 특기할 만하다. 헌법에서 내세운 '민주화', '민주국가 건설'의 구호 및 지방자치제의 부분적 실시 등의 흐름에 부응하여 민주성의 원칙이 상대적으로 크게 부각되었다. 80년배 후반부터 각종 정책자료들에서는 시설수용대상자 시설입소의 민주화, 수용보호의 민주적 환경 개선 등 '민주'라는 용어의 사용이 급격히 증가한다(보사부, 1989, 부녀복지사업지침: 6). 개정 어린이헌장(1988)에서 민주사회시민으로서의 바람직한 어린이상을 강조하고 민주시민으로서의 자질 배양을 중시하기 시작한 것도 같은 맥락이었다.

1990년대부터는 이러한 추이가 법적으로 확고해져 1995년 사회보장기본법에서 효율성, 형평성과 함께 "민주성"을 기본 원칙으로 제시하고(사회보장기본법 법률 제 5134호 제 2조 기본원칙). 생활수준 향상을 통해 모든 국민의 사회공동체 참여를 도모했으며(법제처), 정보 공개(동법 법률 제 5134호, 제 30조 정보공개), 공익 대표자의 참여(제 34조 운영방식), 국민의견 반영(제 21조 공청회) 등 민주적 참여와 상호 의사소

통의 통로를 법적으로 제도화하려는 시도를 보였다. 이것이 다양한 법
제들에도 받아들여짐에 따라 1991년 의료보호법에 과태료에 대한 이
의 제기를 인정하는 조항이 삽입되었다(법률 제 4353호 제 30조 과태료).
1992년 사회복지사업법에서도 의견진술의 기회를 보장하는 조항들(법
률 제 4531호 제 35조 청문, 제 44조 3항 이의제기)이 신설됐으며, 1997년
에는 여기에 주민들의 복지욕구를 적극 수렴하는 내용이 추가되었다
(법률 제 5358호 제 4조 복지증진의 책임). 1995년 고평법도 동일가치 노
동의 기준을 정할 때 근로자의 의견을 수렴하도록 규정을 보완했다(법
률 제 4976호 제 6조의 2 임금 2항). 같은 해 윤락행위등방지법 또한 요보
호자를 일시보호소에 보호하는 경우 본인 또는 법정대리인의 동의를
얻도록 하여(법률 제 4911호 제 9조 선도보호조치) 정책 시행의 일방성을
줄이고 그 대상의 의사를 존중하는 태도를 취했다.

7차 5개년계획 또한 지방자치제 실시 등을 배경으로 아래로부터의
의견 개진가능성이 커졌음을 강조하면서, 개인의 복지 욕구 증대, 복
지의식 향상의 수준에 즉각적으로 부응할 수 있는 정책이 수립되어야
한다는 논지를 펴고 있다. 이러한 주장은 각종 정책 자료들에도 반영
되어 자발적인 주민 참여와 다양한 의견 수렴을 강조하는 경향을 더욱
확산시켰다(보사부, 1994, 보건사회백서: 15). 이 같은 전반적인 흐름 속
에서 민주주의적 가치들은 80년대 초중반 그 의미의 혼동을 겪으며 과
도기적 상태에 머물던 것에서 벗어나 이제 비로소 확고한 제 위치를
찾으며 가족정책 속에서 적극적으로 자리잡는 국면에 접어들게 된다.

③ 근대적 개인주의와 사회적 연대: 제도화 단계

근대적 개인주의와 사회적 연대는 한국적 복지모형이 그 영향력을

유지함에 따라 87-97년의 기간 동안에도 여전히 핵심적인 가치로 남아
있었다. 여기에, 각종 사회보장 및 사회복지서비스가 더욱 확고하고
완성된 체계를 잡아갔던 당시의 상황이 맞물려 '근대적 개인주의'와
'사회적 연대'의 가치는 이제 각종 구체적인 법과 정책들 속에서 그 실
체를 더욱 뚜렷이 내보이게 된다.

먼저 근대적 개인주의의 차원을 살펴보자면, 당시의 다양한 법들은
일률적으로 개인의 책임과 자립 노력을 강조했다. 1987년 남녀고용평
등법은 "근로여성은 직업인으로서의 자각을 가지고 스스로 그 능력의
개발과 향상을 도모하고 이를 직장생활에서 발휘하도록 노력하여야
한다(법률 제 3989호 제 4조 관계자의 책무 1항)"고 규정했고, 1989년 모자
복지법에서도 개인의 일차적 책임과 자립 노력을 복지의 기본 조건으
로 전제한 상태였다(법률 제 4121호 제 3조 자립에의 노력). 장애인복지법
에서도 자립, 자활에 대한 강조는 공통적이었으며, 노인복지법 역시
노인의 자조 능력을 중시하는 가운데 취업알선, 소득보장 등을 통한
노인의 능력계발과 개인의 자가보장기능 강화를 주요 과제로 부각시
켰다(보사부, 1986, 제 6차 5개년계획; 보사부, 1988, 노인복지사업지침; 보사
부, 1990, 노인복지사업지침).

자활의 노력을 기울일 책임이 개개인에게 부과되는 경향은 1990년
이후 생산적 복지개념이 자리잡으면서 한층 강화되었다. 개인의 잠재
능력개발을 육성하여 사회발전에 기여토록 하는 것이 사회복지시설의
운영목표가 되었고, 아동복지사업의 경우에도 저소득모자가정의 자립,
자활을 지원한다는 목표 아래 그 세부 지침이 주어졌다. 장애인 복지
에서도 지역사회 중심 재활증진, 자립, 재활지원, 의료재활서비스 확
대 등이 주요 업무로 자리잡았다. 장애인 재활정보센터 운영도 이런

맥락에서 추진됐다. 노인복지사업 역시 노인의 사회적 역할을 제고하고 자활, 자립을 강조하는 것을 최우선의 가치로 삼아 노인의 경륜을 사회에서 활용할 것을 주장했다. 자활기반 구축을 최우선으로 삼는 이상의 일관된 경향은 모두 생산적 복지를 추구하는 설명체계 속에 그 구체적인 노력의 일환으로 강조되고 있었다.[84]

1960년대에 이미 시작된, 사회발전을 위한 개인의 잠재능력개발에 대한 요구는 1987-1997년에 사회복지서비스 확립과 '생산적 복지'의 기조에 힘입어 더욱 확고한 미덕으로 자리잡아갔다. '사회적 연대' 역시 유사하게 각종 정책들 속에 제도화되는 단계에 돌입했다. 이전에 사회적 연대가 주로 민간의 참여를 촉구하고 이에 근거한 사회적 통합을 복지자원으로서 동원해내는 의미가 강했다면, 1987-1997년에는 그 경향이 유지되는 가운데 이 가치가 소득재분배와 형평성의 차원에서 재명명되는 이중적인 흐름이 존재했다. 사회적 연대가 이 두 흐름 모두에서 추구되어야할 궁극적인 "목표"로 제시되고 있다는 점에서 이 부분에 대한 보다 상세한 언급이 필요하다.

사회적 연대에 대한 강조는 1990년대 이후 보다 다양한 형태로 구체화되어 '생산적 복지'가 사회 통합에 기여한다는 논리가 등장하기도 하고, "한국형 복지공동체"라는 용어가 전격적으로 부각되기도 한다. 사회적 연대에 의거한 공동체에 대한 의미부여는 이전부터 존재했던 것이지만, 이 시기에 비로소 가족·이웃－국가로 연결되는 다층적 복지공동체를 표방하는 "한국형 복지 공동체"라는 용어로 정착되기에 이른

---

84) 이상의 내용들은 다양한 정책 자료들의 내용을 종합한 것이다(보사부, 1990, 노인복지사업지침: 7; 보사부, 1992, 제7차 5개년계획: 347-348; 보사부, 보건사회백서, 1994: 8-9; 1991. 장애인복지사업지침: 215; 보건복지부, 1997, 장애인복지사업지침: 361; 보사부, 1994, 노인복지사업지침: 7).

다. "공동체적 복지"라는 용어도 새로 발견되는데, 이는 "국민의 일체감, 화합을 강조하고 냉전종식과 더불어 재편되는 새로운 세계 질서 속에서 세계사의 조류에 능동적으로 참여하며 세계 속의 한민족 공동체를 지향해 나가야 한다"는 논지 하에 복지의 방향과 성격을 민족, 내지는 국가 공동체에 대한 강조와 결부시킨 것이었다. 노인 복지와 장애인 복지, 아동복지 각각의 영역들 또한 일관되게 사회적 통합의 가치로 수렴되는 모습을 보였다.

경로식당 설치 운영을 더불어 사는 사회 분위기 조성을 위한 것으로 설명한 것이나 장애인 복지의 재가장애인순회재활서비스 등에서 사회통합을 궁극적인 목표로 설정한 것, 연대의 정신 속에서 양육함으로써 아동에게 공동체적 가치를 심어주어야 함을 강조한 것은 모두 사회적 연대와 통합을 복지의 가시적인 기본 목표로 내세움으로써 "사회적 연대"라는 민간 차원의 자원을 활용하고자 하는 정부의 치밀한 시도를 보여준다. 사회적 연대의 가치가 표면적으로 복지의 '목표'로 제시되는 이러한 상황은 80년대 초중반에 비해 확대된 사회적 연대의 입지를 보여주는 듯 하지만 사실상 이전 시기에 시도되었던 사회적 연대의 가치를 확산시킴으로써 복지의 문제를 민간에게 떠넘기려 하는 정책 시도의 또 다른 모습에 불과했다. 즉 민간의 자원을 동원해낼 수 있는 정서적, 윤리적 근거로서 강조되었던 사회적 연대가 하나의 목표로 간주됨에 따라 그 강조점이 더욱 확연해졌던 셈이다. 이 가치가 실질적으로 '목표'로서 제시되는 것은 오히려 소득재분배, 형평성의 가치와 관련해서인데, 이 부분에 대해서 다음절에서 좀 더 자세히 다루도록 하겠다.

3) 거시적 차원에서의 내적 균형의 회복과
중첩된 접합구조의 성립

87년 이후에도 경제 영역과 문화 영역이 근대국가의 절대적인 우위와 영향력으로부터 자율성을 인정받기 시작한 80년대 초반의 흐름이 지속되었던 바, 정치, 경제, 문화적 영역에서의 근대성의 역학관계는 이전 시기와 기본적으로 유사한 형태를 띠었다. 단지 경제적 영역에서 여성 노동력의 활용을 위해 자본주의 원칙에 대한 부분적인 제한이 가해진 것과, 자유민주주의 영역이 확대되고 기존에 왜곡되었던 평등 관련 가치들의 회복이라는 내적인 성숙의 과정을 거친 것을 제외한다면, 제도적 차원에서 나타나는 세 영역간의 관계는 80년대 초중반과 크게 다를 바가 없다. 이는 근대국가가 절대적 우위를 점했던 60, 70년대의 역사적 흐름이 종결되고, 80년대 초반 물꼬를 튼 근대성의 내적 균형 회복이라는 새로운 지류가 그 폭을 넓혀가고 있음을 의미한다. 이 과정에서 세 영역간에 존재했던 제도적 긴장과 갈등의 흔적 또한 확연히 사라져갔다.

이전 시기에 특징적으로 등장했던 정치, 경제, 문화의 영역을 망라하는 고른 가치의 접합과 다양해진 근대성 내부의 상호작용은 1987년-1997년에도 유지됐다. 그러나 그 내적 접합의 지점들은 상당부분 변화한 상태였다. 경제성장과 복지국가 건설이라는 양분된 목표 하에, 경제성장과 관련해서는 한국적 복지모형에 기반한 '국가합리성' 개념이 그 접합의 중심점에 위치하고, 복지 국가 차원에서는 인간의 존엄성이나 기본권과 같은 자유민주주의적 가치들이 결합해있던 기본 구도가 변화하여, 이제 근대성 내부의 모습은 한층 복잡하고 심화된 근대적 가치들간의 상호 작용으로 특징 지워지게 되었다. 이렇게 영역을

초월하여 증대된 근대성 내부의 관계는 87-97년의 시기에 그 지반을
더욱 늘려가며 스스로를 한층 역동적이고 능동적인 모습으로 구현해
냈다.

　이 시기, 정치, 경제, 문화적 영역에서 가장 두드러진 큰 틀은 "국가
의 이익"과 "사회적 연대"라는 양 목표 하에, "삶의 질"이나 "근대적 개
인주의" 같은 자유민주주의적 가치들이 결합된 구조를 보인다. 국가의
이익에 대한 강조는 예전부터 일관되게 가족정책 속에 등장해왔으나,
사회적 연대가 이에 버금가는 중요한 목표로 등장하고, 자유민주주의
영역에서의 가치들이 이들과 공고하게 결합한 것은 매우 흥미로운 현
상이라 하지 않을 수 없다.

　이 중 "삶의 질"은 인간의 존엄성이나 인권의 또 다른 형태로서 90
년대 초반 급부상한 가치였는데, 그 정당성의 근거는 어디까지나 '국
가의 이익'과 '사회적 연대'라는 당시 가장 중요했던 두 가치였다.[85] 각
종 자료들은 삶의 질을 고르게 높여 보다 균형있는 사회를 만드는 것
이 계층간의 사회적 통합과 국민적 일체감을 형성, 유지하는데 도움을
줄 뿐 아니라, 근로욕구와 참여 욕구를 증대시키고 국가 이미지와 위
상을 높임으로써 결국 국가 경쟁력 강화에도 크게 기여할 것으로 보았

---

85) 이외에도 "삶의 질"은 근대국가의 가치들과 다양한 결합관계를 형성했다. 모
　　성에 대한 지속적인 건강관리를 통해 평생 건강관리체계를 수립하는 방향으
　　로 사업을 전개할 것이 요구되자 모자보건사업을 "삶의 질"과 연계시켜 추진
　　하는 방안이 모색됐고, 생존과 직결된 최소한의 기본적인 욕구는 국가가 해
　　결하되 '삶의 질'과 관련된 나머지 차원은 민간부문의 비영리 복지사업에 역
　　할을 일임하는 일종의 역할 분담을 통해 국가의 보호(모성보호) 및 국가합리
　　성과도 암묵적인 연계가 유지됐다(김창엽 외, 1998, 21세기를 위한 모자보건
　　사업 목표 및 정책방향－모자보건사업발전 10개년 계획수립을 위한 연찬회-:
　　2; 보건복지부, 1999, 제 1차 사회보장장기발전계획(1999-2003) '99년도 추진
　　계획(1999.3): 7-8).

다(보건복지부, 1995, 보건사회백서: 4).86) 개인주의적 가치인 삶의 질이 그것으로 끝나지 않고 공동체적 가치, 국가적 이익에 기여하는 가치로 재명명되는 것은 분명 서구와는 구별되는 특수한 현상이다. 또한 이전까지 여타의 가치들과의 상호작용을 보여주지 못했던 사회적 연대가 이제 정책 목표로 전면에 등장하고 다양한 가치들과 결합하기 시작한 것 또한 특징적이다.

근대적 개인주의 또한 유사한 논리 하에 '국가의 이익'과 '사회적 연대' 두 차원과 연계되고 있다. 당시 개인의 자립, 자활능력에 대한 강조는 본질적으로 성장 잠재력 배양을 위한 것이었다는 점에서, 근대적 개인주의는 본원적으로 국가의 이익과 논리적으로 연결되어 있었다. "자립, 자활, 개인의 잠재능력을 최대한 개발함으로써 국가 경쟁력 강화에 기여토록 한다"는 것이 당시 복지정책의 방향이었던 것이다(보건복지부, 1994, 보건사회백서: 3-4). 유사하게 '생산적 복지의 이념' 또한 자립, 자활을 통한 개인의 적응력 향상을 통해 사회적 연대와 통합을 강화한다는 내용을 포함하여 이 두 가치를 연결짓는 가교역할을 수행했다. 특히 이러한 경향은 장애인 정책에서 두드러져, 개인의 자립과 사회통합화가 지속적으로 가장 중요한 가치로서 부각되었고, 장애인 공동가정(Group home) 운영의 목적이 개인의 자립 및 자립능력 배양과 사회적응력 향상을 통한 사회통합으로 제시되기도 했다(보건복지부, 1997, 장애인복지사업지침: 217).

이와 같이 '국가적 이익' 중 특히 국가 경쟁력 강화의 차원과 '사회적

86) 이때 삶의 질은 계층간 사회 통합에 기여하고 근로 욕구, 참여 욕구를 제고하여 국가 경쟁력을 강화하는 데에도 크게 기여할 뿐 아니라 통일 한국을 앞당기는 데에도 공헌할 수 있는 광범위한 효과를 갖는 것으로 주장되었다.

연대', 확대된 자유민주주의적 영역의 '삶의 질'이나 '근대적 개인주의'
가 각각 이 시기에 가족정책 속에서 크게 부각된 가치들로서 상호 연
계 하에 당시 거시적 제도간의 관계에서 밑그림을 구성했다면, 보다
행정적인 면에서 강조된 '형평성'과 '효율성'의 가치는 이 밑그림의 양
축을 구성하는 또 다른 요소들이다. 7차 5개년계획이나 사회보장기본
법(법률 제 6134호 제 2조 기본원칙, 제 24조 운영원칙, 제 25조 역할의 조정,
제 27조 비용의 부담)에서 공통되게 주요 원칙으로 제시한 것이 바로 형
평성과 효율성 두 가치였다. 이 중 '효율성'은 제도 운영의 전문성 등
의 '합리적 문제해결 방식'을 의미하는 것으로, 사회적 형평과 정책 수
행의 효율성의 조화는 당시 사회복지정책 전반의 행정적 절차를 방향
짓는 매우 중요한 기조로 자리잡고 있었다(한국보건사회연구원, 1994: 4-5).

'국가의 이익'과, '사회적 연대'라는 공고한 목표가 유지되는 가운데,
'합리적 문제해결'의 가치는 근대국가, 경제적 영역, 자유민주주의 영
역의 다양한 세부 가치들과 결합하는 핵심적인 위치에 있었다. 그런데
'합리적 문제해결 방식'은 한 편으로는 여성과 직·간접적으로 연결
다양한 가치들과 연계되고, 다른 한편으로는 '감시능력의 증진', '산업
주의'의 가치와 결합하는 두 가지 흐름을 보인다. 먼저 여성과 관련된
가치들과의 관계를 살펴보자면 '합리적 문제해결 방식'이 '노동력의 상
품화', '국가의 보호', '남녀평등' 등과 함께 결합한 상태에서 '국가의 이
익', '사회적 연대'라는 보다 궁극적인 목표를 향해 수렴되는 현상을 발
견할 수 있다.

여기서 각각의 가치들은 하나의 가치가 다른 가치에, 그것이 또 다
른 가치에 순차적으로 결합됨으로써 결국은 여러 개의 연결고리들로
이어진 하나의 원을 형성한다. 그 시작은 '합리적 문제해결'의 가치가

'노동력의 상품화'라는 경제적 가치와 결합하는 것이다. 정책 자료들에서 교육투자의 효율성을 강조하는 차원에서 여성 고용 촉진이 강조되고 인력으로서의 여성관이 급부상한 것이 그 예이다. 여성의 사회진출 통해 교육 투자의 효율성을 제고한다는 취지는 결국 이 시기 급격히 확산된 여성 노동력에 대한 관심과 비용 절감이라는 절차적, 관리적 차원에서의 관심사가 맞물린 결과이기 때문이다(대한상공회의소, 2002: 218; 보사부, 1986, 제6차 5개년계획: 327-328).

또한 '노동력의 상품화'는 '모성보호'라는 국가의 보호 측면 및 '남녀평등'이라는 자유민주주의적 가치와도 결합되어 있었다. 87년 이후 여성의 사회 진출에 따른 육아지원체계 구축이 적극적으로 논의되고, 모성과 직장의 양립을 돕기 위한 정책적 노력의 일환으로 모성보호가 강화되었던 현상은 여성 노동력의 상품화를 촉진시키기 위해 국가의 보호가 강화되는 일면을 보여준다. 예를 들어 직장탁아제는 여성의 노동 시장 참여를 촉진하는 한편 이미 진출해있는 기혼 여성의 이중 부담을 덜어주기 위한 국가적 보호의 한 측면이었다. 여성을 모성-양육자 역할에 한정시켜 이해하는 입장에서 벗어나 여성을 노동자로 전제하고 평등한 노동 시장 참여를 가능하도록 정책적으로 지원하는 문제에 주의가 기울여지기 시작한 것이다. 비록 공보육체계 구축이라는 방향으로 나아가지 못한 채 개별 가정의 일차 책임을 전제한 상태에서 국가가 이를 지원하는 소극적, 보조적 성격에 그치기는 했지만 1990년대를 넘어서면서 이러한 경향은 여성 노동력 뿐 아니라 남녀 노동력 모두에 대한 관심으로 확장되어 보육사업이 취업여성이 아닌 "맞벌이 가정"의 경제 사회적 활동을 도모하기 위한 정책으로 적극 추진되기도 한다. 당시의 보육정책자료들과 아동복지사업지침에서는 일관되게 아동의 건전육성과 보호자의 근로활동 지원을 강조하여, 노동력 상품화가 아동보호, 모성 보호와 결합되는 양상을 보여주었다. 더 나아가 여성의 사회 진출에 대한 장려나 강화된 모성보호 모두는 이 시기 제자리를 되찾은 남녀평등의 가치를 실현하기 위한 것으로 제시되어 이들 사이의 본원적인 연관관계를 드러내 준다(보사부, 1986, 제 6차 5개년계획: 331).

그런데 사실상 합리적 문제 해결과 관련된 여성 관련 가치들의 논리적 귀결점이라 할 수 있는 "남녀평등"은 흥미롭게도 다시 '국가의 이익'과 '사회적 연대'라는 당시 강조된 정책 목표를 위한 것으로 규정된다. 남녀고용평등법에서는 자신의 능력개발의 의무를 다함으로써 경제 및 사회 발전에 기여할 여성의 의무를 명시했고, 출산과 양육을 통해 다음 세대를 생산해야 할 여성의 사회적, 국가적 역할 또한 부각시키고 있었다. 제 6차 5개년계획에서도 여성개발과 남녀평등의 기본 목표로 국가 및 사회발전에 기여할 수 있는 바람직한 여성상을 구현한다는 의지를 표명했다. 남녀평등과 여성노동력의 사회진출을 실현하기 위한 조치로 설명되었던 육아체계의 구축 역시 그 자체가 맞벌이 부부의 경제활동을 지원하여 경제활성화에 기여한다는 것이 목표로 제시되었고, 여성을 경제활동에 끌어들이고 여성의 잠재임금을 낮춤으로서 균형되고 성숙된 국가발전을 이루어야 한다는 주장 또한 그 효용성을 설명하기 위한 근거로 설명되었다. 또한 남녀평등의 가치는 사회적 연대와도 관련되어, 남녀평등과 완전한 사회통합이 여성관련 정책의 가장 중요한 양대 기본 원칙으로 표방되었다(대한상공회의소, 2002: 218; 보사부, 1986, 제 6차 5개년계획-보사부문계획 1987-1991: 333).

나머지의 여성관련 가치들도 개별적으로 국가의 이익과 연계되는 경향이 강하다. '노동력 상품화'와 '모성 보호'와 관련해서는, 정책자료 곳곳에서 보육사업 확대를 통해 맞벌이 부부의 보육욕구를 충족시키고 보호자의 근로활동을 지원하며, 직장, 민간 및 가정보육시설을 확충하여 취업여성의 사회활동을 용이하게 하는 동시에 미혼유휴여성인력을 산업인력화하여 국가 경제력 제고와 경제활성화에 기여토록 한다는 기본 방침이 내세워졌다(보건복지부, 1994, 보건사회백서: 9; 보사부, 1991, 보육사업지침: 7; 사회복지정책심의위원회, 1994: 111; 한국보건사회연구원, 1994: 31-32).[87] 즉 '여성 노동력의 상품화'와 '국가의 보호' 확대가 결국은 모두 국가의 경제활성화라는 목표 하에 정의되고, 그 확산이 장려되고 있었던 셈이다. 이렇게 다양하게 결합된 여성 관련 가치들이 결국 국가의 이익을 최상의 목표로, 그리고 사회적 연대를 차선의 목표로 전제하며 위치지워지는 이러한 양상은 당시 정치, 경제, 문화적 영역에서의 근대성 내부의 가치들간의 내적 관계를 구성하는 중요한 부분이 되고 있었다. 이 부분만을 그림으로 도식화하자면 다음과 같다.

---

87) 이러한 기조 하에 7차 5개년계획기간('92-96) 중 생활보호 대상자 및 의료부조 대상자의 자녀를 포함한 일반 보육대상아동 전체를 보육할 수 있는 시설 확충이 주요 과제로 부각되었고, 산업인력의 원활한 수급을 위한 기혼 유휴 여성노동 인력의 취업 유도를 위해 여성 근로자 500인 미만의 중소 영세사업장 밀집지역에 보육시설을 설치한다는 방침이 확정되었다(보사부, 1992, 아동복지사업지침). 특히 보육시설 확충 3개년계획('95-97)의 수립은 여성의 노동시장 진출에 따른 결과에 반응하는 사후적 성격에 머무른 것이 아니라 여성의 노동시장 진출을 적극적으로 유도, 촉진하는 적극적 성격을 띠었다.

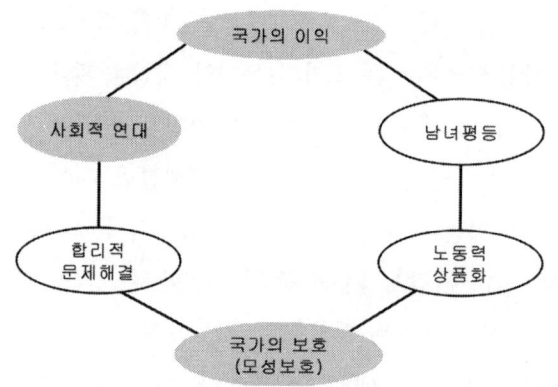

〈그림 4〉 1987-1991 여성 관련 가치들의 순환적 결합[88]

　이상이 행정적, 절차적 차원에서 강조된 두 축의 하나인 '합리적 문제해결 방식'이 여성 관련 가치들과 맺은 관계의 측면이었다면, 또 다른 차원은 '감시능력의 증진'이 합리적 문제해결의 방식과 결합된 것이다. 이는 87년 이후부터 국가의 통제력이 점차 더욱 간접적이고 행정적인 방식으로 구현되기 시작한 데서 연유하는 것으로, 감시기능의 증진이 과학적, 효율적 관리를 위한 방안으로 거론되고 있음을 의미한다. 생활보호법에서 정책의 과학적, 합리적 관리를 강조한 것이나 장애인 등록 사업의 실시 등을 통해 국가의 통제와 관리 능력을 증진시키려 한 것은 모두 정책 수행상의 효율적 관리와 운영을 위해 효과적인 복지관리체계를 구축하기 위한 조치였다(복지정책과, 1997, 한국사회복지 현황과 과제(1997. 5): 40). 개정 윤락행위등방지법(법률 제 4911호)에서도 선도의 효율성 제고를 목표로 내세우면서(법제처) 관리의 효율

---

88) 흰색 타원으로 표시된 가치들은 이 시기에 새로 접합구조 속에 등장한 가치들이다.

성을 확보하기 위해 선도보호시설의 입소 근거를 법적으로 명확히 하고 벌칙을 상향조정하는 등 국가의 통제와 개입을 확대했다. 여성의 몸에 대한 감시기능의 증진이 효율성의 가치와 연관된 것이었다.

이렇게 '감시능력의 증진'이 '합리적 문제해결'을 위한 수단으로 제시되는 양상은 70년대 유신체제 하에서 '합리적 문제해결'의 가치가 '국가합리성'과 함께 '감시기능의 증진'을 위한 수단적인 가치로 부각되고, 법치주의를 강조하는 방식으로 국가의 통제력 확장을 정당화하는 근거를 제공했던 것과 매우 대조적이다. 두 가치의 결합은 유지되었으나 그 관계는 역전된 셈이다. 여기에 '정보화'의 흐름을 타고 산업주의가 이 관계에 부착되는 현상도 발견된다. 특히 90년대 초반에는 감시능력의 증진 중 정보관리 시스템 구축이 집중 강조되는데, 이는 그 자체가 합리적 문제해결과 상통하는 내용을 담고 있는 것이라는 점에서 이 관계의 일부를 이룬다.

행정적 차원에서 강조된 또 다른 축인 형평성의 경우에는 '합리적 문제해결'보다는 훨씬 간략한 접합관계를 보인다. 앞서 언급했듯이, 사회적 연대는 이전에 민간 참여 증진, 상부상조정신, 인보협동정신과 연계되어 강조되던 것이 이제 소득재분배, 형평성의 가치와 연결되었다. 가족정책 자료들에서는 분배과정에서 소외되어 왔던 저소득계층에게 복지의 우선순위를 두어 상대적 빈곤의식의 완화와 사회적 연대의식의 제고를 위해 과감한 소득재분배정책을 추진해나갈 것을 천명했다(보사부, 1992, 제7차 5개년계획: 252). 계층간의 위화감 해소가 사회적 연대의 기반이 된다는 논리가 부각되면서 사회적 연대는 이제 형평성에 의해 지탱되는 관계에 놓여지게 되었던 것이다.

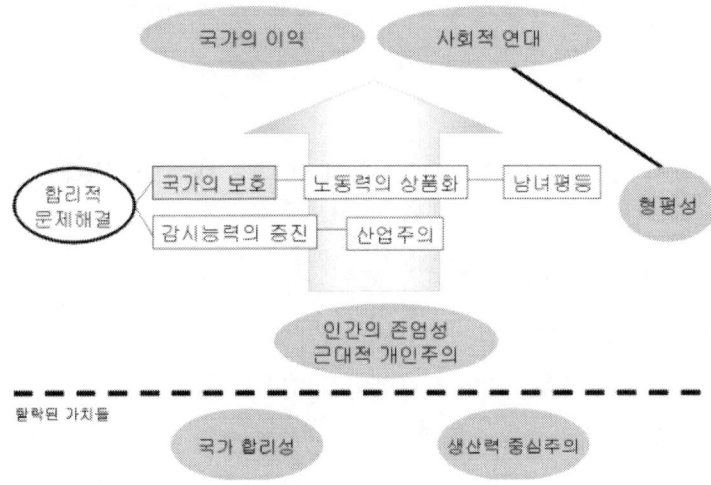

〈그림 5〉 1987-1997 거시적 제도 내부의 고른 분포와
여성관련 가치의 부상[89]

　1987-1997년 기간 동안 정치, 경제, 문화적 영역에서의 근대성 가치
의 접합은 80년대 초중반에 비해 일단 강조되는 가치들이 다양한 영역
에서 더욱 고르게 확산되었으며, 특히 자유민주주의의 영역에서는 ‘인
간의 존엄성’, ‘근대적 개인주의’, ‘남녀평등’ 등의 가치가 광범위하게
강조되어 그 확대된 위상을 엿보게 한다. ‘사회적 연대’의 급부상도 특
징적이다. ‘합리적 문제해결’, ‘노동력의 상품화’, ‘남녀평등’, ‘감시능력
의 증진’, ‘산업주의’ 등은 모두 이전에는 근대성 내부의 주요 접합지점
으로 존재하지 않았던 부분들로, 이 시기에 이르러 근대성의 실체를
구성하는 요소로 처음 자리잡았다. 이 중 여성 고용과 관련된 ‘노동력
의 상품화’와 ‘남녀평등’의 가치들은 특히 이 시기를 이전의 어느 시기

---

89) 흰색 타원으로 표시된 가치들은 이 시기에 새로 접합구조 속에 등장한 가치
　　들이다.

와도 구별짓는 중요한 부분들이 되고 있다 할 수 있다.

2. 거시적 제도와의 관계 속에서 본 가족의 근대성

1) 가족의 형태와 관계성의 변모

(1) 소자녀주의의 약화와 핵가족적 범위 설정

실상 1980년대 말까지만 하더라도 소자녀 핵가족주의는 여전히 '국가의 이익'과 관련하여 그 당위성을 유지했다. 가족계획은 여전히 "한국이 번영하고 우리 국민들이 잘 살기 위해서는 반드시 성취해야만 되고 한국 백년대계를 위해서 국민 누구도 반론을 제기할 여지가 없는 것으로 여겨지는" 국가 정책이었다(대한가족계획협회, 1989. 모자보건: 23). 인구증가 억제, 인구의 균형 분포 등이 경제성장과 복지사회 건설의 지름길이라는 것 또한 불변의 명제로 남아 있었다. '행복한 가정'의 이미지가 소자녀 핵가족주의에 부착되는 양상도 그대로였다. 그러나 1988년을 기점으로 선진국형 저출산 시대에 돌입함으로써 가족계획사업의 성격전환이 이루어지기 시작했고, 1990년대에 인구 억제에서 현 출산력 유지와 인구의 질적 성장으로 목표를 완전히 선회함에 따라 자녀수에 초점을 맞춘 정형화된 가족의 모습은 점차 각종 정책자료들 속에서 빠른 속도로 지워져갔다.[90]

---

90) 1987년 이후 각종 정책에서는 인구 조절에 관한 내용이 등장하는 빈도가 급격히 감소했으며 가족계획사업이 산아 제한 위주에서 인구 자질 향상 위주로 확연히 전환되어 선천성 대사 이상 검사 실시 등을 적극 강조하는 방향으로 나아갔다. 출산 억제에 대한 사회 지원 시책들도 조정되었고 출산 통제를 위해 암묵적으로 허용되었던 인공임신 중절에 대한 국가의 태도도 변화하여 이

유일하게 87년 이후 보다 간접적인 형태를 띠며 행정적, 절차적 차
원에서 그 세력을 넓혀간 '감시기능의 증진'의 가치가 여전히 가족계획
사업과 관련하여 일정 정도의 영향력을 유지함으로써 가족계획대상자
카드 관리의 효율성 제고 등 체계적인 관리와 통제의 시도가 이루어졌
고 1자녀 단산가정에 대한 의료지원, 간염백신 무료 접종 등의 혜택도
유지되었지만 그 전반적인 강도와 치밀함은 이전에 비해 훨씬 약화된
상태였다. 이제 '근대국가의 이익'이나 '감시 기능의 증진' 차원에서 체
계적으로 강조되었던 소자녀 가족은 이제 이전만큼 가족정책 속에 뚜
렷한 모습을 드러내지 못한 채 점차 역사의 뒤안길로 물러나고 있었다.

그러나 그 대신 서구적 근대 핵가족론의 핵심 중 하나라 할 수 있는,
가족을 친족망으로부터 분리된 채 부모와 자녀를 중심으로 구성된 단
위로 가정하는 경향이 우리의 법과 정책 속에서도 등장하기 시작한다.
일례로 개정 가족법에서는 이전에 인정되었던 친족의 영향력을 대폭
축소함으로써 가족을 보다 독립적인 단위로 재정립했다. 15세 미만의
입양 승낙(민법 법률 제 4199호 제 869조), 후견인과 피후견인간의 입양
(제 872조), 미성년자의 입양과 동의(제 871조) 등 친족회의 영향력이 직
접적으로 강조되었던 부분들도 모두 삭제 또는 수정되어 가족에 대한
친족의 광범위한 개입과 권한 행사에 상당부분 제약이 가해졌다.

물론 그렇다고 해서 법적으로 친족의 권한이 완전히 포기된 것은

제 생명 존중 의식을 제고하고 인공 유산을 예방하기 위한 방침들이 세워지
기도 했다(보건복지부, 1996, 보건백서: 23-24; 보건복지부, 1995, 가족보건사
업계획: 1). 1자녀 단산 가정에 대한 취학전 자녀 무료 진료 등의 의료 지원
이나 간염백신 무료 접종, 저소득층 불임 수술 수용자에 대한 생계 보조는
유지되었으나 그 외의 출산 억제 시책들은 대부분 사라진 상태였다(보건사회
부, 1991, 가족보건사업계획: 8).

아니었다. 다수의 법들(모자복지법 법률 제 4121호, 생활보호법 법률 제 5360호 등)이 보호 신청이나 이의심사 청구 등에 본인 뿐 아니라 친족의 의사가 반영될 수 있도록 구조화되어 있다는 점으로 미루어 친족의 개입은 이제 직접적으로 가족 단위에 그 힘이 미치는 것이 아니라 "국가를 통해서", 즉 국가라는 대리인을 통해 이루어지게 되었다. 가족법에서도 친족회의 동의가 필요하던 부분에 가정법원의 허가가 요구됨으로써 친족의 영향력이 국가로 이양된다. 결국 가족에 대한 외적 영향력 행사의 주체가 '친족'에서 '국가'로 이동한 셈이다.[91] 친족의 직접적인 영향이 현저히 감소한 것은 사실이지만 그 개입의 통로가 전면적으로 차단된 것은 아닐 뿐더러 다소 줄어든 친족의 역할을 국가가 대신하게 되었다는 점에서 이러한 변화를 곧바로 서구적 의미에서의 '핵가족주의'의 발현으로 해석하기에는 무리가 있다. 그러나 자녀수에 초점을 둔 가족 규모에 대한 일방적인 주장에서 벗어나 표면적이나마 부모와 자녀 중심의 가족을 상정하는 이러한 시각 변화는 분명 가족정책 속에서 우리의 가족을 이전과 다른 형태로 구성해내는 무시할 수 없는 힘이었다.

(2) 평등과 민주성에 기반한 가족 담론

'국가합리성' 추구를 위해 강조되는 가족 공동체 내에서 경제적 권리를 중심으로 하는 '부부 우선주의'가 고수되는 경향은 이 시기에도 변함이 없다. 여타의 가족정책들이 대부분 타 가족에 우선하는 배우자

---

91) 이는 가족을 공적 영역으로부터의 침투가 불가능한 사적이고 독립적인 공간으로 가정하고, 가정을 공적 영역의 통제에 대한 개인의 저항의 영역으로 상정해온 기존의 자유주의적 근대 가족 논의를 정면으로 부정하는 것이다.

의 경제적 권리를 인정하고 있었음에도 불구하고 장남에 대한 우선순위를 고집했던 가족법이 1990년 개정을 통해 처의 상속분을 장남보다 5할 많게 규정하는 방식으로(민법 법률 제 4199호 제 1009조 법정 상속분) 배우자의 권한을 일순위로 인정하게 됨에 따라 경제 단위로서의 가족 내에서 부부 상호간 경제적인 권리의 우선권은 더욱 명확해졌다.[92]

여기에 더하여 70년대 초반부터 서서히 국가가 요구하는 가족상의 한 부분으로 언급되기 시작한 평등한 부부관계가 정책 속에 부각되는 추세가 일었다. 80년대 초반까지 가족 내 평등주의가 주로 남아 선호 극복을 통해 소자녀주의를 추구하고 나아가 경제발전을 촉구하려는 일종의 명분으로 정책 속에 등장하는 경향이 강했다면 1987년 이후에는 비로소 부부간의 불평등한 지위와 권한의 문제를 개선하는 것 자체를 목적으로 하는 다양한 법적, 정책적 개선책들이 마련된다. 1987년 가족이 개인의 존엄과 남녀평등을 기초로 유지되어야 한다는 헌법 규정에 국가의 보장의무가 덧붙여지면서(헌법 제 10호 제 36조) 가족 내 남녀평등 개념이 자리잡기 시작했고, 정책상으로도 '가부장적 가족규범'을 '건전한 가족규범'으로 전환해야 할 필요가 활발히 제기됐다(보사부, 1986, 제 6차 5개년계획: 335).

평등한 가정이 곧 건전한 가정이라는 이러한 담론의 전면적 대두와 때를 같이하여 헌법 개정에 따른 위헌적 성격을 제거하기 위해 추진된 1990년 가족법 개정에서는 배우자의 상속 순위가 부부 동일하게 조정됐는데(민법 법률 제 4199호 제 1003조 처의 상속순위)[93], 유족의 우선순

---

92) 그 결과 호주 1 : 부인 1.5 : 차남 : 1 : 미혼딸 1 : 기혼딸 1의 비율로 상속이 이루어지게 되어 자녀간의 차등이 사라지고 부인의 재산에 대한 권리가 더욱 공고해지게 된다.
93) 남편을 기준으로 부인이 상속받는 것을 일반적인 경우로 전제했던 1002조가

위가 민법의 재산상속의 순위에 의거하도록 되어 있던 공무원 연금법과 군인연금법이 자동적으로 이를 따르게 됨에 따라 가족의 공동체적 성격 속에 내포되어 있던 남녀 차별성은 상당부분 사라지게 되었다. 또한 가족은 친권과 양육권에 대한 부부의 평등한 권리를 보장했으며, 부부의 동거장소(제 826조), 부부공동생활비 부담(제 833조), 이혼한 자의 양육책임(제 837조), 재산분할 청구권(제 839조의 2), 부부의 공동 입양(제 874조) 등에서 부부의 "협의"를 강조하는 의미있는 변화를 보였다.

그런데 이러한 가족 내의 평등성 확보는 흥미롭게도 많은 부분에서 '감시 기능의 증진'이라는 근대국가의 가치와 맞닿아 있었다. 가족법은 위의 조항들에 "그 사항을 부부의 협의에 의하여 정하도록 하고 그 협의가 이루어지지 않을 경우 가정 법원이 정하도록 한다"는 표현을 사용하여 부부의 동등한 의사결정권과 함께, 이를 조정하고 중재할 국가의 권한 또한 확대 규정했다. 이는 부부관계에 대한 국가의 개입과 통제를 합법화한 것으로서 부부간의 불평등한 관계개선이 국가적 통제와의 직접적인 관련 속에서 이루어지는 독특한 상황을 보여준다.

평등한 부부관계의 주장은 가족 내적으로 '민주성', 즉 민주적 의사소통이 증대되는 현상과도 연계되어 있다. 앞서 살펴본 가족법의 내용 중 부부간의 동거장소, 부부 공동생활비, 재산분할, 부부의 공동 입양 등에서 "협의"가 강조된 것은 분명 '민주적 의사소통 방식'을 가족 내에 적용하려는 시도였다. 이외에도 가족법에 가족성원 개인의 자유의

폐지되고 1003조(처의 상속순위)가 부부 모두에게 해당되는 것으로 수정되었다. 이로 인해 여성의 상속순위는 여전히 직계비속·직계존속과 동일한 상태를 유지했고, 남성의 상속순위는 직계비속과 같았던 것이 이제 직계비속·직계존속과 동순위가 되었다. 또한 재산상속에 있어서 처의 상속분이 장남보다 5할 많아진 것도 주목할 만한 변화였다(제 1009조 법정상속분).

사를 존중(민법 법률 제 4199호 제 795조 2항)하는 내용이 보완되었고, 장남의 분가와 입양이 허용되었으며(제 790조 거가금지 삭제), 호주 승계권 포기가 가능해졌다. 이는 모두 법제 속에서 그려지는 가족 관계가 내부의 불평등한 권력 배분으로 특징지워지던 과거의 성향에서 벗어나 가족 구성원 개개인의 의견과 복리를 중시하는 방향으로 나아가고 있음을 의미한다. 이와 더불어 정책상으로도 가정내 민주적 분위기를 강조하고 아동에 대해서도 민주적 의사 존중의 분위기를 추구하는 태도가 강화되었다.94)

이는 민주화 요구가 극대화되었던 당시 사회적 배경과도 무관하지 않을 것으로 보이는데, 부부관계, 더 나아가 가족관계의 수평적 변화는 1987년-1997년 동안 가족정책 속에 등장하는 가족의 모습을 특징짓는 매우 중요한 부분의 하나였다. 또한 일방적으로 근대국가의 가치들에 의해 소자녀 핵가족주의가 규정되고 활용되던 경향이 급격히 약화된 상태에서 진행된, 평등이나 민주성 같은 자유민주주의적 가치의 가족 내 도입으로 설명될 수 있는 이러한 일련의 변화는 이제 더 이상 거시적 사회 제도의, 특히 근대국가의 영향 속에 일방적으로 구조화되는 가족이 아닌, 스스로 사회적 가치를 흡수하고 체화할 수 있는 주체

---

94) 부녀복지정책에서는 건전 가정 조성을 위한 가정 내 남녀평등 의식 교육을 강조하면서 여기에 남아선호사상, 성교육, 가정내 합리적인 역할 분담, 자녀에 대한 평등 교육 등을 포함시켰으며(보건복지부, 1996, 부녀복지사업지침: 106), "여성의 의식 함양, 능력 개발과 민주적이고 화목한 가정관리로 건전한 사회 발전을 유도한다"고 하여 가정 내 민주적인 분위기를 정착시킬 것을 과제로 부각시켰다(보건복지부, 1997, 부녀복지사업지침: 115). 또한 아동복지사업지침에서도 시설 수용 대상자의 시설 입소의 민주화, 수용보호의 민주적 환경 개선이 강조되는 한편 가정에서도 아동의 의사를 존중하는 풍조를 정착시켜야 한다는 주장이 대두되었다(보건사회부, 1991년 아동복지사업 지침: 16-18).

성을 지닌 가족의 모습을 엿보게 하는 의미있는 변화라 하지 않을 수 없다.

2) 가족 단위의 복지 기능 확대와 자유 민주주의의 가족 내 도입

(1) 경제 공동체로서의 가족

① 가족 복지 기능의 다각화·집약화

국가합리성의 이념 하에 가족 공동체주의가 강조되는 1980년대의 경향은 1987-1997년 기간 중에도 이전과 동일하게, 오히려 더욱 강화된 형태로 지속된다. 국가의 재정 부담을 줄이기 위해 복지수요의 사회화를 억제한다는 방침이 고수되면서 선가정보호, 후사회보장체계의 조화가 강조되고 이를 뒷받침하기 위해 전통적인 가족제도의 유지, 발전이 강조되는 가운데, 가족의 경계를 분명히 하고 개인이 아닌 가족을 기본 단위(basic unit)로 삼아 복지의 문제에 접근하려는 압력 또한 확산되어 갔다. 직접적으로 '개인이 아닌 가족 중심 서비스체계로의 전환을 시도'해야 한다는 주장이 제기되었으며 '정책이 가족에 미치는 영향(Family Impact Consideration)을 미리 평가하여 가정 단위의 발전을 전제로 한 정책을 선택'하도록 하는 방안도 활발히 논의되기 시작했다(사회복지정책심의위원회, 1994: 80-81).

개별 대상별 접근이 아닌 가족 전체를 하나의 복지 대상으로 보는 접근법은 세부 정책들에서도 충실히 재연되었다. 고용보험법에서 "수급자격자 및 그자에 의해 생계가 유지되는 동거 친족의 수를 고려하여 이주비를 지급"하게 한 것이라던가(법률 제4644호 제53조 2항 이주비), 의료보호법에서 세대당 1매의 의료보장증을 발급하고(법률 제4353호

제 5조 의료보장증의 발급), 의료보호를 거부한 대상자가 속한 세대 전부에 보호를 중지하는 식의 가족의 연대 책임을 강조한 것은 모두 가족을 운명공동체로 틀 지우려는 정책적 시도를 보여주고 있다. 의료보험 제도에도 가계 부담의 절감을 위해 본인일부 부담금 보상대상을 피보험자 개인에서 그 가족으로 확대하여 가족원의 합계액이 보상기준금액에 도달할 경우 그 초과액을 보상하도록 하는 '가족 단위'의 계상법이 도입된다(보사부, 1991, 제 7차 5개년계획: 90). 1997년 노인복지법(법률 제 5359호) 또한 '가족'을 경로연금지급대상으로 삼고, 그 액수를 배우자, 본인, 부양의무자의 소득합계로 결정하며, 생계를 같이 하고 있던 배우자 또는 부양의무자의 청구에 의해 미지급 연금을 지급하도록 하는 등 가족 중심적 시각으로의 전환을 꾀했다(제 9조 경로연금지급 대상).

이 같은 양상은 각종 연금법에도 반영되어 1995년 공무원 연금법(법률 제 5117호)에 부부공무원의 경우나 가족 내 복수 연금 수급권자가 있을 경우 기존 연금의 1/2만 지급하도록 하는 규정이 신설됐고(제 45조 5항 및 45조의 2), 같은 해 군인연금법(법률 제 5063호)에서도 복수 수급권자의 경우 일방이 사망했을 시 퇴직연금의 1/2만 지급하게 되었다. 노인복지법의 경로연금 조항도 부부가 대상인 경우 그 연금지급액을 감액하는 유사 내용이 자리잡았다(법률 제 5359호 제 10조 연금지급액). 이는 사실상 가족을 한 단위로 규정하는 가족 공동체주의의 발로였던 한편 국가의 재정적 지출을 최소화하기 위한 조치였다는 점에서 당시 정책 속에 국가합리성과 연관된 가족 공동체주의의 추구가 강화되고 있음을 의미하는 것이다.

이렇게 하나의 단위로 묶인 가족의 기능과 의무가 "부양" 이외에 간

병, 양육 기능으로까지 그 범위가 더욱 포괄적으로 확대되는 양상도
나타난다. 생활보호법에서는 1997년 생활보호대상의 범위에 65세 이
상 노쇠자, 18세미만 아동, 임산부, 장애자 이외에 '1~4와 생계를 같이
하는 자로서 이들의 부양, 양육, 간병과 기타 이에 준하는 사유로 인하
여 생활이 어려운 자'를 추가함으로써 간병까지 포함하는 보다 넓은
범위의 가족 의무를 강조했다(법률 제5360호 제3조 보호대상자의 범위).
1997년 고용보험법도 본인 또는 배우자, 혹은 본인 또는 배우자의 직
계존비속의 질병 또는 부상을 실업 급여 수급기간의 연장 사유로 인정
하여(시행령 대통령령 제15367호 제50조 수급기간의 연장 사유) 가족 간의
간병의무를 명시했다.

이와 대조적으로, 부양의무자의 범위는 이 시기에 부분적으로 축소
되었는데, 이는 1996년 생활보호법이 '직계혈족 및 그 배우자간, 기타
생계를 같이 하는 친족간'으로 폭넓게 규정되었던 민법의 부양의무 규
정에서 벗어나 '직계혈족, 배우자, 생계를 같이하는 2촌 이내의 혈족'
으로 한정된 독자적 규정을 만들게 된데 기인한다. 입양촉진및절차에
관한특례법은 1995년부터, 사회복지사업법은 1997년부터 이를 따르게
되어 부양의무자 범위는 표면상 줄어드는 듯 했다. 그러나 그 범위가
좁아진 대신 국세 및 지방세 체납 처분절차의 적용이 가능해지는 등
(생활보호법 법률 제5360호 제39조 4항 비용의 징수) 강제성은 오히려 더
강화되었다. 1992년 사회복지사업법에 이미 마련되었던 부양의무자에
대한 비용 징수 규정에서(사회복지사업법 법률 제4531호 제32조 비용의
징수), 그 절차의 명확성과 구속력이 한층 향상된 것이다. 노인복지법
(법률 제5359호)에서도 1997년 부양의무자에 대한 비용 징수를 복지시
설만이 청구할 수 있던 것을 제3자의 청구까지도 가능하도록 조정했

다(제 46조 비용의 수납 및 청구). 결국 부양의무자의 범위는 다소 축소되었으나 가족에 요구되는 '부양기능'은 이 시기에 한층 집약화된 셈이다.

노인과 장애인 관련 정책에서 가족 단위의 '부양과 간병 기능'에 대한 강조는 더욱 뚜렷해진다. 이전 시기에도 그러했듯이 가족의 역할 강화는 당시 장애인 및 노인정책의 동일한 목표였다. 사회복지서비스의 기본 방향은 시설보호자를 제외하고는 어디까지나 지역사회내에서 "가족생활체제를 유지할 수 있도록 하는" 재가 복지서비스, 노령수당 등을 통해 '가족기능을 지원'하는 것이었다(보사부, 1992, 제 7차 5개년 계획: 292). 장애인과 노인의 인권과 복리에 대한 관심은 여전히 그 실현을 "가족을 통해" 도모하려는 일관된 시책들을 양산해내고 있었다. 장애인 복지의 경우 대상자들이 가족에서 생활하는 것을 전제로 가정 중심 재활 프로그램 실시에 주력해야 한다는 내용이 주를 이루었고(보사부, 1986, 제 6차 5개년계획: 55), 노인복지에서도 건전가정보전과 유지 발전을 통해 자가보장적 기능을 제고할 것이 거듭 강조됐다. 특히 노인 복지의 경우 3대가 주축이 된 우리의 전통적 얼이 담긴 건전가정모형을 개발, 보급할 것과 효자, 효부, 효행자, 전통 모범가정 포상[95] 실시 등을 통해 범국민적인 차원에서 가족의 전통적 기능 수행을 활성화하는 방안이 강구되기도 했다(보사부, 1988, 1990, 노인복지사업지침).[96]

---

95) 여기서 '효행자' 포상은 웃어른을 공경하고 동거를 통해 실질적인 부양의무를 수행하면서, 물질적, 정신적으로 극진히 부모를 봉양한 자에게 주어진다고 되어 있으며 '전통 모범가정'은 4세대 이상 동거하면서 부모와 웃어른 중심으로 문제를 해결하는 가정으로 설명되었다. 이는 곧 경제적인 부양의무와 정서적 차원에서의 경로효친사상을 모두 실천하는 경우, 평등한 가족관계가 아닌 장유유서에 근거한 전통적인 가족관계를 바람직한 것으로 장려, 유지하고자 하는 정부의 노력을 보여주는 것이다.

국가의 정책은 어디까지나 이러한 가족의 경계를 침범하지 않는 범위에서 설계되었다. 사회복지비 지출을 늘리기보다는 가정과 민간의 책임을 확대하는 것이 사회복지와 경제성장의 상호보완, 상승작용을 촉진시킬 수 있는 국가적 차원에서의 합리적인 선택임이 주장되는 경향이 지속됨에 따라 가족의 기능성을 불변의 것으로 전제한 상태에서 그 역할을 충실히 수행하기 위해서는 국가의 보조가 필요하다는 식의 접근이 고수된다. 당시의 가족정책자료들 속에서는 현대 산업사회의 역작용으로 발생한 가족 기능의 약화, 가족 해체의 가속화 등의 문제를 해결하기 위해 국가의 책임이 요구된다는 사실이 포괄적으로 인식되었음에도 불구하고 부양기능 지원과 같은 방식을 통해 가족이 현대사회에 적응해 가면서도 전통 가족의 맥을 이어갈 수 있는 관련 정책을 개발, 보완해야 한다는 논의가 주를 이루었다(사회복지정책심의위원회, 1994; 한국보건사회연구원, 1994: 1).

장애인 가정의 생활안정을 위한 생계보조수당은 한 가정에 2명 이상의 장애인이 있을 경우에도 명당 지급하는 개인대상 정책임에도 불구하고, 가정과 가정의 생활 안정을 궁극적인 고려대상으로 삼았으며, 장애인 상속세 인적 공제 등 또한 가족의 부양기능을 보조하는 차원에서 정의되고 강조되었다(1991. 장애인복지사업지침: 196). 또한 시설보호

---

96) 1990년대 어버이날 기념 행사에 쓰인 현수막의 내용들을 살펴보면 노인 문제를 관통하는 정부의 논리를 발견할 수 있다. 1992년에는 "집 안에선 부모 공경 집밖에선 노인 공경(보건사회부, 1992, 1992년도 노인복지사업지침: 50)"이, 1998년에는 "자녀 사랑 바다처럼 부모 공경 하늘처럼(보건복지부, 1998, 1998년도 노인복지사업지침: 156)"이 표어로 사용되었다. 2002년에는 "내가 하는 부모 공경 우리 자녀 바로 큰다(보건복지부, 2002, 2002년도 노인보건복지사업 안내: 102)"는 표어가 사용되었는데, 이와 같이 효 사상에 기반하여 다분히 감정에 호소하는 문구들을 통해 부모 부양의 문제는 자녀 양육만큼이나 당연하고도 필연적인 가족의 의무로 자리매김될 수 있었다.

보다 가정보호를 우선 선호한다는 정책 방향이 설정된 가운데 생계보조수당 지급, 저소득 장애인 가정의 생활안정을 도모하기 위한 조치들도 행해졌다. 장애인 승용자동차 특별소비세 면제 범위에, 생계를 같이 하는 자(직계존비속, 배우자, 이상이 없을 경우에는 형제, 자매)와의 공동명의로 등록한 경우까지 포함되어 장애인 가족을 직접적인 대상으로 하는 경우도 확대되었다.

노인복지 정책의 경우에도 노인부양가정에 세제수당 등의 혜택 부여, 주택상속 추가 공제 제도 실시, 3세대 동거형 주택 건립시 노인동거 가구에 우선 분양 혜택, 양도소득세 면제, 상속세 인적공제(상속세 및 증여세법 시행령 제 19조 2, 3항), 공무원 노부모 봉양수당 지급, 주택자금할증지원, 경로우대공제, 경로연금제도 등 다양한 가족 지원 대책들이 마련되어 정부가 장려하는 부양 역할을 수행하는 대상에 한하여 그에 상응하는 일종의 '보상'을 제공하는 형태가 갖추어진다(보사부, 1986, 제 6차 5개년계획; 보사부, 1988. 노인복지사업지침; 보사부, 1985, 장애자복지법령·업무지침). 사실상 노인에 대한 정책접근은 양분되어, 일반 노인 부양은 가정의 기능을 강화함으로써 해결하고 국가는 기본적으로 시설 노인 위주의 정책만을 수행한다는 일종의 분업구조가 형성되었다. 일반 노인의 경우에는 '질환시'와 같은 특수상황에서만 국가 개입이 허용됐다.[97]

---

97) 제 7차 경제사회개발 5개년계획에서 나타난 사회복지서비스의 기본방향은 가족생활체제를 유지할 수 있도록 가족복지기능을 강화하는 것을 한 축으로, 사회보장 차원의 지원을 확대하는 것을 또 하나의 축으로 삼고 있었다. 즉 가족복지기능과 사회보장기능의 조화를 시도한다는 것이었다(보사부, 1992, 제 7차 경제사회개발 5개년계획 보건의료·사회보장부문계획 1992-1996: 292). 그러나 당시의 사회보장기능이 시설보호 노인과 아동, 장애인 등 한정된 대상에게만 국한되어 있다는 점을 생각하면 주로 가족복지 기능 강화가

　장애인과 노인 대상의 재가복지서비스 역시 같은 맥락을 갖는다. 1987년에 시설보호 중심에서 가정에 있는 노인에 대한 보호와 지원 쪽으로 정책 초점이 이동하여 재가노인복지사업이 시범 실시되었으며 1989년에는 노인복지법에 유료노인복지지설이 도입된다. 그러나 그 세부 시책 내용이나 표현 양식의 차이에도 불구하고 정부는 노인 부양의 공간을 가정으로, 그 책임 소재를 보호자로 고정시킨 상태에서 국가가 그 공백을 메우는 역할만을 담당한다는 태도로 일관하고 있는 것으로 보인다. 재가복지사업은 단지 가족의 복지기능을 보충하는 시책으로 설명되었고(보사부, 1995, 보건사회백서: 17-18), 그 목표 또한 거택 및 자활보호대상 노인 가족, 단독세대 노인 가족, 맞벌이 부부와 동거하는 노인 가정을 대상으로 부득이한 사정으로 가정에서 보호가 불가능한 노인들을 낮에만, 혹은 단기간 동안만 국가가 돌봐주는 것으로 되어 있었다(보사부, 1992, 노인복지사업지침: 59).

　유료노인복지시설 설치 운영 지원이 구체적으로 논의되는 상황에서도 "전통적 가족제도가 저해되지 않는 범위 내에서 부득이한 사정으로 가정에서 봉양이 어려운 노인을 수용보호함으로써 입소노인의 복지증진과 노인봉양 가정의 부담을 경감한다"는 단서 조항이 따라붙었던 것은 이 같은 경향을 극단적으로 보여준다(보사부, 1992, 제7차 5개년계획; 보사부, 1992, 노인복지사업지침). 1992년부터 장애인 복지에서도 재가 장애인 순회 재활서비스가 제공되기 시작했고 1997년에는 장애인 주간 및 단기보호시설의 설치 및 운영이 강조되었다. 장애인 재가복지 서비스 역시 그 가족의 부담을 전제한 상태에서 가족의 부양기능을 지

국가적 차원에서의 실질적인 지향점이 되고 있음을 알 수 있다.

원하려는 데에 그쳤다(보사부, 1992, 노인복지사업지침: 361). 이는 궁극적으로 노인과 장애인 등에 대해 자체적인 부양의사와 최소한의 자립의지를 지닌 가족들만을 선별적으로 지원한다는 점에서 오는 형평성의 문제와, 이것이 곧 부양 기능을 다하지 못하는 가족에 대한 도덕적인 질책으로 이어질 수 있다는 위험성을 내포하고 있었다.98)

  ② 자녀 양육 역할의 확대

  1987-1997년에 더욱 뚜렷이 전개된 자녀에 대한 가족정책상의 의미부여는 가족 기능의 다각화, 정교화의 일환으로 강조된 부분이나 이와 관련해서는 그 설득을 위한 보다 다양한 논리들이 동원되는 독특한 현상이 나타나는 바, 독립적으로 다룰 필요가 있다. 이전까지 주로 '국가의 이익' 차원에서 나라의 미래를 이끌어갈 차세대 역군 양성이라는 면이 주로 강조되었던 자녀 양육의 영역은 이제 국가의 합리성 추구를 위해 가족의 복지 기능을 최대화하려는 지속된 노력 속에 가족이 수행해야 할 가장 핵심적인 역할의 하나로 자리매김되었다. 개정 어린이헌장(1988)에서는 아동복지의 기본 조건에 출생, 건강, 교육, 도덕적, 정신적 훈련, 오락, 노동 등을 제시하면서 여기에 "가정"을 또 하나의 조건으로 명시했고 제 7차 5개년계획은 아동 정책 부문에서 건전가정 모델을 제시하고 가정의 양육 기능에 초점을 맞추었다. 영유아보육법에서 보호자 우선 책임의 원칙이 표방되고, 1996년 「아동의 권리에 관

---

98) 이는 서구의 경우 지역사회 연대에 기반한 무조건적인 자선이라 할 수 있는 charity의 전통적인 부조 개념이 가족 단위의 경제적 자립을 촉구하고 자립의 지를 갖춘 선별적 지원인 박애 philanthropy로 바뀌어 가는 과정을 명쾌히 보여준 동즐로의 논의(1979)에서도 유사한 흐름을 발견할 수 있다(김혜경, 2000: 73).

한 국제협약」에서 아동의 가족적 환경, 행복, 사랑, 이해의 분위기에서 성장해야 할 아동의 권리가 명시된 것 또한 자녀 양육을 가족의 일차 책임으로 명시하고 아동의 보육과 교육이 가정에서 이루어져야 한다는 '정상가정 이데올로기'를 설파한 예였다(보건복지부, 1996, 아동복지사업지침: 300-316).

정부의 관심은 기본적으로 가족의 양육 및 교육에 대한 관심을 고양시키는 데에 있었다. 문제 아동 혹은 아동복지 수요의 사회화를 막는 예방 프로그램으로서의 가정의 건전한 기능 강화가 강조되는 이면에는 아동 문제는 가정에서 해결하는 것이 바람직하다는 전제가 깔려 있었다. 이 시기에는 특히 아동 문제를 가정과 연계해서 조명해야 한다는 주장이 대두하여 요보호 아동의 문제는 이혼, 결손가정과, 일반 아동의 문제는 맞벌이 부부, 취업모와 관련시켜 해결책을 모색하려는 정책적 분위기가 조성됐다. 이러한 흐름 속에서 가정은 잠재적인 문제 아동발생의 책임 소재로서 부각될 수밖에 없었다(보사부, 1992, 제7차 5개년계획).

자녀에 대한 증대된 관심은 당시의 가족계획사업의 방향 전환과도 연계되어 있다. 국가의 미래를 이끌어갈 자원으로서의 자녀에 의미를 부여하는 양상은 헌법 제정 이후 지속적으로 가족정책 속에 존재했으나 이는 당시 '인구자질 향상 시책'으로 방향을 전환한 가족계획사업의 변모한 성격에 근거하여 더욱 그 논리가 강화될 수 있었다. 출산율 하락과 노동력 부족의 담론이 대두하면서 이시기 국가의 인구 정책은 "양적 관리(quantity control)"에서 "질적 관리(quality control)"로 전환되고 인구의 수적 통제보다 육체적, 질적으로 양질의 노동력을 유지하고 충원하는 데에 관심이 집중되기 시작했는데(장경섭, 1992: 185), 인구의 수

가 아닌 인구의 질적 성장이 국력의 근원이 된다는 이 같은 논리는 곧
바로 이세 국민으로서의 아동에 대한 정책적 관심으로 이어지게 되었
던 것이다.[99]

  1987년 이후 정책자료들은 "모든 가정에는 자녀가 있어야 하며 바
로 이 자녀들이 우리 국가의 구성원이며, 국가를 이끌어갈 국민이 된
다는 것이고 우리 국민이 될 이 자녀들은 정신적, 육체적으로 건강하
여야 된다"는 사실을 역설했고 "자연자원이 빈약한 우리나라가 경제발
전을 지속시키고 국가 경쟁력을 강화하기 위해서는 인적 자원 개발이
중요하다는 인식 하에 국가의 지속적 발전을 위한 모자보건 증진을 도
모"해야 함을 역설했다(대한가족계획협회, 1989. 모자보건: 11-12, 23). 건
강한 어머니로부터 건강한 아이를 낳게 하여 정신적, 육체적으로 건강
한 국민을 만들어내고 인구의 자질 향상과 인적 자원 확보를 통한 국
력 배양을 이루어야 한다는 점이 부각되자 자연스레 가정 내에서의 건
전한 양육과 교육 책임도 더욱 강조되었다(보사부, 1986, 제 6차 5개년계
획: 217). 당시 활발히 논의된 아동보육체계 구축에 있어 맞벌이 가정
을 지원한다는 목표가 표방되었음에도 불구하고 공보육체계를 구축하
기보다는 단순히 개별 가정의 1차적 책임을 확대, 지원한다는 방향으
로 가닥이 잡힌 것도 이러한 맥락에서였다(1987-1997. 아동복지사업지침).

  한층 강화된 장애아 발생 예방 노력들과 철저한 임산부 관리 시도,

---

99) 당시 경제 개발 5개년계획에서는 인구 정책의 목표에 인구 증가 억제 외에도
   인구 자질 향상, 인구의 균형 분포가 포함되었고 모자보건사업에 대한 강조
   점이 이전에 비해 크게 강화된 상태였다. 질적으로 높은 수준의 국민을 확보
   하기 위한 조기 영양 교육과 합리적 영양 관리 등이 모자 보건사업에서 한층
   강조되어 우생학적 차원에서 국민의 자질 향상을 추구하는 경향이 더욱 확연
   해졌다(보건사회부, 1986, 제 6차 경제사회발전 5개년계획-보건사회부문계획
   1987-1991: 217, 221-225, 272).

선천성 대사 이상 검사의 보편화, 우생학적 사업 전개 등도 모두 가족
계획사업의 성공으로 자녀수에 대한 관심이 다소 누그러들자 이미 태
어난 자녀 쪽으로 정책의 무게가 실리게 되는 변화된 현실을 보여준다
(보건복지부, 1996, 보건사회백서: 23-24). 부모를 대상으로 한 장애의 조
기 발견, 대처방안 교육을 실시 등도 모두 적은 수의 아이를 낳되 보다
'완벽한 아이'를 얻고자 하는 시도였다(사회복지정책심의위원회, 1994, 21
세기를 대비하는 사회복지정책과제와 발전방향: 102). 울리히 벡(1990)이 이
야기했던 "기술적 진보를 이용하여" "아이에게 완벽한 출발점을 제공"
하고 태어난 아이들에게 최상의 교육과 양육을 약속하는 것이 일종의
종교로 자리잡는 현대사회의 속성이 우리의 가족정책에서도 구현되기
시작한 셈이다.[100] 단지 국가 차원에서 그것이 국익을 위한 행위로 적
극 장려되었다는 점만이 달랐을 뿐이다.

국가 이익과 관련한 자녀에 대한 가치 부여는 가족계획사업이나 모
자보건사업 이외에 개정 어린이 헌장에서도 두드러져서, 겨레의 전통
문화 계승을 위해 아동의 건전한 육성을 강조한다던가(제4조), 아동을
우리의 내일이자 소망이며 나라의 앞날을 짊어질 한국인으로, 유구한
민족의 역사를 계승 발전시키고 한국인의 기상과 포부를 드높일 원동
력(제11조)으로 규정하는 논조가 본격화된다(보사부, 1991, 아동복지사업

---

100) 울리히 벡과 엘리자베스 게른하임(1990)은 「사랑은 지독한, 그러나 너무나
정상적인 혼란(강수영 외 역, 1997)」에서 가족의 정서적 기능이 증대되고 사
랑에 대한 집착과 몰두가 확대되면서 완벽한 아이를 낳아 완벽한 사랑을 제
공하고 그로부터 완벽한 정서적 위안을 얻기 위한 노력이 증대된다고 보았
다. 이는 자녀에 대한 관심을 정서적 차원에서 해석하고 있다는 점에서 본
연구의 논지와는 거리가 있으나 '자녀'라는 존재가 부각되는 뚜렷한 변화를
근대성의 발현 과정에서 나타나는 거대한 흐름으로 직시하는 데에는 도움을
준다.

지침: 16-18). 아동 애호사상 고취 사업이나 보육시설의 교육 기능 강화를 통한 국민자질 향상을 도모하려는 시도가 정책으로 구현되기도 한다. 모자보건사업이 분만개조 위주에서 예방 보건서비스 위주로 확대 개편됨에 따라 건강한 자녀를 낳아 기르기 위한 노력은 더욱 극대화되었다(보사부, 1989, 아동복지사업지침: 7; 보건복지부, 1996, 보육사업지침: 161).[101]

그러나 이쯤에서 이렇게 1987-1997년 사이에 확연히 증가한 자녀를 중시하는 경향이 단지 근대국가의 필요에 의해서 뿐 아니라 보다 자유민주주의적인 아동의 인권과 존엄성이라는 차원에서 다시 한번 강조됨으로써 그 윤리적 근거를 더욱 명백히 확보했음을 언급할 필요가 있다. 자녀에 대한 가족의 책임이 국가합리성이나 국가의 이익에 의해 가족에 부과되는 한 편으로 '아동 인권'에 대한 주장 또한 증대된 가족의 양육 책임을 정당화하고 이를 촉진하는 또 하나의 동력으로 작동했다. 제 7차 5개년계획 중 아동입양정책 분야에서 '아동 인권' 중심 입양사업으로의 전환이 주장되고 가족계획사업도 태아의 생명존중의식 제고를 위해 부계혈연주의를 타파해야 함을 강조하는 등 아동의 인권이 더욱 확연히 부각됨에 따라 그것을 존중해야 할 가족의 의무도 커졌다. 자유민주주의의 확연한 부활로 특징지워진 이 기간 동안 가족은 기존에 근대국가, 혹은 근대국가의 옹호 하에 팽창한 경제적 영역에 의해 일방적으로 규정되던 것에서 벗어나 그 내적 가치들이 일정 정도 거시적 영역과의 균형을 회복해가는 모습을 보이기 시작했던 것이다.

---

101) 이 시기에 영유아 건강 관리 중 예방 접종 관련 내용들이 전염병 예방사업에서 모자보건사업으로 전환되어 새로이 독립적으로 강조되기 시작한 것 또한 이와 관계가 있다(대한가족계획협회, 1989. 모자보건(1989. 11. 30): 30).

(2) 가족 경계의 혼란과 부계 혈연주의의 타파 노력

가족 단위를 규정함에 있어 부계 중심의 혈연 공동체성이 전제되고, 그러한 전제가 1980년 이후 양계제적 가족 규정이 확산됨에 따라 혼란스러운 상황에 놓이게 되었음은 앞서 1980-1987년의 추이를 논의하면서 이미 언급한 바 있다. 이러한 혼동은 1987-1997년에도 미해결의 과제로 남아있었다. 당시에도 부계 혈연주의를 극복하기 위한 노력은 계속되는데, 1990년 가족법 개정은 그 중대한 계기 중 하나였다. '호주 상속'에서 '호주승계'로의 명칭 변경과 호주의 권리와 의무에 대한 대대적인 손질은 가족법 속에 자리한 부계 혈통주의와 그 속에서의 호주의 특권을 상당부분 약화시키는 내용을 담고 있었다. 호주에게 5할이 가산되던 재산상속상의 특혜가 소멸되고, 불분명 재산에 대한 호주소유추정(제796조), 거소지정권(제798조), 한정치산 선고권, 금치산 등의 후견인의 순위(제933조), 기혼자의 후견인의 순위(제934조), 분묘 등의 승계(제996조) 등 호주의 권한을 보장했던 조항들이 대대적으로 삭제되었다. 부의 혈족 아닌 직계비속의 입적에 호주의 동의가 필요했던 규정도 사라졌다(제784조 1항). 권리가 크게 줄어든 대신 의무도 약화되어 호주의 부양의무(제797조)가 삭제되고, 개인의 호주상속 포기가 가능해졌으며 뱃속의 아기에게 호주 상속을 하던 대습상속의 관행(제990조)도 소멸되었다.

호주제의 약화 외에도, 친족 범위가 축소되고 혈족에 자매의 직계비속도 포함되는 등의 변화도 양계제적 성향의 팽창을 보여준다(민법 법률 제4199호 제777조, 제769조). 이혼자의 양육책임과 친권자에 대한 규정에서 부모의 평등한 권리를 보장한 것(제909조), 부계를 기준으로 자동적으로 성립되던 계모자, 적모서자의 관계를 인척관계로만 인정한 것(제 733, 734조 삭제), 모자나 이혼녀의 일가창립을 가능케 한 것(제 787조), 여호주의 징검다리 역할이 사라진 것(제 792조, 제 980조) 등은 모두 남성을 기준으로 하는 부계 혈연주의의 틀 안에서 여성의 존재와 권리가 규정되던 관습을 개선한 내용들이다. 입양시 부모의 협의를 강조한 것(제 874조)이나 부인의 동의 없이 아이가 호적에 올랐을 때 부인이 소를 제기할 수 있도록 친손자관계부존재 확인 조항(제 920조의 2)이 마련된 것은 좁은 의미에서는 부부간의 평등권 회복으로 이해할 수도 있지만 보다 넓게는 혈통 계승을 위해 친족회 등 부계 쪽에 주어져 있던 결정권이 모의 권한으로 복권된 것이라는 점에서 부계 혈연성의 약화를 의미하는 것이기도 했다.

가족법의 변화는 기타 법제들에 보다 구체화된 형태로 반영된다. 영유아보육법에서 '보호자, 친권자' 개념이 민법 개정에 따라 부모 모두를 의미하게 된 것이 그 하나이다. 생활보호법의 경우 1992년까지 민법의 부양의무자 규정(제 974조)을 따라 '직계혈족 및 그 배우자간, 호주와 가족간, 기타 생계를 같이 하는 친족간'으로 그 범위가 정해져 있었는데, 생계를 같이 하는 친족이라 함은 8촌 이내의 부계혈족, 4촌 이내의 모계혈족, 남편의 8촌이내의 부계혈족, 남편의 4촌이내의 모계혈족, 처의 부모, 배우자를 의미하는 것으로 부계와 모계에 엄연한 차이가 전제됐다. 그러나 이는 1992년부터 민법 개정안에 따라 부계 모계 구분없이 4촌 이내의 혈족, 남편의 4촌이내의 혈족, 처의 부모가 부양의무자 범위에 포함되게 되어 부계, 모계의 차이는 사라진 채 남편, 아내의 경우만 달리 유지되다가, 1996년에는 '2촌 이내의 혈족'으로 범위가 축소됨에 따라 비로소 그 대칭점이 회복된다(보사부, 1990, 1992, 1996, 생활보호사업지침).[102] 부계 지향을 가시적으로 드러냈던 국가유공자예우등에관한법률(법률 제 4457호)에서도 1991년 연금지급순위에서 '호주 상속하는 손자가 호주 아닌 자녀에 우선한다'는 표현을 삭제하여 호주에 대한 특권을 사실상 폐지한다. 고용보험법도 1997년 '수급기간의 연장 사유'에 본인 또는 배우자의 질병 부상, 본인 또는 배우자의 직계존속의 질병 또는 부상을 포함시켜 가족의 범위를 양계로 넓혔다(고용보험법 시행령 대통령령 제 15367호 제 50조).

그러나 이러한 노력에도 불구하고 가족 범위를 설정하는 근간으로서의 부계 혈연주의의 잔재는 완전히 사라지지 않았으며, 부분적으로는 더욱 확고해진 측면도 있었다. 생활보호사업은 아들 딸에 명확한 구분을 두지는 않았지만 '출가한 딸'의 경우를 예외적인 항목으로 분리시켜 생계를 같이 하는 경우에 한하여 친정 부모에 대한 부양의무가 있는 것으로 본다는 내용을 신설했다(보사부, 1990, 생활보호사업지침: 13). 이는 기혼 딸을 '직계혈족 및 그 배우자간'의 범위에 포함하지 않는 예외적인 경우로 취급한다는 의미로, 이 내용은 1996년 부양의무자의 범위 중 '직계혈족 및 그 배우자간'에서 출가한 딸은 예외로 할 수 있다는 조항이 명시됨에 따라 더욱 확고해졌다. 1992년에 호주에 대한 특권이 삭제된 국가유공자예우등에관한법률의 경우에도 1994년 개정시(법률 제 4817호) 딸의 경우에만 출가 여부가 유족 순위 결정에서 중요해진다. 미혼의 경우에는 아들과 동등한 순위가 되지만 기혼 딸의 경우에는 아들은 물론, 형제 자매보다도 낮은 순위에 놓였다.

의료보험법에도 장남과 장손에 대한 특별 규정 - 동거하지 않아도 부모 및 조부모에 대한 부양의무를 진다는 - 이 유지되었고, 딸의 경우

---

102) 호주와 그 가족간의 부양의무 규정은 민법에서는 1990년 이미 사라졌으나 생활보호법에서는 그 이후까지 유지되다가 1994년에 이르러 삭제되었다.

미혼, 기혼의 구분이 확연해졌다. 미혼 딸은 아들과 동일하게 취급하지만 결혼해서 일가를 꾸민 경우를 포함, 부모와 동거하지 않을 경우에는 독립적인 생계를 유지할 수 있는 남자 형제, 여자형제가 전혀 없어야 부모에 대한 부양의무를 지게 된 것이다. 여기서 장녀일 경우에는 장남과 동일하게 무조건적 부모 부양의무를 갖지만 일단 결혼을 하면 기혼의 딸로 분류되는 점으로 미루어, 아들, 딸의 구분보다는 미혼딸과 기혼딸의 구분이 더 두드러지게 나타나고 있다 할 것이다. 또한 시부모와 장인 장모에 대한 자녀의 부양의무는 동일하나 아직도 며느리와 사위에 대한 규정은 달라서, 1987년 법적으로 피부양자의 범위에 직계비속의 배우자가 명시된 후에도 정책 수행 차원에서는 사위는 동거시에만 그리고 그의 직계비속이 없을 경우에만 장인, 장모의 피부양자로 인정되었다(의료보험관리공단, 1989: 41-47). 이렇게 딸의 경우 미혼과 기혼을 나누어 가족 구성원으로서의 자격 여부를 결정하는 것은 여성의 경우 '결혼 전에는 아버지를 따르고 결혼 후에는 남편을 따른다'는 삼종지도의 원리에 뿌리를 둔 부계 혈연주의의 흔적이라 할 수 있다.[103]

---

103) 이렇게 양계제로의 확대가 시도되면서도 부계 혈연주의가 곳곳에 남아있는 혼란스러운 현실은 여타 가족정책들의 가이드라인이 되고 있는 가족법의 성격과 무관하지 않다. 1990년 가족법 개정은 나름대로 평등주의적 관점에 기반하여 부계 혈연주의를 약화시키려는 시도가 담겨있던 것으로 평가되지만 그럼에도 불구하고 상당부분에서 여전히 부계혈통을 옹호하는 시각이 발견된다. 모와 호적을 같이 하는 자를 부가 인지했을 경우 곧바로 부의 호적에 기록하도록 한 것이라던가 여성의 관계에 의해서가 아니라 부계 혈연주의에 근거한 가(家)에서의 위치에 따라 호주 승계인이 정해지는 것(993조 여호주와 그 승계인, 987조 호주 승계권 없는 생모), 여성에게만 혼인 해소 후 6개월간 혼인 신고를 불가능하도록 하여 혈통의 확인을 가능케 한 것 등은 모두 부계 혈통에 대한 여전한 고수를 보여준다.

결국 부계 혈연주의를 약화하려는 시도와 유지하려는 시도가 같은 정책, 같은 법제들 속에서 공존하는 모순된 상황 속에서 가족의 경계는 필요에 따라 양계제적으로 확장되기도 하고 부계 혈연 중심으로 규정되기도 하는 매우 혼란스러운 상황 속에 놓여 있을 수밖에 없었다. 가족 단위 설정에 있어 이렇게 혈연을 기준으로 하는 공동체주의의 성격이 일관되지 못한 모습을 보이는 것은 가족 공동체를 가장 근본적으로는 혈연을 중심으로 규정하되 확고한 원칙이나 목표 없이 그때그때 국가의 재정적 부담을 최소화하고 가족의 자가보장기능을 최대화하여 국가합리성을 제고할 수 있는 방안을 선택하는 과정에서 나타난 문제점들이나 시대적 요구ㅡ남녀차별의 문제나 부계혈연주의의 약화ㅡ에 따른 땜질처방식 조치들이 축적된 결과였다 할 것이다.

이러한 맥락에서 가족 경계의 혼란은 비단 부계 지향적, 양계 지향적 성향 이외에도 뚜렷한 기준 없이 그 경계가 유동하는 양태를 보이기도 한다. 일례로 의료보험법은 1987년에 피부양자에 기존의 배우자, 직계비속, 직계존속(배우자의 직계존속) 이외에도 새로 "형제 자매"와 직계비속의 배우자(며느리, 사위)를 포함했다(법률 제3986호 제3조 용어의 정의). 형제 자매의 경우 가입자와 동거하는 자로서 미혼이고 부모가 없는 경우, 혹은 동거하지는 않지만 미혼이고 부모 및 남자형제가 없는 경우에 한해 그에 대한 부양의무를 인정한 것이기는 했으나(의료보험관리공단, 1989: 41-47), 이 규정 속에서 가족은 분명 이전보다 더 넓은 범주로 전제되었다. 또한 이상에 명시된 경우가 아니어도 피보험자에 의해 주로 생계를 유지하고 있음이 확인되면 부양의무를 인정하게 되어 그 범위가 더 광범위해질 가능성도 배제할 수 없게 됐다. 특히 형제자매를 유족이나 가족의 범위에 추가하는 경향은 1987-1997년 사이에 심화되었다. 고용보험법(법률 제 4644호)에서도 미지급의 기본급여 지급대상에 형제자매를 포함했으며 생활보호사업에서도 1994년 '형과 미성년 제매간'이라는 부양관계 규정이 새로이 들어갔다.[104]

반면 같은 해 공무원연금법, 군인연금법, 사립학교교직원연금법 개정에서는 국가의 재정지출을 줄이고 가족에게 부담을 전가하려는 시도 하에 가족의 범주를 축소하는 상반된 경향성이 나타난다. 이 세 법에서는 유족의 범위를 "퇴직시점"을 기준으로 수정하여 대상자의 재직 당시 그 관계가 이미 성립되어 있었던 경우에 한해서만 유족으로 인정한다는 내용이 삽입됐다. 이러한 유족의 축소가 국가의 재정적 어려움을 극복하기 위한, 더 나아가 일종의 국가합리성을 추구하기 위한 선택이었음은 충분히 미루어 짐작할 수 있다. 결국 의료보험과 같이 가족의 의무가 최대화될 필요가 있을 때에는 확장된 범위를 부과하는 한편, 국가의 재정 지출이 필요한 유족 범위 결정에 있어서는 단서조항들을 삽입함으로써 그 범위를 축소하려는 시도가 병행된 셈이다. 결국 상반된 것으로 보이는 이 두 흐름은 결국 가족의 복지 기능을 최대화하고 국가의 부담을 최소화하려는 공통된 의도에 그 뿌리를 두고 있었다 하겠다. 이 과정에서 가족은 국가의 필요에 따라 언제든 그 범위가 조정될 수 있는 유동적 단위로서의 모습과 성격을 부여받게 되었다.

그러나 이러한 혼란의 한 측면을 이루는 부계 혈연주의의 약화가 강조되는 이면에는 나름대로 의미있는 논리의 변화가 발견되기도 한다. 이전 시기에 가족정책 속에 부상했던 부계 혈연주의 극복 노력이

---

104) 형제자매가 가족이나 유족의 범위에 포함되는 양상이 전무했던 것은 아니다. 산재보험법에는 1970년부터, 근로기준법은 1975년부터 형제 자매가 대상에 포함되어 있었다. 의료보험법의 경우에는 1980-1987년 사이에 이미 형제자매가 피부양자에 포함되었다.

주로 남아선호사상 개선을 통해 국가의 경제성장의 초석이 되는 인구 억제 효과를 높이려는 의도 하에 이루어졌다면 이제 부계 혈연중심성 타파 그 자체가 의미를 획득하는 단계에 돌입한 것이다. 먼저 부계 혈연주의는 더이상 근대국가의 이익 같은 강압적인 요소에 의해 그 수단으로 강제되는 것이 아니라 '합리적 문제 해결'의 가치인 객관적이고도 합리적인 '기준'과 배치되는 요소로 그 내적 의미가 정제되었다. 일례로 가족법 개정에서는 당시의 변경 내용을 "여성의 지위를 개선하고, 불합리한 요소를 제거하며 합리적 기준을 적용"한다는 취지에서 설명하면서(법제처) 특히 호주제도의 개선을 후자의 대표적인 경우로 언급했다.105) 여기서의 합리성은 국가적 차원에서의 합리성이나 기술합리성과는 구분되는, 주로 정책 절차나 과정상의 '합리적 기준'을 의미하는 것이라는 점에서 '부계 혈연주의의 극복'이라는 가족의 내적 성격속에 '합리적 문제해결'이라는 근대국가의 가치가 포함되게 되는 일련의 과정을 보여준다.

또한 부계 혈연주의의 약화는 간접적으로 '남녀평등' 가치의 가정내 적용으로 설명되기도 했다. 앞서 언급했던 바와 같이 당시 남녀평등이 이미 미시적인 차원에서 합리적 기준과 교육 투자의 효율성 같은 개념과 결합되어 있었던 것처럼, '부계혈연주의의 약화' 역시 같은 맥락에서 강조된 까닭이다. '남녀평등'에서 '합리적 기준'이 강조되었듯 '부계 혈연주의의 약화' 또한 "합리적 기준을 적용"하기 위한 것으로 설명됨에 따라 이 가치는 합리적 문제해결 가치와의 연관 하에 남녀평

---

105) 호주의 명목상의 특권과 의무를 삭제하고, 징검다리 역할에 머물던 여호주의 지위를 개선하여 그 가의 혈통을 계승할 남자가 그 가에 입적할 경우 바로 호주의 지위를 상실하던 관행을 없애는 이 모든 시도들이 민법의 합리성을 제고하기 위한 것으로 제시되었다.

등의 가족 내 적용이라는 보다 구체화된 의미를 획득할 수 있었다.

(3) 정서적 기능에 대한 정책적 의미부여

80년대 초반에 행복하고 단란한 가정, 가족 결속력 강화, 가족관계
의 개선 등이 가족의 자가보장 기능을 강화하려는 시도 하에 가족의
경제 공동체적 성격을 공고히 뒷받침하는 하나의 필요 조건으로서 부
각되었다면 1987-1997년에는 표면적으로 이러한 가족의 정서적 측면
에 대한 관심이 더욱 공공연히 가족정책 자료들의 지면을 채워가기 시
작했다. 당시의 문헌들을 살펴보면 "참다운 가정", "행복한 가정", "화
목한 가정", "가정다운 분위기" 등의 표현이 그 어느 때보다도 확연히
증가했음을 확인할 수 있다(보사부, 1988, 노인복지사업지침: 7; 보사부,
1992, 제 7차 5개년계획). 그러나 이들이 사용되는 방식은 이전과 크게
다르지 않았다. 초점은 가정의 행복과 화목이 노인 부양이나 아동 양
육에 밑바탕이 된다는 점에 있었다. 대표적으로 입양촉진및절차에관
한특례법에는 입양자 조건에 경제적인 능력 외에 "가정이 화목"해야
한다는 조항이 삽입되었는데(법률 제 4913호 제 2조 기타 양친될 자의 조
건) 이는 행복한 가정의 이미지가 결국 국가가 원하는 방식의 기능을
가족이 온전히 수행하는데 필요한 조건으로서 전제되고 있음을 보게
한다.

가족의 관계적 측면인 가족 응집성, 가족 결속력 또한 전통적 가족
제도의 기능을 뒷받침하는 요소로 강조된다(보사부, 1988. 노인복지사업
지침: 7). '가족 결속력 약화'를 해결한다는 목표를 표방한 국가적 개입
은 곧바로 "부양기능 지원"과 같은 방식으로 구체화되었다(사회복지정
책심의위원회, 1994: 78). 가족의 결속력이 부양기능을 보존하기 위한 일

종의 선행 조건으로 간주되었다는 의미이다. 특히 7차 개발계획에서 노인의 '가족내 통합'을 증진하는 것이 목표로 설정됨에 따라 가족 관계에 대한 관심은 더욱 배가된다. 부녀복지사업에서도 '가족결속력' 약화와 '가족 기능의 약화'를 극복하고 가정과 지역사회 중심 복지 서비스를 실시하는 데에 매진할 것이 강조되었다(복지정책과, 1997, 한국사회복지 현황과 과제: 44). 행복한 가정의 이미지와 가족관계는 가족의 정서적 기능 그 자체로서가 아니라 이를 통해 가족의 자가보장기능의 수행을 뒷받침하도록 한다는 점에서 부각된 셈이다.

그런데 이러한 가족의 정서적 분위기에 대한 증대된 관심은 실제 가족의 범위를 벗어나 보다 추상적인 차원에서 가족의 '이미지'를 부각시키고 그것을 무조건적으로 지향하도록 하는 상황을 야기했다. 사회복지시설이나 시설보호서비스의 운영원칙에 있어 그 분위기가 가정적이어야 한다는 사실이 정책 자료 곳곳에서 거듭 명시된 것을 비롯하여, 세부적으로는 아동복지시설, 노인복지시설 등 요보호대상들을 상대로 하는 기관들이 "참다운 가정"이 되어야 함이 강조되었다(보사부, 1992, 제7차 5개년계획: 352; 사회복지정책심의위원회, 1994). 즉 비록 다분히 도구적인 차원이기는 했지만 가족이 갖는 보다 정서적이고 애정적인 면에 대한 의미 부여가 심화되면서 정서적 공동체, 은신처로서의 분위기가 이상화되고 그것이 모든 가족을 대신하는 시설들의 이상향으로 부각되기 시작한 것이다. 이러한 가족의 근대적 가치들은 사실상 가족의 경제 공동체적 성격을 뒷받침하는 범위 내에서 선택적으로 강조된 것이었으나 이것이 재가복지사업과 복지시설 등이 따라야 할 지침으로 간주되면서 정책상 '가족으로의' 추상적, 실질적 함몰은 한층 더 심화됐다.

대안적 가족이 활발히 모색된 것도 같은 맥락이었다. 아동정책에서는 부모가 제기능을 하지 못할 경우 친척 또는 후견인과 동거하는 가족 형태를 유지, 지원하는 방안을 적극 개발하고자 했다. 소년소녀가장이나 기아, 학대받은 아동 등을 일시적, 혹은 장기적으로 보호하는 가정위탁제도가 바로 그 예이다. 시설보호 이전에 건전한 가정 내에서 아동이 양육될 수 있도록 하는 조치나 대안적 가족 형태로 그룹홈 제도의 도입을 추진한 것도 결국 혈연관계가 아닌 새로운 가정의 제공을 통해 아동 복지를 해결하고자 한 시도였다. 다시 말해 가족이 기능을 못할시 그 가족을 포기하고 새로운 대안을 찾도록 하는 시도는 활발해졌으나 가정을 이상화하는 담론 구조 속에 실질적인 "가족의 기능" 자체에 대한 기대는 더욱 극대화된 셈이다. 1997년 시작된 장애인 공동생활가정 운영도 이러한 논리의 산물이었다.

이 같은 맥락에서 가족은 은신처로서의 이미지를 이전보다 확고히 포함한 모습으로 고정되었으나 이는 여전히 국가합리성을 추구하는 차원에서 부각된 가족의 경제 공동체적 성격을 지지하는 범위 내에서 인정되는 제한성을 가지고 있었고, 정책 차원에서 증폭된 가족의 추상적이고 이상적인 이미지에 대한 이러한 주장은 모순되게도 가족의 기능을 더욱 불가침의 영역 안에 고정시키는 결과를 초래했다. 여기서 우리는 가족이라는 공간을 가족성원간의 의무로 연결된 고립된 사적 공간으로 만드는 동시에 그 목표를 위해 끊임없이 개입하는 가족정책 담론 속에서 가족의 위치가 여전히 종속적인 상태에 머물고 있음을 확인할 수 있다. 가족의 기능이 다각화되고 이상화됨에 따라 오히려 가족에 대한 정책적 압력은 더욱 커진 셈이다. 그러나 앞서 살펴보았듯이 자유 민주주의와의 연계 하에 그 내적인 가치들이 회복되는 경향이 여기에 더해짐으로써 이 시기의 가족은 이전의 국가에 의한 일방적인 동원구조에서는 일면 탈피한 새로운 국면에 놓이게 되었다.

3) 여성 성역할의 혼란

(1) 가정 내 성별분업 구조에의 도전

이 시기 가족의 근대성에서 나타난 가장 현격한 변화의 하나는 바로 성별 분업 구조와 여성 성역할의 혼란이다. 1948년부터 1980년대 초중반까지 성별분업구조는 어떤 의미에서는 주로 근대국가라는 거시적 제도 하에 가족 속에 끊임없이 전제되고, 또한 남성과 구별되는 사회적 참여의 방식을 제시해줌으로써 여성 자원을 최대한 활용하기 위해 사회적인 의미로 확대되기까지 했던 가치였다. 그러나 이제 가정 내적으로는 성별분업구조가 강력한 도전에 직면하는 한편, 가정 외적으로는 사회적 성별분업이 강화되는 이중적인 과정이 발생했다.

먼저 가정 내부에서의 일반적인 성별분업의 경우 근대국가와 경제적 영역, 문화적 영역에서 성별 분업구조에 대한 규정방식이 통일되지 못함에 따라 그 자체로 매우 혼란스러운 담론구조가 형성된다. 근대국가 차원에서는 여전히 성별분업이 지지되었다. '국가의 보호'에 있어서는 요보호 여성이나 근로 여성 보호에서 성별분업구조를 전제하고 남성의 영역에 진출하거나 진출에 어려움을 겪고 있는 여성들을 국가가 배려한다는 입장이 견지되었으며, 모성보호 강화로 인해 성별분업구조에 입각한 국가 보호의 범위가 오히려 더 확장되기도 했다. 고용보험법에서는 모성보호의 범위를 육아를 포함하는 것으로 확대규정하면서, 육아휴직을 여성에게만 해당하는 것으로 명시했는데(고용보험법 시행령 대통령령 제 145705호 제 34조 육하휴직장려금의 지급), 이는 기혼 여성의 고용과 영유아 보육에 대한 지원이 의욕적으로 증가하는 상황 속에서도 여성의 양육기능 수행을 당연시하는 성별분업 구도에 대한 전제가 국가의 모성보호 정책에 반영되고 있음을 의미한다.

요보호 여성 보호 역시 이전처럼 성별분업구조의 기반 위에 계획되고 수행됐다. 1989년 모자복지법 제정을 통해 법제화된 모자가정 보호는 전통적인 가부장제적 인습으로 여성의 사회 활동기반이 매우 취약한 형편을 감안하여 저소득 모자가정이 당면하고 있는 경제적 곤란, 자녀 양육과 교육의 문제에 대해 국가적 차원의 보살핌을 제공하려는 시도를 시현하기 위한 것이었다(사회복지정책심의위원회, 1994: 5-6). 이 법에서 "모자가정"이라는 용어 자체가 '모가 세대주인 경우, 또는 세대주가 아니어도 세대원을 사실상 부양한 경우(법률 제 4121호 제 4조 정의)'로 규정된 것은 생계부양자인 남편이 없거나 있어도 부양능력이 없는 여성, 스스로 부양의무를 지고 있는 여성을 지원대상으로 삼음을 뜻한다는 점에서, 모자복지법은 남성의 부양기능이 수행되지 못하는, 즉 성별분업구조가 준수되지 못하는 가정을 정상가정이 아닌 것으로 인지하고, 그에 대한 국가적 책임을 인정하는 성격을 보인다. 남녀평등의 가치가 본연의 의미를 되찾는 과정에서도 여성에 대한 국가의 태도가 여전히 '평등'보다는 '보호'쪽에 치우쳐 있었던 것은 바로 남성의 경제 부양을 전제하는 정책 기조가 유지되고 있는 이러한 현상과 무관하지 않다.

성별 분업 구조는 국가합리성 차원에서도 지지되었다. 국가의 재정 부담을 줄이기 위해 가족의 공동체성을 강조하는 정부 시책들은 은연 중에 남성을 생계 부양자로 전제하고 이들을 우선적인 지원 대상으로 삼는 경향이 있었다. 일례로 이 시기에 장애인 자립자금 대여가 남성

세대주만을 대상으로 한 것은 가족을 하나의 단위로 보고 자립자금 융자를 통해 가족의 경제적 어려움을 지원하는 과정에서 자연스럽게 성별분업을 전제하고 남성에게만 기회를 준 예이다. 산재 보험법의 경우 유족보상연금의 수급자격자를 명시함에 있어 여전히 근로자의 사망당시 그에 의하여 부양되고 있던 자 중 '처'라고 지목한 표현이 그대로 유지된 것이나 1971년 시행령 17조에 규정되었던 "남편, 부모, 조부모는 60세 이상이어야 유족보상연금 수급권자의 범위에 포함되는 것으로 인정한다"는 내용이 법조항으로 포함된 것 또한 모두 남편이 1차적인 취업 대상이라는 성별분업 논리를 지지한다.[106]

여기에 경제적 영역에서의 '노동력의 상품화' 가치가 성별분업의 원리를 지지하는 새로운 논리로 등장한 것은 흥미롭다. 사실상 이는 남녀평등 가치가 크게 강조되었던 1987년경부터 보육체계의 마련 등 여성노동 지원체계의 수립이 정책적인 관심사로 부상했던 당시의 상황과 모순된 것으로 보인다. 그러나 1990년 이후부터 여성노동력 이용에 있어서 기존의 성별 분업구조에 기반한 노동 형태가 여성에게 권장되는 양상이 나타나 기존의 여성 성역할과 여성의 사회 진출은 대립하기보다 오히려 상호 결합하고 타협하는 위치에 놓여졌다. 정부가 여성을 보호의 대상으로 삼아 모성을 중심으로 지원하던 모성주의적 입장에서 여성노동 지원정책으로 선회하기 시작한 것은 사실이었으나 이러한 노동력 진출의 계획이 오히려 기존의 성별분업구조의 토대 위에 세워지는 독특한 경로를 거쳤다.

---

106) 국민연금법에도 부인의 경우에는 무조건적인 수급자가 되지만 남편의 경우에는 60세 이상이 되어야 연금수급 자격이 주어지는 내용이 남아있는 상태였다.

이미 지적했듯이 당시 정부는 민간 및 가정보육시설을 확충하여 취업여성과 미혼유휴여성인력을 산업인력화하는 방안을 모색하고 있었다. 여성에게 활발한 사회 진출을 장려하면서도 여성 본연의 역할로 간주되어온 육아와 양육 영역을 사회적으로 확장하여 여성의 사회활동영역을 그 안에 제한시키는 이중적인 태도를 보인 것이다. 고용보험법 제정시 육아휴직을 허용한 사업체에 장려금을 지급하도록 한 것(시행령 대통령령 제 14570호 제 23조 육아휴직 장려금의 지급) 또한 모성과 여성의 노동력을 조화시키기 위한 시도이긴 하지만, 육아를 모성의 영역으로 간주한다는 점에서 기본적으로 양육에 대한 여성 책임을 강조하는 성별분업구조를 답습하고 있었다. 1995년 남녀고용평등법에서는 육아휴직을 "근로여성 또는 그를 대신한 배우자가 육아휴직을 신청할 수 있도록(법률 제 4976호 제 11조 육아휴직)" 법규정이 바뀌었으나 그 표현상 양육의 1차적 책임을 여성에게 두는 경향은 여전하다는 점에서 성별분업구조의 완전한 포기라고 보기는 어렵다.

그러나 근대국가와 경제적 차원에서 직접적으로 전제된 여성의 경제적인 의존성 담론에 대한 도전도 거세졌다. 특히 자유민주주의 영역에서 부각된 남녀평등의 가치는 가정 내 성별분업구도를 위협하는 가장 주도적인 힘이었다. 제 6차 경제사회개발계획에서는 남녀평등의 목표를 내세워 전통적인 남녀 역할분담구조를 탈피할 것을 주장하면서 교육이나 사회 진출 영역에 있어서의 남녀의 차이를 포괄적으로 부정하는 양상을 보였다.[107] 평등의 구호 아래 성별분업을 개선해야 할

---

107) 구체적으로는 성차를 역할 차별로 인정하는 교육을 지양하고 남녀 분리되어 실시되었던 기술, 가정 과목을 공통으로 듣게 하여 현실적으로 필요한 가사 처리면에서의 남녀의 협력을 유도하는 방안이 모색되었다(보사부, 1986, 제 6차 5개년계획: 353).

부분으로 인식하는 목소리는 1995년 남녀고용평등법에서 육아 휴직의 대상을 "근로 여성과 그를 대신한 배우자"로 규정한데서 한층 더 높아졌다. 앞서 언급한 바와 같이 이는 여전히 근로 여성을 일차적 양육의 책임자로 규정하는 시각을 벗어나지 못했지만 성별분업구조에 대한 일련의 변화된 시각을 보여주는 데에는 모자람이 없다. 여성 지위 향상을 강조한 가족법 개정에서 부부 공동생활비 부담을 통해 남편에게 주어져있던 생활비 부담과 가족 부양의 의무를 부부 공동에게 해당하는 것으로 변경한 것(민법 제 4199호 제 833조) 또한 의미있는 변화였다.

남녀평등 가치에서 부각되었던 '합리성'과 '합리적 기준'의 요소는 '성별 분업'과 관련해서도 그 개선이 불가피함을 강조하기 위한 일종의 '기준점'으로 제시되고 있었다. 87년을 기점으로 성별 분업의 기준이 '합리적'이어야 한다는 논리가 부녀복지정책에 등장했고 이는 곧바로 '성별'만을 기준으로 이루어지는 '불합리한' 역할 분담에 대한 문제제기로 이어졌다. 고급 여성 인력 수급 정책이 본궤도에 올랐음에도 불구하고 여전히 주부의 역할을 통한 여성의 사회적 기여를 요구하는 기존 시각을 벗어나지 못했던 부녀복지정책에서도 유일하게 가정 내 '성별분업'과 관련해서는 기존의 시각을 포기했다. 주부의 바람직한 역할 수행을 통한 건전가정 육성이 강조되던 것이 1986년부터 "가족구성원의 합리적 역할 분담"을 통한 건전가정 육성으로 그 표현부터 변화했고 여성회관 및 부녀복지관에서 탁아사업을 통해 여성취업증진을 위한 지원제도를 마련할 것이 논의되자 그 미시적인 실천사항으로 협력적 역할분담이 생활개선 사업에 추가되었다(보사부, 1986. 부녀복지사업 계획 및 사업지침; 보건복지부, 1996, 부녀복지사업지침: 106).

경제 영역의 산업주의 가치 또한 성별분업 구조의 개선을 가능케 하는 근거로 활용된다. 생활 여건의 과학화가 가사 협동 분위기를 조성하고 가족 성원간의 합리적인 역할분담을 실현할 수 있는 토대가 된다는 논리였다. 이제 과학은 단순히 의식주 생활의 과학화, 합리화로 일관하던 이미지 차원에서 존재하는 것이 아니라 직접적으로 실제 과학 기술과 기술 합리성의 가정 내 도입을 의미하기 시작했다. 그리고 이러한 과학의 발전은 가정 내에서 성별분업구조를 약화시키고 합리적인 역할 분담을 도모해야 할 변화된 시대적 요구를 실현할 수 있게 하는 원천이 되었다. 이렇게 한 편으로는 성별분업이 강조되고, 다른 한편으로는 개선되어야 할 '인습'으로 폄하되는 이중적인 흐름 속에 가정의 성별분업 구도는 이제 그것을 지지하는 논리와, 부정하는 논리의 불편한 뒤얽힘으로 구성된 불안정한 논리적 지반 위에 존재할 수밖에 없었다. 이는 또한 남녀평등과 여성 고용 촉진이 장려되며 노동 지원 체계의 모색이 활발해진 상황 속에서도 여성에 대한 보호 체계가 동시에 강화되는 이중적인 과정 속에 놓여진 여성의 불편하고도 혼동스러운 담론적 현실을 직접적으로 보여주는 것이기도 했다.[108]

---

108) 이러한 양상은 정책 자료 속에서 여성이 묘사되는 방식과도 직접적으로 연계되어 있다. 당시 여성 개발 부문에서는 육아 지원 체계 구축, 시간제 취업 제도 등을 통한 지원, 출산으로 인한 퇴직 방지, 출산 후의 육아 보호를 통한 육아와 직장의 병행 지원 등이 활발히 논의되었으나 여전히 여성개발의 기본 목표는 "여성 자신과 가정, 국가 및 사회발전에 기여할 수 있는 바람직한 여성상을 구현"하는 것이었고, "발전된 여성을 토대로 건전한 가정이 형성, 유지되며 균형되고 성숙한 국가 발전이 이루어질 수 있다"는 내용이 곳곳에서 강조되었다(보건사회부, 1986, 제 6차 경제사회발전 5개년계획: 333-335). 세부적으로는 여성회관 설치 및 운영 지침에까지도 "지역여성의 능력 개발 기회를 제공하여 자립정신과 경제력 향상을 도모하고, 지역사회 발전에 솔선 참여를 유도하여 행복한 가정과 건전한 사회발전의 주역으로서의 여성 활동을 장려하고 나아가 국민복지 증진에 기여하고자" 한다는 이중적인 목표가 제시되어 있었다(보건복지부, 1995, 부녀복지사업지침: 115). 이는 여성 취업과 사회 진출이 장려되면서도 여전히 가정에 대한 책임은 온전

(2) 사회적 성별분업의 강화

가정 내 성별분업구조가 총체적인 혼란을 경험하고 있었던 것에 비해 주부의 역할에 사회적 의미를 부여하고 주부에게 사회가 요구하는 여성만의 사회 참여 영역을 지정해주는 사회적 성별분업은 오히려 이 시기에 더욱 강화되는 상반된 모습을 보인다. 실상 1987년 직후에는 주부 역할을 총체적으로 국가의 경제성장과 직결시키려는 어조가 다소 약화되는 양상이 나타났다. 그러나 여전히 여성단체 및 새마을 부녀회 활동 지침과 교양지도사업의 내용을 보면 주민의 지역소속 의식 고취로 지역사회개발에 적극 참여토록 조장하고, 올림픽 개최국으로서의 질서의식을 함양하고 손님맞이 민주시민의식을 고취하며, 고유의 전통유지를 지원한다고 명시되어 주부의 역할을 국가적 이익을 위해 활용하려는 시도와 그 방식은 그 명맥을 유지하고 있었다(보사부, 1988, 부녀복지사업지침: 25-28). 1989년에는 교양지도사업에 국산품 애용 및 외채절감운동 등이 추가되어, 수입자유화, 시장 개방 등의 사회 여건 변화에 따라 주부에게 요구되는 덕목에도 부분적으로 변화가 일게 되었다(보사부, 1989, 부녀복지사업지침: 32).

1987년-1990년에 주춤했던 주부의 사회적 역할과 국가 발전에 기여해야 할 책임에 대한 관심은 1990년 이후 다시 심화되는 단계를 맞는다. 부녀복지정책들에서 건전가정 육성에서 건전 사회 조성으로 목표를 전환하면서 "건전한 가정관리 책임"이나 "생활개선 책임"에서 한걸음 더 나아가 "건전사회조성의 책임"을 주부에게 부과하기 시작한 것이다(보사부, 1992. 부녀복지사업지침: 142). 이후 과소비 추방사업, 건전

히 여성에 집중되어 있는 당시의 모순된 현실을 직접적으로 보여주는 부분이라 하지 않을 수 없다.

한 소비문화 조성을 위한 사업이 계층간 위화감을 해소한다는 목표 하
에 부녀복지사업에서 독립적인 사업으로 분리, 확대됨에 따라, 가정
내에서 건전한 소비를 통해 국가경제에 기여할 주부의 역할은 한층 강
화된다. 여기에 가정의 테두리를 벗어난 질서계도운동, 유해환경 퇴치
캠페인, 국토 및 자원보호 등 다양한 민간차원의 자원봉사활동을 통해
주부의 잠재능력을 개발하고 성숙한 사회발전을 도모하려는 시도도
지속됐다(보사부, 1990, 부녀복지사업지침). 여성회관 설치, 운영지침에
"지역여성의 능력개발이라는 기회를 제공하여 자립정신과 경제력 향
상을 도모하고, 지역사회 발전에 솔선 참여를 유도하며 행복한 가정과
건전한 사회발전의 주역으로서의 여성활동을 장려하고 나아가 국민복
지 증진에 기여코자 한다"는 내용이 명시되는 등 주부의 역할은 복지
의 자원으로도 강조되었다.

여성의 사회 진출과 남녀평등이 강조되는 당시의 추세에 따라 부녀
복지사업에서도 여성의 능력계발과 경제활동을 최대화하는 방안이 논
의되기 시작했으나 여전히 전반적인 대세는 여성의 사회참여와 자아
실현, 잠재적인 능력개발을 경로식당 운영 등의 민간 자원봉사활동이
나 여성단체활동, 지역사회봉사 활동 등을 통해 이루도록 장려하는 기
존의 틀을 완전히 탈피하지 못한 상태였다. 여타 자료들에서도 여성의
사회활동 지원을 확대하여 경제사회발전에 기여하고 복지사회건설에
기여할 것을 목표로 제시하면서도 여전히 여성회관 운영, 여성단체 지
원, 부녀지도 사업 등의 영역에 한해 여성의 사회참여를 언급하는 경
향이 있었다(한국보건사회연구원, 1994: 35-36; 복지정책과, 1997, 한국사회
복지 현황과 과제: 58).

부녀복지정책 속에서 주부는 행복한 가정의 주역이 되어야 할 존재

로도 명명되었지만, 그 방안으로 "지역여성의 능력개발이라는 기회를 제공, 자립정신과 경제력 향상을 도모하고, 지역사회 발전에 솔선 참여를 유도하는 등의" 여성활동 장려가 제시되었던 것으로 보아, 행복한 가정의 가치는 여전히 여성이 국가가 요구하는 방식으로의 사회적 기여를 하는 과정에서 부수적으로 함께 얻어지는 결과물처럼 다루어지고 있다(보건복지부, 1996, 부녀복지사업지침: 115). 결국 주부의 사회적 역할을 강조하고 이를 근대국가의 이익 차원에서 규정하고 활용하려는 경향은 1948년 이후부터의 흐름을 그대로 유지했던 셈이다.

'국가합리성' 차원에서 주부를 동원하는 경향도 지속된다. 80년대 초중반 "윤리"라는 명목으로 노인 부양 등에서 주부의 역할을 동원해내고 국가효율성을 위한 가족의 기능 강화를 '주부'를 통해 실현하려는 경향이 팽배했던 것을 생각할 때, 1987-1997년에도 가족의 공동체적 성격과 부양기능과 관련한 주부의 책무는 중요한 관심사였다. 여전히 아동 및 노인정책에서는 여성 취업을 가족부양기능의 약화요인으로 지적하여 노인부양과 아동 양육의 1차적 책임을 주부에게 부과했고, 주부의 건전가정 육성의 책임을 거듭 외쳐댔다. 가정탁아시설, 위탁보호 등은 가족과 그 속의 '주부'의 양육 및 부양기능을 국가합리성을 위해 활용하려는 변치않는 시도를 보여주고 있었다. 사회적 성별분업을 통해 주부의 역할을 국가의 비용지출을 최소화하기 위한 자원으로서 동원해내려는 새로운 시책들도 개발됐다. 이 시기에 처음 시도된 '지역사회 가족제 — 국가가 생활보호비용을 지원해주고 일반 가정에 무의탁 노인, 아동 등의 위탁보호의 책임을 맡기는 — 는 가족을 그 대상으로 하는 듯 하지만 사실상 가정 내의 주부에게 그 책임을 부과하는 것에 다름 아니다(보건복지부, 1996, 보건사회백서: 6). 더욱 고조된 아동, 노인, 장애인 인권에 대한 관심은 주부의 역할을 통해 국가가 복지 기능의 단위로 강조하는 "가족" 안에서 그것을 실현하도록 주장하도록 하는 논리적 근거로 제시되었다.

주부가 가정 내에서의 부양 기능 외에 '민간'의 자원으로 부각되는 상황 또한 이전과 동일하다. 이 시기에도 가정 밖에서 이루어지는 주부의 자원 봉사와 지역사회개발 참여 등은 민간의 복지 자원을 최대한 활용하고자 하는 국가합리성의 이념 하에 요구되는 중요한 요소로 규정되고 있었다. 여성단체 및 새마을 부녀회 활동 내용에 인보복지 및 자원봉사 활동 조장이 주된 내용으로 포함되고 재해 구호를 위한 민간 자원 활동 등의 자원봉사활동을 주부의 역할로 규정함에 따라 주부라는 인적자원의 동원과 포괄적 조직이 가능해졌다. 주민의 지역 소속을 고취하여 지역사회개발에 적극 참여하도록 조장하는 역할까지도 주부의 자원 봉사 활동에 포함되는 내용이었다(보사부, 1988, 부녀복지사업지침: 28).

여기에 당시 경제성장에 버금가는 국가의 목표로 제시되었던 '사회적 연대'를 이루는 것 또한 주부의 역할로 강조되기에 이른다. 부녀복지정책에서는 건전가정 정착 사업을 생활개선 사업에 포함시켜 강조하면서 "화목하고 예절바른 행복한 가정을 만들어 분수를 지키며 이웃과 더불어 살아가는 사회를 정착시킨다"는 목표를 표방했고, 이 부분을 여성 단체 회원 및 일반 주부 대상의 여성대상 계몽지도의 주요 내용으로 규정했다(보사부, 1988, 부녀복지사업지침: 24). 여성의식 교육에서 공동체의식 교육과 사회 연대감 조성이 강조된 것도 같은 맥락이었다. 소비생활 합리화, 가정의례 간소화 등의 주부의 역할도 "더불어 잘 사는 사회" 분위기 조성을 위한 것으로 설명되었다(보사부, 1992. 부녀복지사업지침; 보건복지부, 1996, 부녀복지사업지침: 105). 노인복지사업에서 지역내 종교단체 부녀봉사회의 협조를 통한 경로식당 설치 운영 계획을 더불어 사는 분위기 조성과 연결지어 설명한 것(보사부, 1992, 1992년도 노인복지사업지침: 76)도 모두 주부를 사회적 연대를 강화하기 위한 하나의 도구로 활용하려는 시도를 담고 있다.

이렇게 주부 역할이 거시적 차원의 다양한 근대적 가치들에 의해 지지되고 활용됨으로써 사회적 성별분업 구조가 강화되는 현실은 당시 많은 도전에 직면하며 약화의 길로 들어선 가정 내 성별분업과 극명한 대조를 이룬다. 어머니로서가 아닌 '근로자'로서의 여성과 여성 고용에 대한 관심, 평등한 여성의 자율성과 권리에 대한 자각 등에 기반하여 가족정책 속에서 비로소 여성의 개인으로서의 정체성과 자율성이 부각되고 기존의 성역할 분업 구도에 균열이 생기기 시작했음에도 불구하고 이는 전통적인 가족 제도와 그 기능을 비판하는 것으로 나아가지 못한 것은 물론 '주부' 역할을 통한 여성의 사회적 참여를 장려하는 논리를 포기하는 것으로도 이어지지 못했다.[109] "여성의 사회 활동 지원을 확대하여 경제 사회 발전에 기여"하도록 한다는 부녀복지정책의 방침에도 불구하고 여전히 여성의 사회 참여 활동의 영역은 "여성회관 운영, 여성 단체 지원, 부녀지도 사업"의 세 부분으로만 나뉘어 있었다(사회복지정책심의위원회, 1994: 119; 한국보건사회연구원, 1994:

---

[109] 페미니즘 진영에서는 1960년대 이후 모성과 가족의 보호를 강조하고 양육 가치를 인정하고 보호하려는 경향에서 벗어나 여성의 성적 평등과 자율성을 추구하고 노동 시장에의 참여를 중요한 평등의 지표로 삼는 입장으로 선회하는 일련의 변화가 일어났다. 이러한 변화는 자연스레 전통적인 가족 제도에 대한 공격으로 이어졌다(김수정, 2002). 그러나 한국사회에서는 전통적인 가족 제도에 대한 공고한 국가의 지지 속에 여성의 사회 참여에 대한 논의가 가족에 변화를 촉구하는 목소리와 결합될 수 없었다.

35-36). 이러한 모순적인 과정은 성별분업을 둘러싼 담론 체계에 보다 본질적인 혼란을 가중시켰을 뿐 아니라 가족 자체에 있어서도 가족정책이 옹호하는 전통적 가족 제도와 변모된 여성 역할간의 근본적인 긴장을 야기했다.

제5장

제 5시기(1997년~2005년) : 강조점 변화에 따른 근대성의 재편성

1. 정치·경제·문화 영역에서의 근대

1) 시대적 배경 및 가족정책의 전반적 흐름

냉전해체 이후 1990년대의 세계질서는 군사적, 이데올로기적 대치를 넘어 각국의 생존을 위한 치열한 경제적 대치국면으로 이행하고 있었다. 김영삼 정권 말기였던 1997년 11월, 누적된 경제 여건의 악화와 외환부족으로 한국사회가 IMF 구제금융체제에 돌입하게 된 것은 탈냉전 이후 발생한 이러한 세계체제의 변화가 국내에 반영된 결과였다. 당시 세계질서의 변화는 미국에 의해 주도되었는데, '신자유주의' 이데올로기를 확산시킴으로써 시장원리에 의한 암묵적인 세계 지배를 모색했던 미국의 전략적 시도와 국내에 누적된 경제 모순이 결합된 결과 야기된 외환 위기와 그 극복을 위한 IMF 협정은 한국사회에 총체적인 변화의 계기로서 작동했다(이수인, 2002: 239-240).

이러한 총체적인 위기 상황에서 제 15대 대통령 선거를 통해 성립된 김대중 정부(1998)는 출범과 더불어 민주주의와 시장 경제의 병행

발전을 천명하는 한편 이를 위해 국정 전반의 개혁, 경제 난국의 극복, 국민 화합의 실현, 법과 질서의 수호 등을 국가적 과제로 제시했다. 그 중에서도 가장 두드러진 것은 세계화의 논리에 부합하는 형태로 경제 체제를 개편하려는 "신자유주의 정책"의 본격적인 발흥이다. 경제 위기 극복을 위한 경제활성화가 절박한 최우선의 가치로 부각됨에 따라 기존의 정부 정책들은 신자유주의적 성향으로의 전면적인 변화를 경험하며 급격한 변동의 시기로 접어들었다.

국난이 완전히 해결되지 않은 상태였던 2002년 4월, 국민참여경선을 통해 새천년민주당 대통령후보로 선출되어, 11월 국민통합 21 정몽준 대표와 후보 단일화에 성공, 12월 제16대 대통령선거에서 선출된 노무현 정권의 집권이 시작된다. 세계 경제 전반에 걸친 불경기 확산과 불안정한 내수, 다수당인 야당의 견제, 일관성을 결여한 채 표류하는 노동정책, 언론과의 원활하지 못한 관계 등은 모두 이 정권의 치명적인 약점으로 작용하며 국정과 경제 전반에 혼란을 가중시켰다. 이러한 상황들이 맞물려 2004년 3월 대통령 탄핵이라는 국가 초유의 사태가 발생했고, 17대 총선(4·15 총선)에서의 집권여당인 열린 우리당의 승리와 헌법재판소의 판결로 탄핵 정국은 마무리되었으나 여전한 국정 운영의 불안요소와 경기 침체는 해결되지 않은 문제로 한동안 남아 있었다.

1997년 이후부터 2005년 초반까지 가족정책상 눈에 띠게 부각된 현상이 두 가지 있는데, 하나는 앞서 언급한 바와 같이 경제적 영역에 대한 신자유주의 원칙이 자리잡은 것이고, 또 하나는 총체적 위기 상황을 맞아 국가의 사회안정망 구축이 중요한 과제로 떠오른 것이다. 이 시기 정부는 제한된 범위에서이기는 하지만 위기 극복을 위한 나름

의 약진을 보여주는데, 가족의 해체에 대한 우려의 목소리가 높아지면
서 국가의 가족에 대한 개입이 확장된 것이나, 실직자 가족 등을 위한
한시적인 생활보호대책들이 앞다투어 마련된 것은 그 실례들이었다.
또한 중산층 해체의 위기의식이 고조됨에 따라 저소득층 중심의 정책
에서 중산층까지 포용하는 방향으로 국가의 개입 범위가 확대되기도
했다(보건복지포럼, 2000, 1월: 65-66). 장애인복지법 시행령, 노인복지법
시행령, 아동복지법 시행령 모두에서 서민층 및 중산층 장애인, 노인,
아동의 시설 이용 기회를 늘여줌으로써 국가의 경제 위기 상황으로 가
장 크게 타격을 받을 서민과 중산층 대상 정책이 강화된 것이다. 1999
년 기존의 생활보호법이 폐지되고 국민기초생활보장법이 제정되어 공
공부조의 틀과 내용이 크게 수정, 보완된 것이나 1988년 연급제도가
실시된지 십여년만인 1999년 4월 국민연금제도의 전국민확대실시가
추진된 것, 고용보험의 적용이 확대된 것 등은 모두 국가가 외환위기
라는 특수상황을 맞아 보다 적극적으로 사회적인 안전판 역할을 수행
하려는 태도를 보였음을 시사한다.

특히 가족과 관련된 국가의 역할 확장은 더욱 가시적이다. 경제위
기와 함께 가속화된 가족 해체에 대한 우려와 급격히 저하된 출산률이
국가경쟁력을 약화시키고 노동력 재생산 위기를 불러일으킨다는 인식
하에 2004년 2월 "건강가족기본법"이 제정됨으로써 가족에 대한 국가
적 개입은 정점에 달한다. 이는 경제위기와 함께 시작된 가족위기담론
과 그에 기반한 국가위기담론이 2000년대에 이르러 더욱 확산된 데서
비롯된 것이었는데, 건강가족기본법과 출산을 유도하는 각종 인센티
브의 고안, 양육부담을 덜어주는 보육정책 확대, 혼인율을 높이기 위
한 평등지침의 강화 등 위기 담론과 연계된 다양한 노력들은 가족정책

의 주요 변화 지점들이었다(이재경, 2004: 230-231). 직접적으로 외환위기 상황과 관련된 것은 아니나 1997년 가정폭력 및 피해자보호 등에 관한 법률과 가정폭력범죄와 처벌에 관한 특별법 제정 또한 가족에 대한 변화된 국가의 태도를 확인시켜주는 사건들이다.

2) 정치 · 경제 · 문화적 영역에서의 근대성

1997년 경제 위기 상황은 1980-1997년까지 거의 일관된 흐름을 유지하던 정치, 경제, 문화적 영역에서의 근대성의 흐름에 전폭적인 변화의 계기로 작동했다. 근대국가 영역에서는 특수상황을 게기로 각각의 가치들이 나름의 명분을 부여받으며 하나하나 더욱 확고히 강조되는 양상이 나타난다. '국가의 이익'은 이제 '경제회복과 지속적 성장'에 초점을 맞춘 형태로 공고히 재편되었고 1980년대 이후로 또 하나의 목표가 되어왔던 '복지'의 가치는 이를 뒷받침하는 한도 내에서만 그 의미를 부여받았다. 위기 상황 극복을 위한 '국가의 보호'는 확산일로를 걸었다. '국가합리성' 또한 경제적 위기상황에서 국가의 재정 부담을 최소화함으로써 국가효율성을 제고해야 한다는 논리를 통해 전략적으로 부각되었다. 경제난 극복의 조치로 내부적인 비합리성을 해결해야 할 필요성이 제기됨에 따라 '합리적 문제해결'의 가치 역시 집중 조명되는 상황에 놓였다.

경제 영역에서의 변화의 폭은 더욱 컸다. 신자유주의 경제 원칙 하에 '생산력 중심주의'와 기업 경쟁력이 가장 중요한 가치로 부각되고, 87-97년 사이에 '여성노동력의 상품화' 가치의 전면적 등장에 따라 최소한으로 설정되었던 제한 조치조차 자취를 감추었다. '노동력의 상품화', '산업주의' 모두가 이제 다시금 '국가의 이익'을 위한 차원에서 강조되기 시작했다. 1980년대 이후 회복의 길을 걸어온 자유 민주주의적 영역은 영역 전체가 부정되거나 퇴조한 것은 아니었으나 자본주의 원칙을 추구하는데 저해요인이 된다고 판단되는 일부 원리들이 약화되고 포기되는 새로운 국면을 맞이하게 되었다.

(1) 정치적 영역

① 국가의 이익: 경제 활성화와 경제의 지속적 성장과 발전

경제 위기의 도래는 1980년대 이후 주춤했던 경제성장 우선주의의 재개를 예고하고 있었다. 최악의 외환위기를 맞아 다시금 경제에 관심이 집중되는 경향이 되살아나 국가의 경제 위기 극복을 통한 국가 경쟁력 제고, 경제의 지속적 성장과 발전이 가족정책의 중요한 화두로 떠올랐다. 1998년 고용보험법에서 국가 경제발전의 기간이 되는 직종을 양성한다는 취지를 밝힌 것이나(고용보험법 시행령 대통령령 제 15829호 제 34조의 2 직업능력개발훈련사업의 위탁 실시), 각종 정책자료들에서 다시 '경제성장'의 구호를 외치기 시작한 것은 어쩌면 당연한 일이었다.

'복지'에 대한 강조점은 상대적으로 크게 두드러지지 못했으나 그 기본원칙은 1987년 이후의 기조를 그대로 이어받았다. 1998년 1차 사회보장발전계획은 정의롭고 생산적인 복지공동체 구축을 기본 목표로 제시함으로써(보건복지부, 1998. 제1차 사회보장발전계획: 4), 1990년대 주창된 '생산적 복지'의 개념을 계승하되, 곳곳에서 성장 잠재력을 배양하고 경제활성화에 기여한다는 원칙을 적극 부각시킴으로써 그 한계를 보다 분명히 했다. 그 결과 "복지를 소비라는 개념에서 인간 중심의 개발전략을 통해 성장잠재력을 키우는 투자적 개념으로 전환"하고 "단순보호차원의 소득이전적 복지보다 자활능력 배양 등을 통해 경제

활성화에도 기여하는 생산적 기능을 강화"하는 것에 사회보장발전계
획의 초점을 맞추어졌다(보건복지부, 1998, 제 1차 사회보장발전계획: 41).

특히 저소득층의 최저생활수준보장을 통한 생산적 복지기반 확충은
경제위기상황을 극복하기 위한 열쇠로 간주됐다. 성장정책과 상호보
완하여 상승적 관계를 이룰 수 있도록 한다는 전제 하에 사회보험이
경제성장을 뒷받침할 것이 주장되기도 했다. 즉 사회적 위험을 무제한
으로 막는 것이 아니라 가능한 한 억제하면서 피할 수 없이 발생된 위
험에 대한 보호를 제공함으로써 성장정책을 보완하는 것이 사회보장
정책의 목표가 된 것이다(대한상공회의소, 2002: 13). 당시 제시된 "성장
과 복지의 조화를 통한 균형적 복지국가(balanced welfare state)를 지향
한다"는 원칙은 실상 1980년대 이후부터 내용상 존재했던 것으로서,
이는 경제성장에 대한 강조점이 강화되고 복지의 차원이 이를 뒷받침
하는 요소로서 그 우선 순위가 매겨졌던 1980년대 초반의 경향이 1997
년 이후부터 2005년까지 국가적인 위기를 맞아 변화 가능성을 상실한
채 더욱 공고한 형태로 굳어져갔음을 보여준다.

1987년경부터 약화되기 시작한 인구 억제 노력은 이제 완전히 사라
져 인구 조절에 대한 논의나 이를 국가의 이익을 위한 요건으로 해석
하는 시도를 찾아보기 어려워졌다. 오히려 2000년 이후에는 국가 위기
담론이 대두되면서 출산을 장려하기 위한 다양한 조치들이 계발되는
상황이 벌어지기 시작한다. 경제성장을 위해 인구 억제를 촉구하던 것
에서 국가 경쟁력 약화를 막기 위해 출산을 장려하는 단계로의 급작스
런 이행이 이루어진 것이다. 국가의 이익, 특히 경제성장에 대한 과도
한 추구는 이제 인구의 과밀이 아니라 부족을 문제삼는 역전된 상황을
불러왔다. 장기적 안목과 혜안을 갖추지 못한 채 여건의 변화에 따라,

필요에 따라, 특정 요인을 국가 이익과 직결된 부분으로 규정하고 강조하는 이러한 단시안적인 정책수행은 불과 10여년 만에 인구와 관련하여 국가의 이익에 대한 규정을 정반대의 내용으로 바꾸어 놓으며 스스로의 한계를 공공연히 드러내고 있었다.

1987-1997년 사이에 안보와 평화통일, 민족과 겨레에 대한 언급은 헌법에 남아있는 정도로 지속적인 퇴보의 과정을 걸었다. 국가 위기 상황을 맞아 인적 자원을 동원하고 결속을 도모하는 차원에서 "공동체"에 대한 담론이 크게 부각되었으나, 1987-1997년 사이에 가족·이웃-민간-국가로 이어지는 복지 공동체를 "한민족" 복지공동체로 재규정하여 강조하는 양상을 보였던 것에 비해 이 시기에는 오히려 그러한 논조가 자취를 감추었다. 이는 위기 극복시 '민족'과 '겨레'의 키워드가 동원되어온 기존의 경향성에 다소간의 변화가 발생했음을 보여주고 있다 할 것이다.

② 국가의 보호

a. 사회안전망 구축확대

경제난으로 소득분배가 악화되고 가족해체에 기인한 새로운 복지수요가 발생함에 따라 사회안전망 확충이 필수적인 당면과제로 인식되기 시작한다. 1980년대 이후 주로 복지와 관련된 국가의 역할이 민간에서 동원된 자원을 효율적으로 이용하고 조직하는 행정적인 차원에 한정되었던 것에 비해, 국가적인 위기상황은 이전보다 크게 확대된 국가의 개입과 역량을 요구하고 있었다. 이러한 맥락에서 전국민 사회보험을 통한 1차 사회안전망과 최저생활수준보장을 위한 2차 사회안전망을 완비하고 복지서비스를 확충함으로써 국가가 경제위기라는 외부

적 자극에 대한 안전판을 제공해야 할 국가의 의무가 부각되기에 이르
렀다. 여기서 1차 안전망은 국민연금과 의료보험 등의 사회보험으로,
2차 안전망은 국민기초생활보장 및 노인·장애인 등 취약계층의 복지
증진 등 최저생활수준보장과 보편적 사회복지 서비스의 증진으로 규
정되어, 그 구축을 위한 노력이 당시 '국가의 보호'의 큰 틀을 이루게
된다(보건복지부, 1998. 제1차 사회보장발전계획: 6).

국가가 경제적 타격의 완충역할을 자청함에 따라 '국가의 보호' 범
위는 이전에 비해 더욱 확장되었다. 1998년 전국민 사회보험 실시를
통해 도시 자영자에 국민연금을 확대 실시한 것이나 1999년 국민기초
생활보장법을 제정하여 생활보장체계를 확고히 한 것 등은 모두 외환
위기의 충격으로부터 국민들을 보호하기 위한 조치의 일환이었다(보건
복지부, 2000, 보건복지포럼 1월호: 66). 특히 국민기초생활보장법은 시혜
적 단순보호 차원의 생활보호제도로부터 저소득층에 대한 국가의 포
괄적인 책임을 강화하는 종합적 빈곤대책으로의 전환을 목표로 표방
하였다.

이전까지 주로 재정적으로 국가의 중립을 선언했던 다수 정책들에
서 경제 위기상황을 타개하려는 의도 하에 국가의 재정 개입이 증대된
것 또한 변모된 측면이다. 특히 사회보험에 대한 국가와 지방자치단체
의 비용부담의 책임이 보다 구체화, 본격화되었다. 군인연금법의 경우
2000년 책임준비금의 적립에 대한 국가 책임 조항이 추가되었으며(법
률 제6327호 제37조의 2 책임준비금의 적립), 공무원 연금법에서도 국가
와 지방자치단체의 부담 책임을 구체화하는 조항들이 보완된다(법률
제6328호 제65조 비용부담의 원칙; 제69조 연금부담금 및 보전금; 제69조
의 2 책임준비금의 적립; 제72조 대여장학금의 부담). 같은 해 사립학교교

직원연금법 또한 기금의 충당이 불가능할 때 국가가 부족액을 지원할 수 있다는 조항을 신설했다(법률 제 6124호 제 53조의 7 국가의 지원). 아동복지법의 경우도 시설의 프로그램 운용비, 아동권리 신장사업에까지 국가의 재정적 보조 의무가 확대되었으며(아동복지법 법률 제 6151호 제 31조 비용보조), 1998년 유아교육진흥법(법률 제 5567호) 또한 저소득층 자녀에 대해 그 비용의 전부 또는 일부를 국가가 부담하고(제 9조 비용의 부담), 사립유치원의 설립 및 운영에 대해 일부 경비를 보조하도록 하여(제 10조 경비의 보조), 경제적 부담과 관련해서는 지극히 소극적인 입장을 보였던 국가의 태도에 있어 일변한 모습을 보여주었다.

한시적 생활보호대책의 확충도 특징적이다. 결식아동, 노인 등 취약계층에 대한 지원을 강화한다는 방침이 각종 정책 자료들에 명시되고 결식아동은 국가와 사회가 철저히 보호한다는 원칙이 표방되어 단기적인 차원에서나마 국가의 즉각적인 보호 노력이 심화된다(보건복지부, 2000, 보건복지포럼 4월호: 81). 외환위기의 충격을 직접적으로 흡수하기 위한 노력은 노인과 아동 뿐 아니라 실업자, 퇴직자에 대한 생활보호대책의 증가로도 나타났다. 국민의료보험법(법률 제 5488호)에서는 1998년 실업자 및 퇴직자에 대한 의료보험혜택을 확대하는 조치가 취해진다. 실업자의 생활안정 도모 차원에서 실업자가 종전의 직장의료보험 피보험자로 남아있기를 원할 경우 의료보험료의 50%를 경감하고, 퇴직자가 퇴직일로부터 6개월간 직장조합의 임의 가입자로 남아있을 수 있었던 것을 1년으로 그 기간을 연장하는 시책이 추진됐다. 또한 근로기준법상 '경영상의 이유' 또는 '사업상의 폐업, 도산'으로 인하여 실직한 근로자로서 직업안정법상의 구직신청이 수리된 사람에게도 보험료액의 50%를 절감하는 혜택이 주어지게 되었다.

이 모두는 국가가 행정적 차원의 운영방식 변경과 약간의 경제적 부담 확대를 통해 경제위기로 등장한 실업자 및 퇴직자 집단에 대한 최소한의 보호를 시도하고 있음을 의미한다. 고용보험법(법률 제 6850호)에서도 실업 관련 조항들이 보완되어 국가의 직업지도, 직업소개 기능이 강화되고(고용보험법 시행령 대통령령 제 15829호) 근로자 범주에 일용근로자가 포함되는 등(고용보험법 법률 제 6850호) 그 내용과 적용 대상의 범위가 확대되어 실업에 대한 안전망으로서의 역할을 더했다. 소득보장과 최저생계수준 유지와 관련된 부분에서의 이러한 국가 보호 기능 제고는 이 시기 근대국가의 성격을 특징짓는 중요한 부분이 었다.

국가의 보호가 미치는 '범위' 뿐 아니라 그 '대상'의 확대 또한 두드러진다. 국가의 주요 관심이 최저생활계층 이외에 '중산층'으로까지 넓혀지는 양상은 경제 위기 상황으로 인해 야기된 흥미로운 결과였다. 외환위기와 함께 중산층 위기론, 중산층 해체 담론이 대두되면서 국가의 보호 대상이 이들을 포함하는 것으로 확대규정 되었다. 각종 자료들에서는 중산층과 서민이 인간다운 삶을 누릴 수 있는 사회건설을 반복적으로 강조하면서 저소득층 중심의 정책에서 중산층까지 포용하는 방향으로 국가의 개입 범위를 늘려야 한다는 점을 역설했다(보건복지부, 2000, 보건복지포럼 1월호: 65-66).[110]

---

110) 앞서 시대적 배경 부분에서 언급했다시피 장애인복지법 시행령, 노인복지법 시행령, 아동복지시행령 모두에서 서민층 및 중산층 장애인, 노인, 아동의 시설 이용 기회를 확대토록 한 것은 모두 이러한 이유에서였다.

b. '보호'에서 '권리'로

1997-2005년 사이에 국가의 보호에서 드러난 또 하나의 결정적 특징은 이전까지 보호자와 피보호자의 수직적 관계에 입각해있던 정책 제공자로서의 '국가'와 정책 대상으로서의 '국민'의 관계성에 가시적인 변화가 야기된 것이다. 국가의 보호자적 입장을 전제하는 시혜적인 '보호'의 개념이 국가와 개인간의 평등한 관계의 가능성을 부정하는 것이었다면 이 시기 각종 정책들의 접근방식은 정책 대상자의 지위를 국가와 대등한 위치로 끌어올리려는 일련의 유의미한 시도를 보여주고 있었다. 국민기초생활보장법(법률 제 6024호)과 '의료보호법'에서 명칭을 변경한 '의료급여법(법률 제 6474호)'에서 모두 '보호'의 개념 대신 '급여'의 개념을 사용하고 '요보호자'라는 용어를 '수급자'로, '보호기관'을 '보장기관'으로 대체한 것은 모두 국가의 '보호' 차원에서 수급자의 '권리' 차원으로 방점이 옮겨졌음을 의미하는 것이다.

1998년 12월 9일 「장애인 인권헌장」이 제정·공포됨에 따라 장애인 정책에서도 장애인과 그 가족의 권리를 강조하는 목소리가 높아져서 이러한 변화의 흐름에 힘을 더했다. 1999년 장애인복지법 개정(법률 제 5931호)은 단순히 국가가 보호와 시혜를 베풀던 입장에서 장애인 중심의 정책으로 선회하려는 움직임을 직접적으로 보여준다. 이전에도 장애인의 인권이나 권리에 대한 언급이 없었던 것은 아니지만 이제 단순보호 차원이 아니라 장애인의 권리 차원에 이전보다 더 강조점이 실렸을 뿐 아니라 장애인의 복지 수요에 적극 대응할 것이 정책 지표로 제시됨으로써 관심의 초점이 현저히 '장애인' 쪽으로 옮겨갔다. 노인복지의 경우에도 생활보호노인 위주 사업에서 전체 노인대상의 노인복지정책 개발로의 전환을 시도함에 따라 주체로서의 '노인의 복지

욕구'에 대한 관심이 한층 높아졌다(보건복지부, 1998, 노인복지사업지침: 9).[111]

같은 해 모자복지법에서 '부녀'에서 '여성'으로 용어가 바뀌고 부녀복지사업이 여성복지사업으로 변경된 것 또한 여성을 가족 내에서의 지위로 규정하거나 국가의 보호와 지도의 대상으로서 파악하던 기존의 성향을 벗어나기 위한 시도이다. '부녀'라는 용어가 남성 중심적 가계에 소속된 여자의 위치를 가리키는, 즉 단지 가부장적 가족관계에 의해 규정되는 모호한 '관계적 위치'로만 존재하는 여성을 전제하는 개념인데 비해 '여성'은 남성에 대한, 더 나아가 국가에 대한 부녀의 의존성과 봉건성을 뛰어넘어 여성을 평등해야 될 권리를 가진 존재로 재정의하는 것이라는 점에서 이러한 용어상의 변화는 그 자체로 큰 의의를 갖는다.

근로기준법, 남녀고용평등법에서도 여성에 대한 '국가의 보호'에서 '남녀평등', 여성의 '인권'으로 무게중심이 이동하면서 모성보호와 여성보호 조치들에 궤도 수정이 이루어진다. 이는 '여성보호의 약화'와 '모성보호의 강화'로 표면화되어, 여성이라는 이유만으로 주어졌던 다양한 국가의 보호를 폐기하는 등 여성을 무조건적인 보호대상으로 파악하던 시각에서 벗어나되, 대신 이를 모성 관련된 부분에 집중시킴으로써 여성에게 불리한 '조건'이 되는 모성에 대한 지원을 강화하고 여성의 권리와 평등을 보장하는 것이 여성 정책의 새로운 목표가 되었다.

---

111) 장애인노인임산부등의편의증진보장에관한법률(1998 제정)에 국가 및 지방자치단체의 의무(법률 제 5332호 제 6조), 설치의 지원(13조), 연구개발등의 촉진(14조) 등이 마련된 것도 유사한 맥락을 갖는다.

그 내용을 세부적으로 살펴보자면 우선 여성보호의 급격한 퇴조를 먼저 논의할 필요가 있다. 2001년 "여성고용자의 고용촉진, 임신, 출산으로 인한 이직 방지를 위한" 목표를 표방한 근로기준법 개정(법률 제 6507호)은 기존에 주어졌던 다양한 여성보호 조치들을 삭제함으로써 여성을 철저히 '노동력'의 견지에서 파악하려는 입장을 보였다. 여성에 대한 보호 조치인 동시에 여성 취업에 장애요인으로 작용했던 제 70조(갱내근로금지), 제 50조(탄력적 근로시간제), 제 68조(야업 및 휴일근로의 제한) 등을 "합리적으로" 조정한다(법제처)는 취지로 여성 근로에 대한 제한조치들이 삭제되거나 당사자의 동의가 있으면 가능하도록 일부 수정되었다. 2003년 동법 개정(법률 제 6974호)에서 유급생리휴가가 무급화된 것(제 71조 생리휴가) 역시 여성보호의 후퇴를 의미했다. 모자복지법이 2002년 모부자복지법으로 개명(법률 제 6801호)하며 같은 조건에 있는 부자가정을 대상으로 포함하게 됨에 따라 단지 여성이라는 이유로 국가의 보호 대상이 되던 관행은 더욱 약화되었다.

일반 여성 전체를 대상으로 한 조치들이 대폭 축소된 반면 그 보호조치들은 '모성'이라는 여성의 특수성을 중심으로 집약되어갔다. 근로기준법은 여성 전체에게 해당되던 제한조치들을 임산부, 산후 1년 이내 여성에게 한정 적용되도록(근로기준법 법률 제 6507호 제 63조 사용금지; 제 69조 시간외 근로; 제 68조 야업 및 휴일근로의 제한) 함으로써 출산 행위와 직결되어 있는 여성만으로 보호의 대상을 한정했다. 이외에도 출산에 대한 보호는 오히려 더 강화되는 추세였다. 산전후 휴가기간이 60일에서 90일로 연장되었고(동법 제 72조 산전휴가), 임산부, 출산 관련 조항을 위반했을 시의 벌칙도 한층 강화됐다. 일반 여성의 경우도 임신, 출산을 저해하는 사업에는 사용하지 못하도록 명시한 것(동법 제

63조 사용금지)에서도 국가의 모성에 대한 강조를 재차 확인할 수 있다.

이같은 경향은 고용보험법에도 반영되어, 기존의 육아휴직 장려금 이외에 임신, 육아, 출산을 이유로 퇴직한 여성 근로자를 재고용할 경우에도 장려금을 지급하도록 하는 여성고용촉진 장려금 지급 제도가 신설된다(고용보험법 시행령 대통령령 제 15829호 제 23조 여성고용촉진장려금).112) 2001년에는 법률상 산전후 휴가급여가 명시되어(고용보험법 법률 제 6509호 제 68조 기금의 용도) 여성의 출산에 대한 보호도 가시화되었다. 2001년 남녀고용평등법 개정시에도 직장과 가정생활의 양립을 지원한다는 취지 하에 모성보호와 고용평등을 위한 법적 보완이 이루어진다(법제처).113) 국민 연금법에서 연금가입기간에 육아휴직기간을 인정하도록 규정한 것 역시 같은 맥락이다. 2000년 「보건복지여성정책 중장기계획」이 수립되고 모성보호시책의 확대가 그 주요 내용으로 제시되었던 것 또한 모성에 대한 국가 보호의 일관된 확대를 보여준다(보건복지부, 2000, 보건복지포럼 6-7월: 101-102).

모성보호에 대한 관심은 2004년 건강가정기본법에도 충실히 반영되었다. 국가 및 지방자치단체의 모성보호 책임에 대한 규정이나(법률 제 7166호 제 8조 혼인과 출산), 출산 양육 지원과 직장과 가정의 양립 지원 조항, 취업여성의 임신, 출산, 수유와 관련된 모성보호를 위한 유급휴

---

112) 여기에는 부양가족이 있는 세대주 기타 가족부양의 책임이 있는 여성 실업자 고용 시 장려금을 지급하는, 즉 남편으로부터 부양받을 수 없는 취약 여성을 보호하는 내용도 포함되어 있다. 이는 경제 위기에서의 국가 보호 확대가 여성보호의 약화라는 또 다른 흐름에 우선했던 결과로 볼 수 있다.

113) 육아휴직 관련 조항이 강화된 것은 이미 육아가 남녀 모두를 대상으로 하고 있었다는 점에서 전적으로 모성보호의 강화라고 보기는 힘들지만 산전후 휴가에 대한 임금 지급을 의무화 한 것(고평법 법률 제 6508호 제 18조 산전후 휴가에 대한 지원)은 분명 모성보호에 대한 증가한 관심과 배려를 증명하고 있었다.

가시책을 확산해야 할 국가적 의무에 대한 선언(제 21조 가정에 대한 지원) 등은 모두 모성에 대한 국가의 증대된 관심을 드러내고 있다. 여성 보호 조치를 약화시켜 남녀를 동등하게 대우하면서, 직접적인 출산력 관련 부분을 중심으로 집약적인 보호를 제공하는 이러한 접근방식은 여성에 대한 국가의 태도가 '보호'에서 '평등'으로 변화하고 있음을 보여주는 중요한 지점들이다.114) 사실상 이것이 여성 노동력 수급과 이용을 원활하게 하기 위한 방안의 하나였음에도 불구하고 이같이 변화된 국가의 태도는 분명 여성을 단순히 보호의 대상으로 파악하던 것에서 벗어나 남성과 동등한 존재로 간주하고, 여성에게 불리하게 작용하는 조건들에 대해 국가가 보완적 조치들을 취해줌으로써 동등한 권리를 보장하려는, 한결 성숙된 입장을 보여준다.115)

이렇게 여성에 대한 국가의 태도가 '평등'의 가치를 지향하게 되었다고 해서, 이것이 열악한 상황에 놓여있는 여성에 대한 관심을 포기

---

114) 그러나 김수정(2002) 등은 모성보호에서 평등으로, 어머니에서 노동자로의 역할 전이(from mother to worker)를 중요한 진보로 간주하는 경향이 오히려 여전히 여성의 삶이 주요 부분인 양육, 보살핌 노동과 관련된 사회적 권리가 위축된 현실을 간과 할 수 있다는 점을 지적하기도 한다(김수정, 2002: 9)

115) 김엘림(1994)은 1953년부터 1980년을 여성특별보호기, 1981년-1986년은 복지시혜기, 1987년-1993년은 평등기반 구축기로 보고 1994년부터는 보호와 시혜로부터 여성의 취업확대로 여성노동정책의 방향을 전환해야 할 시기로 보았다. 이에 따르면 1994년은 근로여성복지 기본계획의 수립과 함께 보호에서 평등으로의 전환이 시도되고 이에 근거하여 기존의 여성보호조치가 약화되는 대신 모성보호가 강화되는 의미있는 변화가 나타나기 시작한 시점이다. 그러나 본 연구는 1994년 이후의 법제와 정책자료들을 분석대상에 포함시킨 결과 1997년 이후에 보다 본격적으로 보호에서 평등으로의 전환이 두드러졌음을 발견하였다. 이 부분적인 차이를 제외한다면 본 연구 역시 80년 이전까지 남녀평등 가치의 수단화로 국가의 '보호'가 주를 이루었던 시기를 거쳐 1980년대 들어 남녀평등이 제 의미를 찾기 시작했고 1987년 이후 그 본격적인 정착이 이루어졌다고 본다는 점에서 나머지 시기구분은 유사한 구도를 띤다.

했다는 의미는 아니다. 여성 장애인, 여성 노인, 여성 실업자 등에 대한 보호는 오히려 1997년부터 2005년의 기간 동안 특징적으로 확대되었다. 「보건복지여성정책 중장기 계획」에서는 취약여성에 대한 복지 확대를 중요 과제로 삼았다. 1999년 「장애인 인권헌장」에서 "여성 장애인은 임신, 출산, 육아 및 가사 등에 있어서 생활에 필요한 보호와 지원을 받을 권리를 갖는다(제 11조)"고 규정한 것에 힘입어 여성 장애인의 복지 증진을 위한 다양한 정책들이 시도되고 기혼여성의 육아, 가사 지원, 미혼 여성의 결혼 주선, 취업 알선 등 여성 장애인의 생활을 돕기 위한 지원책들이 마련되었다(보건복지부, 1999, 장애인복지사업 안내: 353). 사회복지도우미, 사회복지시설, 보육시설에서 요보호자를 돌보는 일자리 제공과 같은 저소득 실직여성 보호 시책도 증가하였다(보건복지부, 1999, 보건복지포럼 1월호: 65).

취약여성 보호에서 특히 두드러진 부분은 여성의 '몸'에 대한 보호가 강화된 것이었다. 1997년 가정폭력방지및피해자보호등에관한법률이 제정되어 여성의 몸에 대한 권리가 처음으로 인정되자 이에 대한 국가의 보호도 의무화된다. 이는 87년 이전까지 가족계획사업 등과 관련해서 여성의 몸에 대한 권리와 선택권이 간과되었던 현실을 생각할 때 큰 변화였다. 이 법에서는 피해자 인권 보호를 명시하고(법률 제 5487호 제 9조 피해자 의사의 존중의무), 임산부, 태아, 신생아 보호에 관한 조항을 포함하여(동법 시행령 제 6조 기타 의료의 범위), 학대받는 여성에 대한 국가의 보호를 중요한 가치로 내세웠다. 같은 해 제정된 가정폭력범죄처벌등에관한특례법(법률 제 5436호)에서도 제 26조(긴급동행영장), 제 29조(임시조치) 등에 피해자 보호 조치가 제시되었으며, 2002년(법률 제 6783호)에는 임시조치에 유치장, 구치소 유치가 추가되는 등

처벌 강도가 높아졌고 법의 목적에 피해자와 가족구성원의 인권보호가 추가되기도 했다. 제 45조(보호처분의 변경), 제 46조(보호처분의 취소), 제 47조(보호처분의 종료) 등을 검사가 청구할 수 있도록 한 당시의 개정은 가정의 평화와 안정을 회복하여 건전한 가정을 육성하는 것을 우선 목표로 삼았던 기존의 입장을 탈피하여 적절한 조치와 제재를 통해 피해자의 불이익을 막는 데에도 관심이 기울여지고 있음을 보게 한다.

c. 아동보호: 보육지원체계 확립과 학대아동 보호

1987년 이래 육아지원체계 확립이 모색되었던 경향을 이어받아 1997년부터 2005년의 기간에도 보육에 대한 국가 지원은 꾸준히 확대되어갔다. 고용보험법은 장애아, 영아에 대한 지원 확대(시행령 대통령령 제 17853호 제 24조 고용촉진시설의 지원 4항)를 추가했고, 유아교육진흥법도 취학전 공교육화를 추구한다는 내용을 신설했다(법률 제 5567호 제 4조 무상교육). 2001년에는 보육사이버 중장기종합발전계획의 수립으로 공보육의 기반 구축이 모색되었으며, 2002년에는 「보육종합대책」이 마련되어 어린이 보호, 육성 종합대책이 확정 추진되기에 이른다. 2000년 아동복지법(법률 제 6151호)에서는 아동정책의 대상이 일반 아동으로 확대되었음을 환기시키기 위해 "요보호 아동" 대신 "보호 아동"으로 용어를 대체함으로써 취약아동과 일반아동을 구별짓는 기존의 관점을 지양하고 아동 자체를 국가의 보호대상으로 위치시키려는 시도를 보였다. 이러한 추세는 출산율 저하라는 배경에 의해 한층 강화되어 "국가 및 지방자치단체는 자녀를 양육하는 가정에 대하여 자녀 양육으로 인한 부담을 완화하고 아동의 행복추구권을 보장하기 위한 보육 및 방과후 서비스, 양성 평등한 육아휴직제 활용을 적극적으로 확대하여 나가야 한다(법률 제 7166호 제 22조 자녀양육지원의 강화)"는 건강가정기본법의 규정으로 확정되게 된다.

가정폭력관련 법률의 제정을 기점으로 학대받는 아동에 대한 관심이 고조됨에 따라 1998년부터는 학대아동문제가 활발히 언급되기 시작한다. 2000년에는 아동 학대가 가정폭력범죄의처벌등에관한특례법(법률 제 6151호)의 내용에 포함되어 그 법적 근거가 보다 명확해졌다. 2002년 동법 개정에서도 아동의 프라이버시를 보호하는 내용이 추가로 마련되어 교사, 학교장 등 교육과 보호를 담당하는 기관의 종사자와 그 장에 비밀엄수를 의무화하는 등 다각적인 방도로 피해 아동을 보호하려는 노력을 보였다(법률 제 6783호 제 18조 비밀엄수등의 의무).

이외에 기존의 아동에 대한 교육보호가 더욱 강화되어 1999년 장애인복지법에 중증장애인에게만 지급되던 자녀 교육비를 일반 장애인에게까지 확대지급하게 되었고(법률 제 5931호 제 34조 자녀교육비의 지급), 장애인 복지발전 5개년계획에서는 장애인 교육지원을 유아에게까지 확대하기 위한 기틀이 세워졌다(보건복지부, 1998, 보건복지포럼 2월호: 88-89). 장애아에 대한 국가의 책임도 확대되어 미숙아, 선천성 이상아에 대한 보호도 의무화된다(장애인복지법 1999 시행규칙 제 7조의 2 미숙아등의 출생보호). 이 모두는 아동에 대한 국가의 의무가 지속적으로 확장되어온 오랜 흐름이 이 기간에도 계속되고 있음을 의미하는 것이다.

③ 감시능력의 증진: 정보관리체계의 확립

정보의 통제와 관리에 기반한 간접적인 방식의 감시기능이 증대되고 특히 행정적인 차원에서 정보사회의 도래와 더불어 체계적이고 총

괄적인 정보관리 시스템 구축이 시도되는 경향은 여전했다. 이 시기에
는 "장애인 평생 교육복지지원망" 구축이 계획되어 장애인의 검진, 치
료이력, 학습경험, 직업 교육 등에 관한 모든 정보를 국가적 차원에서
총괄 관리하려는 시책이 가시화되었다(보건복지부, 1998, 보건복지포럼 3
월: 90). 2001년부터는 장애인 등록과 장애인 복지관련 민원이 상호연
계되어 처리되도록 시스템이 변화되어 장애인 등록과 함께 장애인의
건강보험료, 전화요금, TV 수신료 신청 대행 등을 연계하는 일괄처리
시스템이 마련된다(보건복지부, 2001, 장애인복지사업안내: 6). 이는 장애
인의 편의 증진을 위한 조치이기도 하지만, 등록을 하지 않을 경우 다
양한 편의를 제공받지 못하도록 암묵적 제재를 가함으로써 장애인 등
록을 보다 효과적으로 유도하고 국가의 통합적 파악과 관리를 가능케
하려는 시도였다 할 수 있다.

　모자보건사업 부문에서도 미숙아, 선천성 이상아 등록카드 작성이
의무화되어 임산부 사망, 사상, 신생아 사망, 미숙아 또는 선천성 이상
아 출생 모두가 보고 대상이 되는 등(모자보건법 법률 제 5859호 제 8조
3, 4항, 제 27조 1항) 국가의 관리 체계 확대가 시도됐다. 그러나 예외적
으로, 가족계획사업을 주축으로 이루어졌던 국가의 통제와 감시기능
의 증진은 거의 찾아볼 수 없는 수준에 이르렀다. 일부 취약계층, 즉
오벽지 주민, 도시영세민, 저소득층에 대해서 출산 조절의 편의를 제
공하는 정도로만 국가의 시책이 유지되었을 뿐 그 외 일반 국민에 대
한 개입은 대폭 축소되었으며 정보관리의 시도도 사라진다(보건복지부,
1999, 가족보건사업안내: 3). 국가의 감시기능의 증진은 이제 가족계획사
업이 아니라 1987-1997년 사이에 마련된 국민연금, 의료보험 등에서의
정보관리 시스템, 장애인사업 및 모자보건 사업 등에서의 다양한 관리

체계 등으로 그 터전을 옮겨가며 행정적 차원에서의 중요한 원칙으로
확고히 자리잡아갔다.[116)]

④ 국가합리성: 긴축 재정의 사회적 요구 확대

IMF 구제금융체제에 돌입하면서 '국가합리성' 가치의 효용성은 다시
한번 빛을 발했다. 특히 사회보험과 관련해서 과도한 보험료 부담과
시장기능의 왜곡, 노동시장의 경직화, 기업경쟁력 저하에 의한 경제
효율성, 국가의 경제성장 정체, 그리고 궁극적으로는 국가효율성의 저
해가 서구 선진국들이 당면한 문제점으로서 지적되면서 이러한 취약
점을 극복할 수 있는 보다 합리적인 사회보험제도를 한국사회에 정착
시켜야 한다는 주장이 설득력을 얻게 된다(대한상공회의소, 2002). 이
논리는 실질적으로 80년대 초반 한국적 복지모형의 내용을 그대로 답
습하고 있었으나, 보다 경제적인 차원에서 국가합리성 개념을 부각시
키는 미세한 차이를 보였다. 이는 외환위기라는 특수한 여건 속에서
국가효율성, 국가합리성을 경제성장, 시장기능 회복을 통해 얻어지는
궁극적인 가치로 위치지우며 기존에 이 가치 하에 정당화되어 온 가족
정책의 접근방식들을 한층 강화하는 근거로서 작동했다.

국가의 재정 지출을 사회가 절실히 필요로 하는 부분, 앞서 언급한

---

116) 2000년 이후에는 이러한 경향이 더욱 심화되어 정보화, 과학화, 전산화 등의
기술 진보에 근거한 국가의 감시와 통제 기능의 확장이 더욱 본격화된다.
2001년에는 전자정부구현을위한행정업무등의전자화촉진에관한법률(법률
제6439호)이 통과되어 각종 가족정책 시행령들에 이 흐름이 일괄적으로 반
영되기에 이르렀다. 각종 민원 서비스를 전산화함에 따라 민원처리의 활성
화를 위해 종이 문서에 의한 각종 민원을 전자문서 또는 정보통신만을 이용
하여 신청할 수 있도록 하고, 행정기관이 공동이용하는 행정정보에 의하여
관련사항을 확인할 수 있는 경우에는 첨부서류를 생략할 수 있도록 하는 등
정보망을 통한 일괄적인 관리와 통제의 시대가 열리게 된 것이다.

1, 2차 사회안전망 구축에 집중하기 위해서는 기타 영역에서 부담을 줄이려는 노력이 불가피했다. 국가효율성을 제고하기 위해 가족과 지역사회의 1차적 책임을 강화해야 한다는 논지가 더욱 활발히 전개되었고 이를 뒷받침하는 정책 서비스도 강화됐다. 2003년 사회복지사업법(법률 제 6960호)에서 "지역사회 중심" 사회복지체계 구축이 새로이 목표로 제시된 것이나(제 1조 목적), 효율성의 가치와 연계하여 재가복지서비스를 강조한 것(제 41조의 2 재가복지서비스)은 모두 그 예였다. 가정과 민간의 기능수행이 곤란할 경우에만 그 공백을 메워주려는 접근법은 1987-1997년에 이미 시작됐지만 1999년부터는 방문간호사업이 실시되고 주간, 단기보호서비스에서 가족에 대한 교육상담이 강화되는 등 개인이나 환자 또는 질병 중심이 아닌 '가족' 중심의 접근이 더욱 활발해졌다(보건복지부, 1999, 가족보건사업안내: 147). 가정봉사서비스 등에서 전제된 정서적 보살핌에 대한 강조 역시 사실상 그 대상이 되는 사람들이 가정에 머물러야 할 이유로서 제시되는 등 가족의 부양, 간병 기능을 보호, 강화하려는 정부의 노력은 한층 치밀한 형태를 띠었다.[117]

보호자의 1차적 책임에 대한 규정은 전과 달라진 것이 없었다. 노인복지법은 여전히 노인이 "가족 및 친지와 더불어" 건전하고 안정된 생활을 영위할 수 있도록 하면서 가족수발 부담을 덜어주는 것을 강조했고, 장애인복지법에서도 장애아동 부양을 가족의 책임으로 전제한 상태에서 그 경제적 부양을 지원하는 것으로 국가 역할을 제한했다(법률

---

[117] 가족의 부양이나 경제적 기능과 직접 관련된 것은 아니지만 가정폭력 관련 법제들에서도 가족의 기능 회복, 가정의 평화와 안정의 회복, 건전가정 육성의 목표 하에 가정복귀를 최우선의 가치로 삼고 있다는 점에서 궁극적으로는 가족의 기능을 보존하는 것을 지향하고 있다고 볼 수 있다.

제5931호 제45조 장애아동부양수당 및 보호수당). 정책 개입의 목표는 어디까지나 보조적인 입장에서 가족이 그 기능을 포기하지 않고 온전히 수행할 수 있도록 돕는 데 있었다. 1981년 아동복지법, 1991년 영유아보육법의 내용을 이어받아 1998년 유아교육진흥법이 보호자 우선원칙을 표방한 것도 같은 맥락이었다(법률 제5597호).

민간의 책임을 확대하려는 노력은 더욱 노골적이었다. 경제위기를 결속된 사회의 협력과 상부상조를 통해 극복해야 한다는 논리 하에 국가합리성의 차원 중 민간 자원 동원의 측면이 곳곳에서 적극 강조된다. 노인복지사업에서는 복지시설을 승인제에서 신고제로 전환하고, 가정봉사원 교육훈련기관을 신고만으로 설치 가능케 하는 등 민간 참여 촉진을 위한 규제 완화가 주된 검토 사안이 되었다(보건복지부, 1998, 보건복지포럼 11월호: 62-63).[118] 아동정책에서도 민간시설 중심의 보육 확대가 촉구되었으며 후견인 지정, 결연기관 통한 정서적 지원도 계속 강조됐다. 장애인복지법 역시 장애인 복지단체 보호 육성, 지원을 통해 민간 참여를 유도한다는 내용을 더했다(법률 제5931호 제53조 단체의 보호 육성). 국민기초생활보장법 또한 민간 후견기관의 역할을 강조하고 민간의 민주적 참여를 장려한다는 입장이었다(법률 제6024호 제16조).

실직자나 결식 아동, 결식 노인에 대해서도 국가의 이러한 원칙은 철저히 고수된다. 이들을 책임져야 할 국가의 책무를 강조하는 와중에도 국민, 즉 민간의 보다 많은 자원봉사활동과 적극적 참여를 촉구하는 입장에는 변함이 없었다(보건복지부, 2000, 보건복지포럼 2월호: 91).

---

118) 이는 당시 보건복지부가 제안한 법개정안에 포함된 내용들(안 46조와 52조의 2)이다.

노인복지정책의 경우 민간과 정부의 적절한 역할분담과 상호 협조를
추구하여 민간의 경우 경제력 있는 노인들에 대한 유료서비스를 제공
하고 정부는 저소득층 요보호 노인들에 대한 책임을 수행하도록 한다
는 방침이 세워졌다(보건복지부, 2000, 노인보건복지 국고보조사업 안내:
62. 보건복지부, 1998, 노인복지사업지침: 9). 정부 재정을 가장 시급한 부
분에 집중 투자하기 위한 것이라는 명목 하에 이러한 시도들이 정당화
될 수 있었다.

　민간 참여를 강조하는 이면에는 여전히 전통에 대한 향수가 그 기
저에 자리했다. 세계적 보편성과 한국적 특수성의 조화를 주장하는 정
책 기조 속에 상부상조정신, 경로사상 등의 동양적 우월성에 대한 추
구가 함축되어 있었던 것이다. 결식우려노인 무료급식사업은 노인을
공경하는 사회 분위기 조성을 목적으로 하는 것으로 제시됐고, 경로사
상 고취, 전통적 가족제도의 노인부양 기능 유지, 노인결연사업 등도
상부상조의 미풍 고양 차원에서 강조되었다. 어버이날 행사를 경로효
친과 연계하여 웃어른을 공경하는 기풍 조성을 강조하는 등 전통적 미
풍양속인 효사상을 계승 발전시켜야 한다는 일관된 논리가 유지되었
다(보건복지부, 2002, 노인보건복지사업 안내). 2001년에는 보육에 있어서
도, 전통 보육의 장점을 발굴, 보육현장에 접목시켜 보육의 질을 높이
고 전통문화의 생활로 우리 문화에 대한 인식을 고취하고 이웃간의 도
움을 '산업인력화'하는 등 현대사회에 맞는 방식으로 과거를 되살린다
는 방침이 세워졌다(보건복지부, 2001, 보육사업안내).

　⑤ 합리적인 문제해결방식: 비합리성 제거를 통한 위기 극복
　이 시기 가족정책 속에서는 경제난 극복의 조치로 내부적인 비합리

성을 해결하는 문제가 또 하나의 시급한 과제로 급부상한다. 정책 수
행의 절차와 운영상의 합리성을 제고하는 것이 주요 이슈로 떠오름에
따라 1987년-1997년 동안 각종 가족정책의 행정적 관리적 차원에서의
효율성을 강조하는 차원에서 부상했던 '합리적 문제해결'의 가치는
1997년-2005년, 위기 극복의 관건으로서 한층 더 그 중요성이 부각되
는 시점에 놓여 있었다(보건복지부, 1998, 보건복지포럼 2월호: 75).

　그 예로는 사회안전망 구축을 위한 합리적 관리체계 구축이 시도된
것을 들 수 있다. 4대 사회보험의 통합 운영을 통한 효율적 관리 시스
템 계발이 촉구되고 보험료 부과방식도 단일보험료 부과체계로 합리
화하는 방안이 논의되었다. 국민기초생활보장법 역시 제정 당시부터
제도 운영의 합리성을 강조했다. 특히 2002년 이후 가족정책에서의 최
대 화두는 '효율화'와 '통합'이었는데 이는 사실상 그 관리의 효과를 높
이기 위한 합리적 문제해결 방식의 모색에 다름 아니었다. 각종 사회
보험제도와 사회복지정책, 보건 의료복지서비스의 통합적, 효율적 관
리가 강조되고 관리기구의 통합, 업무의 통합, 일괄 관리 조정의 필요
성이 제기됨으로써 각종 자료들에서 합리적 문제해결의 가치가 드높
여졌다(보건복지부, 1998, 노인복지사업지침: 10; 대한상공회의소, 2002: 머
리말). 장애인 복지법(1999)에서도 인간존엄 실현, 완전한 사회 참여를
실현하기 위하여 장애인 복지정책의 효율적 수행을 도모할 것이 강조
된다(법제처). 이렇게 정책 수행상의 합리적인 문제해결의 가치는 경제
위기를 맞아 더욱 그 당위성을 부여받으며 근대국가의 행정적 차원과
연계된 필수적인 가치로서의 위상을 확고히 해나갔다.

(2) 경제적 영역

① 신자유주의와 생산력 중심주의의 팽창

IMF 체제로의 돌입은 그간 한국사회의 성장 동력으로 간주되어온 국가 주도 발전전략에 대한 총체적인 반성을 불러 일으켰다. 그 결과 시장기능 강화와 경제에 대한 국가 역할 제한을 핵심으로 하는 신자유주의 전략이 채택되었고 이는 가족정책 태도에도 큰 변화를 야기했다. 1987-1997년 기간 경제 영역에서 여성 노동력을 중심으로 한 노동력의 상품화 가치의 부각과 함께 여성노동력 진출을 활성화하기 위한 방안으로 생산력 중심주의와 노동생산성과 같은 자본주의 경제 원칙에 부분적인 제한이 가해졌다면, 1997년-2005년에는 경제 위기 극복을 위한 신자유주의의 부상으로 여성 근로자에 대한 배려 차원에서 주어졌던 최소한의 제한마저 포기된 채 자본주의 원칙이 다시금 예의 그 독보적인 입지를 회복해갔다. 자율과 경쟁을 중시하는 자본의 원칙과 기업의 경쟁력이 중요한 화두로 등장함에 따라 정부의 방침은 사용자의 부담을 경감하고 개입을 최소화하는 자유시장경쟁원칙을 고수, 자본의 이윤추구를 적극 지원하는 것으로 급선회하였다.

2003년 근로기준법(법률 제 6974호)에서는 유급생리휴가를 무급화하여(제 71조 생리휴가) 여성노동력을 활용하기 위해 사용자에게 부과되었던 부담을 철회했다. 근로자와 사용자의 관계에서도 사용자의 편의가 우선적인 고려대상이 되었다. 근로자가 임금대신 휴가를 선택할 수 있도록 하는 조항(제 55조의 2 보상휴가제)을 신설하고 연차유급휴가의 사용을 촉진하여(제 59조의 2 연차유급휴가의 사용촉진) 근로자가 연차휴가를 쓰지 않을 경우 굳이 임금으로 지급할 필요가 없게 한 것은 모두 사용자의 재정 부담을 덜어주기 위한 조치들이었다. 기업의 경쟁력 강화와 이윤 추구가 최대의 목표로 떠오른 상황에서 정부는 '근로자의 권리'보다 '사용자의 편의' 쪽에 손을 들어줬던 것이다.

기업의 경쟁력 회복을 위한 정부의 노력은 가족정책자료 곳곳에서 가시화되었다. 과도한 부담으로 시장기능의 왜곡과 노동시장의 경직화, 기업 경쟁력의 저하를 야기한 서구의 전철을 되풀이하지 않기 위해 자본주의 시장원리를 저해하지 않는 범위 내에서 사회보험의 확장과 발전을 시도할 것이 강조되었으며 그 기대 효과로도 자율 경쟁의 효과와 생산력을 증진시키는데 기여할 수 있다는 점이 언급되고 있었다. 사회보험료의 상승이 기업의 인건비 부담을 가중시키고 기업경쟁력을 약화시킬 수 있다는 전제 하에 보험료를 적정 수준으로 유지하면서 민간에 그 책임을 나누도록 하는 방안이 강구되기도 했다. 이 같은 사회보험의 민영화 계획은 국가가 주축이 되어야 할 사회보장의 차원을 민간의 자유경쟁 원리에 떠넘기기 위한 탐색적 시도였던 셈이다(대한상공회의소, 2002).

기업의 이윤 추구에 대한 지원에서 더 나아가 자본주의의 자유경쟁 원리와 생산력 중심주의 원칙 자체에 대한 옹호도 두드러진다. 당시의 각종 정책자료들은 의료와 관련된 정부 지침의 확연한 변화를 보여주는데, 기존에 자유경쟁 원리로부터 지켜져야 할 영역, 국가의 개입이 적극적으로 필요한 분야로 인식되어 온 의료분야에 자본주의 원리의 도입이 필요하다는 주장이 대두한 것이 바로 그것이다. 의료의 효율성과 산업발전을 뒷받침하기 위해서 불가피한 조치라는 설명 하에 시장 경쟁 원칙의 도입이 추진됨으로써 자본주의의 영역은 더욱 확대됐다(한국보건사회연구원, 1998, 보건복지포럼 10월호: 88). IMF 체제로의 돌입은 이렇게 그 역기능에 대한 보호 장치마저 제거된 상태로 생산력 중심주의를 사회 전 영역에 걸쳐 팽창된 형태로 변형시키며 경제적 영역의 새로운 지평을 열어나갔다.

② 경제 위기 극복을 위한 노동력의 상품화와 산업주의의 강조

1987년 이후 급부상한 여성 '노동력의 상품화' 가치는 자본주의 원칙의 압도적인 입지가 확고해짐에 따라 이에 제한을 가할 수 있을 만큼의 영향력은 잃은 상태였지만 여전히 그 자체로는 지속적인 강화와 확산의 과정을 보여준다. 남녀고용평등법, 고용보험법에서는 여성의 고용촉진 장려를 직접적인 목표이자 과제로 제시했고 이를 실현하기 위한 다양한 방책들을 마련하는데 고심했다. 자본주의 원칙을 유지하고 사업주의 이윤추구를 저해하지 않으면서 여성의 사회 진출을 활성화하기 위해서는 사업주가 부담해야 했던 몫, 즉 사업주가 단기적인 차원에서 이윤추구의 자유를 제한받던 부분을 국가가 떠안으려는 시도가 이루어져야 했다.

2001년 남녀고용평등법(법률 제 6508호)에서 여성고용촉진 시설을 설치, 운영하는 비영리법인이나 단체, 여성고용촉진을 위한 사업을 실시하는 사업주에 대하여 필요한 비용의 전부 또는 일부를 지원하도록 한 것이나(제 17조 여성고용촉진), 사업주가 근로자에게 육아휴직을 부여한 경우에도 비용의 일부를 지원할 수 있도록 법적 근거를 마련한 것은 이러한 맥락에서였다(제 20조 직장과 가정생활의 양립 지원). 이외에 제 18조(산전후 휴가에 대한 지원) 역시 산전후휴가를 사용한 근로자중 일정한 요건에 해당하는 자에 대해 당해 휴가기간 중 무급휴가에 해당하는 기간의 통상임금에 상당하는 금액을 지급하여야 할 국가의 의무를 명시하여, 사업주의 부담을 경감하는 대신 국가의 책임을 늘리는

방식으로 여성노동력 활용을 최대화하려는 내용이었다. 보육사업에서 여성의 사회경제적 참여 범위 확대로 고용을 창출한다는 목표를 표방한 것에서도 여성 노동력의 상품화 가치의 지속적인 확산을 목도할 수 있다(보건복지부, 1999, 보건복지포럼 10월호: 80).

사회보험 부문에서도 여성 근로자가 증가하고 여성의 사회적 역할이 변화함에 따라 여성 관련 급여를 포함시키고 여성 취업에 따른 복지제도를 마련해야 한다는 자성의 목소리가 높아졌다(대한상공회의소, 2002: 251). 저소득 실직여성 대책 마련을 통해 여성들이 노동시장에서 탈락했을 경우 다른 일자리를 찾는 것을 용이하게 하려는 시도도 눈에 띄게 증가한다(보건복지부, 1999, 보건복지포럼 1월호: 65). 실상 경제 위기 상황에서 구조 조정에 따른 여성 노동자의 대량 탈락이 진행되었음은 주지의 사실임에도 가족정책상에서만큼은 경제 위기 극복을 위한 여성노동력 이용에 대한 일관된 강조가 발견됨은 흥미로운 일이다. 이는 정책과 현실의 괴리에서 비롯된 한계일수도 있으나 당시 국가 정책에서 추구했던 이상적인 근대성의 모습이 어떤 것이었는지 만큼은 확실하다고 할 것이다.

'산업주의' 또한 유사한 맥락에서 경제난 극복을 위한 방안으로서 강조되기 시작했다. 1980-1987년까지의 침체기를 거쳐 1987-1997년에 다시 정책자료들 속에 등장했던 산업주의는 이제 국익, 즉 경제 활성화를 위한 차원에서 부각되는 위치에 놓여 있었다. 과학화, 산업화를 "선진화"와 등치시키는 분위기 속에서 산업주의는 국가 경쟁력 강화에 필수적인 부분으로 간주되어 경제적 영역의 중심부로 재입성했다(보건복지부, 1997, 보건복지백서: 27). 특히 '정보화'와 관련된 이 가치의 강조는 이전에는 간접적인 통제방식인 감시능력의 증진, 행정적 차원의 합리적인 문제해결의 가치와 연계되어 있던 산업주의가 이제 국익과 직접적으로 연계됨으로써 경제 활성화라는 목표를 향해 직접적으로 수렴되고 있음을 보여준다.

(3) 문화적 영역

① 자유주의적 가치들: 인간의 존엄성 vs. 근로자의 인권

1987-1997년의 기간 동안 유사이래 최대로 확장되었던 자유민주주의 영역에서는 1997-2005년 사이에 양면적인 변화가 진행되었다. 인간의 존엄성 차원에서 기본적으로 삶의 질 개념을 통해 인권과 기본권이 강조되고 장애인, 노인, 여성, 아동 등의 인권이 개별적으로 강화되어 가는 가운데, 경제위기 상황이라는 특수여건에 기인하여 근로자의 인권 면에서만 유일하게 급격한 퇴조의 흐름이 일었다.

먼저 일반적인 차원에서 '인간의 존엄성'에 대한 관심은 여전히 확고했다.119) 삶의 질 개념 또한 그대로 유지되어 각종 복지서비스에서 이를 강조하는 경향이 역력하다(보건복지부, 1999, 제 1차 사회보장장기발전계획: 2). 앞서 언급했다시피 국민기초생활보장법(1999)이나 의료급여법(2001)에서 보호에서 수급으로의 개념 전환을 통해 국가가 주는 혜택이나 보호가 아니라 수급자의 권리를 강조한 것 또한 모두 인권에 무게를 실어준 경우이다.

세부적으로는 노인과 장애인의 권리가 더욱 부각되었다. 국민 연금

---

119) 본 연구의 분석 범위에는 포함되어 있지 않지만 보건의료기본법 입법 예고에 서도 "모든 국민이 인간으로서의 존엄과 가치를 가지며 행복을 추구할 수 있도록 하는 것에 최고의 가치를 두고 국민 개개인이 건강한 삶을 영위할 수 있도록 제도와 여건을 조성하도록" 하는 것이 그 기본 이념으로 제시되었다(보건복지부, 1999, 보건복지포럼 8월호: 87).

법에서 노인의 권리가 강조됐고, 장애인 정책에서도 보다 총체적으로
장애인의 존엄과 가치, 행복추구권이 수면에 부상하였다. 특히 1998년
「장애인 인권헌장」의 제정과 공포는 장애인에 대한 국가의 태도가 '보
호'에서 정책 대상의 '권리'의 차원으로 이동해갔음을 확인시켜주었다.
인간의 존엄과 가치, 행복추구권, 인권 보호, 교육권, 정치적 권리, 경
제적 권리 등을 총체적으로 강조하는 장애인 인권 헌장에서 장애인과
그 가족의 권리가 강조되고 인간다운 삶을 영위하기 위해 필요한 지원
을 받을 이들의 권한이 명백히 선포되었다. 개정 장애인복지법도 인간
의 존엄성과 기본적 권리, 인권 확대 등을 주된 목표로 제시했다 [120]

 여성의 인권과 몸에 대한 권리 또한 어느 때보다도 확대된 형태를
보인다. 가정폭력관련 법률의 입법(1997)은 그 중요한 계기였다. 또한
2002년 가정폭력범죄의처벌등에관한특례법 개정에서는 법의 목적에
피해자와 가족구성원의 인권보호가 추가되어 가족 성원 개개인의 권
리가 더욱 부각되었다(법률 제6783호 제1조). 가족계획사업의 출산 조
절 기능이 약화되면서 기본적으로 여성의 몸에 대한 권리와 재생산권
(reproductive rights)에 대한 침해가 크게 줄었고 모자보건사업에서도
초기적인 형태이기는 했지만 성폭력 등으로 인한 원치 않는 임신을 방
지하기 위해 피임을 적극 보급하고 활용하도록 하는 방안을 모색하는
등 여성의 몸에 대한 권리 차원에서 피임이라는 문제를 언급하기 시작

---

120) 차별금지 조항이 3조(개인의 존엄)에서 분리되어 8조(차별금지)로 독립된
 것은 그 하나의 예였다. '정보접근권'이 인권 차원에서 새로이 부각된 것도
 흥미로운 부분이다. 1998년 장애인노인임산부등의편의증진에관한법률의 제
 정은 노인과 장애인 임산부 등의 인간으로서의 존엄성과 행복을 추구할 권
 리를 재확인하는 한편 정보접근권을 인권의 새로운 차원으로 확고히 고정
 시키는 효과를 거뒀다(장애인복지법 법률 제5332호 제4조 접근권).

한다(보건복지부, 2001, 가족보건사업안내: 142). 특히 모자보건사업이 불임부부를 대상으로 자녀를 낳지 않을 권리뿐 아니라 자녀를 낳을 권리까지도 중요하게 인식하게 됨에 따라 여성의 몸에 대한 권리는 한층 확대, 존중받게 되었다.

1999년 모자보건법에서 전염병이나 유전병을 가진 사람의 경우 국가가 강제 불임수술을 행할 수 있도록 했던 불임명령제도가 인권 침해의 소지가 있다는 점에서 폐지된 것(시행령 대통령령 제 16315호 제 16, 17조 삭제) 또한 출산의 권리를 국가가 인정한 사례이다. 정책자료들에서 가정복지 부문에 포함되어 있던 모자보건법이 2002년을 기점으로 '건강증진' 부문으로 재범주화된 것 또한 시사하는 바가 크다. 이는 기존에 '가족'의 문제로 간주되어 온 모자보건이 개인적 차원에서의 건강권, 인간다운 생활을 할 권리, 그리고 몸에 대한 권리 등을 핵심으로 재편되고 있음을 의미하기 때문이다(대한가족계획협회, 1997: 56; 보건복지부, 2002, 모자보건관리: 141; 보건복지부, 2002, 주요업무 참고자료: 14).

아동의 인권은 항상 그러했듯이 주요 관심사였다. 1999년 유아교육진흥법(법률 제 5567호)은 법의 목적으로 국력과 개인의 행복을 동시에 내세우던 것을 개인에 보다 강세를 두어 개별 아동과 그 보호자의 요구에 부응할 것을 강조했다(제 1조 목적). 여기서 아동의 요구는 결국 아동의 기본권과 관련된 것이라는 점에서 이에 대한 한층 강화된 법적 고려를 보여준다. 영유아보육법(법률 제 5845호) 또한 1999년 영유아의 권익보호 조항을 신설했다(제 11조 폐지·휴지 등의 신고). 또한 정책자료들에서는 보육이 결국은 아동이 인간다운 삶을 살아갈 수 있도록 도와주는 제도라는 점을 부각시킴으로써 보육의 당위성을 아동의 존엄성과 관련하여 강조하고 있었다(보건복지부, 1999, 보건복지포럼 10월호: 80).

여성의 몸에 대한 권리와 같은 맥락에서 아동의 몸에 대한 권리가
논의 대상으로 자리잡게 된 것도 주목할 만하다. 가정폭력범죄처벌등
에관한특례법(1997)은 부모의 절대적인 권위나 체벌권보다 아동의 인
권이 우선한다는 원칙을 표방한 사례이다. 가해자가 부모일 경우에도
고소할 수 있게 한 것이나(법률 제 5436호 제 6조 고소에 대한 특례), 친권
행사의 제한을 가능케 한 것(제 40조 보호처분의 결정 등), 피해자의 진
술권을 보장한 것(제 33조)은 모두 가정의 유지는 중시하지만 그 안에
서의 절대적 권위에 의해 개인의 인권과 몸에 대한 권리가 침해되는
것은 용납하지 않는다는 정부 의지의 표현이었다. 이후에도 학대 아동
문제는 아동의 인권에 대한 사회적 관심을 환기시키는 쟁점으로 등장
하여 2000년 아동복지법(법률 제 6151호)과 가정폭력범죄의처벌에관한
특례법(법률 제 6251호)이 '학대아동 보호'를 목표로 개정되기도 했다.
이전까지 여성과 아동 인권에 대한 논의가 항상 가족과 별개로 이루어
졌던 것을 생각할 때, 이러한 일련의 변화는 결국 가족 공동체에 대한
일관된 강조나 가족의 무조건적 유지에 의미를 두던 것에서 벗어나 그
구성원 각각의 안전과 건강하고 행복한 삶이 중시되기 시작했음을 엿
보게 한다.

이렇게 여성과 아동의 권리가 강화되고 인권에 대한 관심이 전반적
으로 고조되는 가운데, 유일하게 1987-1997년 기간에 비해서도 그 가
치의 급격한 축소가 나타난 영역이 바로 "근로자의 권리" 및 "생존권"
과 연계된 부분이라 할 것이다. 근로자의 인권은 국가의 위기 상황에
의거, 정책적인 계발의 노력이 아예 포기된 부분이다. 이들의 권리는
국가의 관심사에서 누락되는 데에 그치지 않고 경제 활성화의 지상목
표 하에 희생을 강요당했다. 경제 회복이 근로자의 권리에 우선하는

것으로 간주됨으로써 1997년 근로기준법(법률 제 5473호)에 자본의 이익을 보장하고 이윤추구를 보호하는 차원에서 해고의 조건을 완화하는 내용(제 27조의 2 경영상 이유에 의한 해고)이 법제화되었으며, 1998년에는 경영상 이유에 의한 해고에 양도, 인수, 합병의 경우도 포함되어 (법률 제 5510호 제 31조 1항) 해고의 유동성이 더욱 커졌다. 1997년에 이미 퇴직금도 3년간의 퇴직금에 대해서만 보호받을 수 있도록 그 기간이 축소되는 등(법률 제 5473호 제 37조 2항) 근로자의 실직시 권리에 대한 보호가 제한됐다. 이와 같이 IMF 상황은 '근로자' 집단에 있어서 만큼은 기본권의 상당한 잠식을 가져오는 피할 수 없는 힘으로 작동했다.

② 민주주의적 가치들: 지속적 확장기

1987-1997년에 정착기에 접어든 '평등'과 '소득재분배'의 경우에는 자유주의 영역에서 나타난 양가적인 혼란을 경험하지는 않다. 특히 이미 본연의 의미를 회복한 남녀평등 가치는 1997년-2005년 사이에 그 틀을 더욱 확고히 해갔다. 여성이라는 이유만으로 주어졌던 보호조치들을 폐기하는 대신 모성 중심의 지원책을 보완하여 여성에게 불리한 조건을 개선하려는 시도들을 통해 이 가치는 '기회의 평등'에서 나아가 '실질적 평등'으로 향하는 발전적 행보를 거듭하고 있었다.[121]

---

121) 물론 남녀평등을 수단적 차원에서 언급하는 과거의 잔재가 100% 사라졌다고 단정짓기는 어렵다. 1987년 이전에 남녀평등이 "출산율"을 낮추기 위한 수단으로서 강조되었다면 1997년 이후에도 남녀성비불균형이 사회문제화될 수 있다는 우려에 기반하여 이 가치가 강조된 경우가 있기 때문이다(보건복지부, 2000, 가족보건사업안내: 7). 그러나 이러한 예는 앞 자료가 거의 유일하므로 전반적인 경향에 주목하는 본문에서는 따로 언급하지 않았다.

비록 '법'이라는 문서화된 차원이기는 했지만 남녀고용평등법의 개선은 괄목할 속도였다. 1999년 이 법에서는 남녀차별의 범위를 확대하여 "어느 한 성이 충족시키기 어려운 인사에 관한 기준을 적용하는 것"을 모두 차별에 해당하는 것으로 규정했고(법률 제 5933호 제 2조의 2정의 1항 후단 신설), 2001년에는 여성에게만 해당되던 규정들을 남녀 모두에 해당되는 것으로 재개념화했다(법률 제 6508호). 이는 여성을 보호의 대상으로 보던 시각에서 탈피하려는 사회의 전반적인 분위기와도 일치한다. 2001년 육아휴직 대상자를 "생후 1년 미만 영아를 가진 근로 여성 또는 그 배우자"에서 "생후 1년미만 영아를 가진 모든 근로자"로 표현을 수정하는 한편 육아휴직 자체에 대한 보호 조치는 강화하여 휴가이후 동일 업무, 동일 임금 보장, 해고 금지 등의 조항이 마련된 것은(법률 제 6508호 제 19조 육아휴직) 기존에 '모성'의 영역으로 간주되어 여성을 보호 대상으로 위치짓는 근거가 되었던 '육아'의 역할을 평등하게 남녀 모두에게 해당시키려는 시도였다. 여성의 고용 촉진, 직업개발에 대한 강조 또한 지속적으로 부각되었음은 더 말할 나위조차 없다.

1997년 이후 부녀복지정책이 여성복지정책으로 변경된 것, 2001년 영유아보육법 개정(법률 제 6400호)에서 여성의 사회참여와 권익 신장 등 남녀차별금지와 여성지위 향상을 목표로 표방한 것 또한 지속적인 남녀평등 실현의 노력을 보여준다. 1998년 근로기준법 개정(법률 제 5510호)에서 합리적이고 공정한 해고의 기준을 정할 것을 규정하여 해고에서의 남녀차별을 금지한 것(제 31조 경영상 이유에 의한 해고의 제한)은 1987-1997년에 남녀평등의 개념이 합리적 기준을 포함하는 것으로 규정되었던 연장선상에서 차별에 대한 한층 엄격한 제한의 근거로 작

동하고 있었다. 국민연금법의 유족순위에서 남녀동등권이 확보되고
가족법에서 국적 취득에 있어서의 양성평등이 실현된 것도 모두 이 시
기에 이루어진 변화였다.

'남녀평등'이 실질적 평등을 향한 첫걸음을 뗀 상태였다면 본원적으
로 사회적 평등을 표방하는 '소득재분배'의 가치는 이제 그 개념상으로
는 완연한 정착기에 접어들었다. 경제 위기 극복과 국가 경쟁력 회복
이 급박한 과제로 간주되는 상황에서도 직접적으로 이들을 그 수단으
로서 명명하는 식의 노력은 더 이상 나타나지 않았다. '소득재분배'는
1987-1997년에 그러했듯이 여전히 '목적'으로서의 위치를 유지했다.
사회보험은 위험을 공동분산시키는 방법이자 소득불안정에 대한 전국
민의 대처수단이라는 점에서 부분적으로 계층간의 사회적 형평성을
제고하는 소득재분배의 성격을 갖는 것으로 설명되었다(대한상공회의
소, 2002). 국민의료보험법(법률 5488호)에서도 법제처 개정이유에 '소득
재분배 기능 강화'가 명시되고, 정책자료들에서도 고소득 세대의 보험
료를 상향조정하고 저소득세대의 부담은 완화시킴으로써 나눔의 정신
을 실현하고 소득재분배 효과를 얻는다는 계획이 세워진다(보건복지
부·국민의료보험관리공단, 1998: 3).

남녀평등, 소득재분배의 가치가 고르게 영역을 넓혀가는 가운데 '민
주적 의사소통' 또한 지속적인 확장의 단계를 밟았다. 국민기초생활보
장법 제정과 함께 수급자의 권리가 강조되면서 이들의 의사표현 통로
가 확대되었고(법률 제 6024호 제 38조 시, 도지사에 대한 이의신청, 제 40
조 보건복지부 장관에 대한 이의신청), 의료급여법(법률 제 6474호)에서도
제 16조(급여의 변경), 제 30조(이의신청)에서 친족 및 관계자의 급여변
경 및 이의 신청이 가능해졌다. 2003년 사회복지사업법 개정(법률 제

6960호)에서도 이 시기에 친족 및 부양의무자 관련 조항이 대폭 늘어
났는데, 이는 주로 의견 반영 기회를 확대하는 내용들이었다.[122] 장애
인노인임산부 등의 편의증진보장에관한법률(1998)에서도 국가의 독단
을 방지하기 위한 민주적 장치들이 마련되었다(법률 제 5332호 제 24조
청문, 제 27조 과태료).

1987년 이후 두드러졌던 정책대상의 '의사 존중'에 대한 강조 또한
계속된다. 2000년 아동복지법(법률 제 6151호)은 부분적이나마 아동을
대상으로 의사소통방식의 민주화를 언급했고(제 10조 보호조치) 그룹홈
시범사업에서도 개인생활 유지와 함께 아동의 민주적 의사 존중이 중
시됐다. 노인복지사업에서도 시설운영기준에 입소자의 의견을 최대한
존중한다는 조항이 신설된다(보건복지부, 1998, 노인복지사업지침: 56).
장애인 인권헌장 또한 복지증진을 위한 정책 결정에 참여할 장애인과
그 가족의 권리를 인정하고 있었다. 2001년에는 복지관 운영, 사업수
행에 있어서 지역 장애인의 의사와 선택권을 존중하고 이를 사업에 적
극 반영하도록 하는 지침이 세워져 운영자 중심의 시설운영방식이 아닌
민주적 의사소통 조성에 기반한 정책 수행의 요구가 더욱 확연해졌다.

③ 근대적 개인주의와 사회적 연대: 위기 극복을 위한 메카니즘

1987-1997년에 '근대적 개인주의'의 가치가 각종 법제들에서 보다

---

122) 사회복지서비스의 신청권을 친족 및 그 밖의 관계인에게 부과한 것이나(33
조의 2 사회복지서비스의 신청), 보호의 결정시, 보호 대상자별 보호계획의
수립시 친족의 의견을 참작하도록 한 것(33조의 4 보호의 결정, 33조의 5
보호대상자별 보호계획의 수립)은 모두 정책대상 쪽의 의견 개진의 폭을 넓
힘으로써 정책수행자와 수혜자의 관계를 보다 대등하고 상호적인 것으로
변화시켰다.

뚜렷이 표명되기 시작하고, '사회적 연대' 역시 국가의 이익에 버금가는 중요한 목표로서 간주되었던 것에 이어 1997-2005년에도 이 두 가치가 차지하는 위상은 더욱 확고해진다. 생산적 복지기반을 확충한다는 방침이 유지 강화됨에 따라 자립지원의 측면이 특히 강조되어 근대적 개인주의의 기치가 드높여졌고 사회적 연대의 가치는 경제적 위기 상황이 초래할 수 있는 통합의 위기에 대한 우려의 소리가 높아짐에 따라 각종 자료들 속에 그 어느 때보다도 빈번히 등장하는 주제로 자리잡았다.

먼저 '근대적 개인주의'를 살펴보면, 이 시기의 대표적인 입법인 국민기초생활보장법은 자립, 자활능력을 배양하는 생산적 복지의 목표를 공공연히 표방했다. 생계 급여의 경우 근로능력자일 경우에는 자활사업에 참여하는 것을 조건으로 급여가 이루어지는 조건부 지급이 상설화되었다. 정책 차원에서도 자활지원계획 수립이 중요한 과제로 부상한다. 노인 복지 역시 노인의 사회참여 여건 조성에 강조점을 두어 노인의 자립을 주된 목표의 하나로 부각시켰다(보건복지부, 1998, 노인복지사업지침).[123] 장애인복지에서도 장애인 인권헌장을 통해 건전한 사회구성원으로서 능력을 계발하고 자립을 위한 노력을 할 의무를 장애인 본인에게 부과하고 있었다(보건복지부, 1999, 장애인복지사업안내). 특히 장애인 사업은 1999년 이후 자립, 자활기반 조성을 통한 생산적 복지의 기조를 더욱 강화한다.[124]

---

123) 본격적인 노령사회에 부응할 수 있는 생산적인 노인복지사업대안으로 2002년 지역사회시니어클럽(Community Senior Club) 구성을 추진하여 노인의 능력과 경륜의 활용을 장려한 것이 바로 그 대표적인 예다(보건복지부, 2002, 노인보건복지사업 안내: 23).

124) 1999년에는 장애인 생산품 공판장 운영 등 보다 실용적인 대책들이 계획되

'사회적 연대'는 이미 이전부터 국가의 이익에 버금가는 중요한 목표로 간주되고 있었으나 IMF 위기 이후에는 이러한 양상이 더욱 노골화되었다. 1990년대 이후 가족정책들에서 가족·이웃·국가로 연결되는 다층적 복지 공동체를 표방하는 '한국적 복지공동체'를 지향하여 사회적 연대를 추구되어야 할 중요한 가치로 부각시켰던 것에서 한차원 발전하여 1997년부터는 이 가치가 경제 위기 상황 극복을 위한 중요한 열쇠로 언급되기에 이르렀다. 경제 위기가 곧 사회통합의 위기라는 자각과 함께 사회적 연대에 대한 주의가 다시금 환기되었던 것이다. 위기 상황에서 부각된 계층간의 위화감 증가, 소득재분배의 실패로 인한 소득불평등이 사회통합을 약화시킬 수 있음이 강조되면서 사회적 연대의 관리는 곧 한국사회의 존폐와 직결된 과제로 떠올랐다.

연금제도가 국가 공동체적 연대를 위한 제도로 규정된 것이 그 일례였다. 연금정책자료들은 가족 내에서의 노인 부양이 현실적으로 불가능하므로 국가, 사회의 차원에서 사회적 연대를 통해 문제를 해결하려는 방안이 바로 연금제도라고 설명한다. 즉 가족의 부양원리가 국가, 사회의 차원으로 확장된 세대간 부양시스템, 세대간의 상부상조의 원리가 강조되는 것이다. 연금제도가 따르는 부과방식의 적립방식은 자기가 적립한 금액을 다시 가져오는 것이 아니라 다음 세대의 적립금을 이전 세대가 받는 식으로 자녀세대가 부모세대를 부양하는 것이라는 점에서 국가적 공동체 원리에 입각한 것으로 주장되었다(대한상공회의소, 2002).[125] 이 외에 연금제도와 의료보험제도 각각의 통합운영

었고, 2000년에는 「장애인 고용촉진 및 직업재활법」이 개정 공포되어 이를 위한 구체적인 방침들이 마련되기도 했다.
125) 오늘날 국민연금제도에 내재한 재정운영상의 문제점들이 표출되고 그 실효성에 대한 국민적 회의가 크게 증가한 현실은 바로 세대간 상조를 통한 사

또한 사회적 연대의 가치와 연계하여 설명됐다. 의료보험의 재정 통합은 사회적 연대성 강화와 통합 취지에서 주장되었고 국민건강보험법 시행도 직접적으로 사회적 연대와 통합의 목표를 표방했다(보건복지부, 1998, 보건복지포럼 9월호: 84). 연금제도 또한 같은 맥락에서 전국민 노후보장과 연대성 확보의 의미로, 그 통합 운영은 사회적 연대를 강화하기 위한 시도로 제시되었다(보건복지부 연금보험국, 1999: 3).

산재보험제도 역시 "사회 연대적" 사회보험의 성격을 강화할 필요성이 제기되었다. 위험 수준이 동일하다고 평가되는 업종 내의 위험분산만을 고려하는 사보험적 성격이 강한 당시의 보험제도를 개선하여 총체적인 사회통합의 기조 내에서 전반적인 위험분산을 고려하는 공적 성격을 강화할 것이 주장된 것이다(대한상공회의소, 2002: 191). 장애인복지법 개정(법률 제 5931호)에서도 "완전한 사회참여와 평등을 통한 사회통합을 이루는" 것이 직접적인 과제로 표방되었고(제 3조 기본이념), 사회통합의 이념에 기초하여 장애인 복지증진에 협조할 것이 국민의 책임으로 권장되어 최종적인 목표로서 이 가치가 부각되기도 했다(제 10조 국민의 책임). 각종 정책자료들에서도 장애인 복지정책의 목표는 더불어사는 사회 건설에 있는 것으로 언급되고 있었다(보건복지부, 1999, 장애인복지사업안내: 3).

90년대 후반에 특히 가족, 이웃, 지역사회, 국가로 이어지는 복지 공동체가 강조되는데 이는 1980년대 초반에 만들어진 한국적 복지모형의 보다 발전된 형태이자 1987-1997년 사이에 가족-이웃-국가로 연결

회적 연대가 곧 공적연금제도의 기반이라고 봄으로써 국가 공동체를 강조하고 그 논리를 감성에 호소하는 이 같은 접근방식에 기인한 부분도 있을 것으로 본다.

되는 "한국형 복지공동체"에 '지역사회'가 추가된 것으로, 이전과 근본적으로 동일한 성격과 논리에 기반하고 있다. 사회적 연대가 경제 위기 상황을 맞아 위기 극복의 단서로서 집중적인 조명을 받게 되는 현상은 뒤이어 살펴보게 될 거시적 제도 내부의 상호작용에서 보다 명확히 다루어질 것이다.

3) 거시적 차원에서의 위기 극복 담론의 정립

80년대 초 경제와 문화 영역이 근대국가의 절대적인 우위로부터 벗어나기 시작한 이래로 정치, 경제, 문화적 영역에서의 근대성의 역학 관계는 점차 세 영역간의 긴장과 갈등이 사라지고 상호간 논리적인 접합을 통해 그 총체적인 구조가 더욱 공고해지는 방향으로 나아가고 있었다. 1987-1997년 사이에 경제적 영역과 자유민주주의가 이전에 비해 확대된 상대적 자율성을 근거로 근대국가와 비교적 동등하고 우호적인 관계를 회복하는 한편, 그 내적인 접합 지점들에 있어 한층 폭넓은 모습을 보인 것은 바로 이러한 흐름의 연장선상에 있었다. 그러나 1997년 경제위기 상황의 도래는 이 같은 근대성 영역들의 평화로운 공존과 내적 균형에 균열을 가져오는 거대한 힘으로 작동하게 된다. 신자유주의의 표어 하에 근대국가와 경제적 영역의 관계에서는 자본의 독립성과 자본주의 원리를 최대한 보장하고 국가의 개입과 관여를 최소화하는 경향이 강화되었으며, 이에 반하여 자유민주주의의 영역에 속하는 근로자의 인권은 크게 약화, 축소되었다.

근대국가와 경제적 영역의 친화성이 확대되고, 자유민주주의가 잠시 유보되는 이러한 현상이 '과거로의 회귀'를 보여주고 있음은 흥미로운 부분이 아닐 수 없다. 물론 정치와 경제의 관계에서 국가의 절대적 우위와 통제가 전제되었던 60, 70년대에 비해 1997년 이후에는 국가 우위가 뚜렷이 약화되고 경제 영역의 자율성이 최대한으로 확대되는 뚜렷한 변화를 보이고 있으나, 이 점을 제외하면 경제적 영역이 근대 국가의 옹호 하에 크게 부각되고 근대국가와 경제 영역의 결합구조에 의해 자유민주주의의 잠식이 이루어지는 전반적인 구도는 사실상 다를 바가 없었다. 근대국가와 경제적 영역간의 상호 독립성은 강화되었지만 그 내부에서 경제 활성화라는 '국가의 이익'과 '생산력 중심주의'의 가치가 공고히 결합하여 자유민주주의적 영역을 잠식하는 양상은 비록 그 정도는 약화되었을지언정 본질만큼은 과거 60, 70년대의 특징을 다시금 재연하고 있었던 것이다.

근대국가와 경제적 영역의 두 차원을 먼저 살펴보면 자본주의 원칙에 대한 국가의 지지가 뚜렷해지면서도 신자유주의 전략에 의거, 경제 영역에 대한 직접적인 개입은 그 어느 시기보다도 축소된 모습을 보인다. 경제 위기에 대한 성찰이 국가 주도 발전전략에 대한 반성으로 이어진 결과 시장기능을 강화하고 경제영역에 대한 국가 역할을 제한하는 것이 무엇보다도 시급한 위기 타결책으로 간주되었던 탓이다. 따라서 이 시기에 근대국가와 경제영역간의 상호 독립성과 대등성은 어느 때보다도 강화된다. 물론 이는 본질적으로 국가의 정책과 접근방식의 변화로 야기된 결과였다는 점에서 근본적인 국가의 우월성을 부정할수는 없겠으나, 그 정도에 있어서 전례없이 동등한 관계가 성립된 것만큼은 부정할 수 없다.

이러한 추세가 가장 직접적으로 반영된 부분이 근로기준법이다. 1999년 이 법(법률 제 5885호)에서는 법제정 당시에는 사회부, 그 이후에는 노동부 장관의 승인을 필요로 했던 부분이 대량 폐지되거나 완화된다. 여성의 산전, 산후 휴업기간의 해고를 제한했던 제 30조(해고 등의 제한)가 삭제되었고, 제 32조(해고의 예고)의 삭제로 근로자가 사업에 지장을 초래하면 예고 없이도 해고가 가능해졌다. 또한 50조(탄력적 근로시간제). 제 56조(근로시간 계산의 특례), 제 58조(근로시간 및 휴게시간의 특례) 등에서 국가에 대한 신고의무가, 제 29조(강제저금의 금지)에서는 인가 의무가 폐지된다. 제 78조(기능자 양성), 제 79조(미성년자), 제 80조(인가 취소)의 삭제로 국가의 승인도 불필요해졌다. 기숙사 규칙에 대한 국가 승인제 또한 사라졌으며(제 102조 규칙의 작성변경), 18세 미만자 30명 이상 고용시 교육시설을 설치해야 했던 것 역시 사업주의 재량에 맡겨지게 되었다(제 75조 교육시설).

이러한 국가 개입 축소는 사실상 자본주의 원칙을 최대화하여 경제위기 극복, 경제 활성화라는 국익으로 연결시키려는 시도였다. 경제 영역에 대한 국가의 개입을 최소한도로 조정하여 시장 논리와 사업주의 이윤추구의 가치를 뒷받침함으로써 경제 위기 극복의 수단으로 삼으려는 정책적 시도가 한층 더 가시화된 모습으로 스스로를 드러내고 있었던 것이다. 이는 국가의 이익과 생산력 중심주의의 결합이 이제는 과거와 다른 방식으로, 두 영역간의 경계를 분명히 한 상태에서 이루어졌다는 차이만을 보이며 근대국가와 경제적 영역간의 관계를 독립적인 듯 보이나 결국은 내부적으로 매우 밀착된 관계로 주조해냈다.

그런데 이렇게 변화된 국가의 태도는 그것이 자본가와 근로자 사이에서 근로자의 권익이 일방적으로 침해되지 않도록 해온 국가의 '안전판 역할'의 철회를 의미하는 것이라는 점에서 더 큰 파급성을 갖는다. 근로자의 해고나 근로시간 조정, 미성년자의 교육 등에서 사업주의 재량을 강조하고, 이윤추구를 그 무엇보다 우선하는 가치로 삼은 법개정

은 일반 근로자는 물론 여성, 미성년의 권익에 대한 최소한의 보호노
력까지도 포기하고 있었다. 이는 기업의 경쟁력 약화, 경제성, 생산성
등의 자본주의 원리가 무제한으로 확대되는 가운데 국가의 역할이 자
본과 근로자의 '중재' 역할에서 사용자의 경제활동을 돕는 역할로 노선
을 수정했음을 의미한다. 이제 경제에 대한 정부의 개입은 경영상 이
유에 의해 해고된 근로자의 생계 안정, 재취업, 직업 훈련 등 "사후적
책임"의 영역으로 한발 물러났다(근로기준법 법률 제 5885호 제 31조의 2
우선재고용 등 신설).

경제 위기 극복이라는 목표 하에 근대국가가 경제적 영역에서의 '생
산력 중심주의'와 결합하고, 이것이 근로자의 기본권의 침해를 야기하
는 이 같은 현상은 "합리성" 개념을 통해 그 근거가 더욱 확고해졌다.
1997년 근로기준법(법률 제 5309호)에서 '고용관계의 신축적 운영과 유
연성을 높이고 합리성을 추구함으로써 근로자의 기본생활을 보장하고
균형있는 국민경제의 발전을 도모한다'는 목표를 표방한 것(법제처)은
바로 근로자의 생존권에 대한 보장이 상당부분 포기된 당시의 법 개정
을 합리성의 이름으로 정당화하려는 시도와도 같았다. 여기서의 합리
성은 '법체계상의 비합리성 제거', 즉 근대국가의 또 하나의 특징인 '합
리적 문제해결'의 측면이다. 특히 경영상 이유에 의한 해고를 법제화
하면서 합리적 기준, 공정한 기준에 의한 해고일 경우 근로자에 대한
보호 필요성을 배제한 것(제 27조의 2 경영상 이유에 의한 해고)은 이 가
치가 논리적으로 이용되는 방식을 구체적으로 보여준다. 즉 경제위기
의 극복의 열쇠로 지적되었던 비합리성의 제거, 합리적 문제해결 방식
이 "합리적 기준이 선행된다면" 근로자의 해고를 정당화할 수 있는 근
거로 이용되어 근로자의 생존권을 위협하는 도구가 된 것이다.

이상의 정치, 경제, 문화적 영역에서 나타난 영역간의 제도적 긴장과 갈등의 양상을 도식화하자면 다음과 같다. 여기서의 자유민주주의 영역의 쇠퇴는 근로자의 인권에 한정된 것이었다는 점에서 60, 70년대와 자유민주주의의 총체적인 쇠락에까지 미치는 것은 아니었지만 그럼에도 불구하고 부분적으로나마 이 영역에서의 과거로의 회귀를 보여주고 있다.

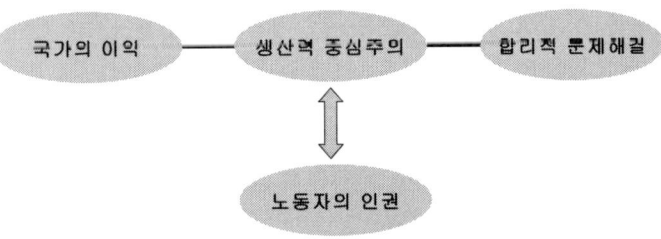

〈그림 6〉 1997-2005 근대성의 제도적 긴장

근대성의 상호 긴장과 갈등이 내적으로 밀착된 근대국가와 경제 영역의 관계에 의해 자유 민주주의의 일부가 훼손되는 양상을 보였던 이상의 사실에서 이미 시사되고 있듯이, 이 시기의 제도적 "접합"의 측면에서 가장 두드러진 특징 역시 근대국가와 경제 영역, 보다 세부적으로는 경제활성화라는 '국가의 이익'과 신자유주의원칙에 기반한 '생산력 중심주의'의 결합이었다. 1987-1997년 이후 경제성장이라는 '국가의 이익'과 '사회적 연대'의 두 가치가 가족정책이 추구하는 양대 목표였던 것에 비해 이제 자본주의 경쟁 원리를 통해 산업발전을 뒷받침해야 한다는 논리 하에 다시금 '국가의 이익'과 '생산력 중심주의'가 상호 결합된 형태가 전면에 부각되었다.

'사회적 연대'는 전처럼 궁극적인 가치로 간주되지는 않았으나 경제위기 극복을 위한 필수불가결한 요소로서 그 의미를 더해갔다. 경제난에 따른 국민적 복지 욕구의 증가에 효과적으로 대응하지 못하면 "사회통합 기반"을 약화시켜 지속적인 경제사회발전을 저해한다는 우려의 목소리가 높아졌던 까닭이다. 특히 사회보장제도 관련 자료들은 국가가 안전망 역할을 못하는 상황에서 구조조정이 단행될 경우 사회적 불안과 공동체 의식의 와해 등 엄청난 사회적 비용을 초래함으로써 국가 경쟁력을 더욱 약화시키는 악순환에 빠지게 된다는 점을 거듭 경고했다(보건복지부, 1998, 제 1차 사회보장발전계획: 35, 40). 사회적 연대의 구현방안인 가족-이웃-지역사회-국가로 이어지는 복지공동체 또한 성장잠재력 배양에 기여한다는 자각 하에 그 필요성이 강조됐다. 이에 사회적 연대는 국가 경쟁력 회복을 위한 첩경이자 국익의 필수적인 하위요소로서 새 위치를 부여받았다.

그러나 이것이 정치, 경제, 문화적 영역의 근대성 내부에서 이 가치가 이전에 비해 그 기반과 위상이 축소되었음을 의미하는 것은 결코 아니다. 당시 사회적 연대의 효용성은 그것이 다양한 여타의 가치들과 국가 이익을 연결짓는 중간통로로서 작용하게 되었다는 점에 있었다. '국가의 보호', '국가합리성', '합리적 문제해결 방식' 등의 근대국가의 가치들과 '삶의 질' 및 '근대적 개인주의', '형평성'의 문화적 영역의 가치들은 모두 사회적 연대를 강화하고 그럼으로써 더 나아가 국가의 이익을 추구하는 요소로서 자리매김 되었다. 여기서 각각의 가치들이 '사회적 연대'를 거쳐 '국가의 이익'과 연계되는 방식을 살펴볼 필요가 있다.

먼저 '국가의 보호'가 확대 강화된 것은 국민적 복지 욕구가 높아졌다는 자각에 근거하여, 장기적인 국가 경쟁력 확보 차원에서 단기적으로나마 지출을 늘리고 부담을 감내함으로써 사회안전망으로서의 기능을 수행해야 하는 국가 역할에 대한 재고가 촉구된 것이 그 발단이었다(보건복지부, 1998. 제1차 사회보장발전계획(1999-2003): 40). 국가의 보호 기능 확대를 통해 경제 위기를 극복하려는 경향이 확산되었으며 사회안전망 확충이 국정 이념인 생산적 복지의 가장 중요한 수단이라는 주장 또한 대두되었다(보건복지부, 2000, 보건복지포럼 1월호: 65-66).

그런데 이렇게 국가의 보호와 국가 이익이 결합되는 중간지점에는 사회적 연대의 가치가 있었다. "경제위기를 맞아 심화된 소득분배의 악화와 계층간 위화감 조성 등으로 인해 우리가 직면하게 된 사회통합의 위기를 국가의 적극적인 개입과 공고한 사회안전망 확충을 통해 해결함으로써 국가 경쟁력을 강화하고 성장 잠재력을 배양하여 경제적 도약의 기회로 삼을 것"이 주창됨에 따라(보건복지부, 1998. 제1차 사회보장발전계획) 경제 위기는 곧 사회적 연대의 위기로, 그 회복은 외환위기 극복을 위한 필수단계로 간주되었다. 사회안전망 확충이 곧 빈부격차를 완화시킴으로써 연대성을 고양하고 통합에 기여하는 주요 수단이라는 사실이 부각된 것도 사회적 연대가 경제 활성화를 위한 열쇠라는 인식에 기반한 것이었다(보건복지부, 2000, 보건복지포럼 1월호: 65-66). 결국 국가의 보호는 단독적으로 경제 활성화에 기여하는 동시에 사회적 연대의 실현을 촉진함으로써 간접적으로 같은 목표를 달성할 수도 있는 것으로 이해되었다.

'국가합리성'에 있어서도 유사한 논리전개가 나타난다. 국가적 위기와 관련, 한국적 복지모형에 의해 강조되던 인보협동사상, 상부상조

등의 미덕이 사회적 연대와 연계되던 1980-1987년의 성향이 다시 확연히 부각된 것이다. 이는 1987년 이후 사회적 연대가 주로 소득재분배와 연계되었던 것에서 사뭇 변화된 것으로, 경제위기를 맞아 민간 자원을 동원하려는 노력을 확대하는 방향으로 정책 지향이 회귀하고 있는 현실을 직시하게 한다. 국민의 상부상조 정신을 고취하고 온정에 호소하는 방식으로 위기를 타개하려는 정부의 방침에 의거하여 국가 합리성의 가치는 '공동체'적 의식을 환기시키는 사회적 연대의 추구로 나아갈 수밖에 없었다.

문화적 영역에서 '삶의 질'과 '근대적 개인주의'가 '사회적 연대'와 접합되는 방식도 흥미롭다. 여성복지정책의 경우, "삶의 질 향상을 위한 여성의 복지증진"이라는 목표를 표방하는 와중에 삶의 질 향상에 구체적으로 이웃사랑 분위기 조성, 자원봉사 활동의 증진을 포함시켰고 이것이 다시 "연대의식 강화"의 목표를 갖는 것으로 설명되었다. 근대적 개인주의 또한 '연대의식 강화'를 위한 요소로 규정된다. 생산적인 여성복지정책시책의 전개를 위한 자립기반 조성과 이를 통한 연대의식 강화를 강조하는 방식으로 근대적 개인주의와 사회적 연대의 결합이 이루어진 것이다(보건복지부, 1999, 여성복지사업안내: 3). 노인복지의 경우 사회적 연대를 통한 자립을 지원한다고 하여 이 둘간의 보다 양방향적인 관계성을 드러내기도 했으나(보건복지부, 2000, 노인보건복지 국고보조사업 안내: 6), 대부분의 경우 근대적 개인주의와 사회적 연대의 관계는 '삶의 질'이 그러했듯이 사회적 연대를 보다 상위 목표로 설정하는 경향을 보여주고 있었다.

보다 행정적, 절차적 차원에서도 '국가의 이익'을 암묵적인 전제로[126] 사회적 연대를 추구하는 경향이 발견된다. '합리적 문제해결방식'과 '형평성'은 1987-1997년에 이어 1997-2005년에도 그 비중이 줄지 않았는데, 이는 IMF 이후 정부가 기존의 사회보험과 공공부조가 경제위기에 대한 대응능력을 결여하고 있다는 점을 자각하고 총체적인 사회안전망 구축을 시도하면서 내세운 것이 바로 이 두 가치였던 데서 연유한다. 1, 2차 사회안전망의 구축에 있어 관리 운영의 효율성, 부담의 형평성은 다시금 정책적인 관심사로 부각되었고, 이를 통해 사회적 연대와 통합의 가치를 실현할 목표가 상기됐다(보건복지부, 2000, 보건복지포럼 1월호: 65). 국민건강보험법도 부담의 형평성과 관리운영의 효율성, 사회적 연대를 시행 취지로 표방하여 세 가치간의 관계를 더욱 공고히 했다. 특히 사회적 연대와 형평성의 관계는 1997-2005년간 형평성의 제고 내지는 적극적인 소득재분배가 사회적 연대성을 확보하는 기초가 된다는 인식의 확산으로 그 상호연계가 더욱 강화되었다. 국민연금제도의 취지가 소득재분배와 연관, 연대성을 확보하는 것으로 설명된 것이나 의료보험제도에서 부담의 형평성 확보를 통한 사회적 연대성 강화가 주된 관심사로 제시된 것도 이 둘 간의 불가분의 관계를 상정한 예였다 할 것이다(보건복지부 연금보험국, 1999: 3-6).

이렇게 다양한 가치들이 수렴되는 가운데 사회적 연대는 근대국가 및 자유민주주의적 가치들이 부착되는 구심점으로서 정치, 경제, 문화적 영역의 근대성 내부에 자리잡았다. 그 관계들 속에서 국가의 이익은 궁극적인 목표로서 직접적으로 스스로를 드러내는 경우도, 그렇지

---

126) 사회보험에서 효율성과 형평성 개선을 국가 경쟁력 저하와 경제성장의 정체를 막기 위한, 즉 국가의 이익을 위한 중요 요소로서 전제한 것에서도 알 수 있듯이 행정적 차원에서의 개선은 항상 국가의 이익을 염두에 둔 것이다 (대한상공회의소, 2002, 경제연구총서, 4대 사회보험제도의 개편방향: 머리말).

않은 경우도 있었으나 사회적 연대의 가치 자체가 경제 활성화, 경제 위기 극복이라는 목표 하에 호명되었던 당시의 시대적 배경을 생각할 때 '국익'의 존재는 모든 관계 속에 편재해 있었다 해도 과언이 아니다. 결국 사회적 연대라는 통로를 통해 다양한 가치들이 국가적 이익을 향해 기여해야 할 존재로 규정되는 것이 바로 1997-2005년 근대성의 제도적 차원을 특징짓는 큰 그림을 구성하고 있었던 것이다.

여기에 한가지 덧붙일 것은 '삶의 질'이 '산업주의'와 연계되고 이것이 다시금 '국가의 이익'을 향해 수렴되는 현상이다. 당시 '산업주의'에 대한 어조는 크게 두 가지로 나뉘는데 하나는 정보화를 통한 국민의 '삶의 질' 향상을 주요 과제로 다루는 것이었고 또 하나는 과학화를 '국가 경쟁력 강화'를 위한 수단으로 부각시키는 것이었다(보건복지부, 1997, 보건복지백서). 이러한 흐름 속에서 산업주의의 가치는 '삶의 질'과 연계되면서 궁극적으로는 '국가의 이익'을 위해 작용하는 가치로서 자리매김되었다. 아래의 표는 이러한 양상들을 간략히 그림으로 도식화한 것인데, 1987-1997년 기간에 여성관련 가치로서 크게 부각되었던 노동력의 상품화, 남녀평등 대신 자본주의 원리가 다시 전면에 등장한 점을 빼면 그 외의 내용은 동일한 가운데, 사회적 연대가 다양한 가치들이 수렴되는 중간지점으로 위치지워짐으로써 그 내적 관계 모두가 직접적으로는 '사회적 연대'를 위해, 궁극적으로는 '국가 이익'을 위해 기여해야 하는 요소로서 재배열된 것이 이전과의 차이점이다. 이는 경제 위기 극복을 위한 일종의 동원체제로서 변모된 제도적 근대성의 내적 실체를 보여주고 있다.

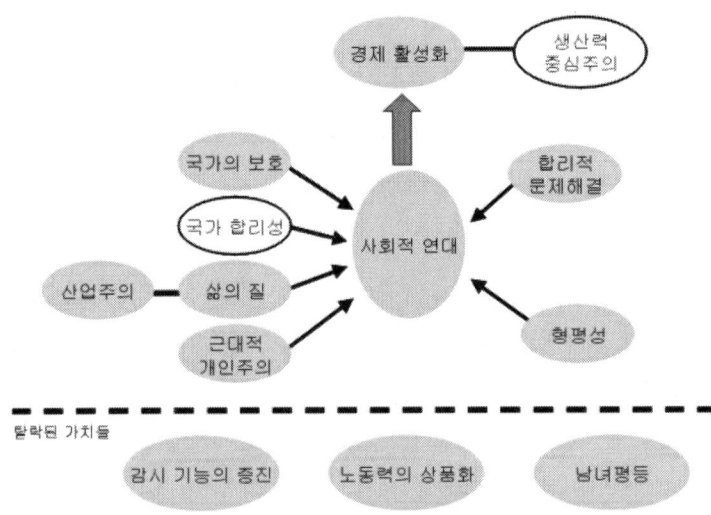

〈그림 7〉 1997-2005 사회적 연대를 매개점으로 한 동원 체제[127)

2. 거시적 제도와의 관계 속에서 본 가족의 근대성

1) 가족 형태와 관계의 재구성

(1) 소자녀 핵가족주의의 포기와 가구 분리

당시 가족의 근대성에서 나타나는 가장 큰 특징은 수십년 간 정책 속에 가족이 지향해야 할 이상형으로 자리잡았던 소자녀 핵가족주의가 이제 완전히 자취를 감춘 것이다. 1987-1997년 사이에 그 시발점이 마련된 데 이어 1997년 이후로는 가족정책 자료들에서 소자녀의 목표를 찾아볼 수 없게 되었고, 2000년 이후에는 오히려 출산을 장려하는

---

127) 흰색 타원으로 표시된 가치들은 이 시기에 새로 접합구조 속에 등장한 가치들이다.

추세가 확연해졌다.[128] 2004년에는 저출산을 막기 위해 정관수술, 난관수술 복원에도 건강보험이 적용되도록 하고 3번째 자녀부터 양육비를 지원하는 방안이 발표되었다(2004. 2. 4. 세계일보). 8월말에는 정부가 '경제 살리기 종합대책'을 발표하여 신생아에 대해서는 1회 50만원, 셋째 자녀부터는 1인당 50만원의 세금을 공제해주는 "신생아와 다자녀 가정에 대한 소득공제"를 신설키로 한다. 더 나아가 건강가정기본법은 혼인과 출산의 중요성을 강조함으로써 출산을 일종의 사회적 의무로까지 격상시켰다(법률 제 7166호 제 8조 혼인과 출산).

이는 소자녀 가족을 국익과 관련시키던 기존 입장이 180도로 달라졌음을 보여주는 것으로, 이른바 한국사회가 국력과 인적 자원의 수급 차원에서 "출산이 장려되는 시대"에 돌입했음을 확인케 한다. 미래를 보는 혜안을 갖추지 못한 채 가시적 성과를 거두는 데만 급급했던 정부의 가족계획사업은 결국 지나친 출산율 저하를 야기하여 불과 십여년 사이에 정반대의 목표를 설정해야 하는 웃지 못할 사태를 초래하고 말았다. 그러나 이러한 표면적 변화에도 불구하고 '국가 이익' 차원에서 가족이 지향해야 할 형태를 제시하는 근본적인 경향만큼은 변함이 없었다. 정부는 이제 국가 경쟁력, 경제 위기 극복의 방안으로 '다산'을 장려했고, 이전보다 규모 면에서 확장된 가족상을 지지했다. 이에 가

---

128) 1997년부터 확연히 가족 계획에 대한 강조는 사라지고 대신 모자보건 정책만이 논의되는 양상을 보이는데, 앞서 언급한 바와 같이 이전에 가정복지정책에 포함되어 있던 이 정책은 2002년부터 보건복지부의 주요업무 참고자료(2002. 6)에서 모자보건법을 "건강 증진"의 범주로 새로이 포함시킴에 따라 이제 국가의 인구 조절 의도가 아닌 개인적 차원에서의 인권, 건강 면에서 시행되는 정책으로서 재정립되었고 가족계획은 모자보건의 하위 범주로 포함되기에 이르렀다(보건복지부, 2002, 2002년 주요업무 참고자료(2002. 6): 14).

족정책 속에서도 자녀수 면에서 이전보다 큰 규모의 가족이 국가 경제
활성화를 위해 바람직한 가족상으로 규정되는 새로운 서사구조가 자
리를 잡아가기 시작한다.

'소자녀 핵가족'이라는 독특한 형태에 대한 집착이 사라진 대신 경
제 위기 상황을 맞아 별도 가구에 대한 보호가 강화되면서 국민기초생
활보호법(2002)에 가정해체를 방지하기 위하여 "가구를 분리하면 수급
자로 선정될 수 있는데 함께 거주하는 친족의 근로 소득으로 인해 급
여 대상이 되지 못했던 가구들을 확장된 가족으로서의 동거 형태를 유
지하면서 서류상으로 가구 분리를 신청하면 수급자로 선정되도록" 하
는 개인단위, 소가족 단위 급여 대상자 확대방안이 추진되었다(보건복
지부, 2002, 보건백서 2월호). 출가한 딸 집에 거주하는 친정부모, 조부모
또는 외조부모 집에 거주하는 소년소녀 세대, 친정부모 집에 거주하는
모자 가정, 형제자매집에 거주하는 자 중 61세 이상 노인, 임산부, 18
세 미만의 자, 자신의 주거에서 함께 거주하는 미혼 형제 자매의 소득
으로 인해 수급자로 선정되지 못하는 부부 및 자녀 가구(모부자 가정
포함)를 개인단위 급여 대상으로 선정하게 된 것이다(보건복지부, 2002.
국민기초생활보장사업 안내: 37).

이는 가족의 거주 형태상으로는 대가족적 여건을 유지하되, 법적,
행정적 차원에서만 편의상 소가족 단위로 분리하여 보호 대상을 확대
하려는 시도였다는 점에서 한계를 지니나 국가의 보호 가치의 구현 과
정에서 부가적으로 작은 단위의 가족에 대한 전제가 부각되고 있다는
사실만큼은 부정할 수 없다. 서구의 이념형적인 핵가족주의 성향과 무
관하게 실제적인 생계 공동체로서의 가족을 가정하고 대가족적 형태
로 인해 그 단위에 대한 정부 지원이 차단되는 것을 막으려는 이러한

정책 성향은 서구와 전혀 다른 맥락에서 확대 가족에 대한 전제가 약화되어가는 독특한 과정을 보여준다.

가족을 친족망에서 분리된 독립적 단위로 상정하는 경향도 지속됐다. 또한 가정폭력범죄처벌등에관한특례법 등에서 친족의 고소를 가능케 하는(법률 제 5436호 제 28조 보조인) 방안도 마련되어 친족의 영향력 행사가 국가를 매개로 이루어지는 경향 또한 동일하게 유지됐다. 이러한 과정은 가족정책 속에서 가족이 서구적인 의미의 핵가족을 지향하지는 않지만 확대 가족적인 전제에서 벗어나 보다 독립적인 단위로 정착되어 가는 일련의 과정을 보여주는 동시에 이 단위가 '국가'라는 보다 거시적인 영향력에 노출된 '열린 단위'로 존재하고 있음을 재확인케 한다.

(2) 가족 내 평등성에 대한 정책적 강화

단순히 근대국가 차원에서 그 필요성이 강조되었던 소자녀 핵가족주의 이외에 개인의 존엄성, 남녀평등, 민주성 등의 가치가 본격적으로 도입되어 가족정책상의 가족의 모습에 부부 관계 및 부모 자녀 관계의 평등성이 적극 모색되었던 1987-1997년의 경향은 1997년 이후 건강가정기본법의 제정으로 한층 더 그 근거를 확고히 하게 된다. 건전가정을 양성하고 그 기능성을 제고하려는 목표를 표방한 이 법에서는 "민주적인 가정형성, 양성 평등한 가족가치 실현 및 가사노동의 정당한 가치 평가"를 위해 노력할 국가의 책임을 제시했는데(5조 국가 및 지방자치단체의 책임), 이는 가족의 경제적 기능 수행을 위해 민주성이나 평등 등을 부가적으로 강조한 것이라는 한계는 있지만 가족 내의 '평등한 관계'에 대한 주장을 확고히 했다는 면에서는 주목할 만하

다.129)

'민주성'의 가치는 특히 이 법에서 부각된 주요 요소이다. 민주적인 가정형성이 국가 및 지방자치단체의 책임으로 규정되었으며(건강가정기본법 법률 제7166호 제5조 국가 및 지방자치단체의 책임), '부양, 자녀양육, 가사노동 등 가정생활의 운영에 함께 참여하여야 하고 서로 존중하고 신뢰해야 한다'는 표현 하에(제7조 가족가치) 가정생활 운영에 있어서의 협동과 참여의 가치가 부각되었다. 건강가정기본계획 수립(제15조)과 민주적이고 양성평등한 가족관계의 증진(제26조)에서도 민주적인 가족관계를 증진시킬 수 있는 가족지원서비스를 늘리고 다양한 가족생활교육, 부모교육, 가족상담, 평등가족 홍보 등을 추진할 국가의 의무가 선언된다. 참여와 민주적인 소통의 가치가 가족 내에 정착되어감에 따라 가족의 근대성은 거시적 제도와의 관련 속에서 일방적으로 동원하고 논리적으로 이용되는 관계가 아니라 거시적 차원, 특히 문화적 가치들을 가정 내적으로 포용하고 발전시키는 주체적인 성격을 회복하며 외부와의 균형을 어느 정도 회복하게 되었다.

이러한 가정 내의 평등성, 민주성의 주장과 그 실현은 이전과 마찬가지로 국가의 통제력 행사와 연계되어 있었다. 가족 내의 평등에 대한 요구가 높아질수록 그것을 보장할 국가의 책임 역시 증가했고 이는 평등의 실현을 목표로 하는 가족에 대한 국가의 체계적이고도 포괄적

---

129) 실제 건강가정기본법은 정상 가정의 상을 제시하고 거기서 벗어나는 가족에 대해서는 무조건적으로 가족 해체의 위기를 경고하며 일탈적인 것으로 치부해버리는 억압성과, 기존에 국가가 강요해온 복지 기능 수행자로서의 가족 기능을 재확인하고 옹호하는 것에 최우선의 관심을 기울이는 보수적인 성격으로 인한 심각한 비판의 소지를 안고 있다. 그러나 표면적으로 명시된 가족의 평등과 민주성에 대한 요구는 그나마 이 법에서 의미를 찾을 수 있는 내용 중 하나라는 점에서 무조건적으로 간과할 수는 없는 부분이다.

인 개입을 가능케 했다. 가족 내에서의 불평등한 권력구조가 표출되는
형태인 가족폭력에 대한 국가 개입의 증가는 바로 그 대표적인 예이다.
1997년 가정폭력방지및피해자보호등에관한법률과 가정폭력범죄처벌
등에관한특례법 제정은 가정 내의 불평등한 지위와 권한을 보장하기
위한 사회의 적극적인 개입과 통제를 허용한 대표적인 입법이었다.

소자녀 핵가족은 포기되었으나 보다 큰 규모의 가족이 국가 목표를
위해 동원되고, 경제 위기 하에 가족의 편의를 위해 전개된 가구 분리
정책이 가족을 보다 작은, 그러나 국가 영향력으로부터 열린 단위로
고정시키며, 가족 내의 평등성이 제고되는 한편 그것을 지지할 국가의
통제와 개입이 강화되는 이러한 과정 속에 가족은 소위 전통적인 '확
대 가족'의 모습으로부터는 점점 더 멀어져 갔으나 그 내적 본질 면에
서 분명 서구의 핵가족과는 구별되는 모습으로 자리잡아갔다.

2) 가족 단위의 복지 기능 보존과 가족 해체 방지의 노력

(1) 경제 위기와 가족 공동체주의

① 위기 극복의 공간으로서의 가족

IMF 위기 상황은 사회 곳곳에서 총체적인 변화의 계기로 작동했으
나, 가족정책의 기본 방침을 변화시키지는 못 했다. 정부는 여전히 '국
가합리성'의 추구라는 명목 하에 선가정보호, 후사회보장의 원칙을 표
방했다. 가족은 하나의 공동체로서 복지 기능을 중심으로 사회로부터
분리되고 경계지워진 기본 단위의 성격을 유지했다. 그런데 이러한 기
조가 존속되기 위해서는 국가가 경제 위기로 나타난 가정의 해체 위기
에 적극적으로 대응해야만 했다. IMF 이후 "가족"을 수혜대상으로 하
는 서비스들이 대거 등장한 것은 바로 이러한 맥락에서 설명될 수 있

다. 가정복지종합서비스 체계를 구축하기 위한 계획이 수립되고, 가족
생활교육, 가정해체 방지사업 등 가정 해체를 막고 가족 기능을 되살
리기 위한 다양한 시도들이 대폭 확대된 것은 모두 그 일환이었다(보
건복지부, 1998. 제1차 사회보장발전계획: 72; 보건복지부, 1999, 보건복지포
럼 1월호: 67-68; 보건복지부, 1999, 제 1차 사회보장장기발전계획 '99년도 추
진계획: 13).

이 같은 흐름 속에 가족을 하나의 '단위'로 접근하는 입장은 경제 위
기 이후 오히려 더 강화된다. 외환위기의 충격을 흡수하기 위한 한시
적 생활보호대책 확충에 있어서도 "가족"은 기본 수혜 단위였다. "저소
득 실직자로서 생계곤란한 가정에 생계비를 지원하고, 의료 혜택을 준
다"는 정부 방침은 그 초점이 가족 단위의 경제적 기능 상실을 완화시
키는 문제에 집중되고 있음을 보게 한다. 경로연금대상자 선정기준을
완화하면서 "가구별" 재산 기준을 사용토록 한 것이나(보건복지부, 2002,
보건백서 2월호: 104-105), 장애인 정책에서 가족단위의 혜택을 늘려 장
애인 승용자동차 특별소비세 면제 범위를 확대한 것 또한 가족 단위
접근의 예이다. 고용보험법에서도 개별연장급여의 지급에 있어 본인
과 배우자의 재산합계액 기준을 강조하는 가족 단위의 조건을 내세웠
다(시행령 제 52조의 2).[130]

실직과 관련해서 노인, 장애인, 병자 등을 부양하는 가정에 우선 혜
택을 제공함으로써 부양기능이 와해되어 가족이 해체에 이르는 것을
막기 위한 노력들도 구체화되었다. 실직자 가정 노인 시설 무료 이용,

---

[130] 가족계획, 모자보건사업에서도 개인 또는 환자 또는 질병 중심이 아닌 가족
중심 접근 방식이 모색되기도 했다(보건복지부, 1999, 가족보건사업안내:
147).

사회복지시설 문호 개방, 실직자 자녀 보육료 50% 감면, 실직, 이혼가정 아동 위탁보호의뢰 무료화, 실직 가정 장애인 무료 수용보호 등 실직자 가정의 기능을 보조하는 다양한 방안들(보건복지부, 1998, 보건복지포럼 5월호: 76-79)은 가족 자체의 유지와 해체 방지에 가장 근본적인 관심을 두고 실직 가정과 같이 극단적으로 기능 수행이 불가능한 취약 계층의 부양기능을 정부가 보조, 지원해주는 내용을 담았다.

아동정책에서도 외환위기로 인한 이혼율 급증, 구조조정으로 야기된 가정 해체 증가에 대처하여 요보호 아동발생의 여건을 개선할 필요성이 제기되었는데, 여기서도 궁극적인 목표는 가정의 보존과 기능 회복이었다(보건복지부, 2001, 아동복지사업 보조금 집행안내: 1). 「아동보호전문기관의 운영기준」에서도 아동 학대와 방임에 대해 같은 원칙이 표방되었다(보건복지부, 2002, 아동복지사업 안내: 248). 건강가정기본법에도 나타나듯이, 가정 해체에 대한 위기의식에 기반하여 가족의 부양, 양육, 보호, 교육 등의 기능을 강화할 것을 도모하고(법률 제 7166호 제 3조 정의 4항), 가족 기능 강화 및 가정의 잠재력 개발을 통한 가정의 자립 증진 대책을 모색하는 경향은(제 15조 건강가정기본계획의 수립) 2000년 이후에도 가족정책의 주된 흐름으로 자리잡게 된다.

가족 기능을 되돌리려는 노력이 증대된 만큼 가족의 '기능' 자체에 대한 강조도 그에 비례하여 강화되었다. 국민기초생활보장법이 '가구별 자활지원계획'에 중점을 둔 것은 가구 단위의 기능성에 대한 관심의 증가를 시사한다. 더 나아가 건강가정기본법에서 가족을 "가족구성원이 생계 또는 주거를 함께 하는 생활공동체로서 구성원의 일상적인 부양, 양육, 보호, 교육 등이 이루어지는 생활단위"로 규정함에 따라 (법률 제 7166호 제 3조 정의) 가족은 경제공동체적 성격과 상호 부양 그리고 일상적인 보살핌까지 포함하는 철저히 "기능"적 단위로 정의되기에 이른다.[131] 그 기능 수행에 대한 강제성도 한층 커졌다. 1997-2005년에 정책 속에서 그려지는 가족 공동체주의는 "가족 연대 책임주의"라는 보다 강화된 형태를 띠는 것이었다.

그 예로, 1999년 국민건강보험법(법률 5854호)에서는 제 52조(부당이득의 징수), 제 67조(보험료의 부담) 제 68조(보험의 납부 의무) 등에서 보험료 징수를 세대 전체의 책임으로 규정하며 가족 연대주의를 강조하기 시작했다. 국민기초생활보장법(법률 제 6024호)도 제 21조(신청에 의한 조사) 제 23조(확인조사) 등에서 수급자나 부양의무자가 조사를 거부, 방해 또는 기피할 경우 세대 단위로 급여 취소 또는 정지라는 불이익을 주게 했으며 제 46조(비용의 징수)에서도 부정취득시 부양의무자혼자 징수 대상이 되던 것에서 부양의무자 또는 부정수급자 공동책임으로 규정하여 부담을 분산시켰다. 민법의 부양의무자 규정을 따르던 장애인복지법은 1999년부터 생활보호법을, 국민기초생활보장법 제정이후에는 이를 따르게 되어 그 범위가 직계혈족 및 그 배우자와 생계를 같이하는 2촌 이내의 혈족으로 축소됐다. 여전히 비용 징수에 대한 부양의무자의 책임도 인정되었다.[132] 2004년 노인복지법(법률 제 7152호)의 경우에는 독자적인 규정을 두어 배우자(사실혼), 직계비속, 직계

---

131) 이렇게 철저히 가족을 기능 중심적인 단위로 정의하는 것은 실상 국가가 수행해야 할 역할까지도 모두 가족에 떠넘긴 채 그 기능을 수행하는 가족에 대해서만 선택적인 지원과 보호를 제공하고 아예 기능을 수행하지 못하는 극단적으로 취약한 가족에 대해서는 정책적인 배제에서 오는 불이익과 도덕적 비난을 부과하게 된다는 본원적인 한계를 갖는다.

132) 「장애인 인권 헌장」(1998. 12. 9)에서 장애인은 가족과 함께 생활할 권리를 가진다고 명시되어(제 8조) 일차적 책임 소재가 가족에 있음이 더욱 확실해졌다(보건복지부, 1999, 장애인복지사업안내: 122).

비속의 배우자(사실혼 포함)에 대한 부양의무를 강조하고 있었다.

여기서 우리는 국가의 개입이 여전히 가족 단위를 강조하고 그 단위 내에서의 부양성을 보조하는 한도 내에서 이루어지고 있음을 확인할 수 있다. 2000년 발표된 「노인복지증진대책」에서 치매 노인의 간병 부담을 경감하는 등 가족의 부담을 덜어줄 것을 주로 강조한 것이나(보건복지부, 2000, 보건복지포럼 10월호: 73), 치매노인 가정에 상담, 조언을 제공하는 치매상담센터 설립 계획과 치매노인 가정모임 활성화를 위한 시책이 세워진 것도 결국은 가족을 보조하는 차원이다. 장애인과 관련해서도 여전히 가족 기능의 회복을 위한 지원이 고수되어 주간 및 단기보호시설 설치 및 운영이 더욱 활성화된다. 질환자 가족의 경우 또한 가정간호사업을 확대하고 "가족이 환자를 돌볼 수 있는 능력을 향상시켜줌으로써" 가계 부담을 대폭 감소시킨다는 원칙이 선언됐으며(보건복지부, 2001, 보건백서 2월호: 86), 방문간호사업의 추진방향으로 "개인이나 환자 또는 질병 중심이 아닌 가족중심의 접근"이 언급되기도 했다(보건복지부, 1999, 가족보건사업안내: 147).[133]

1997년 고용보험법에서 본인 또는 배우자의 직계존비속의 질병 또

---

133) 2002년에는 가족의 간병 의무를 사회화하고 가족의 경제적, 심리적 부담을 완화하기 위하여 수발 보험제도를 도입, 이를 의료보험에서 분리하여 노인 진료비 상승으로 인한 의료 보험 재정 적자를 해소하고 의료 자원을 효율적으로 활용하도록 해야 할 필요성이 제시되기도 했다. 그러나 이 제도를 공보험제도로 발전시키는 방안에 대한 구체적인 언급은 이루어지지 못하였고 이는 결국 국가가 사보험제도를 통해 가족의 부양 기능 완화와 국가의 재정적 어려움 해소라는 이중적 과제를 풀기 위한 고육지책에 머물 수밖에 없었다. 이러한 맥락에서 한국사회에서 과거 가족이 담당했던 복지의 묵시적 비용을 명시적 비용으로 변화시켜 젊은 세대들이 가족에 관련된 노인이나 장애인에 대한 부담을 회피하는 대신 '세금의 형태'로 지게 되는 서구적 형태의 복지 제도는 여전히 소원한 일로 남아 있다 할 것이다(대한상공회의소, 2002, 경제연구총서 제 353호 4대 사회보험제도의 개편방향: 168, 218, 259)

는 부상으로 부양을 해야 하는 경우 구직급여의 수급기간을 연장해주었던 것에 이어(고용보험법 시행령 대통령령 제 15367호 제 50조) 1998년에 15세 미만 또는 65세 이상인 자, 장애인, 환자에 해당하는 부양가족이 있는 경우, 이들의 부양으로 인해 취직이 어려운 경우 개별 연장급여를 지급하도록 한 것(동법 시행령 대통령령 제 15829호 제 52조의 2 개별 연장급여의 지급) 또한 가족 간의 간병의무를 명시하고 그 의무가 충실히 수행될 수 있도록 국가가 편의를 봐주는 입장이다. 노인, 장애인, 환자 등에 대한 국가 정책이 모두 가족 단위의 기능을 증진시키려는 목표에 의해 방향 지워지고 있는 셈이다.

가족 기능에 대한 일관된 추구만큼이나 가족정책에서 상정하는 가족 공동체의 범위도 뚜렷한 변화의 조짐을 찾아보기 힘들다. 국민기초생활보장법, 의료급여법, 생활보호법, 노인복지법에서 부양의무 범위가 다소 축소됐음에도 불구하고 국민연금의 경우 유족연금뿐 아니라 사망일시금에도 형제자매, 4촌 이내의 방계혈족이 포함되게 되어 오히려 그 폭이 더 넓어졌고(법률 제 5623호) 가급연금액 계산에 고려되는 대상도 "연금수급권 취득당시 그로 인해 생계를 유지하던 자"에서 "취득 이후 그로 인해 생계를 유지하고 있는 자"로 확대되었다. 1998년에는 "유족 규정" 중 '생계를 같이 하고 있던 자'에 대한 규정(시행령 대통령령 제 16082호 별표 2)이 신설됐는데 여기에는 배우자, 자녀, 부모, 손자녀, 조부모, 이외에 형제자매, 4촌 이내의 방계혈족까지 포함되었다.

이렇게 가족을 강조하고 그 자가보장기능이 미치는 범위를 최대화하려는 일관된 입장이 실제 가족 뿐 아니라 대안적인 가족 형태를 모색하려는 시도로 이어지는 경향도 그대로였다. 삶의 질의 세계화와 관련해서 논의되기 시작한 그룹홈 시범사업이 1998년 실행에 옮겨지면서 가정보호 형태, 지역사회 중심의 아동보호가 실제 가족이 제기능을 할 수 없을 시의 차선책으로 부각되었다. 소년소녀 가정을 가정위탁보호로 전환시키고 그것이 불가능할 경우 후견인을 지정, 정서적 안정을 도모하도록 함으로써 가족 단위를 혈연을 넘어선 범위로 확장시킨 대안적인 가족을 구축하려는 노력이 강화된 것이다(보건복지부, 2002, 아동복지사업 안내: 2).

IMF 위기 상황과, 과거의 연장선상에서 유지, 발전된, 가족 단위 그 자체를 복지의 자원으로 동원해내려는 이상의 다각적이고 치밀한 시도들의 맞물림 속에서 가족은 더더욱 위기에 빠진 가족 성원들의 삶을 책임져야만 하는 최후의 보루로 위치지워졌다. 이제 노인, 장애인 등의 인간 존엄성과 평등권을 강조하면서 그 실현을 위한 가족의 역할을 강조하는 방식으로 가족의 공동체적 성격을 활용하려는 경향이 가족정책 속에서 모습을 감추기는 했으나, 다양한 가족정책 속에서 고취된 가족 성원들 간의 상호 부양 책임은 위기에 직면한 국가의 합리적 선택으로서 보다 확고한 명분을 부여받으며 1997-2005년에도 가족을 사회로부터 분리된, 그러나 사회의 요구에 끊임없이 반응하는 독특한 영역으로 묶어 놓았다.

② 자녀 양육 역할의 밀도 증가

자녀 양육 역시 종전과 마찬가지로 가족정책에서 요구하는 가족 기능의 핵심이었다. 유아교육진흥법은 1981년 아동복지법과 영유아보육법에 등장했던 보호자의 1차 책임에 대한 내용을 재확인했고(법률 제5567호 제 3조 국가 및 지방자치단체의 의무). 아동에 대한 유기 방임이

곧 학대로 규정되었으며(제 2조 용어의 정의) 부양의무자에 대한 비용
징수 항목에 학대 아동의 보호, 치료에 필요한 비용이 추가되어(제 32
조 비용의 징수) 보호자 책임의 수위가 높아졌다. 그 책임의 내용 또한
더욱 다각화되어 "아동을 가정 안에서 그의 성장 시기에 맞추어 건강
하고 안전하게 양육하여야 할 책임(제 4조 책임 2항)", "아동의 건강 유
지와 향상을 위하여 최선의 주의와 노력을 해야 할 책임(제 9조 아동의
건강 및 안전)"이 명시된다. 아동복지법(법률 제 6151호)에서도 아동이
안정된 가정 환경 속에서 아동이 행복하게 자라야 한다는 점을 법의
기본이념으로 포함시켰다(제 3조 기본이념)

　국가의 역할은 이러한 가정의 기능이 제대로 수행될 수 있도록 '지
도'하고 '감독'하는 데에 있었다. 아동의 가정에 대한 적절한 조치(제
10조 보호조치 5항), 가정복지에 필요한 지원 조치(제 16조 아동보호시설
의 종류)의 법적 근거가 명확해졌고, 가정복귀를 위한 친권자 대상 상
담과 지도 또한 강조되었다(제 18조 시설의 장의 의무). 2002년에는 "지
역사회에서 발생하는 아동학대와 방임의 문제에 전문적으로 개입함에
있어서 가정보존과 가족기능의 회복에 우선을 두어야 한다"는 아동보
호전문기관 운영기준이 제시되어(보건복지부, 2002, 아동복지사업 안내:
248) 가족의 제기능을 유지시키는데 기여해야 할 국가의 역할이 표면
화되기도 한다.

　이렇게 강화된 자녀 양육에 대한 의미 부여는 여전히 자녀가 제공
하는 정서적 만족이라던가 가정의 행복 차원에서 조명되기 보다 '국가
이익'과의 연계 하에 설명되는 경우가 많았다. 차세대 주역인 어린이
에 대한 바른 보호와 교육이 강조되었으며(보건복지부, 1999, 보건복지포
럼 10월호: 80). 모자보건사업의 목표로 차세대 국민의 질을 향상시킬

것을 주창하는 경향 또한 동일했다(보건복지부, 2000, 보건복지포럼 5월호: 86). 선천성 이상아와 미숙아의 등록 관리, 이들에 대한 국가의 의료 지원 확대 등도 인구 자질 향상이라는 국가적 목표 하에 그 의미가 부각되었다. 2002년에는 「어린이 보호·육성 종합 대책」이 확정 선포되었다(한국보건사회연구원, 2002, 보건복지포럼 5월호: 84). 이 모두는 인구의 자질 향상과 미래의 인력 양성이라는 국가의 이익을 목표로 수렴되어 1948년 이후 지속적으로 강화되어 온 이 두 가치 사이의 변치않은 관계의 성격을 확인케 했다(보건복지부, 2000, 가족보건사업안내: 4; 보건복지부, 2001, 가족보건사업안내: 67-68).

자녀 양육의 중요성은 모자보건사업의 성격이 선천성 장애아 발생과 인구 자질 향상이라는 목표로 완전히 전환됨에 따라 가정의 주의깊은 관심과 노력이 정신지체 발생에 따른 사회 비용 절감에 기여할 수 있다는 논리로도 뒷받침되었다. 자녀에 대한 가정의 책임을 강조하면서 이를 국가의 비용 절감이라는 합리적인 문제해결의 측면과 연결지으려는 시도 속에 이제 자녀의 출산, 건전한 양육 등과 관련된 가족의 근대적 가치는 새로운 논리를 일부 부여받기는 했으나 여전히 일종의 동원 자원으로서의 성격을 유지했다. 이는 당시 총체적인 국가 위기를 극복하기 위한 담론 체계의 일부로서 아동이라는 대상 역시 잠재적인 자원이자 위기 극복의 원천으로 간주되기 시작한 당시의 특수한 현실에 기인한다 할 것이다.

여기에 더하여 다른 한편으로는 양육의 중요성이 아동의 인권과 존엄성 차원에서 부각되기 시작했던 1987-1997년의 현상도 유지, 강화된다. 특히 1997년 가정폭력 관련법제와 2000년 아동복지법(법률 제 6151호) 개정은 학대 아동과 학대 여성의 인권 보호 차원에서 가정 내부의 절대 권위와 인권 유린은 인정하지 않는다는 방침을 명확히 표방하고 있다. 개인의 인권과 몸에 대한 권리를 침해하는 성격의 부모나 남편의 권위가 부정됨에 따라 아동의 중요성과 자녀 양육의 책임은 이제 아동의 인권 차원에서도 더욱 확고한 근거를 확보했다. 이는 경제 위기 극복과 관련한 동원과 1987년 이후 시작된, 가족 내에 자유 민주주의적 기류가 확산되어 가는 긍정적인 변화가 공존하는 당시의 이중적인 상황을 보여준다 하겠다.

(2) 가족 경계의 지속적 혼란

가족 공동체의 범위 설정에 있어 1980년 이후 가족정책상에 양계제적 성향이 등장한 이래로, 기존의 부계 혈연주의와 그 극복을 위한 노력이 공존하는 혼동스럽고 불편한 상황이 계속되었다. 1997-2005년 기간 동안에도 양계제로의 변화와 부계 혈연주의 약화를 위한 시도는 계속 확산됐다. 국민의료보험법(1997)의 양계적 수급자 규정이 유지됐고, 국민건강보험법(법률 제 5854호)의 적용 또한 배우자의 직계비속까지 포함하는 범위로 설정됐다. 부계 혈연주의가 각인되어 있는 대표 법제였던 국가유공자등예우및지원에관한법률(2000)에도 이제 딸의 경우에만 미혼과 기혼에 따른 차이를 두던 관행이 포기됐다. 생활보호정책에서도 1998년 기점으로 출가한 딸(사위)은 보호대상자의 직계혈족 및 그 배우자에 포함되며 보호 대상자와 생계를 같이 하는지의 여부와 상관없이 부양의무를 인정하게 되어 사위와 며느리의 차이 또한 없어지게 되었다(보건복지부, 2000, 생활보호사업안내: 7). 아울러 기혼의 딸을 별도로 규정하던 경향도 1997년부터 약화되기 시작했다.

그러나 부계 중심성은 아직도 곳곳에 잔재했다. 국민건강보험에서는 가입자가 장손인 경우와 아닌 경우를 따로 명시했고 결혼할 딸, 결혼한 자매, 기혼인 손녀 등을 따로 구분해서 그 의무를 규정하였다. 국민기초생활보장 역시 유사한 시각을 보인다.[134] 기본적으로 친정 부모에 대한 부양의무는 인정하되 시부모에 대한 의무가 우선시되고 그 액수상 부양비를 가볍게 책정하는 방식으로 출가한 딸의 경우를 예외적인 범주로 규정해내고 있기 때문이다.[135] 출가한 딸이 '부양능력 없는 자' 또는 '부양능력 미약자'로만 구분되고 시부모와 친정부모가 모두 보호대상자면 전자에 대해서만 부양의무를 지도록 되어 있는 것, 양가부모를 모두 자신의 주거에서 직접 부양하는 경우 친정부모만 개인 단위 급여 대상이 되는 것, 출가한 딸의 경우 경로연금 대상자 선정 등에 있어서 재산조사 대상이 되지 않는 것도 모두 기혼 딸의 친정부모 부양을 "예외적"이고 국가의 보호가 주어져야 할 부분으로 간주하는 연장선상에 서 있다(보건복지부, 2002. 국민기초생활보장사업 안내: 73; 한국보건사회연구원, 2002, 보건복지포럼 2월호: 104-105).

1980년대 초·중반 두드러졌던 양계제의 발흥에도 불구하고 여전히 가족정책 속에 뿌리깊게 남아있는 부계 혈연주의는 가족의 경제 공

---

134) 2000년 출가한 딸이 시부모에게 정기적으로 생활비를 지원하는 경우 친정부모에 대한 부양비 부과 제외 대상자로 분류되는 것이나(보건복지부, 2000, 국민기초생활보장사업안내), 2001년 부양비가 하향조정되면서 출가한 딸의 경우 그 비율이 대폭 감소 책정된 것은 모두 부계 혈연 지향성을 보여주는 것이다. 출가한 딸의 부양비는 구체적으로 (부양의무자 가구 소득-부양의무자 가구 최저생계비의 120%)×50%(출가한 딸은 30%)였던 것이 (부양의무자 가구 소득-부양의무자 가구 최저생계비)×40%(출가한 딸은 15%)로 하향조정 되었다.

135) 2002년에는 '출가한 딸' 등의 범주에 배우자와 이혼, 사별한 딸, 사망한 아들의 배우자(며느리)를 포함하게 되어 출가한 딸, 사별한 며느리에 대한 "부모의" 부양 의무가 새로 규정됐다(부양비 15%)

동체적 성격을 동원해내는 것을 우선적인 관심사로 삼는 국가의 일관된 접근방식 하에 아직까지도 극복되지 못한 과거의 흔적으로 남아있다. 남녀평등이나 합리성의 가치를 표방하며 부계 혈연주의의 타파를 강조하던 1987-1997년의 정책 성향도 경제 위기라는 특수 상황과 위기극복담론 속에 묻혀 버림으로써 가족의 범위를 규정하는 기준으로서의 부계 혈연 지향성이 갖는 입지는 이 시기에 오히려 더 강화된 면이 있었다.

(3) 경제 위기와 가족 경계의 부분적 조정: 실용적 관점에 따른 예외의 인정

일반적인 차원에서 가족 공동체와 가족 기능에 대한 정책적 요구가 유지, 강화되는 가운데 정부는 예외적으로 경제 위기의 영향력에 가장 직접적으로 노출된 일부 취약계층을 대상으로 IMF 경제난으로 늘어난 가계 부담을 고려하여 부양 의무의 범위를 조정해주고 거의 무조건적으로 주어지던 부양의무를 가구의 여건을 고려해서 부과함으로써 부담을 덜어주려는 입장을 취하게 되었다. 이는 부분적이나마 가족정책상 최초로 가족의 범주를 개별 가구의 요구에 부응하여 실용적으로 조정, 축소하는 것으로 표출되었다.

그 구체적인 예로서 국민기초생활보장제도는 인구학적 조건을 폐지하는 대신 가구의 전반적인 여건에 대한 보다 종합적인 평가를 통해 그 선정 대상이 결정될 수 있게 하여 부양의무자가 부양의무를 이행할 수 없는 타당한 사유를 증명하면 비용의 징수를 면제하게 했다. 이 때의 타당한 사유로는 "경로연금, 장애아동 부양 및 보호수당, 영유아 보육에 의한 아동보육료, 편부모 가구에 대한 아동 양육비를 지원받는

경우, 집에 만성 질환자가 있거나 중고등학생, 대학생이 있어서 이를
감안할 경우 차상위 계층에 속할 때"의 두 경우가 해당된다. 즉 노인
부양 및 간병, 자녀 양육과 교육 등 가족 관계에서 기인한 경제적 곤란
이 확인되면 부양의무를 피할 수 있게 된 것이다.[136]

부양의무와 가족의 경제 공동체적 성격에 "예외"를 인정하는 경우는
보다 직접적으로 기초생활보장제도의 부양의무자 조항에서도 확인된
다. 부양능력이 다소 있는(미약한) 경우 일정액의 생활비(부양비) 지원
을 해온 경우를 전제로 수급자를 결정하게 되었으며, 2001년도부터는
그 부양비의 비율을 낮추고 국가 지원부분을 늘림으로써 부담을 경감
하려는 시도가 본격화되었는데(보건복지부, 2001, 보건백서 2월호: 88), 이
는 무조건적으로 부양의무를 강요하기보다 현실적으로 부양능력이 부
족한 '부양능력 미약자'를 보호하려는 의도를 담고 있다. 또한 부양의
무자의 부양능력 판정시 실제 소득에서 의료비, 교육비 및 가구 특성
에 따른 지출비용을 차감하여 산정하는, 가구 특성을 고려한 부과방식
도 도입되었다(보건복지부, 2002, 보건백서 2월). 취약계층을 대상으로
부양 부담을 일정부분 "국가의 보호"로 대체하려는 이러한 흐름 속에

---

136) 국민기초생활보장법 제정 이전에 생활보호법에서도 이미 이러한 경향이 나
타나고 있었다. 생활보호법 시행령(1998) 개정은 "부양의무자가 없거나 부
양의무자가 있어도 부양능력이 없어 그 부양을 받을 수 없는 경우에만 생활
보호대상자로 선정될 수 있던 것을 부양의무자가 있어도 행방불명, 복역, 군
복무, 해외 이주 등으로 부양할 수 없는 경우, 또는 부양의무자가 부양을 거
부·기피하는 경우에는 생활보호를 받을 수 있도록" 규정하는 한편, 거택
보호 대상자의 범위도 확대하여 "종전에는 노인, 아동, 장애인 등 근로능력
이 없는 자 및 이들과 생계를 같이하는 50세 이상의 부녀자만이 생계보호를
받는 거택보호대상자로 선정될 수 있었으나 이제 노인, 아동, 장애인의 부
양, 양육, 간병 기타 이에 준하는 사유로 인해서 생활이 어려운 자도 거택보
호대상자가 될 수 있도록" 하는 등 무조건적으로 가족에게 주어졌던 부양의
무의 상당부분을 국가의 몫으로 편입시키려는 노력을 담고 있었다.

서 특수한 경우에 한해서는 가족의 경제 공동체적 성격이 부분적으로 유보 혹은 포기될 수 있는 것으로 규정되었던 것이다.

특히 특수 계층 보호를 위해, "주거, 생계를 같이 하는 경우", "실질적인 생계 공동체적 성격을 갖는 경우"로 가족의 범위가 한정된 것도 짚고 넘어갈 필요가 있다. 국민 연금법에서는 "주거, 생계를 같이하고 있던"의 조건이 유족범위를 결정하는 기준으로 더욱 강조되는데, 여기서 "생계를 같이 하고 있던"의 의미는 주거를 같이 하던가 주거를 같이 안 하더라도 생계비를 지원하는 관계를 뜻했다. 조부모, 손자녀간의 부양 의무도 동거 여부와 상관없이 정기적으로 생계비를 지원한 경우는 무조건적으로 유족으로 인정받을 수 있게 되어 실제 부양 수행 여부가 중요한 고려대상이 되었다(국민연금법 시행령 대통령령 제 17188호 별표 2). 노인복지정책의 경우에도 복지시설 실비 이용대상자의 자격기준 중 월소득을 합산해야 하는 부양의무자의 범위를 "본인과 생계를 같이 하고 있는" 경우로 한정했다(보건복지부, 2002, 보건백서 8월호: 80-85). 한시적 생활보호정책 역시 실직 등 생활수단의 상실과 소득이 감소되어 일정 수준의 생활을 유지하게 어렵게 된 자를 대상으로 하되, "부양의무자가 있더라도 보호대상자와 생계를 같이 하지 않는 경우에는 그 부양을 받을 수 없는 것으로 간주"하여 실질적인 생계 공동체적 성격을 유지해온 관계만을 인정하는 변화된 시각을 보였다(보건복지부, 1999, 주요업무 참고자료: 28-29; 보건복지부, 2002. 국민기초생활보장사업 안내: 8-9).

정기적인 생계비 지원 등의 실질적인 부양 여부를 기준으로 부양의무자의 책임한계를 규정하고 가족의 공동체적 성격을 제한시키는 이러한 경향은 최저생계계층의 무리한 경제적 부담을 덜어주기 위해 가족의 범위를 이전보다 축소된 범위, 실질적으로 그 기능의 수행이 가능한 범위로 재조정하려는 시도였다. 또한 이는 경감된 가족의 부담분만큼을 국가의 보호를 통해 대체하려는 것이라는 점에서, 국가의 확대된 보호 가치가 일부 계층을 대상으로 가족의 경제 공동체적 성격을 이전보다 유동적이고 축소된 범위로 설정하는 동력으로 작용하고 있음을 보여준다. 건강가정기본법에서도 일반적으로는 가족의 기능을 강화하되 위기시 혹은 기능 수행이 불가능할 경우에는 가족의 양육과 부양의 부담을 완화시켜줌으로써 가족해체를 막는 것을 건강가정기본계획의 핵심으로 삼음으로써(법률 제 7166호 제 15조 건강가정기본계획의 수립) 특수한 경우에 한해 가족의 경제 공동체적 성격을 국가의 보호로 대신하려는 일관된 의지를 표방했다. 이러한 예외적인 가족 규정들은 가족 공동체를 지속적으로 복지의 자원으로 동원해내는데 주력했던 기존의 정책 기조와 공존하며 1997년 이후 경제 위기 상황에 대한 대처의 차원에서 일반적인 경우와 특수한 경우에 다르게 설정하는 융통성을 보여주었다.

(4) 행복한 가정 및 개인의 행복과 자유

1997년 이전에 가족의 정서적 기능과 행복한 가정의 이미지 등이 가족정책 속에 빈번히 등장하면서도 결국은 국가합리성이라는 일관된 목표 하에 강조되었던 가족 공동체적 성격을 뒷받침하고 가족 내의 부양이나 양육 기능이 온전히 수행될 수 있도록 하는 전제 조건의 차원에서 강조되었던 것에 비해 1997-2005년에는 특징적으로 이러한 정서적 안정을 제공하는 가정의 성격이 "삶의 질"의 증진이라는 면에서 조명되는 경향이 새로이 나타났다. 2002년 모자보건지침에서는 가족계획을 모자보건의 하위범주로 재위치시키면서 가족계획의 목표를 "첫째, 도의적으로나 모성의 건강을 위하여서도 인공임신중절을 예방하고, 둘째, 태어나는 자녀에 대해서는 그 생명을 존중하고 잘 양육하며 (양육의 질 향상) 셋째, 임신 가능한 부부에 대해서는 그 수태회수와 터울(출산간격)을 잘 조절할 수 있도록 하고, 불임부부에 대하여는 임신을 도모하여 명랑하고 윤택한 가정생활을 이룩하도록 하며, 국가적으로는 국민들의 삶의 질 향상을 도모하는 것(보건복지부, 2002, 모자보건관리: 141)"으로 규정했다. 가정생활의 행복을 이룸으로써 전반적인 삶의 질을 향상시키는 것이 가족계획의 목표로 간주됨에 따라 행복한 가정은 이제야 "삶의 질"과 같은 인간 존엄성을 위한 요건으로서 제 모습을 찾게 된다.

개인의 행복과 자유에 대한 주장이 대두된 것도 특기할만한 측면이다. 특히 여성과 아동의 몸의 권리에 대한 주장은 바로 가족 구성원 개인의 인간적인 삶과 행복이 가족정책상 주요 가치로 부각되기 시작한 중요한 전환점이었다. 1997년 가정폭력범죄처벌등에관한특례법(법률 제 5436호)이 처음으로 가족원의 인권과 몸에 대한 권리에 대해 관심을 표방한 것이나 2002년 이 법 개정에서 피해자와 가족구성원의 인권 보호를 추가하여 가족 내의 개인의 권리 보장을 법의 목적으로 제시한 것은(법률 제 6783호 제 1조) 모두 가족정책이 가족이라는 단위에 무조건적인 우선순위를 두는 치우친 시각에서 벗어나 '개인'이라는 대상으로 시선을 돌리기 시작했음을 보여준다.

건강가정기본법에서도 "건강 가정"이 가족구성원의 욕구가 충족되고 인간다운 삶이 보장되는 가정이라는 점을 선포함으로써(법률 제 7166호 제 3조 정의) 가족 내에 '개인'에 의미를 부여하고 개인의 행복과 안녕을 추구해야 할 가치로 부각시키는 면모를 보였다. 그러나 이 법은 기본적으로 건전 가정을 양성하고 그 기능성을 제고하려는 시도에서 '부양, 양육, 보호, 교육 등의 가정 기능 강화'를 염두에 두고 이루어진 입법이라는 점에서 개인의 욕구에 부응하는 것이 '건강한 가정'을 이루기 위한 선행 조건으로 논의되고 있다는 한계를 지울 수 없다. '가족구성원의 욕구가 충족되고 인간다운 삶의 보장되는 가정'을 이야기한 것이 그 성원들의 안위를 가정의 바람직한 기능 수행을 위한 조건으로 위치시키려는 시도를 크게 벗어나지 못했던 셈이다. 가정폭력관련 법제들 역시 제정시 무조건 가족제도를 유지 보호하고 가정 복귀를 돕는 것을 우선 목표로 삼았던 것에 비해 개정 이후 그 성격이 다소 약화되고 가족 성원의 인권 보호를 중요한 내용을 포함시키는 등 개인의 존엄성과 행복에 좀 더 무게를 두고 있기는 하지만 여전히 궁극적인 목표는 "가족"의 유지, 보존에 있다는 점에서 유사한 한계를 내포하고 있다 할 것이다.

이러한 양상들은 항상 정책 속에 '개인'이 아닌 '가족'이 기본 단위가 되고 가족을 위한 존재로서의 '개인'에 주목하는 한국사회의 독특한 성격을 반영하고 있다. 1997-2005년 가족정책 속에서 개인의 권리에 대한 관심과 주장이 확연히 부상한 것은 모순되게도 '가족 우선성'에 그 뿌리를 두고 있었던 것이다. 그러나 이러한 한계에도 불구하고 가족 내 '개인'이라는 대상이 정책적 관심사로 등장하고 그들의 개인적인 행복과 권리에 시선이 돌리기 시작한 정책 태도는 그 자체로도 의미있는 변화의 일면이라 하겠다.

3) 여성과 여성 역할에 대한 접근 변화

(1) 가정내 성별분업 구조의 퇴조

1987-1997년경 다양한 거시적 가치들의 영향 하에 혼란을 경험했던 성별분업 구조는 이제 가정내, 사회적 성별분업 두 차원이 모두 퇴조하는 총체적 약화의 국면으로 접어들었다. 성별분업의 전반적인 약화는 당시 비로소 '보호'에서 '평등'으로 선회한 여성에 대한 국가의 정책 태도와도 무관하지 않다. 97년 이후 더욱 확고히 자리잡은 남녀평등 가치의 확산은 특히 이미 그 안정성을 상실했던 가정내 성별 분업의 입지를 약화시키는 거대하고도 지속적인 힘으로 자동하고 있었다. 육아휴직제도가 남녀 모두에게 해당되어 육아 관련 성별분업구조가 약화된 것, 건강가정기본법에서 부양과 자녀 양육, 가사노동 등의 의무를 가족 공통의 의무로 규정한 것(법률 제7166호 제7조)과 양성평등적인 역할분담을 강조한 것(동법 제15조 건강가정기본계획의 수립), 양성평등한 육아휴직제 활용을 장려한 것(동법 제22조 자녀양육 지원의 강화) 등은 바로 여성 노동력 활용을 위해 성별만으로 결정되는 불평등한 남녀간의 역할구조에 명시적으로 도전한 구체적인 예였다.

가정 내 성별분업구조가 명맥을 유지한 것은 '근대국가의 보호' 가치와 경제적 영역에서의 '생산력 중심주의'가 전부였다. '국가의 보호' 차원에서는 부분적으로는 성별분업을 일종의 전제 가치로 두는 입장이 견지됐다. 앞서 언급했듯이 재혼여성의 분할연금수급권(국민연금법 법률 제6286호 제57조의 2, 제57조의 3)과 노령연금 분할권(1998. 12월) 보장은 경제활동을 하지 않는 가정주부들에게 주어지는 연금 분할상의 불이익을 국가 개입을 통해 최소화하고 여성이 겪어야 할 경제적 피해를 막고자 하는 의도가 담겨져 있다는 점에서 여성의 평등한 권리를 가정한다기보다는 기존의 성별분업구도라는 현실적 여건에서 여성의 권리를 보호하려는 시도였다.[137) 또한 장애인과 그 가족에 대한 보호에 있어서도 여전히 성별분업구조가 그 기저를 이루었다. 장애인 자립기금 대여의 대상을 계속해서 남성 세대주로 상정하는 것이나 장애인에 대한 공동주택 공급에 세대주의 장애 정도가 중요한 기준이 된 것은 모두 그 예였다.

그러나 보다 세부적으로는 '모성보호'와 '성별분업'의 접합에 균열이 생김으로써 성별분업구조를 지지하는 기반은 확연히 약화되었다. 모성보호의 경우 여성의 육아 역할을 전제하고 이에 대한 국가의 보호가 이루어지던 것에서 고용보험법 2001년 양육역할을 남녀 모두에 해당하는 것으로 규정함에 따라 성별분업은 더 이상 모성보호의 전제조건일 수 없었다(법률 제 6509호 제 55조의 2 육아휴직급여, 제 55조의 3 육아휴직의 확인). 2002년부터 모자복지법이 모·부자 복지법으로 개정되어 모자가정 뿐만 아니라 부자가정까지도 정책의 대상에 포함시키게 되면서(법률 제 6801호 제 2조 책임) 성별분업에 전제한 여성에 대한 보호도 완화됐다. 국민기초생활보장법에서도 모부자 가정을 모두 개인별 수급자로 선정될 수 있게 함으로써 성차를 고려하지 않았다.[138) 또

---

137) 연금분할제도는 혼인기간 중 획득한 연금 청구권을 이혼시 부부가 공동으로 분할하도록 하는 제도로서 가정내 부부간 역할의 차원에서 이루어지고 있는 모든 형태의 소득활동과 비소득활동에 대하여 동등한 법적·경제적 가치를 부여하는 것이다. 출산 및 육아 또는 가사 등의 사유로 경제활동을 포기하고 있던 배우자에게도 이혼시 상대방 배우자의 연금수급권을 기초로 일정 수준의 노후 소득보장이 이루어질 수 있도록 한다는 점에서 이는 성별 역할분담구조를 인정한 상태에서 가사와 모성역할을 담당하는 여성의 불이익을 줄이기 위한 조치라 할 수 있다(이정우, 2000: 162).

138) 그러나 부자가정에 더 많은 액수가 할애됨으로써 여성은 일과 가정의 양립이 가능하지만 남성은 안된다는 선입견을 보여주고 있다. 이는 결국 남성을

한 생활보호대상자 요건에서 1998년 '여호주'가 삭제된 것도 국가의
보호에서 성별분업구조에 대한 전제가 다소 약화되고 있음을 보여주
는 예이다.

이 시기에 유일하게 가족정책 속에 '성별분업' 원리가 일관되게 표
방된 것은 "노동력의 상품화" 가치와 관련된 부분뿐이다. 이는 경제 위
기 상황이라는 특수 상황에서 복지시설, 노인시설, 위탁가정, 탁아, 가
정보육모, 간병인 등의 인력수급에 있어서 성별분업에 의거한 여성인
력 활용 방안이 자리잡은 데 기인한다. 그 내용을 자세히 살펴보자면
먼저 2002년 수립된 「보육종합대책」에서는 주부 인력을 활용하여 가
정보육모를 양성, 배치하는 방안이 추진되었고(보건복지부, 2002, 보건백
서 4월호: 99). 아동복지정책에서도 중산층 가정주부 인력을 활용하여
학대받은 아동보호를 위한 위탁가정으로 지정하는 방침이 세워졌다.
영아, 장애아 등 특수보육시설에도 주부 인력을 배치한다는 계획이 표
방된다(보건복지부, 2002, 보건복지백서 8월호: 80-85). 기혼여성을 노동인
력으로 동원하는 동시에 그 이외의 주부들은 그 여성노동자의 경제활
동을 지원하는 육아 보조 역할로서 동원해내려는 변치않은 정부의 의
도를 읽어낼 수 있게 하는 부분이다.

가정 내 여성의 역할을 가정 밖으로 확장하려는 시도는 비단 '양육'
에 한정된 것이 아니었다. 1999년부터 여성복지사업의 핵심 내용으로
포함된 실직여성 대책에서는 여성에게는 일자리를 제공하고 동시에
저소득 가정에 대한 지원을 가능케 하는 두 마리 토끼를 잡겠다는 취
지 하에 여성 실직자를 간병인으로 활용하는 방안을 모색하였다(보건

대상으로 할 때 성별분업논리가 더 많이 잔존하고 있음을 보여준다.

복지부, 2001, 보건백서 2월호: 98). 공공근로사업에서도 저소득 실직 영양사 또는 미취업 영양사에게 한시적으로 일거리를 제공하여 노인복지시설의 수요를 해결하는 방안이 추진된다(보건복지부, 2000, 여성복지사업안내: 76). 여성의 노동력의 활용이 요리, 노인 부양, 보살핌 등 여성의 전통적 영역에 한정되는 양상은 곳곳에서 발견되고 있다. 여성에 대한 기술교육 내용이 한복, 양재, 급식조리, 요리, 제과제빵, 도매, 도장, 홈패션, 간병인, 산모조력인, 가정보육모, 파출부 등의 기존 성역할을 벗어나지 못한 것도 이와 같은 선상에 있다 할 것이다(보건복지부, 1999, 여성복지사업안내: 102).[139]

성별분업에 기반한 제한된 영역에의 사회진출을 허용함으로써 기존의 여성 역할, 특히 '보살핌'의 역할을 가정 밖에서 수행하는 것으로 소득을 벌어들일 수 있게 하는 이러한 독특한 방식을 통해, 본원적으로 여성의 공적 영역 진출을 의미한다는 점에서 성별분업구조와 충돌할 수밖에 없는 '노동력 상품화'의 가치는 자연스레 성별분업구조를 전제하고 이를 강화하는 정적인 힘으로서 작동하게 되었다.[140]

---

139) 1997년 이후 여성복지사업에서 제시한 여성사회교육은 "여성의식을 함양하고 능력과 자질을 개발하여 자아 실현을 도모하며, 평등, 평화, 발전을 구현하는 사회를 이루어나갈 수 있도록 한다"는 거창한 목표를 내세웠음에도 불구하고 그 실질적인 교육 내용은 이렇게 기존의 여성 성역할에 기반한 영역에 제한되어 있었다. 도장, 자동차 정비 등의 내용들도 소수 포함되어 있기는 했지만 이는 기존의 여성 성역할에 기반한 영역에 비하면 숫적으로 매우 취약한 상태였다(보건복지부, 1999, 여성복지사업안내: 101-102).

140) 이는 서구에서의 가족지원체계가 모성 역할을 보호하고 지원하는 모성주의적, 모성지원적 정책에서 여성에 대한 노동지원체계를 구축하는 방향으로 나아갔다고 보는 김수정(2002)의 논의를 생각할 때 매우 독특한 부분이라 하지 않을 수 없다. 1997년 이후 한국 사회에서 여성 보호는 분명 약화되었으나 그 내용이 모성을 중심으로 집중됨에 따라 모성보호는 오히려 강화되는 양상을 보였고, 가족정책의 무조건적인 모성주의가 약화되고 여성 지원체계의 구축이 모색되기 시작한 것은 사실일지라도 가족정책 속에서의 여

이렇게 남녀평등 가치에 의해 성별분업구조가 부정되고, 국가의 보호 역시 성별분업에 대한 전제를 상당부분 포기한 상황에서 '노동력 상품화'는 유일하게 성별분업을 지지하는 가치로 남았으나, 이미 그 전체적인 지지구도는 확연히 약화된 상태였다. 오랜 기간 가족의 공동체적 성격에 성별분업을 전제하는 논리들을 양산해온 국가합리성 차원의 논의들도 이미 이전에 만들어졌던 법조항들이 유지되는 정도로만 발견될 뿐 가족 속에 성별분업을 불가결한 하나의 요소로 위치시키려는 부가적인 시도는 더 이상 찾아볼 수 없다. 1987-1997년에 시작된 가정내 성별분업 담론의 혼란은 이렇게 1997-2005년 가족정책에서 그려지는 가족상에서 이 가치를 빠른 속도로 매몰시키며 가족의 근대성을 새로이 구성해내고 있었다.

(2) 사회적 성별분업의 기반 약화

주부의 역할을 공적으로 구성해내는 사회적 성별분업은 1948년 이래로 시기를 거듭할수록 점점 더 많은 거시적 근대성의 가치들에 의해 지지되고 활용되어 왔으며 가정내 성별분업이 혼란에 휩쓸린 1987-1997년 사이에 오히려 그 논리적 기반이 절정에 달하는 모순된 경향을 보이기도 했다. 그러나 1997년 이후 가정 내 성별분업만큼 가시적이지는 않았으나 이 역시 가족정책 속에서 점차 그 기반을 상실하기 시작하는 변화의 징후를 보여준다.

1948년 이후 지속되었던, 국가의 이익을 위해 주부 역할이 강조되는

성 고용 촉진은 분명 여전히 양육과 보살핌과 같은 한정된 영역에 한하여 계획되고 추진되는 한계를 넘어서지 못하였다. 이는 여성과 관련하여 매우 독특한 시각과 정책을 발전시켜 온 우리의 제한된 현실을 적나라하게 보여주는 부분이라 하겠다.

현상은 IMF 위기라는 특수 상황에서 오히려 보다 정당한 명분을 회복하며 지속될 수 있었다. 여성복지정책에서는 여성의식 교육에 "경제 살리기 운동"을 포함시켜 여성을 국가적 위기 극복의 주체로서 동원해내는데 주력했다. 여성주간행사 또한 '경제 살리기'라는 주제로 주부들이 역량을 결집하여 경제 위기 극복에 동참할 것을 유도한다는 취지로 계획되었다(보건복지부, 1998, 보건복지포럼 10월호: 86). 가정 내의 주부들을 국가적인 목표 달성을 위한 자원으로 활용하려는 이 같은 시도는 당면 여건에 근거, 주부 역할의 항목상의 변화만을 야기했을 뿐 주부와 국익의 관계는 여전히 일방적이고 비대칭적인 것으로 고정되어 있었다. 보다 일반적인 차원에서 여성의 가정 내 역할과 지역사회 참여 등의 사회 활동을 통해 이들의 사회발전에의 기여를 촉구하는 것 또한 변함없는 관심사였다. 여성복지증진과 건전가정 조성은 여전히 가족정책에서 많은 지면을 할애하는 영역이었다. 여성의 의식함양, 능력개발과 민주적이고 화목한 가정관리로 건전한 사회발전을 유도한다는 방침도 한동안 그대로 유지됐다(보건복지부, 1997, 부녀복지사업지침: 115).

그런데 2000년경부터는 주부에게 요구되는 역할의 핵심이었던 "생활개선"에 대한 강조가 자취를 감춘다. 흥미롭게도 이 측면은 주부의 역할이 아닌 "가족"의 역할로 이전되었다. 건강가정기본법(법률 제 7166호)에서 "국가 및 지방자치단체는 가족의 결속력과 가족구성원의 발전을 위하여 가족이 시민으로서의 역할을 증진할 수 있는 기회와 서비스를 제공할 것과 가족단위의 자원봉사참여가 확대되도록 노력한다"고 명시하고(제 27조 가족단위의 시민적 역할증진), 건강가정의 생활문화 고취를 강조하면서 가족단위 자원봉사활동, 건강한 의식주 생활문화, 합리적인 소비문화, 지역사회 공동체 문화를 내용으로 포함시킨 것은 바

로 그 예였다(제 28조 가정생활문화 발전). 이렇게 주부의 역할로 이야기
되어 오던 부분이 고스란히 가족의 몫으로 재규정됨에 따라 주부는 가
정내 생활개선보다는 화목한 가정 관리와 지역사회 참여활동을 통한
사회적 기여에 보다 초점이 기울여지는 방식으로 역할의 축소를 경험
하게 되었다(보건복지부, 1999, 여성복지사업안내: 101).

주부에게 부과되었던 "사회적 연대" 구축의 책임도 이제 가족의 기
능으로 편입되어갔다. 여성복지정책에서 직접적으로 사회 통합에 기
여해야 할 주부의 역할이 강조되는 경향이 사라진 대신 이 역할은 고
스란히 가족에게로 부과되었다. 건강가정기본법 건강가정기본계획에
사회통합과 문화계승을 위한 가족공동체문화의 조성을 한 부분으로
포함된 것이나(제 15조 건강가정기본계획의 수립), 가족 단위의 시민적
역할 증진 조항(제 27조)에서 가족의 시민으로서의 역할을 증진하고 가
족단위의 자원봉사 참여가 확대되도록 할 국가의 의무가 강조된 것은
모두 경제 위기 극복이라는 지상 목표 하에 급부상한 사회적 연대와
사회 통합의 책임이 주부가 아닌 가족 단위 전체로 확장되는 변화된
현실을 보게 한다.

이렇게 볼 때, 1997-2005년에는 주부 역할을 경제 위기 극복의 자원
으로 활용하려는 시도는 지속되었지만 그 내적인 내용이 가족으로 이
양되어 가족 자체를 경제 위기의 극복과 경제 활성화를 위해 동원하려
는 경향이 이를 일부 대신했다. 국가합리성 차원에서 주부에게 노인
부양 등의 윤리적 책임을 묻거나 장애인 인권과 같은 '인간 존엄성'의
실현을 주부의 몫으로 간주하는 경향도 이미 사라진 상태였다. 이 모
든 변화는 가정 내 성별분업에 이어 사회적 성별분업 구도의 지반 역
시 이전에 비해 상대적으로 축소되어 가는 과정 속에 놓이게 되었음을

깨닫게 한다. 여성을 가족정책이 바람직하다고 규정한 영역에 위치시키고 그 영역 안에서의 고유의 역할을 통해 사회적으로 기여토록 강요하던 기존의 가족정책구조의 흐름에 야기된 변화로 인해 이제 오랜기간 가족의 보편적이고 핵심적인 성격으로 간주되어온 성역할 구조의 해체가 시도되고 있었다.

이는 여성을 모성-양육자 역할이 아닌 노동자, 혹은 한사람의 평등한 인권을 가진 개별 인간으로서의 측면을 강조하고 여성이 평등한 노동 시장 참여를 가능하여 고용 접근성(employ accessibility)을 높이는 것을 정책적으로 지원하는데 더욱 본격적인 관심이 경주되는 여성 관련 정책의 흐름 변화와도 무관하지 않다. 남녀평등의 문제를 직접적으로 건드리지 않고도 여성의 주부 역할에 의미를 부여함으로써 여성에게 사회적 지위를 부여했던 기존의 경향은 더 이상 유효할 수 없었다. 젠더 차이가 아닌 동일성과 중립성에 기반한 남녀평등의 문제가 본격적으로 정책 속에 자리잡기 시작한 당시의 상황에 비추어 볼 때 이러한 성별분업 구조에 대한 변화된 담론들은 가정 밖에서 뿐 만 아니라 가정 내에서도 여성에게 변화된 위치와 역할을 부여하는 또 하나의 힘으로 작용하고 있었다는 점에서 더욱 주의깊은 관심과 논의가 필요한 부분이라 하겠다.

제5부

'정치·경제·문화적 영역의
근대'와 '가족의 근대'[*]

[*] 이 장은 앞서 Ⅴ장에서 논의된 내용들을 거시적 제도 차원의
담론 변화와 그것이 가족과 맺는 관계의 양상에 초점을 맞추어
재정리한 것이기 때문에 구체적인 내용의 근거가 되는 자료의
출처들 중 이미 제시되었던 내용들은 대체로 생략되었다

이화다문화총서 사회 1

가족 정책을 통해 본 한국의 가족과 근대성

제1장
거시적 근대성의
우선적 도입

1948-1962년여의 기간 동안 정치, 경제, 문화 영역에서는 서서히 근대성의 가치들이 가족정책 속에 모습을 드러내는 의미있는 현상들이 발견되고 있었다. 근대국가 영역에서는 국가 이성 관점에 기반하여 국익을 우선적인 판단 근거이자 기준으로 삼는 정책 시각이 자리잡기 시작했고, 국민에 대한 국가 차원의 보호를 강조함으로써 국가의 국민의 관계를 수직적인 관계로 정립해 나가려는 시도도 가시화되었다. 합리적 문제 해결의 가치 또한 법치주의를 강조하는 방식으로 자리를 잡아가기에 이른다. 경제적 영역은 근대국가만큼 본격적인 변화를 보이지는 못했으나 산업주의의 등장과 같은 초기적인 근대의 징후들을 보였다. 문화적, 이념적 영역에서도 비록 절차와 관념 차원에서나마 인간의 존엄성과 자유, 평등을 위시한 다양한 자유 민주주의적 가치들의 등장이 두드러졌다.

"근대"라는 시간대로의 돌입을 뜻하는 이러한 거시적 차원의 변화들은 정치, 경제, 문화 각 영역에서 그 진행 속도와 정도에 있어 편차가 존재했던 이유로, 그 내적 비대칭성에 기인한 잠재적인 긴장, 갈등의 가능성을 이미 안고 있었다. 비록 주로 '헌법'이라는 추상적인 차원이나 아직 본격적인 현실화 단계에 이르지 못한 정책들에서 구현된 결과라는 점에서, 당시 근대성의 모습은 물론 그 내적인 관계 역시 형식적인 수준에 머물고 있는 것이 사실이지만, 분명 이 시기동안 법제와 정책 자료들 속에 등장하는 거시적 제도에서의 근대성은 본질적으로 근대국가를 위시한 위계 구조를 띠었다. 이러한 당시 거시 제도적 근대성의 내적 특성은 이후 근대성의 본격적인 구현기에 더욱 분명해질, 우리의 근대성의 독특한 측면이라 할 수 있는 지극히 근대국가 중심적인 특징을 이미 예고하고 있었다 하겠다.

반면 같은 기간 동안 가족은 여전히 가족을 전통적인 제도로 묶어 놓는 가족법의 규정 속에서 이렇다할 서구적 근대의 가치들을 받아들이거나 이전과 다른 새로운 모습을 부여받지 못한 채 지체되어 있는 모습을 보인다. 가족은 여전히 확장된 범위, 자산, 혈통에 근거한 공동체주의, 연령과 성별에 기반한 다층적 불평등 구조 위에 구축된 지극히 전통적인 공간, 전통에 머물러야 할 공간으로 남겨져 있었다. 그러나 당시 가족과 관련하여 가족정책 속에 그려졌던 지배적인 가족의 모습과는 무관하게 그 자체로 매우 파편적이고 산발적인 형태로 몇몇 예외적인 가치들이 발견되기도 하는데, 이는 주로 '자녀 양육'과 '성별분업'과 연관된 것이다. 이러한 부분들이 1948-1962년에 가족정책 속에 등장한 가족상의 일반적인 면이라고 볼 수는 없으나 이와 같은 새로운 가치들이 정치, 경제, 문화적 영역과 만들어내고 있는 '관계'의 측면은 주목할 만하다.

　자녀라는 존재와 자녀 교육 및 양육을 강조하고 가족 내 성별분업의 원리를 부각시키는 경향은 모두 많은 부분에서 '근대국가의 보호' 가치와의 관련 속에 진행되었다. 먼저 자녀와 관련된 부분을 살펴보면, 1957년 주창된 「대한민국 어린이 헌장」은 구속력을 갖추지는 못했지만 최초로 아동의 보호를 담당하고 아동을 참된 애정으로 교육해야 할 가정의 역할을 강조하고, 이러한 의무를 국가와 사회가 공유해야 할 당위성을 부각시켰다(보건복지부, 1994, 아동복지사업지침: 7). 이는 가족 내적으로 자녀의 중요성과 자녀 교육에 대한 인식을 고취하는 동시에 국가 차원에서의 보호와 교육의무를 강화하여 이 둘을 효과적으로 병행하기 위한 정부의 의도인 동시에, 아동에 대한 국가의 역할에 자녀 양육에 대한 관심을 가정 내에 고취시키는 것을 하나의 과제로 포함시킨 사례이기도 했다.

　성별분업은 이와는 약간 다른 맥락이기는 하나 국가의 보호라는 거시적 차원과의 연계 하에 부각되었다는 점에서는 별반 차이가 없다. 성별분업이라는 가치는 사실상 이 시기의 가족정책들에서 상대적으로 빈번히 전제된 논리인데, 가족에 대한 호주의 부양의무를 규정한 가족법(민법 제471호 제974조 부양의무)이 남성 호주를 생계부양자로 규정하고 있다는 점에서 외견상 성별분업구조와 유사한 역할 구조를 상정하고 있는 것이나, 군사원호보상법(법률 제758호 제5조 정의), 국가유공자및월남귀순자특별원호법(법률 제1053호 제3조 정의)에서 유족에 포함되는 대상을 배우자가 아닌 '처'로 명시하여 남성을 생계 부양자로 보고, 그 역할을 할 수 있는 성년남자가 부재하는 경우에 한하여 유족연금의 혜택을 주도록 되어 있는 것은 모두 암묵적으로 성별분업에 대한 전제를 보여주는 조항들이라 하겠다.

이 같은 전제는 '국가의 보호' 의무를 규정하는 데에도 반영되어 이 시기에 요보호 여성이나 근로 여성에 대한 보호가 마련되는 기반이 되었다. 당시 여성의 인권이나 평등한 권리에 대한 충분한 논의 없이 여성에 대한 보호조치들만이 일방적으로 확대되었던 것이 국가의 보호가 남성들의 영역에 진출했거나, 혹은 진출에 어려움을 얻고 있는 여성들에 대한 '배려'적 성격을 띠었다는 사실은 여러차례 언급한 바 있다. 특히 근로기준법에서 모성보호를 위해 여성의 임신, 출산, 육아와 관련된 보호조치들을 마련하되 특히 '육아'를 수유에만 한정시켜 여성 근로자에게만 해당되는 문제로 상정한 것은 기존의 성별분업구조를 답습한 대표적인 예였다. 성별분업이라는 가족의 가치가 거시적 차원에서 국가의 보호 태도를 구성하는 하나의 전제조건으로 활용됨으로써 사실상 영향력을 행사하는 변수로 작용했던 셈이다. 그런데 성별분업과 국가의 보호와의 관계는 여기서 끝나는 것이 아니라 국가가 현실의 성별분업구도를 은연중에 옹호하고 여성을 '여성의 역할'에 묶어놓는 다양한 조치들을 통해 다시금 성별분업이 재확인, 강화되는 역의 관계 또한 성립된다는 점에서 상호성을 보인다.

이러한 양상은 아직까지 본격적으로 가족의 근대가 시작되지 못한 제한된 상황에서도 예외적으로 도입되었던 가족의 몇몇 새로운 가치들이 근대국가 차원의 거시적인 힘에 의해 구조화되기도 하고, 상호적인 관계 속에 놓이기도 하는 보다 역동적인 성격으로 근대성의 일면이 형성되어가는 시초를 보여주고 있다 할 것이다. 아직까지 근대성 내부의 다차원성이나 복합성이 충분히 자리잡지 못한 상황에서도 가족을 경계로 하는 이러한 관계성의 발현은 근대성 자체 속에 본질적으로 내재한 내적 동학의 면모를 서서히 드러내기 시작하였다.

제2장
근대국가 중심의
근대성 편성 과정

1962-1972년경에 이르러 거시적 차원의 근대성 가치들은 이념적 수준에서 벗어나 구체화, 현실화되는 보다 본격적인 단계에 들어섰다. 특히 군사정권의 강력한 추진력에 힘입은 근대국가의 발전은 이전에 비해서도 훨씬 가속이 더해진 상태였다. 경제성장과 근대화의 표어를 내세운 국가 이익 관점의 부상은 놀라운 수준이었고, 본격화된 국가의 감시능력 증진과 이를 합리화하기 위한 기제로서 등장한 국가합리성 개념의 출현 등은 이 시기의 근대국가를 이전 시기에 비해 훨씬 확장되고 체계화된 모습으로 구성해내고 있었다. 1948-1962년에 비교적 독보적인 위치를 차지하며 가족정책 속에 활발히 등장했던 국가 보호나 법치주의에 치중하는 합리적 문제해결의 가치는 다소 주춤한 상태였지만 나머지 가치들의 급격한 성장만으로도 국가의 독보적인 입지가 형성되는 데에는 부족함이 없었다.

근대국가의 수준에 미치지는 못하지만 경제적 영역의 확장도 주목할 만 하다. 산업주의 가치만이 간간이 가족정책 속에 등장했던 것에서 이제 보다 핵심적인 자본주의 가치라 할 수 있는 생산력 중심주의의 부상이 활발해진다. 반면 문화적, 이념적 영역에서는 전혀 다른 상황이 전개된다. 1962년의 개정 헌법은 자유권을 형식적으로 확대하는 내용들을 다수 포함했으나, 이는 실제 정책 차원에는 반영되지 못했고, 특히 가족과 관련해서는 억압적이고 통제적인 가족계획사업의 전개 속에 개인의 권리나 존엄성에 대한 침해가 본격화되었다.

정치적 영역의 급성장과 그 영향력 하에 진행된 경제 영역의 성장, 쇠퇴기로 접어든 자유 민주주의의 엇갈린 구두 속에서 거시적 차원이 근대성은 더욱 공고해진 근대국가의 우위를 성격으로 하는 엄격한 위계 구조로 재구성되었다. 이 세 영역간의 위계성은 국가의 이익을 정점으로 경제와 문화 영역의 가치들이 동원되고, 근대국가 내적으로 가치들이 더욱 공고한 결합관계를 이루는 보다 내밀하고 세부적인 과정을 통해서도 확인되고 있다.

이렇게 이전에 비해 복합성과 다차원성이 배가된 거시적인 근대성의 본질은 가족과의 관계에도 고스란히 반영되었다. 1962-1972년에 가족정책은 비로소 가족과 관련된 서구의 가치들을 선택적으로 받아들이고 이를 실정에 맞게 수정, 보완하는 방식으로 기존의 모습에서 탈피한 새로운 가족상을 창조해내기 시작했는데, 여기에는 정치, 경제, 문화 영역에서 구가되었던 다양한 가치들의 존재가 깊이 개입되어 있었다. 거시적 차원에서 증대된 근대성의 내적 역동성은 이제 가족과의 관계 속에서도 그 성격을 드러내며 가족의 모습을 규정하고, 또 역으로 새로운 가족의 가치들에 의해서 영향을 받기도 하는 이중적인 과정으로 체현된다.

거시 제도 면에서 발전된 가치들과 그 내부의 동학, 위계적 성격 등이 모두 가족과의 관련 속에도 한치의 틀림없이 모습을 드러내고 있음은 흥미로운 일이다. 제도 면에서 팽창된 근대국가와 경제 영역의 위상은 가족과의 관련 속에서도 여지없이 확인되었으며, 특히 당시 가장 눈에 띠는 성장세를 보이며 제도적 근대성의 위계에서 정점을 차지했던 근대국가의 영향력은 광범위하고도 강력했다. 당시 가장 두드러진 현상 중 하나는 근대성 담론의 핵을 이루었던 성장담론에 의해 고조된 국익에 대한 관심이 가족에 소자녀 핵가족주의라는 독특한 형태와 관념을 강요하며 가족을 성장의 동력으로 재개념화한 것이었다. 정부가 적극적인 경제개발과 그를 위한 인구 조절 의지를 피력함에 따라 적은 수의 자녀, 구체적으로는 3자녀 이하의 자녀를 낳아 국가 발전에 기여해야 할 가족의 의무는 불가피해졌다. 국가의 이익이 일종의 궁극적인 목표였다면 감시기능의 증진은 소자녀 핵가족주의를 추진하는 보다 실질적이고 치밀한 동력이자 추진력으로 작동하였다.

당시 '국가의 이익'에 대한 강조는, 이외에도 복지 기능을 중심으로 하는 가족 공동체를 전제하고 그 안에서 자녀 양육과 교육의 책임을 강조하는 논리로서 사용되기도 했다. 자녀가 주는 정서적 만족이나 심리적 위안을 강조하는 서구와 달리 한국 사회에서 자녀의 중요성은 보다 거시적인 차원, 즉 경제성장이나 국가의 존속과 같은 국가 이익 차원에서 그 의미를 부여받고 있었다. 1948-1961년까지의 헌법과 아동복리법, 근로기준법, 입양촉진특례법 등의 다양한 법제들에서 아동의 인권이 강조되었던 것과 달리, 1962-1972년 기간 동안 가족정책들에서는 아동의 권리와 인간적 존엄성에 대한 강조보다 가족 내에서의 자녀와 자녀 양육, 교육에 대한 관심이 더 크게 부각되었고, 이는 곧바로 국가의 이익을 위한 전제조건으로서 규정되었다. 이는 형식적 차원에서 강조되었던 법제의 아동 인권 조항들이 사실상 실질적인 가족정책상에서는 효력을 갖지 못한 채 당시 확장되었던 국가 이익의 위상에 눌려 수단적 가치로 전락해버렸음을 의미한다.

성별분업 또한 '국가 이익'의 차원에서 정당성을 획득했다. 주부에게 인구 조절에 적극 참여하고 소자녀관을 확산시키는데 몸소 참여함으로써 국가 발전에 기여할 의무가 규정되면서 '국가의 이익'은 성역할에 기반하여 여성을 일종의 자원으로 동원해내는 압도적인 힘으로 기능했다. 가족과 여성, 아동 모두가 국가 이익이라는 거창하고 현란한 수사에 의해 경도되는 현실을 엿볼 수 있는 부분이다.

'근대국가의 보호' 가치 역시 가족의 모습을 틀 지우는 또 하나의 주된 힘이었다 할 것이다. 앞서 1948-1962년에 국가의 보호 가치가 요보호 여성 및 근로 여성 보호에 있어 성별 분업을 전제하고 또 그것을 강화하는 양방향적인 상호작용 속에 존재했음을 지적한 바 있다. 1962-1972년 무렵에는 이러한 상호적인 관계가 유지되는 한편 근대국가의 일방성이 뚜렷이 강화되는 양상이 여기에 더해진다. 국가의 보호 가치는 가족의 기능과 역할을 보호한다는 명목 하에, 가족의 공동체성을 보존함으로써 복지 기능을 중심으로 가족을 사회와 분리된 독자적이고 자기 충족적인 영역으로 구조화하는 논리로 활용되기 시작했다. 가족으로서의 기능이 수행되는 공간을 동거 단위를 초월하는 확장된 범위로 규정하고 그 단위 자체를 복지 자원으로 활용하려는 국가의 특수한 보호 관점에 기반하여, 가족은 가족정책들 속에서 사회와 분리된 공간이면서도 끊임없이 국가의 영향력 하에서 사회의 필요에 부응해야 하는 공간으로 자리매김되었다.

같은 맥락에서 국가의 보호는 소자녀 핵가족주의를 특히 자녀 양육이라는 가족 기능을 보다 효과적으로 수행할 수 있게 하는 하나의 여건으로 부각시키는 논리적 기반이 되기도 한다. 자녀수가 적어야 자녀에게 보다 바람직한 양육 환경을 제공할 수 있다는 전제 하에 '국가의 보호'가 소자녀 핵가족주의를 주장하고, 그것의 효율성을 '가족의 기능' 차원에서 부각시키는 하위 논리로 사용될 수 있었던 것이다. 사실상 '국가의 보호'는 이 시기에 근대국가 차원에서 상대적으로 두드러지지 못했으나 1948-1962년 가장 확장된 모습을 보였던 이 가치의 실현이 1962년 이후로 유보되었던 탓에 이 기간 동안 가족과의 관계 속에서 그 존재가 비교적 크게 나타났고 특히 '가족의 기능'에 대한 보호를 표방하는 정책 기조 속에서 더욱 큰 영향력을 발휘할 수 있었다.

비록 군사 정권 하에 국가의 통제력 확대를 정당화하기 위한 수단적 가치로 등장한 '국가합리성'과 법치주의를 유지하는 것 이상으로 확대되지 못한 채 정체된 상태에 머물렀던 '합리적 문제해결'의 두 가치가 가족의 근대성과 뚜렷한 관련성을 보이지 못한 채로 남아있었음에도 불구하고, 근대국가와 감시 기능의 증진, 국가의 보호 등의 가치를 위주로 발견되는 근대국가와 가족의 근대성 사이의 관계는 이미 근대국가의 일방적인 영향력에 근거한 비대칭성을 특징으로 한다. 이상적인 가족상과 그 기능, 더 나아가 그 속의 여성의 역할까지도 국가 차원에서 규정하고 활용하려는 일관된 시도를 통해 국가는 주로 가족과 여성을 '지도'를 통해 효과적으로 동원하거나 '보호'하는 두 가지 태도를 보이는데, 이는 모두 수직적 관계에서 가족과 여성 위에 군림하는 국가의 모습을 확인시켜주고 있다.

경제적 영역 역시 당시의 성숙했던 면모만큼 가족과의 관계 속에서도 이전보다 빈번히 모습을 드러냈다. 1962-1972년에 처음 활발히 논의되기 시작한 '생산력 중심주의'는 가족의 공동체적 성격과 가족 단위의 기능을 제고하는 것이 노동 능률을 증진시키는데 기여한다는 생산 중심 패러다임의 형태로 가족정책 속에 정착되어갔다. 또한 가족계획 사업은 '산업주의'의 가치인 위생과 과학을 강조함으로써 소자녀 핵가족주의를 이와 결부시켰으며 이를 통해 가족계획사업과 그것이 추구하는 가족의 이미지를 "생활의 과학이자 기술(보사부, 1970)"로 격상시켰다.

여기서 위계의 정점에 위치했던 근대국가 차원에 비해 경제적 영역에서 구현되는 논리들은 분명 덜 일방적인 성격을 띠고 있음을 목도할 수 있다. 가족의 공동체적 성격을 보조하는 것이 노동생산성 향상에 기여하고 생산력 증진에 도움이 된다는 논리를 통해 가족 기능을 경제 원리를 위한 하나의 요소로 동원해내는 동시에, 그 자신이 과학의 이미지 등에 근거하여 소자녀 핵가족주의의 필요성을 역설하기 위한 근거로 이용되기도 하는 이중적인 과정이 진행되었기 때문이다. 특히 생산력 중심주의는 소자녀 핵가족주의를 자신을 위한 필요조건으로 제시하는 듯 하나 실질적으로는 국가적 차원에서 중요한 과제였던 이 가치의 중요성을 부각시키기 위한 근거로 제시되었다는 점에서 근대국가 차원에 버금가는 하위 동원 논리인 동시에 스스로가 동원되는 양면성을 보인다. 즉, 비록 경제 영역의 확연히 성장한 면모가 가족의 근대성과의 관련 속에서 드러나고 있는 것이 사실일지라도 그 관계는 분명 근대국가보다 훨씬 상호적인 성격에 가깝다 할 것이다.

이에 비해 문화적, 이념적 영역은 거시적 차원에서 이미 퇴조의 단계에 접어들었던 연장선상에서 가족과의 관계에서도 모습을 드러내지 못한 채 상대적으로 매우 침체된 모습을 보이고 있다. 자유권과 관련해서 소자녀 핵가족이 개인의 자유를 약속해주는 가족형태라는 사실이 주장된 것이 유일하게 이 시기에 양 차원이 연계된 측면인데, 이는 자유권 그 자체의 강조를 위한 것이 아니라 출산 통제의 당위성을 주장하기 위한 것이었다.[1] 문화적 영역의 상대적인 정체가 그 자신이 국가가 의도하는 가족 근대성을 실현하기 위해 활용되는 수단적 가치에 머무르는 제한된 연관성 속에서 다시금 확인되고 있는 셈이다.

---

1) 1962년 가족법 개정 이유와 주요 개정 내용에 대한 법제처의 설명을 참조할 것.

제3장
근대성 내부의
불균형 심화

　1960년대에 시작된 거시적 측면에서의 근대성의 비대칭적 발전은 1970년대에 유신체제라는 특수 상황을 맞아 더욱 극단적인 방향으로 치닫고 있었다. 근대국가는 이제 경제성장과 평화 통일이라는 구호 하에 지상 목표로 자리잡은 '국가 이익'과 대통령 일인독재체제의 구축으로 최고조에 달한 '감시 기능의 증진', 그리고 이러한 통제 확대를 정당하기 위해 활용되었던 '국가합리성'과 '합리적 문제해결' 가치의 확산에 힘입어 그 어느 때보다도 기형적으로 팽창되는 모습을 보였다. '국가의 보호'가 상대적으로 침체된 국면에 접어들었음에도 불구하고, 합리성과 법치주의를 독재 정권을 정당화하기 위한 도구로 활용하기 시작한 정부의 치밀한 노력 속에 당시의 근대국가는 불가침의 확장된 공간으로 자리잡을 수 있었다.

　경제적 영역도 근대국가의 비호 하에 더욱 성장했다. 1948년경 이미 등장했던 '산업주의'의 가치가 지속적으로 가족정책들 속에 발견되

는 가운데, '생산력 중심주의'와 '노동 생산성'에 대한 옹호가 크게 두
드러졌으며, 여기에 '노동력 상품화' 가치의 등장이 더해져 경제 영역
의 내적 복합성이 60년대에 비해 한차원 더 증대되었다. 이에 반해 문
화적, 이념적 영역의 퇴조는 가속화된다. 1960년대에 헌법이라는 형식
적 차원에서나마 자유권을 옹호하는 국가의 입장이 표방되었던 것에
비해 1970년대에는 "한국적 민주주의의 토착화"라는 명목 하에 자유
민주주의적 가치들이 철저히 포기되고 유보되는 모습을 보였다. 이러
한 불균형성은 곧바로 거시 제도적 차원의 근대성의 모습을 근대국가
의 우위에 기반한 정치, 경제 영역의 공고한 결합 구조— 국가 권력의
무제한적인 확대와 생산 패러다임이 양 축이 되는— 속에 자유 민주주
의가 탈락하는 극단적인 형태로 고정시키고 있었다.

거시적 측면에서 진행된 근대국가와 경제 영역의 확장과 상호 결합,
자유 민주주의의 박제화 등은 가족의 근대성과의 관계에서도 그대로
모습을 드러낸다. 60년대부터 급성장을 계속했던 근대국가 및 경제적
영역의 입지는 가족과의 연계 속에서도 한층 공고해졌고 그 중에서도
위계 구조의 정점을 차지한 근대국가의 영향력은 최절정에 달했다. 경
제성장이라는 '국가 이익'에 대한 주장이 한층 더 강화됨에 따라 이제
경제성장을 가능케 하는 요건으로서 보다 축소된 규모인 2자녀 이하
의 소자녀 가족의 정착이 촉구되었다. 또한 다양한 규제책과 유인책들
을 동원한 '감시 능력의 증진'의 괄목할만한 확대는 이러한 가족의 변
화를 추동하는 보다 강력하고 직접적인 힘으로 작동했다.

이외에도 '국가 이익'에 대한 관심은 60년대에 비해서도 더욱 광범
위한 영역에 걸쳐 '소위' 사회가 요구하는 가족의 모습을 규정해내고
있었다. 소자녀 핵가족주의의 정착을 위해 '출산 조절'을 부부의 몫으

로 간주토록 하는 독특한 부부 중심성이 가족정책 속에 등장했으며, 남아 선호 사상으로 인한 다산이 인구 조절에 장애요인이 된다는 인식 하에 평등한 부부관계를 정착시키려는 시도도 가시화되었다. 가정 내 자녀 양육의 중요성을 강조하는 정책 어조 또한 경제성장을 중심으로 그 논리가 점차 압축되어갔다. 60년대에 자녀와 자녀 양육이 경제성장을 비롯한 보다 넓은 의미에서, 국가의 존립과 발전을 위한 인재 양성 측면에서 강조되었다면, 유신체제 하에서는 소비, 투자의 대상으로서의 아동관과 가정의 교육과 양육 책임을 부각시킴으로써 출산율을 저하시키고 이를 통해 지속적인 경제성장을 이룬다는 60년대의 목표가 더욱 집중 부각되기에 이른다(가족계획연구원, 1973). 이에 가정의 행복과 단락까지도 결국은 국익을 배가시키기 위한 소자녀 가족의 한 일면으로 고정되기에 이른다.

'국가 이익' 관점을 토대로 하는 여성의 성역할에 대한 국가 동원 구조 또한 한층 강화된다. 이전 시기에 주로 가족계획과 관련해서 주부의 참여와 역할 수행이 촉구되었던 것에 비해, 70년대에는 가정 경제의 합리적 경영을 통해 국민 경제에 기여하고 새마을 운동과 지역사회 발전에의 참여를 통해 국가 발전에 공헌해야 할 주부의 이중적 역할에 대한 규정이 보다 정교화, 체계화되었다. 주부의 가정 내 역할에 국가 발전에 기여하는 행위라는 사회적 의미를 부여해주고 남성과 겹치지 않는 여성 고유의 사회 활동 영역을 지정해주는 지속적인 시도 속에 주부는 국가 발전을 위해 요구되는 더욱 다양한 역할들을 수행해야 하는 존재로 호명되어갔다.

1960년대에 가족의 공동체적 특성을 강조하고 그 복지기능을 '보존'하는 것을 강조했던 '국가 보호'의 태도 역시 여전히 가족에 사회와 분리된 공간으로서의 '경계'와 사회에 이양되어서는 안 될 독자적인 '기능'을 부과하는, 피할 수 없는 조건으로 남아있었다. 60년대 사회보장에관한법률과 1970년 사회복지사업법의 수립으로 그 기틀을 마련했던 가족정책이 본격적으로 실시, 보완되고, 각종 정책지침에서 사회부조 및 사회복지사업의 활성화 방안으로 건전 가정 육성이 강조됨에 따라 가족이 생계와 부양의 단위로서 확고히 전제되었으며 이를 지원하기 위한 다각적인 노력들도 수반되었다. 가족의 경제 공동체성을 보호받아야 할 최우선의 가치로 전제하는 이러한 일관된 시책들이 가족의 경계를 부계 혈연 중심으로 규정했던 까닭에 가족은 그 기능 면에서 부계 지향성을 띤 영역이자 정책의 기본 단위로서 임의적인 경계를 끊임없이 부여받았고, 이 단위 자체를 국가의 필요 하에 동원하려는 경향 또한 뚜렷해지게 된다. 가족의 경제 공동체적 성격 속에 여타의 가족관계나 친족관계에 우선하는 부부간의 경제적 권리를 인정하는 독특한 부부중심주의의 가치가 자리잡은 것 또한 '국가 보호'의 틀 속에서 이루어진 변화였다.

다른 한편으로 '국가의 보호'는 '국가 이익'이라는 보다 상위 목표를 전제한 상태에서 가족의 근대를 주조하는 매개 논리로 작용하기도 했다. 60년대에 소자녀 핵가족이 국가 보호가 대상으로 삼는 가족의 복지 기능을 뒷받침하는, 특히 자녀 양육 기능을 더 온전히 수행할 수 있는 가족 형태로서 주장되었다면, 70년대에는 국가 이익과 직결된 이 가족상의 실현을 위해 국가의 보호 내용에 '노인 부양'이 새로이 포함되는 독특한 현상이 나타났다(가족계획원구원, 1978, 한국가족계획사업장기전망: 62; 보사부, 1979, 보사정책 설명자료). 즉 자녀를 노후 대비책으로 간주하는 사회 통념을 변화시키기 위해 노인 부양의 문제를 국가의 보호로 대체하려는 시도가 행해진 것이다.

당시 부각되었던 모성 보호에 대한 관심 역시 가족정책 속에서 어머니 역할을 중심으로 여성 역할을 재구조화하는 변화를 불러일으키기는 했지만 이는 궁극적으로는 다산이 여성의 건강에 미치는 악영향을 강조하여 출산율을 저하시키려는 의도에서 비롯된 것이었다(가족계획연구원, 1978, 한국가족계획사업장기전망: 5). 이러한 점에서 당시 '국가의 보호'는 소자녀 핵가족주의에 영향을 주기도 하고 또 그것에 의해 일부 틀이 좌우되기도 하는 상황에 놓여 있었는데, 이는 '국가의 보호'가 확장된 '국가 이익'을 추구하는 한에서 나타난 현상이라는 점에서 당시 공고한 내적 결집을 이루었던 근대국가의 힘이 얼마나 다양한 층위에서 가족에 작용하고 있는지를 엿보게 한다.

여기서 유신체제라는 특수 상황에서 급부상했던 '국가합리성'과 '합리적 문제해결'이 아직까지 가족과의 상호작용을 전혀 보여주고 있지 못함은 모순적이라 하지 않을 수 없다. 국가합리성 개념은 60년대에 등장, 70년대에 국가 차원의 '능률'이라는 이름으로 일인 독재체제를 정당화하기 위해 확고히 자리잡았고 합리적 문제해결 역시 법치주의에 의거하여 국가의 권력을 확대하는 것을 용이케 하려는 목적으로 부각됐으나 둘 다 가족정책 자료에서는 가족과 별다른 관련성을 보여주지 못하였다. 그 이유는 이들이 '근대국가' 내에서 차지하는 위상과 의미를 통해 짐작해볼 수 있다. 당시의 정책자료들에서 궁극적으로 추구되어야 할 상위 가치로 제시되고 있음에도 불구하고 사실상 이들은 감시기능의 증진이라는 가치를 뒷받침하고 그것을 정당화하기 위해 이용된 논리였다. 따라서 이 두 가치가 가족의 근대성에 어떠한 영향도 미치고 있지 못한 현실은 이들이 놓여 있던 도구적 성격을 확인케 하는 결정적 단서가 되고 있다고 볼 수 있다.

근대국가의 비호 하에 확장, 정착된 경제적 영역에서도 가족과의 상호작용에 있어 그 폭이 급격히 증가했다. 산업주의의 가족 내 도입을 강조하고 과학의 이미지를 가족계획사업을 정당화하기 위한 근거로 이용하던 60년대의 연장선상에서, 이에 덧붙여 70년대에는 거시적 차원에서 근대국가와 결합하며 당시 제도적 근대성의 주된 축을 형성했던 '생산력 중심주의'와 이 시기에 처음 등장한 '노동력 상품화'의 가치까지 소자녀관의 정착을 위한 논리로 부각되기에 이르렀다. 생산력 중심주의는 가족계획이 소비성 경제를 억제하고 생산 투자를 높이는데 기여한다는 점과 그 경제 효과를 강조하는 방식으로 소자녀 핵가족주의와 연계되었고, 여성 노동력의 상품화 역시 여성 고용 촉진이 기혼여성의 출산율을 낮추는데 기여할 것이라는 인식 하에 부각됐다. 경제영역의 가치들이 국가가 요구했던 가족의 근대적 가치의 당위성을 보다 거시적인 차원에서 강조하기도 하고, 직접적으로 그것을 강화하는데 필요한 요소로서 전제되기도 하는 양가적인 모습을 보인 것이다.

생산력 중심주의와 노동력 상품화의 가치는 이외에도 가족 단위의 공동체성을 주장하고 특히 가족의 복지 기능을 설파하는 논리로 활용되기도 했다. 가족정책 속에서 노동 능률과 생산성을 증진시킨다는 목표 하에 가족의 부양의무와 공동체적 성격을 고양시켜야 한다는 포괄적인 주장은 상대적으로 주춤했지만 이는 자녀 양육 기능이라는 보다 제한된 범위로 집중되었다. 당시의 정책 자료들은 아동의 위생적 출산과 영양 관리 등을 장려하면서 이것이 노동력의 질적 향상에 기여한다는 논리를 표방하여 생산력 중심주의적 시각에서 가정의 자녀 양육 기능을 활성화시키려는 경향을 보인다(1972, 보사부, 제3차 5개년계획; 보사부, 1975, 제 4차 경제개발계획: 157). 이것은 자녀의 중요성이 국가 차원에서 강조되는 데에서 한 걸음 나아가 생산성 증대를 위한 하나의 요소이자 자원으로 부각되는 전도된 현실을 보여주는 것으로 각종 정책 속에서 아동의 인권만큼은 지속적으로 강조하는 경향을 보였던 것과도 상호 배치된다 할 것이다. 소자녀 핵가족주의를 부각시키기 위해 부상했던 행복한 가정과 가정의 단락 역시 생산력 중심주의에 기여하는 요소로도 의미를 부여받고 있었다(1972, 보사부, 제 3차 5개년계획).

이렇게 스스로가 국가가 추구하는 가족상을 위해 동원논리로 활용되기도 하고, 국가 이익에 버금가는 목표로서 가족의 복지 기능을 활용하기도 하는 경제적 가치들의 이중적 위치는 분명 그 입지나 영향력 면에서 당시 가족을 주조하는 일방적인 힘으로 주로 존재했던 근대국가에 미치지는 못하지만 이전에 비해 가족과의 관계 속에서 확연히 높아진 위상을 보여주고 있다. 거시적 차원에서 형성된 근대국가와 경제 영역의 성장과 근대국가 우위에 기반한 그 공고한 결합 구조는 이렇게 가족과의 관계 속에서도 가족의 모습과 기능, 내적인 특성을 특징짓는 중요한 영향력으로서 그대로 시연되고 있었던 셈이다. 이에 비해 거시적 차원에서 상대적으로 크게 침체되었던 자유 민주주의 영역은 여전히 가족과의 관계 속에서도 드러나지 못했고 그것이 발견되는 경우에도 자유 민주주의 영역이 국가의 목표를 위해 수단화되는 60년대의 경향성을 벗어나지 못하였다.

60년대에 '소자녀 핵가족'이 개인의 자유를 구현해주는 가족 형태라는 명제를 내세움으로써, 개인의 자유를 가족계획의 실현을 위한 하나의 도구적 가치로 이용했던 것과 유사한 맥락에서, 70년대에는 '남녀평등'이 소자녀관의 당위성을 강조하기 위해 활용되었다. 가족법과 다

양한 가족정책들에서 여성의 지위를 향상시키고 성별 불평등을 완화
시킬 것을 주장했으나 이는 남아 선호로 인한 다산이 인구조절에 결정
적인 장애요인이 된다는 인식 하에 남녀평등 가치를 부각시킨 것이라
는 점에서 근본적인 제한점을 안고 있었다. 이는 앞서 살펴본 또 하나
의 여성 관련 가치인 경제적 영역의 '여성 노동력 상품화'의 가치가 구
사되었던 방식과도 매우 유사하다. 기혼 여성 취업률을 제고하여 출산
율을 낮춘다는 취지 하에 여성의 사회 진출이 장려되었던 것처럼 남녀
평등의 가치 또한 여성의 낮은 지위가 남아선호사상을 낳고 그것이 조
기 단산을 어렵게 한다는 점에서 출산율 억제를 위해 부각된 일종의
'명분'에 불과했기 때문이다(가족계획원구원, 1978, 1977-1991 한국가족계
획사업장기전망). 이러한 제한된 관계의 양상은 당시 거시적 제도 면에
서 포기되었던 자유 민주주의의 영역이 가족과의 관계에서도 그 자체
로 부각되지 못하는 상황에 놓여 있음을 다시금 주지시켜 준다.

　버만(Mashall Berman)은 서구에서 1950년대와 60년대에 근대적인 것
이 되기 위해 떠났던 가정과 가족의 상징이 1970년의 모더니스트들에
의해 다시 부활했음을 강조한 바 있다(Berman, 1982: 407-408). 즉 근대
성의 전개 과정에서 그 반작용으로 증폭된 개인적이고 사적인 공간에
대한 열망이 가족에 대한 향수와 회귀본능을 불러 일으켰다는 것이다.
그러나 70년대 한국 사회에서 가족에 대한 강조는 오히려 가족이 지닌
정서적 역할이 아닌 국가 발전에 기여해야 할 자원으로서의 성격과 국
가의 복지 기능을 대신할 경제적 부양 역할에 의거한 것이었고, 서구
의 경우에서와 같은 사적이고 애정 중심적인 행복한 가정생활의 이미
지는 그러한 가족의 효용성을 뒷받침하는 한에서만 가족에 투영되었
다. 서구에서 근대성의 충격, 특히 기술적 근대성의 억압성에서 소외

감을 경험할 수밖에 없었던 사람들이 가족을 유일한 대안으로 기대하고 그 속에서 위안을 얻고자 했다면 한국사회에서 가족은 근대성의 충격으로부터의 안전판이라기 보다는 인구 억제를 통해 국가 경제발전에 공헌하고 생산력 제고에 기여하며, 부양 기능을 온전히 수행함으로써 사회 안정과 노동 능률 향상에 기여하는 공간이어야 했다.

이렇게 팽창된 근대국가와 그 하위에 존재했던 경제 영역과의 관계 속에서 독특한 성격으로 재탄생한 한국 가족의 근대성과 그것이 보여주는 거시적 구조와의 비대칭적 관계는 당시 거시 제도적 차원은 물론 가족과의 관계에서도 고스란히 반영되었던 근대국가의 팽창된 힘과 그에 근거한 당시 근대성의 다층적인 위계 구조, 그리고 그 속에 내재된 숨은 긴장의 흔적들을 보게 한다.

제4장
근대성 내적 위계 구조의 은폐

전두환 정권기에 들어서면서 거시적 제도 차원의 근대성은 총체적인 전기를 맞이하게 된다. 근대국가 영역은 '국가의 보호'를 제외하고는 상대적으로 유신체제에서보다 다소 축소되는 모습을 보였다. 지속적인 경제발전과 복지국가 건설이 '국가 이익' 관점에서 부각되었으나 이전만큼 극단적인 형태는 아니었고, '감시 능력의 증진'은 법적으로 눈에 띄게 축소됐으며, 국가 통제력 확장의 정당화 논리로 부각됐던 '국가합리성'과 '합리적 문제해결'의 가치 또한 그 왜곡된 의미에서 벗어났다. 여성을 제외한 부분에서 '국가의 보호'가 크게 확대된 것 또한 근대국가의 억압성을 희석시키는데 일조하였다. 그러나 가족의 기능을 '보호'하는 데 주력했던 국가의 정책기조가 이제 한국적 복지 모형의 기조 하에 '국가합리성'이라는 새 논리로 스스로를 무장함에 따라 가족의 자기보장 기능 강화를 위한 정부의 노력이 포장되고 설명되는 방식은 크게 달라진 상태였다. 가족정책과 밀접히 연계된 '국가합리성'

개념의 부각은 근대국가의 상대적 축소가 가족과 관련해서는 반영되지 못했던 당시의 현실을 설명할 수 있는 중요한 열쇠가 되고 있다 하겠다.

경제적 영역은 정부의 민간 경제로의 이행 선언에 힘입어 어느 정도 자율성을 부여받으며 지속적인 성장세를 보였다. 전통적인 정서적, 윤리적 미덕을 되살릴 것을 강조하는 한국적 복지모형으로 인해 서구 물질주의와 직결된 산업주의는 상대적으로 부각되지 못했지만, 이전에 국가의 '경제성장'에 주어졌던 강조점이 이제 자율 경제의 추진으로 '개별적인 자본의 이윤 추구'쪽으로 옮아감에 따라 나머지 자본주의 가치들은 더욱 총체적으로 강조되는 상황에 놓이게 된다.

자유 민주주의 영역 또한 '문서화'된 차원에서나마 6-70년대에 걸쳐 침체되고 포기되었던 다양한 가치들이 부활하는 의미있는 시간대로 이행했다. 인간의 존엄성이 부활하고 평등, 소득재분배 등이 경제성장의 수단으로 간주되었던 과거에서 벗어나 제 의미를 되찾기 시작하는 과도기적인 상황이 전개되었다. 이러한 맥락에서 정치, 경제, 문화 영역에서의 근대국가의 우위는 다분히 비가시적인 모습으로 변화했고,[2] 그 결과 세 영역간의 긴장과 갈등의 흔적도 희미해졌다. 오히려 이제

---

2) 근대국가의 우위가 비가시적이 되었다는 것은 그 본질적인 내용 자체는 변화
지 않았다는 의미를 내포한다. 이는 특히 여성과 관련해서 두드러진 현상인
데, 이 시기에 여전히 경제성장을 촉구하기 위한 소자녀 핵가족주의의 목표
하에 '남녀평등'의 가치가 부각되는 측면이 남아있었던 것이나. 86, 88올림픽
개최를 맞아 국가를 홍보할 수 있는 수공예품, 동판, 등공예 등을 집중 훈련
시킨다던가 상품적 가치를 지닌 제품 생산과 품종 개발에 주력하여 부녀직업
보도소를 국가적 차원에서 활용하려는 시도가 이루어짐으로써 '요보호 여성
보호'를 '국익'과 결부시키는 경향이 나타난 것은 모두 여전히 '국가의 이익'이
여타의 가치들이 수렴되는 정점으로 존재하고 있는 상황을 보여준다 할 것
이다.

국익과 복지국가 건설이라는 목표 하에 자유 민주주의 영역을 비롯한 각각의 영역들이 비교적 고르게 결합되어 제도적 근대성의 내적 구조는 한결 공고해졌다. 국가 권력 차원을 의미했던 감시 능력의 증진이나 합리적 문제해결의 가치의 탈락으로 내적인 균형도 다소 회복되었다.

그러나 이러한 제도적 차원 내부의 표면적인 균형 회복에도 불구하고, '정치, 경제, 문화적 영역의 근대성'과 '가족의 근대성'과의 관계에는 여전히 이러한 흐름이 반영되지 못하고 있었다. 근대국가 영역의 '국가 이익' 가치가 가족에 대해 갖는 의미와 영향력은 이전에 비해 그다지 줄어들지 않았다. 1980년대에도 인구조절정책이 지속적으로 중요한 국가적 과제로 강조되었던 만큼 '국익'은 여전히 가족의 모습을 소자녀에 기반한 적은 규모로 정착시키는 원동력으로 자리했으며, 국가의 '감시 능력의 증진'이 이를 목표로 영향력을 행사하는 양상도 동일했다. 달라진 점은 바람직한 가족의 규모가 자녀수 2명에서 1-2명으로 더욱 축소되었다는 정도였다. 국가가 가족의 노인 부양을 자신의 보호 기능 안에 떠안으면서까지 가족의 변화를 촉구하려했던 경향은 사라졌지만 대신 가족계획사업이 갖는 정책 수행의 효율성과 비용 절감이 강조됨으로써 '합리적 문제 해결'이라는 새로운 가치가 소자녀 핵가족주의의 효과를 부각시키기 위해 등장하게 된다.[3]

부부간의 '평등'이 '국익' 가치를 추구하는 과정에서 부수적으로 강

---

3) 1970년대에 자녀에 대한 노후 의존도가 출산 통제에 장애가 된다는 점에서 사회보장체계의 구축이 활발히 논의되었던 것에 비해 1980년대에는 오히려 노인 부양을 사회보장제도를 통해 해결하려는 시도가 사라지고 가정 내 효 사상이나 경로효친사상을 강조함으로써 이 문제에 접근하는 경향이 급격히 증가했다.

조되는 경향도 이전과 유사하다. 이 시기의 남녀평등 가치는 본연의 의미를 되찾아가는 과도기적 단계에 있었지만 그럼에도 불구하고 여전히 많은 가족정책자료들에서는 당시에 부쩍 증가한 부부간의 평등성을 제고하려는 정책 시도들을 '소자녀관을 정착시켜 국가 경제발전을 촉진하기 위한 것'으로 풀이하는 경향을 보이고 있었다. 자녀의 존재와 양육 및 교육이 국가 이익 차원에서 강조되는 경향도 그대로였다. 생계 공동체로서의 가족의 경계 내에서 이루어지는 다양한 기능들 중 자녀양육 기능은 정권이 바뀐 후에도 국가 존립을 위한 필수적인 요소로 그 위치를 유지했던 셈이다. 주부 역할을 사회적으로 확장하고 이를 국가발전을 위한 자원으로 규정하는 양상도 보다 다각화된 형태로 지속되었다.

여기에 더하여, 앞서 언급했던 바와 같이 '한국적 복지모형'의 원칙으로 등장한 '국가합리성' 개념의 부상은 가족에 미치는 근대국가의 구속력을 한층 더 고양시키는 중요한 계기로 작용했다. 60년대에 가족을 기능 중심으로 경계짓고 그 기능을 '보호'하려는 국가의 시도가 그 틀을 갖추고 70년대에 그 보호 범위와 내용이 더욱 내실을 기했다면, '국가합리성' 개념은 80년대에 기존에 강조되었던 이와 같은 가족의 성격을 옹호하기 위해 등장한 전혀 새로운 논리였다. 당시의 자료들에서는 이른바 "한국적 복지모형"을 표방하며 가족의 자기보장기능을 강화하여 국가의 재정 부담을 최소화한다는 원칙을 선언했고, 이를 국가 차원의 합리적인 선택이라는 의미로 설명해냈다. 결국 국가합리성 개념은 가족 단위의 경제적 기능성을 강조하고 이를 보전함으로써 사회보장과 복지의 문제를 해결하고자 했던 당시의 정책들에 새로운 정당성의 근거를 제공하는 원천이었던 것이다.

이렇게 등장한 '국가합리성'은 이전에 가족과의 관계에서 '국가의 보호'가 차지했던 위치를 대신하며 '국익'과 함께 가족정책 속에서 가족을 구조화하는 강력한 논리로 자리잡아간다. 가족에 확고한 경계를 부여하고 그 단위의 기능성을 최대화하려는 시도 속에 가족의 범위는 이제 모계와 부계 모두를 포함하는 보다 확장된 범위로 넓혀졌다. 또한 양계제적으로 조정된 가족 경계는 남아 선호 사상의 불식을 목표로 부계혈연주의를 시정해야 할 인습으로 간주하던 기존의 접근방식과 맞물려 '국익'에도 기여하는 것으로 한번 더 논리적 배경을 확보할 수 있었다. 자녀 양육을 강조하는 데에도 '국익' 차원에서 그 의미가 부여되던 기존의 추세에 가족의 다양한 기능성을 강조하는 '국가합리성'의 논리가 더해지는 양상을 보였다. 가족성원에게 정서적 안정과 행복하고 단란한 분위기를 제공해야 할 가정의 정서적 기능 또한 국가합리성 차원에서 강조되는 노인 부양 등의 가족의 기존 역할을 보다 잘 수행할 수 있도록 하는 범위 내에서 그 중요성이 강조되었다.[4]

70년대부터 소자녀 핵가족주의를 위해 부각되었던 독특한 부부 중심주의적인 경향도 이제 가족을 경제 공동체로서 묶어 놓는 것이 국가 차원에서 재정적 부담을 최소화하는 합리적인 선택임을 강조하는 '국가합리성' 논리에 편입되어갔다. 부양 기능이 가족 내에 확고히 자리잡은 결과 그 일차적인 책임자로서의 여성의 역할 또한 국가 차원에서

---

4) 이는 60, 70년대에 행복한 가정과 가정의 단락이 이야기되었던 방식과 매우 유사한 구도를 띤다. 가정의 행복은 1960년대에는 가족의 부양기능, 특히 자녀 양육을 잘 수행할 수 있도록 하는 기반으로 강조됐고, 70년대에는 소자녀 핵가족주의 및 생산력 중심주의의 근간으로 간주됐다. 80년대에는 60년대와 유사하지만 더 강화된 형태로 가족의 정서적 측면이 보다 국가합리성 기조 하에 강조되는 가족 공동체주의의 근간이자 부양기능의 전제조건으로서 부각되었던 것이다.

강조되기에 이른다. '국가 이익' 이외에 성별분업구조에 의거하여 가족 부양을 담당하는 여성의 역할을 부각시킬 수 있는 또 하나의 기반이 마련된 것이다. 특히 여성은 노인 공경, 자녀 양육 등을 포함하는 부양 뿐만 아니라 국가의 재정 부담을 줄이는데 관건이 되는 민간 자원으로서 자원 봉사 활동 등에 적극 참여해야 할 이중의 역할을 부여받음으로써 '국가합리성'이 강조하는 가정과 민간의 책임 모두를 떠 안게 되었다.

이상의 현상들을 종합해보면 '국가의 이익'과 새로이 등장한 '국가합리성'의 가치가 상호 연계 하에 가족의 모습을 규정해내는 강력한 논리로서 움직이고 있음을 알 수 있다. '국가의 보호'는 이제 '국가합리성'에 자리를 내준 채 요보호 여성이나 근로 여성에 대한 보호에 성별분업구조를 전제하는 제한된 범위에서만 스스로를 드러냈으나 나머지 근대국가의 가치들은 가족과 관련하여 비대칭 구조를 구축한 채 가족에 일방적인 영향력을 행사하고 그 모습을 주조하는 강제력을 보여주고 있었다. 소자녀 가족을 국가의 요구에 부합하는 가족상으로 정착시키고, 가족을 확장된 단위로 경계지움으로써 그 복지 자원으로서의 성격을 극대화하며, 성별분업 구도를 활용하여 여성의 사회적 기여를 유도하는 당시의 모든 정책 담론들 속에서 국가 이익과 국가합리성을 두 축으로 한 결코 쇠락하지 않은 근대국가의 동원 체계가 확인되고 있다 하겠다.

이에 비해 70년대에 활발히 등장했던 경제 영역과 가족을 연계시키는 언급방식이 80년대에 이르러 각종 정책 자료들 속에서 확연히 자취를 감추었음은 흥미로운 일이 아닐 수 없다. 당시 복지가 성장을 저해해서는 안 된다는 기조 하에 자본주의 원칙을 옹호하는 것을 그 출발점으로 삼는 한국적 복지모형이 주창되고, 경제적 영역에서 '산업주의'를 제외한 자본주의적 가치들이 고르게 발전 일로를 걸었던 것을 생각한다면 유독 가족과의 관계에서만 경제적 영역의 근대성 가치들이 발견되지 않는 상황은 쉽게 납득하기 힘들다. 제도적 접합의 차원에서 자본주의의 경제원리가 국가합리성과의 결합 하에 당시 근대성 구조의 핵심적 위치를 점했던 것을 상기한다면 더욱 그러하다.

그러나 이는 민간 주도 경제로의 이행이 선언되고 민간의 자율과 경쟁을 최우선의 원리로 삼았던 당시의 정책 기조에서 그 해답을 찾을 수 있다. 이 시기에 강조된 경제 활성화는 어디까지나 국가로부터 독립성을 확보한 경제적 영역에서 자율 원칙의 고수를 통해 이루어져야 하는 것이었다. 정부는 기업의 부담을 최소화하고 이윤추구를 위한 최상의 여건을 제공하는 정도로만 개입할 뿐 경제에 대한 절대 우위에 기대어 직접적인 영향력을 행사하는 것 자체를 자제하고 있었다. 따라서 정부가 목소리의 주체가 되는 가족정책상에서도 경제에 대한 어조는 시장의 자율조정기능을 강조하고 경제 영역의 자율성을 보장하는 정도로만 그 내용이 한정되었다. 국가의 개입이 지양되고 경제 영역에 대한 논리를 창출해내는 노력들이 가족정책 속에서 사라짐에 따라 가족과 경제적 영역을 연결시키는 담론들도 점차 퇴색되어 갔던 것이다.

자유민주주의적 영역은 1960-70년대의 위축된 상태를 벗어나 이제 제도적 근대성의 차원에 이어 가족과의 관계 속에서도 정책 속에 그 내적 가치들이 상당히 빈번히 언급되는 모습을 보였다. 60년대에는 자유, 그리고 70년대에는 평등의 가치가 소자녀관을 뒷받침하기 위한 수단적인 논리로 변질되고 왜곡되었던 것을 생각한다면, 80년대에는 그보다는 분명 나은 상황이 전개되고 있었다. 비록 당시의 남녀평등의 가치가 유배우 부인의 출산율을 감소시키기 위한 목표 하에 기혼 여성의 취업을 장려하는 논리로 사용되던 과거의 잔재를 모두 털어버리지는 못했을지라도 80년대 정책자료들 속에서 그려지는 가족은 분명 이전에 비해 부부간의 평등이 강조되는 변화된 성격을 보였다. 특히 1984년 이후 여성 지위 향상과 남녀 차별 개선이 주요 정책 과제로 부상함에 따라 남녀평등 가치는 더욱 본연의 의미에 가까워졌고 이것이 가정 내에도 반영되어 평등한 가족을 이상적인 가족으로 등치시키는 변화된 시각이 자리잡게 되었다.

인간의 존엄성도 가족과 관련한 중요 화두로 등장했다. 장애인과 노인의 존엄성에 대한 관심이 물질적, 정신적 양 차원을 아우르는 가족의 부양의무를 통해 실천되어야 할 필요성이 정책자료들에서 강조되었고, 노인 부양의 문제를 해결하기 위한 방안으로 '가족 결속력'을 부각시키기 시작하면서 노인의 가족 내 통합과 같은 정서적 가족관계를 노인 부양을 위한 하나의 전제조건이자 수단으로서 강조하는 경향도 나타난다. 그러나 여기서 언급된 인간의 존엄성은 그 자체로서 의미를 갖기보다는 '국가합리성' 시각에서 가족의 공동체적 성격과 부양의무를 부각시키기 위한 일종의 윤리적 근거로서 등장한 가치였다. 즉 자유민주주의적 요소의 부활은 80년대의 변화된 현상이었지만 이는 여전히 근대국가의 논리와 필요 하에 규정된 가족의 모습을 보다 효과적으로 부각시키고 그 당위성을 주장하기 위해 '명분화'되는 본원적인 한계를 보였던 것이다.

이러한 측면들은 모두 이전에 비해서는 약화되었지만 신군부 권위주의 체제하에 유지되었던 당시 국가의 영향력이 가족의 근대성과의 상호 작용 속에서 그 실체를 드러내고 있음을 보게 한다. 경제에 대한

정책적 언급이 사라짐에 따라 근대국가가 주체가 된 동원 구조는 오히
려 더 명백해졌고, 자유 민주주의가 그 과정에서 활용되는 양상도 이
전과 큰 차이를 보이지 않았다. 이 시기에 거시적 영역에서 근대국가
의 우위는 표면적으로 확대된 경제 영역의 자율성과 자유민주주의의
회생으로 인해 상당부분 가려져 있었지만 오히려 가족에 대해서는 그
역량이 여과없이 발휘되었던 셈이다. '선언적인' 차원에서 다소 균형점
을 회복했던 정책담론들이 실제 가족과 관련해서는 '근대국가'의 강력
한 힘에 의해 경도되고 있는 이러한 현실은 거시적 제도 내적으로나
가족과의 관계 모두에서 근대국가의 우위가 명시적으로 드러났던
1960-70년대에 비해 같은 군사정권임에도 불구하고 새 정권에서는 그
지배논리의 노골성이 한층 은폐된 형태를 띠게 되었음을 보여준다.

제5장
근대성 내부의
균형 회복기

　민주화의 물결이 거셌던 1987년경부터 향후 10여년간은 제 5공화국 기간에 '정치, 경제, 문화적 영역'에서 처음 발견되었던 변화의 징후들이 본격적으로 자리를 잡은 시기이다. 개괄적인 의미에서 60, 70년대가 동일 정권에서 유사한 근대성의 성격이 유지, 발전되는 하나의 단위가 되었다면, 80년대 초중반과 1987-1997년의 기간도 분명 "거시적 차원에서는" 80년대 초에 마련된 내적 균형 회복의 지류가 보다 발전된 형태로 가시화되는 연속성을 보여주었다.

　1987년 이후 근대국가 영역에서는 가족정책의 기조였던 '국가합리성'과 모성보호, 여성보호, 아동보호, 노인 및 장애인 보호를 포괄하는 '국가의 보호'가 두드러지게 확대되는 가운데, 세계화와 생산적 복지라는 새 논리로 채색된 '국가의 이익', 간접적이고 행정적인 관리체계의 차원으로 초점이 변화한 '감시 기능의 증진' 및 '합리적 문제 해결'의 가치가 고르게 부각되는 모습을 보였다. 경제 영역에서도 자본주의 및 산업주의적 요소들이 고루 강조되었다. '여성 노동력 상품화' 가치의 급부상으로 인해 여성 고용 촉진과 여성 근로자 지원을 위한 부담을 사용주가 떠맡게 되는 방식으로 생산력 중심주의가 일부 제한되는 새로운 경향성이 나타나고, 1980년대 초중반 동양의 정신적 우월성에 대한 주장 속에 자취를 감추었던 산업주의 또한 재등장하여 어느 한쪽에 치우치지 않은 균형잡힌 구조가 성립된다. 자유 민주주의 영역 또한 삶의 질이 부각되고 남녀평등, 재분배 등 세부 가치들이 본연의 의미를 회복함으로써 그 위상이 전반적으로 크게 높아졌다.

이렇게 정치, 경제, 문화 영역의 균형 회복이 대세로 자리잡음에 따라 세 영역간의 긴장과 모순의 흔적은 더욱 확연히 사라졌다. 대신 각 영역의 다양한 가치들이 고르게 결합한 근대성의 공고한 내적 구조가 구축되는데, 이 구조는 이전 시기에 비해서도 강조점이 훨씬 고른 분산을 보이는, 한층 복잡하지만 조화된 모습을 보인다. 또한 그 내부에 남녀평등, 여성 노동력의 상품화, 모성 보호 등 여성 관련 가치들이 집단 포진하는 유의미한 변화의 일면이 발견되기도 한다. 그런데 이와 같이 균형을 회복한 거시적 근대성의 성격은 '가족'과의 관계 속에도 반영되어 당시 근대성 내부의 균형 회복이 이전처럼 제도적 차원에서의 추상적 구호로 그친 것이 아님을 드러내주고 있다. 정치, 경제, 문화 각 영역의 다양한 가치들이 가족과의 연계 속에 가족정책 속에 등장하는 빈도 또한 어느 때보다 확산된 분포를 보였고, 그 관계의 일방성 역시 크게 약화된 상태였다.

가족과 근대국가와의 관계에서는 수십년간 권위구조의 정점에 위치했던 '국가의 이익'이 가족에 행사해온 다각적인 영향력이 처음으로 축소된 것이 특징적이다. 가족에 소자녀관을 통해 경제성장에 기여할 의무를 부과했던 국가의 논리는 1988년, 우리나라가 선진국형 저출산 시대에 돌입함으로써 설득력을 잃었다. 자녀 양육과 주부의 사회적 역할을 국가 발전에 필요한 요소로서 규정하는 양상은 지속되었으나 가족 내의 평등한 부부관계를 정착시키려는 시도나 경제 공동체로서의 가족의 범위를 정하는데 있어 부계 혈연주의를 고수하던 과거의 인습을 극복하려는 노력은 좁게는 소자녀 핵가족화를, 궁극적으로는 '국익'을 위한 수단으로 그 불가피성이 강조되던 국가 중심의 편향된 논리를 비로소 벗어나고 있었다.

　인구조절정책의 실질적인 추진력이었던 '감시 기능의 증진'은 여전히 가족계획의 체계적 행정 관리를 강조하는 과정에 그 존재가 남아있기는 했으나 각종 유인책과 규제책이 난무했던 이전에 비해서는 그 치밀함과 구속력이 크게 약화되었다. 이 가치는 이제 단순히 가족에 통제력을 행사하고 특정 형태를 강요하는 차원에서가 아니라 가족을 친족의 영향력으로부터 독립된 단위로 존재하도록 하는 하나의 조건이 되기도 한다. 법적으로 허용되었던 친족의 광범위한 영향력이 국가로 이양됨으로써 국가가 가족단위에 대한 외부의 직접적인 개입을 차단하는 역할을 수행하게 된 것이다. 물론 친족의 의사가 '국가'라는 새로운 통로를 통해 반영될 수 있는 여지가 남아있다는 점에서 가족에 영향을 미치는 주체가 '친족'에서 '국가'로 변화된 것에 불과한 것일 수도 있지만 가족에 대한 국가의 개입이 억압적이거나 동원적이기 보다는 행정적인 면에서의 '조정'적 성격으로 변모했다는 사실만큼은 자명하다 할 것이다. 또한 이 가치는 가족 내의 평등과 민주성 등의 가치를 실현하려는 목표 하에 가족에 개입하는 정제된 모습을 보이기도 했다.

　1980-1987년경에 가족계획사업의 정책적 비용 합리성과 효용성을

부각시킴으로써 '국익'을 목표로 한 소자녀관의 당위성을 주장하는 또 하나의 근간이 되었던 '합리적 문제해결'의 가치 또한 관련 언급이 사라진 채 가족 단위의 부계 중심적인 성격을 극복하기 위한 보다 객관적인 근거로서 등장하기 시작한다. 부계 혈연주의가 합리적 문제해결의 가치에 내포된 객관적이고도 합리적인 '기준'과 배치되는 것으로 그 의미가 정의되고, 그 극복이 '불합리성의 제거'로 설명됨에 따라 근대국가의 가치는 이제 가족의 내적 성격을 개선하기 위한 일종의 논리적 근간으로까지 활용이 가능해졌다. '국가의 보호'는 1987년 이후 복지국가 실현 노력에 따라 그 자체로는 크게 확대되었으나 가족 근대성과의 관계 속에서는 '국가합리성'에 그 자리를 내준 이후로 여전히 이전과 마찬가지로 요보호 여성이나 근로 여성 보호 등에 있어 '성별분업' 가치를 전제하는 정도로만 그 명맥을 유지하고 있었다.

1980년 무렵부터 '국익'과 함께 근대국가의 동원구조에서 핵심을 차지했던 '국가합리성' 개념의 효과는 1987년 이후 이미 퇴색하기 시작한 '국가 이익' 관점이나 여타 가치들에 비해서는 비교적 충실히 유지되었다. "가족의 기능을 보강할 수 있는 예방적 가족복지서비스를 강화"하려는 기본 목표 하에(사회복지정책심의위원회, 1994: 79) 개인 대신 가족을 사회의 기본 단위로 전제하고 그 복지 기능을 다각화, 집약화하려는 시책들이 '국가합리성'의 추구라는 논리로 스스로를 무장하며 적극 수행되었고, 그 속에서 노인 및 환자에 대한 부양과 간병, 그리고 가족계획사업의 성격 변화로 강조점이 더해진 자녀 양육 등이 가족이 수행해야 할 필수적인 의무로서 면밀히 규정됐다. 가족의 경계는 그 기능성을 최대한도로 확대하고 국가의 재정적 부담을 최소화하려는 이중적인 목표 하에 부계 혹은 양계에 따라, 필요에 따라서는 뚜렷한 준거 없이도 조정가능한 유동적인 성격을 띠게 되었다.

행복하고 단란한 가정, 가족의 결속력, 노인의 가족 내 통합 등의 정서적 가치가 정책들 속에 강조되고 이상화될수록 가족을 시설과 비교할 수 없는 유일의 공간으로 구별해내는 정책상의 논지도 확고해졌다. 이는 결과적으로 가족의 자가보장 기능을 사회가 대신할 수 없는 고유의 영역으로 고정시키는 양상을 초래했다. 부양 공동체로서의 가족 내에 부부 상호간의 배타적인 경제권에 근거한 독특한 부부 중심주의가 전제되는 것이나 '국가합리성' 제고에 필수적인 가족의 보살핌 역할의 1차 책임자이자 민간 자원으로 주부가 호명되는 현상도 이전과 같았다.

'국가합리성'을 제외한 나머지 부분에서 근대국가와 가족의 관계에 내포되어 있던 고질적인 비대칭성이 어느정도 개선되는 가운데, 1980년 초중반에 자율 경제로의 이행 노력에 의해 의도적으로 정책자료들 속에서 언급이 배제되었던 경제 영역도 다시금 모습을 드러냈다. 1987년 이후 경제적 영역과 가족의 관계맺음은 '성별분업' 측면에 한정되어 있는데, 이 때 경제 영역 내부에서 상반된 논조가 동시에 표출되고 있음은 주목할 만하다. 여성 노동력 활용과 여성 지위 향상이라는 정책 과제가 활발히 논의되었으나 여전히 여성 인력 이용의 노력은 기존의 성별 분업구조를 기초로 한 노동 형태에 한정되었고 육아를 일단 여성의 역할로 인정하는 것을 전제로 육아지원체계 및 시간제 취업제도 구축, 모성 역할을 중심으로 하는 인력 수급 정책 등이 모색되었다. 반면 산업주의는 생활 여건의 과학화가 가사 협동 분위기를 조성하고 가족 성원간의 합리적인 역할분담을 실현할 수 있는 토대가 된다는 인식 하에 성별분업 구조를 반박하는 정반대의 힘으로 작용했다.

이렇게 경제 영역 내에서 한편으로는 성별분업이 지지되고 다른 한편으로는 부정되는 모순적인 현실은 가정 내에서는 여성의 성역할을 부정하고 여성의 사회진출을 장려하되 그 사회 활동 영역을 기존의 여성 역할에 기반한 영역에 한정되도록 하는, 성역할분업과 여성 노동력 활용간의 일종의 타협지점이었던 셈이다. 당시 여성개발의 기본 목표는 여성 자신과 가정, 국가 및 사회발전에 기여할 수 있는 바람직한 여성상을 구현하는 것이었는데(보사부, 1996, 제 6차 5개년계획: 333), 이렇게 여성에게 이중의 역할을 부여하는 흐름은 결국 여성의 역할을 가정도, 사회도 아닌 어중간한 위치에 놓이게 하는 혼동의 씨앗을 배태하고 있었다 할 것이다. 경제적 영역에서 발견되는 양면적 상호 작용은 이러한 당시의 추세를 확인시켜 주는 동시에, 경제 영역이 이제 가족에 작용하기는 하지만 그 영향의 방향성이 통일되거나 일방적이지 못한 다양한 힘들을 포괄하는 하나의 범주로만 남아있게 되는 상황을 여실히 보여주고 있었다.

근대국가와 경제 영역에서 전개된 현상들을 생각할 때 자유민주주의의 약진은 매우 대조적이다. 1980년-1987년에 거시적 제도 차원에서 이전보다 크게 확대된 기반을 보여주었음에도 불구하고 가족과의 관계 속에서는 여전히 근대국가의 논리에 함몰되었던 이 영역은 1987년 이후에야 비로소 가족과의 관계 속에서도 주체적인 축으로서 입지를 다져갔다. 부부 및 가족관계의 평등성과 민주성의 요구는 이제 남아 선호 불식을 위한 국익 차원의 논의에서 벗어나 개인의 존엄성, 남녀평등, 민주성 등의 자유 민주주의 가치와 연계되어 그 의미를 확실히 부여받았다. 경제공동체로서의 가족의 자녀 양육 기능에 대한 강조에도 자녀의 인권과 인간 존엄성의 차원에 대한 관심이 주요 부분을 차지하게 되었다. 부계 중심적인 가족 경계의 개선을 위한 시도 또한 이제 국익이 아닌 남녀평등 가치의 실현을 위한 것으로 설명됐다. 이 시기에 가속화되었던 성별분업구조에 대한 도전 또한 많은 부분에서 남녀평등 가치의 부각에 그 뿌리를 두었다.

1987-1997년에 고조된 아동, 노인, 장애인 인권에 대한 관심이 복지의 단위인 "가족" 안에서 주부에 의해 그 실현이 이루어지도록 주장하는 논리적 근거로 제시됐던 것이나, 주부가 사회적 연대의 책임까지 떠맡아야 할 존재로 규정되며 다양한 영역들에서 역할을 부여받았던 것은 분명 여전히 자유 민주주의 영역이 '국가'의 필요 하에 가족과 논리적으로 연계되는 한계를 완전히 벗어나지는 못했음을 보여준다. 그러나 전반적으로 강화된 자유 민주주의 영역의 입지는 근대성 내부의 균형 회복이 가족과의 관계에 반영되어 '근대국가'가 절대적인 중심을 이루었던 가족 동원 구조가 완화된 현실을 엿보게 하는 중요한 지점임에 틀림없다.

'국가합리성'을 제외한 근대국가 영역의 직접적으로 약화된 입지와 경제 영역의 재부상, 그리고 거시적 제도 차원에 이어 가족과의 관계 속에서도 대칭적인 구도를 구축하며 확고한 축으로 자리잡기 시작한 자유 민주주의 영역의 확장 속에 1987-1997년 무렵 근대성의 내적 구조는 '정치, 경제, 문화적 영역'에서의 가치의 고른 분포와 확연해진 대칭성을 토대로 가족과의 관계 속에서도 그 균형점을 회복해가는, 과거 어느 시기와도 구별되는 새로운 면모를 보이고 있었다.

제6장
강조점 변화에 따른 근대성의 재편성

　냉전 종식 이후 치열한 경쟁의 장으로 재편된 세계 시장의 변화와 국가 주도의 급격한 경제성장 속에 축적되었던 대내적인 모순들이 맞물린 결과로 초래된 IMF 구제 금융 체제로의 돌입은 내적 균형회복의 국면으로 접어들었던 근대성 담론에 총체적인 과거로의 회귀라는 극단적인 결과를 가져오지는 않았지만 기존의 흐름에 경제 위기 극복을 위한 다양한 동원 논리들이 덧붙여진 보다 복잡하고 혼동스러운 모습으로 근대성의 내적 구조를 구성해내는 피할 수 없는 힘으로 작용했다. 실상 국가 경쟁력 회복을 위해 자유 민주주의 영역에서 근로자의 인권과 생존권에 대한 관심이 급격히 가족정책 속에서 지워졌던 것을 제외하면 거시적 차원에서의 근대적 가치들은 1997-2005년의 기간 동안 각기 경제 위기와 관련, 새로운 의미를 부여받으며 하나하나 부각되는 상황에 놓여졌다.

　근대국가 영역에서는 1987-1997년에 다소 약화되었던 '국가의 이익'

이 경제 위기 극복과 경제 활성화라는 급박한 목표를 표방하며 재부상했고, 국가의 사회적인 안전판 역할의 필요성이 제기됨에 따라 '국가의 보호' 가치 또한 지속적인 확장을 거듭했다. 특히 국가의 보호는 1997년 이후 비로소 국가의 '보호'에서 수급자의 '권리'로 그 초점이 바뀌면서, 여성에 대해서도 여성 보호 대신 모성 보호가 집중 강화되는 평등 관점으로의 전환이 이루어진다. 일반 복지 부문에 대한 긴축 재정을 통해 취약계층에 대한 보호에 집중해야 할 필요에서, 국가의 재정 부담을 최소화하는 것을 제일 원칙으로 삼는 '국가합리성' 원칙의 존치 또한 가능해졌다. '합리적인 문제 해결' 또한 내부적인 비합리성의 해소가 위기 극복의 관건이 된다는 인식 하에 집중적인 조명을 받게 되었다. '감시 능력의 증진'은 정보관리체계의 확립이라는 행정적인 차원에서 그 의미를 더했다.

경제적 영역 역시 위기 극복이라는 목표에 매몰되어, 신자유주의의 도입으로 생산력 증대를 제일의 목표로 삼는 자본주의 원리가 전면에 부상했고, 산업주의 역시 경제발전이라는 목표 하에 부각되는 상황이 전개되었다. 1987-1997년에 특징적인 현상이었던 여성 노동력의 상품화 가치에 의해 생산력 중심주의가 부분적으로 제한되는 경향은 사라졌으나 노동력 상품화도 표면적으로는 지속적인 정책적 관심사가 되고 있었다. 문화적 영역은 상대적으로 경제 위기 담론에 의해 직접적으로 좌우되지 않은 채 이전과 유사하게 삶의 질 증진이 강조되었고 새로이 여성과 아동의 몸에 대한 권리가 부각되기도 했으며, 민주주의적 가치들의 지속적인 확장이 가시화되었다. 근대적 개인주의와 사회적 연대 또한 위기 극복의 메커니즘으로 부각되었다. 그러나 유일하게 근로자의 인권과 생존권은 그 보호를 담당했던 국가의 중재 역할이 사업주의 단기적 이윤 추구를 최대한 지원하는 입장으로 돌아섬에 따라 철저히 잠식당했다.

그 결과 거시적 제도 차원에서의 근대성 내부에는 1980년 이후로 완화되었던 영역간의 긴장과 갈등의 구도가 부분적으로 재등장하게 된다. 물론 이는 자유 민주주의 전 영역이 포기된 것이 아니라 그 일부만 부분적으로 유보된 것이라는 점에서 60, 70년대만큼 극단적인 형태는 아니었으나, 근대국가와 경제적 영역의 결합 하에 자유 민주주의적 가치가 훼손되는 전체적인 맥락만큼은 이전과 상당히 닮아있었다. 이러한 내부적 긴장과 갈등의 요소를 한편으로 남겨둔 채, 제도적 차원에서는 국익과 생산력 중심주의의 강고한 결합을 주축으로 전 영역에 걸친 다양한 가치들이 결합하여 위기 극복의 담론구조로 정립되는 뚜렷한 경향성을 보였다. 자본의 자율성을 최대한 보장하는 신자유주의 원칙 하에 근대국가와 경제적 영역의 경계는 그 어느 때보다도 확고했음에도 불구하고 내부적으로 이 두 영역은 국가 위기 상황 타개라는 견고한 논리적 연결고리로 묶여 있었고, 이와 더불어 여타의 많은 가치들이 '사회적 연대'라는 하위 목표이자 중간 통로를 통해 궁극적으로 경제 위기 극복에 기여해야 하는 위치에 배열되었다.

정치, 경제, 문화적 영역과 가족과의 관계에서는 거시적 차원에서 진행되었던 것만큼 뚜렷한 동원구조는 아니지만, 기존에 진행되었던 균형회복의 흐름에 가족을 위기 극복의 자원으로서 규정하고 활용하려는 시도가 혼동스럽게 덧붙여졌다. 일단 거시적 제도와 가족과의 관계는 1987-1997년경과 마찬가지로 어느 한 곳에 편중되기보다는 전체적으로 그 관계의 분산이 고르게 퍼진 모습을 보였다. 이는 1960년대나 1970년대에 가족정책에서 강조하는 몇몇 정치, 경제적 영역에서의 가치들을 중심으로 집중적으로 가족의 근대적 가치들이 편향되게 결합되던 것과는 매우 대조적인 것으로, 1980년대 이후 근대성 내부의 핵들이 점점 다양해지고 그 내적 역동성 또한 한결 복잡해지는 모습을 확인시켜주고 있다.

먼저 IMF 경제 위기라는 특수상황은 이전 시기에 다소 약화되었던 가족에 대한 근대국가의 영향력이 재강화되기에 충분한 명분을 제공했다. 국익 차원에서 소자녀 핵가족주의를 강조하는 오랜 경향이 완전히 사라진 대신 출산율 저하를 사회 위기로 간주하는 국가위기 담론 속에 이제는 많은 수의 자녀를 둔 가정이 국가 경쟁력 강화를 위해 요구되기 시작한다. 2000년 이후부터는 건강가정기본법에서 출산이 국민의 의무로까지 규정되었고, 세 자녀 이상 가정에 세제 혜택을 주고 세 번째 자녀부터 양육비를 지원해주는 방안이 활발히 논의되고 있는 실정이다. 소자녀 핵가족주의의 포기는 그것으로 끝나지 않고 다자녀를 국가 경쟁력 회복을 위한 조건으로 규정하는 방식을 통해 이제 확장된 가족 형태를 확산시키고 동원하려는 새로운 시도로 변모되었다.

'국익'을 명목으로 '다산'이 강조되기 시작한 것을 제외한다면 나머지 부분들에서 이 가치가 가족에 영향을 미치는 범위는 1987-1997년경과 다를 바가 없었지만 그 어조는 한층 강화된 모습이다. 자녀 양육과 교육에 대한 사회적 관심은 높아진지 오래였으나 경제 위기에 근거하여 국가의 존폐를 좌우할 미래의 희망으로 자녀의 중요성을 역설하는 논리에 더욱 힘이 실렸고, 가정 내 역할이나 자원 봉사활동 등 국가가 여성의 영역으로 지정하며 사회적 의미를 부여해준 역할들을 통해 주부라는 인적 자원의 효용도를 높이려는 시도도 '경제 살리기'라는 하나의 주제로 초점이 모아졌다. 주부의 영역 중 주요 부분이었던 건강

한 의식주 생활문화, 합리적인 소비문화, 지역사회 공동체 문화 건설
등의 생활개선 영역은 이제 건강가정기본법에 의해 가족 전체의 역할
로 확대되기도 했다.

'국가합리성'을 추구한다는 목표 하에 가족의 전통적 기능을 강조하
고 그 단위를 복지 자원으로 활용하려는 경향도 강화되었다. 정책자료
들에서는 위기 상황을 극복하기 위한 최후의 보루로서 가족을 지목하
는데 주저하지 않았다. 정부는 여전히 선가정보호의 원칙을 표방하며
경제 위기상황으로 인해 해체 위기에 직면한 가족을 되살리는데 총력
을 기울였으며, 각종 정책에서 쉴새없이 가족을 부르짖었다. IMF 이후
대거 등장한 가족을 수혜자로 하는 서비스들과 가족 단위로 이루어지
는 실직자 및 저소득층에 대한 생활보호사업 등은 개인이 아닌 가족을
대상으로 삼아 그 복지 기능을 보존하고 최대화하려는 변함없는, 오히
려 특수 상황을 맞아 한층 절박해진 국가의 입장을 보여주고 있다 하
겠다. 가족정책 속에 그려지는 가족의 경계는 아직도 부계 혈연주의와
양계제가 혼합된 통일되지 못한 모습을 보였는데, 이 혼동은 사실상
가족의 공동체성과 기능을 동원해내는 데에 급급한 가족정책의 기본
성격에서 비롯된 결과였다. 이러한 틀 안에서 자녀 양육 또한 가족의
본원적이고도 핵심적인 기능으로 그 위치를 보다 확고히 다져갈 수 있
었다.

그러나 이 시기에 근대국가의 영향력이 단순히 '국익'과 '국가합리성'
의 기조 하에 가족을 동원해내는 1980-1987년의 구도를 그대로 답습
하고 있는 것만은 아니다. 외환위기의 충격 흡수를 위해 확장된 '국가
의 보호'가 이들과는 다른 맥락에서 가족에도 지대한 영향력을 행사하
는 힘으로 작용했던 까닭이다. 국가 보호는 1980년 이후 지속적인 확

대단계에 있었음에도 불구하고 한국적 복지모형이 계발된 이후로 국가합리성에 밀려 가족에 대해서는 상대적으로 큰 의미를 갖지 못했으나 IMF 위기 상황은 다시금 이 가치를 논의의 중심으로 밀어넣었다.

국가가 경제 위기의 안전판 역할을 자청하면서 같은 가구 내에 거주하는 소득이 있는 친족으로 인해 생활보호 대상자로 설정되지 못하는 개별가구를 보호하기 위해 대가족적 형태를 유지하되 법적, 행정적으로는 가구를 분리하는 것을 허용함에 따라 가족은 이전에 비해 다분히 적은 규모로 정책자료 속에 등장하게 되었다. 소자녀 핵가족주의가 포기된 대신 이제 다른 방식으로─표면적으로나마─확대가족을 지양하는 일관된 흐름이 지속된 것이다. 일반적인 차원에서는 가족의 부양의무가 해당되는 범위를 최대화하는 한편, 가정 해체가 우려되는 취약계층을 대상으로는 그 경계를 부분적으로 조정하여 부담을 완화시켜주려는 이러한 시도는 사회안전망 확충을 표방한 정책 기조에 따라 실용적 관점에서 예외를 인정하고 부양 능력이 없는 가족 성원들을 보호하는 것이 중요해진 변화된 현실을 보여준다.

일부 저소득 계층을 보호하기 위해 가족의 경계를 손본 예는 국민기초생활보장법에서도 찾아볼 수 있다. 이 법에서는 대상 선정시 가구여건을 감안할 것을 명시하는 한편, 부양의무자 조항을 완화하여 부양능력 미약자를 보호하려는 다양한 시도를 보여주었다. 또한 '주거, 생계를 같이 하는 경우' 혹은 '정기적인 생계비 지원을 하는 경우'를 가족의 범위 설정에 있어서의 필요조건으로 간주함으로써 과거의 실질적인 부양의 수행 여부와 무관하게 무리한 책임을 덧씌우는 경우를 줄이고자 했다. 이렇게 실직자 가족을 비롯한 최저생활계층을 대상으로 이들의 늘어난 가계부담을 덜어주고 가구 여건을 고려하여 부양의무를 부과하려는 정부의 노력에 힘입어, 1980년 이후 지속적으로 팽창되어 온 가족의 경계는 처음으로 부분적으로 축소되고 유보되는 상황에 놓이게 된다.

이전에 국가의 보호가 가족과 연계된 거의 유일한 영역이었던 성별분업에 있어서는 그 관계의 강도가 오히려 이 시기에 약해지는 모습을 보인다. 재혼여성의 분할연금수급권, 노령연금분할권 등 성별분업구조에 근거하여 여성의 불이익을 최소화하기 위한 제도들이 마련되기도 했으나 '모성 보호' 차원에서 양육을 여성의 성역할로 간주하는 성별분업 원리가 약화됨에 따라 모성보호와 '성별분업'과의 관계에 균열이 생겼고, 이로 인해 오랜기간 서로가 서로를 강화해온 국가의 보호와 성별분업의 연계성도 약화되기 시작했다. 그 결과 '국가의 보호'와 가족의 관계는 최소생활계층에 대한 '가족 단위의 보호'의 형태로만 맥을 유지하게 된다.

이외에 '감시 기능의 증진'은 경제 위기와는 큰 상관없이 이전과 유사하게 외부 친족으로부터의 영향력을 대신하고 부부간의 평등한 관계와 가족 내의 민주성 등을 보장하기 위해 가족에 개입하는 조정적 성격을 띠었다. 1997-2005년 여성과 아동의 몸의 권리가 강조되면서 이를 보장하기 위한 국가 개입의 필요성이 한층 더 부각되었다는 정도가 달라진 점이다. 결국 근대국가 차원에서는 외환 위기 극복을 위한 '국익'과 '국가합리성' 중심의 동원구조가 다시금 재정립되는 가운데, 가족에 대한 '국가의 보호'가 그 어느 때보다도 크게 확대되고, '감시능력의 증진'이 1987-1997년의 연장선상에서 가족 내에 자유 민주주의적 가치를 정착시키는데 필요한 수단으로 기능하는 복합적인 내적 변화가 진행되었던 셈이다.

　반면 경제적 영역에서는 1980-1987년 무렵 정부가 자율, 민간경제로의 전환을 선언했을 시와 매우 흡사한 상황이 전개된다. 제5공화국 당시 경제의 자율성을 강조하는 정부의 변화된 입장 탓에 가족정책 속에 경제 영역과 가족을 연계시키려는 시도가 완전히 사라졌던 것과 유사하게, 1997년경 신자유주의의 도입이 주창된 이후에도 경제 자체에 대한 언급이 급격히 줄어들었음은 물론 그 논의가 시장의 원리와 이윤 추구의 원리를 최대한 보장한다는 원칙적이고 선언적인 수준을 벗어나지 못했다. 이 시기에 경제적 영역에서 가족과 관련된 부분은 '노동력의 상품화' 뿐으로, 이는 경제 위기라는 특수 상황에서 추진된 여성 인력 활용 방안이 기존의 성별분업구조에 기반한 양육, 노인 부양 등의 '보살핌' 영역에 집중되어 있었다는 사실에 기인한다. 이와 같이 여성을 경제 활성화를 위한 자원으로 활용하되 남성과 다른 분야에서 역할을 수행하도록 하는 특수한 담론구조는 여성 인력 활성화가 위기 극복의 또 하나의 수단으로 간주되는 시점에서도 경제적 가치가 기존의 가족상을 토대로 방향지워지는 변치 않은 기류를 감지하게 한다. 또한 이 과정에서 1997-2005년 사이 더욱 명백히 퇴조의 길로 접어들었던 성별분업구조는 노동력 상품화 가치의 지지를 통해 위태롭게나마 그 존재를 유지할 수 있었다.

　근대국가에서 진행된 다각적인 변화와, 경제 영역에 일부 부각된, 경제 활성화를 위해 여성 노동력 활용이 추진되는 독특한 양상은 모두 이전만큼 강력한 수준은 아니지만 부분적으로 국가와 경제 중심으로 가족이 규정되고 그 활용이 모색되는 구조가 부활하고 있음을 드러내준다. 그러나 근대국가 내적으로 일부 가치가 자유민주주의의 실현을 위해 활용되는 균형회복의 흐름이 이어졌던 만큼, 실제 문화적, 이념적 영역에서도 그 가치들이 가족정책 속에 강조되고 가족의 일부로 흡수되는 1987-1997년경의 추이 또한 유지, 강화되었다. 1980년대 이후 확대되어 온 자유 민주주의 영역은 1997년 이후 근로자의 인권을 희생양으로 삼는 국가 시책으로 인해 부분적으로 역사적 퇴보를 경험했지만 이를 제외한 여타의 부분들은 변함없이 강조되었던 바, 가족과의 관계 속에서 차지하는 이 영역의 비중과 입지도 큰 부침없이 지속되었다.

부부관계의 평등성과 민주성에 대한 요구는 '건강가정기본법' 제정으로 더욱 커졌다. 가정의 자녀 양육 기능을 강화하려는 움직임이 아동의 인권 및 인간으로서의 존엄성 보장 차원에서 조명되는 경우도 빈번해졌다. 행복한 가정의 이미지나 가정의 정서적 분위기가 이제야 비로소 가족의 공동체주의나 경제적 효용성에 기여할 수 있는 요소로 전제되는 것에서 벗어나 개인의 '삶의 질' 차원에서 강조되는 의미있는 변화도 발견된다. 가족 구성원으로서의 개인, 특히 여성과 아동의 자유와 권리에 대한 관심도 한층 고조되는 양상을 보였다. 물론 이때의 가족 성원 개인의 행복과 인간다운 삶에 대한 관심이 궁극적으로 가족의 기능을 보존하고 강화하려는 암묵적인 의도를 내포하고 있다는 점에서 개인이 아닌 '가족'이 늘 기본 단위이자 관심사가 되는 한국적 특수성이 발견되기는 하지만 가족 속의 '개인'에 눈을 돌리기 시작한 변화된 현실만큼은 높이 평가되어야 할 것이다.

또한 이제야 '보호'에서 '평등'으로 그 초점이 변화한 여성에 대한 정부 태도에 의거하여 한층 부각된 남녀평등의 가치는 성별분업을 약화시키는 포괄적인 힘으로 작동하며 가정내 남성과 여성의 관계를 보다 수평적이고 협력적인 모습으로 규정해내고 있었다. 인간의 존엄성 같은 자유민주주의적 가치를 가족의 공동체나 주부의 몫으로 떠넘겨 '가족을 통해' 해결하고자 하는 시도도 사라져서 자유 민주주의가 가족을 특정 형태와 모습으로 구조화하려는 근대국가의 의도에 활용되는 경우도 더 이상 찾아볼 수 없게 되었다. 그러나 부분적으로는 경제 위기가 곧 연대성의 위기라는 의식 하에 위기 극복을 위한 열쇠로 거시적 차원에서 급부상한 '사회적 연대'의 가치를 통해 가족을 국가 경쟁력 회복의 원천으로 동원해내려는 시책이 함께 진행되고 있었다. 1897-1997년에 주부에게 주어졌던 사회적 연대 구축의 책임은 이제 주부 혼자의 몫이 아닌 가족 전원의 역할로 규정되어 경제 위기 극복을 위해 가족의 역량을 결집하려는 시도가 실행에 옮겨졌다.

가족 동원의 주체로 부상하는 동시에 가족을 보호하고 그 내적 평등성 제고를 위해 기여하는 가치들을 포함한 근대국가와, 부분적으로 가족의 기존 성격에 근거하여 여성 인력 활용을 시도하는 경제 영역, 그리고 지속적인 확대 속에 부분적인 가족 동원 논리를 포함하게 된 자유 민주주의 영역과의 관계 속에 가족이 사회가 원하는 모습으로 재단되면서도 균형 회복의 흐름을 지속해가는 혼동스럽고 모순된 상황이 이 시기 근대성의 특징을 이루는 주된 측면이었던 것이다.

이제 이상의 결과에서 도출되는 몇 가지 논점들을 정리해볼 필요가 있다.

먼저 지적해야 할 것은 우리의 역사 속에 진행되어온 근대성의 미묘한 모순과 갈등의 흔적들에 대한 것이다. 근대성의 거시적 제도의 경우에는 1970년대까지, 거시적 차원과 가족의 관계는 1980년대까지 내적인 불균형성과 긴장을 내포한 상태였다. 우선적으로 거시적인 제

도 차원을 살펴보자면 정치, 경제, 문화의 세 층위에서 오랜 기간 유지
되어온 위계 구조와 거기서 비롯된 상호 충돌의 흔적들을 쉽게 발견할
수 있다.

1948-1962년에 이미 그 단초를 마련했던 근대국가 중심의 형식적
위계 관계는 박정희 정권에 이르러 급격히 팽창한 근대국가와, 국가와
의 결탁으로 입지를 다진 경제 영역의 견고한 결합 속에 자유 민주주
의 영역의 다양한 가치들이 훼손되는 실제적 결과로 가시화되었고, 이
러한 양상은 해를 거듭할수록 더욱 확고해져갔다. 유신체제 하에서는
이와 같은 불균형 구조가 더욱 극대화되어 근대국가와의 상호관계 속
에 자유 민주주의의 가치들이 왜곡되고 파기되는 극단적인 형국으로
까지 치닫게 된다. 1980년-1997년에 거시적 차원의 긴장구도가 점진
적으로 해소되며 세 영역간의 위계성이 완화되고, 자유 민주주의의 가
치들이 빠른 속도로 회생해가는 균형회복의 흐름이 나타났으나 IMF
위기 이후 다시금 근대국가 중심의 동원 구조의 필요 하에 자유 민주
주의의 일부가 유보됨으로써 잠재적인 갈등의 요소들이 되살아나는
양상이 전개되고 있다.

본 연구가 주목하는 근대성의 두 영역인 거시적 차원과 가족의 관
계에서도 오랜기간 동안 본질적인 비대칭성과 긴장의 소지가 그 핵심
에 있어왔다. 기본적으로 1948년부터 2005년에 이르기까지 이 둘은
진행속도 면에서부터 명백한 편차를 보였다. 1948-1861년에 '정치, 경
제, 문화적 영역'이 몇몇 근대적 가치들을 가족정책 속에 소개하며 형
성되기 시작했을 때, '가족의 근대'는 아직 시작되지 못한 상태였고, 비
록 그 의미면에서의 왜곡이 있었을지라도 1960-70년대에 거시적 차원
의 내적 가치들이 정착의 단계에 들어섰을 무렵까지도 가족은 근대국

가에 의해 필요한 모습과 경계, 역할을 부여받으며 철저히 '필요에 의한' 모습으로, 국가에 기여해야 할 일종의 도구로서 구성되어지고 있었다.

1980년대에 이미 제도적 차원에서 근대성의 내적 균형 회복의 조짐이 나타나기 시작했던 것에 비해 '정치, 경제, 문화적 영역'과 '가족'의 관계가 균형점을 찾는 첫 신호를 보인 것은 1987년 이후의 일이라는 점에서도 두 영역간의 불균형한 관계와 그 속에 내재된 갈등의 싹을 엿볼 수 있다. 또한 1987-1997년경 점진적으로 배가되었던 가족과 거시적 제도간의 균형성이 IMF 구제금융시기를 맞아 위기 상황을 타개하기 위한 국가의 동원구조로 일부 되돌려지며 가족이 다시금 거시적 차원에서 활용되어야 할 자원으로 위치지워지는 면모를 보이고 있다는 점도 간과해서는 안 될 부분이다. 이는 거시적 차원 내부에서도 그러했듯이, 가족과 거시 제도의 관계 속에서도 한동안 주춤했던 내적 모순이 다시금 수면위로 떠오르는 일련의 과정을 보여주는 것이기 때문이다.

그런데 이렇게 우리 사회에서 거시 제도 내부는 물론, 거시적 차원과 가족의 관계 모두에 편재했던 근대적 모순의 근원에는 바로 팽창된 "근대국가"가 존재하고 있다. 거시적 영역 내부에서 근대국가는 자신의 필요에 따라 경제적 영역을 동원하고 자유 민주주의적 가치들을 거부하는 양날의 칼을 휘두를 수 있는 절대 권력을 행사해왔고, 가족 역시 오랜 기간 동안 그 압도적인 영향력 하에 종속되어 있었다. 특히 근대국가 내부에서도 '국가의 이익' 관점의 확산과 '국가합리성' 개념의 개발은 한국 사회에서 역사적으로 진행되었던 근대성의 독특한 전개과정과 그 내적 특성을 드러내주는 중요한 부분이다.

'근대화' 내지는 '경제성장'으로 대표되는 '국가 이익' 가치의 기형적 확장이 1960-70년대를 풍미했던 근대국가의 군림을 뒷받침했던 결정적인 배경이라는 점은 주지의 사실이다. 먼저 거시적으로는 경제성장이라는 지상 목표가 무엇보다도 시급한 역사적 소명으로 간주되는 상황에 힘입어 경제 영역은 선택되고 자유 민주주의 영역은 부인되는 방식으로 정립된 정치, 경제, 문화 영역 내부의 균열적 관계에 당위성이 부과될 수 있었다. 1960, 1970년대에 걸친 자유 민주주의의 훼손과 유보, 그리고 경제적 영역과 정치적 영역의 독립적이면서도 수직적인 관계는 모두 근대국가의 이익을 구현하는 것을 최우선의 목적으로 삼는 와중에 등장한 독특한 근대성 내부의 동학을 보여주고 있다 하겠다.

가족과 관련해서도 '국가의 이익' 가치가 미친 영향은 광대하다. 거시적 차원 내부의 관계에서 드러나는 근대국가의 독점적인 권한이 비교적 가시적인 것이었던 것에 비해 가족과의 관계는 좀 더 치밀한 관찰을 필요로 하지만 근대국가 담론의 기본적인 억압성과 통제력만큼은 다르지 않다. 1960, 70년대의 핵심을 관통했던 가족계획사업이 경제성장을 목표로 가족에 특정 형태를 강요하고 주부에게 발전에 기여해야 할 '국민'의 정체성을 부여하는 다양한 논리들 속에 가족은 경제성장을 위해 기여해야 할 '요새'로서 자리매김되어 왔다. 1980-1997년 경까지 근대국가의 직접적인 영향력이 다분히 약화되는 시점을 지나 외환 위기와 지속적인 경기 침체로 다시금 '경제 활성화', '국가 경쟁력 강화' 등의 가치가 정책 전면에 등장한 최근의 상황은 국익이 근대국가의, 더 나아가 근대성 내부의 핵으로서의 위치를 회복해가는 조짐을 보여주고 있다는 점에서 깊은 주의를 필요로 한다.

'국가의 이익' 이외에 '국가합리성' 개념 또한 한국의 근대성에서 나타나는 독특한 특성이 직접적으로 체화되어 있는 주요 지점이다. 이 가치는 60, 70년대에는 근대국가의 팽창과 통제력 확대를 정당화하기 위한 근거로, 1980년대부터는 가족의 복지 기능을 조장하고 국가의 책임을 가정에 전가하는 것을 합리화하는 기반으로 사용되어 내부적으로는 근대국가 자체의 논리를 확고히 하고 밖으로는 경제, 문화, 더 나아가 가족에 대한 국가의 우위와 지배력을 자유자재로 행사토록 하는 유용한 도구가 되어 왔다.

합리성 판단의 주체와 기준이 국가로 전제된 상태에서 때로는 국가권력을 일원화하는 것이, 또 때로는 가정과 민간의 기능을 제고하여 국가의 재정 지출을 줄이는 것이 합리적이라고 설명되는 독특한 논리 구조 위에서 가족정책이 설계되고 평가되어 온 우리의 역사에서, 흔히 근대성의 핵심으로 간주되는 '합리성'이라는 개념이 한국사회에서 활용되는 독자적인 방식은 물론, 이 개념을 일부로 포함하며 구축되어온 한국사회의 "근대"가 지닌 특수성을 가늠할 수 있다. 특히 가족과 관련, 이 가치는 국익이라는 지상 목표의 구속력이 감소했던 1980-1997년경에 오히려 "한국형 복지모형"을 통해 국가 차원에서 가족의 경계와 기능을 부여하는 논리로서 주도적인 역할을 수행하게 되었다는 점에서 근대국가의 지배적인 힘이 가족을 일방적으로 주조해내는 데서 비롯되는 잠재적인 긴장의 요소들을 읽어낼 수 있게 하는 대표적인 거점이 된다 하겠다.

이상에서 알 수 있듯이, 우리의 근대를 특징짓는 '국익'과 '국가합리성' 개념에 의지한 근대국가의 비정상적 성장은 '정치, 경제, 문화'의 거시적 제도 차원에, 그리고 거시적 제도와 가족과의 관계에 모두 깊이 각인되어 있는 근대성의 내적 모순의 실체에 대한 결정적인 설명력을 제공한다. 한국의 근대에 대한 논의들에서 부분적으로나마 다루어져온 거시적 제도 내부의 비교적 가시적인 긴장과 충돌의 관계와는 달리 근대국가의 영향 하에 가족이 경험해야 했던 근대의 역사와 그 속에 숨은 갈등의 흔적들은 기존 논의들에서 거의 총체적으로는 다루어지지 못했던 부분이므로 이에 대해 좀 더 부가적인 설명을 제공할 필요가 있다.

한국적인 특성을 보여주는 '발전 국가'로서의 근대국가의 확장된 힘과 국가합리성의 기조 하에 재정 부담을 최소화하려는 노력, 그리고 이들을 정당화하는 논리들이 괄목할 만한 발전을 지속해온 것을 제외한다면 그래도 많은 부분에서 서구와 공통된 부분들을 포함하며 발전해온 거시적 차원과 달리, 가족정책 속에서 제시되어 온 가족의 모습은 서구 근대 가족의 모습과 보다 본질적인 차이를 보인다. 시대를 거듭하며 가족이 추구해야 할 이상향으로서의 개인주의적인 가치들이나 정서적 가치들이 가족정책 속에 도입은 되었지만 이들은 그 본연의 의미로서가 아니라 근대국가가 중요하다고 생각하는 가족의 가치와 미덕을 뒷받침하는 범위 내에서 중요성을 부여받았다.

이는 그 자신이 일정 부문 서구적 가치로 무장했을 뿐 아니라 가족에도 그러한 요소들을 유입하는 절대적인 힘으로도 위치했던 국가의 논리가 기존의 전통이라 부를 수 있는 가족의 특성들과 서구적 근대가족의 가치를 국가가 원하는 의도에 맞게 조합하여 가족에 부과해온 탓이다. 가족의 형태를 근대국가의 요구에 부합하는 구조로 주조하고, 가족 단위의 경계를 부과함으로써 가족 내 복지 기능을 제고하며, 성별분업 구조를 활용하여 여성 인력을 원하는 방식으로 동원해내려는 일련의 변치않는 시도들 속에 가족은 딱히 서구의 것도 전통의 것도 아닌, '국가의 편의'에 따른 새로운 모습으로 재탄생되어 거시적 차원에서 샘솟듯 쏟아져 나온 담론들에 의해 정당성을 획득하며 그 기본틀을 유지해나갈 수 있었다. 가족은 외관상 나름의 독특한 근대를 구현해가기는 했지만 내적 불균형성을 지녀온 거시적 차원만큼이나 그 자체적으로 모순과 갈등의 요소를 포함해왔다. 그 결과 거시적 차원과의 관계에서도 특히 대등하지 못한 국가와의 관계에서 기인하는 긴장과 한계를 내포한 공간으로 역사 속에 자리잡을 수밖에 없었다.

이러한 맥락에서 가족과 거시적 제도와의 관계, 그리고 그 관계 속에서 구성되어온 가족의 모습은 거시적 차원 내부의 동학과 함께 정치, 경제, 문화, 그리고 가족에 이르는 다양한 층위들이 맞물리며 엮어내는 근대성의 큰 그림 속에 뚜렷이 자리잡고 있는 근대국가의 존재와 그 절대적 영향력 하에 다양한 영역들이 구성되어 온 한국 근대성 담론의 독특한 궤적을 드러내주고 있다. 그리고 이러한 근대국가 우위의 불균등하고 비대칭적인 관계의 중첩 속에 내포된 잠재적인, 때로는 표면화된 긴장과 갈등의 자취들은 모두가 우리의 역사를 서구의 그것과 구별짓는 주요한 요소들이 되고 있다 할 것이다.

근대성의 내적 모순과 긴장의 측면에 덧붙여 보다 총체적인 면에서 근대성이라는 거대한 실체가 우리의 역사에서 구현해 온 '균형 회복'의 긍정적인 흐름에 대해서도 언급할 필요가 있다. 비록 오랜 시간이 소요됐을지라도 우리의 가족정책 속에서는 1960, 70년대의 암울했던 근대국가의 명시적 지배기나 1980년대의 암묵적인 근대국가 우위의 기간을 거쳐 제도적 차원에서의 균형성을 회복하고, 이어 1987년 이후에는 '가족과 관련해서도 일부 균형점이 회복되는 긍정적인 변화의 기류가 형성되어 왔다. 근대성 내부의 거시적 차원과 가족의 근대성 각각에, 그리고 이 둘 간의 관계 속에 내재해있는 본질적인 갈등의 양상들은 여전히 해결되지 않은, 어쩌면 해결될 수 없는 문제로 남아있지만 그 전반적인 '정도'에 있어서는 확연히 약화되어가는 추세를 보이고 있는 것이다. 이러한 현상은 1987년 이후 더욱 본격화되어 거시적 차원과 가족 모두에서 근대국가의 강력한 영향력이 희석되는 주목할 만한 변화로 표출되기도 했다.

그러나 이러한 흐름은 이미 언급했듯이 IMF 구제 금융체제로의 돌입과 더불어 부분적으로 국가 동원 체제적 성격으로 회귀하는 모습을 보였다. 물론 자유 민주주의적 가치를 위시해서 내적 균형성이 제고되는 기존의 경향이 대부분 지속된 데다 국가가 위기 상황을 맞아 충격을 흡수하는 안전망으로서의 기능을 강화했다는 점에서 근대국가의 동원 구조가 예전처럼 일방적이거나 무조건적인 성격을 띠고 있다고 볼 수는 없다. 그러나 1948년 이후 공고한 논리 구조로 스스로를 무장하며 점차 더 견고한 형태로 발전되어 온 한국적 근대성의 전개 과정과 그 다차원성은 이 역사적 계기로 이미 근대성 내부의 중첩적으로 발전된 논리구조에 기반한 한층 견고한 국가 동원 체제의 구성이 가능해질 수도 있다는 심각한 가능성을 시사하고 있다. 1980년대부터 시작되어 1987-1997년경 본격화된 근대성 내부의 균형 회복의 흐름이 국가위기 상황에 좌초되지 않고 그 발전적 행보를 계속할 수 있을지의 문제는 여전히 우리 사회에 남겨진 중요한 과제가 되고 있다 하겠다.

마지막으로 IMF 위기로 야기된 혼란에도 불구하고 역사적으로 근대성이 구현되어온 과정에서 발견되는 큰 대세라 할 수 있는 내적 균형 회복의 흐름에서 "예외"로 남겨졌던 부분을 짚어볼 필요가 있을 것으로 생각된다. 이 부분은 흥미롭게도 우리의 '전통'과 관련된 부분이기도 한데, 오늘날까지 변하거나 포기되지 않는 부분으로 남아있는 이러한 특수한 측면을 살펴보는 것은 한국사회에서 근대성이 전개되어온 과정을 온전히 이해하기 위한 또 하나의 중요한 열쇠가 된다.

1987년대 이후로 근대국가와 가족간의 불균형적 구조가 완화되고, 가족의 사회적 효용성을 높이려는 시도가 잦아들었던 전반적인 추세에도 불구하고 근대국가 차원에서의 동원 구도가 약화되지 않고 그대로 유지되었던 유일한 측면은 바로 "가족의 복지 기능"에 관련된 부분이었다. 1948-1962년경 가족이 전적으로 전통에 머물러야 하는 공간으로 정립되었던 이후로, 가족정책들은 가족에 다양한 서구적 가치들과 국가의 필요에 근거한 새로운 모습을 부여하는 와중에도 일관되게 가족의 역할과 기능 면에서만큼은 개인이 아닌 가족을 사회의 기본 단위로 보고 복지 기능이 발현되는 공간으로 그 경계를 구획화하여 국가가 부담해야 할 복지 기능을 일임하는 변함없는 개입 태도를 견지했다.

이러한 정부의 입장은 1960, 1970년에는 가족 기능에 대한 '국가의 보호'라는 맥락에서 설명되었고 1980년대 이후에는 보다 본격적으로 가족과 민간의 전통적인 자가보장기능을 제고하여 정부의 재정 부담을 줄이는 것이 국가 차원의 합리적인 선택임을 강조하는 '국가합리성' 개념에 의해 뒷받침되었다. 특히 한국적 복지모형의 원칙으로 주장된 '국가합리성'의 기조는 가족의 내적 부양 기능을 제고하고 경로효친사상, 상부상조 정신과 같은 전통적, 윤리적 미덕을 되살려 복지의 자원으로 적극 활용하는 것이 국방비 등으로 재정적 어려움을 안고 있는 정부의 부담을 줄이고 서구 복지국가들이 직면해있는 문제들을 피해갈 수 있는 일석이조의 효과를 갖는다는 논리로 스스로를 무장하며, '전통'의 측면 중 가족과 민간의 복지기능을 제고하는 데 도움이 되는 부분만을 선택적으로 옹호하고 부각시켰다.

1987년 이후 가족에 대한 국가의 압도적인 영향력이 특징적으로 크게 약화되고 가족과의 관계에서 어느 정도 내적 균형이 회복된 후에도 '국가합리성'은 그 영향력을 유지하며 가족에 전통적 요소들을 강요하고 부과하는 절대적인 힘으로 작동하고 있었다. 가족의 경제 공동체로서의 성격과 기능은 자녀 양육 및 교육, 노인 부양과 간병 등의 다양한 영역에서 심층적으로 강조되었고 가족의 경계가 가족의 기능성을 최대화하려는 시도 하에 확장되는 극단적인 양상이 나타나기도 했다. 이는 우리의 근대가 국가에 의해 선택되고 변용되어 근대성의 일부로 편입된 '전통'을 포함하는 독특한 구조로 구조화되어온 일면을 보여주고 있다 할 것이다.

일찍이 근대성의 공통된 특징 이외에 '차이'의 측면에도 주목하여 근대성이 갖는 구조적인 다양성을 설명해내고자 했던 아이젠슈타트 (1969)는 출발점의 차이, 근대화를 추진하는 엘리트의 지향, 사회구조의 상이한 분화수준, 주요한 제도적 영역에서의 근대화의 속도 차이 등이 상호작용하는 유형에 따라 근대화를 추진하는 지배체제의 특수한 구조적 유형과 변동에 대한 기본적 지향성, 변동 흡수 능력에 차이가 나타나게 된다고 주장했다. 그의 논의에서 "지향"이란 근대성을 지속시키고 독특한 형태로 발전시키는 원동력이 되는 핵심 요소 중 하나인데, 근대성의 시작단계에서는 엘리트의 지향이, 그리고 근대성이 출현한 이후에는 광범위한 집단 및 계층의 지향이 각 사회에서 다르게 구현되는 근대성의 차이를 설명하게 된다.

여기서 우리는 앞서 살펴본 "근대국가의 팽창"과 이를 뒷받침하기 위해 발전한 다양한 논리들과 함께, "전통에 대한 지향" 또한 우리의 근대성을 틀 지우는 중요한 부분일 수 있다는 암묵적인 전제를 발견할 수 있다. 실제 그는 일본과 인도에 대한 개별적인 사례 분석을 통해 전통에 대한 지향이 오히려 근대성을 발전시키는 힘으로 작동했던 예를 제시한 바 있다. 그의 논의에 따르면 일본의 근대화는 전제적 과두제에 의해 근대성이 시발되고 혁명적인 근대화가 추진된 유일한 사례로서 전통적인 천황의 상징이 국가적 일체성의 구심점이 되어 근대성의 방향을 지휘하고 규제해온 특수한 경우이다. 비교적 자기변혁을 제한하면서도 근대화 추진을 지향했던 전통적 집단의 힘도 변혁의 추동력이 되었던 것으로 평가된다.

인도 역시 전통적 상징을 재해석하는 방식으로 근대화의 열망이 재해석되고, 전통적 이데올로기 및 고전적인 옛 인도 정치사상과의 결속에 의해 '정의'와 같은 새로운 서구적 가치들의 정착이 용이했던 경우이다.5) 기존 계층과 사회집단이 자신들의 일체성을 정치에 의존하지 않고도 문화적으로 정당화해온 독특한 배경으로 인해 인도는 기존의 문화나 기득권 세력과의 충돌 없이, 오히려 기득권 계층에 의해 정치적 개혁을 이룰 수 있었다. 이렇게 '전통에 대한 지향이 사회에 따라 근대성과 충돌하는 것이 아니라 상호 보완적인 역할을 수행하며 그 자체로 근대성의 전개 과정에서 일정 부분을 차지해왔다는 아이젠슈타트의 논의는 전통과 근대성이 서로 배타적인 범주가 아니라는 벤딕스 (1967)나 리타 펠스키의 논의와도 유사한 맥락에서, 숨어있는 전통의 측면들이 근대성의 모습을 사회마다 다르게 구현되도록 하는 중요한 요소가 될 수 있음을 드러내준다.

---

5) 특히 이러한 변화가 상류층 집단과 계층 특히 브라만 집단에 의해 대부분 이루어졌다는 점에서 일견 일본과의 유사성이 발견되기도 한다.

이러한 맥락에서 볼 때 서구적인 '합리성'의 가치와 국가의 재정적 부담을 최소화하려는 정부의 의도가 결합된 새로운 형태의 국가 가치였던 '국가합리성'이 가족에 전통이라는 본질적인 성격을 부여하며 지속적으로 가족을 전통을 유지하고 되살려야 할 공간으로 명명해온 우리의 독특한 현실 또한, 선택되고 창조된 '전통'이 근대성의 일부로 편입되고 그 속에 정착해가는 구체적인 과정을 보여주고 있다 하겠다. 지나온 역사 속에서 우리의 전통이 근대성과의 맞물림 속에서 일본이나 인도의 경우처럼 서구적 근대화를 촉진하는 적극적인 역할을 수행했다고 볼 수는 없을지라도 한국사회에서도 전통이라는 가치는 정부의 가족정책이 되살리고자 했던 부분이었던 동시에, 그것에 근거하여 정부의 부담을 최소화하는 정책들이 양산될 수 있었다는 점에서 그 자체로 정부 정책의 큰 방향을 규정하는 밑그림으로서의 역할을 수행한 측면이 있었다.

지금까지의 내용들을 모두 종합할 때 한국 사회에서 '전통'은 그것이 바람직한가 아닌가의 '평가'를 떠나 우리의 근대를 구성하는 한 부분이자 독특한 한국적 특성을 보여주는 요소로 존재해왔다.6) 이는 근대성의 본질이라 할 수 있는 내적인 모순과 긴장, 갈등이 구체적이고 역사적인 맥락 속에서 "근대국가"를 중심으로, 근대국가에 의해 발현

---

6) 실제로 '전통'에 대한 집착은 한국 가족정책의 전개 과정에서 가족에 지나친 부담을 부과하고 국가의 책임을 회피하도록 하는 효과적인 수단으로 활용되어 왔다. 이는 많은 가족학자들로 하여금 '오늘날 한국 사회에 가족정책이 과연 존재하는가'의 질문에 대답하는 것을 망설이게 할만큼 실질적인 가족정책의 부재와 가족지원정책의 미발달이라는 문제를 야기한 근원이기도 하다. 그러나 이러한 독특한 접근방식까지도 우리의 역사를 구성해온 일부라는 점을 부정할 수는 없는바, 한국 근대성의 일부에 스며있는 이러한 요소들을 충실히 밝혀내는 그 자체가 보다 적극적인 정책 계발에 대한 동기 부여를 가능케 할 수 있는 긍정적인 효과를 가질 수 있다고 본다.

되어온 독특한 측면과 함께 우리의 근대에 내포된 '차이'의 측면을 드러내주는 또 하나의 대표 지점이 된다. 근대국가의 팽창에서 야기되었던 근대성의 모순이 일견 약화되고 거시적 제도 내적으로, 그리고 거시적 차원과 가족의 관계 모두에서 전반적인 균형이 회복되어가는 큰 흐름 또한 우리의 역사를 설명할 수 있는 특징이지만, 근대국가 중심의 유서깊은 위계성과 경제 위기라는 전면적 동원 구조의 필요 하에 과거의 모순이 부활할 수 있는 강력한 위협과, 끊임없이 과거를 지향하는 전통에 대한 향수로 인해 전반적인 흐름에서 배제된 채 지체되어 있는 일면 또한 우리의 근대를 틀 지우는 내용들인 것이다.

아이젠슈타트가 이야기하듯 서구적인 근대는 한국 사회에 기본틀로서 도입되었을 지는 모르지만, 그 위에 그림을 그리는 것은 어디까지나 독특한 사회문화적 배경과 전통, 그리고 특정한 지향성을 가지고 근대성의 흐름을 주도해온 정책적 노력이 뒤얽힌 다양한 구조 속에 우리의 몫으로 남겨져 왔다. 근본적으로는 근대성의 다차원성으로 인해, 보다 구체적인 맥락 속에서는 근대국가의 확장된 권위로 인해 정도의 차이만을 보이며 그 속에 항존해 온 미묘한 모순과 긴장의 요소들, 그리고 이러한 한계에도 불구하고 분명 전반적인 성격에 있어서는 거시적 차원에서의 제도들과 가족, 그리고 그들간의 관계 속에서 스스로 내적인 균형을 회복하며 보다 공고한 논리적 구조로서 발전해 온 뚜렷한 흐름, 일관되게 강조되어 온 창조된 전통, 이 모두는 가족정책의 의도 하에서나마 우리의 근대성의 여백을 채워온 주된 구성요소들로서 한국 사회가 걸어온 역사의 궤적과 그 특수성을 드러내주는 주요 장면들로서 존재하고 있다 할 것이다.

제6부
요약 및 결어

이화다문화총서 사회 1
가족 정책을 통해 본 한국의 가족과 근대성

제1장
연구의
요약 및 논의

 한국 사회에서 근대성의 다차원성과 그 내적 역동성이 역사적으로 전개되어온 과정을 '가족정책'이라는 텍스트를 통해 살펴보고자 한 본 연구는 1948년 헌법 제정시점부터 2005년까지의 시기를 근대의 확장된 스펙트럼으로 보고 이 기간 동안 가족정책 속에 나타난 '정치, 경제, 문화적 영역'과 '가족'에의 근대성의 내적 성격을 규명하고, 이 두 영역의 관계성이 어떠한 경로로 변화되어 왔는지를 살펴봄으로써 우리의 역사 속에 '근대성'이라는 문명화 과정이 진행되어온 독특한 과정을 고찰하는 내용을 담고 있다.

 기존의 근대성 연구들은 주로 '기술적 근대'의 억압성과 아직 실현되지 못한 '근대의 해방적 성격'의 양 차원을 부각시키는데 주력하거나, 근대성의 제도적 층위들을 상정하고 그 합으로 근대성을 설명하려는 거시적인 접근을 주로 시도해 왔다. 최근의 논의들은 근대성의 보다 복합적인 내적 다차원성을 전제하고 그 상호관계를 통해 사회별로 다르게 구현되는 다중적 근대성(multiple modernity)의 가능성에 주목한다는 점에서 일견 유용한 시각을 제공해주지만 이 경우에도 그 초점은 거시 사회구조에 집중되어 '가족'이라는 영역에 대한 고려를 포함하지 못하였다. 가족의 근대에 대한 논의는 몇몇 연구에서 '여성'과 함께 가족을 '비합리성'의 공간으로 설명하는 방식을 띠던가, 더 일반적으로는 '자본주의화'라는 거대한 흐름에 수반된 '근대 가족의 출현'을 설명하는 독자적이고 고립된 영역을 구축해 왔다.

본 연구는 이렇게 각각의 영역에서 발전되어 온 설명방식이 상호소통할 수 있을 때 가족과 근대성 모두에 대한 보다 심도있는 접근이 가능해진다는 인식 하에, 거시적인 차원인 '정치, 경제, 문화적 영역에서의 근대성'과 근대 가족 논의에서 발전되어온 '가족의 근대성'의 이념형적 특징들을 도출해내고, 이 양 차원의 총체적인 연계성 속에 드러나는 근대성의 전개과정을 규명하고자 하였다. 이를 위해 먼저 시기별로 '정치, 경제, 문화적 근대성'과 '가족의 근대성'의 실체를 파악하는 작업이 먼저 이루어졌고 그 결과에 기반하여 두 영역의 관계 변화를 구체적으로 해명하는 단계가 뒤따랐다. 거시적 차원과 가족의 관계는 거시적 제도 담론 변화에 따라 가족정책 속에서 두 영역이 연계되는 방식이 어떻게 변화해 왔는지에 주로 초점이 맞추어졌다. 연구 대상이 된 '가족정책'은 가족과 국가를 연결하는 가교이자 근대성 담론의 대리인으로서의 역할을 수행해왔다는 점에서 가족과 그것을 둘러싼 거시적 요소들의 교차를 드러내줄 수 있는 텍스트로 선택된 매체이다.

먼저 기존 연구들에 대한 검토를 통해 '정치, 경제, 문화적 영역'과 '가족의 영역'에서 근대성의 세부 가치들을 도출해내는 작업이 이루어졌는데, 먼저 거시적 차원의 경우 "정치적 영역"에는 근대국가의 가치인 '국가의 이익', '국가의 보호', '감시기능의 증진', '국가합리성', '합리적 문제해결'이, "경제적 영역"에서는 '생산력 중심주의', '노동생산성', '노동력의 상품화', '산업주의'가, "문화적, 이념적 영역"으로는 '인간의 존엄성', '자유', '평등', '민주성', '근대적 개인주의'의 요소가 고려되었다. "가족의 근대성"은 서구적 원형을 목표로 상정하고 그것을 잣대로 삼아 우리의 현실을 '평가'하는 우를 범하지 않기 위해 새로운 "발견" 중심으로 가족의 특징들을 도출해내되, 최소한의 비교준거를 설정하는 차원에서 서구 근대 가족 논의의 핵심을 이루는 '핵가족주의', '공사영역의 분리', '성별분업'의 세 부분을 염두에 두고 분석에 임하였다. 이러한 접근방식에는 우리의 가족과 근대성에 대한 보다 종합적인 이해를 제공함과 동시에 기존의 추상적 논의들을 이론적 수준이 아닌 경험적인 차원으로 끌어내려 우리의 구체적인 역사 속에 실현되어 온 근대성의 궤적을 추적해보려는 의도가 담겨져 있다.

분석대상이 되는 가족정책의 범위는 가족법, 사회보험, 공공부조, 사회복지서비스, 모자보건 및 가족계획의 다섯 범주로 구성되었고 전반적인 국정 운영의 지침인 헌법 또한 참고 자료로 활용되었다. 해당 법제들 외에도 정책자료, 지침 등이 광범위하게 분석에 포함되어 추상적이고 이상주의적인 성향을 띠는 법제의 분석에서 발생할 수 있는 이상과 현실의 괴리라는 문제를 다소나마 줄이려 했다. 본문의 구성은 자료들의 총체적인 분석에서 나타난 흐름을 토대로 구분된 각 시기별로, 먼저 정치, 경제, 문화적 영역에서의 근대성의 성격과 그 내적 관계의 양상들을 살펴본 후, 이들과의 관련 속에서 가족의 근대를 조명하고, 각 시기별로 도출된 결과들을 종합하여 두 영역간 관계의 변화 양상을 정리해내는 형식을 취했다. 분석 결과를 정리하자면 다음과 같다.

헌법 제정이후 이승만 정권기에 해당하는 1948-1961년은 한국사회에서 근대성이 본격적으로 태동한 시기라 볼 수는 없으나 '거시적' 차원에서 근대성의 도입이 시작된 때이다. 당시 근대적 가치의 출현은 주로 '헌법'이라는 추상적, 이념적 차원에서 이루어졌고 이 시기의 말미에 제정된 다수의 법제들은 아직 법적 효력이 충분히 발효되기 이전이었기 때문에 당시에 나타난 근대의 흔적들을 액면 그대로 인정할 수는 없지만 정치, 경제, 문화 모두에서 근대적 가치들이 싹트기 시작한 변화의 흐름만큼은 부정할 수 없다. 그 중에서도 특히 '근대국가'의 약진이 두드러져서 거시적 차원에서는 암묵적인 근대국가 우위의 구조가 정립되기에 이른다.

거시적 차원에서 형식적이나마 근대적인 요소들이 속속 등장했던 반면, 가족과 관련해서는 확장된 범위의 가족 단위를 상정하는 한편 자산과 혈통에 근거한 공동체주의와 다층적 불평등 구조인 가부장제를 고수했던 가족법의 영향으로 근대의 역사가 시작될 수 없었다. 거시적 차원과 가족의 상호 관계가 드러나는 것은 국가의 보호 가치가 자녀 양육의 중요성을 부각시키고, 성별분업 구조에 기반한 요보호 여성 및 근로 여성 보호를 표방했던 몇몇 예외적인 경우에서였다. 아직까지 근대성의 다면성이나 내적 상호작용이 본격적으로 발현되지는 못했지만 그 속에 내재된 본질적인 복합성과 역동성은 부분적으로 그 단초를 마련한 상태였다.

박정희 정권에 이르러 가족정책의 제도화가 모색됨에 따라 이념적 차원에 머물러 있던 근대의 가치들도 비로소 그 다차원성과 내적 동학이 확연히 구체화, 현실화되는 국면에 접어든다. '정치, 경제, 문화 영

역'에서 볼 때 1960년대는 특히 '근대국가'와 '자본주의' 두 차원의 변동
이 두드러졌던 시기였다. 그러나 '경제성장'이라는 목표를 표방하며 확
연히 성장한 근대국가와 그 비호 하에 확장된 경제적 영역과 달리 자
유민주주의는 쇠퇴의 길로 접어들었다. 1948-1961년경 이미 그 씨앗
이 배태되었던 나머지 두 영역에 대한 근대국가의 우위는 이 시기에
더욱 확고해져서 근대국가의 경제성장이라는 목표를 위해 경제, 문화
영역의 가치들이 동원되고 근대국가 내적으로도 결집이 공고해지는
초기적인 양상이 나타난다.

1960년대에 거시적 차원에서 '근대국가'가 차지했던 핵심적인 비중
과 위치는 '가족'의 근대성과의 관계 속에서도 확인된다. 이 시기 정책
자료들 속에서 가족은 소자녀 핵가족주의가 도입되고 복지 역할을 중
심으로 그 경계를 확고히 부여받는 동시에, 가정내 주부의 역할에 사
회적 의미를 부여하는 독특한 형태의 성별분업구조가 정립된 새로운
모습으로 거듭났는데, 이 모두에서 근대국가는 가족의 변화를 요구하
는 핵심적인 힘이었다. '국익'은 경제성장을 위한 필수 요소로 간주되
기 시작한 소자녀관이나 이를 실천하고 확산시킬 주부의 역할, 국가의
존폐를 좌우하는 자녀 양육의 중요성 등을 부각시키는 데 빠지지 않고
등장하는 논리였고, 가족의 기능과 역할을 보호할 것을 강조하는 '국
가의 보호' 관점 또한 가족에 작용하는 강력한 동력이었다. 근대국가
만큼 일방성이 두드러지지는 않지만 경제적 영역 역시 유사한 맥락에
서 소자녀 가족과 가족의 공동체적 성격을 부각시키는 배경으로 등장
함으로써 가족과의 관계 속에서도 이전에 비해 확장된 면모를 보여주
고 있다. 반면 자유 민주주의는 소자녀 핵가족주의를 개인의 자유를
보장해주는 가족 형태이자 관념으로 이상화하는 정책 논리에 의해 수

단화되었던 바, 거시 제도적 차원에서 축소된 입지가 가족과의 관계 속에서도 그대로 재연되었다.

1972년-1980년 유신체제 하에서 근대성 내부의 불균형구조는 한층 더 심화된다. 먼저 '정치, 경제, 문화' 영역에서는 근대국가의 기형적인 팽창과 그 비호 하에 진행된 경제 영역의 성장이 확연해지는 가운데 자유 민주주의의 이반이 더욱 가속화되었다. 나머지 두 영역에 대한 근대국가의 우위는 이제 절대적인 위계성으로 자리잡았다. 근대국가의 주도 하에 정치, 경제 영역의 결합도 한층 공고해졌다. 그러나 '한국적 민주주의의 토착화'를 추구한다는 명분으로 자유 민주주의의 기본 질서는 총체적으로 부정되었던 탓에, 당시의 근대성은 내부의 논리적 접합관계의 성장만큼이나 그 내적 긴장과 모순도 극대화되는 상황이 전개되었다.

거시적 차원에서 배가된 근대성의 불균형성은 '가족'과 관련해서도 고스란히 반영된다. 당시 가족은 근대국가와 경제적 영역의 한층 확장되고 발전된 논리들에 의거하여 소자녀 핵가족주의가 강력히 전개되어야 하는 공간이자, 국가가 부여하는 부양 및 양육 기능을 수행해야 할 배타적이면서도 그렇지 못한 공간으로 더욱 확고히 규정되었으며 가정 내에 존재하는 주부의 역할 또한 지속적으로 국가의 부름을 받았다. 행복한 가정, 가정의 단락 같은 정서적 차원은 소자녀관을 뒷받침하는 한에서, 부부중심주의와 평등성은 가족의 공동체적 성격 안에서, 즉 위계의 정점을 차지했던 국가가 원하는 가족의 모습과 성격을 뒷받침하는 한에서만 그 중요성이 인정되었다. 당시 확장된 '국익'과 '국가의 보호', '감시 기능의 증진' 등의 가치는 이러한 담론구조의 핵심을 지배하는 통일된 힘으로 작용했다.

경제적 영역의 영향력은 국가에 비해서는 다소 덜 일방적인 위치에서 소자녀관의 필요성을 부각시키는 논리로 등장하거나 국가 이익에 버금가는 하위 목표로 제시되지만 그 확장된 상호작용만으로도 국가 발전주의 논리 하에 성장한 이 영역의 위상을 짐작할 수 있다. 이에 비해 자유민주주의는 가족과의 관계에서도 근대국가의 목표에 일방적으로 동원되는 침체된 모습을 보였다. 이는 유신체제를 배경으로 거시적 차원에서 나타났던 각 영역의 위상과 내적인 관계가 거시적 제도와 '가족'과의 관계 속에서도 근대국가와 가족간의 엄격한 위계성과 비대칭성으로 표출되고 있음을 보여주고 있다.

1960, 70년대가 거시적 차원 내부와 '가족의 근대성'과의 관계 모두에서 근대국가의 우위가 명시적으로 드러났던 시기였다면, 80년대 5공화국은 같은 군사정권임에도 불구, 그 지배논리의 노골성이 한층 정화된 모습을 보인다는 점에서 차별성을 보인다. 정부의 복지국가건설 의지 천명과 '한국적 복지모형' 개발은 특히 가족정책에 있어서 이 시기를 매우 중요한 전환점으로 위치시켰다. 거시적 차원에서는 70년대에 절정에 달했던 내적 불균형이 완화되는 특기할만한 변화가 나타났다. '정치적 영역'은 이전에 비해 다소 축소되고 안정되는 단계에 들어섰고, 민간 주도 경제로의 이행이 공식 선언됨에 따라 '경제적 영역'은 상대적 자율성을 회복하며 지속적인 성장세를 보였으며, 문서화된 차원에서나마 '자유민주주의' 가치들도 회생의 움직임을 보이기 시작한 것이다.

국가의 권한 확대라는 일관된 목표 하에 결집되었던 근대국가의 가치들은 더 이상 예전만큼 독보적인 입지를 유지하지 못했다. 복지 국가 건설을 위한 국가의 보호 확대 또한 근대국가의 억압성을 희석시킨 요소였다. '국가합리성'은 이제 '감시 기능의 증진'을 정당화하는 개념이 아닌, '한국적 복지모형'의 기본 기조로서 가정과 민간의 복지 자원을 최대한 동원하여 국가의 재정 부담을 줄이는 것이 국가의 '합리적인 선택'임을 부각시키는 새로운 개념으로 재탄생했다. 반면 이전에 국가의 '경제성장'에 주어졌던 강조점이 '개별적인 자본의 이윤추구'로 옮겨짐에 따라 경제적 영역의 성장은 가속화된다. 문화적 영역도 인간의 존엄성과 자유권이 부활하고 평등, 소득재분배의 가치들이 제 의미를 되찾기 시작하는 과도기적 단계로 접어들었다. 거시적 차원에서 근대국가의 우위는 보다 비가시적인 성격으로 변화했고, 그 결과 세 영역간의 긴장과 갈등의 흔적도 희미해졌다. 오히려 국익과 복지국가 건설이라는 목표 하에 각 영역의 가치들이 비교적 고르게 결합됨에 따라 거시적 차원에서의 근대성의 내적 구조는 한결 공고해지게 되었다.

그러나 거시적 차원에서 진행된 이 같은 균형 회복은 '가족'을 포함한 범위에서는 유효하지 못했다. 가족은 여전히 근대국가가 부여한 소자녀 핵가족의 형태와 경제 공동체로서의 역할, 사회적 의미를 부여받은 성역할 분업으로 특징 지워진 공간이었다. 80년대에도 이어진 강력한 인구정책으로 인해 소자녀관을 정착시켜야 할 목표로서의 '국익'과 실제 추진력이었던 '감시 능력의 증진' 가치는 약화되지 않았고, 오히려 가족계획사업의 비용 효과를 강조하는 '합리적 문제해결'의 가치까지 여기에 가세했다. '국가합리성' 개념은 가족의 자기보장기능을 강화하는 것을 제일목표로 하는 각종 시책들에 정당성을 부여하는 새로운 논리로서 '국익'과 더불어 가족을 구조화하는 핵심적인 근거로 자리잡아갔다. 경제적 권리를 중심으로 하는 독특한 부부 중심주의의 정착과 가족 내 평등의 모색, 양계제적으로 확대된 가족 경계와 그 기능을 다각화하려는 일환으로 자녀 양육에 부여된 관심, 가정 내 여성의 역할을 과학주의와 결합시켜 사회적 효용성을 최대화하려는 시도 등은 모두 '국익'과 '국가합리성'을 추구하기 위한 것으로 이중의 필연성을 부여받았다.

이에 비해 개입을 자제하려는 정부 방침에 의해 경제 영역에 대한 정책상의 언급은 현격히 줄어들었고, 가족과의 연관성을 부여하려는 논리도 더 이상 생성되지 않았다. 경제적 가치들과 가족의 관계가 가족정책에서 완전히 제거됨에 따라 근대국가의 독점적인 위상은 더욱 명백해졌다. 자유 민주주의는 70년대 유신체제 하에서보다 그 입지가 높아졌으나 여전히 인간의 존엄성 등이 국익이나 국가합리성을 제고하기 위한 일종의 윤리적 명분으로 수단화되는 경향을 완전히 벗어나지는 못하였다. 80년대 고조된 장애인 및 노인에 대한 정책적 관심은 공동체로서의 가족과 주부의 역할을 통해, 또한 당시 한층 강조된 가정의 정서적, 사적 기능을 통해 이들의 인권을 보장할 것을 주장하는 것으로 비약되었다. 이상은 모두 80년대가 거시적 영역에서는 표면적으로 근대성의 내적 불균형이 일부 완화된-상당부분 가려진- 의미 있는 변화의 시기였지만 가족에 대해서만큼은 근대국가 쪽으로 기울어진 비대칭적 구조가 존속, 강화된 시간대였음을 의미한다.

이러한 근대성 내부의 불균형성이 보다 본질적으로 해소되기 시작한 시기가 바로 1987-1997년경이라 할 것이다. 민주화의 물결이 거셌던 1987년부터 향후 10여년간 거시적 차원에서 80년대 초중반 발견되었던 변화의 징후들이 더욱 본격적으로 가시화되었던 것이다. 근대국가 영역에서는 가족정책의 기조였던 '국가합리성'과 더욱 확대된 '국가의 보호'가 주축을 이룬 가운데 나머지 가치들이 고르게 부각되었고,

경제적 영역에서도 모든 가치들이 편차없이 강조됐다. 자유 민주주의 또한 민주화의 물결을 타고 확연한 재생의 길로 들어서고 있었다. 세 영역간 균형회복의 흐름에 따라 거시적 차원의 근대성은 과거의 긴장 과 갈등의 흔적을 털어내고 각 영역의 다양한 가치들이 고르게 결합된 보다 견고한 구조로 거듭났다.

거시적 차원과 가족의 관계 또한 이전과 사뭇 다른 면모를 보이기 시작한다. 상호연계의 범위는 어느 때보다도 확산되었고 근대국가에 집중되어 있던 분포도 어느 정도 균형을 되찾았다. 국가에 치우쳤던 관계의 일방성 또한 완화되어갔다. 1987년 이후의 특징이었던 소자녀 핵가족주의의 약화는 바로 그 직접적인 예라 할 것이다. 다양한 근대 국가 가치들이 결집하여 출산 통제를 촉구하던 추세가 1988년 이후 눈에 띄게 감소했고, 가족내의 평등과 부계 혈연주의의 극복을 남아 선호 불식을 위한 요건으로 강조하던 국가 중심의 편향된 시각도 상당 부분 극복되었다. 이제 핵가족주의에 대한 국가의 요구는 가족을 통제 하고 억압하는 것이 아니라 그 내적인 평등성을 제고하고 외부의 영향 력을 정제하는 조정적인 성격으로 변모했다. 근대국가와 가족의 대등 하지 못한 관계는 가족의 복지기능을 다각화, 집약화하고 가족 경계에 국가의 필요에 따른 유연성을 부여하며, 가정의 정서적 가치를 가족 기능을 위한 전제조건으로 동원해내고, 가정 안팎의 성별분업구조를 지지하는 힘으로 작용했던 '국가합리성' 차원에서만 유지되고 있었다.

가족은 이제 경제적 영역과도 재연계되는 모습을 보이기는 했지만 이 영역은 소자녀 핵가족주의의 약화와 함께 당시 가족의 주요 변화지 점이었던 가정내 '성역할분업구조의 혼란'을 촉진하기도 하고 부정하 기도 하는 통일되지 못한 모습을 보였다. 이에 반해 자유 민주주의의 약진은 이제 가족과의 관계 속에서도 근대국가의 논리를 벗어나 세부 가치들이 가족 내에 그 자체로 부각되고 흡수되는 확장된 양상으로 표출되었다. 당시 증가한 부부 및 가족관계의 평등성이나 민주성의 요구, 자녀의 인권에 대한 강조, 부계 혈연주의적 가족경계 극복을 위한 노력, 성별분업구조의 개선 시도 등이 모두 남녀평등의 실현이라는 측면에서 강조되고 있었다. 이는 근대성의 내적 균형 회복이 거시적 차원에서 뿐 아니라 가족까지 포괄하는 범위로 확대되어 가족과 여성, 아동이 국가가 활용해야 할 자원이 아닌 하나의 주체로 부상해가는 의미있는 과정을 보여주고 있다 하겠다.

1980년을 기점으로 거시적 차원에서 시작하여 1987-1997년을 거치며 가족과의 관계 속에서도 확연히 균형을 회복한 형태로 재정립되었던 근대성의 내적 구조는 1997년, IMF 위기라는 거대한 자극에 노출되었다. 이 초유의 위기 상황은 특히 정치, 경제 영역의 가치들에 총체적으로 새로운 명분을 부여하는 계기로 작용했다. 1980년 이후 다소 주춤한 모습을 보였던 근대국가의 가치들이 경제 활성화라는 목표 하에 부활했고 신자유주의의 도입으로 경제적 영역에 대한 의미부여 또한 최고조에 달했다. 자유 민주주의 영역에서는 이전과 유사하게 삶의 질이 강조되고 특히 여성과 아동의 몸에 대한 권리가 부각되었으나 '근로자의 인권'과 '생존권'이 그 보호를 담당했던 국가의 중재 역할이 철회됨으로써 일부 잠식당했다.

이로 인해 거시적 차원에서 1980년 이후 완화되었던 영역간의 긴장과 갈등의 구도가 1997-2005년 사이에 부분적으로 재등장했는데, 이는 전만큼 극단적인 형태는 아닐뿐더러 신자유주의 기조 하에 국가와 경제의 경계가 뚜렷해졌다는 차별성을 보이기는 하지만 근대국가와 경

제적 영역의 결합 하에 자유 민주주의 영역의 일부가 유보되는 큰 틀
만큼은 1960, 1970년대와 유사한 모습을 보이고 있다. 이렇게 되살아
난 내적 긴장에도 불구하고, 제도적 차원에서의 근대성은 경제 위기
대처를 위한 일관된 목표 하에 '근로자의 인권'과 같은 부분을 포기한
상태로 나머지 다양한 가치들을 동원하는 위기 극복의 담론 구조로 정
립되어 갔다. 경제 위기를 통합의 위기로 해석하는 추세에 따라 '사회
적 연대'의 확보가 경제 활성화로 이르는 중간 통로로서 자리매김되고,
정치, 경제, 문화 영역을 망라하는 다양한 가치들이 이를 통해 국익에
기여해야 하는 위치에 배열되었다.

거시적 차원과 '가족'의 관계에서는 이전 시기에 등장한 긍정적인
변화들이 유지, 발전되는 가운데, 국가 위기 극복을 위한 새로운 동원
논리가 구축되는 보다 혼동스러운 양상이 발견된다. 당시 가족에서 나
타난 가장 두드러진 변화는 소자녀 핵가족주의의 완전한 포기와 다자
녀관의 부상, 취약 계층 보호를 위한 가구 분리 및 가족 경계의 부분적
축소, 성별분업구조의 총체적 약화, 가정 내 개인주의 및 평등주의의
부각 등이었는데 여기에는 국가, 경제, 문화 영역의 다양한 가치들이
복잡하게 개입되어 있었다.

근대국가 차원에서의 가족에 대한 개입은 조정적이고 비억압적인
성격을 유지했으나 '국익'과 '국가합리성' 면에서 가족을 동원해내려는
구도가 재구축되었다. 소자녀 핵가족주의가 완전히 포기된 대신 이제
국가 위기 담론에 의거하여 다산을 장려하고 다자녀 가족을 국가 경쟁
력에 도움이 되는 가족상으로 고정시키는 상황이 전개되었고, 이미 태
어난 자녀의 중요성이나 주부의 사회적 책임 또한 경제 살리기, 경제
재부흥이라는 목표로 수렴됐다. '국가합리성' 개념을 기반으로, 가족

해체를 방지하고 유동적인 경계를 통해 가족단위의 복지 역할을 최대
화함으로써 가정을 경제 위기 극복의 공간으로 되살리려는 노력도 심
화되었다. 그러나 이러한 국가 동원의 노력 이외에 국가가 경제 위기
의 안전판 역할을 수행해야 한다는 자각에서 국가의 보호가 증대되었
던 바, 가족은 근대국가의 동원구조와 국가의 보호, 조정적 개입의 뒤
얽힘 속에 위치하게 되었다.

　1980-1987년경 민간 경제로의 이행이 선언되었을 시와 유사하게 신
자유주의가 도입된 1997-2005년 사이에도 정책자료들 속에서 경제에
대한 언급이 급격히 축소된다. 경제가 가족과의 연계 하에 언급되는
부분은 1980-1987년과 같이 '성별분업'이 유일한데, 이는 여성 인력 활
성화가 경제 위기 극복의 수단으로 간주되어 그 활용이 모색되는 시점
에서 기존의 성별분업에 기반한 고용정책이 전개된 데 기인한다. 이로
인해 가정내 성별분업은 물론 사회적 성별분업까지도 해체되고 있던
당시의 상황에서 경제적 영역은 이 가치를 지탱하는 유일한 지지대로
남게 된다. 근대국가 측면에서 진행된 다각적인 변화와 경제적 영역에
일부 부각된 경제 활성화를 위한 여성 노동력 활용의 독특한 전개방식
은 부분적으로 국가와 경제 중심으로 가족의 활용이 모색되는 양상이
재연되고 있음을 의미하는 것이기도 했다.

　자유 민주주의 영역은 1987-1997년과 마찬가지로 인간의 존엄성과
평등, 민주성의 가치가 가족 속에 자리잡아가는 기존의 흐름을 지속했
다. 여기에 가족의 정서적 가치가 '삶의 질' 차원에서 조명되며 본연의
의미를 되찾고 가족 구성원으로서의 개인의 행복과 자유에 관심이 기
울여지는 긍정적인 변화도 덧붙여졌다. 그러나 여기에 부분적으로 사
회적 연대의 가치를 통해 가족을 국가 경쟁력 회복의 자원으로 동원해

내려는 시도가 병행됨에 따라 문화적 영역에서조차 일부 가족 동원 구조가 모습을 드러낸다. 결국 가족은 1997년-2005년 기간에도 사회가 원하는 모습으로 재단되고 활용되는 동시에 1980년대부터 지속되어 온 근대성 내부의 균형회복의 흐름을 몸소 드러내는 이중적인 위치에 놓이게 되었던 것이다.

이상의 결과들은 몇가지 시사점을 갖는다. 첫째는 근대성의 미묘한 모순과 갈등의 흔적에 대한 것이다. 근대성의 다차원성과 모순은 어느 사회에든 존재하는 것이지만 한국 가족정책 속에 그려진 근대성의 내적 불균형과 모순의 핵심에는 항상 지나치게 거대해진 근대국가이 어 압성이 존재하고 있었다. 정도의 차이만을 보인 채 우리의 역사 속에 실존해 온 근대국가 우위의 구조는 정치, 경제, 문화의 거시적 차원에서, 또한 거시적 제도와 가족의 관계에서 본질적인 비대칭성과 국가의 일방성으로 인한 잠재적인 갈등의 소지를 남겨두고 있었다. 특히 진행 속도 면에서, 거시적 제도와의 균형회복의 단계에 있어서 거시적 제도에 비해, 특히 근대국가에 비해 지체되어 있는 가족의 영역은 그 자체로 근대성의 내적인 다차원성에서 비롯되는 모순이 발현되는 중요한 지점이 되고 있다 하겠다.

둘째로는 이러한 모순과 긴장의 존재에도 불구하고 우리의 역사 속에 진행되어온 근대성 내부의 균형 회복의 흐름에 대해서도 언급할 필요가 있다. 먼저 제도적 차원에서의 상대적인 균형 회복에 이어 '가족'과의 관계 속에서도 일부 균형점이 회복되는 긍정적인 기류가 우리의 역사를 채워왔다. 그러나 이렇게 나름대로 의미있는 역사의 시간을 걸어왔던 한국적 근대성이 1997년 IMF 구제 금융체제로의 돌입과 더불어 부분적으로 국가 동원 체제적 성격으로 회귀하는 모습을 보인 점은 시사하는 바가 크다. 1948년 이후 점차 더 견고한 형태로 발전되어 온 근대성의 내적 구조는 이 역사적 계기를 맞아 이미 근대성 내부의 중첩적으로 발전된 논리구조에 기반한 한층 견고한 국가 동원 체제의 구성이 가능해질 수도 있다는 심각한 가능성을 경고하고 있다.

마지막으로 이러한 균형 회복의 흐름에서 '예외'로 존재해온 측면에 대해 논의하고자 한다. 1948년 이후로 가족은 항상 사회의 기본 단위이자 복지 기능이 이루어져야 하는 일차적인 공간으로, 국가로부터 분리된 공간이지만 끊임없이 국가의 부름을 받는 존재로 가족정책 속에 고정되어 왔다. 이 명제는 특히 1980년 이후 '한국형 복지모형'의 "전통"을 강조하는 논리와 결합함으로써 더욱 설득력을 얻을 수 있었다. 복지에 대한 재정 부담을 줄이기 위한 국가의 필요 하에 가족은 '전통'이라는 본질적인 성격을 부여받으며 지속적으로 전통을 보존하고 되살려야 할 공간으로 명명되었다. 이렇게 선택되고 가족에 주입된 전통이 그 자체로 가족정책에서 나타난 근대성의 한 부분으로 자리잡게 되었음은 부정할 수 없는 사실이다. 가족정책의 의도 하에서나마 가족에 부과된 전통은 곧 근대성의 내부의 미묘한 모순과 긴장, 그리고 분명 전반적인 내적인 균형 회복의 흐름과 함께 우리의 근대성을 독특한 모습으로 구성해내는 중요한 요소로 작용해왔던 것이다.

제2장
이론적 함의와 향후 연구과제

가족정책을 통해 한국적 근대성의 전개과정을 고찰한 본 연구는 차후의 '근대성' 연구와 '가족정책' 연구에 다음과 같은 의의를 가질 수 있을 것으로 생각된다.

먼저 기존의 근대성 연구들은 주로 거시적인 제도에만 주목하여 가족에 대한 언급을 배제하는 경향이 있었고, 추상적인 논의에 천착한 결과 이를 보다 경험적인 차원에서 응용하려는 구체적이고도 심도있는 시도를 보여주지 못하였다. 본 연구는 이러한 한계를 극복하기 위해 '가족정책'이라는 역사적 텍스트를 중심으로 '정치, 경제, 문화적 영역'이라는 거시적 차원과 '가족'의 "관계 속에서" 그 규명을 시도한 결과, 우리의 역사 속에 근대성이 구현되어 온 총체적인 과정과 특징에 대한 설명을 제공할 수 있는 발판을 마련하였다.

특히 본 연구는 서구의 논의들에서 도출된 근대성의 요소들을 분석도구로 활용하되 이를 확고히 고정된 닫힌 개념이 아닌, 한국적 맥락에서 구성될 수 있는 열린 개념으로 가정함으로써 우리 사회의 특수성을 반영하고자 하였다. '국가합리성' 개념을 비롯한 거시적 차원의 요소들과 가족에서 도출된 각각의 요소들 모두가 유연하게 구조화되어 이 부분에 대한 논의는 차후 우리의 근대를 연구하기 위한 개념적 도구 구성에 이론적인 도움을 제공할 수 있을 것으로 보인다. 또한 추상적 논의들을 경험적 수준으로 끌어내리고자 하는 이 같은 접근방법은 이후 가족정책 뿐 아니라 여타의 주제들을 분석대상으로 삼는 한국사회 연구에도 참고적인 자료로 활용될 수 있을 것으로 기대한다.

또한 이 연구는 기존의 가족정책 연구들에 대해서도 보완적 의미를 갖는 것으로 생각되는데, 이는 기존의 가족정책 연구들이 주로 '근대성'이라는 역사의 거시적 흐름과 별도로 정책의 실행과 효과 면에 초점을 맞추어 왔다는 데에 기인한다. 한국의 가족정책은 전체적인 틀의 설계가 선행되지 못한 채 산발적으로 세부 정책들이 전개되어 왔다는 점에서 그 법의 제정시기나 입법 배경, 적용대상, 정책 시행의 구체적인 방식 등에 따라 서로 상충되는 내용이 공존하는 등 모순을 내포하고 있는 경우가 많아 그 총체적인 그림을 그리는 것이 어렵고 역사적인 과정 속에서 그 흐름을 읽어내기는 더욱 쉽지 않은 특성을 가지고 있다. 각각 다른 내용들과 다른 논리를 가지고 진행되어온 다양한 법제와 정책들에 하나의 논리적인 설명을 부여한다는 것은 쉽지 않은 일이기 때문이다. 기존의 연구들이 가족정책 전 영역을 다룰 경우에는 '현재'라는 시점에 초점을 맞추는 횡단적 연구를 수행하고, 종단적 연구를 시도할 경우 대부분 여성정책, 보육정책, 노인정책 등 가족정책의 세부영역 중 하나에 초점을 맞추어 그 역사적인 진행과정을 밝히는 단편적인 연구에 그쳤던 것은 바로 이러한 현실적인 어려움을 반영하는 것이라 하겠다.

이러한 맥락에서 1948년 이후부터 2005년까지 가족정책 전 영역의 역사적인 추이를 규명하는 내용을 담고 있는 본 연구는 가족정책에 있어서 큰 그림을 제시해 줄 수 있을 뿐 아니라 근대성이라는 거대한 맥락 속에 각각의 정책들이 차지하는 위치와 그것이 밟아온 역사적 경로를 지적할 수 있다는 이점을 갖는다. 기존에 가족정책의 통일되지 않은 파편성이 지적되어 왔다면 본 연구는 그 파편성이 어떠한 역사적 맥락에서, 어떻게 나타나고 있는가에 대한 해답을 시계열적으로 제시해줌으로써 기존에 모자이크 식으로 누적되어온 논의들을 체계화하는데 도움을 줄 수 있다. 이는 가족정책의 내용에만 천착하지 않고 보다 거시적인 차원에서, 가족 외적인 정치, 경제, 문화적 영역과의 관계 속에서 제시하는 새로운 가족정책 연구를 제안하는 것이기도 하다. 또한 경제 위기와 관련하여 가족에 대한 국가의 규정 방식에서 다시금 동원체계가 재생되고 있어 현실에 비추어 볼 때 이러한 일시적인 경향성에서 벗어나 보다 거시적이고 장기적인 안목에서 정책의 방향을 재설정할 수 있는 필요성과 근거를 제공해줄 수 있다는 점에서도 본 연구가 갖는 효용성을 찾을 수 있을 것으로 생각된다.

그러나 본 연구는 가족정책에 대한 담론 분석을 통해 한국적 근대성의 실체를 규명하려는 시도라는 점에서 정책이 결정되고 시행되는 사회구조적 맥락이나 그 속에 개입되어 있는 정치 논리에 대해 깊이있는 접근을 시도하지 못하는 한계를 안고 있다. 사회 구조적인 조건에 대한 언급은 본 연구에서 다루는 분석 시기를 구분하는 기준으로 사용되는 헌법의 제·개정시점과 당시의 사회적 분위기와 배경, 정치적 여건 등에 대해 설명하는 정도로 부분적으로 다루어졌다. 정책을 이야기

하는데 사회문화적 배경에 대한 설명이 매우 중요하다는 것은 주지의
사실임에도 불구하고 이같은 선택을 하게 된 것은 본 연구에서 다루는
시기와 정책의 범위가 매우 광범위하여 그 각 정책의 배경이 되는 구
조적 조건들이나 다양한 사회적 세력들이 개입하는 역동적인 정책 구
성 과정을 모두 언급하는 것이 연구자의 역량을 벗어나는 일일 뿐 아
니라 그러한 설명이 한국의 근대성과 가족의 역사를 담론적 차원에서
규명해내고자 하는 본 연구의 주된 관심에서 사실상 벗어나는 것이었
기 때문이다. 가족정책의 시행과 관련하여 사회 구조적 배경과 맥락에
대한 이해를 도모하는 것은 차후에라도 본 연구에 보완되어야 할 부분
이다.

　또한 담론 분석의 방법을 택함으로써 담론과 현실의 괴리라는 문제
에 대해 관심을 기울이지 않은 것 또한 본 연구가 비판을 감수해야 할
부분이다. 항상 담론은 현실과의 관련 속에서 해명되어야 하는 것이
사실이다. 그러나 본 연구는 가족정책이라는 텍스트와 현실 사이에 불
가피한 간극이 존재함에도 불구하고 가족정책이 현실에 대해서 지속
적인 영향력을 행사해 왔다는 사실을 전제하고 그 속에서 드러나는 담
론적 구성물로서의 한국적 근대성의 실체에 접근하려 했기 때문에 거
시적 차원과 가족 모두에서 국가가 규정하는 모습에 대한 설명만을 제
공했을 뿐 현실에서 근대성이 어떠한 방식으로 진행되어 왔는지에 대
한 실질적인 규명에는 도달하지 못하였다. 이는 실제 접근 가능한 문
서적 양식들에 기대어 근대라는 추상적이고 광범위한 실체를 규명해
보려는 데서 오는 접근 방법상의 문제점인 바, 본 연구가 끝까지 안고
가야 할 제한점으로 남아있다.

　이외에도 각 시기별로 진행된 근대성의 흐름을 정치, 경제, 문화적

영역에 초점을 맞추어 규명한 관계로, 이들의 총합으로서의 근대성의 보다 거대한 흐름에서 나타나는 통합적인 규칙성이나 법칙 등을 효과적으로 규명해내지 못한 한계 역시 지적하고 넘어가야 할 것이다. 이는 주제의 모호성 이외에도 주로 연구자의 능력이 이에 미치지 못했던 데서 비롯된 결과이다. 근대성의 역사적 흐름과 그 내적 동학, 그리고 담론적 현실 이외에도 실제 현실을 포괄할 수 있는 보다 깊이있고 총체적인 연구의 필요성은 이후의 과제로 남겨둔다.

참고 문헌

【법제자료】 ―시행령, 시행규칙 포함

〈대한민국헌법〉
제정 1948. 7. 7.
전문개정 1차 1962. 12. 26/ 2차 1972. 12. 27/3차 1980. 10. 27/4차 1987. 10. 29.
〈가족법〉
제정 1958. 2. 22/제 1차 개정 1962. 12. 29/제 2차 개정 1977. 12. 31/
제 3차 개정 1990. 1. 3.
〈사회보험〉
사회보장에 관한 법률: 제정 1963. 11. 5/폐지 및 사회보장기본법 제정 1995. 12. 30.
의료보험법: 제정 1963. 12. 16/전문개정 1차 1970. 8. 7/2차 1976. 12. 22/3차 1994. 1. 7.
공무원및사립학교교직원의료보험법: 제정 1977. 12. 31/폐지 1997. 12. 31.
국민의료보험법: 제정 1997. 12. 31.
국민건강보험법: 제정 1999. 2. 8.
군인연금법: 제정 1963. 1. 28.
공무원연금법: 제정 1960. 1. 1/전문개정 1차 1962. 8. 31/2차 1982. 12. 28.
사립학교교직원연금법: 제정 1973. 12. 20.
국민복지연금법: 제정 1973. 12. 24/(국민연금법으로 개칭) 전문개정 1차 1986. 12. 31.
산업재해보상보험법: 제정 1963. 11. 5/전문개정 1차 1971. 11. 19/2차 1994. 12. 22.
고용보험법: 제정 1993. 12. 27.
근로기준법: 제정 1953. 5. 10/폐지 및 재제정 1997. 3. 13.
〈공공부조〉
생활보호법: 제정 1961. 12. 30/전문개정 1차 1982. 12. 31.
생활보호법 폐지 및 국민기초생활보장법 제정 1999. 9. 7.
의료보호법: 제정 1977. 12. 31/전문개정 1차 1991. 3. 8./(의료급여법으로 개칭 이후)2차
            2001. 5. 24.
〈사회복지서비스〉
아동복리법: 제정 1961. 12. 30/(아동복지법으로 개칭)/전문개정 1차 1981. 4. 13./2차 2000.
            1. 12.
유아교육진흥법: 제정 1982. 12. 31/전문개정 1차 1998. 9. 17.
고아입양특례법: 제정 1961. 9. 30.
입양특례법: 제정 1976. 12. 31/(입양촉진및절차에관한특례법으로 개칭) 전문개정 1차
            1995. 1. 5.
영유아보육법: 제정 1991. 1. 14.
심신장애자복지법: 제정 1981. 6. 5/전문개정 1차 1989. 12. 30/2차 1999. 2. 8.

노인복지법: 제정 1981. 6. 5/전문개정 1차 1989. 12. 30/2차 1997. 8. 22.
모자복지법: 제정 1989. 4. 1/(2002. 12. 18. 모부자복지법으로 개칭).
윤락행위등방지법: 제정 1961. 11. 9/전문개정 1차 1995. 1. 5.
가정폭력범죄의처벌등에관한특례법: 제정 1997. 12. 13.
가정폭력방지및피해자보호등에관한법률: 제정 1997. 12. 31.
남녀고용평등법: 제정 1987. 12. 4/전문개정 1차 2001. 8. 14.
건강가정기본법: 제정 2004. 2. 8.
〈모자보건 및 가족계획〉
모자보건법: 제정 1973. 2. 8/전문개정 1차 1986. 5. 10.

【정책자료】
가족계획연구원. 1970. 『가족계획연보』.
_____. 1972. 『가족계획사업 제 3차 5개년 계획』.
_____. 1973. 『가족계획의 실제』.
_____. 1974. 『한국출산조절사업의 역사적 변천과정』.
_____. 1978. 『1977-1991 한국가족계획사업장기전망』.
_____. 1980. 『1980년도 가족계획사업평가세미나보고서』.
국민연금관리공단. 1996. 『기본운영계획서』.
_____. 1997. 『기본운영계획서』.
국민연금관리공단·국민연금연구센터. 2000. 『국민연금법개정관련 주요 쟁점사항 연구』.
대한가족계획협회. 1989. 『모자보건(1989. 11. 30)』.
_____. 1996. 『사업운영계획서』.
대한보건협회. 1998. 제 26회 보건의 날 기념 심포지엄. 『모성건강증진과 가족보건』.
대한상공회의소. 2002. 4대 사회보험제도의 개편방향. 『경제연구총서』 제 353호.
대한의학협회. 1982. 『제 5차 경제개발계획 5개년계획의 보건의료부문계획과 의협의 역할』.
보건사회부. 1958. 『한국아동복지사업』. 1949-1958.
_____. 1962. 『보건사회부 법령집』.
_____. 1966a. 『보건사회백서』.
_____. 1966b. 『한국가족계획사업』.
_____. 1969. 『제3차경제개발 5개년계획(보건부문 1972-1976년) 자료 제 1집』.
_____. 1970a. 『제 3차 5개년계획 보건사회부문 사업계획』.
_____. 1970b. 『아동 및 청소년 개발계획세미나 보고서』.
_____. 1971. 『아동복리사업지침서』.
_____. 1972. 『1972-1976 제 3차 5개년계획-보건사회부문 사업계획』.
_____. 1973a. 『아동복리사업지침서』.
_____. 1973b. 『가족계획사업실천요강』.
_____. 1974a. 『모자보건실태조사보고서』.
_____. 1974b. 『사회보장·사회개발 연구』.
_____. 1975a. 『1974 모자보건사업실태조사보고서』

_____. 1975b. 『제4차경제개발5개년계획사회보장계획(안)』 1975. 12.

_____. 1976. 『사회보장관계법령집』.

_____. 1978a. 『인구와 가족계획』.

가족계획연구원. 1978b. 『1977-1991 한국가족계획사업장기전망』.

보건사회부 사회보험국. 1979a. 『사회보장의 발전과 경향(1974-1977)』.

보건사회부. 1979b. 『의료보험관계법령집』.

_____. 1981a. 『모자보건실태조사보고서(1981. 12)』.

_____. 1981b. 『보사정책 설명자료』.

_____. 1981c. 『여성과 새마을운동』.

_____. 1981d. 『제 5차 경제사회개발5개년계획 보건의료 및 사회보장부문계획 1982-
       1986』.

_____. 1982a. 『가족보건업무지침』.

_____. 1982b. 『보사정책설명자료』.

_____. 1982c. 『1982년도 부녀복지사업계획 및 사업지침』.

_____. 1983a. 『가족보건업무규정』.

_____. 1983b. 『공공부조사업계획 1차시안』.

_____. 1983c. 『부녀복지사업지침』.

_____. 1983d. 『아동복지법령・업무지침』.

_____. 1984a. 『보건복지백서』.

_____. 1984b. 『부녀복지사업계획 및 사업지침』.

_____. 1984c. 『아동복지사업계획과 지침』.

_____. 1985a. 『가족보건사업참고자료(1985. 1)』.

_____. 1985b. 『보건복지백서』.

_____. 1985c. 『부녀복지사업계획 및 사업지침』.

_____. 1985d. 『사회보험 1차시안(요약) 제 4차 경제개발5개년계획 사회보장실무계획』.

_____. 1985e. 『장애자복지법령・업무지침』.

_____. 1985f. 『제 5차 경제사회개발 5개년계획 보건사회부문수정계획』.

_____. 1986a. 『가족보건사업계획』.

_____. 1986b. 『가족보건사업참고자료(1986. 6)』.

_____. 1986c. 『부녀복지사업계획 및 사업지침』.

_____. 1986d. 『제 6차 경제사회발전 5개년계획-보건사회부문 1987-1991』.

_____. 1987a. 『가족보건사업 참고자료(1987. 7)』.

_____. 1987b. 『부녀복지사업계획 및 사업지침』.

_____. 1987c. 『부녀행정 40년사』.

_____. 1987d. 『부랑인 선도시설 운영규정』.

_____. 1988a. 『가족보건사업계획』.

_____. 1988b. 『노인복지사업지침』.

_____. 1988c. 『부녀복지사업지침』.

_____. 1989a. 『가족보건사업 참고자료』.

_____. 1989b. 『모자복지법 해설(1989. 6)』.

_____. 1989c. 『부녀복지사업지침』.

_____. 1989d. 『아동복지사업지침』.

_____. 1990a. 『가족보건사업계획』.

_____. 1990b. 『노인복지사업지침』.

_____. 1990c. 『부녀복지사업지침』.

_____. 1990d. 『생활보호사업지침(1990. 1)』.

_____. 1990e. 『아동복지사업지침』.

_____. 1990f. 『탁아사업추진계획』.

_____. 1991a. 『가족보건사업계획』.

_____. 1991b. 『보육사업지침』.

_____. 1991c. 『부녀복지사업지침』.

_____. 1991d 『아동복지사업 지침』.

_____. 1991e. 『장애인복지사업지침』.

_____. 1991f. 『제 7차 5개년계획 보건의료부문계획(안)』.

_____. 1992a. 『가족보건사업계획』.

_____. 1992b. 『노인복지사업지침』.

_____. 1992c. 『보건사회백서』.

_____. 1992d. 『부녀복지사업지침』.

_____. 1992e. 『생활보호사업지침(1992. 1)』.

_____. 1992f. 『아동복지사업지침』.

_____. 1992g. 『제 7차 경제사회개발 5개년계획 보건의료・사회보장부문계획 1992-1996』.

_____. 1992h. 『탁아사업지침』.

_____. 1993a. 『가족보건사업계획』.

_____. 1993b. 『보건사회백서』.

_____. 1993c. 『보육사업지침』.

_____. 1993d. 『영유아보육사업의 정책방향』.

_____. 1993e. 『장애인복지사업지침』.

_____. 1994a. 『1994년도 노인복지사업지침』.

_____. 1994b. 『보건사회백서』.

_____. 1994c. 『생활보호사업지침(1994. 1)』.

_____. 1994d. 『아동복지사업지침』.

보건복지부. 1995a. 『가족보건사업계획』.

_____. 1995b. 『보건복지백서』.

_____. 1995c. 『1995년도 보육사업지침』.

_____. 1995d. 『부녀복지사업지침』.

_____. 1995e. 『아동복지사업지침』.

_____. 1995f. 『장애인복지사업지침』.

_____. 1996a. 『1996년도 노인복지사업지침』.

_____. 1996b. 『보건복지백서』.

_____. 1996c. 『보건사업지침』.

_____. 1996d. 『1996년도 보육사업지침』.

_____. 1996e. 『부녀복지사업지침』.

_____. 1996f. 『생활보호관련업무지침(1996. 1)』.

_____. 1996g. 『아동복지사업지침』.

_____. 1996h. 『'96주요업무자료(1996. 4)』.

_____. 1997a. 『보건복지백서』.

_____. 1997b. 『1997년도 보육사업지침』.

_____. 1997c. 『부녀복지사업지침』.

_____. 1997d. 『장애인복지사업지침』.

_____. 1997e. 『'97주요업무자료(1997. 5)』.

보건복지부 복지정책과. 1997f. 『한국사회복지 현황과 과제(1997. 5)』.

보건복지부. 1998a. 『1998년도 노인복지사업지침』.

_____. 1998b. 『보건복지백서』.

_____. 1998c. 『1998년도 보육사업지침』.

_____. 1998d. 『부녀복지사업지침』.

_____. 1998e. 『생활보호사업지침』.

_____. 1998f. 『1998년도 아동복지사업지침』.

_____. 1998g. 『'98 주요업무자료(1998. 5)』.

_____. 1998h. 『제1차 사회보장발전계획(1999-2003)(1998. 9)』.

_____. 1999a. 『가족보건사업안내』.

보건복지부 연금보험국b. 1999. 『국민연금·의료보험의 현형과 향후 운영방향』.

보건복지부. 1999c. 『보건복지백서』.

_____. 1999d. 『보육사업 안내』.

_____. 1999e. 『아동복지사업 보조금 집행안내(1999. 2)』.

_____. 1999f. 『여성복지사업안내』.

_____. 1999g. 『1999년도 장애인복지사업안내』.

_____. 1999h. 『제 1차 사회보장장기발전계획(1999-2003) '99년도 추진계획』.

_____. 1999i. 『1999주요업무 참고자료(1999. 4)』.

_____. 2000a. 『가족보건사업안내』.

_____. 2000b. 『국민기초생활보장사업안내(2000. 4)』.

_____. 2000c. 『2000년도 노인보건복지 국고보조사업 안내』.

_____. 2000d. 『보건복지백서』.

_____. 2000e. 『2000년도 보육사업안내』.

_____. 2000f. 『생활보호사업안내』

_____. 2000g. 『아동복지사업 보조금 집행안내』.

_____. 2000h. 『여성복지사업안내』.

_____. 2000i. 『2000주요업무 참고자료(2000. 4)』.
_____. 2001a. 『가족보건사업안내』.
_____. 2001b 『국민기초생활보장사업 안내』.
_____. 2001c. 『보건복지백서』.
_____. 2001d. 『2001년도 보육사업안내』.
_____. 2001e. 『아동복지사업 보조금 집행안내』.
_____. 2001f. 『장애인복지사업안내』.
_____. 2001g 『주요업무 참고자료(2001. 5)』.
_____. 2002a. 『가족보건사업안내』.
_____. 2002b. 『국민기초생활보장사업안내-자활사업-』.
_____. 2002c. 『2002년도 국민기초생활보장사업 안내』.
_____. 2002d. 『노인보건사업지침』.
_____. 2002e. 『2002년도 노인보건복지사업 안내』.
_____. 2002f. 『모자보건관리』.
_____. 2002g. 『보건복지백서』.
_____. 2002h. 『2002년도 보육사업안내』.
_____. 2002i. 『2002년도 아동복지사업 안내』.
_____. 2002j. 『2002년 주요업무 참고자료(2002. 6)』.
사회보장심의위원회. 1984. 『사회보험과 관련사업』.
사회보험국. 1979. 『사회보장의 발전과 경향(1974-1977)』.
사회복지정책심의위원회. 1994. 『21세기를 대비하는 사회복지정책과제와 발전방향(1994.
        6)』.
의료보험관리공단. 1986. 『의료보험업무처리요령 예규집(1986. 7)』.
_____. 1989. 『업무처리 요령 예규집(1989. 3. 27)』.
한국보건사회연구원. 1994. 사회복지정책심의위원회 정책토론회 『사회복지정책 발전방향
        - 사회복지전달체계·공공부조·사회복지서비스 분야』.
한국보건사회연구원. 1996. "보건복지동향". 『보건복지포럼』11월호.
_____. 1997. "보건복지동향". 『보건복지포럼』1. 2. 4. 6. 8월호.
_____. 1998. "보건복지동향". 『보건복지포럼』1~12월호.
_____. 1999. "보건복지동향". 『보건복지포럼』1. 2. 3. 4. 5. 5. 6. 7. 8. 10.
        11월호.
_____. 2000. "보건복지동향". 『보건복지포럼』. 1. 2. 3. 4. 5. 6. 7. 9. 10월호.
_____. 2001. "보건복지동향". 『보건복지포럼』1.2. 5. 6. 7. 10월호
_____. 2002. "보건복지동향". 『보건복지포럼』2. 3. 4. 5. 8. 10. 11월호.
한국아동복지시설협회. 1992. 제 17회 아동복지세미나 『제 7차 경제사회개발과 아동복지』.

【연구논문 및 저서】

1. 국내문헌

강윤구. 1992. 『영유아보육사업론』. 서울: 혜화당.

김성보. 2001. "근대의 다양성과 한국적 근대의 생명력". 『역사비평』. 2001년 가을호(총권 56호) pp.185-227.

김창엽 외. 1998. 『21세기를 위한 모자보건사업목표 및 정책방향 - 모자보건사업발전의 10개년 계획 수립을 위한 연찬회』.

공세권 외. 1993. 『가족의 변화와 가족정책』. 한국 보건사회 연구원.

_____. 1994. "가족정책의 기본골격과 접근방안" 『한국보건사회연구원 세미나자료집』.

경제기획원. 1981. 『인구증가억제 종합대책』. 1981. 12. 17.

구갑우. "자유주의. IMF위기. 그리고 국가형태의 변화" 『경제와 사회』. 창간 10주년 기념호 (통권 40호).

곽차섭. 1996. "근대국가와 새로운 세계질서". 『역사철학』 149호 3월. pp.169-202.

권영자. 1986. 한국가정과 여성복지. 『여성연구』 12. 한국여성개발원.

권오구. 1981. "개정된 아동복지법 전문과 그 중요내용 해설". 『아동복지』. 1981 여름호.

권이혁. 1989. "인구정책과 사회경제발전." 인구보건원 편. 『한국의 인구문제와 대책』1989. 9.

김경일. 2003. 『한국의 근대와 근대성』. 백산서당.

김대환. 1993. "박정희 정권의 경제개발" 『역사비평』 겨울호.

김미숙 외. 2002. "가족법과 가족정책" 『가족의 사회학적 이해』13장. 학지사.

김미현 1993. 『한국 가족정책에 나타난 국가-가족관계』. 연세대 석사학위논문.

김상균. 1984. "여성을 위한 사회복지정책". 『여성연구』 2(4) 겨울. 한국여성개발원.

김상조. 1998. "IMF 구제금융과 한국경제" 『경제와 사회』 봄호.

김선욱. 1996. "공. 사 영역에 대한 법여성학적 고찰". 『여성학논집』 제 13집. 이화여자대학교 한국여성연구소.

김성기. 1994. "세기말의 모더니티" 김성기 편. 『모더니티란 무엇인가』. 민음사

김성천. 1985. 가족복지의 이론체계 구성을 위한 일연구. 『사회복지』 여름호. 한국사회복지협의회.

_____. 1985. 한국가족복지에 관한 연구. 『사회정책연구』 제 6집. 한국사회복지정책연구소.

_____. 1995. 한국가족복지정책의 현황과 문제점에 관한 연구. 『한국청소년 연구』제 20호. 한국청소년개발연구원.

김수정. 2002. 『복지국가 가족지원체계의 구조변화에 관한 일연구』. 서울대학교 사회학과 박사학위논문.

김엘림. 1990. "여성복지관계법제에 관한 연구" 『여성연구』 8(4) 겨울. 한국여성 개발원.

_____. 1993. "여성과 노동복지관계법". 『법과 사회』 제 8호. 법과 사회 이론연구회.

_____. 1994. "남녀고용평등과 여성보호". 『한국여성학의 전망과 과제: 여성학과 여성운동』. 한국여성학회 10주년 기념 춘계학술대회 자료집.

김영모. 1990. 『한국가족정책연구』. 한국복지정책연구소 출판부.

김영모. 이응교. 1997. "가족구조의 변화와 가족복지정책의 기본구상". 『사회정책 연구』 1집.

김욱. 1989. 『한국의 사회복지정책에 관한 일연구: 제 5공화국을 중심으로』. 서강대학교 대

학원 석사학위논문.

김일영. 1995. "박정희 체제 18년. 어떻게 볼것인가". 『계간사상』 겨울호.

_____. 2000. "한국의 근대성과 발전국가". 『사회과학』 제 39권(통권 50호). 제 1호. pp.37-84.

김정자. 1988. "아동보육에 관한 연구". 『여성연구』. 1988 여름.

_____. 1991. 한국탁아사업의 정책과 방향. 『한국사회복지학』 제 17호.

김종일. 1992. "한국사회 복지정책의 흐름과 논리". 『경제와 사회』. 1992 겨울호.

김주수. 1993. 『한국가족법과 과제』. 삼영사.

_____. 1991. 『친족・상속법』. 법문사.

김태현. 1992. "가족과 노인정책". 『가족과 사회정책』. 한국가족학회 세미나.

김형배. 1996. 『노동법』. 박영사.

김혜경. 1998. 『일제하 "어린이기"의 형성과 가족변화에 관한 연구』. 이화여자대학교 사회학과 박사학위논문.

_____. 1999. "가사노동담론과 한국근대가족: 1920. 30년대를 중심으로". 『한국여성학』 제 15권 1호. pp.153-184.

_____. 2000. "식민지 시기 가족에 대한 계보학적 연구". 『사회와 역사』 58(2000. 12) pp.71-105. 한국사회사학회.

김혜경 외. 1991. "자본주의적 산업화와 한국가족의 역할 변화". 『여성과 사회』 제 3호. 한국여성연구회 편. pp.278-314.

김혜경・정진성. 2001. "핵가족 논의와 식민지적 근대성: 식민지 시기 새로운 가족개념의 도입과 변형". 『한국사회학』 제 35집 4호. pp.213-244.

김호기. 1994. "권위주의 정권의 해체와 민주주의로의 이행 1987-1992". 『한국사회의변동-민주주의. 자본주의. 이데올로기』. 한울.

_____. 1995. 『현대 자본주의와 한국사회: 국가・시민사회・민주주의』. 사회비평사.

_____. 1997. 『한국의 현대성과 사회변동』. 나남출판

김호기・유석춘. 1998. "한국의 경제성장과 정치발전: 발전사회학 50년의 회고와 전망". 안계춘 편. 『광복 40년 한국사회와 사회학』. 나남.

김호진. 1989. "한국의 권위주의 문화의 민주화". 김호진 외. 『한국의 민주화』. 경남대 극동문제연구소.

남윤주. 1994. "여성과 국가이론". 『여성과 사회』 제 5호. 한국여성연구회.

디트리히 루시마이어. 1992. "자본주의 발전과 민주주의". 『전환의 정치. 전환의 한국사회: 한국의 정치변동과 민주주의』. 임현진. 송호근 편저. 1995. 사회비평사.

리타 펠스키. 1995. 『근대성과 페미니즘』. 김영찬. 심진경 역. 거름.

문소정. 1993. "여성과 법" 여성한국사회연구회 편. 『여성과 한국사회』. 사회문화연구소.

문은희. 1995. "집안과 일터에서 기대되는 여성의 자질". 『연세여성연구』 창간호. pp.76-93.

문인숙. 1990. "여성과 국가". 『여성연구』 8(1) 봄. 한국여성개발원.

미셸 푸코. 1995. 『섹슈얼리티의 정치와 페미니즘』. 황정미 역. 새물결.

_____. 1997. 『권력과 지식-미셸 푸코와의 대담』 콜린 고든・홍성민 역. 나남출판.

_____. 1999. 『성의 역사-제 1권 앎의 의지-』. 이규현 역. 나남출판.

민창동. 1972. "한국 가족계획의 향방". 『인구문제논집』. 제 14집. 서울: 인구문제연구소.

박명규. 『한국 근대국가 형성과 농민』.

박병호 외. 1996. 『한국 가족정책의 이해』. 학지사.

박숙자 외. 1995. 『가족과 성의 사회학』. 사회비평사.

박영은 외. 1999. 『한국의 근대성과 전통의 변용』. 한국정신문화 연구원.

박준식. 1999. '1960년대의 사회환경과 사회복지정책: 노동시장의 문제를 중심으로'. 한국정
　　　　신문화연구원편. 『1960년대의 정치사회변동』. 백산서당. pp.159-199.

박형종 외. 1974. 『어머니회 연구』. 서울대 보건대학원.

배은경. 2004. 『한국사회 출산조절의 역사적 과정과 젠더』. 서울대학교 사회학과 박사학위
　　　　논문.

백영서 외 1995. "근대성의 재조명과 분단체제 극복의 길(대담)". 『창작과 비평』봄호.

변화순. 1991. "한국가족정책에 관한 연구". 『여성연구』. 1991 여름호.

＿＿＿＿. 1991. "국가정책과 여성". 『여성연구』1991 가을호.

＿＿＿＿. 1995. 가족정책 연구의 관점과 쟁점. 자리매김. 『여성연구』 49호. 한국여성개발원.

＿＿＿＿. "한국 가족정책에 관한 종합적 접근". 『여성연구』 7권 1호.

성경륭. 1991. "한국의 정치체제변동과 사회정책의 변화: 정치사회학적 분석". 『사회복지연
　　　　구』. 11월호.

손의목. 1991. "생활보호행정 40년사". 『사회복지연구논문집』. 3월호.

＿＿＿＿. 1988. "아동복지행정 40년사". 『사회복지연구논문집』. 8월호.

＿＿＿＿. 1990. "한국사회복지사업의 역사적 고찰. 『사회복지연구논문집』. 제 3권.

손호철. 1995. "김영삼정권의 국가성격". 『해방 50년의 한국정치』. 새길.

신경림 외. 2004. 『질적연구방법론』. 이화여자대학교 출판부.

심혜숙. 1994. 『한국사회의 권력구조와 국가정책』. 연세대학교 석사학위논문.

양옥경. 2000. "한국가족개념에 관한 질적 연구". 『한국가족복지학』 6호. pp.69-99.

＿＿＿＿. 2001. 『사회복지실천론』. 나남출판.

＿＿＿＿ 외. 2002. 『여성과 사회복지』. 이대출판부.

양옥승. 1992. "가족과 탁아정책". 『가족과 사회정책』. 한국가족학회 세미나.

양재모. 1986. "우리나라 인구정책의 종합분석". 『한국인구학회지』. 제 9권 1호. 서울: 한국
　　　　인구학회.

양현아. 1995. 한국 가족법에서 읽은 세 가지 문제. 『가족과 법제의 사회사』. 문학과 지성사.

여성한국사회 연구회 편. 1995. "가족정책과 가족". 『가족과 한국사회』 제 10장. 경문사.

＿＿＿＿＿＿＿＿＿＿. 1995. "가족정책의 과제". 『한국 가족문화의 오늘과 내일』 11장.
　　　　pp.411-420.

역사문제연구소 편. 1996. 『한국의 근대와 근대성 비판』. 역사비평사.

오재환. 2002. 『한국의 근대화 의례 연구: 박정희 시대를 중심으로』. 부산대학교 박사학위
　　　　논문.

윤후정. 1990. "평등권의 개념과 남녀동권". 『한국여성학』 제 6집. 한국여성학회.

이명선. 1990. "국회속기록에 나타난 여성정책시각: 가족계획에 대하여". 『여성학 논집』.
　　　　제 7집(1990. 12). pp.113-135.

이미경. 1989. "국가의 출산정책: 가족계획정책을 중심으로". 『여성학논집』12월. pp.49-77.

이미정. 2001. "가족의 변화와 가족복지". 『한국사회과학』 23(2). pp.89-122. 서울대학교 사회과학연구원.

이배용. 1998. "한국사 속에서 여성의 공적 영역과 사적영역". 『여성학논집』 제 14 · 15권 합집. pp.171-194.

이선옥 · 이정. 1996. "가족. 그 영원한 안식처에 대한 도전". 『여성과 사회』 제 7호. 한국여성 연구회 편. pp.138-169.

이성기. 1985. "노인복지서비스의 현황과 과제". 『사회복지』. 1985 가을호.

이소희 외. 1998. 『현대가족복지론』. 양서원.

이수인. 2002. 『한국의 국가. 시민사회와 개신교의 정치사회적 태도 변동』. 이화여자대학교 사회학과 박사학위논문.

이재경. 1993. "국가와 성통제" 『한국여성학』. pp.8-29.

_____. 1999. "여성의 경험을 통해 본 한국가족의 근대적 변형". 『한국여성학』제 15권 2호. pp.55-86.

_____. 2003. 『가족의 이름으로』. 도서출판 또 하나의 문화.

_____. 2004. "한국 가족은 '위기'인가: '건강가정' 담론에 대한 비판.『한국여성학』제 20권 1호. pp.229-243

이종숙. 1985. "아동복지 서비스의 현황과 과제". 『사회복지』. 1985 가을호.

이철승. 1998. 『근대화담론에 관한 사회학적 연구』. 연세대학교 석사학위논문.

이혜경. 1990. "사회복지관련법과 여성". 『한국여성학』. 제 6집.

_____. 1996a. "한국가족정책 대안의 선택과 정부. 민간의 연계". 『한국가족정책의 이해』. 학지사.

_____. 1996b. "여성의 경제활동 참여와 가족복지 정책의 성격 변화". 이현송 외.『여성의 경제활동과 가족복지』. 한국보건사회연구원.

임현진. 1996. "사회과학에서의 근대성 논의". 역사문제연구소 편.『한국의 근대와 근대성 비판』. 역사비평사.

_____. 1997. "사회과학에서의 근대성 논의". 『저항으로서의 근대와 실재로서의 근대』. 역사문제연구소 엮음. 역사비평사.

장경섭. 1992. "핵가족 이데올로기와 복지국가: 가족 부양의 정치경제학". 『경제와 사회』 (92. 9). pp.173-204.

장경섭. 1993. "가족. 국가. 계급정치". 『한국 근현대 가족의 재조명』. 한국사회사 연구회 논문집 39집.

장춘익. 1996. "근대국가 이론과 국가의 해체". 『철학연구』 39호(1996. 가을호).

장필화. 1990a. "여성정책과 공사영역". 『90년대와 여성정책』. 한국여성정치논단 제 2호.

_____. 1990b. "여성정책을 위한 기초적 검토". 『여성학논집』. 제 7집(1990. 12)

정경배. 1994. "한국형 사회복지 모형" 한국사회복지정책연구원 편. 『신한국의 사회복지정책』. pp.23-60. 서울: 한국사회복지정책연구원.

정상호. 1996. "한국의 산업화외 민주주의: 1961-1979". 『정치비평』 1호.

정현숙. 1989. "국가와 여성과의 관계에 관한 일고찰: 탁아정책을 중심으로". 『여성학논집』.

제 6집 (1989. 12). pp.27-47.

정연태. 1997. "지향으로서의 근대와 실재로서의 근대".『역사비평』 36호. pp.411-417. 역사문제연구소.

조기숙. 1997. 한국 가족정책의 결정에 관한 연구.

조 은 외. 1996.『근대 가족의 변모와 여성문제』. 서울대학교 출판부.

조형 엮음. 1996.『양성평등과 한국 법체계』. 이화여자대학교 출판부.

조형. 이재경. 1989. "국가에 대한 여성학적 접근: 시론".『여성학논집』 제 6집. 이화여자대학교 한국여성연구소.

조혜원. 1999.『"가부장적 시민권"을 통해 본 모성정책에 관한 연구』. 이화여자대학교 석사학위논문.

조흥식 외. 1997.『가족복지학』. 학지사.

조희연. 1998.『한국의 국가・민주주의・정치변동』. 당대.

지역사회탁아소연합회 편. 1992.『탁아정책』.

최성재. 1992. "가족과 사회정책". 한국가족학회. 추계학술발표대회 논문집

_____. 1994. "사회정책과 가족". 한국가족학회 편.『현대사회와 가족』. pp.259-283. 서울: 교육과학사.

_____. 1992. "가족과 사회정책".『가족과 사회정책』. 한국가족학회 세미나.

최장집. 1989.『한국 현대정치의 구조와 변화』. 까치.

_____. 1993.『시민사회의 도전: 한국 민주화와 국가. 자본. 노동』. 나남.

_____. 1995. "박정희 정권과 한국현대사".『대화』 여름호.

_____. 1996.『한국민주주의의 조건과 전망』. 나남 출판.

최홍기. 1994. "가족정책의 방향과 과제"『아산』 62호. pp.12-17.

태혜숙. 2004. "한국의 식민지 근대 체험과 여성공간: 여성주의 문화론적 접근을 위하여". 『한국여성학』 제 20권 1호. pp.33-56

한국여성개발원 역. 1989.『여성과 국가』. 앤 쇼우스턱 사쑨(편).

한국여성개발원. 1990.『한국가족정책에 관한 연구: 여성아동복지정책을 중심으로』.

_____. 1990.『한국여성관계법령집』.

한국여성연구원 편. 2002.『동아시아의 근대성과 성의 정치학』. 푸른사상.

한국정치연구회. 1989.『한국정치론』. 백산서당.

한국정치연구회 사상분과. 1992.『현대민주주의론』 제 1권. 창작과 비평사.

한창훈. 1987.『한국가족정책에 관한 연구: 사회복지 서비스의 개선방안』. 서울대 박사학위논문.

함철호. 1988. "한국사회복지에 대한 사회통제이론적 고찰: 복지법과 복지비를 중심으로". 『한국의 사회복지』. pp.169-200.

황숙연. 1987.『한국의 가족정책이 가족에 미치는 영향에 관한 연구』. 서울대 석사학위논문.

황정미. 2001.『개발국가의 여성정책에 관한 연구: 1960-70년대의 한국부녀행정을 중심으로』. 서울대학교 사회학과 박사학위논문.

허라금. 1997. "서구 정치사상에서의 공사개념과 가부장적 성차별성".『여성학논집』 제 13집. pp.332-357.

후쿠시마 마사오. 1985. 『가족·정책과 법』. 원화용 역. 한울림.
위르겐 하버마스. 『의사소통의 사회이론』. 장은주 역. 관악사.

2. 국외문헌

Aldous, J & Dumon. W.. 1991. "Family policy in the 1980s: Controversy and Consensus". Booth. A. ed.. *Contemporary Families: Looking Forward, Looking backward*. Minneapolis: National Council on Family Relationship.

Anderson, E. A. & Hula. R. C.. 1991. *The Reconstruction on Family Policy*. New York: Greenwood Press.

Arcana, Judith. 1983. *Every Mother's Son: The role of Mothers in the making of men*. *London:* The Women's Press Ltd.

Aries, Philippe. 1960. *Centuries of Childhood: A Social History of Family Life*. Robert Baldick(trans) NY: Vintage Books. 1965).

Barlow, Tani. 1997. "Theorizing Women: Funü. Guojia. Jiating(Chines Women. Chinese State. Chinese Family)". in J. W. scott ed.. *Feminism and History*. Oxford University Press.

Barlow, T., E.. 1997. *Formations of Colonial Modernity in East Asia*. Duke University Press.

Bacchi, C. L. 1999. *Women. Policy and Politics: The Construction of Policy Problem*. Sage.

Beck, U.. Giddens. A. and Lash. S.. 1994. *Reflexive Modernization*. Cambridge: Policy.

Bendix, R., "Tradition and Modernity Reconsidered". *Comparative Studies in Society and History*. Vol 9. o. e(April., 1967): 292-346.

Brucel, Berg. L. 1998. Qualitative Research Method for The Social Sciences. 1998. 199-202. California State University.

Chatterjee, Partha. 1989. "The Nationalist Resolution of the Women's Question". *Recasting Women— Essays in Indian Colonial History*. Kumkum Sangari & Sudesh Vid (eds.): 233-253.

_____. 1993. *Nation and Its Fragments*. Princeton: Princeton University Press.

Chakrabarty, Depish. (1994). ""Postcoloniality and the Artifice of History: Who Speaks for Indian's Past?". *New Histories Reader*. H. AranVeeder. Routhelge.

Chungmoo, Choi. 1993. "Discourse of Decolonization and Popular Memory". in *Positions East Asia Cultures Critique*.

Davidoff, L., 1990. "The Family of Britain". Thompson, F. M. K. eds(1990). *The Cambridge Social History of Britain 1750-1950*. Melbourne: Cambridge.

Donaldson, P. J. 1990. *Nature against US: The United States and the World Population Crisis(1965-1980)*. University of North Carolina.

Donzelot, Jacques. 1977. *The Policing of Families*. R. Hurley(trans.) NY: Pantheon Books.

Goode, William J. 1963. *World Revolution and Family Patterns*. New York: Free Press.

Ehrenreich & English. 1979. *For Her Own Good: 150 Years of the Expert's Advice to Women*. NY: Anchoi Press.

Eisenstadt, S., N. 1969. *Modernization: Protest and Chance*. New Delhi: Prentice-Hall of India Private Limited.

_____, S., N. 2001. "The Civilizational Dimension of Modernity". *International Sociology*. Vol 16(3) 320-340. SAGE(London. Thousanl Oak. CA and New Elhi).

Elshtain, B., Jean. 1981. *Public Man. Private Women*. Princeton: Princeton Univesity Press.

Epstein, C. F. in Dimaggio. P. in Lamont M. & Fournier. Eds., 1992 *Cultivating Difference*. Univ. of Chicago Press.

Felski, Rita. 1995. *The Gender of Modernity*. Massachusetts: Harvard Univ. Press. 김영찬 · 심진경 역(1998) 〈근대성과 페미니즘〉 (서울: 거름).

Fogarty, M. & Rodgers. B., 1982. "Family Policy: International Perspectives". British Family Research Committee. *Families in Britain*. London: Rout-ledge & Kegan Paul.

Giddens, A., 1990. *The Consequences of Modernity*. Cambridge: Polity.

Habermas, J. *Therie des Kommunikaativen Handelns*. Frankfurt: Suhrkamp. 서규환 외 옮김. 〈의사소통행위이론〉. 의암출판사.

_____. 1987. "Modernity's Consciousness of time and it's need for Self- Reassurance". *The Philosophical Discourse of Modernity*(Oxford: Polity Press).

Hall, Catherine. "The History of Housewives". *Politics of Housework*. E. Mallos(eds.) NY: Schoken Books.

Hastings, A., 1998. "Connecting Linguistic Structures and Social Practices: A Discursive Approach to Social Policy Analysis". *Journal of Social Policy*. vol. 27. no. 2. 191-211.

Hernes, M., Helga. 1984. "The transition from Private to Public Dependence". Patriarchy in a Welfare Society. Oslo: Norweigian University Press.

Hobsbawm, E., 1990. *Nations and Nationalism since 1780*. Cambridge: Cambridge University Press. 강명세 역. 〈1970년 이후의 민족과 민족주의〉. 창작과 비평사.

Hobsbawm, E. and Ranger. T. (eds.) 1983. *The Invention of Tradition*. Cambridge: Cambridge University Press.

Johnson, Benton. 1975. *Functionalism in Modern Sociology: Understanding Talcott Parsons*. 박영신 역(1981). 〈사회과학의 구조기능주의〉. 학문과 사상사.

Kamerman, S. & A. Kahn. 1978. *Family Policy: Government and Families in Fourteen Countries*. New York: Columbia Univ. Press.

_____. 1989. "Family Policy: Has the United States Learned from Europe?". *Policy Studies Review*. Spring. 1989. Vol. 8. No 3.

Kaplan, E. Ann. 1994. "Look Who's Talking. Indeed: Fetal Images in North American Visual Culture". *Mothering: Ideology. Experience and Agency*. edited by

Evelyn Nakano Glenn. Grace Chang and Linda Rnnie Forcey.

Lash, S., and Sam Whimster(eds). 1987. *Max Weber. Rationality. and Modernity.* London: Alles & Unwin.

Laslett, Peter. 1987. The Character of Familial History. Its Limitations and the Conditions for its Proper Pursuit. *Family History at the Cross Roads.* Hareven and Plakans(eds.) New Jersey: Princeton Univ. Press.

Loaine fox Harding(1996). "The Quest for Family Policy". (eds). *Family. State. Social Policy.* MacMilan.

Lockwood, D.. 1964. "Social Integration and System Integration". in G. Zollschan and W. Hirsch(eds.). *Explorations in Social Change.* London : Routledge.

Marshall, T. H.. 1973. *Class. Citizenship and Social Development.* Westport: Greenwood Press.

Maxine, L. Margolis. 1983. *Mothers and Such.* Berkeley. Los Angeles. London.

Moen. P. & A. Schorr. 1987. "Families and Social Policy". Sussman. M. & Steinmetz. S. ed. *Handbook of Marriage and the Family.* New York: Plenum Press.

Moore, David. 1995. "Development discourse as Hegemony: towards and Ideological History, 1945-1995". Moore, D. B & Gerald J. Schnitseds(1995). *Debating Development Discourse: Institutional and Popular Perspective.* Macmillan.

Murray, C.. 1984. *Losing Ground: American Social Policy 1950-1980.* New York: Basic Books.

Parsons, T. & Robert Bales. 1955. *Family, Socialization, and Interaction Process.* New York: Free Press.

Pateman, Carole. 1983. "Feminism and Democracy". Duncan. G(eds.) De*mocratic Theory and Practice.* Cambridge: Cambridge University Press.

Peterman, C.. 1989. "Feminist Critiques of the Public/Private Dichotomy". *Disorder of Women.* Polity Press.

Scanzoni, J.. 1991. "Balancing the Policy Interests of Children and Adults". Anderson. E. & Hula. R.. *The Reconstruction of Family Policy.* New York: Greenwood Press.

Scott, Joan. 1988. "Introduction & Gender: A Useful Category of Historical Analysis". *Gender and the Politics of History.* NY: Colombia University Press.

Shorter, Edward. 1975. *The Making of the Modern Family.* NY: Basic Books.

Smelser, Neil J., 1976. *Comparative Methods in the Social Sciences.* NJ: Prentice-hall, Inc., Englewood Cliffs.

Stone, Lawrence. 1977. *The Family. Sex. and Marriage in England.* 1500-1800. NY: Harper & Row.

Sommerville, C. John. 1982. *The Rise and Fall of Childhood.* New York: Vintage Books.

Spakes, P.. "A Feminist Approach to National Policy." Anderson. E. & Hula. R. ed.. *The*

Reconstruction of Family Policy. New York: Greenwood Press.

Tilly, Charles. *Family History. Social History. and Social Change. Family History at the Crossroads.* T. Hareven & A. Plakans(eds.) Princeton Univ. Press.

Weber, 1958. "Politics as a Vocation". H. H. Gerth and C. W. Mills. from Max Weber(New York: A Galaxy Book p78)

Wilensky et al.. 1985. *Comparative Social Policy: Theories. Methods. Findings.* Berkeley: Univ. of California.

Wilson, Elizabeth. 1977. *Women and the Welfare State.* London: Tavistock.

Zimmermans, S. L.. 1988. *Understanding Family Policy.* London: Sage Publications.

Zaretsky, Eli. 1973. *Capitalism, the Family, and Personal Life.* New York: Harper & Colophon.

▌저자약력▌

최유정

저자는 이화여자대학교 사회학과를 졸업하고, 동대학원에서 석박사 학위를 취득하였다. 현재 이화여자대학교 경력개발센터 연구원으로 재직하며 교과목 강의를 담당하고 있으며, 여성과 리더십, 성의 사회학, 한국사회문제 등의 주제를 강의하고 있다.

주요 경력 사항
이화여자대학교 사회과학연구소 박사 후 연구원
고용분야 연구용역 국가통계품질진단 진단위원
문화 사회학회 운영위원
성균관대학교 서베이 리서치 센터 연구교수
이화여자대학교 경력개발센터 연구원

이화다문화총서 사회 1

가족 정책을 통해 본 한국의 가족과 근대성
－1948년~2005년까지－

초판인쇄 2010년 4월 20일
초판발행 2010년 4월 30일

저　　　자 최유정
발 행 처 도서출판 박문사
책임편집 조성희
등록번호 제2009-11호

우편주소 (132-702) 서울시 도봉구 창동 624-1 현대홈시티 102-1206
대표전화 (02) 992 / 3253
전　　송 (02) 991 / 1285
홈페이지 http://www.jncbms.co.kr
전자우편 bakmunsa@hanmail.net

ISBN 978-89-94024-34-9 94330　　　　　　　　**정가** 35,000원